商道

经营企业的六维法则

王前师◎著

中国文史出版社

图书在版编目（CIP）数据

商道：经营企业的六维法则/王前师著. — 北京：
中国文史出版社，2022.8
（商道丛书）
ISBN 978-7-5205-3540-3

Ⅰ.①商… Ⅱ.①王… Ⅲ.①企业经营管理 Ⅳ.
①F272.3

中国版本图书馆CIP数据核字（2022）第094227号

责任编辑：张春霞

出版发行：**中国文史出版社**
社　　址：北京市海淀区西八里庄路69号院　邮编：100142
电　　话：010-81136606　81136602　81136603（发行部）
传　　真：010-81136655
印　　装：廊坊市海涛印刷有限公司
经　　销：全国新华书店
开　　本：710mm×1010mm　1/16
印　　张：56.25　字数：675千字
版　　次：2022年9月第1版
印　　次：2022年9月第1次印刷
定　　价：218.00元（全五册）

商道根植于中华优秀文化

春秋战国时期的百家争鸣让中国很多领域都形成了完整的思想理论体系，而商业领域直到现在都还没有完成这个历史命题。改革开放40多年，中国经济取得了举世瞩目的成就。企业和家庭一样已经成为社会的基本构成细胞。一个优秀的企业不仅是为客户创造价值，为团队创造事业的平台，同时也是推动整个社会向前发展的重要力量。但中国的现代企业要么是摸着石头过河，要么是学习国外经验，始终还没有形成一套根植于中华优秀文化的理论系统。茶有茶道，医有医道，商也有商道。企业只有依道而行才能实现持续健康的发展。

中华文化源远流长，为我们留下了一座取之不尽的思想宝库。商道是对这些中华优秀文化在企业中的传承和弘扬。在过去几千年的历史中，儒家思想对中华民族的影响极为深远。孔子作为儒家学派的开创者，其核心思想有五大原则：第一大原则是民本思想，真正做到以人为本；第二大原则是与时俱进，任何东西都不能脱离时代；第三大原则是海纳百川，能够接纳和吸收各种不同的优秀东西；第四大原则是实事求是，做任何事情都要基于实际情况；第五大原则是经世致用，学问必须对国家和社会的持续健康发展有益。

《大学》是儒家经典的四书之首，讲解如何才能实现内圣外王的系统方法，这也是中国社会主流精英的最高人生追求。《大学》的核心思

想可以总结为三纲八目。"大学之道，在明明德，在亲民，在止于至善"讲的就是三纲。《大学》三纲表达的主要意思是作为君子要充分彰显仁、义、礼、智的光明德性，能够亲近爱护人民，追求达到内圣外王的最高境界。八目讲的是实现内圣外王需要做好的八个方面，包括"格物、致知，心诚、意正，修身、齐家、治国、平天下"。"格物、致知"是一个人外在的文采，"心诚、意正"是一个人内在的本质。子曰："质胜文则野，文胜质则史，文质彬彬，然后君子。"君子之人要围绕"仁、义、礼、智"不断提升自身的修养。只有修炼好自身才能让家庭和谐，才能治理好国家，才能实现天下大同的理想社会。

商道就是运用中华优秀文化来指导企业的经营。践行中国商道的目的是要创建优秀企业。因为企业是人类社会的一种组织形式，只有能够为人服务才有存在的价值。每个人追求的目标千差万别，但追求的目的都是为了获得幸福。以人为本正是中华优秀文化的核心思想。所以真正的好企业都是要符合"合理盈利、持续发展、生态共赢"的基本要求。优秀企业要真正造福于人，让社会变得更加和谐美好。商道丛书是一套以中国《易经》的辩证观为指导，吸取古今中外理论和实践的精华，让企业实现持续健康发展的优秀思想、科学方法和高效工具。希望商道丛书能够指引更多企业成为优秀企业。

复圣颜子七十八代嫡孙&曲阜孔子文化学院院长　颜廷淦

做人有道，做事要赢

世界观，观世界；人生观，观人生；价值观，观价值。

自春秋诸学起，到明清商帮盛，再至近代民营企业家见贤思齐；从先秦古书，商圣范公《范子计然》，到明清《商贾便览》等，再到当今各类学说百花齐放，中华传统文化可称得上博大精深，源远流长。纵观中外古今文化之精粹，对我经营企业的启示莫过于：做人有道，做事要赢。道是规律，是人心。做人唯循道而行，能得人心，方能行稳致远。赢是共创共得，是持之以恒的坚守，是对品牌永无止境的不懈追求。做事当以"道"为本，以"赢"为旨，厚德载物，自强不息，方能披荆斩棘，超越自我，生生不息！

一言以蔽之，商道即人道。通俗而言，即"经营人生就要经营事业，经营事业就是经营人生"。我认为，产品要品牌，企业要品牌，做人更要品牌。产品的背后是企业，企业的背后是团队。好产品要靠好企业，好企业要靠好团队。产品就是人品，将产品当作人品，只有做出好产品才能体现企业和团队的价值。所以做企业的根本就是做人，这也便是中顺洁柔的企业文化。

因此，很多人说我是企业家时，我常说，我是一个企业人。企业不是我的，不可任人唯亲，不可自行其是；我属于企业，我要为企业负责，应唯才适用，唯贤是举，以德为先，德应配位。企业是企业人的

作品，只有明德向善，以身作则，躬身笃行，才能慢慢造就优秀的企业文化。只有优秀的企业文化，才能实现企业的持续健康发展。

很幸运，我能成为中国改革开放几十年的见证者和参与者。从1978年开始创业，有幸成为中国第一代万元户，又有幸带领中顺洁柔成为国内首家A股上市的生活用纸企业，现在中顺洁柔正朝着世界一流的百年企业不断奋进。在此要特别感谢社会各界对中顺洁柔一路走来的大力支持。在这40多年的经营过程中，也曾经历一场大火让我奋斗十年的工厂毁于一旦，当年汶川大地震我亦人处彭州。但我认为，有经历才是人生。世事皆无常，无论遇到什么事，何不处事平常心？

因此我处事有三问。一问失败："未问成功，先问失败"，提前思考最坏的结果且做好如何担当，才能立于不败之地；再问全局："要问全局，不谋全局何以谋一域？"统筹全局，运筹帷幄，高瞻方可远瞩；三问长远："要问长远，不谋万年何以谋一时？"要思考长期发展的影响，不要被一时得失而蒙蔽，但思考好了就要当机立断，亦要勇于担当。至于其他，三问之后，何不笑谈古今事，浪漫待输赢？

很荣幸，能看到一套以中华文化为指导，汲取中外的优秀理论和实践精华，让企业实现持续健康发展的优秀思想、科学方法和高效工具。在商道丛书中的很多思想观点，与我经营企业40多年来的实践心得一致。望商道丛书可指引更多人以企业为道场，实现"内享幸福，外创价值"的人生追求！

中顺洁柔创始人&战略委员会主席　邓颖忠

《大学》中讲："自天子以至于庶人，壹是皆以修身为本……"经营企业的关键就是要领导者、管理者、执行者分工合理、团结合作，共同发展。其中团队的力量不可忽视，修炼团队也就是修炼团队成员的心性和能力，实现与企业的共同成长。商道丛书以商道为魂，以"经营"为线，通过"领导""管理""成长"指导整个团队共同发展，以企业为道场，在做好领导、管理、执行的工作过程中修炼团队成员的心性与能力，从而实现企业的健康可持续发展。这是对企业经营管理的一次系统梳理，也是对中国商道的一次深入探索，更是对中华优秀文化在企业中的一种传承发扬。中国商道指导企业能够真正为客户、团队、伙伴、社会创造价值，让商业回归造福于人的大道。

《商道：经营企业的六维法则》对中国商道的思想理论做了系统讲解。中国商道是以《易经》的辩证观为基础，吸收古今中外的理论和实践精华，指导企业实现持续健康发展的优秀思想、科学方法和高效工具。人类社会的一切活动都是一种思想的实践，不同的思想就会有不同的表现。企业的经营管理也是一种思想的实践活动，只有优秀的思想才能孕育出优秀的企业。本书以中华优秀文化作为经营企业的核心思想，同时结合现代管理工具进行有效落地。最终形成一套"以道驭术，道术兼备"的体系来指导企业进行有效的实践运用。

全书共有八章：第一章主要讲中国企业发展的现状，分析了企业失败的各种原因。第二章从中华文化中提炼出企业实现基业长青的优秀思想。从第三章至第八章分别讲解企业实现基业长青的六个维度，即明因、持道、取势、定法、优术、利器。明因就是要明确企业存在的目的和意义；持道是企业经营要坚持的基本原则；取势是要符合天时、地利、人和；定法是确定经营企业的战略、模式和规则；优术是企业实现规划需要的资源、能力和行动方案；利器是执行过程中需要的场地、工具和物料。企业要实现基业长青就要围绕这六个方面不断进行优化升级。

因局限于个人的能力和认识，书中不足之处敬请各位同道师友不吝指正。希望这本书能够起到抛砖引玉的作用，让更多各界精英共同探索运用中华优秀文化去经营企业。同时借此机会感谢博商博文书院和广东省华商经济发展研究院作为丛书的联合出品单位，感谢中国商道文化研究院团队的共同努力，感谢家人对我研究写作的理解支持，感谢每一个愿意花时间阅读丛书的同道师友！

目　录

第六章
不要做飞起来的猪

第七章
高效完成目标规划

第八章
打胜仗需要好武器

后 记

第一章

理想和现实的差距

一、中外企业的寿命现状

每一位企业领导者都希望自己的企业可以实现持续健康的发展，能够成为一个百年品牌。然而理想很美好，现实很残酷。绝大部分的企业只能维持几年，能够存在百年的是凤毛麟角。

1. 中小企业的寿命情况

统计数据显示，中国的中小企业平均寿命不到3年，集团公司的平均寿命也不足8年。即使是欧美发达国家的企业，中小企业的平均寿命也只有7年，大企业的平均寿命不足40年！面对这样的结果，我们不得不去思考：为什么这么多中小企业做不强，长不大，活不久？

2. 五百强企业统计数据

如果说中小企业因为实力不够容易倒闭很正常，那么实力雄厚的企业寿命情况又如何呢？我们来了解一下最能代表实力的世界五百强企业。20世纪50年代世界五百强企业到90年代只剩下一半，到21世纪初剩下不到1/3；20世纪70年代的世界五百强企业到现在也仅仅只剩一半左右。通过对世界五百强企业的盘点发现，即使做强、做大了也不一定活得久。为什么企业做强了，做大了，还是活不久？

3. 百年企业的世界分布

难道企业就注定短命吗？然而世界上也并非没有长寿企业。《世界商业报道》曾发布调查数据：日本有3146家超过200年的企业，7家超过1000年；超过200年的企业德国有837家，荷兰有222家，法国有196家；中国现存企业中最早的是成立于1538年的六必居，1663年的张小泉，以及陈李济、同仁堂、王老吉等企业。

到底是什么原因导致企业大多短命；又是什么原因成就了少部分能够长寿的企业；为什么中国现阶段的企业寿命周期相对一些商业发达国家超短？任何结果的背后必有其内在的规律。我们只有找到导致企业短命的原因，总结出让企业长寿的规律才能帮助更多的企业实现基业长青。

二、企业发展的生命周期

我们要打破企业短命的宿命首先就要对企业寿命周期有深入的了解。企业和人一样有一个成长的过程，这个过程可以分为初创期、成长期、成熟期、扩张期和变革期五个不同的阶段。企业在每个阶段的表现和所面临的问题都会不一样，稍有不慎就可能导致企业出现发展瓶颈甚至夭折。要实现企业做强、做大、做久的目标，就需要充分把握企业每个阶段的特点和规律。根据企业在不同发展阶段面临的实际问题，采取有针对性的发展策略才能实现持续发展。

1.初创期

企业在刚成立不久的初创期，因为缺资金、缺人才、缺客户，这时候的首要目标就是能够活下来。这个阶段的最大优势在于整个团队表现出的热情度高，具有活力，创造性和冒险精神都很强。因为组织系统不完善，没有明确的职责分工和管理规范，这个阶段的决策主要靠企业领导者独立完成。但初创团队的士气和凝聚力很难持续太长时间，所以初创期的时间不能拖得太久。企业要想生存下来就需要快速找到适合自己的用户定位，集中资源开发出少数几个满足市场需求的产品或服务。通过少数产品在市场上获得成功来帮助企业度过生存期。

2. 成长期

当企业前期推出的产品和服务初步得到了市场的认可，能够获得正常经营所需的稳定订单时，企业就开始步入了成长期。在成长期，企业的主要目标就是要实现发展壮大。企业成长需要有一套可以复制的模式，通过组建一个优秀的核心团队分工合作才能实现。在这个阶段整个团队都能看到公司未来发展的希望，从而能够保持企业的活力和凝聚力。随着企业规模不断变大，就需要开始建立流程制度来保证各项工作能够科学有序地开展。在这个阶段最好的选择是要进一步强化企业的用户定位。围绕定位有计划地增加产品线，完善产品结构，不断提高企业在定位市场中的占有率和影响力。

3. 成熟期

随着企业的快速成长，慢慢在所定位的市场领域会形成稳定的市场份额。当市场份额成为细分领域第一，市场占有率达到30%以上的时候，企业就开始进入业务成熟期。在这个阶段的主要目标就是如何巩固和提升已有的市场地位。企业经过多年发展，已经建立起完整的组织架构和健全的制度体系。因为各项工作变得规范化，企业的创造力和冒险精神都很容易减退。团队之间开始容易产生矛盾，官僚主义开始诞生。由于盈利水平达到高峰，企业资金充足，领导者需要规划对外投资。在成熟期要求领导者要具备居安思危的意识，同时又要避免盲目投资。

4. 扩张期

如果一个企业在某个细分领域已经取得绝对优势，成为这个行业的引领者，这个阶段的企业在原有业务模块的增长空间已经不大的情况下，这时候就需要找到新的突破点，也就是要进行合理的扩张。企业的扩张必须为发展战略服务，要有利于提升竞争力的维度。最佳的扩张选择是通过上下游产业链整合和产业联合等方式提升价值链的综合竞争力，让企业的竞争力从钉子模式升级为长尾模式，再升级为生态模式。只有把企业真正做强，才有利于企业实现持续健康的发展。企业只有不断培育新的业务增长点，才能避免成熟业务进入衰退期所带来的风险。

5.变革期

任何事物都有其发展周期，企业的任何一项具体业务都有面临衰退的时候。进入衰退期后市场总量和份额都会不断下降。这个阶段的主要目标就是要通过创新找到新的市场增长点，推动企业实现蜕变。进入衰退期的企业，团队矛盾会日益突出，相互推卸责任严重，团队表现出士气低落，效率低下。因为盈利能力下降甚至出现亏损，领导者忙于处理各种突发危机，企业想要获得重生的机会就要对企业发展进行重新定位，敢于打破旧的各种束缚。通过对旧业务快速调整来实现止损，同时要集中资源发展新业务，企业才有机会重新焕发生机。

6.续命期

企业不同于自然生命体的地方在于，它可以不局限于单一不变的产品或业务。每一具体的产品或业务都逃不出从培育、成长、成熟、衰退，直至完全退出市场的周期。但企业却可以通过适时发展符合市场需求的新产品，甚至新业务来延续其寿命。也就是一家企业如果可以做到在其原有业务衰退之前不断培育出新的成熟业务，从理论上讲这个企业就有机会实现基业长青。而要实现这个目标就需要企业领导者能够找到最佳的续命期。也就是要根据市场发展的趋势提前做好科学合理的业务发展规划，要做好当前业务、发展业务和未来业务之间的平衡。所有成功经营超过百年的企业几乎都经历过几次老产品或老业务在步入衰退前完成新产品或新业务的培育发展。

企业的发展不仅体现在从小到大，更重要的是以定位用户为中心的核心竞争力越来越强。企业竞争力的提升从量变到质变可以分为"品物、品质、品牌、品类、品态"五个不同的竞争力维度。企业在不同的发展阶段要同步提升竞争力的维度。企业在初创期的竞争力不强，大部分都处于只是做简单加工或贸易的"品物"水平。企业进入发展期要升级到"品质"的维度，也就是要提升产品或服务的价值。成熟期的企业要重点打造"品牌"，让定位的用户对产品或服务形成特有的偏好。随着企业的不断发展甚至会成为整个行业的代表，这就是"品类"级企业。如果一个企业能够形成以用户为中心的服务生态就是"品态"级企业。

三、创业短命的三大病因

虽然企业的每一具体产品或业务都逃脱不了从培育、发展到成熟、衰亡的周期魔咒，但企业领导者却可以通过培育符合市场需求的新产品或新业务获得企业重生的机会，这也是企业可以实现基业长青的理论依据。然而真正能够做到的企业却是凤毛麟角，绝大多数企业只是昙花一现。究其原因，抛开政治体制和自然灾害等外部环境突变的影响，造成企业短命的内在病因主要有三个。

1. 先天不足

很多创业者开始经营企业时只是为了改善生活，仅仅把企业当成赚钱的工具。这样的企业因为一开始就缺乏为客户真正创造价值，为社会解决问题的理念，就不愿花时间和资源去认真研究用户真正需要什么产品。同时更不可能形成优秀的企业文化和科学合理的经营管理体系。在这种状况下，企业就会为未来发展埋下先天不足的基因。即使依靠一个市场机会能够获得短期发展，最后也很难实现持续健康的发展。

2.急功近利

很多企业领导者都希望自己的企业可以快速做大做强。因为急功近利，在经营过程中以次充好、缺斤少两的情况就变得习以为常。这些短视行为会严重影响企业的持续健康发展。一个企业只有真正把各项具体的工作用心做好，围绕用户的需求形成自己的核心竞争力才能越来越好。没有核心竞争力的企业抗风险能力会非常低，就很容易被市场所淘汰。企业的核心竞争力需要长时间的沉淀，而急功近利的思想是核心竞争力的天敌。

3.违反规律

这个世界的万事万物都有其自身的规律，经营企业也有其规律。绝大多数企业经营失败都是违背了经营企业的科学规律。一个真正健康的企业要有好产品、好营销、好团队、好系统、好文化。领导者只有愿意脚踏实地地做好企业的基础建设才能实现由弱到强，从小到大的发展。很多领导者因为缺少专业的学习训练，在经营的过程中缺少经营规划的能力，也无法培养优秀团队和构建科学系统，这必然导致企业无法实现长寿的目标。

四、企业失败的十种现象

追求基业长青是每一个企业领导者的梦想，但绝大多数企业创立后连正常走完成长、成熟的一个经营周期都无法实现。据统计，中国每年都有上百万家民营企业倒闭。网易财经的综合专栏曾对这些民营企业倒闭的原因做过深入分析，最终总结出民营企业最常见的十种倒闭现象。

1. 病死

如果一个人的身体产生病变而不能及时有效地治疗就会慢慢危及生命。企业和人一样，企业的身体就是团队和系统。如果企业的团队出现沟通不良、能力不足、心态不佳、忠诚不够，或者制度体系不健全、不合理、不明确、不执行，这些状况都是企业生病的表现。这些企业病会让企业的效率降低、质量变差、成本升高、客户流失、收入减少，最终导致企业久疾而终。

2. 挤死

现在的企业面临人工、原材料、场地等各种经营要素的成本持续上升，同时由于行业竞争越来越激烈，市场售价却越来越低的压力。再加上资本和新技术带来的产品和模式的颠覆式创新，各行各业都面临重新洗牌的挑战。一些不能与时俱进的企业，生存空间将不断受到挤压，最终不得不选择退出市场。

3. 拖死

现在很多企业一年的营业额虽然不算少，但却始终见不到账户上有钱。原因是企业欠着供应商的钱，客户欠着企业的钱，陷入三角债的恶性循环。所以往往一家大型企业资金出现问题导致不能按期付款，就会让很多为其配套的中小企业出现资金断裂，结果很容易被欠款拖死。

4. 找死

就如《大败局》中提到的一些企业因为盲目扩张导致失败一样，很多企业因为没有建立科学的决策机制，重大决策全凭老板拍脑袋。本来企业经营得不错，老板头脑一时发热盲目决定做重大变革或扩张。结果变革或扩张失败，不仅没能帮助企业发展，反而导致企业倒闭。

5.压死

一些民营企业效益低下却还要盲目扩张。由于自己没有资金就从金融机构获取大量借款，甚至铤而走险借入高息贷款。这些资金每年都要支付大量利息成本，经营稍有不善，利润还不够偿还借款的利息。这类企业基本上都以资金链断裂而告终，很多甚至资不抵债，被巨额负债活活压死。

6.憋死

刚刚谈到企业因为从银行或其他金融机构拿到大量资金被债务压死的情况，但也有企业虽然产品和市场前景都不错，但却因为没有办法找到足够的资金以供发展，这就出现要么接了大量订单却无法消化或者只能眼睁睁地让市场机会从身边溜走。这种情况造成企业倒闭就称为"憋死"。

7.猝死

大部分中小企业的抗风险能力相对较低，经营过程中一旦遇到一些重大突发事件就难以为继。就如遇到重大自然灾害，主要客户或核心人才突然流失等情况。对于一个中小企业来说这些都可能成为致命打击。在正常经营的企业因为突发事件而倒闭的情况都称为"猝死"。

8.冤死

一些行业因为政策性很强，一旦国家对相关政策做出重大调整就会造成相关企业无法正常经营。就如国家为了降低房地产泡沫，保证房价保持合理范围，对房地产行业实施了各项调控政策。这让房地产行业出现短期销售不力，资金不畅的情况。部分中小房地产公司因为自身资金实力不够，受到调控影响而倒闭。

9.捅死

部分企业为了获得发展，在经营过程中不惜做出很多违法乱纪的事情。曾出现在奶粉中添加三聚氰胺的不法行为，因为媒体的曝光让很多不法奶粉企业倒闭。因为监管不力和企业自身管理不规范，企业就容易出现一些违法经营的情况。这些事情就像一颗颗定时炸弹，一旦东窗事发就会造成企业倒闭。

10.老死

每一项具体业务或产品都有从创建到衰退的周期。很多企业经营者因为目光短浅，靠抓住一个机会得到了发展却不愿对企业的长远发展做好规划和投入。由于缺乏创新，所经营的业务无法跟上市场的发展变化。当所做业务进入衰退期又没有新的业务来支持企业继续发展就会造成企业倒闭。

五、企业倒闭的文化基因

中国目前企业经营失败的具体情况虽然千差万别，但背后主要的深层根源在于文化缺失。最典型的表现就是没有正确的经营理念和长远规划，为了赚钱甚至没有底线。食品行业出现毒奶粉、瘦肉精、地沟油，工程领域出现见风倒、路脆脆等各种违背商业文明的低级问题。这也促使我们不得不思考企业存在的目的到底是什么？为什么中国企业的商道精神会出现普遍性缺失？

1.轻商思想

首先是中国经历了两千多年的封建统治，在这段漫长的历史中商业一直不被重视。士农工商的社会排序一直把商业排在百业之末，导致商业一直被整个社会所轻视。在"学而优则仕"的观念下，综合文化素质高的社会精英都不愿意从事商业。这就让我们看到一个非常奇特的现象，历史上即使在商业领域取得大成者都不愿以商人自居。过往的商人在获得财富的过程中常常靠官商勾结。在获得财富后又会进一步寻求自身或子孙的官方身份。任何一个领域的发展和文化沉淀都离不开优秀人才的汇聚。因为商业领域在过去的历史中缺少具有深厚文化素养的人才，所以很难形成一套优秀的商道文化体系。

2. 沉淀不够

过往的两千多年历史，中国一直停留于农耕经济时代。通过改革开放才真正完成了中国经济成功转型到工商时代。因为改革开放之前中国经历了物质极度缺乏的时期，改革开放前期的创业者对物质的企图心很强，普遍不重视对商业精神的追求。从改革开放到现在也仅仅几十年的时间，大家都是摸着石头过河，这么短的时间也无法沉淀出一套真正能够指引中国工商业发展的完整思想和方法。有了前期发展的经验和基础，新的创业者正在悄然发生质的变化。越来越多的创业者关注的重心已经从简单赚钱转移到关注人生价值的实现，开始重视企业从粗放式管理向精细化管理的转型。

3. 素质不高

改革开放之后，第一批创业者很多是原来在城乡没有正当职业的胆大人群，因为被生活所逼才选择创业。所以很多人在总结中国改革开放初期创业成功的经验时，讲得最多的就是"胆大"。因为百业待兴，供不应求，只要敢做，各行各业都能获得暴富的机会。但由于他们整体文化素质较低，又缺乏较高的精神追求，无法将企业带到一个很高的阶段和境界。很多人为了赚钱而不择手段的事实更强化了大家对"无商不奸"的认识。这也造成很多人对中国优秀传统文化的价值产生了怀疑，把商业的整体氛围引入了歧途。

4. 缺少法制

改革开放初期靠摸着石头过河，没有成熟的经验，难于建立科学合理的法制体系来规范企业经营。正所谓没有规矩不成方圆，很多唯利是图的创业者又缺乏自律精神。这导致很多人丧失了底线，做出很多损人利己，甚至危害社会的事情。在法制缺失的情况下短时间内无法让这些人为此承担应有的责任。这在中国商业领域造成了"劣币驱逐良币"的获利假象。诚信经商却抵不过投机取巧的短期现象让很多不明就里的人产生了商业认知的误区。

5. 习惯隐忍

中国两千多年儒家思想教育中有部分内容的含义被曲解。在出现问题时大部分人都习惯性选择"隐忍"和"顺从"。当遇到不良企业的一些不合理行为时，大都选择能忍则忍的态度，这无形中也助长了不良企业的违法行为。随着各种不良商业风气的蔓延，也阻碍了优秀商业文化的形成。只有消费者维权意识得到强化，敢于揭露和抵制不良商风才有利于商业获得更健康的发展。所以优秀的商道文化需要社会各界的共同努力才能形成。

六、中国商业的前世今生

中国是世界四大文明古国之一，也是商业发展最早的国家。早在神农、黄帝时期，中国就已经完成了商业形态的基础构建。历经几千年的变迁，每个时期商业的发展状况都各不相同。通过了解中国商业的发展进程，能够看到商业的本质和周期，也能够看清过往商业发展的是非得失。只有以史为镜才能让我们更加清晰未来商业的发展方向。

1. 商业基础形成于上古

从神农尝百草至秦始皇统一六国建立秦朝被称为中国的上古时期。神农时代就开始逐渐形成男耕女织的分工生产，从而提升了工作效率。

随着分工越来越细，物资越来越丰富，因为交易的需要开始形成市场。通过市场让大家把自己多余的物品拿来换取自己需要的东西。形成市场后为了保障交易的公平合理，就需要对各种物品形成统一的衡量标准。为了解决交易过程中的问题，黄帝时期就制定了各种物品的度量标准，以确定货物的长短、大小、轻重等；为了便于交易就形成了货币，可以通过统一的货币购买各种货物；还制定了商业经营的政策规范，保障商业健康有序地发展。正是这几个方面的成果奠定了中国商业的基础，使中国商业在上古时期能够得到健康发展。在春秋战国时期更是诞生了如范蠡、白圭、弦高、子贡等一大批名垂青史的商业大家。

2.中古商业的一波三折

汉高祖刘邦灭秦建立汉朝，直至清朝初期可称为中国的中古时期。在这一千多年的历史中，中国商业的发展可谓是一波三折。商业的发展随着每一个朝代的兴衰而起落。更关键的是从汉朝开始就形成了轻商抑商的思想，导致在社会排序中商人始终被列于百业之末。因为得不到社会的尊重，导致商人找不到身份认同感而自甘堕落，优秀人才都不愿意经商。甚至把创新发明也视为"奇技淫巧"而被轻视。这也造成中国商业虽然起源很早，却始终徘徊不前，没有得到实质性的突破。在这段历史中我们也几乎找不到让人肃然起敬的商业大家。清政府的闭关锁国更让中国的商业发展与世界脱轨，最终反而是欧美国家后来居上，在商业的发展进程上反超中国。

3.近代商业的短暂发展

西方各国凭借商业的发展优势开始变得越来越强大。直至清末，西方列强为了实现本国商业的跨国发展，通过武力打开了中国的大门。这也让中国的一些社会精英开始意识到商业发展已变成民富国强的基础。这一时期在交通方面铁路、公路、航空都得到了突破性发展；在信息方面建立了邮政、电政，从而可以实现信息的快速传递；在金融方面诞生了票号、钱庄、银行、信托等金融机构；在商业政策方面设立了专门的商政机关，编制了相关的商事法律。这些开创性的举措让清末民国时期的商业得到了短暂快速发展，同时也出现了如张謇、郑观应、荣宗敬、荣德生等一大批商业大成者，为中国的商业文明作出了巨大贡献。

4. 当代商业的兴盛繁荣

新中国成立以后，特别是经过改革开放几十年的发展，已经完成了市场经济体制的基础建设，迎来了全新商业时代的历史进程。公开数据显示，在2010年中国GDP就已经达到58786亿美元，正式超越日本成为世界第二大经济体，而工商业占比为89.83%。中国的工商业已经变成绝对的经济支柱，并开始影响世界。通过短短几十年的时间，我们把与欧美超百年的整体发展差距缩小到十几年，甚至在一些领域获得世界领先的地位。在交通、金融、信息、科技、商政方面都得到了历史性突破发展，整体完成了现代工商业的时代转型。在这段历史中的商业故事和商业人物更是风起云涌。从改革开放到现在至少已形成三代很有代表性的企业家群体。经过几代人的共同努力推动中国经济走向了世界的舞台。在未来，中国要成为世界经济文化的中心，必将诞生更多有使命感的商业大家。

5. 商业时代需要新理念

在过往的农耕时代我们一直遵循着"格物、致知、诚意、正心、修身、齐家、治国、平天下"的人生追求，推崇着"学而优则仕"的思想。在农耕时代商业一直没有得到足够的重视，被列为百业之末。"无商不奸"的思想让中国商人连自我认同感都普遍缺乏，更谈不上形成优秀的商业思想和方法。当工商业不可避免地发展成为时代主流，整个社会经济从自给自足式的农耕经济为主转型到以市场导向的工商经济为主。我们需要重新探索这个新时代所需要的新理念、新规则。只有形成一套优秀的商业思想和方法体系才能指引企业健康发展，推动社会和谐幸福。

商业最初源于社会分工物物交换的需要，也正是分工推动了人类文明的快速发展。如果没有分工，我们每个人都只能靠自己去种地、打猎、织布来生活。正是因为有了分工才能让专业的人做专业的事，这不仅可以提升工作品质和效率，同时也让我们拥有了选择不同工作的机会。所以健康商业的本质是通过分工交易来实现各得所需，这是一个成人达己的共赢事业。真正的商业大家一定要有一颗"仁"心，通过商业来造福于人。

在这个商业领域百家争鸣的时代，对于大部分人而言，在"格物、致知、诚意、正心、修身、齐家"的基础上并不一定要去"治国、平天下"。商业时代给了我们每一个人更多的选择和发挥的空间。我们只需要找到一份自己所喜欢的事业用心去经营好就能为这个社会创造价值。所以工商时代所追求的人生目标应该做出一些调整，"格物、致知，诚意、正心，修身，齐家、治业、和天下！"才更符合这个时代的新趋势。

第二章

百年企业如何炼成

一、《易经》蕴藏的商业智慧

中国上下五千年的历史文化丰富多彩，而《易经》的影响极广。春秋战国时期的诸子百家也是站在不同的层面、不同的领域对《易经》思想智慧的具体运用。就像不同的人选择从不同的路爬同一座山，每一条路的风景虽各不相同，但只要登上山顶就会发现是殊途同归。我们带着这种认知再去看诸子百家，就会发现道家、儒家、墨家、法家、兵家都有运用《易经》的智慧，并站在社会的不同层面和角度来解析为人处事和治国安邦的道理。而医家、农家、名家、阴阳家等也是把《易经》的智慧在不同领域的具体运用进行研究和总结。《易经》中的智慧超越了时空，是每个领域都需要学习研究的基本规律。

1.看透阴阳本质

《易经》用"阴阳"来描述世间万事万物存在的基本规律，包括天地、日月、雷雨、山泽、水火、昼夜、冷热、男女、上下，等等。我们会发现这个世界上的一切都是一阴一阳的组合。一阴一阳之谓道，其实阴阳是彼此互藏的一体两面和相互转换的互生循环，这两者都无法单独地存在。所以我们更应该把"阴阳"看成是一种"互生互补"的关系才能实现事物的生态平衡。所以《易经》最重要的成果就是让我们用辩证观来看待世界万物，这是中国文化的基础。通过阴阳辩证观来总结事物的变化规律：一切都是相对，一切都要平衡，一切都有因果，一切都是过程，一切都在循环。

（1）一切都是相对

一厘米相对一毫米来说就是长，而相对一米就是短；品质合格率

80%相对60%就是好，相对100%就是差；盈利100万元相对50万元就是多，而相对1000万元就是少。只要我们稍加留意就会发现，这个世界上一切事物的相互关系和特征都是相对的概念。有长就有短，有好就有坏，有多就有少，我们只有辩证地看待才能做到扬长避短，趋利避害。在经营企业的过程中同样需要领导者正确看待利人与利己、有形与无形、短期与长期、局部与整体、个人与团队、传承与创新、民主与集中、内部与外部等一系列的辩证关系。

（2）一切都要平衡

正因为这个世界上的一切事物都是一种相对的存在，这就需要我们做好平衡。儒家推崇的中庸之道其实就是做任何事情都要恰到好处，也就是根据天时、地利、人和做出最佳的选择。中庸不是无原则的和稀泥，更不是鼓励不求上进的平庸，而是要实现整体的最优化。以企业而言既要脚踏实地又要充满理想；既要考虑短期利益又要重视长期发展；既要保持规范有序又要做好创新发展；既要实现个人成长又要推动团队发展；既要考虑内部利益又要做到外部共赢。只有把看似矛盾的两种状态做好平衡统一才能推动企业实现持续健康发展。

（3）一切都有因果

就像我们种下一棵草就不可能会长成一棵参天大树。我们所看到的任何结果背后都必然有其产生的原因。为什么有的企业未老先衰，为什么有的企业昙花一现，而有的企业却能基业长青。一个企业经营失败必定有其失败的原因，经营成功也必有其成功的原因，这就是企业经营的因果。我们想得到企业基业长青的果，首先就需要找到能够帮助企业实现基业长青的因。只有脚踏实地地把这些能够帮助企业实现基业长青的因做好，才能让企业实现持续健康的发展。

（4）一切都是过程

我们很小的时候就学习过《拔苗助长》的故事，然而在现实的工作生活中却经常犯类似的错误却不自知。任何事物都有一个从无到有，从弱到强，由小到大的成长过程。企业的发展也同样会经历从弱到强，从小到大这样一个过程。在明确了企业战略发展方向以后不能急于求成。只有脚踏实地地围绕用户价值把企业的产品、服务、团队、系统等一步步做好才能让企业更健康的发展。领导者既要明确企业未来的发展方向，又要客观地认识到企业的现状，以此为基础制订企业不同阶段的目标和计划。

（5）一切都在循环

就像一年的春夏秋冬周而复始，事物的变化也都有其周期。在经营企业的过程中我们要抓住企业内外变化的周期和不同阶段的特点及时做出应对措施才能实现持续健康发展。正如《易经》所揭示的盛极必衰，否极泰来。这要求我们在企业发展得好的时候就要做到未雨绸缪，要有如履薄冰的危机意识。而在企业发展遇到挑战时也不要灰心丧气，正好为下一轮发展做好充分的准备。只有掌握事物的这种循环变化规律，才能做到运筹帷幄，胜不骄，败不馁。

2.简易、变易、不易

易分三易，包含"简易、变易、不易"三个阶段。"合抱之木，生于毫末；九层之台，起于累土；千里之行，始于足下。"我们会发现这个世界上的所有事物刚刚开始的时候其实都非常简单，这就是"简易"。但一旦开始，随着时间的推移就会产生各种各样的变化。就像小孩子刚生下来都差不多，但长大后每个人的能力、成就差别却非常大。最开始人类的文字只是简单的几个符号，慢慢演变出现了丰富多彩的文字。人、事、物都在随着时空的改变而不断变化，这就是"变易"。

正所谓万变不离其宗，无论如何变化，其背后的基本规律都不会改变。人、事、物背后不变的规律就是"不易"。治病有治病的规律，冲茶有冲茶的规律，经商同样有经商的规律，这些规律就是"道"。只有掌握了规律才能指引我们把事情做好。商道就是要找到决定企业兴衰成败的规律，帮助企业实现基业长青。

3. 易象、易数、易理

《易经》从"易象"到"易数"再到"易理"，把这个世界分成了三个层次。我们可以看得见、摸得着的都只是事物的表象，也就是"易象"；而事物所有展现出来的现象都有大小、多少、轻重、长短、冷热等数据可以测量得到，这就是"易数"；这些现象和数据的背后都有其发展变化的规律，也就是易理。所有的事物有象就必有数，有数就必有理，反之亦同，三者一体。正如南怀瑾先生所言，有其理而不见其象是我们的经验不足，有其象而不知其理是我们的智慧不够。同样就商业而言，我们不要被纷繁复杂的商业表象所迷惑，要统计出财务层、客户层、营运层、成长层、生态层的相关数据。在此基础上还要进一步分析这些数据背后的变化规律。很多企业为什么做不强、做不大、做不久，而为什么很多组织或少数企业却能成就百年基业，这背后隐藏着让企业实现持续健康发展的规律就是我们要探索的商道。

4. 追求天人合一

中国文字在造字的背后都有其丰富内涵。《易经》的"易"从构字来看上面是一个"日"字，下面是一个"月"字，把"日""月"放在一起的内涵就是代表整个世界。而"经"的意思是基本的方法和规律。所以把这两个字合在一起，《易经》代表了世界万物的基本规律。正所谓一生二，二生三，三生万物，世间万物都是由天、地、人所创造。而天、地、人之间的相互关系被古人总结为：人法地，地法天，天法道，道法自然。每个人都需要处理好自己与自己，自己与他人，自己与环境的关系。而最佳的关系就是实现天时、地利、人和的统一，也就是天人合一。然而人、事、物都在随时随地地发生变化，所以"天时、地利、人和"的状况也在随时随地、因人而异地不断变化，这是一个动态平衡的过程。经营企业同样需要根据"天时、地利、人和"的情况做好变革创新，最终实现持续健康发展。所以商道的实质就是在商业领域实现天人合一的优秀思想、科学方法和高效工具。

5. 从《易经》悟商道

随着商业对国计民生的影响不断增强，在这个新的时代对形成完整的商道文化体系呼之欲出。而中国商道文化的源头如诸子百家一样同样在《易经》，同时还要立足于时代背景吸收百家之长，融合中外理论和实践的精华。通过《易经》不仅可以让我们悟到有无、得失、强弱的辩证哲学，同时也揭示了天时、地利、人和的变化规律。天人合一是中国文化追求的最高境界，这也是商业的最高追求。我们用《易经》的智慧来总结商业运行的基本规律是：无能生有，视有为无，用之有道，复能生有，生生不息，基业长青！

（1）无能生有却视有为无

每一个企业都源于创业者的一个梦想，通过努力实现从无到有，由弱变强的不断发展。无论一个企业取得多大的成就，有多么的成功，其实都是一个从无到有的变化过程。企业领导者只有明白这一点才能创造出无限的可能。当企业一步步发展壮大，开始聚集越来越多的资源，获得各种各样的荣誉，受到社会各界的好评。这时候就需要领导者能够保持一种"视有为无"的境界才能不被已取得的成就所束缚。其实人生就像一次旅行，最终收获的只是一段经历。只有看透财富、荣誉、权力这些外在的东西，我们才不会患得患失或贪图享乐。领导者要在经营企业的过程中修炼自己，学会享受经营企业的过程，做到生命不止就奋斗不息。在面对经营管理过程中的问题时能够看淡名利得失作出更有远见的正确决策。

（2）用之有道才复能生有

企业领导者在取得一定成就后不能变得不求上进，但也不能盲目冒进。我们要把关注的焦点始终放在企业存在的价值上。领导者要根据企业的"天时、地利、人和"不断变革发展，真正把各种资源持续投入有助于提升企业价值的地方。该投入的资源要做到全力投入，不该花的钱一分都不能浪费。只有把企业的各种资源用好，企业才能不断创造出更大的价值，就能源源不断地获得更多资源。当一个企业汇聚了资源之后，最重要的还是如何用好这些资源创造出更大的价值。企业资源只有用之有道才复能生有，如果用不好再多的资源都会慢慢枯竭。

（3）生生不息能基业长青

"从无到有，视有为无，用之有道，复能生有"这是企业生态循环的一个发展周期。"流水不腐，户枢不蠹"，我们只有保持企业生态循环的健康运行，才能让企业实现生生不息。就像白天黑夜不断交替，花开花落不断循环一样不会中断。如何才能让企业保持这种生生不息的良性循环就是我们要探索的商道。所以商道就是一套可以帮助企业实现持续健康发展的优秀思想、科学方法和高效工具。领导者只有遵循这些思想、方法和工具才能让企业实现基业长青。

不同的世界观就会形成不同的文化体系。世界各大文明主要基于三种世界观，也就是三种看世界的逻辑。唯物观向外看，遵循物理逻辑，重点关注物质世界；唯心观向内看，遵循心理逻辑，重点关注精神世界；辩证观兼内外，遵循辩证逻辑，追求实现天人合一。只有处理好自己和自己，自己和他人，自己和环境的关系才能达到天人合一的境界。中国文化的哲学基础就是《易经》的辩证观，能够根据"天时、地利、人和"的情况选择最佳的变化方案。这就是儒家思想中的"择其两端而用其中"的中庸之道。

中国商道同样要以"易经"的辩证观为指导，根据"天时、地利、人和"做好企业的变革创新，从而实现企业的持续健康发展。企业经营要运用好《易经》中"时、位、应、变、中"的发展规律。"时"是企业所处的宏观环境和行业环境；"位"是企业现有的资源状况和能力状况；"应"是企业发展会遇到的助力因素和阻力因素；"变"就是要根据"时、位、应"的情况制定发展规划和系统升级；"中"是企业实现生态共赢的持续健康发展。

二、诸子百家的商业启示

春秋战国时代是中国社会形态从奴隶社会向封建社会过渡的阶段。由于社会矛盾的加剧，旧的文化体系开始被破坏和怀疑。当时社会各界的精英代表纷纷提出了自己的主张，形成了一场百家争鸣的大辩论。从治理国家的角度最有代表性的包括道家、儒家、墨家、法家、兵家。每家都从不同的视角提出了很多值得学习借鉴的思想和方法。当中国经济从农耕时代转向工商时代，我们同样需要探索工商业需要的文化体系，也就是商道文化。诸子百家的思想穿越时空至现在，同样有许多内容需要在商业领域做好传承和发扬。

1.道家启示

老子出生于春秋末期，曾担任周朝守藏室之史。这让他有机会阅读到春秋之前的各代著作。老子集古圣先贤的大智慧总结出"自然无为"

的核心思想，成为道家学派的开创者。道家认为：人法地，地法天，天法道，道法自然。道家的无为而治、以柔克刚、刚柔并济等思想对其他各家的思想都产生了重大影响。《道德经》中讲：失道而德，失德而仁，失仁而义，失义而礼。在现实中要真正做到"自然无为"虽然非常难，但领导者要追求"无为而治"的境界。领导者"无为而治"的关键在于能够让团队有为，充分发挥团队的作用。无为而治不是什么都不做，而是不违背事物的规律，无为而无不为。

《道德经》一开篇就说"道可道，非常道。名可名，非常名"。因为世界万物都在随着"天时、地利、人和"不断变化，我们所讲的道理都有其局限性。"为"和"不为"都在于是否遵循天地万物的规律。当今中国正从几千年的农耕经济全面转型为工商经济，这必将引发社会各界的巨大变化。经营企业既不能墨守成规，也不能盲目乱变。真正需要的是用心探索出企业实现持续健康发展的规律，并自觉遵循这些规律才能实现"无为而治"。《道德经》中讲："故有无相生，难易相成，长短相较，高下相倾，音声相和，前后相随。是以圣人处无为之事，行不言之教；万物作焉而不辞。生而不有，为而不恃，功成而弗居。夫唯弗居，是以不去。"领导者要学习道家思想中的大智慧。

2. 儒家启示

诸子百家中儒家思想对中国过往两千多年的历史影响最为深远。儒家学派的开创者孔子出生于春秋末期，曾多次问道老子。在鲁国担任过中都宰、大司寇等职，后因与季氏不和选择周游列国寻找实现治国理念的机会。儒家的核心理念是"仁、义、礼、智、信"，而"仁"是整个思想体系的根本。"仁"体现在对上级"忠"，对下属"恕"，对长辈"孝"，对兄长"悌"；"仁"体现在教育是"有教无类"；"仁"体现在治国就是"德治"。"义"是知羞耻，"礼"是懂辞让，"智"是明是非，这些都要以"仁"为根本。"信"是"诚信"，也就是要说到做到，知行合一。当我们知道了什么是"仁"，什么是"义"，什么是"礼"，什么是"智"，就要按"仁、义、礼、智"的要求去坚持做到，这就是"信"。

在实际的运用中，儒家思想强调中庸之道。也就是要根据"天时、地利、人和"做到恰到好处，这正是《易经》辩证观的运用。儒家把一个人的成长总结为"格物、致知、诚意、正心、修身、齐家、治国、平天下！"这些思想直到今天依然是一个人实现人生价值的基本路径。只是在这个新的时代实现人生价值的方式有了更多的选择。立足于工商时代，在企业中成长的路径应该是"格物、致知，诚意、正心，修身，齐家、治业、和天下！"因为在农耕时代的社会精英想实现人生价值的最好方式只有"治国、平天下"。而在工商时代每个人都拥有更多的选择。我们只需要选择一份自己喜欢的事业把它经营好，就能为他人及整个社会创造价值。

3. 墨家启示

墨家的创始人墨子名翟，是一个农民出身的思想大家。因为墨子的生活经历让他对社会底层的疾苦深有感触。所以墨子的思想特别关注民生，他站在社会普通大众的角度强调要"饥者得其食，寒者得其衣，劳者得其息"。墨家以"兼爱"思想为核心，提出"非攻、尚贤、节用、守备"等重要观点。这些理念在商业时代同样不可缺少。一个商业大家要有兼爱天下的境界，追求造福于更多人；在经营过程中要避免恶性竞争，不要恶意攻击竞争对手；能够重视人才，任人唯贤；不搞铺张浪费，重视成本控制；随时做好应对危机的充分准备，防患于未然。

墨家思想中还有一点特别需要强调，就是对科学技术的研究运用。

墨子在战国时期通过大量的研究实验对几何学、物理学、光学等方面都建立了整套的理论体系。在实践当中墨家要求做到高度自律务实，成员需要长期艰苦训练。企业领导者要特别重视科学技术的研究运用，同时要学习墨家自律务实的精神。

4.法家启示

韩非子是战国末期韩国的王族公子。他所处时代是中国历史上战乱连绵的动荡期，经历了韩国屡败于秦，国势日衰。因为亲身经历让他认为只有通过法制严惩奸恶才能强国安民。韩非子继承并发展了战国以来早期法家思想的精华，形成了一个法、术、势相结合的思想体系。韩非子强调要"因道全法"，也就是制定法律不能违背客观规律；执行过程中强调一视同仁，信赏必罚，同时要注意执行的方式；推行法制要善于借势，只有顺势而为才能事半功倍。

中国自古就强调没有规矩不成方圆，国有国法，家有家规。法治同样是商业能够健康发展的重要保障，要建立科学的商业法律体系来规范引导企业合法经营。在企业内部同样需要重视建立科学合理的制度体系来保障各项工作能够高效有序的开展。但我们必须明确制度体系的目的在于帮助团队在合适的时间、合适的地点、用合适的方法把工作做好。所以制度体系一定要符合规律，通过制度体系可以明确团队的目标权责，总结工作的经验教训，发扬人性的善良美德。

5.兵家启示

兵家始祖孙子原名孙武，出生于春秋末期的武将世家。兵家站在保家卫国的角度来研究战争。孙子认为战争的胜负主要取决于"道、天、地、将、法"五个要素。正所谓"得道者多助，失道者寡助"。孙子首先强调战争要合符"道义"，不能轻易发动战争，更不能发动不得人心的战争；在此基础上特别强调要占据天时和地利的环境优势；内部要注意将领的选用和法令的执行。孙子为我们提供了一套战略思维的系统模型，强调在作决策时要善于"择人而任势"。作为领导者要重视人才的选用，要善于创造和运用有利的形势才能取得胜利，这在企业经营中同样值得借鉴。

在实际的战争过程中兵家还特别强调权变思想。一是要"以正合，以奇胜"的出奇制胜；二是要"故迂其途，而诱之以利，后人发，先人至"的迂回制胜；三是要"兵贵胜，不贵久"的以快制胜。这些在战争中行之有效的思想和方法也是企业经营中需要学习的内容。领导者既要重视练好企业的基本功，同时又要善于抓住出奇制胜的机会。经营企业不能墨守成规，只有根据企业经营的实际情况做到随机应变才能实现持续健康发展。

6.百家归一

纵观春秋战国的诸子百家，是在春秋战国这样的时空背景下，站在不同的社会角度提出的思想学说。这些思想背后都有一个共同的源头就是《易经》，同样也有一个共同的目的就是如何实现民富国强。《易经》是中国古人智慧的结晶，用阴阳辩证观来解析世界万物的基本规律。诸子百家其实是一个整体，从不同的领域、不同的角度探索实现天人合一的方法。其本质在于实现自己与自己、自己与他人、自己与环境的和谐之道，也就是幸福之道。在经营企业时要善于吸收百家之长才能实现持续健康发展。

中国优秀传统文化的哲学基础就是阴阳辩证观。在理念上坚持以仁为本和系统思维；在实践中强调知行合一和反求诸己；在结果上追求内圣外王和天人合一。商道就是以《易经》的辩证观为指导，吸收古今中外理论和实践的精华，帮助企业实现持续健康发展的一套优秀思想、科学方法和高效工具。企业是人类社会的一种组织形式，通过经营企业的方式追求实现"内享幸福，外创价值"的理想人生。商道的目的就是要创建"合理盈利、持续发展、生态共赢"的优秀企业。

三、破解长寿组织的基因

企业是人类发展史中分工合作的一种组织形式。除了企业之外还有军队、学校、家庭、学派、宗教等拥有古老历史的组织。这些组织的平均寿命都远远超过企业。中国现代企业的发展历史还非常短，可供参考的经验还很有限。我们要找到企业基业长青之道最简单有效的方法就是懂得学习世界上已有长寿组织的成功之道，复制其实现长寿的基因。

1. 强调使命责任

企业要实现基业长青需要赋予这份事业伟大的意义和目的。领导者要让整个团队不仅仅只是为了生活而工作，更是为了让人生更有意义，为客户、团队、伙伴、股东、社会创造价值。这就要求企业要明确自己的使命。只有一个团队带着使命去工作才能从中感受到责任和意义，也才能更加主动和高效。责任能够帮助企业形成强大的执行力，各项工作才能得到更高效的开展。

2. 学校助人成长

超过百年历史的学校在全球都很常见，据统计，超过600年以上的组织中学校占了绝大部分。为什么学校能够长期存在并得到持续发展？这源于学校的价值在于帮助学生获得能力和思想的成长，老师的责任在于传道、授业、解惑。正是因为有了学校老师的教育才培育出一代又一代的优秀人才，推动社会进步的同时让更多人的人生更加精彩。几乎每个人都会对学校和老师怀有感激之情，越是有成就的人越会懂得感恩自己的学校和老师。正是因为学校教书育人的独特价值，才让社会各界的精英都愿意为学校添砖加瓦，愿意为学校的发展献策献力。

在这个时代只要我们对各行业顶尖人才的成长背景做一些调查就会发现，这些人中绝大部分都曾就职于行业中排名前三的优秀企业。行业的领先企业通常就是整个行业培养人才的"黄埔军校"，无论是有意或是无意地担负了行业学校的角色。对于企业本身来说只有能够帮助整个团队得到快速成长，才能吸引并培育出行业一流的人才。一流的产品和服务源于一流的团队，只有打造一流的团队才能成就一流的企业。所以我们可以看到全球最顶尖的企业都有一套卓越的人才培养体系，能够不断培养出行业一流的人才。

3. 家庭给人关爱

家庭是整个社会的基本构成单位，是社会的组成细胞，也是人类社会传承几千年的组织形式。为什么家庭可以实现生生不息？家庭一直被我们视为避风港湾，家人之间强调相互无条件的信任、奉献和关爱。所以家已经变成每个人生命的重要组成，是自我的一种延伸。我们都希望努力为家人创造良好的生活条件；都希望家人健康平安；都希望家人快乐幸福。每年春节很多人可以克服万难，不远千里只是为了回家与家人团聚。为了家人我们愿意努力拼搏，甚至奋不顾身。

有人形容"金窝银窝不如自己的狗窝"。家是一个人的"情感"归属地，无论遇到多大的困难和挑战大家都不愿意离开自己的家。正是家人之间的相互信任、奉献和关爱让家庭成为让人感觉最温暖的地方。企业的背后是众多的小家，作为企业要重视把家的文化基因移植到团队当中。也就是要在企业中培育团队之间相互的信任、奉献和关爱的文化。企业只有让团队成员感觉到家一样的温暖，团队才能把企业当家，才愿意风雨同舟。

4.学派探索新知

就像春秋战国形成的诸子百家一样，历经几千年仍然拥有强大的生命力。这是因为每一个学派都会总结出某一个领域的思想和规律。而这些新的思想知识可以帮助我们在相关领域少犯错误。人类对自己、对他人、对环境的探索是一个永无止境的过程。每个人都希望对自己、对他人、对环境有更多的了解，真正掌握人、事、物的规律。这些规律可以指导大家更好地处理自己和自己，自己和他人，自己和环境的关系，从而让我们的工作生活变得更美好。

所有的新知都离不开实践，实践也是检验知识的唯一标准。企业经营就是工商时代最重要的实践活动，几乎涉及各个领域的方方面面。我们要在企业经营过程中像学者一样不断探索研究，才能帮助企业不断获得新的突破。企业要形成一套创新体系推动各项工作能够实现持续创新，最终才能不断创造出新知识、新技术、新产品、新文化。这不仅可以帮助企业获得更好的发展空间，同时也能推动行业和时代的进步。

5.信仰使人坚定

世界上还有一种非常古老的组织就是宗教。宗教可以传承过千年的基因在于可以帮助人们找到内心的归属，也就是信仰。信仰其实就是一个人内心坚定不移的信念，有了这样的信念让人可以坦然面对一切挫折和困难，甚至让人可以无惧死亡。我们盘点一下全球各大宗教会发现，佛教、基督教、伊斯兰教等这些全球最有影响力的宗教都有一个共同点就是教导人要向善。从中也给到我们一个重要的启示：所有的人类信仰都应该建立在"善"的基础上。

企业同样需要建立起团队的信仰，也就是要培育优秀的企业文化。无论我们如何去表述，优秀的企业文化都要能充分激发出团队的善良美德。企业文化要让整个团队积极向上，对未来要充满希望。只有一个团队带着爱去工作，真正重视为客户、团队、伙伴、股东、社会创造价值，这个企业才能实现持续健康的发展。优秀企业文化的本质就是要指引整个团队养成良好的待人处事习惯，最终实现"内享幸福，外创价值"的圆满人生。

6.百年企业基因

其实在商业领域同样不乏基业长青的百年企业。全世界超过200年历史的企业也有几千家。这些企业在行业上千差万别，分布在世界各地。其中日本是全世界百年企业最多的一个国家。据日本百年企业研究权威专家后藤俊夫教授统计的最新数据，日本有近3万家百年企业。通过对大量百年企业的研究分析，这些企业都有一个共同的特点就是"利他"文化。这也再一次验证了军队、学校、家庭、学派、宗教这些组织的长寿之道都在于"利他"的追求。一个企业只有与客户、团队、伙伴、股东、社会形成生态共赢的关系才有可能实现基业长青。

（1）使命伟大

几乎所有能够实现基业长青的伟大企业都有明确而有意义的使命。只有像军队一样拥有伟大使命的企业才能充分激发团队的责任心和荣誉感，并吸引很多优秀的人才愿意为这份事业贡献自己的力量。

（2）不断成长

事在人为，要把事做好首先要有优秀的人才。企业要健康发展就要像学校一样帮助团队不断学习成长。随着团队综合素质的提升，工作质量和效率才能得到更好的改善。所有能够长寿的企业在团队培养方面都是值得学习的典范。

（3）以人为本

企业都由人组成，也要能够为人提供有价值的产品或服务才有存在的意义。所以只有坚持以人为本，像对待家人一样对待客户、团队、伙伴、股东，坚持与社会各界共赢的企业才能得到持续发展。

（4）持续创新

企业内外环境都在随时随地发生变化，原本有效的方法都会变得不再适用。企业要想不被淘汰就要做到与时俱进，像学者一样对企业发展需要的技术方法不断进行探索研究。只有持续创新形成企业的核心竞争力才能让企业实现长寿。

（5）文化强大

企业文化是一个企业的灵魂。通过企业文化建设要形成团队的共同信仰。无论如何去表述，优秀的企业文化一定要根植于"爱"的土壤。我们要培育出强大的文化可以向一些优秀的宗教借鉴经验。只有把企业的核心文化变成团队待人做事的优秀习惯才能真正发挥作用。

四、回归商业最初的本质

因为过往时代商业的扭曲发展，造成我们对企业的认识存在很多误区。西方的主流观点认为企业的目的是追求利润最大化。而中国对企业的认识是"无商不奸"。因为这种扭曲让很多人形成了对企业既爱又恨的矛盾心理。我们非常痛恨一些不良企业的欺诈行为，但又爱商业发展为我们带来了更好的工作和生活。很多人在内心既看不起商人，但又很羡慕商人。要改变这样的现状需要我们追根溯源，重新回归商业的本质。

1.商业起源

中国的商业可以追溯到上古神农、黄帝时期。当时社会开始出现男耕女织的简单分工。通过分工在提升生产效率的同时，也产生了交易的需要。因为布多而米少的家庭需要以布换米，布少而米多的家庭也需要以米换布。为了便于交易就设立了专门用于交易的市场。随着分工越来越细，物资越来越丰富，交易的需求就变得越来越频繁。为了便于交易和维护公正，开始形成用于各种商品相互交易的统一货币和制定了对各种商品进行度量的标准。货币和度量标准的形成为商业的健康发展奠定了基石。

2. 商本仁业

从商业起源可以让我们看到商业的本质是通过分工交易来实现各得所需的目的，这是一个成人达己的共赢事业。也就是通过合理分工让每个人可以专注做好自己最擅长的事情，从而实现快速提高每个人的工作效率。通过分工让每个人都能创造出更大价值，这不仅可以成就自己，同时也推动了整个人类文明的快速发展。也正是因为分工才让每个人有更多机会选择做自己擅长和喜欢的事情，从而能够从工作中自得其乐。健康的商业要立足于为客户创造价值，为团队成就事业，为伙伴分享发展，为股东获得回报，为社会增进和谐。如果不能与客户、团队、伙伴、股东、社会共赢就不是健康的商业。所以经营好商业的基础是要有一颗"仁"心，这也是中国诸子百家的共通之处。商业的本质应该是一个团队通过分工合作与客户、团队、伙伴、股东、社会实现生态共赢的事业。所以我们可以把商业总结为"商本仁业，立心天地，分工交易，各得所需，成人达己，福泽生民"。

3. 企业道场

每个人的目标不一样，做的事情不一样，但追求的最终目的都是获得幸福感。一个人要获得幸福感就需要处理好自己和自己，自己和他人，自己和环境的关系。人生的本质就是为己做事，为己就是修炼心行，做事就是待人接物。只有在做事的过程中不断修炼心行才能提升幸福感。所以古人讲：小隐隐于林，大隐隐于市。我们不是只有到寺庙才能修炼，其实修炼无时无处不在。在这个时代，企业就是一个修炼的最佳道场。经营好企业的本质就是在企业中处理好自己和自己、自己和他人、自己和环境的关系。农耕时代的主流精英追求的是修身、齐家、治国、平天下！而工商时代的主流精英追求的应该是修身、齐家、治业、和天下！也就是通过用心经营好一份事业，与客户、团队、伙伴、股东、社会共赢发展，从而实现"内享幸福，外创价值"的人生。

五、商业大家的修炼历程

健康的商业经营需要有优秀的"商道文化"来指引，更要大批有远见卓识的商业大家来共同推动。我们对传统商人的认识只是想通过经商赚钱过上好日子的人。在"商道"和"法律"都缺失的情况下，创业者为了私利没有底线就变得习以为常。其实不是每个创业者都可以称为企业家。根据一个人经营企业所追求的目标不同，可以分为五种人生定位。如果一个人经营企业只是为了赚钱来养家糊口，让自己过上好日子，这种目标追求的定位为"商贩"；如果一个人经营企业能够坚持诚实守信的传统美德，做到有所为有所不为，这样的目标定位就是"商人"；如果一个人以企业为载体，能够坚持做与客户、团队、伙伴、股东、社会共赢的事业，我们把这种目标定位的人称为"商家"；如果一个人通过经营好一家企业，能够推动和引领整个行业的健康发展就是"商贤"；如果一家企业推动了整个时代的发展进步，成为国家和民族的荣耀，这样的企业领导者就是"商圣"。只有越来越多的创业者定位成为"商家"，甚至成为"商贤"或"商圣"才能推动商业文明的发展。

在这个时代需要让"商人"修炼成"商家"，甚至成为"商贤"或"商圣"。也就是在商业经营活动中能坚持"为客户创造价值，为团队成就事业，为伙伴分享发展，为股东获得回报，为社会增进和谐"的商业大家。只有形成完整的"商道"文化体系才能指引更多的"商人"蜕变为"商家""商贤"和"商圣"。真正的商业大家要致力于成为这个新时代"内圣外王"的学习典范。

如何才能帮助更多传统的"商人"修炼成为"商家"，我们可以从儒家思想中得到很多重要的启示。儒家把一个人的成长归结为"格物、致知、诚意、正心、修身、齐家、治国、平天下！"这句话的时代背景是在两千多年前的春秋战国时期。在那个时代，一个德才兼备的人可以实现自我价值的方式非常少，最好的选择就是"治国、平天下"。而在当今这个时代每个人都有了更多的选择去实现自身价值，而不一定非要去从政。我们可以把这句话调整为"格物、致知，诚意、正心，修身，齐家、治业、和天下！"才更符合这个新时代的背景。这就是工商时代要成为"商家"需要坚持修炼的成长路径。

1. 格物致知

世界万物都有其自身的规律，做任何事情都要先掌握其规律。"格物致知"就是要我们认真研究人、事、物，找到人、事、物运行变化的基本规律。我们对人重点要了解其情、欲、念，也就是一个人的情绪、需求和动机；对于物我们重点要研究它的象、数、理，也就是一件物品的现象、数据和原理；事其实就是人和物之间产生的关系，我们重点要掌握做事的法、术、器，也就是做好一件事的原则、措施和工具。虽然商业的表现纷繁复杂，但归根结底就是与企业相关人、事、物的各种问题。一个商业大家首先就要用心研究与企业相关的人、事、物，只有掌握经营企业的基本规律才能把企业经营好。

2. 诚意正心

"诚意"就是要坦诚地面对自己的情绪、需求、动机，这样才能真正了解自己内心的想法。在此基础上我们要不断地净化自己的情、欲、念，能够保持良好的情绪，合理的需求，善良的动机。让自己的情、欲、念回归"真、善、美"的本性就是"正心"。健康的商业应该是一个成人达己的事业，经营企业的过程要始终坚持正确的理念和心态。企业的领导者要学会不断总结检视自己的情、欲、念是否有违反人、事、物的基本规律，要做到动机共赢利他，目标科学合理，情绪平和喜悦。我们要多站在客户、团队、伙伴、股东、社会的不同角度思考问题，真正坚持与大家共赢才符合商业的本质。

3. 修身

"格物、致知，诚意、正心"就是在做事中掌握人、事、物的规律，净化自己的情、欲、念，从而不断提升心性和能力。"格物、致知"是正知，"诚意、正心"是正念，这都需要通过在做事中才能实现，也就是知行合一。就像我们只有坚持锻炼身体才能掌握健身的技巧，在这个过程才能不断提升自己的心性。在做事的过程中做到"格物、致知，诚意、正心"就是修身，这就是知行合一的正行。所以随时随地都可以修身，这是实现"内享幸福，外创价值"的根本。企业的领导者是推动时代发展的重要力量，更是要做好修身。

4. 齐家

人生的目的归根于"内享幸福，外创价值"。也就是自己能够保持身心愉悦，同时能够帮助更多人实现身心愉悦，而这两者之间也是互相促进的关系。一个人的成长不是闭门造车，而是要在现实的工作生活中不断修炼自己。正所谓"一室之不治，何以天下家国为？"我们首先要在家庭中不断修炼自己，让自己的家庭幸福美满。这个过程其实也是一个人在家里践行"正知、正念、正行"的过程。只有符合"正知、正念、正行"才能实现家庭幸福美满的"正果"。一个商业大家不仅要追求事业有成，同样也要实现家庭美满。正所谓家和万事兴，一个幸福的家庭也是做好事业的坚强后盾。

5.治业

在这个新时代，我们拥有很多可以实现自我价值的方式。每个人都可以找到一个符合自己专长爱好的领域用心去做好。如果把人生当作一场修炼，工作本身没有高低贵贱之分，只是一个人修炼的方式。在这个时代，企业就是最好的修炼道场。我们把对人、事、物的认知在企业的各项工作中去实践和验证，从而在心性和能力上得到新的成长。只有按人、事、物的规律去经营企业才能实现持续健康的发展。企业是一个团队实现"内享幸福，外创价值"的共同平台。每个团队成员背后都有家庭，企业服务的客户、合作伙伴背后也关系到许多家庭。所以一个企业关系到很多不同的家庭，"治业"是"齐家"的进一步延伸。通过把企业经营好就能造福更多的家庭。只有在经营企业的过程中坚持"正知、正念、正行"才能得到事业有成的"正果"。

6.和天下

不管我们选择做什么事业，都不能偏离为社会创造价值的大道。穷则独善其身，达则兼济天下。我们所经营的事业能为多少人创造价值，就有多大的成就。做好一份事业的根本目的在于"内享幸福"，而意义却在于"外创价值"。"外创价值"的本质就是能让更多人因为自己的事业而变得更幸福。只有能够做与客户、团队、伙伴、股东、社会等共赢的事业才能得到大家的认同和支持，也才能实现持续健康的发展。我们在处理与社会各界的关系时要坚持"正知、正念、正行"，从而实现为社会作出贡献的"正果"，这就是"和天下"。企业的领导者要坚持做对社会有价值的事情"让世界变得更加和谐美好"！

六、实现基业长青的密码

每一个企业领导者都希望解开实现基业长青的奥秘。这需要找到一套经营企业的优秀思想、科学方法和高效工具，也就是商道体系。中国商道需要我们立足于这个新的时代去传承中华文化的思想精华；吸收西方优秀的经营管理方法；借鉴世界已有长寿组织的成功经验。在总结借鉴这些人类智慧的基础上，最终形成一套指引企业实现持续健康发展的完整系统。我们可以把企业实现基业长青的核心归结为"明因、持道、取势、定法、优术、利器"六个方面。

1. 明因

无论我们做什么都应该首先明确目的是什么，也就是为什么要做？只要我们静下来追问自己的内心就会明白，虽然每个人追求的目标千差万别，而人生的根本目的都在于追求幸福。然而每个人在追求自己的幸福时都必须坚守一个原则，就是要用共赢的方式而不能伤害他人。如果每个人都只为自己考虑而不顾他人的感受最终就会变成相互伤害的共输。只要每个人都坚持用共赢的方式相处就能让世界变得更加和谐美好。企业作为这个时代社会的基本构成单位，要立足于为社会解决一些特定的问题。企业是一个团队通过分工合作实现"内享幸福，外创价值"的共同平台。所以企业能够实现基业长青之因就是要追求"自己幸福、与人共赢、社会和谐"的目的。

2. 持道

经营企业的目的在于追求"幸福、共赢、和谐"。要实现这个目的就要坚持一些基本的原则，也就是处理好"自己与自己，自己与他人，自己与环境"三种关系的基本准则。正所谓"为学日盈，为道日损"，我们可以把处理自己、他人、环境三者关系的基本原则归结为"真、善、美"三个字。在经营企业时到底什么是"真、善、美"呢？在处理各项工作时要遵循人、事、物的规律就是真；坚持与客户、团队、伙伴、股东、社会实现共赢是善；在经营过程中无论遇到什么困难挑战都能保持积极乐观的心境是美。在企业中只有做到对环境真，对他人善，对自己美才能实现"自己幸福、与人共赢、社会和谐"的目的。

3. 取势

中国文化的最高境界在于实现天人合一，也就是强调天时、地利、人和。人、事、物都在因时、因地、因人地发生变化。所以经营企业要做到"真、善、美"就要懂得随机应变的道理。《易经》就是一本揭示天地万物变化规律的经典，从中我们可以悟到天人合一的智慧。道家思想强调："人法地，地法天，天法道，道法自然"，其实质就是要符合天时、地利、人和的规律，最终才能实现天人合一。在经营企业的过程中要根据"天时、地利、人和"做好判断和决策，只有顺势而为才能事半功倍。

4. 定法

"明因、持道、取势"可以帮助企业明确实现持续健康发展的目的、原则和机会。通过"明因、持道、取势"，最终要转化为指导企业实际经营的战略、模式和规则才能真正发挥作用，也就是需要"定法"。战略、模式和规则就是保证一个企业能够健康发展的顶层设计。战略决定企业未来的发展方向；模式决定战略实现的整套系统；规则决定经营管理中责权利的科学分配。如果企业的顶层设计有问题，这个企业就会存在先天不足。企业要做顶层设计的前提在于符合"明因、持道、取势"的要求。

5.优术

企业在完成顶层设计之后，还要形成能够具体落地的执行方案，这就是术。在具体落实公司顶层设计的时候要重视"优术"的工作，也就是能够落地执行的具体方案措施。"优术"包含三个方面的内容：一个是要不断整合有利于帮助企业实现顶层设计的各种资源；同时要不断提升团队执行顶层设计所需的综合能力；还要对具体的行动方案做到持续的提升改善。只有做到资源、能力、行动都能够与公司顶层设计相匹配，公司的发展规划才能真正得到落实。

6.利器

古人讲"工欲善其事，必先利其器"。做任何事情都要提前准备好实施过程中需要的相关物资。配备好的物资可以帮助我们更快、更好地达成目标。企业经营之器主要包括场地、工具和物料三个方面。在企业经营过程中首先要注意选择和建设最便利的工作场地；要不断优化工作过程中所需的各种设备工具；还要确保各项工作所需物料能够保质保量地准时供应。这些是一个企业经营管理的硬件基础。企业拥有最合适的场地、工具和物料才能让各项工作取得事半功倍的效果。

第三章

从哪里来到哪里去

一、明确企业存在的意义

企业是人类社会的一种组织形式，通过为人提供有价值的产品或服务来实现生存发展。企业的核心是人，企业的"企"字的内涵也是无人则止。所以企业要实现基业长青的根本在于人。如何才能让适合企业的优秀人才愿意加盟到公司并能充分发挥自己的能力？如何才能让目标客户持续选择公司的产品和服务？如何才能让公司的合作伙伴齐心协力？这都需要我们对这些企业相关者的需求和目标有充分的了解。现实生活中每个人都有自己追求的人生目标，有的人希望拥有很多财富，有的人希望成为行政领导，有的人希望取得科研成果，也有人仅仅只是希望吃饱穿暖。然而无论一个人追求的具体目标是什么，也无论他现在正在做什么，最终却都有一个共同的目的就是获得幸福。只有追求幸福才是一个人永不枯竭的动力源。对于追求幸福在中国自古就强调"天时、地利、人和"的大智慧。也有"格物、致知，诚意、正心，修身、齐家、治国、平天下"的路径。其实质就是要处理好自己与自己，自己与他人，自己与环境的关系。

1. 让自己获得幸福

我们曾经对不同行业、不同职业、不同学历的人做过大量调查，了解他们未来的目标是什么。虽然不同的人追求的具体目标千差万别，但还从来没有发现过有人追求一个目标是为了让自己越来越痛苦。一个人追求任何目标背后的终极目的都是希望自己可以获得幸福。所以一个人要正确地认识自己，知道自己到底要什么，处理好自己内在情、欲、念的关系。在现实的工作生活中我们常常会陷入两个误区。一个是不知道什么是真正的幸福，追求的方向错了就很难达成目的。另一个是在追求具体目标的过程中忘了最终的目的。最后即使达成了目标也没有幸福感。所以很多领导者在经营企业的过程中找不到乐趣，每天都很痛苦，但却不知道如何改变或不思改变。

2. 助他人获得幸福

道家的创始人老子早在几千年前就悟道："天地所以能长且久者，以其不自生，故能长生。是以圣人后其身而身先，外其身而身存。非以其无私邪？故能成其私。"这段话其实为我们揭示了一个"人与我""得与失"的人生大智慧。一个人在追求幸福时一定要坚持与人为善，只有以利他的方式去实现自己的目标才是王道。在现实社会中人与人之间都是相互依存的关系，正所谓"得道者多助，失道者寡助"。当我们追求的目标能够帮助身边尽可能多的人获得幸福感的时候，就会有更多人愿意帮助我们，最终才更容易实现自己的目标。如果一个人想通过伤害他人的方式去达成自己的目标，就会受到他人的阻碍和伤害。同时每个人的内心都有善良的本性，当我们能帮助他人时就会获得内心的价值感，这也是增强自身幸福感的重要因素。相反，如果伤害到别人时我们的内心总会感觉不安，也就没有幸福感可言了。

3. 让世界和谐美好

《道德经》中讲"人法地，地法天，天法道，道法自然"。所以天、地、人其实是一脉相通，相互影响的关系。天地万物都有其客观规律，只有遵循规律行事才能把事情做好。如果我们违反人、事、物本身的规律做事，对这个世界就会造成破坏，最终也会反过来伤害到自己。就如曾广受关注的食品安全问题，水质污染问题，空气污染问题，这都源于我们违背科学规律所致。这些破坏规律的行为最终都会害人害己。所以每个人在追求自己目标的过程中都要坚持人、事、物的基本规律。只有符合规律才能与这个世界和谐相处，也才能实现持续健康的发展。

企业是一个团队追求"内享幸福，外创价值"的共同平台。在实际的企业经营中，根据有关调查数据同样证明了利他终利己的智慧。一个企业团队的幸福感提升3%，顾客的满意度就会提升5%，这会让企业的利润至少增加25%。我们从中可以发现，当一个企业为团队、为客户考虑的时候，团队和客户就会回馈给企业利润。任何一个企业要实现持续健康的发展都要坚持与客户、团队、伙伴、股东、社会建立生态共赢的关系。自私的最高境界就是无私，通过成就他人来成就自己才是经营企业的大智慧。正如通威集团的创始人刘汉元先生所说：为客户、团队、伙伴、社会着想其实并不是说自己有多高尚，而这本身就是一个企业想得到持续健康发展的基础。所以商道即人道，追求"自己幸福、与人共赢、社会和谐"就是企业能够实现基业长青之因，也是企业存在的意义。

二、其实幸福一点都不虚

经过上面的探讨我们会发现每个人的终极目的都是"让自己和身边尽可能多的人获得幸福，让这个世界变得更加和谐美好"，也就是可以实现"内享幸福，外创价值"。但到底什么是幸福？不同的定义会造成一个人在追求幸福的方向上出现差异，更甚至会南辕北辙。工商时代很容易让人陷入一个误区，很多人认为只要有钱就可以幸福。然而我们稍做观察就会发现，很多开着名车，住着豪宅的有钱人幸福感却并不一定很高。而很多生活在边远山区的人每天过着日出而作，日落而息的贫困生活却也自得其乐。经权威机构调查的数据也显示，当今社会的物质条件比几十年前丰富了很多，然而人的幸福感却不增反降。我们要解释这样的现象，能够带领团队真正获得幸福，就需要正确认识什么是幸福！

1.幸福和快乐的区别

我们很容易把快乐和幸福画等号，其实幸福和快乐并不完全相同。快乐可以分为两种，有一时之快，也有持久之乐，只有持久之乐才是真正的幸福。我们的一时之快主要依赖于外部环境刺激所带来的感观之乐。买一件漂亮衣服，喝一瓶好酒，吃一餐美食都能为我们带来快乐。我们不能反对一个人要适度享乐，甚至鼓励要懂得合理提高物质条件来增进幸福感。但我们必须清醒意识到的是感观享受带来的快乐只是一时之乐，过度的依赖感观享乐往往会成为让一个人内心不幸福的根源。真正的幸福是一种持久之乐，是一种内在持久的好心境。要获得内在的持久之乐往往都需要我们对感观之乐保持适度的自律。比如我们要保持身体健康就需要早睡早起，坚持锻炼身体；我们要收获更多的知识就需要坚持不断学习；我们要获得事业上的成就需要认真对待工作。很多真正对我们有长期价值的事情刚开始都会让人在感观上觉得不舒服。但只要我们能坚持做，并最终养成好习惯，我们就会从中享受到持久的快乐。持久之乐主要来源于一个人内在的精神境界，而不是完全依赖于外在的物质条件。

2.物质并不能决定幸福

生活在现代社会，追求过上有品质的物质生活无可厚非。我们要努力去创造财富。只是君子爱财取之有道，不能为了获取物质财富而不择手段。只有通过为他人创造价值来获得合理的财富回报才是值得鼓励和尊敬的方式。其实一个人对物质财富最基本的需要只是为了保障自己正常的生活所需。因为每个人都需要有食物来补充身体所需的营养，还需要通过适当的运动来保持身体的健康，也需要衣服、房子等物品来避免身体受到伤害。但一个人的物欲如果被无限放大的时候，就很容易让自己误入歧途。古人很早就意识到物质财富只是身外之物，每个人都是一无所有的来，又将一无所有的离开。孔子的弟子颜回住在破陋的房子中过着"一箪食，一瓢饮"的贫困生活却依然能保持快乐。所以在经营企业的过程中我们要正确地看待物质财富，不要成为物质财富的奴隶。而要思考如何积极运用物质财富来实现"让自己和更多的人获得幸福，让世界更加和谐美好"的人生目的，这样才能真正成为物质财富的主人。

3.物质财富对幸福的价值

物质财富与幸福的关系我们可以用一个简单的比喻来说明。幸福就像一碗鸡汤，物质财富就像用来盛装鸡汤的碗。所以我们可以追求用青花瓷碗来装鸡汤，但绝不要因为没有青花瓷的碗就影响了品尝鸡汤的鲜美。在工商时代，更需要我们能透过灯红酒绿看清物质财富的真正价值。物质财富最基本的价值在于满足我们自身和家人正常的生活所需；其次在于可以支持我们做一些自己真正喜欢的事情；更多财富的价值在于可以支持、帮助、成就更多的人提升幸福感。物质财富是帮助我们实现"内享幸福，外创价值"的重要工具。在经营企业的过程中，真正的商业大家要坚持与"客户、团队、伙伴、股东、社会"共赢的方式去追求物质财富。我们对财富要积极的追求而不强求，无论贫穷还是富足都要让自己内心实现平和愉悦才是大智慧。

我们盘点一下全世界最顶级的企业家，发现他们除了通过经营好自己的事业来为客户、团队、伙伴、股东创造价值外，几乎都在积极地为社会公益慈善事业做贡献。有人通过捐资建立希望小学，让更多孩子可以接受到良好教育；也有人通过捐资成立一些医疗专项基金，帮助一些无力治疗的病人；还有人通过捐资治理沙漠化，希望改善自然环境等。当一个人能够通过物质财富帮助更多人，让这个世界变得更加和谐美好时，才会得到社会各界更多人的支持、帮助和尊重。这不仅有助于他的企业实现持续健康的发展，同时也能够提升他们内心的幸福感，这也正是财富的更高意义。

4. 什么是真正的幸福

当我们用心去感受什么是幸福的时候就会发现：幸福其实是一个人精神世界的主观感受，是一个人内心感觉"充实、满足、宁静、平和、愉悦"的心境。所以一个人要获得幸福感首先需要过得充实，通过积极的进取让自己的每一天都感觉过得有价值；在进取的过程中要懂得对身边的每个人、每样物、每件事都心怀感恩，只有懂得感恩才会感觉满足；"知止而后能定，定而后能静"，只有明确自己的人生使命和愿景才能让自己的内心慢慢静下来，而心静正是产生一切智慧的法门；当内心能够静下来自然就会用平和的态度去对待外界的人、事、物；最终要让自己的内心保持随时随地的喜悦，也就是持久之乐。幸福其实就是一种坦然面对世间的人、事、物，既不大悲，也无大喜，一种风轻云淡似的美好心境。所以人生就是一场修炼，企业就是一个道场。企业领导者要有超越物质的更高追求，让财富真正能为更多人创造幸福感，让世界更加和谐美好。

5. 找到通向幸福的法门

我们每个人的一生都在探索获得幸福的方法，但却很少有人找到幸福之门。特别是在这个多姿多彩的工商时代，很容易就迷失了方向。当我们知道幸福就是要实现"充实、满足、宁静、平和、愉悦"的心境时，就找到了获得幸福的正确方向。我们要找到幸福之门的关键在于首先能让自己静下来。只有一个人能够静下来才能够真正听到自己内心的声音。无论是佛学的打坐，瑜伽的冥想，还是中国传统文化的茶道、香道等，都有一个共同的目的就是帮助一个人静下来。大到一个国家，小到一个企业，都要找到一些可以帮助大家能够静下来的有效方法。真正的幸福不是无所事事地虚度光阴，而是不断地自我超越。在这个时代工作就是最好的修炼方式，能够静下来通过工作来提升自己的心性和能力，就找到了通向幸福的法门。

三、决定幸福的三大因素

只有我们清醒地意识到"内享幸福，外创价值"是人生的终极追求，而幸福源于内心"充实、满足、宁静、平和、愉悦"的心境，才能帮助我们找到通向幸福的正确方向。接下来我们需要进一步探索到底有哪些因素会影响到人的幸福感。通过找出影响一个人幸福感的因素，在经营企业时领导者就可以不断优化这些因素来提升企业相关者的幸福感。

1.影响幸福的要素

哈佛大学的研究发现影响幸福感的因素主要可以归结为遗传、环境和成长三个方面。遗传由一个人的先天基因所决定，一个天生乐观外向的人相对悲观内向的人的幸福感就更强；同时每个人都会受到环境的影响，同一个人在优越的环境和在恶劣的环境下的幸福感也会不一样；最后也是最重要的就是后天的学习成长对幸福感的影响最大。一个人通过后天的学习成长可以使自己的能力越来越强，让自己能够形成更积极的心态去面对问题，这样会有助于幸福感的提升。根据调查发现，这三个方面对幸福感影响的整体占比是遗传30%，成长50%，而环境仅仅只有20%。这个调查数据可以指引我们找到提升幸福感的正确方法。对于遗传因素我们暂时还没有办法改变，所以要懂得接纳。对于环境我们可以根据实际情况做出最优的选择。只有自身的成长是完全由我们自己决定的因素。一个人追求幸福的过程，其核心就是自身不断修炼成长的过程。

2.幸福"人"字模型

没有人不希望拥有一个幸福的人生，但真正实现的却是凤毛麟角。前面谈到影响幸福的三要素中，一个人的遗传因素取决于先天，无法改变；外部的环境因素会变化无常，很难完全把握；只有后天的成长是我们自己可以掌握的事情。我们可以通过"读万卷书，行万里路，阅人无数，名师引路，自己感悟"等各种方法来获得成长。只要一个人想学习成长，随时随地都能得到学习成长的机会。所以我们要把追求幸福的重心放在自我成长上。而自我成长的核心就在于愿景、心态、能力三个方面。这三者的相互关系我们可以形象地总结为"人"字模式。

"愿景"是一个人想要实现的梦想，也就是一个人的志向，这是一个人的"活法"；"心态"决定我们用什么心境去追求梦想，这是一个人的"心法"；"能力"影响我们实现梦想的效率，这是实现梦想的"干法"。所以首先一个人要明确适合自己的人生愿景，这个愿景要能够帮助自己实现"内享幸福，外创价值"的人生追求。在明确人生愿景之后，要随时保持积极乐观的心态，并围绕目标不断提升自己的综合能力。只要坚持向目标努力就会不断接近自己的愿景。在这个过程中我们不能因为目标忘了目的，人生是一场修炼，企业是一个道场，要通过经营企业不断提升自己的心性和能力。

愿景（活法）

人

能力（干法）　　　　心态（心法）

3. 人生是一场修炼

我们可以把这个世界的本质看作是能量循环转换的过程。每个人、每样物、每件事都只是能量存在的一种形式。所以每个人其实都是一个能量场，但每个人的能量大小却不一样。一个人能量的大小会随着一个人的愿景、心态、能力和环境的变化而不断变化。美国著名心理学家霍金斯把人在不同情感状态下的能量大小做了不同的等级划分。从最负面到最正面的分值范围是0~1000，不同能量等级的幸福感会截然不同。200是一个人正常状态下的能量分值，200以上表现会更加正面，低于200的表现开始负面，分值越低幸福感就会越低，分值越高幸福感就会越高（附能量级图）。《大学》中讲：自天子以至于庶人，壹是皆以修身为本。其实一个人不是只有到寺庙中出家才是修炼。人生就是一场修炼，只是每个人选择的修炼方式不同。一个创业者在经营企业的过程中能够围绕自己的人生愿景不断提升自己的能力，迁善自己的心态就是一个修炼的过程。只有在工作中不断成长才能提升能量等级，幸福感才会同步提升。

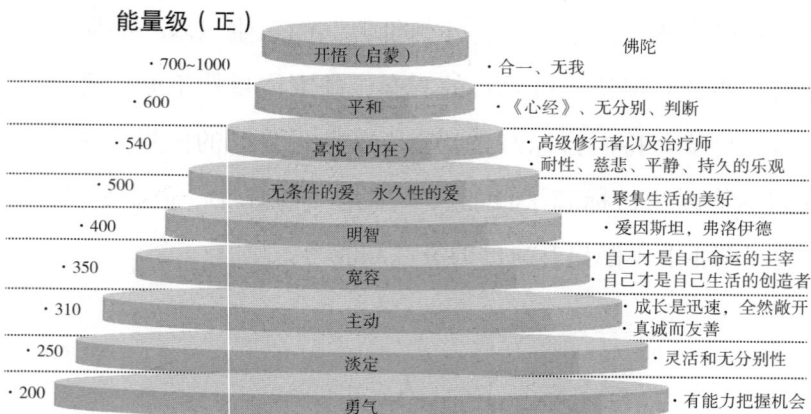

能量级（正）

分值	等级	说明	
·700~1000	开悟（启蒙）	·合一、无我	佛陀
·600	平和	·《心经》、无分别、判断	
·540	喜悦（内在）	·高级修行者以及治疗师 ·耐性、慈悲、平静、持久的乐观	
·500	无条件的爱　永久性的爱	·聚集生活的美好	
·400	明智	·爱因斯坦，弗洛伊德	
·350	宽容	·自己才是自己命运的主宰 ·自己才是自己生活的创造者	
·310	主动	·成长是迅速，全然敞开 ·真诚而友善	
·250	淡定	·灵活和无分别性	
·200	勇气	·有能力把握机会	

能量层级（负）

层级	情绪	描述
·175	骄傲	·自我膨胀，抵制成长
·150	愤怒	·导致憎恨，侵蚀心灵
·125	欲望	·上瘾，贪婪
·100	恐惧	·妨害个性的成长
·75	悲伤	·充满对过去的懊悔自责和悲恸
·50	冷淡	·世界看起来没有希望
·30	内疚	·导致身心疾病
·20	羞愧	·严重摧残身心健康

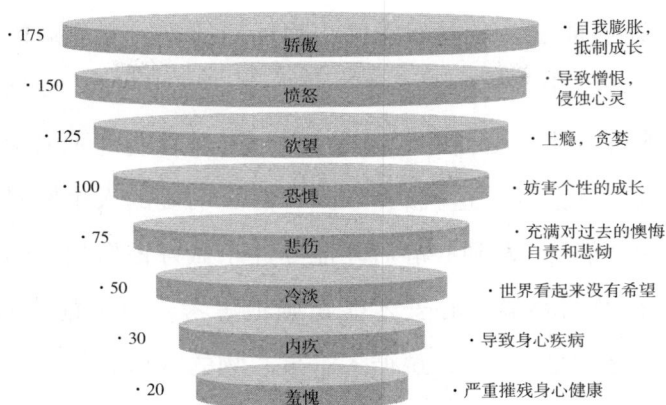

4.追求平衡式人生

人生不是选择题，而是分阶段的平衡题。"修身、齐家、治业、和天下"是工商时代追求的主旋律，但归结起来主要包括"健康、情绪、精神、人格、家庭、人际、财富、事业"八个方面。就像读大学时的一个专业有八门课程，只要任何一门课考试不及格就无法顺利毕业。在中国的文化当中追求的不是成功而是圆满。所谓的圆满其实就是要把这八个方面平衡好，能够实现"内享幸福，外创价值"的圆满人生。在这人生的八门课程中可以选择其中一两门课程做到最好。但除了学得特别好的课程外，其他课程也要合理兼顾，至少不能不及格。假设一个人事业做得很成功，但却累得疾病缠身。或者身体虽然很健康，但每天却无所事事。这样的状况都不能称为圆满。同时一个人在不同的年龄阶段，在这八个方面应该关注的重心也要有所不同。正如孔子对自己一生的总结：吾十有五而志于学，三十而立，四十而不惑，五十而知天命，六十而耳顺，七十而从心所欲，不逾矩！每个人都需要明确自己在不同阶段的重点在哪里，同时合理兼顾其他方面，这就是分阶段的平衡。

5.找到人生的使命

"知止而后能定，定而后能静，静而后能安，安而后能虑，虑而后能得。""止、定、静、安、虑、得"是儒家思想的"六证"。首先一个人要明确人生的目的，也就是知"止"；在明确了人生目的之后才能确定人生的愿景，这就是"定"；有了明确的人生愿景才不会浮躁，心才能"静"；做到心静后才能专注于做好该做的事情，也就是"安"；只有做到心静、心安才能正确地思考，也才能掌握人、事、物的规律，这就是"虑"；遵循人、事、物的规律就能一步步实现目标，也就是"得"。人生就是一场修炼，只有不断提升自己的心性和能力，懂得珍惜和感恩遇到的所有人、事、物，其实幸福就会无处不在。

6.务实的理想主义

在欧洲曾发现一个墓碑，上面的文字内容揭示了一个重要的人生哲理。墓碑上记录了一个人年轻时每天幻想着要改变世界，结果很多年过去了却一事无成；于是他又想着要改变他的国家，结果还是一事无成；然后他又想着要改变他所在的城市，很多年后还是没有成就；最后他想改变他的家庭，仍然发现无能为力。直到他快要去世时才突然醒悟，如果他首先是想办法改变自己，也许就能影响自己的家庭；通过经营好家庭，也许就能影响所在的城市；通过改变所在的城市，也许就能影响自己的国家；通过影响自己的国家，也许就能影响世界。在现实的工作生活中，一个人不能没有理想，但却又不能理想化。我们要面对现实，从自身开始，从能干的小事开始，脚踏实地地一步步坚持向自己的理想迈进。

四、重新认识企业的价值

企业和家庭一样都是工商时代社会的基本构成单位，已经融入我们工作生活的每一个角落。在这个时代，企业对每个人、每个家庭、整个国家和世界都产生了直接而深刻的影响。毫不夸张地说，"对企业的认知会影响整个世界"。然而我们对企业的传统认识很容易让人误入歧途，这需要形成全新的认识。

1.企业是成长平台

传统的观念普遍认为企业的目的就是追求利润最大化。正是源于这样的认识把很多企业引向了为了赚钱而不择手段的误区。几乎每天我们都可以看到有关企业的负面新闻，"无商不奸"似乎已经变成公开的秘密。事实上企业追求合理利润并没有错，企业没有利润也无法正常经营下去。企业应该追求合理利润，但却不能只是为了利润。就像一个人吃饭是为了活着，但活着不能只为了吃饭一样。一旦企业变得唯利是图就很容易出现损害客户、团队、伙伴、股东和社会的情况。这也许能让企业获得短暂的利益，但却会严重损害企业的持续健康发展。每个人都在追求幸福，只有一个企业能够为客户、团队、伙伴、股东、社会等尽可能多的人提升幸福感才能得到大家的认同和支持。所以获得利润只是企业的目标而不能成为目的。企业的本质应该是一个团队追求"内享幸福，外创价值"的共同平台，企业要与客户、团队、伙伴、股东、社会建立生态共赢的关系。

美国著名管理学家德鲁克认为企业是社会的一个器官，为这个社会承担一定的功能而存在。其实质也是说明一个企业存在的目的不应该是追求利润，利润只是承担一定社会功能，为他人、为社会创造价值后的必然回报。一个可以为客户、团队、伙伴、股东和社会上尽可能多的人提升幸福感，让这个世界变得更加和谐美好的企业才能称为一家真正伟大的企业。这不仅不会损害企业获取合理的利润，相反是企业持续获得利润，实现基业长青的根本。如果把企业比喻成整个社会的细胞，不能为客户、团队、伙伴、股东和社会提升幸福感的企业就像是一个人身上长的毒瘤，没有人愿意让毒瘤长期长在自己的身体上。

2. 工作是成长方式

我们很多人都只是把工作当作谋生的手段，把工作当作一种迫不得已的负担。正是这样的认知造成大部分人从内心讨厌自己的工作，无法从工作中享受到应有的乐趣。盖洛普公司曾对全球员工的工作状态做过调查，结果发现只有13%的人对工作充满热情；64%的人处于被动工作状态；24%的人消极怠工，这部分人不仅讨厌自己的工作，还暗中破坏团队的工作成果。2012年的调查数据显示，在中国对工作充满热情的只有6%；被动工作的员工达到68%；消极怠工的高达26%。正所谓"知之者不如好之者，好之者不如乐之者"。只有能从工作中享受到乐趣的人才能从中获得幸福感。要改变这样的心态就需要我们重新去认识工作的价值。

中国自古就追求"格物、致知、诚意、正心、修身、齐家、治国、平天下"的人生目标。对于现代社会我们实现自身价值的方式已不再局限于治国平天下。企业领导者的人生追求应该是"格物、致知，诚意、正心，修身，齐家、治业、和天下"！通过用心经营好一份事业，从而实现"内享幸福，外创价值"的圆满人生。其实一个人的工作不仅仅只是自己谋生的手段，更是一个人追求幸福的修炼方式。通过工作不仅让一个人获得生活所必需的物质条件，同时通过工作来实现自我价值。很多人为了追求内心的平和宁静而选择到寺庙或教堂去修炼。就像在寺庙修炼要每天打坐念经、挑水砍柴一样，工作本身就是人生修炼的最好方式。当我们可以专注于把当下的工作做好时就能让我们获得"内享幸福，外创价值"的人生体验。在工作中通过不断升华自己的心性和提升自己的能力，最终会让我们收获充实、满足、宁静、平和、愉悦的心境。

在工作时能够乐在其中，懂得珍惜和感恩工作中面对的人、事、物，这就是幸福之道。许昌胖东来负责清洁的工作人员每天会用小刷子认真地把墙角都刷得干干净净。一个人不管做什么工作，只要用心做好，能真正为他人创造价值都是非常有意义的事情。每个人都应该通过工作去实现"内享幸福，外创价值"的人生追求。如果把工作当作自己修炼心行的方式，工作本身并无高低贵贱之分。通过选择一份自己胜任的工作去用心做好，学会去享受工作中的乐趣。工作是工商时代实现"内享幸福，外创价值"的最佳修炼方式。

3.团队是成长伙伴

当我们把企业当作成长平台，把工作当作成长方式时，就会对自己的团队有全新的认识。从这个视角来看，团队就是我们在同一个平台上分工合作、共同成长的伙伴。首先一个人不可能什么都干，这样很难做到专精。所以每个人最好都能选择做自己最擅长的事情，通过团队分工合作既能帮助一个人取得更大的成就，又可以专注做自己喜欢的工作。华为的任正非曾感慨说：这个时代发展得太快，只有汇聚一帮优秀的人共同努力才能追上时代的步伐。如果一个人只是闭门造车，就很难在工作上取得大的成就。只有选择和一帮能力越强，心态越好的人在一起共同工作学习，才能加快自己在能力和心性上的成长。

4.领导是成长导师

领导和团队成员的关系在过去被视为猫和老鼠的游戏。领导每天都在思考要如何监督、检查、控制每个人做好工作。而团队每个人都在想办法如何应付、逃避，甚至与领导对抗。在这种相互对抗的关系中，很难充分发挥每个人的潜力。如果我们把企业看成是一个团队共同成长的平台，领导就应该是帮助团队成长的导师。作为领导需要思考的是如何激励、支持、成就团队的每个人，指导团队在工作中不断提升自己的心性和能力。没有人喜欢被人监督、检查、控制，但却没有人不希望有人可以激励、支持、成就自己。这将充分发挥团队每个人的潜力，通过团队的分工合作更快、更好地实现"内享幸福，外创价值"的人生追求。

5.制度是成长方法

制度体系在传统企业中的出发点在于对团队的工作进行控制、检查和奖惩。这让很多人一提到流程制度就从内心产生抗拒。如果要真正发挥制度体系的价值就需要重新认识流程制度的价值。其实制度体系的根本目的在于帮助团队如何把各项工作科学高效地做好。一项好的流程制度就是对如何把一项工作做好的方法总结。所以制度体系要把企业经营管理过程中处理好各项工作的有效方法明确下来。整个团队只要学会，并按这些方法展开工作就可以少走弯路。所以好的流程制度就是帮助团队高效完成工作的方法。

6.利润的真正价值

企业的目的不是追求利润最大化，但却必须要有合理的利润。一个企业要追求用更少的资源创造出同样价值的产品或服务。企业只有能够获得合理利润才能实现持续健康发展，也才能更好地为客户、团队、伙伴、股东、社会创造更多价值。合理的利润主要可以帮助企业解决以下几个问题。首先企业需要有利润用于持续改善创新才能创造更大的价值；同时还需要有资金储备以应对企业随时可能遇到的各种风险；另外企业要积极承担社会责任也需要有合理的利润支持。一个优秀的企业要实现持续健康的发展就离不开资源的投入，只有具备合理盈利能力的企业才能吸引到更多的资源。

企业是人类社会的一种组织形式，必须为人服务才有存在的价值。而人做一切事情的终极目的都是为了追求幸福，只有能为人增加幸福感的企业才是好企业。我们把真正的好企业定义为幸福企业。幸福企业要符合"合理盈利、持续发展、生态共赢"三个基本原则。商道就是一套创建幸福企业的优秀思想、科学方法和高效工具。商家是商道的践行者，致力于创建幸福企业。如果通过经营企业引领和推动了整个行业的发展就是商贤。如果推动了整个时代的进步，成为国家和民族的荣耀就是商圣。

五、明确商家的根本使命

企业是一个团队通过分工合作来实现"内享幸福，外创价值"的共同平台。企业已经成为工商时代社会的基本组成单位。商业的意义在于通过"分工交易，各得所需"，从而实现"成人达己，福泽生民"的目的。商业的本质应该回归到"为人服务"的正常轨道，只有能够与客户、团队、伙伴、股东、社会建立生态共赢的关系才是真正的好企业。一个商业大家要把人生当修炼，把企业当道场。

1.内享幸福

每个人最根本的目的都在于追求幸福。每个人的言行都会受到自己情绪的影响，很容易将自己的情绪传递给别人。只有一个有幸福感的人才能很自然地为身边的人带去快乐。一个真正的商业大家要从经营企业中获得乐趣，只有乐在其中才有幸福感。其实充实满足和辛苦抱怨只是一念之差。当我们因为喜欢而主动去做一些事情时就会充实，如果认为是不得已而被动去做事时就会觉得辛苦。商家要把经营企业当作人生修炼的方式。在经营企业的过程中反省自己的"情、欲、念"，从而不断提升自己的心性。通过修炼懂得用爱去经营企业，能够享受工作的过程才会获得幸福感。

2. 外创价值

传统商人的追求局限于改善个人和家庭的生活条件。而商家和商人的差别在追求个人和家庭幸福的时候，坚持做一件对他人有价值的事业，能够与客户、团队、伙伴、股东、社会构建生态共赢的关系。这是一个人从"小我"到"大我"，直至"无我"的人生升华。其实"外创价值"和"内享幸福"并不是相互矛盾的事情。相反，真正的大智慧就是把这两者融为一体，互相促进。我们只有通过"外创价值"的方式来实现"内享幸福"才可持续。一个不能为客户、团队、伙伴、股东、社会创造价值的企业不可能实现基业长青。所以自私的最高境界就是无私，通过成就他人来成就自己。

3. 成人达己

人的一生要不断做出各种选择，企业经营也同样如此。面对同样的情况，每个人做出的选择各不相同，但就选择的动机而言主要可以分为害人害己、损人利己、舍己为人、成人达己四大类。我们都觉得"害人害己"很愚蠢，自己肯定不会干。但在现实的工作生活中我们却经常会做出这样的选择。损人利己表面是聪明，很多人都喜欢这样干，但我们会发现结果往往是害人终害己。舍己为人大家都认为很高尚，但也要量力而行，不然很难持续。其实只有成人达己才是最有智慧的选择，也只有共赢才能实现持续健康的发展。其实"内享幸福，外创价值"的实质就是要坚持成人达己的原则，这是商家的使命，商业的本质，也是商道的智慧。

许昌胖东来的创始人于东来曾说："我的使命是做爱的传道士！"然而就是这样一个外界看似不务正业的"异类"，却创造了零售连锁行业的一个神话。其实一个真正的商家就需要有一颗博爱之公心。博爱就是不仅爱自己，也要爱他人，爱世间万物。而所谓的公心就是在做事时不能违反事物的规律或出于私心而伤害他人。这正是"让自己和身边尽可能多的人获得幸福，让这个世界变得更加和谐美好"的人生目的。其内涵就是"内享幸福，外创价值"的人生追求。所以一个商业大家要通过"成人达己"的共赢方式来获得幸福感。

六、生态共赢的六个维度

每个人的终极目的都是追求幸福，没有人会讨厌一个可以为自己带来幸福感的企业。一个能为客户、团队、伙伴、股东、社会等尽可能多的人创造价值，让世界变得更加和谐美好的企业就具备了基业长青的因。要做到这一点就需要企业坚持做到与客户、团队、伙伴、股东、社会等所有相关者实现生态共赢。坚持以不伤害他人为底线，坚持为他人和社会创造更多价值的利他原则。

1. 为客户创造价值

海底捞靠服务赢得了客户；胖东来靠"大爱"感动了客户；德胜洋楼用"诚信"征服了客户。无论如何，一个企业只有立足于客户需求才能实现生存发展，不能真正为客户创造价值的企业就没有存在的基础。一个企业对客户要承担的最大责任就是要用合理的成本真正为客户提供有价值的产品或服务。通过创造有核心竞争力的产品或服务去满足客户需求，从而帮助客户提升幸福感。每一个企业都要随时关注自己到底为客户创造了什么有价值的产品或服务，并且要能有效地把这种价值传递给客户，让客户能够感知并希望获得这些价值。

2. 为团队创造事业

无论是企业的高管，还是普通的一员，任何一个人加盟到一个企业中最直接的目的就是希望在这个团队中能够得到很好的发展。只有得到更好的发展才能让自己实现更好的生活，更好地照顾家庭，更好地实现自身的价值。所以企业是一个团队追求"内享幸福，外创价值"的共同平台。企业要能为团队的每个人创造成就事业的机会。这就需要建立一套企业发展和个人发展融为一体的机制，真正实现企业平台化。通过企业平台共同做好一份事业来帮助团队中的每个人都可以实现能力和心性双成长，物质和精神双丰收。

3. 为伙伴创造发展

每个企业要生存发展都离不开与上下游的相关企业进行合作。只有与合作伙伴之间建立共赢的关系才能让合作可以健康持久。很多企业为了不断降低成本而过度压低上游供应商的价格，也有企业只考虑自身的发展而不管下游经销商的死活，这其实都不是一种可取的态度。在当下的商业环境中供应商被拖欠款已经是非常普遍的现象。大部分企业与供应商的关系都是明争暗斗。而许昌的胖东来在处理与供应商的关系时却坚持不压款、不拖款，所有供应商都对他们赞不绝口。这让胖东来与供应商的合作非常健康稳定，相互配合十分默契。任何一个企业在与其他企业合作的过程中要承担的基本责任就是能够共同发展。只有保证合作伙伴有合理的利润空间，才能形成非常健康的产业链。未来企业的竞争更多的是产业链的竞争，而不是单个企业的比拼。

4.为股东创造回报

虽然企业绝不能唯利是图，但一个不能赢利的企业也绝不是一家健康的企业。所以有人曾说企业不赢利就是一种犯罪，这虽然说得有点偏激，但至少告诉我们要获得合理利润也是一个企业的重要责任。一个人选择投资一家企业一定都希望能从中获得合理的回报。如果一个企业不能产生合理的盈利就很少有人会愿意投资，即使有人投资也很难生存下去，更不用说可以持续健康地发展了。所以一定要让一些真正为他人和社会创造价值的企业有合理的利润，才能引导更多的资源投入这些有意义的事业当中，也才能推动这份事业得到更好的发展。同时当一个企业为他人和社会真正创造价值的时候，股东能够收获合理的回报也是必然的结果，这是一个良性发展的过程。用中国的一句古话来说，就是要坚持"君子爱财，取之有道！"所以我们发现坚持与客户、团队、伙伴、股东、社会共赢的企业不仅无损他们的竞争力和利润，反而为股东创造了更多、更持久的回报。

5.为社会创造效益

一个优秀的企业要把商业价值建立在社会价值的基础上。健康的企业就是整个社会的一个器官，提供社会需要的一些功能。每一个企业的成功都离不开社会各界的支持。每一个企业不仅要为客户、团队、伙伴、股东负责，同时也要为整个社会负责。一个企业对社会负责的直接体现在于创造社会效益。企业的社会效益包括为社会提供更多的就业岗位，为国家创造更多的税收，维护良好的生态环境，帮助社会的进步和谐等。一个企业只有力所能及地主动承担社会责任，努力让这个世界变得更加和谐美好才能实现企业的最大价值，同时也才能让企业获得持续健康的发展。我们看到世界各地最优秀的企业都在为推动整个社会的进步作出努力和贡献。

6.为企业创造生命

企业也是一个生命体，它也有生老病死。企业创立时就是它的出生；企业中出现的各种问题都是企业生病的一种表现；企业走入衰退期就是企业衰老的时候；当企业倒闭时也就是企业的死亡。企业的每个人都是这个生命体的重要组成部分，企业的生命就掌握在企业的每一个人手里。当团队的每个人把工作做得越好的时候，企业的生命就可以延续得越久。企业是一个团队通过分工合作来追求"内享幸福，外创价值"的共同平台，这个平台需要团队共同打造和维护。只有这个平台越大越好的时候团队才能有更精彩的人生，才能为他人和社会创造更多价值，才能真正实现"内享幸福，外创价值"的人生追求。每一个企业的倒闭都会损失很多资源，同时对在这个平台上的整个团队及相关者都会造成不良影响。打造百年品牌，让企业实现基业长青应该是每一个团队共同的梦想和责任。

我们想得到任何一个结果，都要先找到产生这个结果的原因。这个原因就是出现想要结果的前提条件，只有具备了这些条件才能得到相应的结果。其实任何事物的出现和变化都必有其因，企业要实现基业长青同样也有其因。一棵草长不成参天大树，一只猫变不成森林之王。企业是一个团队追求"内享幸福，外创价值"的共同平台。经营企业的意义在于实现"自己幸福，与人共赢，社会和谐"，这就是企业能够实现基业长青的因。

第四章

商家爱财，取之有道

一、经营企业要天人合一

一生二,二生三,三生万物,世间万物都源于天、地、人。老子在《道德经》中对世界运行的基本法则总结为"人法地,地法天,天法道,道法自然"。其含义就是:人要遵循大地的规律生活劳作,繁衍生息;地要遵循上天的规律寒暑交替,化育万物;天要遵循大道的规律运行变化,周而复始;道就是事物的规律,要做到顺其自然。我们可以从中得到的启示是只有遵循天地万物的规律才能实现持续健康的发展。

1. 遵循人、事、物的规律

鱼在水中游,鸟在天上飞;水往低处流,人往高处走;春发、夏长、秋收、冬藏。世间万物都有其特性和变化规律。企业经营过程中的人、事、物同样有其自身的特性和变化的规律。经营企业要了解人的情、欲、念,物的象、数、理;事的法、术、器。只有踏踏实实地遵循人、事、物的自身规律,坚持做到"合情、合理、合法"的经营企业才能实现持续健康的发展。经营企业能够遵循人、事、物的规律就是"真"。

2. 成就人、事、物的规律

道家思想中强调"顺其自然""无为而治"。这并非让我们什么都不做,而是要遵循人、事、物的规律。如果发现有违背规律的情况就要及时进行调整,重新回到正常的轨道。同样的道理,在经营管理过程中领导者要随时了解公司的实际经营情况,各项工作要做到合情、合理、合法。一旦发现有违背正常规律的情况就要及时做出调整。天命之谓性，率性之谓道，修道之谓教。经营企业能够成就人、事、物的规律，做到"人尽其才，物尽其用"就是"善"。

3.享受人、事、物的规律

放到整个宇宙和历史长河中，所有的一切都只是能量不断循环变化的过程。我们要把人生当成一场修炼，做事是修炼的方式。只有懂得珍惜和感恩遇到的人、事、物才会感受到美好。面对同样的人、事、物，有的人感觉很快乐，有的人却感觉很痛苦。所以这个世界并不缺少美，真正缺少的是感知美的心境。经营企业也一样，我们要把企业当道场，把工作当修炼。在工作中不断提升自己的心性和能力。只有懂得享受工作中"人、事、物"带来的各种体验才会感受到"美"。

"真、善、美"就是遵循、成就、享受"人、事、物"的变化规律，这也是实现天人合一之道。我们要实现天人合一就要处理好自己和自己，自己和他人，自己和环境的关系。坚持美才能处理好自己与自己的关系；坚持善才能处理好自己和他人的关系；坚持真才能处理好自己与环境的关系。我们要实现企业基业长青就要在经营管理过程中坚持"真、善、美"之道。坚持"真、善、美"才能指引整个团队实现"内享幸福，外创价值"的人生追求，才符合"自己幸福、与人共赢、社会和谐"的长青企业之因。

二、基业长青的核心文化

不管我们是否意识到，每一个企业都有自身的文化特性。对于一个企业来说，文化就像空气一样无处不在，具体表现为团队的习惯和经营的结果。我们可以让企业文化自然形成，这样形成的文化可能存在严重缺陷。我们也可以有计划地培育优秀的文化，从而避免形成一些不良文化。治大国如烹小鲜，经营企业的道理和这个世界的基本法则一脉相通，是一个小世界。一个优秀的企业无论如何去表述自己的核心文化，归根结底都要坚持"真、善、美"的大道。只有把"真、善、美"的基因融入企业的每个细胞才能形成优秀的企业文化。

1.真于事

世间万事万物都有其客观规律，这些规律不会随着个人的主观意志而改变。我们只有掌握人、事、物的规律，并自觉遵循和运用人、事、物的规律才能把事做好。这就要求我们要坚持对事"真"的基本法则。也就是要做到实事求是，避免因个人认识不足或主观意识而违背人、事、物的正常规律。就像拔苗助长一样，如果我们违反客观规律做事就会适得其反，也就很难把事做好。一个企业在经营管理的过程中只有坚持对事真才能实现持续健康的发展。在处理各项工作时都要坚持"真"的基本原则。

在经营管理过程中要做到"真"，需要重点强调三个方面的内容。一是要做到勤俭。这既是我们中华民族的传统美德，同时也是对事真的重要体现。"勤"是开源之本，"俭"是节流之本。只有脚踏实地地做好开源节流工作，企业才能有好的经营成果。二是要坚持诚信，也就是不能弄虚作假，坚持实事求是。诚信被认为是企业经营的基础，无论是个人还是企业都是无信而不能立。三是在企业经营管理过程中还需要有智慧，在经营过程中不要被虚假表象所蒙蔽。有智慧才能看到事物的本质和周期，能够做到与时俱进。

2.善于人

在许昌胖东来随处可见"爱在胖东来"的文化标语。也正是这句话揭示了胖东来取得卓越成就的秘密。我们每一个人都希望身边的人对自己好，但这需要首先对别人好。我们在与人相处和交往的过程中只要坚持与人为善，真心地对别人好的时候，每个人都可以感应到善意，对方通常也会以友善的方式给予回应。正是因为胖东来能够坚持对客户好、对团队好、对伙伴好、对股东好、对社会好，所以换得了客户、团队、伙伴、股东、社会的认同和回报。

我们要在企业中培育对人"善"的文化，首先需要做到对人"尊重"。对人尊重的基本体现是不损害他人的合理利益。也就是要坚持与客户、团队、伙伴、股东、社会共赢。同时在与人相处和交流的过程中要符合基本的礼仪，礼仪也是体现尊重的基本要求。人无完人，每个人都有自己的优点，同样也都存在一些不足。我们在尊重人的基础上还要学会"包容"。只有能够做到容人之短，用人之长，才能让整个团队和伙伴实现亲密合作。对人善的最高体现在于利他，也就是能够成就他人。中国自古就提倡"君子有成人之美"。能够坚持为客户、团队、伙伴、股东、社会创造价值就是利他。

3.美于己

面对挑战、挫折，对于有的人来说是一场灾难，而也有人把它当作成长过程中的宝贵历练。一个人选择用什么心态去面对自己所经历的事情会得到截然不同的感受和结果。我们只要听一个人分享他的人生经历就可以知道他是否是一个有幸福感的人。如果一个人的记忆里留下的都是一些认为痛苦的经历，就很难有幸福感可言。如果我们把痛苦的经历当作成长的机会，我们就会在困难挑战中获得充实感。我们每个人都希望自己的一生很精彩，却很少有人意识到正是因为有困难才能成就精彩的人生。企业是团队实现"内享幸福，外创价值"的共同平台。只有让团队学会用积极的心态去面对各种困难挑战才能提升幸福感。一个有幸福感的人才能更好地为别人带去快乐，一个有幸福感的团队才能真正为客户、团队、伙伴、股东、社会创造更大的价值。

在团队中要形成用积极正面的心态面对人、事、物的文化，这需要培养自信、乐观、感恩的意识。只有一个自我认同，充满自信的人才能敞开胸怀与外界互动交流。一个人如果不自信的时候就会自我封闭，很害怕与外界交流，这样很难有幸福感。同时在与外界互动交流的过程中要用"乐观"的心态去面对。其实任何事物都有两面性，没有绝对的好，也没有绝对的坏。只有学会用"乐观"的心态去面对时才能看到好的一面。最后我们还要学会感恩这个世界的一切。感恩拥有一种非常神奇的力量，它能够把这个世界上的一切事物都变成正能量。感恩伤害你的人，因为他可以磨炼自己的心智；感恩欺骗你的人，因为他增进了自己的智慧；感恩抛弃你的人，因为他让自己更加独立。只有一个真正学会感恩的人才会获得更高的幸福感。

三、企业文化的四个层级

企业是社会的一种组织形式，是当今社会的重要组成细胞。企业文化就是在企业经营管理过程中教育感化团队的整套系统，包括具有自身特色的理念、制度、行为及物品等。企业文化要符合人、事、物的基本规律，是企业团队待人接物的具体运用和表现。优秀企业是造福社会，推动时代进步的重要力量。优秀的企业文化是让企业实现持续健康发展的基因。

如果狭义地理解企业文化主要是指企业的核心理念。从广义的角度理解企业的方方面面都属于文化的组成部分。从广义的角度理解每个企业都只是文化的一种实践。人生是一场修炼，企业是一个道场，经营企业就是在企业中处理好自己和自己，自己和他人，自己和环境的关系。从无形到有形，从内至外，企业文化可以分为核心层、制度层、行为层、结果层四个层级。这四个层级是相互影响，相互转化的一个完整系统。

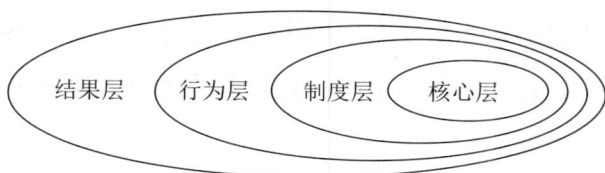

1.企业文化核心层

企业文化核心层主要包括使命、愿景、价值观、核心理念、实践法则等内容。使命是企业存在的意义。愿景是企业最终想实现的目标。价值观是整个团队在待人接物的过程中判断是非对错、轻重缓急的准则。我们每个人的一言一行都会受到自己价值观的影响。一个团队的价值观越明确、越统一，对整个团队行为的影响就越大。优秀的企业文化要始终坚持三个基本准则：对事"真"、对人"善"、对己"美"，这就是这个世界的大道。只有围绕"真、善、美"形成的价值观，才能指导企业实现基业长青。

2.企业文化制度层

制度层是企业文化核心层的延伸。企业的核心文化只有通过转化成各项工作的具体制度要求才具有可操作性。比如我们强调对人"尊重"的价值观，就需要在各项具体的制度中能够体现出对人的尊重。以人力资源部门为例，我们就要思考招聘时如何才能体现对人的尊重；培训时如何才能体现对人的尊重；考评时如何才能体现对人的尊重；离职时如何体现对人的尊重。企业的核心文化是制定各项制度的指导思想。

3.企业文化行为层

任何理念最终都只有转化为团队待人接物的做事习惯才有意义，不然就只是口号。我们把企业的核心文化转化成具体的流程制度之后如果得不到执行同样没有太大意义。一项流程制度从知道到理解，从理解到行动，从行动到习惯需要长时间的沉淀。只有成为团队行为习惯的流程制度才能充分发挥作用。我们在建设企业文化的过程中要强调"知行合一"，在开展各项工作时让团队都能自觉遵守公司的价值观和制度体系的要求。

4.企业文化结果层

其实企业文化并非虚无缥缈的东西，从理念到制度、到行为，最终会产生我们能够看得见摸得着的结果。整个企业所呈现出来的工作效率、产品质量、经济效益、精神面貌、办公环境等都是企业文化的结果体现。通过这些结果可以帮助我们了解公司目前的状况，并明确未来发展的目标。领导者要实现公司的各项目标就需要反推对团队的行为要求，这些行为需要什么流程制度为依据，这样的流程制度是基于什么样的理念。

5.文化落地五原则

企业文化四个层次是一个完整的系统，要真正落地需要把这四个方面融为一体。在实施过程中我们要做好五个方面的工作。首先是要根据公司的实际情况提炼出科学合理的核心理念，这就是一个企业的文化基因。明确了公司的核心理念后，在拟定公司各项流程制度的时候要以这些理念为指导，把这些理念融入各项具体的规定中。每一项流程制度都要体现公司的核心理念。按照这样的方法形成制度体系后，在正式实施前要与整个团队做好文化教导。也就是要让大家明白为什么要这么做，这项流程制度背后的文化理念是什么。接下来在制度体系的实际执行过程中要能体现出公司的核心理念，让大家看到符合理念的行为得到了鼓励，不符合理念的行为承担了责任。通过按核心理念把制度体系执行好才能最终让这些理念深入人心，渐渐变成团队思维和行为的习惯。

企业文化是企业经营管理长时间沉淀的结果，在理念、制度、行为、结果四个层面需要保持一致。企业理念是整个企业的灵魂，融入企业待人做事的每个工作环节。企业文化形成的基础在于整个团队要形成共同的核心理念，并在实际的各项工作中自觉遵守核心理念的要求。任何优秀的理念都只有转化成具体的流程制度并变成团队的行为习惯，才能真正发挥作用。所以真正的企业文化应该是团队的想、说、做的统一，也就是知行合一。

四、优秀文化建设六部曲

文化是一个企业的基因，每一家优秀的企业都源于优秀的文化。领导者要有计划地推进企业文化的系统建设。在企业文化的建设过程中我们要做好六个方面的重要工作。

1. 文化提炼

我们要培育优秀的企业文化首先就要提炼出符合企业的核心理念。这需要根据公司自身的行业、发展阶段、团队状况、未来规划这些基本情况来明确企业文化建设的整体方向。企业文化不能只是老板文化，而应该是整个团队共同的追求。所以在做核心理念的提炼时要挑选各层级团队成员组建成企业文化研讨小组。小组成员人数最好在十人以上，企业的创始人和核心高管都要成为小组成员。然后组织研讨小组成员围绕待人做事提出两到三个认为最重要的核心理念。最后按待人做事两个维度汇总每个人提到的核心理念，每个方面挑出三到五个大家最有共识的理念作为企业核心理念的初步内容。然后再结合公司实际情况对初步提炼出的核心理念进行详细论证和诠释说明。

2. 理念体验

很多道理我们都知道，但往往却不以为然。只有当我们突然有一段经历与这个道理紧密相关时才有顿悟的感觉。正是有了亲身的体验才能促使一个人开始真正重视某一个道理。就像我们说身体健康很重要，在年轻的时候没有多少人会真正关注自己的健康状况。随着年龄的增加，特别是经历过病痛折磨之后的人就会对健康的重要性有很深的感触。所以当我们把企业的核心理念提炼出来之后，要根据每一个理念设计和创造各种方式让整个团队有机会去亲身体验。比如我们强调对人要"尊重"的理念，我们可以设计让团队分批到人流较多的路边向路过的陌生人问好，体验每个路人不同反应给自己带来的感受。只有让团队有机会体验到公司核心理念的价值，才能让团队对这些理念发自内心地认同。

3. 制度体现

企业核心理念要得到落实仅仅只是让团队内心认同还不够。还需要把这些理念融入各项流程制度中。领导者要把核心理念通过制度变成各项工作的具体要求。我们看到很多公司都提倡"尊重"，但翻阅公司的各项流程制度却找不到能够体现"尊重"的具体规定。就像早年的惠普公司非常强调对员工的尊重，在员工离职时他们会和每一个离职的人做离职面谈；为离职者提供未来发展的建议；为正式离职的人开欢送会；把离开公司的人视为惠普毕业生，并定期组织活动。从这些离职管理规定中就能让我们真正感受到对人的尊重。我们在制定每一项流程制度的时候都要把核心理念提出来进行对照，检视流程制度中的各项规定是否符合公司核心理念的要求。所有不符合公司核心理念的流程制度都要及时进行调整。

4.习性再造

任何理念和制度都只有最终转化成团队的思维和行为习惯才算真正落地。所以当理念和制度都形成以后我们面临的挑战就是如何才能在团队中得到执行，这就需要完成团队的习性再造。也就是要对团队中不符合理念和制度的一些习惯做出调整。在这个过程中团队主要存在四个方面的挑战。首先是"不明"，也就是对公司的理念及制度要求不清楚、不理解；其次是"不愿"，是指团队成员内心没有按理念和制度要求开展工作的积极性；再次是每个人都会受到自己的能力限制，自己能力达不到的要求会很难做到；最后就是主观上不认同公司的理念和制度，对企业理念没有忠诚度。团队的习性再造就是围绕公司的理念和制度要求解决团队"不明""不愿""不能""不忠"的问题。

5.案例沉淀

每一个理念只是说教都会显得苍白无力，很难在团队中产生共鸣。就像我们一想到张瑞敏早年砸冰箱就会联想到海尔重视品质。通过大家喜闻乐见的精彩案例来传递理念才更容易让整个团队快速理解并达成共识。在建设企业文化的过程中我们要特别重视收集与核心理念相关的经典案例。案例最好来自团队中的真实事件，这样的案例才更有说服力。在经营过程中要善于发现与企业文化相关的好案例并做好在团队中的宣传学习，让整个团队从案例中对文化有更深刻的感悟。一些企业为了做好文化的教育专门在企业中建立企业历史文化展馆。把整个企业发展历程中重要的人、事、物在企业历史文化展馆中进行展示，让大家做好学习传承。这样可以帮助团队更好地了解公司的历史，传承和发扬公司的优良文化传统。

6.文化手册

为了更好地传播和优化企业文化，我们要在系统梳理的基础上汇编成册。企业文化手册至少要包括五个方面的内容。首先是与公司核心理念有关的使命、愿景、价值观等内容；其次是对这些核心理念的具体含义做好准确的解读；再次围绕每一个理念都要有能够体现理念的经典案例，这些案例最好是公司曾经真实发生过的事情；又次我们要根据企业文化规划好各种活动，让团队从中不断体验到文化的存在；最后要形成企业文化落地方案，把企业文化融入各项具体的流程制度和日常的工作当中。文化手册是对企业文化的系统整理，对企业文化建设起到非常重要的指引、规范和总结的作用。

中国的文化追求天人合一，儒家思想总结为"修身、齐家、治国、平天下"。其本质就是要处理好自己与自己的关系，自己与他人的关系，自己与环境的关系。企业就是一个自己与自己、自己与他人、自己与环境的各种关系集合体。如何处理好企业中各种关系的基本理念就是企业的核心文化。优秀的企业文化要符合真、善、美的基本原则。主要体现在"对己""待人""做事"三个维度。"待人"主要包括顾客理念、团队理念、伙伴理念、股东理念、社会理念五个方面。"做事"主要包括产品理念、服务理念、效率理念、成本理念、安全理念五个方面。

五、把人生当成一场修炼

一个人无论从生理还是能力、心性和境界都有一个成长的过程。一个人对这个世界基本规律的掌握情况可以分为三个阶段。最初是不知不觉，违反了规律连错在哪里都不知道；然后是后知后觉，犯了错能很快知道，并及时进行调整；最好是能做到先知先觉，能够实现未雨绸缪。我们如何才能从"不知不觉"中走向"先知先觉"呢？这就需要不断地自我修炼。通过"格物、致知"可以让我们掌握人、事、物的规律；"诚意、正心"可以让一个人避免受到个人情绪好恶的影响；"修身"就是要做到知行合一，能够严格遵循人、事、物的规律；"齐家、治业、和天下"就是对人、事、物规律的具体运用；"从心所欲而不逾矩"就是天人合一的最高境界。企业是这个时代修炼的最佳道场，通过在企业中分工合作实现"内享幸福，外创价值"的人生。

1. 修齐治和的追求

在春秋战国的时代背景下，儒家提出了"修身、齐家、治国、平天下"的人生追求。一个优秀的人才在农耕时代要实现自己的人生价值，最好的方式就是"学而优则仕"。而时空转换到如今的工商时代，要实现人生价值的方式变得非常多。"修身、齐家、治业、和天下"更符合这个新时代的特征。这是一个由己及人，由内而外的过程。通过"修身"让自己在工作和生活中能够遵循人、事、物的规律，真正做到知行合一。这是我们不断提升自身能力和心性的成长过程。如果"修身"是做好自己，"齐家"就是在家里做到正知、正念、正行，从而实现家庭美满。同时每个人还要在自己的工作中做到正知、正念、正行，从而在事业上取得成就，这就是"治业"。通过经营好一份事业不仅能帮助我们实现自我成长和家庭幸福的目的，同时还要为客户、团队、伙伴、股东、社会创造价值，这就是和天下。所以"修身、齐家、治业、和天下"就是要实现"内享幸福，外创价值"的圆满人生。

2. 改变人生的方法

中国有句古话是"一命，二运，三风水，四积阴德，五读书"。这句话的本意是为了揭示一个人要实现人生目标的重要因素，却成了很多人不求上进的借口。因为大部分人从这句话中首先看到的是"命"，并且认为"命"由上天注定不能改变，所以努力也没用。我们到底该如何正确理解这里所说的"命"呢？其实更准确的理解是指"使命"，也就是一个人到底想成为什么样的人。我们每个人首先要把这个问题想清楚才能有清晰的人生方向。我们如何才能实现自己的人生追求呢？这需要天时、地利、人和。所以"二运"不是我们现在通常理解的运气，而是机会，机会就是实现人生使命的天时；"三风水"是指我们所处的环境，其实质就是实现人生使命的地利；"四积阴德"就是能够与人为善多做好事，只有利他才能得到大家的支持。然而无论是天时、地利还是人和，都需要以自身的能力和心性为基础。所以"五读书"其实才是我们要实现人生使命的关键。这里的读书更准确地说是要学习成长。

一个人通过"格物、致知"才能掌握人、事、物的规律。"诚意、正心"才能不受自己情绪好恶的影响。在实际的工作生活中遵循人、事、物的规律才能一步步实现人生追求。品德让人具备"积阴德"之心，能力让人具备"积阴德"之力，德才兼备才能为更多人创造更大的价值。正所谓良禽择木而栖，一个人所处的环境不同，获得的发展空间也完全不一样。一个德才兼备的人还要懂得选择最适合自己发展的环境。当人和、地利都具备的时候，就只需要等待机会，也就是天时。机会永远属于有准备的人，只要能抓住适合的机会就能实现自己的人生使命。所以在实际运用过程中我们要把这句话变成"一成长，二利他，三环境，四机会，五使命"。

3. 培养习惯的规律

在现实的工作生活中我们发现成长是一个渐进的过程，只有最后能够做到知行合一才是真知。因为知道不一定能理解，理解不一定会按理解的去行动，行动不代表会养成习惯。再好的理念和方法如果我们不去做，或不能坚持做，都不会发挥太大作用。只有我们把所学所知转化成习惯才能发挥最大的价值。这就需要我们掌握养成习惯的基本规律。科学研究发现一件事情坚持做7天才能初步形成习惯；只有坚持21天才能让一个习惯变得稳定；需要坚持90天才能真正固化一个习惯。如果我们要养成一个好习惯就需要思考如何才能保证自己可以坚持做到90天。特别是企业领导者，因为缺少外力推动，靠自我约束很难把一件事变成习惯。养成良好思维和行为习惯就是修炼的过程。

4.人生成长的阶段

孔子曾把自己的一生总结为：十五而从学，三十而立，四十而不惑，五十而知天命，六十而耳顺，七十而从心所欲不逾矩。这段话不仅让我们对孔子的一生有一个整体的了解，更重要的是让我们得到一个重要的启示。人的一生其实应该要分成不同的阶段，在不同的年龄阶段经历的事情和关注的重心都应该有所不同。我们要根据自身的情况在不同的年龄段提前做好人生的规划。就像一年四季的春夏秋冬各有不同一样，如果春天忘了播种，就没有夏天的生长，没有夏天的生长就没有秋天的收获，没有秋天的收获就没有冬天的收藏。正如一位智者所言，三十岁之前不要怕，三十岁之后不要悔。只有做好人生每一个阶段该做的事情才能圆满。

5.做好阶段式平衡

人生不是单项的选择题，而是多项选择的平衡题。围绕"修身、齐家、治业、和天下"可以把一个人的追求目标分成健康、情绪、精神、人格、家庭、人际、财富、事业八个方面。这就像读大学时一个专业的八门课程，任何一门不及格都不能顺利毕业。任何一个人在这八个方面只要有一个方面不及格都会为人生留下遗憾。所以这八个方面我们都不能忽略，但也不能说我们每个方面都一定要做到最好。因为每个人的时间精力都很有限，我们想把每个方面都做到最好的可能性也不大。最合理的方式是在人生的不同阶段对关注的重心做好动态调整，同时合理兼顾其他几个方面。比如在年轻时重点关注个人成长和事业发展，到中年后就要不断增加关注身体健康和陪伴家人的时间。

六、获得成长的五种方法

学习是一个人能够不断成长的方法，通过坚持学习才能让我们掌握人、事、物的规律。学习是一场永无止境的修炼，每个人擅长的学习方法也不相同。只要我们愿意，学习其实无处不在。我们经常会听到这样几句话：读万卷书不如行万里路，行万里路不如阅人无数，阅人无数不如名师引路，名师引路不如自己感悟。这几句话其实为我们揭示了学习的五种基本方法。

1. 读万卷书

自古就有读书破万卷下笔如有神的教诲。博览群书是我们每个人最常用的学习方法，甚至很多人都把学习等同于看书。每一本书都是作者人生经验和智慧的总结。我们通过看书可以快速学习别人的经验心得。并且看书可以帮助我们穿越时间和空间的限制，让我们可以站到作者所在的时空中去思考和感悟。

2. 行万里路

然而尽信书不如无书。每一本书都会受到时空和作者个人的很多局限，所以书中的内容不一定适用于当下的自己。我们除了要多看书以外，还需要多去亲身实践，这就是要行万里路。只有把"读万卷书"和"行万里路"结合起来，既重视理论，又重视实践才能出真知。

3. 阅人无数

三人行必有我师，每个人身上都一定有值得我们学习的东西。最理想的学习不是自己头撞南墙，而是能够从别人的经历中学到经验。我们要多和各行各业不同的人进行交流，了解不同人的个性、喜好、思想、专长、经历等。这些都可以帮助我们从别人身上得到启示，从而更快地成长。

4.名师引路

人类的发展史就是一个不断传承和创新的过程。如果一些优秀的思想和方法不能有效传承，就很难实现历史的持续进步。对于学习而言，只有站在巨人的肩上才更容易实现超越。一个好的老师能够让我们少走弯路，帮助我们快速学到他已取得的成果。在此基础上进一步的学习研究才更容易取得新的突破。

5.自己感悟

无论是读万卷书、行万里路，还是阅人无数、名师引路，最后都需要我们总结思考才能真正转化成自己的东西。"学而不思则罔，思而不学则殆。"我们要结合自己所学，养成每天、每周、每月定期做总结的习惯。通过在工作生活中不断总结思考才能悟到真知。

这几种学习的方法各有优劣，每个人最擅长的学习方式也各不相同，但最佳的方式是能够把这五种方法综合运用。只有把这五种学习方法组合成一个整体，通过多维度系统学习才能取得最佳的效果。通过有效组合，同样花一年时间我们会获得成倍的学习效果。在这个时代，企业是社会的基本组成单位，在企业中学以致用是最好的成长方式。企业的发展就是一个团队心性和能力不断成长的过程。只有让团队掌握和遵循与企业相关人、事、物的规律才能实现持续健康发展。

第五章

站在风口事半功倍

一、选择比努力更重要

小米的创始人雷军曾感慨：站在风口猪都会飞。海尔的张瑞敏说：没有成功的企业，只有时代的企业。做任何事情都只有善于顺应和抓住发展的趋势才能事半功倍。我们要掌握趋势需要从天时、地利、人和三个方面展开分析。大家所熟知的《三国演义》其实就是一个讲述如何运用"天时、地利、人和"之势的经典。通过分析三国初期曹操在天时占优势，孙权在地利占优势，刘备在人和占优势。因为天时、地利、人和各占其一，所以才成三分天下之势。我们在经营企业的时候同样需要围绕天时、地利、人和做好分析，明确未来发展的趋势所在。

1.抓住天时

事物的发展都会经历开始、成长、成熟、调整、衰退，直至消亡的周期。在不同的发展阶段呈现出来的现象和特点都不一样，存在的机会也不一样。就像春天是春暖花开；夏天是烈日炎炎；秋天是秋高气爽；冬天是白雪皑皑。经营企业也一样，我们需要掌握外部环境和企业发展的阶段和特点。只有根据发展的趋势提前做好规划和准备才能规避风险和抓住机会。

2.运用地利

正如南方甜美的橘到了北方就成了苦涩的枳。不同地方的环境特点不一样适合的事情也会不一样。同样的事情在一个地方可行，换一个地方就不一定行。中国有句古话叫"靠山吃山，靠水吃水"，其实同样是告诉我们要懂得运用地利。中国改革开放为什么选择从沿海城市开始，也是基于沿海城市拥有对外贸易的地理优势。同样一个人选择在北京创业，还是在深圳创业，结果会有很大差别。我们在经营企业的时候要充分了解企业拥有的资源和能力，并充分运用好已有的优势才更容易取得成功。

3.符合人和

"得道者多助，失道者寡助！"我们做任何事情都要思考如何才能得到大家的支持。每个人都会支持对自身有价值的事情，所以只有利他的事业才会人心所向。这就要求我们在经营企业的时候要坚持与客户、团队、伙伴、股东、社会构建生态共赢的关系。如果我们所做的事业能够真正为更多人创造价值，为大家增加幸福感，就会得到社会各界的认同和支持。企业要成为团队追求"内享幸福，外创价值"的共同平台。

我们围绕天时、地利、人和三个方面做好系统分析。通过分析外部的宏观环境和行业环境明确有什么机会，存在什么风险；企业自身在资源和能力上拥有什么优势，存在什么不足；在未来发展中能得到哪些人的支持，会遇到什么阻碍？如何才能抓住适合企业的机会，如何才能避开可能的风险？只有充分了解企业内外的现状和发展趋势才能作出正确的决策。经营企业要懂得根据天时、地利、人和找到最适合的机会，顺势而为才能实现更好的发展。

二、善于抓住发展周期

人、事、物都会随着时间的变化而不断变化。所谓天时就是要掌握人、事、物的变化周期和不同阶段表现出的不同特征。在不同的发展阶段面临的问题和适合的方法也截然不同。急于求成就会拔苗助长，行动迟缓又会错失良机，只有适时而动才能恰到好处。企业是时代的产物，太过超前会成为市场的先烈，行动太晚又会失去先机。所以我们在经营企业的过程中需要把握好外部环境的发展周期和企业自身的发展阶段。通过分析内外环境的发展阶段，找到企业想做、能做、该做的最佳发展机会。

1.外部周期

每一个企业都会受到政治、经济、行业、技术、自然等外部环境的变化周期影响。在炎热的夏天销售矿泉水、雪糕就会比较容易；经济处于高速增长期的风口，只要你敢做就能赚钱；一项重大技术突破的初期会为相关行业带来很多新的发展机会。企业无法改变外部环境的发展周期，更多的在于如何根据外部环境变化周期的特点做到未雨绸缪。

我们在经营企业的过程中要了解各种外部环境因素目前的现状，分析未来发展的趋势，从而明确未来发展存在的机遇和挑战。只有充分抓住每个阶段存在的机遇，并做好风险的预防，才能帮助企业实现健康发展。对外部环境状况的分析可以运用《环境机遇—挑战分析表》把相关环境因素的现状、机遇和挑战情况做详细的描述。这可以让我们直观地了解到目前外部环境的整体状况。（附：环境机遇—挑战分析表）

环境机遇—挑战分析表

类别	现状和趋势	机遇	挑战
自然周期			
经济周期			
政治周期			
行业周期			
技术周期			
总结分析			

2. 内部周期

每个企业自身发展的阶段可以分为初创期、发展期、成熟期、扩张期、变革期五个阶段。一般在初创期所面临的主要挑战就是要如何获得订单才能生存下来；到了发展期的挑战是如何打造一支优秀的团队，在快速发展的同时要推动制度体系的构建；成熟期面临的挑战是要找到新的发展空间，不断提升企业的综合竞争力；扩张期不能偏离发展战略的主航道，不断提升企业核心竞争力的维度；当企业的主营业务走向衰退前要提前进行变革，只有找到新的增长点才能继续向前发展。

一个优秀的领导者要懂得提前布局，要尽可能避免衰退期到来才开始变革。在企业发展状态良好的阶段就要为下一个阶段的发展做好准备。企业已进入衰退才开始变革的难度会更大。如果企业不能及时扭转衰退的局势就会面临倒闭。企业在不同的阶段所面临的挑战会不一样，同时企业每一项具体业务和团队的发展阶段也各不相同。我们可以参照下面的《企业内部周期分析表》对企业所处阶段的优势和劣势做全面分析。从而让领导者清楚了解企业目前所处的状态，明确工作的重心。（附：企业内部周期分析表）

企业内部周期分析表

类别	现状和趋势	优势	劣势
企业周期			
业务周期			
团队周期			
总结分析			

3. 抓住天时

在经营企业的过程中，通过对外部环境的分析明确存在的机遇和挑战。再通过对企业发展状况的分析了解自身拥有的优势和不足，从而找到适合企业发展的最佳策略。领导者要善于充分运用企业自身的优势去应对挑战和抓住机会。同时要抓住环境周期中的机遇来实现新的发展和弥补存在的不足。只有扬长避短才能推动企业实现健康发展。比如企业在初创期的最大挑战就是要能够从市场中获得业务订单。所以在外部整体经济发展的高速增长期或行业的高速增长期创立企业的成功概率就会更高。新创企业在整体经济或行业的高速增长期更容易度过生存期。相反如果是在整体经济处于低迷期或行业已进入成熟期，新创企业要实现生存发展的难度就更大。我们要把外部环境中存在的挑战、机遇和企业自身存在的优势和不足做交叉分析。从而帮助企业找到最佳的发展策略。（附：企业内外周期综合分析表）

企业内外周期综合分析表

周期状况	外部环境挑战	外部环境机会
企业内部劣势	"劣势—挑战"分析	"劣势—机会"分析
企业内部优势	"优势—挑战"分析	"优势—机会"分析
综合分析		

通过《企业内外周期综合分析表》要做好四个方面的判断。首先是企业目前发展阶段存在的不足如何应对外部环境中的挑战；其次是企业如何运用环境周期的机遇来改善企业现阶段存在的不足；再次是企业如何运用自身的优势有效应对外部环境中的挑战；最后是企业如何通过自身优势来有效抓住外部环境中的机会。一个资金实力雄厚的成熟企业在外部经济环境低迷时可以低成本扩张发展。初创期的企业因为各种资源都短缺，在外部经济环境低迷时要懂得苦练内功为将来快速发展做好充分准备。

三、懂得选择地利环境

天时是指事物所处的发展阶段和状况。但在同样一个时期，在不同地方的发展状况差别却非常大。以当下中国经济发展情况来说，沿海城市的工商业已经比较发达，而在偏远的农村和山区却还停留在农耕时代。即使是同样的沿海城市，不同城市的地理位置所具备的特征不一样，其优势也不相同。对于企业来说，不同的行业，不同的阶段，适合发展的地方都会有所差别。所谓的地利就是要找到有利的地理位置，让企业可以更快更好地得到发展。

1.外部地利

我们在选择经营企业的地点时需要综合考虑这个地区的产业配套、人才聚集、物流配送、地域资源、地域影响等相关情况。一个地区的相关产业配套越全，行业人才聚集越多，物流配送越便捷，地域资源越丰富，地域影响越大，这里的地利优势就越大。只要我们稍加分析就会发现，不同地区的优势产业都不一样，这些优势产业都和这个地方本身的地理环境有很大关系。比如目前电子信息产业主要集中在珠三角、长三角、渤海湾地区；传媒影视行业最发达的是北京、上海、广州等前沿城市；机械制造重工业主要集中在东北、山西、湖南、湖北等地区。当我们明确了企业的定位和业务范围后要对备选的发展区域进行优劣势的比较分析，全面了解这个区域的地利状况。（附：地理位置优势—劣势分析表）

地理位置优势—劣势分析表

类别	优势	劣势
产业配套		
物流配送		
人才聚集		
地域资源		
地域影响		
总结分析		

2. 内部地利

除了要考虑企业经营地点的外部区域环境外，同时还需要充分了解自身资源和能力的状况。每个企业拥有的资源和能力不同，在同样的环境下遇到的机会和挑战也会不一样。我们要充分发挥好已有的资源和能力优势，同时还要根据企业发展规划不断优化资源和提升能力。我们还要特别重视办公场地的选择。办公场地的空间大小、结构、朝向等都会对未来的工作造成直接影响。我们要根据自己所经营的行业性质、发展阶段、市场定位等实际情况选择最适合的经营场地。在选择经营场地时，除了考虑当下的实际需要，还要充分考虑未来3~5年发展规划对场地的要求。一个好的工作环境对团队氛围和工作效率都会产生非常积极的影响。

3.选好地利

根据企业战略规划的实际需要既要选择合适的区域位置，同时还要充分发挥好自身资源和能力的优势。即使有外部区域优势，但自身没有资源和能力的优势也很难得到发展。就像广东中山的古镇是全球知名的灯饰生产基地，具备灯饰企业的产业配套、人才聚集、物流配送等优势。如果想创办一家灯饰企业，选择到古镇就会有区域的优势。但即使是在古镇经营灯饰企业，如果没有资金、技术、人才等发展需要的资源和能力优势也不行。我们只有根据发展的需要把区域优势和自身的资源能力优势实现内外匹配才能充分发挥地利的作用。

四、坚持做到生态共赢

古人讲"天时不如地利，地利不如人和"。从中可以让我们感受到"人和"的重要性。为什么要把"人和"放到最重要的位置，原因在于事在人为。天时、地利都有规律，而人可以通过分析总结掌握这些规律。这些外部因素其实没有绝对的好坏，我们总能找到方法来规避和化解环境中的挑战，抓住不同环境中的机遇。如果天时不对可以等待天时或者寻找新的机会；如果地利不行可以改变地方或调整项目内容；但如果没有"人和"，再好的"天时""地利"都很难真正把企业经营好。

企业是人类社会分工合作的一种组织形式。每一个企业都会涉及各种不同角色的人，没有人就没有企业。在企业的经营过程中要取得

"人和"的关键在于获得客户、团队、伙伴、股东、社会等相关者的认同和支持。我们在开展各项工作时要处理好企业相关者的情绪、需求、动机。首先我们的动机一定要好，不能心怀恶念，也就是要坚持真、善、美；同时要懂得站在不同角色的立场考虑对方的合理需要，围绕各自的目标找到一套可以实现共赢的方法；在相互交往沟通过程中还要注意照顾到对方的情绪。

1. 外部人和

在企业外部我们要重点考虑的包括客户、伙伴和社会三个方面。这里的伙伴包括企业上游的供应商、合作单位和同行企业。首先我们要研究企业提供的产品和服务是不是真正能为客户创造价值，要提前做好客户需求的现状和变化趋势分析；我们是否有坚持用共赢的原则与供应商、合作单位和同行企业相处，寻求与合作伙伴建立健康的发展关系；我们是不是有主动承担社会责任，并积极为社会贡献企业的力量。只有一个能"为客户创造价值，为伙伴创造发展，为社会创造效益"的企业，才能得到客户、伙伴、社会的认同和支持。

2. 内部人和

在企业内部需要思考的是员工层、管理层和股东层三个层面。我们要建立一套合理的机制让团队中每一个真正为企业创造价值的人都能得到合理的回报。领导者要帮助团队在企业平台上都能获得良好的成长和发展，不断提升团队的幸福感。而对于股东来说，只有真正把企业持续经营好才能让他们获得持久合理的投资回报。企业只有能为股东创造持久合理的投资回报才会有更多人愿意成为公司的股东，为企业带来更多发展需要的资源。企业是团队追求"内享幸福，外创价值"的共同平台。企业能够"为团队创造事业，为股东创造回报"就会得到员工层、管理层、股东层的全力支持。

3. 坚持共赢

一个企业必须平衡好企业内外不同相关者的合理权利。如果对任何一方造成伤害都会遇到阻碍。伤害客户会被客户抛弃，伤害团队会被团队离职，伤害伙伴会被伙伴拒绝，伤害股东会被股东问责，伤害社会会被社会惩罚。我们需要找到一套能够实现成人达己的有效方法，从而建立与客户、团队、伙伴、股东、社会共赢的生态模式。通过建立内外相关者共赢的生态关系来实现内外合一的"人和"才能帮助企业获得持续健康的发展，这也是企业存在的意义和成为幸福企业的基因。

五、养成六大思维方式

在西方流传着一颗钉子毁了一个帝国的经典故事。主要是讲英国国王查理三世和亨利的一场决战。因为国王战马的一个马掌铁片没有钉好，结果在战场上造成马摔倒。这给了亨利进攻的绝佳机会，导致查理三世输掉了这场重要的战争。也正是输掉了这场生死存亡的战争让查理国王丢失了整个国家。为什么一颗小小的铁钉最后却导致一个国家的灭亡？因为一场战争是一个庞大的系统运作，整个系统由许许多多的小环节、小要素组成。每一个环节和要素都会对整个系统造成影响，甚至破坏整个系统。企业同样是一个复杂的系统，领导者只有掌握系统思维的方法才能减小失误的概率。在面临企业重大决策时，我们都要围绕天时、地利、人和三个方面做好全面的综合分析和评估，作出合情、合理、合法的最佳决策。

1. 时间延伸

有一年，英国牛津大学发现有着350年历史的学校大礼堂的横梁，因为长时间的腐化必须要换了。大礼堂的横梁是由二十根巨大的橡木制成，很难找到长得同样粗壮的橡木。大家正不知如何解决这个问题时，学校的园艺师向校方报告说：当年的设计师早就预想到了这种情况。所以当时在校内安排种植了大片的橡树林。经过几百年的生长，现在每棵橡树都能满足礼堂横梁的要求。正是牛津大学大礼堂设计师的提前预见，让原本很头痛的大难题被轻松解决了。

在经营企业的过程中，我们要能够把相关人、事、物的前因后果想清楚。没有无果之因，也没有无因之果。从时间上讲任何事物都有它的过去，有它的将来。在处理一项工作时对这项工作前期的情况要做好深入的调查了解。通过把握工作的过去和现状来预测它后续发展变化的趋势。针对未来可能出现的问题要提前做好预防措施。华为能够应对美国政府的芯片限制，就在于任正非先生早在十几年前就预见到这种局面，提前做好了相关技术的储备。我们要经营好一家企业，就要能提前预见未来。正如阿里巴巴的马云所说，领导者要有智慧选择做别人看不见，看不起，看不懂，最后来不及的事。我们要养成从过去、现在、未来三段式思考的习惯，才能准确把握各项工作随时间变化的规律，从而做到未雨绸缪。

2. 空间转换

备受中国企业家推崇的褚时健先生，在75岁的高龄选择了重新创业。他把一个非常普通的冰糖橙做成了家喻户晓的励志橙。然而，大部分人并不知道刚刚开始的时候，褚时健先生在哀牢山种出的橙子味道并不好。他根据哀牢山的自然环境不断研究调整，最终因地制宜地形成了一套施肥、灌溉、修剪的详细标准。经过长达6年时间的研究沉淀，才有了今天皮薄、柔软、味甜微酸的"褚橙"面世。

在实际的经营管理过程中也是同样的道理。同样的管理方法或制度规范可能在某一个企业里实施得非常成功，但换一家企业就不一定会有效了。因为在不同的企业，因为不同的环境和文化对管理的要求也会不一样。在实施管理的过程中只有充分考虑不同的区域，不同的企业，甚至不同的部门都要因地制宜才能实现有效管理。这就是系统思考的第二个方面：空间转换。同样的事情，采用同样的措施，因为空间环境的不同会有完全不同的结果。我们在经营企业时要突破空间的限制，充分考虑空间变化的影响。

3. 换位思考

系统思考的第三个方面就是对事情相关者的换位思考。企业经营管理涉及客户、团队、伙伴、股东、社会等不同角色的人。每个人的立场、观念不一样，他的需求也不一样。企业要得到大家的认同和支持，就需要找到一套与客户、团队、伙伴、股东、社会共赢的模式。这就要求我们学会换位思考，也就是站到客户、团队、伙伴、股东、社会的不同立场想一想：他的需要是什么？我们如何才能实现他的合理需要？这会不会损害其他人的合理权利？我们可以通过"利他—利己"工具来对内外相关者进行分析，帮助我们判断一套方案的利害关系。

利他

舍己为人	成人达己
害人害己	损人利己

损他

害己　　　　　　　　利己

通过分析我们会得到四种主要的利害关系模式。对于害人害己的事我们要坚决不做；对于损人利己的事要避免去做；对于舍己为人的事要量力而行；对于成人达己的事要全力以赴。在现实工作中，因为缺乏对自己的行为做认真分析，经常会犯害人害己的低级错误。"损人利己"表面上短期也许有所收益，长期而言害人终害己。能够做到舍己为人很高尚，值得我们敬佩，但要注意量力而行才可持续。只有找到一套能够实现成人达己的共赢模式才是最佳的方案。

4.逆向思考

古时候有一位母亲有两个儿子，大儿子开染布作坊，小儿子做雨伞生意。家里生活条件不错，她却每天都愁眉苦脸。有邻居问她到底有什么烦心事。原来下雨时她担心大儿子染的布没法晒干，天晴时又怕小儿子的伞没有人买。邻居听完哈哈一笑说：你反过来想一想，雨天你小儿子的雨伞生意很好，晴天你大儿子染的布可以很快晒干，无论天晴下雨都应该开心才对。老太太听了之后豁然开朗，再也不为天气发愁。

老太太和她邻居的思维方式完全不一样。通常我们都习惯于按自己对事物的判断方向去思考问题，并为自己的判断一步步寻找符合逻辑的依据，这叫正向思维。而逆向思维却要求我们朝自己现有思维相反的方向做思考探索。例如当我们认为一个方案非常可行的时候，逆向思维就要求我们去想想这个方案不可行的地方和原因在哪里。如果我们认为一个想法不可行时，同样可以反过来思考有没有可取之处。通过正反两个方向的思考让我们对方案的优劣了解得更加全面。

5.跳跃思考

就像一个人想挖一口井用来喝水，挖了很久都没有挖出水来。这时候按逻辑思维他可以选择继续把这个井挖得更深或换一个地方挖井。按跳跃思维他可以选择用桶挑水喝或用水管把其他地方的水引过来。还可以想想能不能搬到一个有水的地方居住，这样就再也不用为水发愁了。跳跃式思维就是一种不按原有的逻辑去思考，而是能够跳出原有的思维框架来看问题。这可以让我们把一些原本不相干的事物联系到一起，充分发挥出我们的想象力。通过跳跃式思考帮助我们跳出当前的思维困境，用全新的思路寻找解决问题的方法或从中得到人生启示。

6.发散思考

心理学家曾做过这样一个试验：在黑板上画一个圆圈问一群学生是什么。结果大学生几乎一致回答："是一个圆。"而幼儿园的小朋友回答的却是：太阳、皮球、镜子……五花八门，各种答案都有。从各种完全不同的角度去思考问题就是发散性思维。在企业经营管理过程中我们经常会遇到一些问题完全不知道该如何处理。这时候就可以召集相关人员在一起通过发散思维来寻找各种可能性。这种方法就是我们常说的头脑风暴法。头脑风暴法的第一个阶段就是要充分发挥每个人的想象力。每个人都要大胆地把自己想到的观点和方法说出来，先不管是否正确和可行。通过让大家没有限制地各抒己见，让我们从中发现各种不同的可能性。

所以系统思维其实就是要从天时、地利、人和的不同方向和角度进行综合思考和分析。从而明确经营管理过程中各项工作的发展趋势和各种可能性。在此基础上，我们要准确判断企业目前资源能力的优势和劣势。只有扬长避短，提前做好规划，才能更好地抓住机会，规避风险。领导者要根据"天时、地利、人和"做到顺势而为，才能让企业实现持续健康的发展。

六、践行天人合一之道

不管做什么事情，都只有根据"天时、地利、人和"顺势而为才容易获得成功。《道德经》中讲：道可道，非常道。名可名，非常名。因为随着"天时、地利、人和"的变化应对的方法也需要变化。领导者要能准确判断企业内外变化的规律。只有做别人"看不见、看不懂、看不起、来不及"的事情，企业的成功概率才会更高。所以领导者要成为"运筹帷幄，决胜千里"的布局者。

1. 天人合一的关系

天人合一其本质就是处理好自己和自己、自己和他人、自己和环境的关系。儒家通过"修身、齐家、治国、平天下"的路径来实现天人合一的追求。而企业领导者可以通过"修身、齐家、治业、和天下"的路径来实现天人合一的圆满人生。所以儒家追求的"内圣外王"就是天人合一的结果。人生是一场修炼，企业是一个道场。在企业中实现天人合一就是通过经营企业实现"内享幸福，外创价值"的人生。

2. 圆满人生的大道

我们要实现圆满的人生追求就要处理好"自己、他人、环境"三者之间的关系。我们所处环境中的事物都有其自身的规律，只有遵循事物的客观规律才能与环境和谐相处；在和他人交往的过程中，只有坚持与人为善才能做到共赢；而最根本的还是自己，只有一个积极乐观的人才能有更高的幸福感。所以圆满人生的关键在于对环境真，对他人善，对自己美。在经营企业的过程中坚持"真、善、美"就是实现天人合一之道。这需要根据"天时、地利、人和"的现状和变化顺势而为。

3.把企业当作道场

企业是团队追求"内享幸福，外创价值"的共同平台。所以企业就是整个团队探索实现天人合一的道场。领导者要根据企业在"天时、地利、人和"三个方面的状况作出最佳决策。通过实践的结果可以检验决策是否正确。经营企业就是在企业中处理好自己、他人、环境三者关系的过程，也是一个人心性和能力不断成长的过程。经营企业的目的是"幸福、共赢、和谐"；需要坚持的大道是"真、善、美"；懂得顺应"天时、地利、人和"。"明因、持道、取势"是企业实现基业长青的重要基础。

第六章

不要做飞起来的猪

一、顶层设计的基石

经营企业和建房子的道理一样。建房子要先做设计，然后再按设计做好施工和监理的工作。房子的设计包括效果图和施工图。经营企业同样需要设计，企业的设计分为顶层设计和落地方案。企业的顶层设计就是企业的效果图，为企业的发展明确方向。企业的顶层设计主要包括围绕企业的定位制定发展战略、商业模式和组织机制。"明因、持道、取势"是做企业顶层设计的前提条件。

1. 明因

人生的目的是"内享幸福"，人生的意义在"外创价值"。企业作为工商时代社会的基本构成单位，是团队实现"内享幸福，外创价值"的共同平台。我们要正确地认识到企业存在的目的和意义。企业要与客户、团队、伙伴、股东、社会构建生态共赢的关系。企业基业长青之因就是能够实现自己幸福，与人共赢，社会和谐。我们在做企业的顶层设计时必须符合成人达己的利他思维，只有利他的企业才能实现持续健康的发展。

2. 持道

这个世界的人、事、物都有其运行变化的规律。在经营企业的过程中只有坚持按人、事、物的规律开展各项工作才能实现持续健康的发展。正确地认识并自觉遵循企业中人、事、物的规律是"真"。在经营中坚持与人为善，与相关者建立生态共赢的关系是"善"。把企业当道场，把工作当修炼，懂得享受工作中的乐趣是"美"。企业的顶层设计要符合"对事真，对人善，对己美"的大道。坚持"真、善、美"是优秀企业文化的基本原则。

3. 取势

天人合一是中国文化的最高智慧和追求，同样也是企业的最高智慧和追求。在经营企业的过程中，任何一项重要工作都要考虑天时对不对，地利行不行，人和有没有。只有具备天时、地利、人和的事情才能做到顺其自然，无为而治。所以我们在做公司的顶层设计时要把握好天时、地利、人和的状况，只有符合天人合一的要求才能事半功倍，帮助企业实现持续健康的发展。

"明因、持道、取势"是我们做企业顶层设计的三大前提。我们根据这三个维度的情况明确企业的定位，再围绕定位来制定企业的战略、模式和规则。战略决定企业未来的发展方向；模式决定战略实现的整体思路；规则决定经营管理中责权利的分配。如果企业的顶层设计有问题，这个企业就会存在先天不足。企业在做顶层设计时只有符合"明因、持道、取势"的要求才能避免出现原则性问题。

二、战略规划的技巧

在"明因、持道、取势"的基础上，企业首先需要明确自己的定位。阿基米德说：给我一个支点就能撬动地球。企业的定位就是要找到建立商业王国的支点。企业的定位包括用户定位、产品定位、客户定位、品牌定位、企业定位五个部分，而用户定位是基础。企业战略要解决的核心问题就是靠什么占据企业的定位，从而获得生存发展的空间。企业战略主要包括整体战略、行业策略、竞争模式三个层面。

1. 明确使命

无论是个人，还是企业都要把"存在的意义"思考清楚，这就是使命。不管企业确定的具体使命是什么，但都要符合"幸福、共赢、和谐"之因和"真、善、美"之道。传承百年的同仁堂为自己定的使命是"弘扬中华医药文化，领导绿色医药潮流"；阿里巴巴的使命是"让天下没有难做的生意"；迪士尼的使命是"使人们过得快活"。我们纵观古今中外能够受人尊敬的企业，无一例外都有崇高的使命。

2. 规划愿景

企业愿景是一个企业最终想要达到的理想状态。我们发现能够取得大成就的企业都有非常清晰的愿景。它是对企业价值的一种诠释，是整个团队长期奋斗的目标。不管企业的愿景是什么，都要能与客户、团队、伙伴、股东、社会实现共赢，让世界变得更加和谐美好。一个伟大的愿景才能激发出团队无限的激情和动力。同仁堂的愿景是"但愿世上人无病，哪怕架上药生尘"；胖东来的愿景是要做"商品的博物馆，商业的卢浮宫"；华为是希望"丰富人们的沟通和生活"。正是这样的美好愿景指引着这些企业走向持续健康发展之路。

3. 业务规划

使命和愿景要转化成具体的业务才有现实意义。也就是企业到底能为用户提供什么有价值的产品或服务。在做业务规划的时候我们重点需要思考业务结构和业务周期两个方面。每一项具体业务都有其发展周期，所以我们要提前考虑公司不同阶段的业务规划。首先要明确3~5年短期的具体业务，这帮助企业解决短期生存问题。在此基础上明确5~10年的中期业务规划，这帮助企业解决中期发展问题。最后规划10~15年长期发展的业务方向，这帮助企业解决未来发展问题。只有保证长、中、短期业务的可持续发展才能实现企业基业长青。

未来业务

把握未来 10 年的发展

发展业务

趋势和存在的机会

现有业务

培育3~5年后的潜在

现有核心主营业务　　核心主营业务项目

项目

短期规划　　　　　　中期规划　　　　　　长期规划

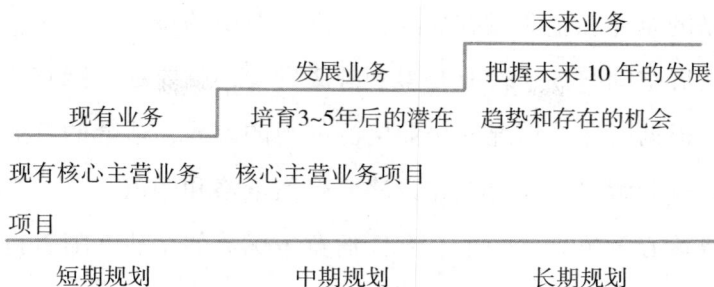

除了要根据业务周期规划好短期、中期、长期的业务规划，我们同时还需要规划不同阶段的具体业务结构，也就是业务组合策略。同一阶段我们会有几种甚至更多的业务项目或产品，对这些业务或产品要提前做好明确的定位。每一个企业在每一个发展阶段正常都需要设定三类不同定位的业务或产品。第一类是为打开市场的产品，这类产品要能帮助企业把目标客户快速聚集起来，让客户有机会全面了解、选择公司的产品或服务；第二类是企业获得利润的主要产品，也就是为企业盈利贡献最多的产品或服务；第三类是代表公司高度和形象的产品，对外象征着公司的核心优势和综合实力。通过这种业务组合才能提升企业在每个阶段的综合竞争力。

4. 整体战略

我们站在整个企业发展的高度，首先要确定的就是要攻、要守，还是要退。这需要提前对企业的外部环境和内部状况进行科学分析，最终才能决定整体的发展战略。企业的整体战略有扩张、稳定、收缩三种基本选择。对于企业而言，不是哪种战略最好，而是要最适合自身情况。因为每个企业的状况不一样，适合的战略也不相同。即使是选择同样的战略类型，具体的战略内容也会存在非常大的差别。

5. 行业策略

每个行业所处的发展阶段和产业结构会不同。每个行业都存在许多相互关联的企业。企业只有找准自己在行业中的位置，才能获得更好的生存发展空间。一个行业要得到健康发展，就要尽可能避免同质化的竞争。根据行业的情况和企业资源能力的差异，适合的行业策略也不一样。行业策略主要有领先策略、聚焦策略和颠覆策略，其本质都是要形成核心竞争力。一个没有任何竞争优势的企业，随着行业的发展就会慢慢被淘汰。

6.竞争模式

如果希望让企业定位的用户对提供的产品或服务产生偏好，就需要给这些用户一个不可抗拒的理由。这个理由必然是我们能为用户提供一些其他企业很难做到的独特价值。这就是一个企业的核心竞争力，也是成为一家幸福企业的重要基础。根据企业为用户提供价值的能力，可以从三个维度构建企业的竞争力。形成价值点的核心竞争力是钉子模式；形成价值链的优势是长尾模式；如果能构建价值网的优势就是生态模式。

7.发展规划

不管企业对未来的设想有多美好，最终都需要分阶段地去实现。所以我们要做好企业发展的目标分解。首先是要明确公司未来10~15年的长期发展目标；再把长期发展目标按3~5年分解为不同阶段；最后再把3~5年的阶段目标分解为具体的年度目标。针对每个阶段的目标要从财务层、客户层、运营层、成长层、生态层五个方面进行确定。财务层包括具体的营业额、利润额、回报率等财务目标；客户层是指客户量、转化率、客单价、新增客户、客户流失率等与客户有关的目标；运营层是业务开展过程中的品质、交期、成本等方面的要求；成长层主要是为了实现财务、客户、营运指标对团队能力提升和软硬件改善的具体目标；生态层主要是指如何构建与社会各界的共赢关系。在明确公司的整体目标后，要把这些目标分解到各部门。只有各部门能够达成设定的目标才能保障公司整体目标得到实现。（附：发展目标规划表）

发展目标规划表

项　　目	指　　标		
财务目标			
客户目标			
运营目标			
成长目标			
生态目标			
目标分解			
目标分解	年度目标	5年规划	10年规划
部门一			
部门二			
部门三			
备　　注			

8.资源配置

如果发展规划只有目标却没有合理的资源配置就只能是空中楼阁。所以在明确各个发展阶段具体目标的同时要做好实现目标所需人、财、物的资源配置。首先要考虑的是人力资源，也就是需要什么样的人才，需要多少数量，这些人才从哪里来。接下来是物资资源，包括需要什么设备、物料等，通过哪些渠道可以保质保量地获得这些物资。最后是资金资源，也就是需要多少资金，这些资金从哪里来。每个目标都要有合理的人、财、物等资源支持才有实现的保障。

三、商业模式五要素

企业的发展战略只有转化为一套完善的商业模式才能实现。商业模式的实质就是实现发展战略的整套系统。商业模式要帮助企业形成核心竞争力，只有具备核心竞争力的企业才能实现持续健康发展。一套优秀的商业模式要帮助企业实现"合理盈利，持续发展和生态共赢"的目标，这就是幸福企业的基本要求。

1.坚持用户为中心

用户是企业能够生根发芽的土壤。用户定位是设计商业模式的原点。企业的一切工作都要以用户定位为依据。只要脱离了用户定位，就无法判断一项工作的价值。我们在设计商业模式时，首先要明确企业的用户定位是谁。只有深度了解企业定位的用户，才知道用户有什么需求。商业模式的所有设计都要坚持以定位的用户为中心，能够为用户提供"人无我有""人有我优""人优我廉"的差异化产品或服务。商业模式是企业围绕定位用户的需求，形成具有核心竞争力的整套系统。

2.创造用户价值圈

根据定位用户的需求首先要设计企业的价值圈。价值圈主要包括创造价值、传递价值、感知价值、实现价值四个方面。一套优秀的商业模式首先是能够为用户创造有差异化优势的价值，也就是能够有效满足用户的一些具体需求。在此基础上，我们要有合适的销售渠道能够把这些有价值的产品传递给用户。同时通过宣传、体验等各种方式让用户可以感知到产品具有的价值。最终让用户完成产品的购买和产品的交付使用，这才能真正实现产品或服务的价值。商业模式要形成一个以定位用户为中心的价值闭环。用户定位不同，企业创造价值、传递价值、感知价值和实现价值的方式都会存在差异。只有形成完整的价值闭环，并实现正常运行，企业才具备合理盈利的基础。

3. 形成价值保护圈

企业要构建以定位用户为中心的价值圈需要具备相关的资源和能力。每个企业的资源和能力不一样，能够为用户创造的核心价值也不相同。我们要根据价值圈的要求来明确企业需要的关键资源、核心能力和重要合作伙伴。一个企业要为定位的用户创造具有差异化优势的产品或服务，就需要有相关的资源、能力和重要合作伙伴的支持。企业拥有的相关关键资源、核心能力和重要合作伙伴越多，越难获得，其他企业就越难复制。所以企业的关键资源、核心能力和重要合作伙伴就是商业模式价值圈的保护圈。保护圈让其他企业很难提供完全一样的产品或服务，是企业实现持续发展的重要保障。企业的保护圈无法在短时间形成，需要长时间的持续沉淀。我们要有计划地不断提升保护圈的门槛。

4. 构建生态关系圈

每个企业都不是孤立的存在，需要与客户、团队、伙伴、股东、社会等不同的相关者发生关系。企业就是这些关系的集合，组成了一个关系圈。幸福商业模式要与企业的各种相关者建立生态共赢的关系，这也是企业存在的意义。为客户创造价值，为团队成就事业，为伙伴分享发展，为股东贡献利润，为社会增进和谐。自古以来都是"得道者多助，失道者寡助"。企业只有与各相关方建立生态共赢的关系才能得到社会各界的共同支持。最终才能实现集众人之力，成众人之功的事业。我们在做商业模式的设计时，可以让不同的角色实现重合。例如可以让一个人既是客户又是股东，还是团队成员。通过改变不同角色的关系，可以更好地发挥众人的合力，可以形成全新的商业模式。

5.设计收支的结构

一套商业模式的运行需要投入各种资源。根据资源的投入情况就会形成商业模式的成本结构。通过对成本结构的分析可以看到企业资源投入的方向。只有把企业有限的资源投入最有利于为定位用户创造差异化价值的地方，才能渐渐形成核心竞争力。同时商业模式只有能够获得合理的收入才能有资源不断投入。不同商业模式的收入项目、金额及增长空间都不一样。商业模式的设计追求用最少的资源投入，产出最大的用户价值，实现多元化、多层级的收入结构。

6.构建值钱的模式

企业要实现持续健康的发展需要有资源的支持。每个企业在经营的过程中都可能会遇到通过股权整合发展需要的人才、资源、资金的情况，这就需要对企业的价值做评估。一个企业的估值主要取决于以下几个因素。首先是企业的核心团队状况，包括创始人和各核心岗位成员。只有一个优秀的核心团队才能吸引到更多的资源。其次是商业模式的优势和行业前景。但任何事情都只有真正作出来才有说服力，一套商业模式已经有成熟的样板后的估值会更高。在成熟样板的基础上，我们还要关注实际经营的数据情况，通过财务、客户等经营数据可以看到公司的现状和未来的发展趋势，这更有利于评估企业价值的可靠性。最后还要围绕商业模式不断整合相关的资源，沉淀的资源越有价值企业的估值就会越高。

四、建立卓越的组织

有了优秀的发展战略和商业模式，还需要建立科学的组织机制来承载战略和模式有效落地。企业的组织机制是在经营管理过程中责、权、利的科学分工。卓越的组织机制是企业持续健康发展的保障。

1. 股权机制

企业发展对外需要吸引资金、资源的投入，对内需要吸引和激励优秀人才共同努力。通过设计合理的股权机制可以有效整合企业发展需要的资金和资源。同时还可以通过股权的方式吸引优秀人才加盟和激励团队为企业的发展共同奋斗。股权是企业最重要的资源，用得好可以把企业发展需要的各种人才、资源、资金整合到一起。但如果用得不好，却可能让一家企业功亏一篑，前功尽弃。在设计股权机制时要提前明确股份的结构、权利、进入、考核、退出等相关规定，并按现代法律规范建立科学的治理结构。

2. 决策机制

决策的质量会直接决定企业经营管理的成效，甚至有人认为经营管理就是做决策。在经营管理过程中要对各项工作作出科学、高效的决策，需要建立一套合理的决策机制。完善的决策体系包括决策支持系统、决策咨询系统、决策评价系统、决策监督系统和决策反馈系统。企业要对决策的权责、方法和流程作出明确的规定。比如股东会做决策一般按股份比例享有决策权，只有超过三分之二股份的股东同意才能作出决策。而董事会做决策可以按一人一票的方法，以少数服从多数的原则作出决策。

3.管理机制

管理机制是以管理结构为基础的运行机制、动力机制和管控机制。我们做管理需要提前明确组织架构中各职能部门及各岗位的责、权、利，并建立完善的制度体系。制度体系是管理的基本依据。企业的制度体系主要由四部分构成。首先是企业文化手册，核心文化是企业的基因；然后是经营手册明确企业的发展方向；第三个方面是管理手册，包括人事、行政、后勤相关规定；还有就是运营手册明确完成每项工作的流程、标准和工具。

4.分配机制

分配机制是企业对各种资源的分配方法和标准，主要包括成本分配和利润分配两个方面。成本分配体现公司的资源投向，利润分配体现公司的分享精神。企业的成本主要由研发成本、产品成本、人工成本、管理成本、销售成本等构成。每一个企业都要明确目前每一项成本占到营业额的比例是多少，并找到调整优化的方向。对于企业最终产生的利润要如何分配，除了股东外还应该考虑团队分享、创新发展和社会公益。只有真正做到客户、团队、伙伴、股东、社会的生态共赢才能得到持续健康的发展。

5.创新机制

这个世界永远不变的就是永远在变。如果一个企业故步自封就会被这个时代所淘汰。所以一个企业要实现基业长青就必须建立一套完善的创新机制，追求持续改善和自我颠覆。健全的创新机制要考虑创新动力、如何运行、如何管控和持续发展四个方面的内容。首先要解决企业创新动力的问题，也就是要激发出团队创新的意愿；还要解决如何让创新工作有序进行，而不是盲目地乱创新；最后还要考虑如何推动创新工作能够持续开展。

6. 组织架构

企业要根据实际工作流程和管理的需要设计科学的组织架构。目前常见的组织架构包括直线制、直线—职能制、职能制、事业部制、矩阵制五种基本形式。职能制是传统企业实现团队分工的主流组织架构。在设计职能制组织架构时要注意两个层级的合理分工。首先是董事会、监事会、总经理之间要做好三权分立，明确各自的责、权、利。然后是总经办、督导办、职能部门之间要设计好三权分立结构。由总经办担任公司重要管理事务的决策职能；各职能部门负责按总经办决策做好执行落实；督导办负责督导各项工作是否有按决策执行到位。（附：公司职能制组织架构参考案例）

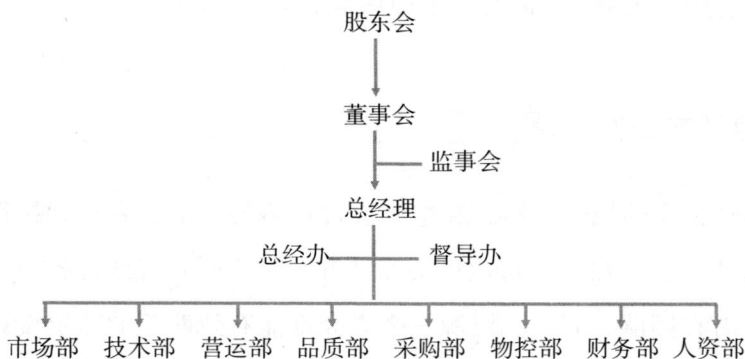

公司职能制组织架构

在组织架构设计过程中一定要结合企业的实际情况，需要充分考虑八个方面的内容。一是要与公司整体战略规划相匹配，有助于战略规划的执行落地；二是供、产、销要合理分工，让专业的人做专业的事；三是人、财、物都要有专门的部门负责管理，确保各项资源能够支持战略的实施落地；四是做好决策、执行、监督的合理分权，每项工作都能得到有效管控；五是每个部门、每个岗位的责、权、利要统一，避免人浮于事；六是管理幅度要合适，既不能让管理层臃肿，也不能让管理人员疲于应付；七是管理层级尽可能扁平化，减少中间层，提高沟通效率。最后要重视对最新知识技术的应用，从而提高组织效率。

随着时代的发展，因为技术的进步，消费者个性化需求的增强，以及个人自主意识等因素的变化，未来企业的组织架构将呈现出全新的特征。过往以管控为核心的组织架构正在被打破，而以赋能为核心的组织架构将渐渐成为主流。未来组织形态的发展会向企业平台化、团队创客化、管理数据化、信息透明化、组织生态化五个方向不断演变。企业的组织边界将变得越来越模糊，组织结构也变得更加灵活多样。同一个组织系统中会同时存在多种基本组织形式的组合。

五、落地实施有保障

不管企业的战略、模式和组织设计得多好，都只有得到执行落地才有价值。所以在制定企业顶层设计方案时要同时规划好各项保障工作。只有在团队、制度、资源三个方面都能有效匹配的顶层设计才有可行性。

1.团队保障

每项工作要做好都离不开合适的人才。联想的柳传志先生曾把经营企业归纳为定战略、搭班子、带队伍。有了好的战略、模式和组织，还要有好的团队才能得到实现。所以我们在经营企业的过程中要随时关注团队建设的工作。根据战略发展的需要提前做好人才的储备。只有建立科学、合理的"选、育、用、留、汰"的人才体系，才能打造出一支卓越的团队。

2.制度保障

一个企业的战略、模式和组织是顶层设计，这些方向性的内容要得到实施还需要转化为具体的工作流程、标准和工具。围绕战略、模式和组织形成完善的制度体系，确保各项具体工作的执行都符合公司的发展方向。各项流程制度的形成要注意三个方面，首先是要做到一项流程制度的决策、执行、监督的合理分工；其次是要提前拟定执行流程制度的激励措施；最后对流程制度执行情况要有信息记录和反馈机制。

3.资源保障

古代打仗有一个基本的原则是"兵马未动，粮草先行"。任何一项工作的开展都离不开资源的支持。我们经营企业同样需要提前做好各种资源的准备工作。企业要落实顶层设计除了要有合适的人才外，还要考虑资金、物资、技术、信息等资源才能有效支持执行落地的要求。领导者要根据公司的战略、模式和组织提前做好所需资源的规划和准备。

六、不要误解了制度

大部分人对制度体系的印象都比较负面，一谈到流程制度就会本能地产生抗拒心理。这源于我们过去对流程制度的认识和运用上存在误区。我们习惯性把流程制度当作监督、检查、控制团队工作的工具。所以大部分人对流程制度的印象都是为了如何约束和惩罚人。其实流程制度的本质是为了帮助团队把各项工作处理好。流程制度的根本目的在于帮助团队在合适的时间、合适的地点、用合适的方法把各项工作做好。只有对流程制度有正确的认识，才能充分发挥制度体系的价值。

1.明确团队的目标权责

建立一个团队的基础在于拥有一个共同目标，有了共同目标才能为整个团队指明前进的方向。组建团队最大的价值是通过分工合作可以更快、更好地达成目标和完成一些个人不可能完成的工作。团队要实现一加一大于二的合力，就需要通过制度体系来帮助团队明确目标。同时还要确定每个人为实现目标所拥有的责、权、利。这才能让团队中的每个人明确自己岗位需要负责的各项工作和具体要求。

2.总结工作的经验教训

所有事物都有其自身的规律，我们要把一项工作做好就必须遵循相应的规律。遵循事物本身的规律是团队对事"真"的体现。科学合理的流程制度要坚持实事求是的原则，用流程制度的方式把实际工作中的经验教训总结出来。制度体系的价值在于能为实现团队目标提供处理各项工作的有效方法。我们要把处理各项具体工作的流程、标准、方法通过流程制度的方式明确下来。团队只要掌握这些处理各项工作的科学方法，就能高效达成目标。

3.发扬人性的善良美德

让一块土地不长杂草的最好方法就是种上庄稼。想要一个团队走正道，真正能为他人和社会创造价值就需要发扬团队的善良美德。一项好的流程制度能让坏人干好事，一项不好的流程制度会让好人干坏事。我们可以通过流程制度的方式来传承和发扬团队的善良美德，最终沉淀出团队积极向善的文化。只有坚持"善"的文化才能帮助团队最终实现"内享幸福，外创价值"的人生追求。

4.通过制度来实现传承

制度体系可以帮助企业把个人智慧有效地转化为团队智慧，在团队中实现有效传承。比如在处理一项工作时，团队中有人想到了一个非常有效的方法，如果我们没有通过流程制度的方式明确下来，就无法让团队的其他成员学习借鉴。一旦用流程制度把处理这项工作的有效方法明确下来，无论是谁都可以按流程制度的方法把工作处理好。企业要实现基业长青需要依靠制度体系把一些好的思想和方法做好复制和传承。

5.重视制度的持续创新

企业的内外环境都在不停地发生变化。今天有效的方法放到明天就可能变成了影响企业发展的障碍。要适应这种变化就必须推动各项流程制度的持续创新。也就是要在原有流程制度的基础上探索更有效、更符合未来发展的思想和方法。创新工作的开展也要建立在流程制度的基础上，才能保障创新工作能够有序开展。一个企业只有不断创新才不会被时代所淘汰。

第七章

高效完成目标规划

顶层设计确定了企业发展的方向，还需要有落地实施的具体方法。我们要实现顶层设计离不开配套资源、团队能力和行动方案作为支持，这就是企业实现基业长青之术。在经营管理过程中我们只有不断增加企业需要的资源、提升团队能力和优化行动方案，才能更好地实现企业的顶层设计。在执行过程中我们要追求资源投入产出的价值最大化。

一、巧妇难为无米之炊

企业的顶层设计要有人、财、物、技术、信息等资源作为保障才能实现。一个企业能够整合到的相关资源越多能够达成的目标就越大。企业为客户、团队、伙伴、股东、社会创造价值都需要有配套的资源为基础。

1.构建六维人脉

领导者要根据企业顶层设计的需要找到配套的各种资源。而人是各种资源的载体，所有资源都归属于不同的人。所以要找到企业发展需要的资源首先就是要找到拥有这些资源的人。资源整合的实质就是各种人脉关系的整合。一个人能够整合到的资源水平取决于人脉圈的数量、质量和信任度。经营企业只有坚持"明因、持道、取势"才能整合到更多优质的资源。领导者要提升整合资源的能力要做好六个维度的人脉经营。高质量的人脉结构会为企业发展提供源源不断的资源和能量。

（1）人才资源

早在春秋时期中国的门客之风就开始盛行，战国时更有楚国春申君，赵国平原君，魏国信陵君，齐国孟尝君以门客多而著称于世。门客的实质其实就是古代的人才储备方式。古人对人才的重视非常值得当今企业借鉴，企业所需的核心人才可遇而不可求。等到需要了才急急忙忙去招聘，一时半会儿很难找到合适的人才。领导者要避免这种情况就需要提前建立核心人才梯队。首先我们要重视内部人才的培养，同时还要有外部优秀人才的储备。领导者要建立一个外部人才的圈子，随时保持与他们的良好关系。当企业在经营过程中需要一些关键人才时能够随时到岗。

（2）资金资源

资金是企业经营管理的血液，很多企业的倒闭不是源于没有订单，甚至也不是不盈利，而是因为资金链断裂。同时很多企业因为资金不足错失很多好的发展机会。我们要避免这样的问题出现就要提前建立好融资渠道的人脉圈。长期保持与银行、投资机构等融资渠道的良好沟通，建立起互信关系。企业不要等到有需求了才去找资金，而是要根据发展战略的需要提前做好资金的筹备。

（3）物资资源

企业经营离不开各种配套物资。很多行业甚至受特定物资的影响非常大。例如中国历史悠久的茶叶行业就受限于产区茶园的状况。每年产茶的数量不少，但真正算得上顶级茶叶的产量却不多。只有掌握优质的茶园资源，才能保障优质茶叶的供应。每个企业都要重视供应链体系的建设，保证各种物资可以保质保量地及时供应到位。同时还要能及时掌握与企业相关的各种物资的市场信息变化。特别是价格的变化，技术创新等信息。

（4）知本资源

这是一个知本时代，知识的价值将越来越被重视和体现。正所谓术业有专攻，每个人专长的事情都不一样。只有把专业的事交给专业的人去负责才是智慧的选择。企业领导者不可能面面俱到，这就需要建立起属于企业的专家团队来有效应对各种专业问题。一个商业大家的智囊团要有战略、法律、资本、教育、健康等各方面的专家。所以我们平时就要注意寻找这些领域的专家资源，建立与他们的良好关系，当遇到专业问题时才能得到科学的指导建议。

（5）宣传资源

在这个时代酒香也怕巷子深，既要有好的产品和服务，同时也要重视做好宣传工作。每一个企业都需要社会各界正确地了解企业的状况及所提供的产品和服务。同时在遇到一些公众事件时也要与外界做好快速有效的沟通才能化解危机。企业领导者要重视企业宣传渠道的建设，与各种媒体及演艺界人士建立良好的关系。这有利于企业的品牌建设和公关危机的有效处理。

（6）政府资源

政府承担着国家公共事务的管理职责，是社会、政治、经济、文化的重要推动者。企业要与政府建立和保持良好的健康关系，根据社会、政治、经济、文化的动态及时调整企业的经营方向和策略。企业要配合好政府履行公共事务管理职责才能得到政府的支持。作为企业既要积极响应政府的政策，但又不能完全依赖政府，更不能触犯法律。企业已经成为这个社会的基本构成单位，只有立足于为社会提供解决特定问题的功能才能实现持续健康的发展。

2.善于运用平台

每个人自身拥有的资源都非常有限，而一个好的平台却能聚集到各种不同的丰富资源。比如现在每个城市都有各种商会、协会、同学会等不同的平台。在这些平台上少则几十人，多的甚至几千上万人。企业经营所需的各种资源都能在这些平台上找得到。判断一个平台价值大小的主要因素在于参与者的数量、质量和黏度。只要能选择和整合到与企业发展相关的优秀平台，就能帮助企业快速获得发展所需的大量资源。

3. 自身素质提升

无论是我们谈到的六维人脉的构建，还是优秀平台的整合，其实都要以自身为基础。古人说"物以类聚，人以群分"，我们想和优秀的人成为朋友，首先自己要成为一个优秀的人。我们想整合优质平台的资源，首先自己要能为平台带去价值。正所谓厚德载物，只有一个懂得付出和感恩的人才能承载更多资源。作为企业领导者，我们在对外整合各种资源的同时，更要重视自身和团队综合素质的提升，不能急功近利。

二、提升团队核心能力

企业顶层设计的落地除了需要有足够的资源作为保障，还需要整个团队具备足够的能力。事在人为，好产品、好服务、好模式都离不开优秀的人才。一个企业的优势很大程度上取决于团队的核心能力。华为技术实力源于强大的研发能力。海底捞一流的就餐体验源于服务能力。我们要把提升团队核心能力放到战略的高度，建立起一套系统、持续、高效的团队培养体系。

1. 明确任职要求

不同的岗位所承担的工作职责不一样，对从事岗位工作的任职要求也不相同。我们主要可以从知识、技能、个性特质、自我概念、动机五个方面去评估一个人是否具备完成一个岗位的能力。不同岗位对这些能力素质的要求也有所差异，我们要根据实际需要明确每个岗位的任职标准。根据这些任职要求来选拔、培养最适合的人才能形成团队的能力优势。

2.做到团队互补

团队是一个分工合作的整体，没有完美的个人，却可以打造互补的团队。一支高效的团队要实现一加一大于二的效果。在构建团队时首先要有共同的核心价值观，在此基础上还要做到团队成员的优势互补。我们可以把组建团队的基本要求归纳为"一同三补"。

（1）理念相同

正所谓道不同不相为谋，"一同"是指团队要有共同的核心价值观。杰克·韦尔奇在领导通用公司时就坚持把对公司核心价植观的认同作为选拔团队的基本原则。对不认同通用公司核心文化的人，即使是再有能力都坚决不予重用。只有拥有共同价值观的团队才容易在工作中达成共识，在相互配合的过程中才不会出现原则性的问题。

（2）能力互补

企业经营需要完成市场营销、技术开发、生产管理、行政管理、人力资源、财务管理等不同的工作。每个人的能力特长不一样，适合的工作也不同。在组建团队时要充分考虑在能力上可以实现互补，让专业的人干专业的事。既要找到善于市场开发的人负责市场，也要有技术专家负责技术开发。只有构建在能力上互补的团队才能充分发挥团队的合力。

（3）个性互补

《西游记》中唐僧师徒四人是截然不同的个性。每个人的优点都很明显，但不足之处也显而易见。唐僧有信念，却没有功夫；孙悟空外向，却缺乏耐心；猪八戒开朗，却好吃懒做；沙僧踏实，却不擅言辞。而正是这样的四人组合却完成了西天取经的伟大事业。如果没有唐僧，整个团队就没有坚定的方向；如果没有猪八戒就少了乐趣，团队之间的关系就不会融洽；如果没有孙悟空就不会有工作效率。其实每种个性都有其优点，在组建团队时要注意做好不同个性的合理搭配。

（4）资源互补

拥有丰富的资源才能支撑事业更好地发展，企业经营离不开各种资源的合理配置。每个人都是一个资源的载体，有的人拥有丰富的客户资源，有的人拥有优秀的人才资源，也有的人拥有大量的资金资源。在构建团队时要注意团队成员自身所具备的资源优势。首先要尽量做到团队内部每个人的资源优势能够实现互补。团队成员的资源能够实现互补才能帮助企业获得更大的综合优势。

3.重视能力培养

不同的公司即使是同一个岗位都有不同的要求。我们不要期望能找到一个刚入职就能把各项工作做得很好的人。同时每个岗位对任职人员的能力要求也会随着社会的进步、企业发展的需要而发生改变。一个人要在一个公司得到更好的发展也需要不断提升自己的能力。如何才能保障团队的能力可以持续胜任所在岗位的工作，并能得到更好的发展。这就需要企业建立完善的人才培养体系，做到分岗位、分阶段、有计划地进行能力培养。

德胜洋楼企业文化中心的赵雷先生在一次沟通时坦言：一个不能为自己量身培养人才的企业不可能成为一家卓越的企业。我们发现国内外的优秀企业几乎都建立了有效的人才培养体系。越来越多的优秀企业通过建立独立的人才培养机构来为自己量身培养所需人才。企业构建独立的人才培养机构要重点做好六个方面的工作。

（1）明确发展方向

建立人才培养机构要提前明确发展的方向。人才培养机构的发展方向要以企业的顶层设计为依据，能够有效支持公司整体战略的实现。人才培养机构的发展主要有三个方向。第一个方向是为企业量身培养所需人才，成为公司人才战略的重要内容。第二个方向是服务于整个产业链，除了内部人才培养外，还向上下游的合作伙伴输出培训咨询服务。企业的人才培养机构还可以升级为一个独立的经营主体，为更多外部企业提供培训咨询服务。

（2）拟定成长地图

无论企业的人才培养机构发展方向如何确定，都要围绕人的成长。人才培养机构要解决公司发展战略的人才培养问题。所以人才培养机构要根据企业发展战略对人才的要求，拟定出整个团队的成长地图。也就是从基层到中层，中层到高层，明确每一个岗位的素质能力要求。根据岗位素质能力的要求形成具体的人才培养计划，帮助团队成员快速成长。人才的成长方向要符合公司战略规划对人才的要求。

（3）建立运营机制

企业的人才培养机构要实现科学、有序、高效地开展各项工作就需要建立一套完善的运营机制。包括组织架构、职责分工、工作流程、管理规范等内容。特别要强调的是人才培养机构的工作要与公司的企业文化、发展战略、职业规划、薪酬绩效的管理规范有效结合。在人才培养机构学习的结果要直接与个人的晋升、薪酬、绩效挂钩，只有这样才能让团队变被动学习为主动学习。

（4）开发课程体系

每个公司对各个部门和岗位的要求都不会一样，需要具备的素质要求也不一样。企业要实现量身培养人才的目标就需要量身开发课程体系。在充分考虑企业文化、发展战略的基础上，分部门、分岗位、分阶段地开发课程内容。人才培养机构课程的基础架构包括入职课程模块、部门专业模块、个人素质模块、团队管理模块和绩效创新模块。这些课程内容的培训方式也不能千篇一律地只是讲授，根据课程的性质可以通过自学、模拟、师徒制等不同的方式进行培养。

（5）建立讲师团队

有了完善的运营机制和课程规划，还需要有合适的讲师来负责课程的开发和实施。讲师团队的质量对课程的效果影响非常大。在建立人才培养机构讲师团队时原则上要以内部讲师为主，同时合理搭配外部讲师。只有内部找不到合适的讲师和部分不适合内部讲师讲授的课程才聘用外部讲师负责。企业的人才培养机构要根据课程的需要选择与专业的顾问机构或优秀的外部讲师形成长年合作关系，这更有利于提升授课的针对性和有效性。

（6）配置硬件设施

上面讲到的内容都属于企业人才培养机构的软件建设。同时我们也不能忽略了人才培养机构的硬件建设。首先是要有合适的场地，场地的大小要能满足实际培训的需要。选好场地后要配置好培训所需的桌椅、投影、白板、音响等相关设施。同时每次培训还要提前准备好教材、笔、纸等现场所需物资。如果是实操训练内容，要根据训练的内容准备好相关的物资。

三、制定落地行动方案

顶层设计要靠有效的执行才能得以实现。团队如何充分运用企业的资源来实现发展战略的具体方法就是行动方案。所以首先要根据顶层设计做好年度落地方案。在执行过程中还要做好管理，主要包括"理人"和"管事"两个方面。管理的本质在于帮助合适的人在合适的时间，合适的地点，用合适的方法把事做好。

1. 落地方案

企业经营的年度落地方案就是企业的施工图。制定年度经营落地方案的第一步就是要设定好科学的目标。在此基础上，围绕企业的年度目标找到可行性的策略，并拟订具体的实施计划。再根据实施计划的需要科学配置需要的各种资源。最终事在人为，再好的方案也要有合适的人去执行才行。只有把公司的目标与个人目标融为一体，让团队从"要他做"变成"他要做"才能充分发挥人的主动性。一套完整的年度落地方案包括设定目标、分解目标、实施策略、执行方案、配置资源、团队激励六个部分。只要在执行的过程中做好管理就能一步步实现企业的发展目标。

2. 理人思路

企业的每一项工作都需要有人负责去做。所以管理首先要做好"理人"的工作，也就是要实现"让合适的人做合适的事"。我们可以从"能、明、愿、忠"四个方面来判断一个人是否适合一个岗位的工作。领导者和管理团队要提前评估一个人的能力是否有达到工作的要求；对完成工作的各项标准和目标是否明确；对这个岗位的工作有没有积极性；对公司的企业文化是否具有忠诚度。从这四个方面对团队成员做好全面评估就能判断一个人是否适合岗位的工作。在实际工作中不断提升团队的心性和能力。

（1）知人善任

刘邦总结自己能得天下主要依靠三个人：一个是运筹帷幄，决胜千里的张良；一个是镇守国家，安抚百姓的萧何；还有一个就是战无不胜，攻无不克的韩信。正是因为刘邦能够知人善任，让他们各施所长才共同成就了一番千秋伟业。每一个企业领导者都需要充分了解自己的团队，根据一个人的"能、明、愿、忠"状况，安排最适合的岗位让他负责。

（2）因材施教

孔子早在两千多年前就提出了要因材施教的理念。每个人因为个性、爱好和成长背景不同所适合的工作和发展方向也不一样。领导者要在充分了解团队状况的基础上有针对性地帮助他们不断成长。如果是一条鱼我们就要培养它在水里游戏；如果是一匹马就要培养它在草原奔跑；如果是一只鸟就要培养它在天空飞翔。只有培养一个人做他擅长和喜欢的事情才能充分发挥他的潜力。

（3）人事合一

通过"知人善任"和"因材施教"来实现"帮助合适的人做最合适的事"。同时我们要匹配好每个岗位的责、权、利。责大权小就会对所负责的工作变成心有余而力不足；责小权大又容易变成滥用职权；责大利小会让负责人没有积极性；而责小利大又有失公平。只有做到责、权、利的合理匹配，让合适的人做合适的事才能充分发挥团队每个人的价值。

3.管事技巧

在做好"理人"的基础上才能真正把事做好，只有人对了才能把事做对。管事的实质就是要"帮助一个团队在合适的时间、合适的地点、用合适的方法把工作做好"。管事的关键在于找到把工作做好的有效方法，并把这些方法转化为制度体系才能指导团队有效开展工作。我们在构建制度体系时同样会面临四个方面的问题。第一个方面是制度体系不健全，缺少一些必需的制度规范；第二个方面是流程制度有了，但规定的内容与实际工作情况不符合或按流程制度工作的实际效果不佳；第三个方面是流程制度拟定好以后缺少必要的宣导，大家都不知道相关的具体内容是什么；第四个方面是没有真正按规定的流程、标准和方法去开展工作。

正所谓靠个人不如靠团队，靠团队不如靠系统。一套科学合理的制度体系才能帮助企业实现基业长青。企业的制度体系可以分为例行制度和临时措施。我们把团队中用于处理一些重复性工作的相关规定归纳为例行制度。例行制度体系又分为公司层、部门层、岗位层三个层级。临时措施主要是处理工作中出现的异常情况或临时工作的各种方法。

（1）公司制度体系

公司层制度体系主要可以归结为经营手册、管理手册、运营手册三大体系。经营手册是对企业发展战略、商业模式、组织机制及目标计划等经营性制度的汇总。通过经营手册可以帮助团队明确目标方向及各部门的职责权限。管理手册是企业团队日常管理规范的汇总，它的根本目的在于发扬团队人性的善良美德，并通过流程制度的形式来强化这种文化。管理手册主要包括企业文化、行为标准、人事管理、行政管理、后勤管理、福利管理等内容。运营手册是对各项工作开展的流程、标准和方法作出具体规定。它的根本目的在于总结各项工作的经验教训，帮助团队科学高效地处理各项具体工作。

（2）部门制度体系

部门制度体系包括部门架构、部门职责、部门流程、工作标准、表单工具等。部门制度体系是对公司制度体系的分解，公司制度体系的各项工作都要分解到具体的部门负责。部门制度体系是一个部门开展各项工作的依据。通过建立部门制度体系明确部门的各项职责、要求和方法，让部门内的各项工作能够科学、高效、有序地完成。

（3）岗位制度体系

岗位制度体系主要围绕岗位需要完成的各项工作展开。部门制度体系都要分解到各个具体的岗位负责才能最终落地。岗位制度体系主要包括岗位职责说明书、岗位作业指导书、岗位异常处理方案。岗位制度体系就是把每项岗位工作的流程、标准、方法、表单等做好规范。帮助每个岗位能够真正做到在合适的时间、合适的地点，用合适的方法把工作做好。

（4）临时制度措施

在工作过程中除了例行的工作外，每个岗位都会遇到一些异常情况或临时工作。对这些工作通常会以计划、通知、会议、指示、授权等方式来确定处理方法。这些临时决定如何处理一项工作的方法我们统称为临时措施。这些临时措施执行后通过总结分析可以为后续的工作提供指导依据。我们要把一些通过实践证明有效的临时措施转化为例行制度中的内容。所以临时制度措施是对公司例行制度体系的有效补充，同时也是不断优化例行制度体系的过程。

4.执行系统

一个卓越的企业需要做好经营、管理和执行三个层面的工作。企业的经营规划包括顶层设计和落地方案。在此基础上要做好管理和执行才能真正实现发展的目标。我们可以从四个方面来不断提高企业的执行力。

（1）个人执行力

企业的高效执行力离不开有执行力的团队成员。只有培养有执行力的人才能提升团队的整体执行力。而个人的执行力可以从五个方面去评估。首先是要有目标，目标越明确执行力就会越高；除了有目标还要有决心，有一种不达目标不罢休的精神；同时要有方法，而不是蛮干；正所谓想百遍不如做一遍，一旦想好方法就要有行动；最后贵在坚持，能把一件简单的事坚持做好就是不简单。

（2）团队执行力

没有完美的个人，但却可以组建完美的团队。一个团队是分工合作的一个整体，只有相互支持配合才能有效达成目标。一个人即使有三头六臂，如果没有团队的有效配合也很难取得好的成绩。领导者在构建团队时要重视团队的配合意识和互补性。只有提升整个团队的配合意识，同时在个性、能力、资源上能够实现互补的团队才有更强的整体执行力。

（3）系统执行力

如果执行力只是停留在依靠人的阶段将很难持续。企业要形成可持续的执行力就要构建一套科学合理的制度体系，形成系统执行力。最好的执行力要让团队自动自发。如何才能让团队自动自发，这是构建系统执行力的指导思想。这需要企业的管理者从监督、控制、惩罚为主的管理模式转变为激励、支持、成就团队的管理模式。在此基础上建立一套合情、合理、合法的制度体系，各项工作的责、权、利实现统一和决策、执行、检查三权的合理分工，这才能形成可持续的系统执行力。

（4）管理执行力

企业管理者对执行力的提升作用非常关键。管理者可以通过六个方面来提升执行力。首先是要做好榜样，只有管理者自己做好表率才能让整个团队自觉效仿；自古就有主帅无能累死三军的说法，作为管理者要做好工作规划才能避免团队做无用功；同时管理者可以决定用什么样的人，只有做到知人善任才能事半功倍；好的制度体系可以让坏人做好事，企业管理者要重视制度体系的建设；没有好的过程就没有好的结果，一个优秀的管理者要重视做好执行过程中对团队的辅导工作；同时做任何事情都需要有资源的支持，管理者要为团队提供执行过程中需要的资源。

5.激励方案

在经营管理过程中最关键的还是人。只有充分激发出团队的主动积极性才能发挥团队的潜力。随着社会的发展，人的自我意识开始不断觉醒。要对团队实现持续有效的激励就需要坚持"以人为本"。在做激励方案设计时要系统规划激励种类、激励周期和激励层级三个维度的有效组合。每个人的需求都不一样，也不是单一的需求。所以要把物质激励、精神激励和成长激励做好综合运用。同时团队的基层、中层、高层对物质、精神和成长三个方面的需求重心也不一样。我们在设计激励体系的时候对基层、中层和高层的激励重心要有所差别。最后我们要做好短期、中期和长期激励的平衡，如果只有短期激励容易让团队忽略企业的长期发展，只强调长期激励又很难让团队长时间保持状态。(附：激励方案规划表)

激励方案规划表

激励种类	短期激励			中期激励			长期激励		
	物质	精神	成长	物质	精神	成长	物质	精神	成长
高层									
中层									
基层									

四、做好实施过程跟进

领导者决定做正确的事，管理者决定把事做正确。在执行过程中管理者的重心在于管事。管事就是要帮助团队在合适的时间、合适的地点，用合适的方法把各项工作做好。所以管事要围绕目标展开，整个管事的过程要做好八个方面的工作。只有做好这八项职能才能真正把事管好。

1. 目标

企业的目标决定工作，而不是工作决定目标。企业的各项工作都是为了达成发展的目标。所以管理的起点是要明确目标。哈佛大学曾对一群年轻人做过一个长达25年的跟踪调查。通过调查发现，有27%的人没有目标，结果25年以后这部分人几乎都生活在社会的最底层；有60%的人只有短期模糊的目标，结果他们一生都没有作出特别的成就；有10%的人有明确的短期目标，这部分人基本上都成了各行业的精英；只有3%的人有明确的长期目标，这些人大部分都成了各领域的领导者。其实无论是个人还是企业都需要有明确的目标才能取得更好的成绩。

2. 计划

如果只有目标而没有切实可行的行动计划，目标就只是空中楼阁。所以要在明确目标后围绕如何实现目标制订具体的行动计划。首先要把目标做好分解；根据每个阶段的目标确定具体的实施方案；做好方案需要的人、财、物、信息等各种资源的配置。一份优秀的行动计划可以让团队胸有成竹，要把整个执行过程中可能遇到的问题都提前考虑好并制定预防措施。

3. 组织

在制定好行动方案之后，接下来需要做的就是把执行需要的人、财、物等资源做好组织安排。最关键的是要组建负责执行的优秀团队。在组建执行团队时要提前明确每个团队成员的职责权限，并把各项具体的工作分解到人。同时管理者还要为团队提供工作所需的必备资源。把执行计划需要的人、财、物都安排到位就是"管事"过程中的组织工作。

4.激励

一个目标最终能否实现受团队主动性的影响非常大。方法永远都比问题多，关键在于团队会不会用积极的心态去主动寻找解决方案。如何才能让团队从被动做事变为主动追求，这就需要做好激励。在管事的过程中管理者需要做好三个方面的工作。首先要提前设计好团队的激励方案；在执行过程中要运用各种激励措施来提升团队的主动性；根据执行结果要按激励方案及时兑现。

5.辅导

现在很多公司都在强调要以结果为导向。但在具体的操作过程中管理者很容易进入一个误区。以为明确了各个部门和岗位的目标职责以后就可以完成工作了。但最后得到的结果往往是事与愿违。这时候很多人就开始抱怨自己的团队，认为他们能力不行，执行力不强，心态不好等等。其实是很多管理者忽略了结果都要靠过程来保障。所以管理者不是简单地向团队要结果，在执行过程中管理者要随时了解情况，发现异常要及时对团队进行辅导。

6.协调

一个企业是一个整体，各项工作之间会有千丝万缕的联系。比如公司要召开一次主管会议，需要各部门的主管都准时参加。结果在开会的时间正好来了一位非常重要的客户，市场部主管不能参加就会影响整个会议的正常召开。团队中各项工作、各个岗位之间是一个整体，牵一发而动全身。所以在一项工作的执行过程中就会出现跨部门、跨岗位的配合问题。当配合不到时就需要管理者站在更高的角度做好跨部门和跨岗位的协调工作。

7.控制

曾有人问扁鹊他们家三兄弟谁的医术最高明。扁鹊说他大哥由于要照顾父母亲就留在家乡从医，按照他大哥的方法他们乡里的人几乎都不生病。他的二哥在他们县城里开了一个医馆，只要有人生病就能及时得到医治，所以生活在他们县城里的人不会出现什么大病。只有他自己周游各地，医治的都是大病，所以名气也最大。其实他们家医术最高明的是他大哥，其次是二哥，最差的是自己。扁鹊说的道理和管事的要求一样。管理者只有做好事前控制，在执行的过程中不出问题才是最好的管理；其次是做好事中控制，即使出现小问题也能得到及时的处理；出了大问题才想方设法补救的事后控制要尽可能避免。

8.总结

管理者要能够接受团队犯错，但不能接受一而再，再而三地犯同样的错。一个团队要做到"前事不忘后事之师"就需要不断做总结。通过总结可以把过去成功或失败的经验提炼出来。把成功的经验做好传承发扬，失败的教训需要提前做好预防。只有针对失败的原因找到有效的解决方案才能避免下次再犯。所以一项工作要根据执行情况不断做好总结，并根据总结的情况确定下一个阶段的工作目标和计划。

五、管事要用结果说话

"方法总比问题多"，任何问题总有解决的办法。在工作中要提倡结果导向的理念才能充分发挥团队每个人的潜力。在团队中要建立起结果导向的机制和文化。在安排一项工作时，首先需要制定科学合理的目标才能为团队指明工作的方向。

1.5W1H工作描述

为了达成一个目标会有很多工作需要完成，管理者要提前把各项工作描述清楚。任何一项工作都会包含"何时，何地，有何事，需要谁去做，为什么要做，用什么方法去做"这六个方面的内容。它们的英文单词是"when""where""what""who""why""how"，用第一个字母的缩写"5W1H"来表示。管理者在安排一项工作给团队时要把这六个要素提前沟通清楚，才能避免出现对工作理解上的偏差。

2. 目标分层

企业在经营管理过程中每项工作都需要有明确的目标。团队的各项工作都是围绕企业五个层级的目标展开。首先是反映公司营业额、利润率、投资回报率等数据的财务目标，这是企业经营目标的最表层；其次是有关客户量、客单价、新增客户、客户流失率等与客户有关的目标，财务目标的达成需要以客户目标为基础；而要实现客户目标就需要在业务的具体运营中做好各项工作，能够在品质、交期、成本、服务方面得到不断优化，这就是运营目标；每一项工作的改善提升都要依靠团队的能力提升和企业软硬件的改善，所以要明确每个阶段企业成长的具体目标来推动发展。最后企业要与相关者建立生态共赢的关系，要有明确的生态目标。财务目标、客户目标、运营目标、成长目标、生态目标是一个整体，公司在设定工作目标时要从这五个层面展开。

3. 目标量化

在确定一项工作的具体目标时都可以从"数量、质量、时间、成本、评价"五个维度来确定具体的要求。就像工厂的销售部门在接客户的生产订单一样。销售人员要明确客户下单的产品数量是多少，对产品的质量有什么具体要求，在什么时间交货，生产成本的控制标准是多少，客户满意度评价有什么要求？只有对这些要求做好目标量化，生产管理才有明确的标准。我们要实现结果导向，必须提前明确各项工作的具体目标。只有围绕目标不断寻找最合适的方法才能取得好成绩。

4.SMART 原则

在制定一项工作的具体目标时我们很容易犯一些错误，导致制定的目标在实际执行中没有发挥应有的作用。只有科学合理的目标才能帮助管理者真正管好事，在制定目标时要遵循SMART原则。首先目标一定要具体（Specific），最好能用具体的数字来描述；其次目标要可测量（Measurable），也就是能够对目标执行的结果进行检测；再次要求是目标可实现（Achievable），不要定一个不可能实现的目标；同时企业是一个整体，各项目标之间要有相关性（Relevant）；最后一个要求是目标要有完成的时间期限（Time-based），没有时间要求的目标等于没有目标。只有符合SMART原则的工作目标才是好目标。

5.PDCAS 循环

在工作中最忌讳有始无终，不能持之以恒地不断优化。在围绕目标开展工作的过程中要坚持闭环管理。闭环管理主要包括"计划、执行、检查、调整、标准"五个环节。用第一个英文字母简称为PDCAS管理循环。凡事预则立，开展任何工作都要提前做好计划；做好计划后就要严格按计划的方案去推动执行；在执行的过程中要跟进检查计划落实的具体情况；在检查中发现的问题要及时做出调整方案；最后要把执行有效的方法转变成统一的制度规范，用于指导后续工作的有效开展。前面讲到的管事八大职能就是站在管理者的角度对PDCAS循环的细化。只要坚持做到闭环管理才能推动各项工作得到执行和改善。

六、辅导团队不断成长

管理者千万不要认为"结果导向"就是在确定具体工作目标以后就可以不闻不问。很多人觉得能不能实现目标都是团队的责任，自己只管要结果就好了。其实这样的想法正是管理者不负责任的一种表现。如果真正想要得到好的结果，在结果导向的指引下，还要做好执行过程中对团队的跟进辅导。通过辅导帮助团队最终达成目标，同时让整个团队在工作过程实现心性和能力的成长。

1.工作辅导五原则

工作辅导的目的在于帮助团队在合适的时间、合适的地点，用合适的方法把工作做好。管理者与一线团队成员最大的差别就在于从自己做好到帮助团队做好。工作辅导的过程也是帮助团队成长的过程。管理者在辅导过程中有五个基本原则需要注意。

（1）有爱心

做一件事情的初心非常重要。管理者对团队的工作辅导不仅仅是为了达成工作目标，同时更是帮助团队在心性和能力上得到快速成长的有效方法。一个团队只有得到不断成长才能更好地实现"内享幸福，外创价值"人生追求。能够帮助团队成长就是对团队最大的爱。管理者要带着爱去辅导团队，才能培养出德才兼备的优秀人才。

（2）有目标

工作辅导不能盲目开展，要提前确定好培养的具体目标。在制定辅导目标前，管理者要先对团队在"能、明、愿、忠"四个方面的实际状况做充分了解。通过对这四个方面的分析才能发现团队目前存在的主要问题。围绕团队存在的主要问题来确定辅导的目标才更有效。在辅导过程中管理者要多到工作现场，只有到现场才能及时发现问题，有针对性地指导大家解决问题。

（3）多赞美

管理者在对团队进行工作辅导时通常都是批评责骂的多。这也造成很多团队只要管理者一出现大家就胆战心惊。这种方式往往很难激发团队学习成长的积极性。在团队中要形成每个人都主动希望得到管理者辅导的氛围。除了让整个团队要有正确的学习理念外，同时管理者在辅导团队工作的过程中要善用赞美的力量。通过适当的赞美可以提升辅导过程中团队的工作信心和积极性。

（4）有耐心

对团队的辅导是一项非常细致的工作。因为每个人的学习能力和学习方式不一样，掌握一项工作需要花的时间差别很大。很多管理者认为很简单的一个方法教几次都不一定能让团队真正掌握。这种情况很容易让管理者失去耐心就放弃了。所以经常听到有管理者诉苦说"把工作交给团队做还不如自己做"。然而管理者的角色不是什么事都自己去做，更重要的是如何培养团队把工作做好。

（5）贵坚持

提升团队能力不是一朝一夕的事情，更不可能一劳永逸。在现实工作中要不断面对新的变化，同时也会不断有新的团队成员加入。所以对团队工作的辅导将伴随管理的始终。管理者要把对团队的工作辅导变成一种习惯，只有持续做好工作辅导才能培养出卓越的团队。

2.工作辅导四部曲

管理者要做好团队的工作辅导不仅要坚持一些基本的原则，在具体的操作过程中更需要讲技巧。只有掌握一套行之有效的技巧才能把辅导工作真正做好，让团队得到更快、更好的成长。

（1）我说你听，你说我听

在做具体的工作辅导时，首先要解决的是让团队能够正确"知道并理解"管理者所表达的意思。很多时候管理者自认为团队已经非常清楚自己要表达的意思了，实际结果却是南辕北辙。要有效解决这个问题需要坚持做到两点。首先是"我说你听"，也就是管理者要清晰地表达出自己的意思，让被辅导的人认真倾听。然后要做到"你说我听"，管理者说完后要让被辅导的人把自己所讲的意思和重点做一次复述。通过这样的两个环节了解被辅导人是否真正知道并理解了辅导的工作内容。

（2）我做你看，你做我看

工作辅导的目的不只是让被辅导人"知道并理解"工作内容，更重要的是要能够按辅导的要求把工作做好。这就需要在"我说你听，你说我听"的基础上做好"我做你看，你做我看"的工作。管理者在辅导团队的过程中要先做好示范，现场把一项工作按要求操作展示给被辅导人看，并把常见的问题做好说明。然后再让被辅导人按示范的标准自己操作一遍，管理者在旁边观看是否符合标准。

（3）72190习惯规律

在做团队辅导时管理者要掌握一个人习惯养成的72190法则。按照一个人养成习惯的规律来做团队辅导才会更有效。管理者在辅导一项重要工作时前7天每天都要做好检查沟通，发现问题及时调整；接下来14天，每隔两三天就要做一次检查沟通；然后连续2~3个月每周至少检查沟通一次。通过90天的跟进辅导才能固化团队的一个工作习惯。帮助团队养成习惯后，管理者只需要每个月坚持定期或不定期抽查1~2次就可以得到有效执行了。

通过"我说你听，你说我听，我做你看，你做我看"四个步骤来辅导团队工作，看起来觉得非常的复杂烦琐，所以很多管理者很容易在这个过程中"偷懒"，减掉中间很多环节。然而"怕辛苦，苦一辈子。不怕苦，苦一阵子"。这同样适用于团队辅导。其实通过分析就会发现，每个岗位主要负责的工作项目一般都不超过10个。如果管理者愿意以三个月为周期，把一个岗位的每项工作坚持辅导到位。这个岗位的负责人就能独立把各项工作做好了。如果在辅导过程中应付了事，这个岗位的工作会经常出现异常，结果花在处理问题上的时间比辅导的时间要多得多。

3.方法总比问题多

在工作过程中团队会不断遇到各种各样的问题。一个企业只要还在经营就不可能没有问题。企业管理就是一个不断发现和解决问题的过程。关键在于用什么心态去面对这些问题。一个人可以选择一遇到问题就抱怨，也可以选择遇到问题能迎难而上。结果会发现能够迎难而上，主动寻找解决办法的人很容易获得成功。其实问题只是机会的另一种表现，每一个问题的背后都是机会。在管理过程中管理者要培养团队主动学习思考的习惯。遇到任何问题都不用气馁和抱怨，而是积极主动地去寻找解决的有效方法。只有在工作中让团队的心性和能力得到不断提升，才能实现"内享幸福，外创价值"的圆满人生。

第八章

打胜仗需要好武器

一、欲善其事先利其器

纵观整个人类发展史，从石器的运用到金属的运用，从手动工具到自动机器，从自动机器到智能设备，每一次工具的突破都推动了整个人类社会的巨大变革。中国自古就有"磨刀不误砍柴工"的总结。在企业经营管理过程中，不仅要做好"明因、持道、取势、定法、优术"的工作，同样需要重视做好"利器"。工欲善其事，必先利其器，拥有好的器具可以实现事半功倍的效果。

1.掌握最新科技动态

在经营过程中我们要做到利器，首先要及时掌握所处行业的最新技术动态。新技术是推动一个行业获得突破性发展的重大机遇。往往一项新的技术会对很多行业产生颠覆性影响。就像互联网技术对我们工作生活的各个方面都产生了巨大的改变，突破了过往我们对时空的很多局限。我们可以通过互联网快速了解世界各地的各种信息。企业可以通过互联网来完成市场销售、客户服务，甚至是产品开发和生产的管理。这些变化会对经营管理方式提出全新的要求，善于运用互联网的企业能实现更好地为客户提供产品或服务。

2.提前配备合适物资

这里分享的企业之器主要是指企业在经营管理过程中使用到的各种物资，包括办公场地、基础设施、机器设备、操作工具和生产物料等。企业在开展各项工作前就要提前做好所需物资的准备工作。当年通威饲料的创始人刘汉元先生能够带领通威成为行业领导者的重要因素就在于率先引进了行业一流的生产设备。好的设备不仅能够帮助企业有效提高生产效率，同时对产品功能和质量的提升都有极大帮助。当下这个时代自动化智能设备的广泛运用已成为未来发展的必然趋势。智能化设备不仅可以提高工作效率和品质，还可以代替人类完成一些对身体有害或大家都不愿意做的很多工作。

3. 做好资金预算管理

资金是企业经营的血液，没有资金各项工作都无法正常开展。我们在做各项工作的规划时就要做好所需资金的预算。在配备工作所需的场地、工具、物料时要考虑实际的资金情况。每个企业的资金都有限，好钢就要用到刀刃上，能够把有限的资金投入到最有价值的地方。这就需要领导者在经营管理过程中做好资金预算的管理。对场地、工具、物料的优化不是一劳永逸的事情，而是一个持续提升的过程。每一个突破都将推动整个企业的进步。在场地、工具、物料方面的创新突破可以帮助企业形成自己的核心优势。

二、建好企业的根据地

企业要开展经营活动，无论大小都需要有一个合适的场所。工作场地的情况对企业的正常经营会产生直接影响。工作场所不仅仅只是提供一个工作的地方，更应该成为企业文化的体验中心。为什么一个人走进寺庙就会心生敬畏，正是因为寺庙的场地环境产生的力量。我们要打造出一个真正适合企业自身情况的工作场地需要做好以下几个方面。

1. 明确企业的规划

在选择工作场地前首先要明确企业的发展规划和资金预算。企业的业务性质和发展规划不同对工作场地的要求也会不一样。在选择场地时不仅要考虑是否符合当下的需要，还要至少考虑未来三至五年的发展需要。每换一次场地都会耗费企业大量的资源。只有为后续发展规划预留合理的空间才能避免企业短时间就需要更换地方的情况。同时在选择工作场地时还要做好使用成本的评估，要把费用控制在预算范围内。很多企业因为盲目地追求高大上，在办公场地上过度投入反而影响了企业的正常经营。

2.地理位置要适合

一个企业本身的经营性质不一样，选择的经营位置就会有很大差异。如果把一个中高档的大型超市建到人迹稀少的郊外就很难生存。但如果是一个生产性质的企业开到市郊就没有太大影响。很多企业在选址时表现得非常轻率，其实选址对企业的影响非常深远，甚至决定企业的成败。企业在选择具体经营场地的位置时不是简单地考虑租金情况，更重要的是要综合考察所在地理位置的产业配套、交通情况、物流情况、企业定位等一系列问题。

3.面积结构要合理

企业的性质、规模及发展规划都对经营场地的大小及其空间结构会有不同的要求。我们在选择经营场地时必须事先规划好空间功能的具体方案及所需面积，以便于判断一个场地是否合适。我们要尽量选择比较方正的办公场地，避免选择不规则角落的场地。同时要注意内部空间的结构，特别是要留意建筑承重框架，这都可能会影响到场地的实用性。一个场地的面积结构不合理会造成一些使用功能的缺失和工作的不便。比如因为面积太小就不设接待区或把会议室变得很小，这些都会直接影响到企业实际工作的开展。

4.注意通风和采光

有的工作环境一进去就觉得心情舒畅，有的却感觉非常沉闷。这和工作环境的通风和采光情况有很大关系。通风状况不好会让整个环境变得很沉闷，而采光不好又让人感觉比较阴暗。这些环境状况都会直接影响到团队的正常工作状态，最终对企业的经营管理都会产生影响。所以在选择和规划办公场地时要提前观察办公室各个区域的通风采光情况是否良好。即使初始条件不好也要有合理的调整方案，比如可以通过灯光的设计来改善采光，通过增加通风设施来调整通风状况。

5. 做好法律风险管控

工作场地是企业经营的根据地，在做决定前要对场地提前做好全面了解。除了要关注场地的位置、环境等因素外，还要提前搞清楚这个场地的产权及历史状况。这样才能有效管控好场地可能存在的法律风险，避免租用产权不清或有遗留法律争议的场地。这是我们在选择经营场地时很容易忽略的问题。有的企业甚至因为办公场地存在法律争议，装修好了却不能正常入驻办公，严重影响了公司的正常发展。

6. 做好文化氛围营造

我们在选择经营场地时不仅要注意基础条件，同时要重视现场文化氛围的营造。同样的一个地方，只是装修风格和布置不一样，给人的感受会截然不同。在装修和布置工作场地时要把公司的文化理念充分融入进去。要让大家一进入公司就能从环境中感受到公司相关的文化理念。现在很多优秀的公司都意识到情绪对每个人的重要影响。为了让整个团队每天一进入公司就能够有更好的状态，就在办公区门口设置"微笑墙"。通过把团队中每个人最灿烂的微笑做成一面墙，让大家每天一到公司就能看到。这能帮助团队不断提醒和调整自己的情绪，让大家有更好的心情。

工作场地对企业经营管理的影响非常大。但我们要找到一个真正适合企业的工作场地却并不是一件容易的事情。所以在确定具体的场地前要规划足够的时间去寻找和判断。最好是有了解公司场地具体要求的专人去负责，并让公司相关负责人组成一个选址项目小组。通过项目小组对备选的场地做好讨论评估，选择最适合公司的场地。为了提高效率可以委托专业的中介服务机构来帮助我们快速找到一些备选的工作场地。

三、用得心应手的工具

仅仅只有工作场地还无法正常开展工作。企业在经营过程中需要用到各种设施、设备等工具。我们把企业经营管理过程中需要用到的各种器具统称为工具。好的工具不仅可以极大地提升效率，同时还能提升品质，降低成本。就像用电锯代替手锯，工作效率可以提升几十倍。每一次生产工具的进步都推动了人类文明向前发展。在经营企业时根据实际情况选择配备适合的工具才能事半功倍。

1.基础设施配备齐全

每个企业的经营都离不开水、电、通信等基础设施。基础设施不齐全就很难正常开展工作。在做办公场地基础设施建设时要充分考虑企业发展规划的需要，要尽可能选择性能有保障的设施物料。基础设施配备不好很容易导致后续工作不顺畅，临时再做改造对企业造成的损失和影响都非常大。

2.选用先进机器设备

很多企业为了省钱喜欢选择一些快被淘汰的落后设备。表面上看好像是省下了一笔费用，而在长期使用过程中对工作效率和产品品质所产生的隐性成本却远远超过设备本身的价格。所以我们要尽可能选择拥有技术优势的机器设备。国内外所有优秀的企业都非常重视先进机器设备的运用。随着时间的推移，自动化智能设备将越来越多地运用到企业经营的各个领域。

3.持续优化操作工具

除了一些价格不菲的机器设备外，我们千万不要忽视了一些日常工作所用的小工具。就像螺丝刀、小电钻、检测仪表等小工具同样会直接影响到我们的工作。并且这些小工具的投资远低于基础设施和大的机器设备。我们要善于从小工具中挖掘提升工作效率的潜力。同时要充分发挥团队的聪明才智，鼓励大家根据实际工作需要自制工具来提高工作效率。

4.重视运用信息技术

信息技术的运用不仅能帮助我们极大地提升内部管理效率，还能提升我们做决策的质量。对于内部管理来说，我们各项工作都需要得到及时的数据反馈才能判断结果的好坏。我们要不断提高企业的信息化管理水平，帮助团队随时掌握企业在财务、客户、运营、成长各个层面的数据情况。对外部环境的判断同样也需要各种数据的分析才有科学性。企业要重视通过大数据分析准确把握未来发展的趋势。

5.做好工具日常管理

根据企业实际情况配备好企业经营所需的基础设施、机器设备等工具后，对工具的日常维护保养非常关键。没有做好科学的维护管理不仅会缩短工具的使用寿命，同时也会因为设备临时出现故障而影响工作正常开展。对各种工具的维护管理要以提前预防为主。重点要做好日常维护保养和定期检查维修，把可能出现的问题提前排除。同时还要做好应急准备，当出现突发故障时能快速完成维修工作。

四、避免物料成为瓶颈

有了合适的场地，又配备了先进的工具，再加上所需的物料就是万事俱备只欠东风了。我们把企业在为客户提供产品或服务的过程中会使用到的各种主料、辅料、部件等都统称为物料。企业提供产品或服务都或多或少地要使用各种不同的物料来完成。如一个电子厂要生产产品就要用到线路板、电子元件，一家美容院要提供服务最少也要使用洗发水、洗面奶等产品。使用物料的好坏将直接影响到我们产品或服务的质量。每个行业都会受到物料的制约，哪怕一支小小的圆珠笔都会受到很多物料的限制。中国虽然是圆珠笔生产大国，但笔珠曾经主要依靠进口。背后的重要原因就在于生产笔珠的原材料要求非常高。

1.主要物料的分类

（1）主料

顾名思义，主料就是构成一件产品的主要材料。就像我们看到的木制家具，它主要是由木料加工而成。木料就是生产木制家具的主料。同样是木料却有不同的种类，它们的特性和价值相差会非常大，做出的家具价值也完全不一样。

（2）辅料

辅料是相对主料而言，也就是在生产产品或提供服务时的一些辅助用品。同样以木制家具为例，在生产过程中还需要用到钉子、胶水等配套物品，这些就称为辅料。辅料占整个产品或服务的用量和成本比例虽然不高，但也会直接影响到产品的质量。

（3）部件

一个企业在生产一件产品时很难做到所有配件都由自己独立加工完成。比如一家汽车生产厂，它需要发动机、外壳、轮胎等成百上千个配件，每一个配件都是汽车的一个部件。而这些部件大部分都是从合作厂家直接采购回来，只需要做组装就好了。

2.物料管理的技巧

巧妇难为无米之炊，企业的正常经营离不开所需物料的合理供应。很多企业在经营过程中都因为物料不能及时到位而影响了工作的正常开展。企业要做好物料的科学管理首先就要根据各种物料的重要性做好分类。把用量大、金额高、采购周期长的物料设定为关键物料；对用量、金额都相对较小的物料设定为重点物料；对用量、金额都很小，需要的采购周期也很短的物料设定为一般物料。根据物料的分类制定不同的管理标准。物料管理的最终目的就是要保证各种物料能够适时、适质、适量、适价、适地的供应。

（1）适时

物料供应无论是延迟还是提前对企业来说都会增加成本。物料不能及时供应就会造成工作间断，这不仅会浪费工作时间，同时还会打击团队的士气。如果物料太早采购回公司又会造成库存加大，不仅会提高库存损耗和管理费用，还会占用大量的流动资金。所以物料管理在时间上的要求是要"适时"。既要保证业务正常开展所需物料的正常供应，又不能有太多的库存积压。最理想的状态就是做到"零库存"管理，各种物料在需要的时候正好回到公司直接投入使用。

（2）适质

各种物料的供应除了要保证适时，还必须符合品质要求。要确保物料品质首先就要明确质量标准。围绕质量标准要提前与供应商做好沟通并签订质量保证协议。在此基础上还要做好物料回到公司的品质检验工作。对一些重要的物料甚至要派专人驻厂做跟进检查。所以企业在选择物料时不能单一考虑价格因素，而要以符合质量标准为基础。为了降低成本而采用没有质量保障的物料是本末倒置。

（3）适量

每次采购物料的数量要适当。这需要综合考虑采购周期、每天用量、物料价格、采购费用、库存费用等因素。首先是要考虑采购周期的问题，采购周期越长，每天用量越大的物料，每次采购量就要越大。在不影响公司正常供应物料的基础上追求实现采购综合成本最低，不同的采购量对价格会造成影响。正常情况下订货量越大，价格就会越低。但除了物料的价格外，还要同时考虑采购费用和库存管理费用情况。如果单次采购量小会增加采购次数，采购费用就会增加。而采购量太大又会增加库存管理费用。所以只有通过综合评估来确定单次采购的合适数量。

（4）适价

物料的采购价格会直接影响产品或服务的成本。所以采购部门在保证产品交期和质量的情况下，要力争采购价格有优势。这需要物料采购部门首先要选择到合适的供应商，并和供应商达成战略合作关系。在此基础上要与潜在供应商保持合理的联系和沟通，随时了解最新的市场价格变动信息。同时还要注意物料的发展动态，及时发现新物料或替代品。如果能找到质优价廉的替代物料就可以在保证品质的基础上降低产品或服务的成本。

（5）适地

适地就是要求采购物料的地点要合适，一般遵循与使用地的距离越近越好。距离太远不仅会提高运输成本，同时容易影响交货期。因为距离越远沟通协调工作就越难，遇到问题需要一起协商处理也不方便。企业在选择合作供应商时要充分考虑供货地点的因素。各种物料的供应商，在相同条件下要就近选择。这也是为什么企业在选择经营场地时要充分考虑产业配套的重要原因。

企业的物料要保证正常供应，对供应商的选择和管理非常关键。我们要根据对物料的各项要求对潜在的供应商做好评估，选择与最适合的供应商合作。同时每种物料都要建立两个以上的供应商渠道，以防止出现突发情况而影响公司正常经营。在合作的过程中要建立起对物料品质、数量、交期、成本和供应商配合度的管理体系。定期对各种物料的供应商在这五个方面的情况进行考评总结，及时发现物料供应中存在的问题。对发现的物料问题要与供应商做好沟通改善，对评估不合格的供应商要及时做出调整，保证公司需要的物料可以适时、适质、适量、适价、适地的供应。

3.产业链整合思路

一个企业与上游供应商和下游经销商是唇齿相依的整体。未来企业的优势不仅仅体现在自身，更取决于整个产业链的综合能力。企业的健康发展最后都需要延伸到上下游产业链的整体优化，实现整个产业链的协同作业。企业在发展过程中要有计划地把整个产业链纳入一个统一规范中，实现产业链的共同发展。这样才能实现供、产、销一体的无缝对接，实现产业链在质量、成本、效率、交期、服务上的整体优势。

五、现场需要维护管理

企业的场地、工具、物料都是经营所需的硬件。在经营过程中要保证企业的硬件得到科学合理的管理，目前简单有效的方法就是做好 5S 基础管理。这套管理方法最早源于日本，具体内容包括整理、整顿、清扫、清洁、素养五个方面。因为这五个方面的日文翻译单词都以"S"开头，所以简称"5S"管理。

1. 整理

做好 5S 管理的首要环节就是整理，日文翻译为 Seiri。在这个环节需要对整个公司做全面彻底的搜寻和清理，把要和不要的物品全部区分出来，在现场只保留工作必需的物品。通过整理可以帮助企业达成以下几个目的：首先可以改善和增加工作空间；保持通道畅通，提高工作效率；减少磕碰的机会，保障安全，提高质量；消除管理上混放、混料的差错事故；有利于减少库存和损耗，节约资金；改善工作状态，形成良好的工作作风。

2. 整顿

在做好整理的基础上还要做好整顿的工作，日文翻译为 Seiton。就是要把整顿后需要留下来的物品进行科学合理的布置和摆放，各种物品都要进行定位、定量。在需要的时候能够以最快的速度取到所需物品，从而提高工作效率和产品质量。在操作的过程中我们首先要把需要的各种物品明确一个固定的摆放位置；同时要根据物品的使用频率确定物品摆放位置和工作岗位之间的距离；在此基础上要做好物品摆放的目视化管理，使定量装载的物品能做到过目知数。

3. 清扫

清扫的目的在于清除场地、工具和物料的"脏污"，保持物品的干净。清扫的日文翻译是 Seiso。通过清扫可以很容易发现各种设备、设施出现的异常，从而能够及时做好维护工作。在清扫的过程中要强调谁使用谁负责的原则，不能依赖他人，更不用增加专门的清扫人员。

同时在对设备做清扫的时候要着眼于对设备的维护保养工作。如果在清扫过程中发现有油水泄漏的情况，一定要查明原因，及时采取处理措施。

4.清洁

在做好前面的整理、整顿、清扫工作后，还要能随时保持取得的成果。这就进一步要求做到清洁，日文翻译为Seiketsu。要做好清洁首先要求工作场地、工具、物料保持整齐卫生，同时更进一步要让整个团队保持良好的仪容仪表。不仅要让团队在形体上做到清洁，而且还要让团队做到待人有礼、尊重他人的精神清洁。通过做好"清洁"让团队保持积极向上的精神状态。

5.素养

素养的日文翻译是Shitsuke。其目的在于提升人的品质，帮助团队养成良好习惯，成为一个有素养的人。要做到这一点首先需要管理者做好团队的教育引导，让整个团队能够正确地认识和理解5S管理的目的和意义。在此基础上形成一套适合企业自身情况的完整方案，并按方案坚持执行。工作的过程其实就是一个人自我修炼的过程，要帮助团队通过工作不断提升自己的心性和能力。

5S管理是企业管理的重要基础。要做好5S管理的核心在于常整理、常整顿、常清扫、常规范、常自律。只有坚持做好5S管理才能帮助我们实现场地、工具、物料的使用能够科学合理化。通过5S管理保持场地、工具和物料的最佳状态，才不会出现需要使用时却不能使用的情况。只有保持随时可用的状态才能帮助团队高效地完成各项工作。

六、坚持不断改善创新

传承和创新是企业经营的永恒主题。企业要实现基业长青不仅要善于总结吸取过往的经验，同时还要顺应天时、地利、人和的趋势做好持续创新。人生无法两次踏入同一条河流，这个世界无时无刻不在变化。企业在坚持核心理念不变，顶层设计稳定的基础上，具体的行动方案要不断改善创新。我们只有构建一套完善的创新运行机制、动力机制和发展机制才能主动引领变化。领导者要建立一套有效的机制推动企业持续、科学、有序地做好创新。

1. 培育创新文化

要培育创新文化关键在于要打造一支学习型团队。无论是个人还是团队，要在现有的基础上做到更好都离不开学习。只有我们能够学习到新的东西，在实际的工作中才能产生一些新的思路和方法。所以只要让整个团队形成学习的氛围和习惯，就能推动企业不断创新。同时因为任何创新都有一定的风险，如果一个企业要提倡创新文化，就要提升整个团队对创新失败的容忍度。对一些敢于创新的人，即使失败都要给予积极的支持鼓励。只有这样才有更多的人愿意不断献出他们的智慧和努力。

2. 构建创新机制

任何好的理念都需要有机制作为保障才能得到有效实施。创新文化同样也需要形成一套机制。首先是创新要有明确的方向和基本规则来指导创新活动科学、高效地开展。创新不能漫无边际，也就是要形成创新活动的运行机制。同时我们还要思考团队为什么愿意创新，创新的动力来源于哪里？只有建立创新的动力机制才能激发团队创新的积极性。最后要思考的是如何推动创新工作能够持续开展，建立起一套创新工作的发展机制。

3.落实创新方法

创新是一个系统工程，不仅需要建立完善的创新机制，同时还需要明确和落实各种行之有效的创新方法。由内而外，由微而著，我们在这里把一些优秀企业推动创新的常用方法做简单介绍。

（1）技能大赛

最能立竿见影的创新方式就是围绕各岗位的工作技能展开。公司可以定期组织一些关键岗位做技能比赛。通过比赛的方式促使大家思考和探索能够提升技能水平的方法。同时还能让团队的相关人员快速了解到更多的工作方法，从而提高整个团队的能力。

（2）改善提案

用人之力不如用人之智。改善提案就是一种可以充分发挥团队智慧的方法。这种方法的重点就是让团队的每一个人定期向公司反映与自己工作或整个公司有关的问题，并针对这些问题提出自己的改善建议。要运用好《改善提案》这套方法需要公司领导者认真对待每一个提案，并对每个提出改善提案的人及时做出回应。对一些行之有效的改善方案要做好推广和奖励。

（3）红蓝对抗

如果说技能大赛和改善提案是小修小补式的内部创新，那么红蓝对抗是企业内部的自我颠覆式创新。这套方法最早运用于部队演习，在企业创新中也非常适用。通过红军和蓝军的互相对抗可以充分发挥团队的潜力，同时还能及时发现可能存在的潜在风险。正如通用前总裁杰克·韦尔奇所说，要在环境迫使改变之前主动改变。通过红蓝军的设置来实现自我颠覆是一种智慧。华为就是通过内部设立红军和蓝军两个模拟对抗的团队来推动公司的创新能力。

（4）独立项目

在企业的原有系统中推进创新很容易受到干扰，一般都只是修补式地完善，很难产生颠覆性的成果。同时在原有系统中直接推进一些还未被验证的创新很容易影响原有系统的正常运行。所以企业可以针对一些颠覆式创新或全新项目，通过设立独立事业部的方式展开。也就是要将新项目和公司的原有业务分开，独立运营核算。这样才更有利于新项目突破原有业务系统的局限。

（5）外部并购

一些有实力的企业除了可以选择自己主导一些创新项目外，还可以选择通过外部并购一些优秀的创新项目来实现创新的目的。企业要随时关注行业中的发展趋势和一些创新型企业。对一些代表行业趋势的优秀创新项目可以进行合作并购。互联网行业的阿里巴巴和腾讯通过合作并购参与了大量的互联网创新项目。这样既能帮助一些好的新项目得到快速的发展，同时也可以帮助成熟的大企业实现增长和规避潜在的行业风险。

后　记

经营企业就是商道实践

商道其实就是帮助企业实现持续健康发展的优秀思想、科学方法和高效工具。在这个时代商道就在每一个企业当中，就在我们每天的工作当中。每一个企业都在对商道做实践，每个创业者都是商道的实践者。每一个企业都有值得学习、借鉴的地方。哪怕是一个企业最终倒闭同样能为我们贡献宝贵的失败经验，可以让后来者避免再犯同样的错误。关键在于我们如何通过每个企业千差万别的表象，把能够帮助企业实现基业长青的基本规律总结提炼出来。

无论企业，或者个人，传承和创新都是永恒的主题。商道同样需要持续的传承和创新。我们要擅于吸取古今中外的经验，取其精华，去其糟粕。同时我们又不能故步自封，要敢于探索更加科学合理的体系。只有随着时代的发展不断推陈出新，才能指引企业实现持续健康的发展。我们要传承中国《易经》和诸子百家的思想精华，吸收西方优秀的经营管理方法，借鉴世界各领域优秀组织的成功经验，在此基础上探索出一套更符合中华文化和时代发展的商道体系，那么就需要我们建立中国商道体系的同时，对中国文化有深入的了解。

一、浅谈中国文化

一谈到文化就会有人都觉得高深莫测，甚至认为文化是很虚无的东西。我们之所以会有这样的感受，源于对文化的错误认知。一生二，二生三,三生万物。"三"代表的是"天、地、人"三者。古人通过观察天地的现象总结天文地理和人类社会发展的规律来指导大家更好地生活。"文"其实代表的就是天地万物的现象和规律,"化"是对这些现象和规律的感知及行为,文化就是对人、事、物的规律做到知行合一的过程。

学习文化的意义在于能够帮助我们化解工作生活中的问题。每个人都需要处理好自己与自己的关系、自己与他人的关系、自己与环境的关系。优秀的文化就是化解在处理这些关系时出现各种问题的思想和方法。所以文化并不是只有高大上,也不是虚无缥缈的东西,而是和我们每天的工作生活都息息相关的事情。学习文化的目的是实现"内享幸福,外创价值"的人生追求。儒家思想总结为:格物、致知,诚意、正心,修身、齐家、治国、平天下。在这个时代企业团队的追求是:修身、齐家、治业、和天下!

中华文化有一阴一阳之谓道的辩证观,也就是儒家思想的中庸之道。中华文化的主流思想都强调"以仁为本"和"系统思考"。诸子百家的目的都在于能够让人民过上安居乐业的幸福生活。在处理各种问题时要系统思考天时、地利、人和的影响。在运用中要求做到"知行合一"和"反求诸己"。任何思想如果知而不行也不会真正发挥作用。在遇到问题时要从自身找原因,最终化解一切问题的源头还是自己。在结果上追求"内圣外王"和"天人合一"。我们只有遵循世界万物的规律,处理好自己、他人和环境的关系才能实现"内享幸福,外创价值"的人生追求。

二、把企业当道场

《大学》中讲:"自天子以至于庶人,壹是皆以修身为本。"小隐隐于林,大隐隐于市。中华文化就是一种在现实工作生活中修炼的思想方法。人生就是一场修炼，而修炼就要做事，做事就是修炼。"修身、齐家、治业、和天下"就是在做事的过程中修炼自己的心行，从而不断提升自己的心性和能力。我们只有掌握并遵循世界万物的规律才能处理好自己与自己、自己与他人、自己与环境的关系，最终实现天人合一的理想境界。

企业就是团队修炼的道场，工作就是修炼的方式。经营企业就是要在企业中处理好自己和自己的关系、自己和他人的关系、自己和环境的关系。我们要掌握与企业相关的人、事、物的规律，并自觉遵循这些规律才能让企业实现持续健康的发展。通过经营企业可以验证我们对人、事、物的认知是否正确，在这个过程中不断提升自己的心性和能力。企业就是团队实现"内享幸福，外创价值"的共同平台，要建立与客户、团队、伙伴、股东、社会生态共赢的关系。

三、做好商道实践

企业的经营结果源于团队习惯，团队习惯源于流程制度，流程制度源于实践法则，实践法则源于核心理念，核心理念源于文化基因。中国优秀企业的文化基因根植于几千年的中华优秀文化。商道就是以《易经》的辩证观为基础，吸收古今中外的理论和实践精华，指导企业实现持续健康发展的优秀思想、科学方法和高效工具。经营企业就是在做商道的实践。我们把商道的核心内容总结为"商业""商家""商理""商智"四个部分。

1."商业"

首先我们需要正确认识商业的本质。追溯商业的起源和发展。其实商业的本质是通过分工交易来更好地满足人们的需要。健康的商业应该是通过分工合作与客户、团队、伙伴、股东、社会实现生态共赢的事业。所以我们可以把商业的本质总结为"商本仁业，立心天地，分工交易，各得所需，成人达己，福泽生民"。商业不仅要成就自己，同时也要推动整个人类社会的健康发展。

2."商家"

根据创业者的追求和成就可以分为"商贩、商人、商家、商贤、商圣"五种定位。如何才能让更多创业者升华成为"商家"，甚至有机会成为"商贤"或"商圣"。这可以从儒家思想中得到许多重要的启示。儒家思想把一个人成长的路径总结为"格物、致知、诚意、正心、修身、齐家、治国、平天下"，而商家的成长路径可以总结为"格物、致知，诚意、正心，修身，齐家、治业、和天下"。

3."商理"

在正确认识"商业"和定义"商家"的基础上，我们还要回到如何才能把企业经营好的问题上。我们把真正的优秀企业定义为幸福企业，如何创建优秀企业的方法就是"商理"。创建优秀企业需要做好"明因、持道、取势、定法、优术、利器"六个方面。

4."商智"

《易经》通过阴阳辩证观揭示了天时、地利、人和的变化规律。天人合一是中华文化追求的理想境界，这同样也是商业经营的追求。《易经》智慧在商业领域的运用就是"商智"。通过《易经》来总结经营企业的智慧是：无能生有，视有为无，用之有道，复能生有，生生不息，基业长青！

商道

商本仁业，立心天地，

分工交易，各得所需，

成人达己，福泽生民！

商之大家，内圣外王，

格物、致知，诚意、正心，

修身，齐家、治业、和天下！

为商之妙，天人合一，

明因、持道、取势，

定法、优术、利器。

明福、赢、和之因；

持真、善、美之道；

取天、地、人之势；

定略、模、规之法；

优资、能、行之术；

利场、具、料之器。

无能生有，视有为无，

用之有道，复能生有，

生生不息，基业长青！

道可道，非常道。名可名，非常名。这个世界的一切都在随着"天时、地利、人和"的变化而变化。商道的探索就是一个在实践中不断总结发现的过程。经营企业要围绕"明因、持道、取势、定法、优术、利器"六个维度不断进行优化升级。只有做到与时俱进才能实现持续健康的发展。

经营

规划企业的发展路径

王前师◎著

中国文史出版社

图书在版编目（CIP）数据

经营：规划企业的发展路径 / 王前师著. —北京：
中国文史出版社，2022.8
　（商道丛书）
　ISBN 978-7-5205-3540-3

　Ⅰ.①经…　Ⅱ.①王…　Ⅲ.①企业经营管理
Ⅳ.①F272.3

中国版本图书馆CIP数据核字（2022）第094226号

责任编辑：张春霞

出版发行：中国文史出版社
社　　址：北京市海淀区西八里庄路69号院　邮编：100142
电　　话：010-81136606　81136602　81136603（发行部）
传　　真：010-81136655
印　　装：廊坊市海涛印刷有限公司
经　　销：全国新华书店
开　　本：710mm×1010mm　1/16
印　　张：56.25　字数：675千字
版　　次：2022年9月第1版
印　　次：2022年9月第1次印刷
定　　价：218.00元（全五册）

商道根植于中华优秀文化

春秋战国时期的百家争鸣让中国很多领域都形成了完整的思想理论体系，而商业领域直到现在都还没有完成这个历史命题。改革开放四十多年，中国经济取得了举世瞩目的成就。企业和家庭一样已经成为社会的基本构成细胞。一个优秀的企业不仅是为客户创造价值，为团队创造事业的平台，同时也是推动整个社会向前发展的重要力量。但中国的现代企业要么是摸着石头过河，要么是学习国外经验，始终还没有形成一套根植于中华优秀文化的理论系统。茶有茶道，医有医道，商也有商道。企业只有依道而行才能实现持续健康的发展。

中华文化源远流长，为我们留下了一座取之不尽的思想宝库。商道是对这些中华优秀文化在企业中的传承和弘扬。在过去几千年的历史中，儒家思想对中华民族的影响极为深远。孔子作为儒家学派的开创者，其核心思想有五大原则：第一大原则是民本思想，真正做到以人为本；第二大原则是与时俱进，任何东西都不能脱离时代；第三大原则是海纳百川，能够接纳和吸收各种不同的优秀东西；第四大原则是实事求是，做任何事情都要基于实际情况；第五大原则是经世致用，学问必须对国家和社会的持续健康发展有益。

《大学》是儒家经典的四书之首，讲解如何才能实现内圣外王的系统方法，这也是中国社会主流精英的最高人生追求。《大学》的核心思

想可以总结为三纲八目。"大学之道，在明明德，在亲民，在止于至善"讲的就是三纲。《大学》三纲表达的主要意思是作为君子要充分彰显仁、义、礼、智的光明德性，能够亲近爱护人民，追求达到内圣外王的最高境界。八目讲的是实现内圣外王需要做好的八个方面，包括"格物、致知，心诚、意正，修身、齐家、治国、平天下"。"格物、致知"是一个人外在的文采，"心诚、意正"是一个人内在的本质。子曰："质胜文则野，文胜质则史，文质彬彬，然后君子。"君子之人要围绕"仁、义、礼、智"不断提升自身的修养。只有修炼好自身才能让家庭和谐，才能治理好国家，才能实现天下大同的理想社会。

商道就是运用中华优秀文化来指导企业的经营。践行中国商道的目的是要创建优秀企业。因为企业是人类社会的一种组织形式，只有能够为人服务才有存在的价值。每个人追求的目标千差万别，但追求的目的都是为了获得幸福。以人为本正是中华优秀文化的核心思想。所以真正的好企业都是要符合"合理盈利、持续发展、生态共赢"的基本要求。优秀企业要真正造福于人，让社会变得更加和谐美好。商道丛书是一套以中国《易经》的辩证观为指导，吸取古今中外理论和实践的精华，让企业实现持续健康发展的优秀思想、科学方法和高效工具。希望商道丛书能够指引更多企业成为优秀企业。

复圣颜子七十八代嫡孙&曲阜孔子文化学院院长　颜廷淦

推荐序二

做人有道，做事要赢

世界观，观世界；人生观，观人生；价值观，观价值。

自春秋诸学起，到明清商帮盛，再至近代民营企业家见贤思齐；从先秦古书，商圣范公《范子计然》，到明清《商贾便览》等，再到当今各类学说百花齐放，中华传统文化可称得上博大精深，源远流长。纵观中外古今文化之精粹，对我经营企业的启示莫过于：做人有道，做事要赢。道是规律，是人心。做人唯循道而行，能得人心，方能行稳致远。赢是共创共得，是持之以恒的坚守，是对品牌永无止境的不懈追求。做事当以"道"为本，以"赢"为旨，厚德载物，自强不息，方能披荆斩棘，超越自我，生生不息！

一言以蔽之，商道即人道。通俗而言，即"经营人生就要经营事业，经营事业就是经营人生"。我认为，产品要品牌，企业要品牌，做人更要品牌。产品的背后是企业，企业的背后是团队。好产品要靠好企业，好企业要靠好团队。产品就是人品，将产品当作人品，只有做出好产品才能体现企业和团队的价值。所以做企业的根本就是做人，这也便是中顺洁柔的企业文化。

因此，很多人说我是企业家时，我常说，我是一个企业人。企业不是我的，不可任人唯亲，不可自行其是；我属于企业，我要为企业负责，应唯才适用，唯贤是举，以德为先，德应配位。企业是企业人的

作品，只有明德向善，以身作则，躬身笃行，才能慢慢造就优秀的企业文化。只有优秀的企业文化，才能实现企业的持续健康发展。

很幸运，我能成为中国改革开放几十年的见证者和参与者。从1978年开始创业，有幸成为中国第一代万元户，又有幸带领中顺洁柔成为国内首家A股上市的生活用纸企业，现在中顺洁柔正朝着世界一流的百年企业不断奋进。在此要特别感谢社会各界对中顺洁柔一路走来的大力支持。在这四十多年的经营过程中，也曾经历一场大火让我奋斗十年的工厂毁于一旦，当年汶川大地震我亦人处彭州。但我认为，有经历才是人生。世事皆无常，无论遇到什么事，何不处事平常心？

因此我处事有三问。一问失败："未问成功，先问失败"，提前思考最坏的结果且做好如何担当，才能立于不败之地；再问全局："要问全局，不谋全局何以谋一域？"统筹全局，运筹帷幄，高瞻方可远瞩；三问长远："要问长远，不谋万年何以谋一时？"要思考长期发展的影响，不要被一时得失而蒙蔽，但思考好了就要当机立断，亦要勇于担当。至于其他，三问之后，何不笑谈古今事，浪漫待输赢？

很荣幸，能看到一套以中华文化为指导，汲取中外的优秀理论和实践精华，让企业实现持续健康发展的优秀思想、科学方法和高效工具。在商道丛书中的很多思想观点，与我经营企业四十多年来的实践心得一致。望商道丛书可指引更多人以企业为道场，实现"内享幸福，外创价值"的人生追求！

中顺洁柔创始人&战略委员会主席　邓颖忠

经营企业需要掌握企业发展的规律，并提前做好发展规划，这和建房子的道理一样。我们想要建出一幢好房子，首先就要做好设计，同时还要做好监理和施工的工作。而要经营好一家企业更需要提前做好规划，在此基础上再做好管理和执行。无论是做房子的设计，还是做企业的规划，都需要有优秀的思想理论体系为指导，而在实际的经营过程中，企业的领导者、管理者和执行者的角色不同、承担的职责也不一样，但却能主宰企业的发展方向。只有从上到下，充分做好分工合作、团结协作才能把企业经营好。

《大学》中讲："自天子以至于庶人，壹是皆以修身为本……"经营企业的关键就是要领导者、管理者、执行者分工合理、团结合作，共同发展。其中团队的力量不可忽视，修炼团队也就是修炼团队成员的心性和能力，实现与企业的共同成长。商道丛书以"商道"为魂，以"经营"为线，通过"领导""管理""成长"指导整个团队共同发展，以企业为道场，在做好领导、管理、执行的工作过程中修炼团队成员的心性与能力，从而实现企业的健康可持续发展。这是对企业经营管理的一次系统梳理，也是对中国商道的一次深入探索，更是对中华优秀文化在企业中的一种传承发扬。中国商道指导企业能够真正为客户、团队、伙伴、社会创造价值，让商业回归造福于人的大道。

《经营：规划企业的发展路径》系统讲解如何运用商道思想理论来做企业的经营规划。企业的经营规划包括顶层设计和落地方案两部分，顶层设计是指企业对未来发展的整体设想，本书对企业的顶层设计分别用六章内容进行了讲解。优秀的企业拥有独特的核心文化及准确的企业定位，并能根据定位明确企业生存发展的核心竞争力是什么，这就是企业的发展战略。同时，优秀的企业还会设计一套商业模式来实现企业发展的战略，而商业模式能够实现正常运行就需要建立科学的组织机制作为保障，以达到企业发展中实现短期、中期、长期目标。通过以上六个步骤做好顶层设计就可以清晰地看到企业发展未来的蓝图。

经营企业既要仰望星空，又要脚踏实地。不管顶层设计做得多好，都不可能自动实现。只有把顶层设计转化成企业每年的具体实施方案，才能一步步实现发展的目标。企业经营的年度落地方案就是施工图。企业制定年度经营落地方案的第一步就是要设定好科学的目标。在此基础上，围绕企业的年度目标找到可行性的策略，并拟订具体的实施计划，再根据实施计划的需要科学配置所需的各种资源。最后有了好的方案还需要有合适的人去执行，所以只有把企业的目标与团队个人的目标融为一体，让团队从"要他做"变成"他要做"才能充分发挥人的主动性，才能实现企业的顺利发展。企业的年度落地方案共分六章讲解，包括设定目标、分解目标、执行策略、实施方案、配置资源、团队激励六个部分。

希望这本书能够起到抛砖引玉的作用，促使企业领导者对未来的发展进行系统思考，能够提前做好发展路径的设计规划。同时借此机会感谢博商博文书院和广东省华商经济发展研究院作为丛书的联合出品单位，感谢中国商道文化研究院团队的共同努力，感谢家人对我研究写作的理解支持，感谢每一个愿意花时间阅读丛书的同道师友！

目　录

下篇
落地系统篇

后　记

为企业导航

根据2020年的统计数据显示，中国国内生产总值已经超过100万亿，人均GDP超过1万美元，经济总量稳居世界第二。改革开放四十多年，民营企业为中国经济的快速发展作出了重大贡献。在工商局注册的企业数量超过3000万家。民营企业交纳的税收占比超过50%，对GDP的贡献超过60%，吸纳的农村转移劳动力超过70%，提供的城镇就业岗位超过80%，提供的新增就业岗位超过90%。但整体而言，中国民营企业依然是有数量、有体量，但欠缺含金量。绝大多数民营企业还是技术含量低、管理能力低、服务水平低的三低企业，平均寿命只有3.7年。

在这个时代，企业是一个国家经济活动的市场主体，企业对整个国家和社会的影响已经涉及各个领域，所以我们会经常听到有人说当今世界国与国的竞争主要是经济的竞争，而经济竞争的载体就是企业与企业的竞争。中国企业不能再靠摸着石头过河或照搬国外经验来发展，我们需要构建一套根植于中国文化的优秀思想、科学方法和高效工具，帮助企业实现持续健康的发展。

一、创建幸福企业

企业经营者要把企业经营好，首先就要对企业有正确的认识。在中国过去上千年的历史中，"无商不奸"的思想根深蒂固，西方对企业的主流认识也是追求利润最大化，赚钱多的就是好企业。这样的认知都忽略了一个本质的问题——企业是人类社会的一种组织形式，必须为人服务才有存在的价值。而人做一切事情的终极目的都是为了追求幸福，只有能为人增加幸福感的企业才是好企业。我们把真正能为人创造价值的企业定义为幸福企业。幸福企业要符合合理盈利、持续发展、生态共赢三个基本要求。

1.合理盈利的能力

幸福企业首先要有合理的盈利能力。企业如果没有合理的盈利能力就无法生存下去，更不用奢谈为客户、团队、伙伴、股东、社会创造价值。对于中小企业而言，合理的年度投资回报率要保持在10%—30%之间。盈利水平太低无法支持企业的创新发展，而盈利水平过高会让很多用户无力消费，同时还会吸引大量的新进入者。一个幸福企业要追求合理盈利，却不能以营利为目的。

2.持续发展的优势

幸福企业要具备持续发展的能力，就需要企业领导者不仅只关注眼前的生存和利润，还要面向未来。一家卓越的企业要做一些别的企业看不见、看不懂或者来不及的事情。我们只有围绕企业定位的用户，通过长时间的沉淀关键资源、核心能力和重要伙伴，真正能为用户创造不可替代的价值才会实现可持续发展。

3.生态共赢的关系

无论是盈利还是发展，幸福企业都要建立在与相关者生态共赢的基础上。企业是客户、团队、伙伴、社会等各种关系的集合体，只要与任何一方的关系出现问题，企业的发展都会遇到阻碍。幸福企业要提前思考和规划与相关者的关系，真正能够通过企业的发展让各方都能共赢。我们要为客户创造价值，为团队创造事业，为伙伴创造发展，为股东创造回报，为社会创造效益。幸福企业要构建一个让大家都能共赢的生态圈，只有生态共赢的关系才能得到社会各界的支持，从而让企业实现持续健康的发展。

二、践行商道

我们要创建幸福企业需要有一套完整的思想、方法和工具作为指导。商道丛书就是创建幸福企业的一套优秀思想、科学方法和高效工具。围绕如何创建幸福企业，以《易经》的辩证观为指导，吸收古今中外理论和实践的精化，经过十几年对几百家中外优秀企业或组织的研究实践，最终提炼出了商道宣言。商道宣言包括"商业""商家""商理""商智"四个部分，是创建幸福企业的核心思想。

商道

商本仁业，立心天地，

分工交易，各得所需，

成人达己，福泽生民！

商之大家，内圣外王，

格物、致知，诚意、正心，

修身，齐家、治业、和天下！

为商之妙，天人合一，

明因、持道、取势，

定法、优术、利器。

明福、赢、和之因；

持真、善、美之道；

取天、地、人之势；

定略、模、规之法；

优资、能、行之术；

利场、具、料之器。

无能生有，视有为无，

用之有道，复能生有，

生生不息，基业长青！

1.重新认识"商业"

西方对企业的普遍观点是追求利润最大化，而中国在过去两千多年重农抑商的时代背景下，商业被排在百业之末。"无商不奸"成为中国过去上千年的主流观念。我们对商业的认识直接决定了企业的发展方向。按过往对经营企业的认知，呈现给我们的结果就是唯利是图，如果我们不改变对商业的错误认识，企业就很难实现持续健康的发展。

追溯商业的起源和发展。商业的本质是通过分工交易来更好地满足人们的需要。健康的企业应该是一个成人达己的共赢事业，也就是通过合理分工让每个成员可以专注地把自己所擅长的事情做得更好，从而快速提高每个成员的工作效率和质量。通过分工让每个成员都能创造出更大的价值。这样不仅能够成就成员个人，同时也推动了整个人类社会的快速发展。也正是因为分工才让我们有更多机会选择做自己擅长和喜欢的事情，并能够从工作中找到乐趣。

所以健康的商业要立足于为客户创造价值，为团队成就事业，为伙伴分享发展，为股东回报收益，为社会增进和谐。如果不能与客户、团队、伙伴、股东、社会实现共赢就违背了商业的本质和意义。所以经营好企业的基础是要有一颗"仁"心，这也是中国诸子百家核心思想的共通之处。商业的本质应该是一个通过分工合作与客户、团队、伙伴、股东、社会实现共赢的事业。我们可以把商业的本质总结为"商本仁业，立心天地，分工交易，各得所需，成人达己，福泽生民"。

2. 正确定义"商家"

我们把能够成功经营企业的人称之为企业家，但而不同的人在经营企业的时候，追求的目标差别却很大。根据一个人经营企业所追求的目标不同，可以分为五种人生定位。如果一个人经营企业只是为了赚钱来养家糊口，让自己和家人过上好日子，这种目标追求的定位为"商贩"；如果一个人经营企业能够坚持诚实守信的传统美德，做到有所为有所不为，这样的目标定位可以称为"商人"；如果一个人以企业为载体，能够坚持做一份与客户、团队、伙伴、股东、社会共赢的事业，我们可以把这种目标定位的人称为"商家"；如果一个人通过经营好一家企业，能够推动和引领整个行业的健康发展则可以被称为"商贤"；如果通过经营一家企业推动了整个时代的发展进步，成为国家和民族的荣耀，这样的人则可称为"商圣"。

企业领导者不同的人生追求，经营企业的理念和思路会截然不同。我们如何才能帮助更多经营企业的领导者升华成为"商家"，甚至有机会成为"商贤"或"商圣"，这可以从儒家思想中得到许多重要的启示。儒家思想把一个人成长的路径总结为"格物、致知、诚意、正心、修身、齐家、治国、平天下"。这段话的时代背景是在两千多年前的春秋战国时期。在那个时代，一个德才兼备的人想要实现人生价值的方式非常少，最好的选择就是"治国、平天下"。而在当今这个时代，我们要实现自身价值的方式非常多，不是只有去从政才能实现人生理想。在这个新的时代可以把这句话调整为"格物、致知，诚意、正心，修身，齐家、治业、和天下"。我们只要用心经营好一份事业就能为社会创造价值。这就是在这个新时代商业大家需要不断修炼的成长路径。

3. 科学总结"商理"

在正确认识"商业"和定义"商家"的基础上，还要回到如何才能把企业经营好的问题上。画家要能创作出漂亮的画；歌唱家要能演唱好听的歌；商家要能创建优秀的企业。我们把真正的好企业定义为幸福企业，要符合"合理盈利、持续发展、生态共赢"的基本要求。如何创建幸福企业的规律就是"商理"。创建幸福企业需要做好"明因、持道、取势、定法、优术、利器"六个方面。

"明因"，就是经营企业的根本目的是什么。虽然每个人追求的目标千差万别，而大部分人的人生追求是幸福。但是在追求个人幸福时不能伤害别人，要用共赢的方式来实现自己的追求。如果每个人都只为自己考虑而不顾他人的感受，最终就会变成相互伤害。而企业作为这个时代社会的基本组成细胞，要立足于促进社会环境的和谐发展。所以企业是一个团队追求"自己幸福、与人共赢、社会和谐"的共同平台。

经营企业的根本目的在于追求"幸福、共赢、和谐"。我们要实现这个目标就要坚持一些基本的原则，也就是"持道"。正所谓"为学日盈，为道日损"，经营企业的基本原则在于待人接物的过程中坚持做到"真、善、美"。在经营企业的过程中坚持对事真，对人善，对己美。

中国文化的最高追求在于实现天人合一，也就是强调天时、地利、人和。企业的人、事、物都在因时、因地、因人而发生变化。在经营企业的过程中要擅于根据天时、地利、人和的实际情况顺势而为才能实现持续健康的发展。道家思想强调："人法地，地法天，天法道，道法自然"，其实质就是要符合天时、地利、人和的规律，只有顺势而为才能事半功倍。

企业在"明因、持道、取势"的基础上，最终要转化为指导企业实际经营的战略、模式和规则才能发挥作用。制定企业的战略、模式和规则就是"定法"，做企业的顶层设计。战略决定企业的核心竞争力是什么；模式决定实现战略的整套系统；规则决定经营管理中责权利的科学分配。如果企业的顶层设计有问题，这个企业就会存在先天不足。企业在做战略、模式、规则的设计时，要符合"明因、持道、取势"的基本原则。

企业在完成顶层设计之后，还要形成能够具体实施的方案，这就是"优术"。"优术"包含三个方面的内容：一个是要不断整合有利于帮助企业实现顶层设计的关键资源；同时要不断提升团队落实顶层设计需要具备的核心能力；还要对具体的行动方案做到持续的改善。只有做到资源、能力、行动都能够与公司顶层设计相匹配，公司的顶层设计才能真正得到落实。

古人讲"工欲善其事，必先利其器"。做任何事情都要重视实施过程中需要的相关物资。好的物资配置可以帮助我们更快、更好地达成目标。在企业经营过程中首先要注意选择和建设最适合的工作场地；还要不断优化工作过程中所需的各种设备工具；同时确保各项工作所需物料能够保质保量的准时到位。这些都是一个企业在经营管理过程中的物质基础。我们不断提升企业经营所需的场地、工具和物料就是"利器"。

4.《易经》中的"商智"

随着商业对国计民生的影响不断增强，在这个新的时代对形成完整的商道文化体系呼之欲出。《易经》是中国诸子百家核心思想的源头，同样也揭示了中国商道的智慧。我们要立足于时代背景吸收诸子百家之长，融合中外古今之法。《易经》用阴阳辩证观揭示了天时、地利、人和的发展规律。天人合一是中国文化追求的最高境界，这同样也是商业的最高追求。《易经》智慧在商业领域的运用则可称为"商智"。

通过《易经》来总结经营企业的智慧是：无能生有，视有为无，用之有道，复能生有，生生不息，基业长青！所有的企业本来都不存在，只是源于创业者的一个"梦想"，就从无到有了。一个企业通过努力创造，从无到有，从弱到强，从小到大之后，领导者要有视有为无的人生境界。我们只有懂得把企业聚集的各种资源用之有道，才能创造出更大的价值，从而吸引到更多的资源。通过形成资源投入到价值产出的良性生态循环，企业才能实现持续健康的发展。

5.成就商业大家

"商贩"经营企业只是为了自己和家人过上好日子；"商人"经营企业只是能够坚持诚实守信的做人原则；"商家"将通过经营企业来实现"内享幸福、外创价值"的人生追求。一个优秀的企业不仅为客户创造价值，为团队创造事业，为伙伴分享发展，同时也推动着整个社会的不断进步。

商业的本质必须回归到让客户、团队、伙伴、股东、社会实现生态共赢的大道！商道文化将改变"无商不奸"的历史，商家要成为商业时代主流精英的人生奋斗典范。每一个领域的进步都离不开一批有识之士的推动，未来的商业领域必将涌现出众多值得让历史铭记的商业大家。商家通过"践行中国商道"创建幸福企业，为人类社会的进步作出贡献。

三、企业需要设计

《三国演义》里面有一个像今天很多创业者一样的人叫刘备。他虽然是皇族血脉，身边又有几位能征擅战的猛将，努力拼搏了大半生却仍然没有立足之地。在他感觉前途迷惘的时候，遇到诸葛亮为他做了一件非常重要的事。在此之后他的事业得到了快速发展，成为当时最成功的三大集团公司之一。这个重要的转折点就是刘备通过三顾茅庐，诸葛亮为他所做的《隆中对》。

在《隆中对》中，诸葛亮判断刘备是一个值得追随的领导者之后才愿意为他出谋划策。通过分析天下大势，曹操公司的最大优势是占"天时"，孙权公司的最大优势是占"地利"，而刘备公司的最大优势是占"人和"。在明确了自身的核心竞争力以后，诸葛亮建议刘备可以分三个阶段来达成最终目标。短期目标先占荆州为家，中期目标占益州并建立基业，长期目标是等待合适时机统一天下。

《隆中对》就是诸葛亮为刘备做的顶层设计。刘备在没有规划之前虽然胸有大志，也很努力，但却只能寄人篱下。有了规划之后，几年时间就实现了三足鼎立的格局。其实做企业和打天下的道理是相通的，一个企业没有经营规划就只能随波逐流，有了规划才能未雨绸缪，靠胆量、凭感觉经营企业的时代已经成为过去，只有科学经营才能让一家企业实现持续健康的发展。但这也需要我们按"明因、持道、取势、定法、优术、利器"六个维度做好企业的经营规划。

1. 商道理论模型

商道就是以《易经》的辩证观为指导，吸取古今中外理论和实践的精华，让企业实现持续健康发展的优秀思想、科学方法和高效工具。《易经》用辩证观揭示了世界万物的变化规律。这个世界的一切都在不停的变化，但"变"不能乱"变"，而是要先分析"天时、地利、人和"的情况顺势而变。通过"变"来实现动态平衡的发展状态，要符合"中"道的变，也就是变得恰到好处。企业经营就是处理好"时、位、应、变、中"的动态发展。

"时"就是天时，经营企业要掌握宏观环境和行业环境的状况和变化趋势；"位"就是地利，要明确企业目前拥有的资源状况和能力状况；"应"是人和，也就是企业发展能够获得的支持力量和阻碍因素；"变"就是发展创新，企业要根据"天时、地利、人和"的情况明确发展方向和系统升级；"中"代表恰到好处，也就是一种健康发展和生态共赢的最佳状态。所以每个企业都要明确目前存在的优势和不足。纵向分析企业的文化、战略、模式、组织、管理、执行的系统情况。横向分析企业的营销、运营、研发、物资、财务、团队等职能部门的情况。企业是一个不断升级发展的过程，不同层级和阶段遇到的挑战不同，对领导、团队和系统的要求也不同。

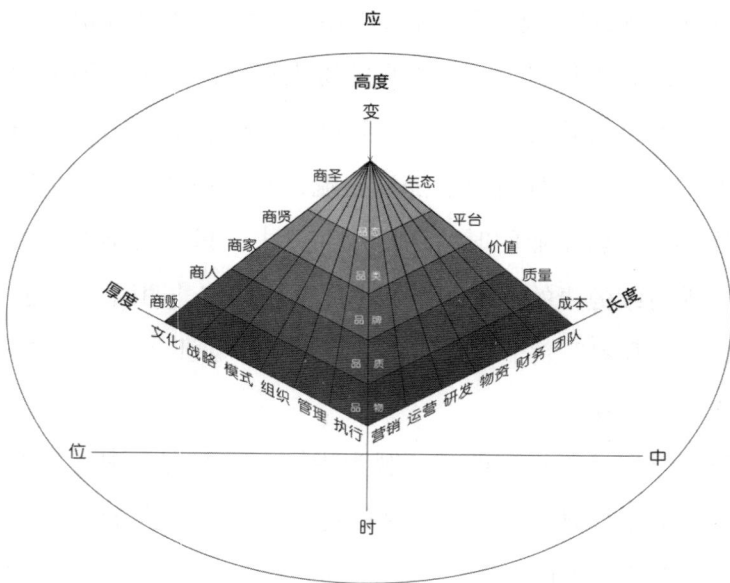

中国商道理论模型

企业的发展可以分成不同的层级，处于不同层级的企业竞争力维度不一样，遇到的发展瓶颈也会不一样。企业发展进化的路径主要分为

"品物、品质、品牌、品类、品态"五个层级。"品物"层级的企业只是从事简单的加工或贸易工作，没有太高的附加值；企业只有不断提升经营的技术含量和服务价值，才能让企业进入"品质"的层级；在此基础上让顾客对企业的产品或服务形成特有的偏好，这样才能升级为"品牌"；通过"品牌"形成的影响力，可以整合上下游产业链的企业或提供更多顾客需要的相关产品，这样才能渐渐成长为代表行业的"品类"级企业；企业进一步发展，以顾客需求为中心，与越来越多的相关企业形成合作共生的关系，就会渐渐成长为一个企业生态，这就是"品态"级企业。

如果一个企业只是安于现状不做进化升级，就会慢慢被行业发展所淘汰。但如果一个企业想要实现跨层级发展是非常难的。比如一个企业从一开始就想做"品牌"，甚至做"品类"或"品态"，则需要投入大量的资源来填补跨过发展层级所需要具备的能力，即要用资源来缩短发展的时间。所以企业正常的发展路径是有规划的、循序渐进的，既不能不变，也不能乱变。领导者是推动企业发展的最大动力，也有可能成为企业发展的最大瓶颈。领导者要不断升华自己的人生追求，不同的人生定位会直接影响企业发展的方向和高度。

2.企业经营本质

老子讲："道生一，一生二，二生三，三生万物。"人之所以能够和"天地"并列为三才，是因为除了天地可以创造万物，人也能创造万物。人只要有了梦想，就会不断探索实现的方法。我们的梦想越清晰，实现的方法越科学，就越能梦想成真。这就是人类创造一切的内在逻辑。经营企业同样也是一个创造的过程。

经营企业的道理和建房子的内在逻辑一样。我们要建出一幢漂亮的房子首先要根据自己的想法做好设计，在此基础上还要有好的监理和施工才能把房子建好。我们要创建一家幸福企业也需要根据外部环境和内部状况做好企业的设计，即企业的经营规划。根据经营规划做好管理和执行才能把企业做好。

3.企业经营地图

在经营过程中，所有的工作都要以用户价值为导向。一个企业为用户创造价值的核心竞争力主要体现在研发、运营和营销三个方面。根据定位的用户需求，明确为用户创造价值的核心优势是什么。企业要形成核心竞争力就需要有优秀的团队和科学的系统。企业要把资源投入到有利于形成核心竞争力的团队培养和系统建设中去。通过最少的资源投入为用户创造出最大的价值，这是企业经营追求的目标。而要做好这些工作就需要根据企业的外部环境和资源能力的现状提前做好经营规划。企业经营是一个以用户价值为导向，根据规划做好"投入—产出"，"再投入—再产出"的循环过程。

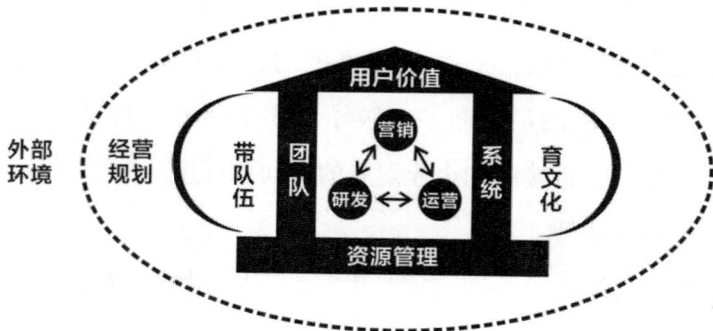

4.做好顶层设计

我们在做一幢房子的设计时，首先要把效果图设计好。各项施工的工作最终都是为了能够把效果图中的房子变成现实。企业经营规划同样是要先做好效果图，我们称之为顶层设计。企业的顶层设计主要包括文化基因、企业定位、发展战略、商业模式、组织机制、发展阶段六个方面的内容。

天下没有相同的两片树叶，也不存在完全相同的两个生命体。而不同生命所呈现出来的特征和潜质都是由它的基因所决定。企业其实也是一个生命体，同样有它自己的基因。企业的基因源于创始人，而又不局限于创始人。我们在为企业做顶层设计的时候，首先要深入了解创始人及其核心团队的追求和梦想。根据他们的追求、梦想和特长提炼出企业的优秀基因。因为每个企业的创始人和核心团队不一样，他们的追求和优势不一样，形成的企业基因也会不相同。

正所谓物竞天择，适者生存。我们提炼出企业的基因之后，还要根据外部环境的状况找到最适合企业发展的定位。我们做企业定位的基础就是用户定位。也就是要确定主要是哪些人会选择使用企业的产品或服务。因为不同的人群对同一类产品或服务的需求点都会不一样。只有根据用户存在的痛点形成核心竞争力，才能让用户更愿意选择使用企业的产品或服务。

当明确了企业的用户定位之后，接下来要解决的问题是：用户凭什么要选择我们的产品或服务？我们的产品或服务有什么竞争优势？企业只有能够为用户创造不可替代的价值，才能培养出一群高忠诚度的用户。但一个企业的核心竞争力不是一朝一夕就能够建立起来的，要有十年磨一剑的毅力。我们要提前根据企业定位的用户需求来确定企业的核心竞争力模型，这就是企业的发展战略。

围绕如何形成核心竞争力要设计一套完整的系统，即自己的商业模式。商业模式围绕定位的用户需求要构建三个圈：第一个是价值圈，围绕定位的用户解决如何"创造价值、传递价值、感知价值、实现价值"的问题；第二个是保护圈，通过"关键资源、核心能力、重要伙伴"为价值圈构建出保护的门槛，让其他企业很难为用户提供同样的价值；第三个是关系圈，每一个企业都需要面对客户、团队、伙伴、股东、社会等各种相关者，要明确与这些相关方的关系。在这三个圈的基础上形成合理的收支结构就是一套完整的商业模式。

有了好的商业模式，就需要设计一套科学合理的组织机制来保障这套模式能够实现有效的运行。企业的组织机制主要包括股权机制、决策机制、管理机制、创新机制、分配机制、组织架构六个方面的内容。人治不如机制，只有靠机制才能让企业实现基业长青。一家企业如果机制有问题，对企业造成的潜在危害将无法估量。这种先天缺陷很难用其他方式来补救。

企业发展主要分为初创期、发展期、成熟期、扩张期、再造期五个阶段。企业在不同阶段所面临的问题和机会都不一样。我们要根据发展战略的方向，明确企业在不同阶段要达成的目标、策略和行动。通常一家企业每3—5年是一个阶段，我们至少要思考三个阶段的发展目标。从财务、市场、营运、成长、生态五个维度设定出短期、中期、长期的具体目标。在这个过程中还要不断升级企业竞争力的维度。

5.制定落地方案

一幢房子的设计除了要有效果图，还要有施工图。施工图要解决如何才能把效果图中的房子建出来的问题。工程监理和施工人员有了施工图才清楚如何开展工作。我们做企业经营规划也包括顶层设计和落地方案两个部分。顶层设计是企业的效果图，而落地方案就是施工图。"千里之行，始于足下"，只有通过落地方案才能一步步把顶层设计变成现实。企业的各项管理和执行工作都是以具体的落地方案为依据。

我们判断一家企业经营好坏的周期通常以年为单位。经营企业和我们读书是一样的道理。我们只有把小学一年级的内容学好，再学二年级的内容就比较容易了。只要我们用心把每年的课程内容学好，六年时间就能成为一名优秀的小学毕业生。我们经营企业同样需要根据不同发展阶段的要求，明确每一年要达成的具体目标。企业每年的具体工作都要围绕年度的目标去开展。如果年度目标制定错了，所有的工作都会偏离企业的发展方向。

明确年度目标是制定落地方案的起点。如果我们只是定好目标而不做过程的管理将很难实现我们想要的结果。所以我们还要把年度目标从项目、部门、时间三个维度做好科学的分解。在做目标分解的时候，子目标要充分体现公司的战略意图。不同的战略对目标分解的要求会不一样。最后我们要做到每个项目、每个部门、每个阶段都有明确的目标。

每个部门根据分解的目标制定可行性策略，即如何才能达成目标的有效方法。我们制定落地方案的主要含金量就体现在策略上面，一个好的策略能够让团队取得事半功倍的效果。只有找到能够让人眼前一亮的策略，才能让团队获得实现目标的强大信心。在制定策略的时候，我们主要可以从潜力挖掘、拓展创新、资源整合三个方向去思考和探讨。

我们要实现制定的策略，还需要拟定具体的实施方案。每个人都有很多工作需要做，但其实具有高价值的却并不多。我们就是要把那些会影响达成目标的重点工作挑出来。原则上每个部门都需要明确3~5项全年最重要的工作。针对这些最重要的工作制定详细的实施方案。把方案中需要完成的各项具体工作拟定出详细的清单，并确定完成每项工作的时间排程表。

古人打仗都遵循"兵马未动，粮草先行"的原则。我们也要根据实施方案，明确需要的各种资源。每项工作都要有人、财、物的资源支持才能有效开展。每个部门都要根据实施方案把需要的人员配置、物资明细、资金需求等资源做好预算。我们在做预算时要追求资源价值的最大化原则，也就是要用尽可能少的资源投入来达成各个部门所设定的目标。只有提前把公司的各项资源做好合理配置，才能确保各项工作能够得到有效开展。

不管我们的方案做得多么完美，最终都需要有人去执行才行。如果团队没有意愿去做，再好的方案也没有用。如何让团队成员从要求他做，变成他自己想做？这是我们在做好实施方案之后必须解决的问题。只有把公司的目标变成团队个人的目标，才能让团队成员变被动为主动。我们可以根据团队成员的个人需求来设计一套有效的激励方案。让团队成员通过实现公司的目标来达成个人的目标。

我们经常会听到有人抱怨说企业想发展，但是却苦于没人才、没资源、没资金。其实这些都只是表象，真正缺的是如何把企业做好的思路和规划。优秀的企业经营规划能够吸引到需要的人才、资源和资金。因为优秀人才也需要找到有发展前景的好项目才能实现自身价值；有了好项目，又有好团队，就能把需要的资源整合到一起；而投资人都愿意把资金投给前景好、团队强、资源优的好项目。

有一家专注为孩子提供因材施教解决方案的企业。公司的创始人原来经营过一家一对一辅导的学科教育机构。公司经营了近10年，每年有近2000万的营业额，而专业投资机构给出的估值只有1500万左右。创始人虽然工作非常努力，却仍然看不到很好的发展前景。所以希望能够实现转型升级，做一个既能实现自己梦想，又有发展前景的新项目。但苦于没资金、没人才、没思路，所以迟迟没有展开行动。

后来通过对新项目进行规划，在企业基因、用户定位、发展战略、商业模式、组织机制、发展阶段六个方面做了系统设计。同时根据顶层设计制定了具体的实施落地方案。结果新项目一启动就吸引了一批行业的优秀人才加盟；同时整合了很多相关的教育资源达成了战略合作；项目运作只有半年时间就估值2000万，获得了近300万的天使投资。按企业的经营规划只用了3年时间就初步完成了全国合作渠道的战略布局。

企业是一个复杂的系统，"头痛医头，脚痛医脚"的方式很难真正解决企业遇到的问题。经营企业是一件非常专业的事情，摸着石头过河的时代已经渐行渐远。《孙子兵法》中曰："夫未战而庙算胜者，得算多也；未战而庙算不胜者，得算少也。多算胜，少算不胜，而况于无算乎！"优秀的统帅都不会打没有准备的仗，只有懂得运筹帷幄才能决胜千里。企业家就是企业的统帅，只有做好经营规划才能为企业的持续健康发展导航。

上篇

顶层设计篇

第一章　提炼文化基因

一、商家的六项修炼

　　一颗草的种子不可能长成参天大树，一只小猫不可能变成大老虎，一头猪不可能像猴子一样爬树。因为它们的基因不一样，所以得到的结果也不一样。企业也是一个生命体，同样有自己的基因。创始人是企业从无到有的缔造者，也是企业基因的源头。所以没有任正非就不会有现在的华为，没有雷军就不会有现在的小米……我们要深入了解一家企业，首先就要分析创始人。我们想创建一家健康发展的企业，创始人就要具备"商家"的基因。这也是华为、阿里巴巴、小米等优秀企业能够取得成功的重要原因。

　　纵观古今中外的优秀企业家，每个人成长的环境和自身的经历都千差万别。但他们身上都表现出"正能量、有梦想、大格局"的特质，同时还具备"有智慧、有勇气、有毅力"的素质。正所谓"用徒者亡，用友者霸，用师者王"。卓越的领导者不一定是某项具体业务的专家，但要能组织一批不同领域的优秀专家分工合作，为共同的目标而努力。一个创业者有没有"商家"的基因可以从六个方面去判断。

　　1.充满正能量

　　首先是要有正能量。一个天天只知道抱怨说经营环境不好、公司团队不行、不愿学习成长的创业者很难把企业经营好。企业只要还在经营，每天都会面对各种各样的问题。一个优秀的企业领导者不是去抱怨问题，而是要找到处理问题的方法。这需要领导者要有积极的心态，像太阳一样给每个人带去希望和光明。就像华为的任正非，即使遇到美国政府的技术封锁打击，不仅没有被打倒，反而让华为越战越勇。任正非每次在接受媒体采访的时候，都是感谢美国政府和特朗普帮华为在全世界做了很好的宣传。正是这些打击让华为锻炼了队伍，促使团队更加努力。

2.胸怀大梦想

第二个方面是要有梦想。一个优秀的领导者就是要有"修身、齐家、治业、和天下"的理想。领导者要有梦想不仅仅是为了让自己的人生更精彩，同时也是为了自己的家人可以过上更好的生活，让团队得到更好的发展，为社会创造更多的价值。一个优秀的领导者不能只是一个自私自利，得过且过，小富即安的人。

3.要有大格局

第三个方面是要有大格局。一个好汉三个帮，单打独斗很难成就一番事业。要整合大家的力量来实现企业的梦想，这就需要领导者要有大格局。只有一个大格局的领导者才懂得分权，懂得分名，懂得分利，才能得到更多人的支持和追随。正所谓财聚人散，财散人聚，如何支配财富体现了一个领导者的格局。一个领导者愿不愿意在优秀人才上投入金钱，在学习成长上花钱，在系统建设上花钱，这些都能体现领导者的格局。在20世纪90年代末，中顺洁柔公司为了加快发展，在内部发动核心团队参与入股。公司向大家承诺赚钱一起分，亏钱由公司承担。对外与全国各地同行合作经营，共同分享发展带来的红利。正是这种愿意与人分享的大格局，让中顺洁柔快速完成了全国的布局。

4.有智慧做判断

领导者不可能所有事情都做到样样精通，也不用每项工作都事必躬亲。但一个卓越的领导者必须要有智慧对人和事作出正确的判断。我们只有能够准确地判断一个人的优点和不足才能知人善任。我们只有具备判断一个方法是否可行的能力，才能作出正确的决策。就像刘备当年如果不能正确判断诸葛亮的能力就不会三顾茅庐。如果他不能判断《隆中对》的价值，就不会按里面的建议去展开实施。卓越的领导者要做一些别人"看不见，看不懂，看不起，最后来不及的事"，这需要有智慧对未来的发展作出准确的判断。

5.有勇气做决策

我们经常会听到有人抱怨说：他早就看到了某个机会，只是因为当时没有做，结果错失良机。领导者如果不能根据自己的判断快速作出决策，就只能眼睁睁地看着机会从身边擦肩而过。一个卓越的领导者在作出科学判断之后，还要有当机立断的勇气。任正非早在21世纪初就判断，华为发展到一个阶段就会与美国出现冲突。而要应对这种冲突，其中非常关键的问题就是要有能力保证芯片的供应。为了解决这个问题，在2004年就正式成立了海思公司，每年投入巨资专门负责华为自己的芯片设计。要作出这样的决定需要巨大的勇气。因为当时要自己做好芯片的难度非常大，绝大部分企业都认为不可能做得到，也认为是没必要做的事情。今天看来，正是这个重大的决策让华为成为中国科技企业的骄傲。

6.有毅力做执行

没有什么人可以随随便便成功。我们想要做好任何一件事都会面临各种各样的挑战。有些人不是缺少好的思想和方法，真正缺少的是坚持做好一件事的毅力。其实成功的道理并不高深，就是选择好一个正确的方向，然后朝着这个方向坚持努力就一定会有收获。我们要坚信方法总比问题多。所有的问题，我们只要愿意去探索，就能找到解决的办法。在《西游记》中，唐僧在团队里能力不算最强。但在经历八十一难的途中，只有他对西天取经的信念毫不动摇，所以才能成为取经团队的领导者。

企业是一个领导者实现自己梦想和价值的平台。企业基因源于创始人，但又不能局限于创始人。这个世界没有完美的个人，却有完美的团队。领导者要有正确认识自己的能力，了解自己的优势和不足。领导者要把自己的追求升华成为企业的基因。领导者可以通过团队的方式来弥补自身存在的不足。每个企业都有其独特的基因，核心内容就是企业的使命、愿景、价值观。企业的基因虽然听起来好像很虚无缥缈，但却深刻地影响着企业的一举一动。就像人的基因一样，虽然我们看不见、摸不着，但却存在于每一个细胞。

二、企业的文化基因

企业是人类社会的一种组织形式，是当今社会的重要组成单元。企业文化就是在经营管理过程中教育感化团队的整套理念。广义的企业文化包括具有自身特色的理念、制度、行为和物品等。企业文化是经营企业的规律总结和运用，同样要符合自然和社会的规律。优秀企业是造福社会，推动时代进步的重要力量。优秀的企业文化能够让团队在企业中处理好自己和自己、自己和他人、自己和环境的关系，从而让企业实现持续健康发展。

1.企业文化的作用

企业文化是企业的灵魂，是推动企业发展的不竭动力。它包含着非常丰富的内涵，其核心内容是企业的使命、愿景、价值观、核心理念、实践法则等。这里的价值观是指企业团队在从事经营活动中所坚持的信念。

（1）企业文化能激发团队的使命感。企业使命让团队明确自身工作的价值，是企业不断发展或前进的动力之源。

（2）企业文化能加强团队的责任感。通过企业愿景让大家一起追求同一个梦想。企业是团队成员分工合作的平台，每个人都要为企业的持续健康发展承担自己的责任。

（3）企业文化能提升团队的归属感。企业文化的作用就是通过企业价值观的提炼和传播，让一群来自不同地方、不同经历的人能够达成共识。

（4）企业文化能赋予团队荣誉感。优秀的企业文化会让团队的成员感觉自豪，大家觉得能成为团队的一员是一种荣誉。

（5）企业文化能让团队有成就感。一个企业的健康发展是团队每一个人共同努力的结果，优秀的企业文化能让大家从中获得成就感。

2.企业文化的内涵

中国的文化追求天人合一的境界，儒家思想总结为"修身、齐家、治国、平天下"的追求。其本质就是要处理好自己与自己的关系、自己与他人的关系、自己与环境的关系。中国文化中对自己与他人、环境关系的主流观点是追求内圣外王的和谐状态。企业是这个时代集合各种关系的一种组织形式。在企业中同样需要处理好自己与自己、自己与他人、自己与环境的关系。如何处理好企业中这些关系的基本理念和行为习惯就是企业文化。

企业文化的核心内容主要体现在"两个维度""十大理念""实践法则"。两个维度是指"待人"和"做事"。我们要处理好企业中的各种关系，归根结底就是如何待人做事。只有形成"待人"和"做事"的基本理念，才能指导团队在工作中达成共识。围绕"待人"企业主要会面对"客户、团队、伙伴、股东、社会"五个方面的关系。企业要明确处理这些关系的核心理念，从而在经营中与相关方能够形成生态共赢的关系。同时企业还要明确"做事"过程中对"产品、服务、效率、成本、安全"的基本理念。在此基础上再制定各个职能部门的实践法则，保障企业文化在各个部门的工作中能够有效落地。

3.企业文化全景图

狭义地理解企业文化，主要是指企业的核心理念。而从广义的角度企业的方方面面都属于企业文化的组成部分。从内至外，从无形到有形，企业文化可以分为核心层、制度层、行为层、结果层四个层级。这四个层级是相互影响，相互转化的一个完整系统。只有实现核心层、制度层、行为层、结果层的统一才能形成真正的文化。只要任何一层脱节，都无法充分发挥企业文化的作用。从这个角度来看，企业的经营管理就是一种文化的实践。

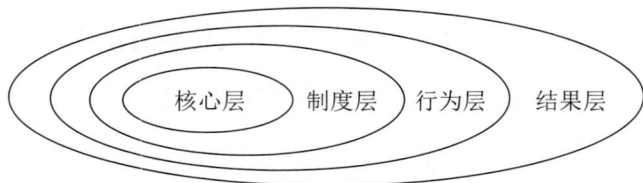

核心层　制度层　行为层　结果层

企业文化的核心层包括使命、愿景、价值观、核心理念、实践法则等。核心层是企业经营管理的基本准则。一个团队的核心文化越明确、越统一，对整个团队行为的影响就越大。第二层是制度体系，根据核心文化形成各职能部门的具体目标、流程、标准、表单和相关制度。企业的核心文化只有通过转化成具体的流程制度体系才具有可操作性。有了制度规范后如果得不到执行同样没有太大意义。一项制度规范从知道到理解，从理解到行动，从行动到习惯需要长时间的沉淀。只有把制度规范的要求变成团队的行为习惯才能充分发挥作用。其实企业文化并非虚无缥缈的东西，从理念到制度，到行为，最终会转化为我们可以看得见摸得着的结果。整个企业所呈现出来的工作效率、产品质量、经营效益、精神面貌、办公环境等都只是企业文化的结果体现。

三、知道企业为什么

企业是人类社会的一种组织形式，服务于人的各种需求。而人的追求不仅仅只是物质层面的吃饱穿暖。如果企业的领导者只是追求物质享受，就很容易小富即安。所以企业还必须有超越物质的追求。企业的使命就是要解决到底是"为什么"的问题。我们发现全世界最优秀的组织都有崇高的使命。使命能带给人做事的价值感，让人获得源源不断的动力。无论是个人还是组织，只有赋予使命才能找到存在的意义。很多企业刚开始的时候能够快速发展，等到稍有点成绩之后就不思进取了。出现这种情况的根本原因就是缺乏使命感的驱动。

1.使命就是价值

使命就是一个企业存在的价值是什么，为企业指明了创造价值的方向。使命是一个团队努力奋斗的内在动力。古往今来的伟大事业都源于使命的推动。我们来看看当今中国最有影响力的企业使命是什么。高科技企业的代表，华为公司的使命是"聚焦客户关注的挑战和压力，提供有竞争力的通信解决方案和服务，持续为客户创造最大价值"。互联网行业的代表企业，阿里巴巴的使命是"让天下没有难做的生意"。快消品行业的代表企业，中顺洁柔的使命是"让生活更美好"。

2. 使命不是口号

很多企业都有写自己的使命，但感觉却没什么作用。只要我们稍做了解就会发现，那根本不是使命，那只是一句口号。一个企业的使命只有成为凝聚全体成员的精神力量，转化成团队为之自觉奋斗的信念才能真正发挥作用。所以使命不能随便乱写，要基于公司存在的真正价值是什么。让所有人都能从内心切实地感受到，企业所做的就是所说的内容。只有做到言行一致才能得到团队和社会各界的认可和支持。

3. 符合时代发展

我们在提炼企业使命时，既要考虑创始人和团队的真实想法，也要符合外部环境的情况。正所谓谋事在人，成事在天。我们要实现企业的价值需要找到合适的发展机会。我们要对每个时代的大环境有充分的认识。根据环境分析，找到在什么时间、什么地方、为什么人、干什么事才具有意义。找到符合这个时代，又是我们想干、能干、该干的事。这就是企业使命的方向了。但使命要超越具体的某件事，是企业长期努力奋斗的意义。使命也并非一成不变，可以根据时代发展的趋势作出合理调整。

4. 界定使命五问

在具体确定企业的使命时，我们可以通过五个问题来做界定。首先是我们服务的对象是谁，也就是用户是谁？我们希望为这群用户提供什么独特的价值？我们的经营范围有哪些？这个方向是否具有良好的发展前景？我们是否具备做好这些事的优势和潜力？只要把这五个问题搞清楚，企业的使命才有实现的基础。所以使命不能脱离企业要做的具体事情。

5.使命考虑要素

我们在提炼企业使命时还要充分考虑以下几个要素：首先要了解企业的发展历史，能够做好传承和发扬。同时要充分了解领导者和核心团队的真实想法。在此基础上掌握企业环境的发展变化趋势。只有抓住符合公司资源优势和核心能力的机会才能更好地创造价值。使命也是一个企业能够获得生存发展的立足点。一个没有使命的企业，在发展过程中遇到重大决策时就很容易偏离初心。

四、明确企业成什么

不同的企业可以有同样的使命，但具体做的事情和做到的程度却会各不相同。所以在确定"使命"的基础上，企业还要回答"成什么"的问题。也就是企业最终希望做成什么事情，达到什么目标，这就是企业的愿景。

1.发展的指南针

企业愿景就是整个团队共同的梦想，也是企业长期发展希望实现的目标。我们只有明确了愿景，才不会迷失前进的方向。企业的愿景就是发展过程中的指南针。企业的所有工作都要围绕愿景去展开，所有的资源都要投向有助于实现愿景的地方。同样以华为和中顺洁柔为例。华为的愿景是"丰富人们的沟通和生活"！中顺洁柔的愿景是"成为世界一流的百年企业"！通过愿景为企业的发展明确了长期奋斗的方向。

2.愿景的三原则

企业的愿景首先要充分考虑领导者的追求和梦想。企业是领导者带领团队实现梦想的平台。如果企业的愿景不是领导者想要实现的目标，就很难激发为之奋斗的动力。同时企业愿景不能脱离所在的行业，要与行业的发展存在紧密的关联。在具体描述愿景的时候，表达的语言要能鼓舞人心。只有把企业愿景变成整个团队都非常向往的共同目标，才能激励团队一起奋斗。

3.定愿景的技巧

我们在制定企业的愿景时要回答好三个问题。首先是我们到底要到哪里去，也就是要有明确的方向；其次是我们实现愿景后会是什么样的场景；最终我们要达成什么目标。通过把这几个问题梳理清楚，企业的愿景就会变得非常清晰。我们只需要用简单的一句话或几句话把愿景描述出来就完成了。就如中顺洁柔的愿景是"成为世界一流的百年企业"。方太厨电的最新愿景是"成为一家伟大的企业"。

五、提炼企业信什么

在确定了企业的"使命"和"愿景"之后，还要提炼出在追求"使命"和"愿景"的过程中坚持的重要理念。企业在展开各项工作时需要不断作出选择，而决定为什么这样选择的根本原因就是价值观。企业的价值观要回答的是团队"信什么"的问题。我们内心坚信的东西就是价值观，这是一个人面对同一件事情会作出不同选择的内在原因。

1.价值观是企业灵魂

价值观听起来似乎与我们没有直接的关系，其实每时每刻都在受到它的影响。价值观是企业判断是非对错和轻重缓急的准则。企业面临的所有问题背后都涉及价值观。同样一件事情，因为价值观的差异，有的人认为很重要，而有的人却认为不重要。当大家的判断不一致的时候，就很难做好分工合作。只有形成统一的价值观，企业在经营过程中的团队内耗才能减小。

华为强调的价值观是"以客户为中心、以奋斗者为本、坚持艰苦奋斗"。阿里巴巴的价值观包括"客户第一、团队合作、拥抱变化、激情、诚信、敬业"六个方面。中顺洁柔的价值观是"产品要品牌、企业要品牌、做人更要品牌"。这些卓越的企业都会把核心价值观提炼出来，作为整个团队展开工作的基本准则。正是这些共同的价值观，让团队对各项工作能够达成共识，在分工合作中配合默契。

2.价值观追求真、善、美

价值观作为企业判断是非对错和轻重缓急的准则，体现了一个团队追求的理念。通过统一价值观让整个团队对追求的事业和目标达成共识。只有大家内心真正认可了企业所做的事情，才能做到全力以赴地去实现目标。道不同不相为谋，一个团队只有价值观相同才能走得更长远。

每个企业对价值观的表述会不一样。但真正伟大企业的价值观所体现的本质都一样。大道至简，最终都归结为"真、善、美"。所以企业的价值观要符合"真、善、美"的内涵。首先是对事要真，也就是能够遵循人、事、物的规律做事；对人要善，坚持做到与人为善，避免伤害他人；最后对己美，只有保持积极的心态才能感受到这个世界的美好。

3.价值观要成为习惯

企业的价值观不能停留在喊口号。只有真正转化为团队每个人的思维和行为习惯才有意义。"其身正，不令而行；其身不正，虽令不从。"首先领导者自己要做好表率。同时还要把价值观的内涵转化为制度体系，明确各项工作的具体要求。在此基础上做好价值观和相关制度的学习培训，能够让团队成员正确地理解和认同。最后对团队执行制度的情况和结果进行考评，发现问题要及时进行调整。在这个过程中要特别重视宣导工作的开展，不断强化团队对文化的理解和重视。通过长时间的熏陶，才能转化为团队的思维和行为习惯。

六、文化的落地路径

企业文化从内至外，从无形到有形，在落地过程中有六个层级的路径。从核心理念的提炼，到明确实践法则，再到形成具体的制度规范，转化为团队的行为习惯，最后通过结果不断强化对核心文化的理解和认同。这六个层级是相互影响、相互转化的一个完整系统。只有打通整个落地路径，企业文化才能真正发挥作用。

1. 文化基因

首先我们要提炼出企业的文化基因是什么。主要包括使命、愿景、价值观的具体内容。这些内容是要回答企业"为什么""成什么""信什么"的问题。每一个企业的本质都是对文化基因的实践。企业的文化基因要符合"真、善、美"才能指引企业实现持续健康的发展。所以文化基因就是一个企业是否能够取得成功的根本，我们看到的都只是表面的结果。

2. 核心理念

根据企业的文化基因要明确"待人"和"做事"两个维度的核心理念。待人主要体现在"客户、团队、伙伴、股东、社会"五个方面的基本理念。做事主要体现在"产品、服务、效率、成本、安全"五个方面的基本理念。企业经营的目标要体现核心理念的内涵。中顺洁柔强调"让顾客享美好"的理念。这样的理念转化到实践中就变成了用心关注顾客的需求，在原料、工艺、包装、服务等各个方面都追求精益求精的目标。各个部门的工作都是为达成目标而展开，而目标要能够体现企业核心理念的要求。

3. 实践法则

公司的文化基因和核心理念要最终落实到各个职能部门。根据每个职能部门负责的工作要形成具体的实践法则。实践法则是各个职能部门工作的指导方向，最终要转化为"财务、市场、运营、成长、生态"五个层面在长期、中期、短期的具体经营目标，再分解为各个职能部门要达成的细分目标。方太厨电的客服部门根据公司的文化基因和核心理念制定了指导实践工作的九字箴言和服务三字经。从而有效保障公司的核心文化能在客户服务工作中落地。

4. 流程制度

企业要高效达成各项目标，需要有流程制度作为保障。只有围绕目标形成具体的流程、标准、表单的制度体系才能指导工作的有效开展。但同时我们不能因为目标而忘了目的。在制定各项制度规范的时候，不能违背公司核心文化的内涵。各项流程制度都要充分体现核心文化的要求。很多企业强调与团队共创、共享的理念，这需要转化为具体的薪酬、绩效、股权等制度才能得到真正落实。

5. 行为习惯

如果流程制度得不到有效执行就会形同虚设。只有把制度的要求转化为团队的行为习惯才能产生价值。团队从知道、认同到行为，最终变成习惯是一个漫长的过程。我们要帮助团队把制度的要求变成习惯，需要做好过程的辅导。在制定制度规范时，内容上要科学合理，形式上要形成闭环。在具体执行的过程中，领导者要随时关注执行情况，对出现的异常状况做好及时的处理。

6.经营结果

一个企业取得的成绩和遇到的各种问题都是团队行为的结果。我们要对经营结果做好分析评估，找到与公司核心文化、制度体系、团队习惯的关联。对于做得好的方面要继续保持，对于做得不足的要进行改善。企业要把工作考评的结果与个人的薪酬、奖金、评优、晋升、股权等收益结为一体，让作出贡献的人能够得到好的回报。同时还要以考评结果为依据树立优秀标杆和做好宣传教育。只有让团队都很清晰工作结果与核心文化的关联，才能让企业的文化真正深入人心，最终才能转化为团队的思维和行为习惯。

第二章　找准企业定位

即使是一棵参天大树的种子，也需要播种在适合的土壤才能生根发芽。一个企业不管文化基因有多好，要想得到生存发展同样需要找到适合的土壤。而让企业生根发芽的土壤就是用户。不同的用户群体对同样的产品或服务的需求偏好都存在差别。我们要明确企业的核心用户群体是谁，找到这些用户的消费痛点和潜在需求。根据定位的用户偏好来确定企业能够提供具有差异化优势的产品或服务。企业只有明确了用户定位，才能找到建立商业王国的支点。

一、环境分析先做好

生物界的基本生存法则是：物竞天择，适者生存。每一次自然环境的改变都会造成大量的生物灭绝，同时也会有许多新的生命诞生。企业也是一种生命体，它是一种社会生物。随着外部环境的变化，同样会有许多企业倒闭，也有许多新的企业成立。企业要找到适合的生存发展空间，就要对外部环境做好调研分析。只有根据天时、地利、人和的状况顺势而为，企业才能实现持续健康的发展。

1.宏观环境分析

首先我们要对企业所处的大环境有充分的了解，也就是外部宏观环境的情况。每个企业都会受到外界大环境的影响。按PEST宏观环境分析的框架，主要包括政治、经济、社会、科技四个方面的现状和趋势。

不同国家或地区的政治体制、政策、法律会存在差异。同样一个做法在某个国家或地区被政府鼓励，而在另一个国家或地区却可能是违法的行为。企业要充分考虑所在国家或地区的政治、政策和相关法律的实际情况。在政局越稳定，法治越健全和规范的地方，经营企业的政治风险就越小。

一个国家整体的经济情况和发展趋势决定所在企业的整体发展水平和空间。在经济发展水平越高的国家或地区，对企业的产品和服务的要求也越高。而经济发展速度越快的地方，获得发展的机会也就越多。不同的经济状况，企业选择的发展方向和战略都要有所差别。

企业的发展还要考虑所在地区的文化传统差异、人口结构和生活方式的现状和变化趋势。因为企业要与所在地的社会各界产生关系，包括客户、团队、伙伴、股东、政府等。企业要处理好与各方的关系，就必须了解和尊重他们的文化传统和生活习惯。同时人口结构也会直接影响当地的经济发展情况和趋势。

技术是推动社会进步最直接的力量。每一次重大的技术突破都会引发社会经济的大变革。企业要随时关注一些重大技术对企业带来的巨大影响。从蒸汽机的发明，到电力技术的使用，再到计算机和信息技术的革命，未来的人工智能、生物技术等将带来全新的变革。每一次大的技术突破都会对相关的企业产生巨大冲击，同时也会带来新的发展机会。

PEST 分析表

P 政治环境	E 经济环境
政治环境是否稳定； 国家政策是否会改变相关法律； 政府的经济政策是什么； 政府是否关注文化与宗教； 政府与其他组织是否签订过贸易协定。	社会经济结构主要包括：产业结构、分配结构、消费结构等； 经济发展的规模、速度和所达到的水平； 经济组织的形式和宏观经济政策； 税收水平、通货膨胀率、利率、汇率、贸易差额等。

S社会环境	T科技环境
人口因素包括人口的数量、分布、密度、年龄、教育水平等； 社会流动性指社会的分层及阶层的转换性； 消费心理是要了解顾客的需求差异； 大众生活方式及变化趋势； 风俗文化传统； 价值观是社会公众评价各种行为的观念标准。	是否有为消费者提供更多创新产品或服务的新技术； 是否有降低产品和服务成本，提高质量的新技术； 是否有改变销售和宣传渠道的新技术； 是否有与消费者更有效沟通的新技术。

2.行业发展周期

在同样的宏观环境下，不同行业的发展状态和趋势会有很大差异。行业环境对相关企业的影响比宏观环境会更加直接。每个行业都会经历培育、成长、成熟、衰退、变革的过程。在行业发展的不同阶段，面临的机会和挑战不一样。所以我们要深入调查了解所在行业的发展阶段和未来的趋势。

一个新兴行业刚刚诞生的时候，只有为数不多的几个创业公司投入这个产业。由于前期投资大，市场需求小，销售收入不会太高。在这个阶段的企业一般都会处于亏损状态，也不能确定新产品或服务最终是否能够得到市场的认可。在行业培育期的投资风险非常大，但也是成为行业引领者的机会期。

经过一段时间的宣传推广，新产品或服务得到了消费者的认可。市场需求开始快速增长，这个时候就进入了行业的成长期。因为市场前景良好，行业中会增加大量新成立的企业。这也是一个行业的最佳投资期。因为新进入的企业会越来越多，竞争随之也会变得越来越激烈。企业要根据自身资源和能力的状况提前做好发展定位。只有围绕定位的用户群体形成核心竞争力的企业才能最终生存下来。

经过一段时间的快速增长，市场需求就会开始趋于饱和，增长渐渐变缓。这时候行业中会形成少数几家大企业占领绝大部分市场份额。中小企业只有针对细分人群提供个性化的产品或服务才有生存空间。因为市场增长变慢，企业要获得进一步发展的难度会变得越来越大。新企业进入的门槛也随之变得越来越高，新投资的风险变大。

大部分行业最终都会进入市场需求萎缩的阶段。这时候的销量开始下降，行业中的部分企业开始调整经营方向。因为看不到行业发展的前景，大量企业会选择退出市场。部分企业在这个过程中开始寻求创新突破。往往一个行业的衰退与变革会同步进行，是一个此消彼长的过程。

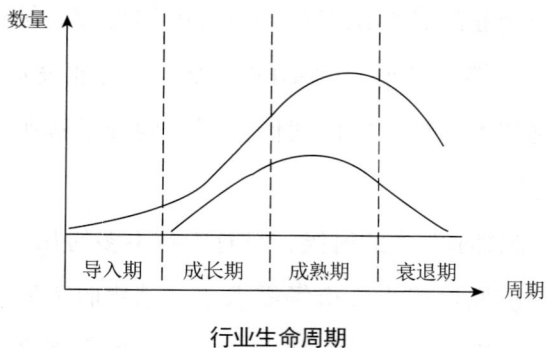

行业生命周期

注：靠上的曲线代表市场规模，靠下的曲线代表企业数量。

3.行业五力分析

除了要掌握行业发展的周期情况，我们还要分析行业中相关企业之间的关系。包括行业中各企业的影响力，各环节的盈利水平分布和变化趋势。同一个行业，在不同环节的企业发展状态相差很大。一个企业只有在行业中拥有自身的优势和影响力，才能获得合理的生存发展空间。每个企业都需要分析行业中购买者、供应商、新进入者、替代品、同行企业之间的关系。不同行业的相关企业之间的影响力会不一样，存在的挑战和机会也不同。

供应商要提升在行业中对购买企业的影响力主要可以从三个方面去思考。产品或服务对购买企业的影响大，又很难找到其他可替代的产品或服务；提供的产品具有一定的特色，购买企业很难转换供应商或转换成本很高；供应商的产品或服务有非常多的购买企业，单个购买企业对供应商的影响不大。在这三种情况下，供应商就具有更大的优势和影响力。

购买企业要提高对供应商的影响力主要取决于以下几个因素。购买企业的数量越少，购买量越大，占供应商的销售额占比越大，影响力也就越大；供应商越多，规模越小，购买企业的影响力就会越大；购买企业需要的产品或服务标准化高，很容易向其他供应商购买到。只有具备这些条件，购买企业才能对供应商产生更大的影响。

行业五力分析

一个行业的新进入者主要考虑进入这个行业所能带来的潜在利益有多大，以及因此需要花费的代价和需要承担的风险有多高。行业的进入门槛越低，潜在的利益越大，新进入者就会越多。这些新进入者将与行业中的原有企业分享市场份额，竞争变得越激烈，行业的盈利水平就会降得越低。

因为能够满足消费者同样需求的产品或服务多种多样。两个企业提供的产品或服务如果能够互相替代，就会构成实际的竞争关系。比如一个人口渴了，他可以选择买一瓶矿泉水，也可以买一瓶果汁，还可以买一个西瓜。矿泉水、果汁和西瓜虽然相差很大，但却存在相互竞争的关系。

每个行业都会有提供同样产品或服务的企业，这些企业就是同行。同行企业的产品或服务越相近，销售的用户群体越相似，相互之间的竞争就越直接。所以要对行业中的同行再做细分，分析不同用户群体的市场竞争状况。同行企业只有提供有差异化优势的产品或服务，才能获得合理的生存发展空间。

4.价值流动趋势

在行业的产业链条中不同环节的影响力会不断发生变化。因为不同环节的企业对用户的价值会随着用户关注重心的改变而改变。一个行业在供不应求的情况下，生产环节的企业对行业的影响最大；当供大于求时，销售环节的企业影响力就会快速上升；行业越成熟，拥有品牌文化和核心技术的企业优势就越明显。一个环节在产业链中的影响力越大，这个环节的企业生存发展空间就越大。

我们要提前了解所在行业目前产业链各环节的价值分布情况和未来的变化趋势。未来价值会不断增强的环节就是企业的发展机会。通过分析明确一个行业现在和未来最有价值的环节，企业可以在这些环节寻找发展机会。即使企业目前所在的产业链环节的影响力不大，也可以在未来价值会增强的环节提前进行布局。企业要优先在价值高的环节做投资，才能有机会实现更好的发展。

5.企业现状分析

企业在不同的发展阶段，面临的挑战和机会也会不一样。企业发展主要分为初创期、成长期、成熟期、扩张期、再造期五个阶段。我们首先要分析企业所处的阶段和面临的主要问题。企业既不能安于现状不思进取，同样又不能脱离实际盲目发展。所以企业要集中力量处理好现阶段的主要问题，同时为未来的发展提前做好铺垫。只有兼顾好短期和中长期的关系，才能让企业实现持续健康的发展。

同时不同企业在不同阶段所拥有的资源和具备的核心能力也不同。企业要盘点已经拥有的人才、物资、资金等硬件资源，以及信息、技术、品牌等软性资源情况。通过前期的发展沉淀，企业在管理、研发、营销等方面会形成自身的核心能力。我们要充分利用好企业已有的资源和能力优势来抓住适合自身的发展机会。当我们知道企业有什么，缺什么，才能根据外部环境的状况对未来的发展作出正确的判断和选择。

二、综合分析找机会

通过分析外部的宏观环境和行业状况可以看到未来发展的机会和风险。通过分析企业的现状可以明确企业的资源和能力存在的优势及劣势。只有充分了解企业内外的现状和趋势才能作出正确的决策。我们要根据企业内部的现状来决定如何应对外部的机会和风险。通过借助SWOT矩阵可以对企业内外的状况进行综合分析，找到适合自身的发展机会和有效应对可能出现的风险。

SWOT分析表

内部 外部	S 优势	W 劣势
O 机会	发挥优势抓住机会	弥补劣势抓住机会
T 风险	发挥优势回避风险	弥补劣势回避风险
应对策略		

1."优势—机会"SO分析

通过明确企业内部的优势和外部的机会之后，要分析如何发挥企业的优势来抓住外部存在的机会。当然也不是所有机会都要抓住，而是要找到最适合企业自身发展的机会。"优势—机会"的组合是企业发展机会的最佳选择。

2."优势—风险"ST分析

机会和风险永远会如影随形。无论外部环境如何都会既有机会又存在许多风险。我们要重点关注那些对自身发展可能产生不良影响的主要风险。我们可以提前进行"优势—风险"分析，找到通过发挥优势来有效应对风险的方法。

3."劣势—机会"WO分析

每个企业在资源和能力上都有自身的优势，也会存在一些不足的方面。如果外部的机会需要的资源和能力刚好是企业的劣势，我们要抓住这个机会就需要找到有效的方法来弥补自己在资源和能力上存在的不足。

4."劣势—风险"WT分析

如果外部存在的风险刚好是企业在资源和能力上的劣势，这将对企业的生存发展造成直接的挑战。我们要提前通过"劣势—风险"分析，找到可以弥补劣势来应对或回避出现风险的有效方法。

5. 找到未来的发展方向

在做完SWOT矩阵分析之后，我们可以非常清晰哪些机会和风险会对企业造成直接的影响。不是所有机会都要抓，也不是所有风险都与企业有关。我们要回答未来"想做什么""能做什么""该做什么"三个问题。只有找到这几个问题的答案，才能确定企业未来的发展方向。在此基础上明确企业的定位，才能抓住有效的机会，应对好可能存在的风险。

三、用户定位有技巧

只有对外部环境和内部状况做好科学的分析，企业才能找到最适合自身发展的方向。而要让企业发展方向能够落地还需要找到一个支点，也就是企业的定位。只有得用户者才能得天下，企业定位首先是用户定位。用户是一个企业能够生根发芽，最终长成参天大树的土壤。企业所有的工作都要以用户价值为导向，才能最终形成企业的核心竞争力。没有核心竞争力的企业无法真正成为一家优秀企业。如果用户定位不清晰，企业所做的一切都只能是碰运气。

然而，超过90%以上的创业者对企业的用户定位都存在不清晰的问题。做灯饰的企业认为自己的用户定位就是所有会买灯的人；做家具的企业认为自己的用户定位就是所有要买家具的人；做服装的企业认为自己的用户定位就是需要买服装的人……这种很宽泛的用户定位对企业的经营发展没有太大意义。其实不同的用户群体对同类产品或服务的关注点会不一样。用户定位群体越明确，用户的偏好越明显才能给用户提供更有差异化的产品或服务。

1.用户精准

企业的用户定位首先要做到精准。这就需要企业改变很宽泛的用户概念，而是要聚焦到一个特定的核心用户群体。不同用户人群的需求点会存在很大差异。以买衣服为例，我们每个人都只会买自己认为漂亮的衣服。然而我们在大街上却很少见到穿同样衣服的人。不同的人对衣服的审美差异会很大。如果我们要经营一家服装企业，首先就要明确准备把衣服卖给什么样的人。通过深入了解这类人群对衣服的偏好，量身为这类型的用户设计出来的衣服才更受欢迎。

2.痛点明确

我们通过深度了解定位的用户群体，找到在消费过程中存在的问题。因为不同的用户群体关心的问题不一样。我们要对存在的问题进行分类，然后让定位的用户群体对这些问题做重要性评价。这可以帮助企业找到用户真正关注的问题点。只有用户特别不满，并愿意为之付费解决的问题才是真痛点。企业只要围绕用户的痛点提供行之有效的解决方案，就能得到用户的偏爱。

3.规模适中

我们在做用户定位的时候并非人群的数量越大越好，但又不能太过局限。我们要根据企业自身的情况来选择规模合适的用户群体。既能符合公司的现状，又能满足未来发展的需要。行业的领导型企业，要更多考虑大众用户群体的重点需求，用户定位相对更宽泛。针对大部分中小企业，要聚焦到一个相对细分的用户群体。只有在细分市场形成差异化优势，中小企业才能获得合理的生存发展空间。

4.前景远大

一个最佳的用户定位既要符合企业的现状，还要有充足的发展空间。现在是小众人群的需求，未来能发展为主流需求的用户定位可以为企业创造做大的机会。小米早年就以"年轻理工男"的用户定位，最终引爆了整个手机市场。小米手机早期定位的核心用户群是26~36岁的理工男。表面上看这是一个细分的非主流用户群体。然而正是依靠这群核心用户的口碑和影响，让小米发展成为一个手机主流品牌。

5. 唯一智慧

竞争的最高智慧是没有竞争。在做用户定位分析时，我们要找到行业中存在的蓝海。只有与行业中其他企业的用户群体作出差异化的定位，提供有差异化的产品或服务，才能形成企业的核心竞争力。最佳的用户定位从一开始就是唯一，要尽量避免行业中的同质化竞争。只有差异化才能为用户创造更好的价值体验，推动行业健康发展。这需要企业能够围绕用户定位做别人看不见，看不起，看不懂，最后来不及的事。

四、用户特征要清晰

企业存在的基础就是能为用户创造价值。我们所有的工作都要以用户价值为导向。只有能为用户提供不可替代价值的企业才具备核心竞争力。如果用户定位不清晰，企业所做的一切都变得没有判断的依据。所以用户定位是经营好一家企业的原点。我们可以借助用户画像工具让定位的用户形象变得具体化。

用户画像是企业产品主要消费者或目标群体的特征。通过用户画像可以让企业的服务对象更加明确，可以更加深入地了解这个群体。我们服务的用户越清晰，特征越明显，才能提供更有差异化的产品。通过明确用户画像能够提高企业决策的质量和效率。企业的各项工作都要学会站在用户的角度去思考，坚持以用户价值为导向。我们主要可以从用户的内部特征、外部特征、消费特征三个方面来绘制企业的用户画像。

1. 用户内部特征

用户的内部特征是指由用户内在因素决定的一些特点。主要包括性别、年龄、教育、信仰、爱好、性格、价值取向、收入水平、信用度等。内部特征不同的用户群体，他们对同样产品或服务的需求会存在很大差异。以服装为例，男人和女人对服装的需求会不一样；同样是女人服装，18~25岁年龄段和25~35岁年龄段对服装的选择也不一样；同样是25~35岁年龄段的女人服装，性格外向和性格内向的人对服装的偏好也会存在差别。所以企业在做用户定位时，要明确核心用户群体有哪些内部特征。根据这些特征对用户的需求偏好作出准确的判断。

2. 用户外部特征

外部的很多因素也会对用户选择产品或服务造成影响。包括用户所在的地域、城市、家庭、组织、从事职业等都属于用户的外部特征。外部特征不同的用户群体在需求偏好上也会存在差异。同样是做装修，不同地域、不同城市对装修的功能要求和审美都存在非常大的差别。即使在同一个城市，因为家庭情况不一样，对装修的要求也不一样。比如孩子是女孩还是男孩；是一个还是有多个孩子；是否和父母住在一起。这些因素都会对装修提出不同的要求。

3. 用户消费特征

消费特征是用户在消费过程中表现出来的特点。不同用户群体在消费过程中表现出的特征也会不一样。我们要对用户群体的消费过程做分析，找出他们在消费过程中的行为习惯和特点。有的用户喜欢低频大量购买，也有人喜欢高频少量购买；有人习惯用现金支付，有的人却喜欢分期付款；越来越多的人去网上购买产品，但仍然有很多人更愿意去实体店消费。企业要根据定位用户群体的消费特征量身设计具有差异化的产品或服务。

用户画像分析

用户外部特征	用户内部特征	用户消费特征
备注	（1）内部特征：指用户的内在因素所决定的属性，如性别、年龄、教育、信仰、爱好、收入、信用度、性格、价值取向等。 （2）外部特征：像用户的地域分布、家庭情况、组织归属（如企业用户、个人用户、政府用户）等都属于外部特征。 （3）消费特征：消费频率、消费金额、消费场景、消费方式等消费习惯。	

五、找准痛点做产品

我们在明确了企业的核心用户群体后，还必须找准这类用户在消费过程中存在的需求痛点。只有围绕用户存在的痛点展开工作，企业才能形成差异化的优势。企业能够为定位的用户提供很难被替代的产品或服务，才能获得核心用户群体的偏爱。企业在研发设计产品前要对定位用户的需求进行全面的调查分析。

1. 用户价值的五维度

首先我们要明确定位用户在做消费选择时会关注哪些要素。决定用户选择一个产品或服务的原因主要有五个方面。包括产品功能或款式具有的优势；服务方面的独特体验；独具特色的消费场景；获得产品或服务的便利性；购买和使用的成本优势。针对这五个方面，不同的产品或服务还可以进一步做很多细分。不同的用户群体对这些要素的关注重点会有所不同，也为企业提供差异化产品和服务指明了方向。

2. 期望与现实的差距

企业要提前了解定位用户存在的需求痛点，研发设计产品不能闭门造车。过去企业习惯自以为是地提供产品或服务，用户是否喜欢只能凭感觉。在这个用户主导的时代，企业需要全面了解用户的整个消费过程。通过对定位的用户群体消费过程的调研，可以让我们发现存在的问题。我们要提前调查"产品、服务、场景、便利、成本"五个方面的行业现状，掌握用户关心的主要因素有哪些。然后让定位的用户群体对这些要素的重视程度和满意度进行评分。用户的重视度高，而满意度低的要素就是消费过程中存在的痛点。

用户价值评分表

用户价值	行业现状描述	重视度评分	满意度评分
产品			
服务			
场景			
便利			
成本			
痛点分析			

3. 找准用户最大痛点

我们在找用户存在的痛点时，最大的风险是存在假痛点。很多企业自认为找到了用户的真正需求，感觉具有广阔的市场前景。事实上用户却根本不买账，很难实现销售。真正的用户痛点要具备两个特点：首先是用户真正关心的问题，同时还要愿意为了解决这个问题付费。所有不能让用户愿意付费购买的问题都不能作为真正的痛点。企业要优先选择解决用户的真痛点。

用户定位是企业做顶层设计的原点。只有根据用户定位找到用户存在的主要痛点，才能为企业的发展指明方向。以定位用户的痛点为依据才能做好产品定位，也就是公司的产品或服务的类型和特色是什么。同时企业的用户不一定是客户，用户是产品的使用者，而客户是购买者。如果企业的用户和客户不是同一个群体，我们还要明确企业的客户定位。在明确用户定位、产品定位、客户定位的基础上，我们才能确定公司的品牌定位和企业定位。所以定位是以用户定位为依据，做好产品定位、客户定位、品牌定位、企业定位的系统工程。

六、打通购买全流程

我们在做好企业的定位之后，还要进行详细的购买分析。因为在购买的过程中会受到各种因素的影响。甚至有很多用户和客户不是同一个人，购买者与消费者分离的情况。企业只有处理好购买过程中的相关问题，才有机会真正接触到用户，从而更好地为用户提供服务。

1.明确购买流程

首先我们要对整个购买流程进行梳理，明确购买过程中要经过哪些环节。同时要对每个环节会涉及哪些人，受哪些因素的影响做好分析。企业的销售流程要根据购买流程来设计。销售流程就是要有效解决在购买过程中可能出现的各种问题，保障产品或服务能够有效送达用户。

2.找到关键人

在整个购买过程中各种不同的角色会对购买产生影响。主要包括联络人、使用者、购买者、决策者、影响者。这些不同的角色有可能是由同一个人扮演，也有可能是不同的人在扮演不同的角色。在购买过程中不同角色产生的作用不一样。我们要明确在购买过程中，在每一个环节起决定作用的关键人是谁。只有明确了关键人，并解决了关键人最关注的问题才能有效推进购买的进程。

3.关键人分析

在购买过程中不同环节的关键人会不一样，他们所关心的问题也不一样。比如公司要购买一台电脑，使用者最关心的是好不好用，购买者最关心的可能是成本，而产品来源的信息收集却由办公室的助理负责。如果我们最终要达成销售，首先要让负责收集产品来源信息的助理关注到企业电脑产品的相关信息。当产品信息提供给购买者之后，公司的报价和相关条件要具有优势。最终还要赢得使用者的认可和偏爱。因为不同角色在购买过程中所承担的责任不同，所以关注的重点也不一样。我们只有明确购买过程中不同环节不同角色关心的具体问题，根据这些问题找到有效解决方案才能最终达成销售。

有一家做牙科医疗产品的企业，主营业务是向牙科诊所销售各种相关医疗用品。公司创业五年，发现遇到了发展瓶颈。团队工作都非常努力，经常加班加点。甚至经常忙到没有时间陪家人，让团队感觉非常累。但营业额却始终没有实现太大的突破。企业的负责人思考了很久，想新增电动牙刷的项目。希望通过以贴牌生产的方式把电动牙刷采购回来，再通过原有的牙科诊所渠道把产品销售出去。但却不知道具体该从哪里入手才能让企业少走弯路。

这家企业的负责人在参加经营规划的课程时，我们问了这样一个问题：电动牙刷项目的用户定位是谁？企业的负责人回答：每个需要买电动牙刷的人都是企业的用户。听完这个回答我们就明白为什么团队会感觉很迷惘了。因为企业的用户定位不明确，所以做任何决策都找不到依据。

后来通过大量的调查和不断沟通，最终发现电动牙刷最佳的用户群体是3~12岁的孩子。因为成人的刷牙习惯已经很难改变，而孩子就像一张白纸很容易接受电动牙刷。同时孩子刷牙存在几个明显的痛点：第一个是孩子要学会正确刷牙比较困难；第二个痛点是孩子不容易把牙齿刷干净；第三个问题是孩子的牙齿很容易出现蛀虫。如果企业能研发出一款产品，它不是一支简单的牙刷，而是一支容易操作，具有牙齿健康检测功能的智能电动牙刷，父母还可以通过APP在线随时了解到孩子的刷牙情况和牙齿健康状况。作为购买者的父母将很愿意花钱购买这样的电动牙刷给孩子，而孩子也会很喜欢使用电动牙刷。

第三章　制定发展战略

　　企业的定位是一个系统工程。首先是以用户定位为依据，然后做好产品定位、客户定位、品牌定位，最终确定企业定位。用户是企业生存发展的土壤，而用户定位是经营企业的原点。企业的定位是企业发展的支点，但只是找到支点还不够，还要具备占据这个支点的能力。这需要企业能够给定位的用户群体一个不二选择的理由。也就是用户为什么选择使用企业的产品或服务，而不是选择其他企业。这个理由就是企业能够得到生存发展的战略选择。

一、战略的六大原则

　　自然环境中的生物要想获得生存发展，必须要具备适应环境的独特能力。企业是社会环境中的一种社会生物，同样需要有适应环境的独特优势才能得到生存发展。企业战略就是要明确在所处环境中获得生存发展的独特优势是什么。这些优势要能够为定位的用户提供具有独特价值的产品或服务，也就是企业的核心竞争力。企业战略的关键就是能够给定位的用户一个无法拒绝的购买理由。

　　1.指导性

　　企业战略明确了企业的发展方向和占领用户定位的策略。在企业经营管理过程中，各项具体的工作都是为了战略能够得到实现。所以各项工作都要以战略为导向，必须符合战略发展的要求。

2.全局性

我们在制定战略时既要考虑外部环境，又要考虑内部状况；既要思考短期生存，又要兼顾长期发展；既要实现系统最优，又要协调部门发展。企业战略要建立在全面思考的基础上，符合全局性的要求。

3.长期性

战略是要解决企业长期生存和发展的问题。企业战略立足于未来，需要经历一个较长时间的持续积累。只有做到未雨绸缪，才能帮助企业获得核心竞争力。所以企业战略要有长期性，不能朝令夕改。

4.竞争性

每个行业都会存在不止一家的企业。同时还会不断有新的企业或替代品的企业加入进来。每个企业都希望获得更好的生存和发展，所以相互之间会存在竞争的关系。企业战略就是要构建基于用户定位的核心竞争力，从而获得可持续的生存发展空间。

5.系统性

我们在制定企业战略时要系统思考三个层面：首先是企业的整体战略，然后是行业策略，最后是竞争模式。企业战略必须建立在系统思考的基础上，最终形成一套完整的战略系统。

6.风险性

因为战略面向未来，所以必然具有一定的风险。企业资源调配和各项工作都在围绕战略展开。如果战略错误将给企业带来无法估量的损失。我们在制定战略时不能靠主观判断，而要以科学调研的数据为依据。同时要提前做好各种可能出现的风险预防。

二、整体战略知进退

经营企业就像带兵打仗，首先要确定的就是要攻、要守，还是要退。我们要提前对企业的外部环境和内部状况进行科学分析，最终才能决定整体的发展战略。站在企业整体的高度，有扩张、稳定、收缩三种基本战略可以选择。对于企业而言，不是哪种战略最好，而是哪种战略最适合自身状况。因为每个企业的情况不一样，适合的战略也不相同。即使选择同样的战略类型，具体的战略内容差别也会非常大。

1.扩张战略

扩张战略是一种积极的进取型战略。主要适合于新兴行业中的企业、有发展后劲的企业或行业领导型企业。企业实现扩张的方式主要包括市场渗透战略、多元化战略和联合经营战略。市场渗透战略又可以通过开发新渠道、新市场或新产品的不同方式来实现。多元化战略是指一个企业同时经营两个或两个以上的业务，包括利用原有技术和资源的优势实现同心多元化；针对现有市场和客户，运用新技术增加全新业务的水平多元化；或者直接利用新技术进入新市场的综合多元化。企业要尽量避免经营多个相关性低，不能增强整体优势的不同业务类型。联合经营是两个或两个以上独立的经营实体通过兼并、合并、控股、参股等方式，实现横向联合成立企业联盟体。

2.稳定战略

当行业未来前景不明或企业自身发展后劲不足时，适合采取稳定发展的战略。稳定战略是为了有效控制经营风险，保存或储蓄力量以寻求新的发展机会。稳定战略主要包括无增长或微增长两种情况。稳定战略因为不需要扩张，需要增加投入的资源相对较少。但稳定战略不是简单固守，而是控制发展的风险，暂时不做大规模的投入。但企业发展如逆水行舟，只要不进步就会慢慢被行业所淘汰。所以企业要不断寻找新的发展机会和为新的发展做好准备。

3. 收缩战略

当行业出现衰退，资源的投入产出不合理或企业自身出现重大危机，各项资源已无法支持现有业务的正常开展时，就适合采取收缩战略。收缩战略可以通过转移、撤退、清算的方式来实现。我们可以改变企业的经营方向，转移市场区域或行业领域达成收缩的目标；还可以直接削减支出、降低产量，退出或放弃部分产品或市场来实现收缩；甚至是出售或转让企业部分或全部资产，完全停止企业的经营活动。作为企业的领导者要对收缩战略有正确的认识。古人言：胜败乃兵家常事，当进则进，当退则退。在该收缩的时候，不要碍于情面而不作为。收缩战略更考验企业领导者的境界和智慧。

在实际的经营中，一个企业可能存在多种业务或多个产品系列。因为不同业务和产品系列的发展状况不一样，采用的战略会不同。所以企业在同一时间，可能会综合运用三种战略。企业针对处于成长期的业务或产品采用扩张战略；对趋于成熟期的业务或产品偏向稳定战略；而进入衰退期的业务或产品适合用收缩战略。只有灵活运用各种战略才有助于企业实现持续健康的发展。

三、行业策略抢心智

每个行业所处的发展阶段和产业结构会不同。每个行业都存在许多相互关联的企业。企业只有找准自己在行业中的位置，才能获得更好的生存发展空间。一个行业要得到健康发展，就要尽可能避免同质化的竞争。根据行业的情况和企业资源能力的差异，制定最适合的行业策略。

1. 领先策略

企业要成为行业的领导者，引领整个行业的发展，这就是领先策略。从结果来看，行业领导者的市场占有率要成为行业第一。如果企业想保持行业第一的地位，就需要采取领先策略。实施领先策略的企业要随时关注行业的市场变化，通过持续创新来引领整个行业的发展。采用领先策略的企业要在广大用户心里形成品类优势，也就是企业的品牌代表了整个行业。我们想到电商就会想到阿里巴巴；想到火锅就会想到海底捞；想到空调就会想到格力。这些企业采用的就是行业领先策略。

2. 聚焦策略

每家企业都希望自己能成为行业领导者。但不可能每个企业都有机会成为整个行业的领导者。对于没有机会成为行业领导者的大多数中小企业而言，最佳的选择就是聚焦策略。也就是不要和行业领导者去争夺大众市场，而是在行业中定位一个特定的用户群体。围绕这群特定用户的需求提供有差异化的产品或服务。聚焦策略包括细分品类、品类特性和区域主导三种主要策略。实施聚焦策略的企业要根据定位用户的需求形成独有的核心竞争力，成为细分市场的隐形冠军。

3. 颠覆策略

如果一个企业既不是行业的领导者，又不愿意成为细分市场的隐形冠军，但却希望有机会成为行业的领导者，这就需要采用颠覆策略，也就是要对行业的产品做重新定义。在智能手机出现以前，传统手机的主要功能就是用来打电话。而苹果公司却把手机变成一个连接世界的平台。我们可以通过手机查阅信息、听音乐、拍照片、看电影、购买产品等等。我们越来越多的事情都需要通过手机来完成。手机已经不再只是一个打电话的工具。正是因为苹果颠覆了对传统手机的定义，让它成为智能手机时代新的领导者。

无论是领先策略、聚焦策略，还是颠覆策略，其本质都是要形成核心竞争力。一个没有任何竞争优势的企业，随着行业的发展就会慢慢被淘汰。不管一个行业状况怎么样，总有经营得不好的企业，同样也有经营得非常好的企业。从这个角度而言，没有不好的行业，只有不好的企业。企业在瞬息万变的环境中，要找到相对不变的东西。那就是明确用户定位，聚焦定位用户的需求形成核心竞争力。只有一个具有核心竞争力的企业才能获得合理的生存发展空间。

四、独特的价值空间

如果希望让企业定位的用户只选择我们提供的产品或服务，就需要给这些用户一个不可抗拒的理由。这个理由必然是我们能为用户提供其他企业很难做到的独特价值。这就是一个企业的核心竞争力，也是成为一家可持续发展企业的重要基础。我们要明确企业的核心竞争力可以从三个维度进行价值分析，最终找到能够为定位用户提供的独特价值。

1.人无我有是上策

首先企业可以通过用户链分析，能够为用户创造"人无我有"的价值是上策。这需要我们对定位用户的需求做全面深入的了解。用户还没有被满足的重要需求就是构建企业独特价值的机会。通过为用户创造具有全新价值体验的产品或服务，让企业拥有行业领先的优势。

企业要做到"人无我有"就要先找到用户还没有被满足的需求。包括用户知道自己的需求，但却没有合适的产品。甚至很多用户自己都还不知道的潜在需求。就像在汽车被发明以前没有人知道自己需要一部车。没有手机以前我们也不知道自己需要用手机。所以伟大的企业都是基于对人性的了解创造出全新的产品，能够帮助用户解决问题，提升幸福感。

2.人有我优是中策

企业除了可以根据用户未被满足的需求，创造全新的产品或服务之外，我们还可以从现有的产品价值入手。我们通过对整个行业的服务流程进行分析，明确用户在消费过程中重点关心哪些已有价值。如何让用户通过同样的成本，却能明显提升用户重点关注的价值。这就是"人有我优"的策略，是企业寻找价值空间的中策。

我们可以分析定位的用户在消费过程中的价值需求。不同用户群体的价值偏好会不一样。我们可以取消或减弱一些用户不需要和需求不强的价值点，把更多资源投入用户重点关注的需求。通过分析发现，大部分商务出差人士对酒店的核心需求是有一张干净舒适的大床。房间的空间不一定要很大，豪华酒店提供的许多非必需的服务和配套都可以删减。经济型商务酒店就是抓住商务用户群体的需求特点，重新设计酒店住房的配套标准。从而让商务人士能够用中低端的价格，享受到中高档酒店的舒适大床。

3.人优我廉是下策

如果企业既做不到"人无我有"，也做不到"人有我优"，还有一个方向就是"人优我廉"。企业可以想办法用更低的成本提供完全相同的产品。真正的人优我廉不是牺牲企业的合理利润来打价格战，而是能够有效降低成本。企业要对内部业务链进行分析，找到可以降低成本的环节和方法。不管一个企业采用什么策略，提升效率和降低成本都是共同的主题。每个企业都要追求用尽可能少的资源投入，产出最大的价值。一个行业越成熟，越需要有性价比的优势。

企业在做业务链分析时，要明确每个环节的成本情况。通过分析对比可以找到存在浪费成本的环节。不少中小企业存在损耗大、不良率高、生产效率低等问题。每个企业都存在降低成本的空间。我们可以优化工艺，降低损耗等方法来降低成本；也可以通过改善管理方法来提升企业的整体效率；在一定范围内，企业的规模扩大也能够降低分摊成本。针对一些利用率低的设备，还可以通过共享或租用等创新方式来实现降低成本的目标。

五、提高创造的效率

企业的永恒主题就是为用户"不断找到和满足新的价值需求，并持续提升创造价值的效率"。一个行业越成熟，企业越需要提高创造价值的效率才能实现持续健康发展。企业创造价值的效率最能体现经营管理的水平和能力。企业提高创造价值效率的路径很多，主要可以从个人效率、组织效率、资产效率、战略效率、创新效率五个层面去探索。只有不断提高价值创造的效率才能提升企业投入产出的价值。

1. 个人效率

企业是团队围绕共同的目标分工合作的平台。每个人都是企业的重要组成部分。只要企业中的个人效率提升了，企业创造价值的效率才能提高。而个人要提高自己创造价值的效率，就需要保持积极的心态，不断提升能力，善用高效的工具。

2. 组织效率

团队的价值在于如何实现一加一大于二的结果。企业要让团队形成最大合力，能够达成个人无法实现的目标。这就需要做好团队的分工合作，充分发挥每个人的优势。通过有效的组织管理和现代技术的运用，从而提高团队的整体效率。

3.资产效率

企业追求用最少的资源投入，创造出最大的用户价值。在实际的经营管理过程中，存在许多的资产利用率低，甚至闲置不用的情况。企业要找出利用率低和闲置的资产进行重组配置。可以把这些资产运用到企业需要的地方，增加资产的利用率。

4.战略效率

不管是个人效率、组织效率，还是资产效率，如果公司的发展方向错了都变得没有意义。所以努力很重要，而方向更重要。如何确保公司的发展方向正确，这是企业战略要解决的问题。所以领导者要重视对企业内外状况的分析，确保战略正确才能少走弯路。

5.创新效率

企业所处的环境在不断发生变化。只有能够快速适应和引领环境变化的企业才能持续健康地发展。企业之间的竞争，归根结底是创新能力的竞争。从本质来讲，企业的每一点进步都离不开创新。企业的创新效率最终决定创造的价值和生存发展的能力。

六、竞争的三维模式

企业战略的重点在于明确企业的核心竞争力。企业只有能为定位的用户提供有竞争力的产品或服务，才能获得合理的生存发展空间。企业的竞争力要围绕定位的用户价值去构建。根据企业为用户提供价值的能力，可以从三个维度构建企业的竞争力。从价值点到价值链，再到价值网，这是企业竞争力模式的维度升级。

1.钉子模式

企业围绕定位用户需要的产品或服务，在某一个方面形成明显优势就是钉子模式。用户在作出选择时主要会关注五个维度的价值，包括产品、服务、场景、便利、成本。每个维度还可以细分出很多具体的价值点。例如手机产品的价值点包括拍照、听音乐、续电时间、款式等。一个企业不可能，也没有必要把每个维度的每个价值点都做到最好。在这些维度中要根据定位用户关注的重点需求形成明显的优势，但也不能有让用户不可接受的明显缺陷。

我们要提前调查了解企业定位的用户最关注的需求是什么。钉子模式就是把用户最重视的某一个维度或价值点做到极致，也就是达到行业领先的水平；把用户比较重视的某一个维度做到优秀水平；其他几个维度做到行业平均水平就好。我们把行业领先水平评为5分，行业优秀水平评为4分，行业平均水平是3分。钉子模式就是围绕定位的用户构建出54333的核心竞争力模型。

竞争力评分表

等级水平	产品	服务	场景	便利	成本
行业领先	5分	5分	5分	5分	5分
行业优秀	4分	4分	4分	4分	4分
行业平均	3分	3分	3分	3分	3分
行业落后	2分	2分	2分	2分	2分
明显缺陷	1分	1分	1分	1分	1分
备注					

大家都认为海底捞是一家非常优秀的餐饮企业。通过调查去过海底捞就餐的用户发现，大部分用户认为海底捞的服务具有明显优势，就餐的场景也非常好，而菜品、便利性和消费价格的优势并不是特别突出。所以海底捞的核心竞争力模型是：服务5分，场景4分，产品3分，便利3分，成本3分。每个企业都要根据用户定位的群体，明确适合用户定位的54333竞争力模型。

2.长尾模式

一个企业不局限于为定位的用户提供某一个价值点，而是以用户为中心形成产业链或多个相关需求的综合价值和优势。这种把多个相关价值点连接在一起，形成价值链的业务结构就是长尾模式。瑞星、江民、金山等是早年杀毒软件行业的主流品牌。但奇虎的360却后来居上，成为杀毒软件行业的主导品牌。360杀毒软件之所以能够实现逆袭，最关键的在于"免费"策略。而360可以做到免费提供杀毒软件服务的奥秘在于通过后端的增值服务、在线广告、网络游戏等业务来获得收入。

企业的长尾模式主要可以通过两种方式来实现。一个是构建纵向的产业价值链，也就是企业向上下游延伸。比如一家生产空调的企业，可以参与到空调外壳、电路板、压缩机等配件的环节。还可以参与到下游的销售、安装、维修等服务环节。另一个是构建横向的需求价值链。围绕用户的某一类需求提供多种相关的业务。就像奇虎360针对用户提供杀毒软件、浏览器、娱乐生活、智能硬件等相关产品。

3.生态模式

一个用户群体的需求多种多样。企业围绕定位的用户群体提供各种需求的一站式解决方案。这需要构建不同的价值链，形成一个综合性的服务生态网。以阿里巴巴为例，现在已经很难给这家公司一个具体业务范围的界定。阿里巴巴的业务和关联公司包括淘宝网、天猫、聚划算、全球速卖通、阿里云、蚂蚁金服、菜鸟网络等，除此之外还有众多的线上和线下的相关企业。这些企业为阿里巴巴的用户提供了一个综合服务的生态系统，可以满足用户各种各样的需求。

小米的雷军与格力空调的董明珠，在2013年12月12日的央视财经频道活动现场曾经约了一个10亿赌局。双方对赌的内容是"5年后小米的营业额要超过格力"。不管这个赌局的结果如何，其实这个赌局的背后是两种竞争模式的碰撞。

格力有一句家喻户晓的广告语叫："好空调，格力造！"格力的竞争模式是以典型的钉子模式为基础，然后形成了纵向的空调产业价值链模式。格力空调构建了以"产品5分""服务4分""场景3分""便利3分""价格3分"的核心竞争力模型。在上游相关部件的研发生产和下游的销售、服务都全面参与，形成了纵向产业价值链的长尾模式。

而小米的思路和格力的思路有很大的差别。手机只是小米模式的钉子业务。雷军最初就没有计划靠手机业务作为主要盈利项目。所以早期以绝对的价格优势快速抢占了国内智能手机爆发期的市场机遇。小米通过手机积累了过亿的用户群体。然后围绕这些手机用户的需求，渐渐构建出一个综合服务的生态系统。

钉子模式是价值点的一维竞争力战略；长尾模式是价值链的二维竞争力战略；生态模式是价值网的三维竞争力战略。在同一个行业，低维的竞争模式很难战胜高维的竞争模式。最佳的竞争模式在设计时要提前考虑如何打通三个维度的升级路径。只有形成"打进一颗钉，拉出一条线，织成一张网"的三级竞争模式的发展通路，才能让企业在未来的发展过程中做到"进可攻，退可守"。

第四章　创新商业模式

通过战略可以明确企业的核心竞争力是什么。但真正要打造出核心竞争力并非一朝一夕的事情。企业要有十年磨一剑的毅力，只有长时间的投入沉淀才能渐渐形成自身的优势。企业能够为定位的用户提供其他企业很难做到的价值才是核心竞争力。这需要根据企业的战略构建一套完整的系统。就如大家都知道海底捞的服务做得非常好，其他企业却很难学得会；小米的线上营销做得好，其他企业也很难学得会；华为的技术创新很领先，其他企业还是很难学得会。因为我们看到的都只是表象，这些企业的优势背后都有一套复杂的系统在支撑。而无论是海底捞，还是小米、华为，这些企业都是通过很长时间的沉淀才构建出具有核心竞争力的系统。所以商业模式要为实现战略服务，是为企业定位的用户群体提供具有差异化优势的产品或服务的整套系统。

一、看透商业模式本质

企业定位的用户不同，发展战略不同，商业模式也千差万别。透过表象，商业模式的本质是能够为定位的用户提供具有差异化优势的产品或服务，帮助企业实现合理盈利、持续发展、生态共赢的整套系统。所以优秀的企业可以学习，但很难简单地模仿。我们可以学习其他企业成功的底层逻辑，再结合企业自身的情况进行转化。只有建立适合企业自身情况的商业模式才是最好的选择。

1.发现价值

商业模式不能脱离为用户创造价值的本质。一套商业模式如果不能为用户真正创造价值，企业就无法实现持续健康的发展。我们可以通过用户链分析寻找"人无我有"的价值；通过产业链分析寻找"人有我优"的价值；通过业务链分析寻找"人优我廉"的价值。只有明确企业要为定位的用户群体创造什么价值，才能为商业模式的设计指明方向。

我们在设计商业模式时要不断问几个问题：这是不是有利于为定位的用户群体创造价值；这些价值是否符合战略方向；是否能够形成差异化优势。我们要尽可能避免做一些不符合战略方向，对用户不创造价值的事情。通过明确一个行业为用户创造的主要价值点，然后绘制出最有代表性的相关产品对用户的价值曲线。这有助于企业找到为用户提供差异化的价值空间。

通过比较余额宝、现金宝、银行定期存款为用户提供的价值曲线可以发现，这几款产品的优势各不相同。银行定期存款的优势是资金安全性高，最大的不足是不能实时转账和消费支付；现金宝最大的优势是收益率高、服务好，但消费支付功能不强；余额宝在收益率、便利

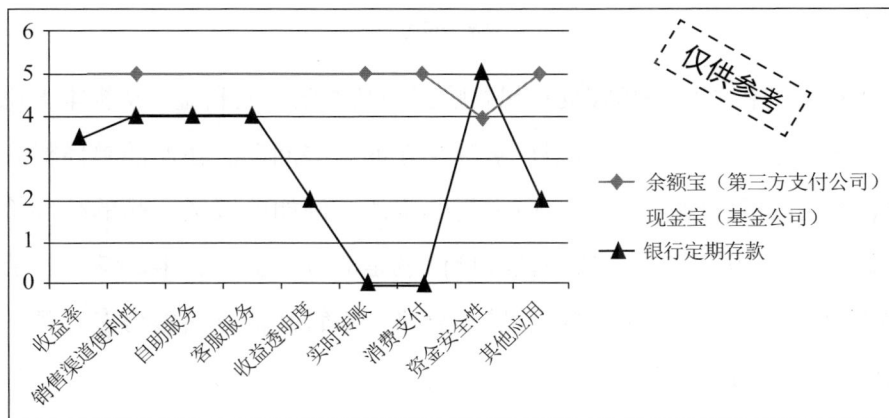

用户价值曲线图案例

性、转账及消费支付上都有优势，但资金的安全性略低。不同的用户群体重点关注的价值点不一样，所以最终作出的选择也不同。

2.定义产品

企业的产品是为用户提供价值的载体。所以好产品是商业模式的重要基础。因为不同用户群体的偏好不同，所以对好产品的定义也不一样。产品是一个内涵非常丰富的集合体，我们对产品要有正确的认识。并不是只有实物才能成为产品，只要用户有需求就可以成为产品。而用户的需求多种多样，企业的产品是一个满足用户各种需求的集成。我们可以把产品分为五个不同的层次。

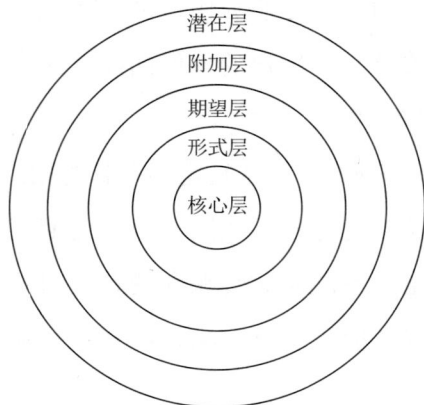

产品分层图

产品的核心层是顾客真正想要购买的基本服务或利益。从根本上说每一种产品实质上都是为用户解决存在的一些问题。在产品整体概念中，核心层是产品最基本、最主要的价值。例如电饭煲产品的核心价值就是能煮饭，空调产品的核心价值就是能调节温度，笔的核心价值就是能写字。如果产品的核心层不合格，不管其他方面做得多好都不能满足用户的主要需求。

产品的核心层实现的形式可以多种多样。不同的用户群体对满足同样需求的形式有不同的偏好。产品的形式层主要包括产品的品质、款式、特征、包装及商标五个方面。同样能煮饭的电饭煲，有不同的品质、不同的形状、不同的颜色、不同的包装等形式上的差异。因为不同用户群体的偏好不同，最终选择电饭煲的形式也不一样。所以企业要根据定位的用户来设计产品的具体形式。

除了核心层和形式层，不同的用户在选择产品时都有自己的一些期望。用户期望产品具有的相关属性和条件就是期望层。企业提供的产品与用户的期望越一致，甚至超出用户的期望就能获得用户的满意和信赖。企业要充分了解定位用户群体对产品的期望是什么，从而形成具有差异化的产品或服务。用户对产品还没有被满足的期望，就是企业发展的机会。

顾客在实际购买产品时，附带获得的各种相关价值就是产品的附加层。包括产品附带的说明书、培训、送货、安装、维修等相关服务都属于产品的附加项目。企业在销售时还可以通过价格打折、赠送礼品等附加方式来提升用户的价值。产品的附加层可以起到锦上添花的效果，通过超出用户的期望从而创造更好的用户体验。但企业不能靠附加价值来弥补核心层和形式层的不足。

现有的产品还没被发现的用户价值或用户自己对现有产品还没有意识到的一些需求就是产品的潜在层。潜在层是产品未来发展演变的趋势和前景，为企业的发展指明了方向。我们要对定位用户的需求做全面深入的分析，找到用户自己都还没有意识到的需求点。例如在智能手机出现之前，我们都没有意识到需要用手机上网、拍照、听音乐。而现在手机已经变成我们连接世界的工具。

3.最优方式

商业模式的本质是通过为用户创造价值来获得收入的系统方法。优秀的商业模式要为定位的用户群体创造具有差异化优势的产品或服务，也就是要形成企业的核心竞争力。健康发展的企业就是要构建一套能够实现合理盈利、持续发展、生态共赢的商业模式。商业模式没有最好，只有更好。企业要不断优化升级自身的商业模式，寻找最优的方式为定位的用户群体提供需要的产品或服务。所以开发设计出用户需要的好产品是构建优秀商业模式的重要基础。

二、产品寿命的五个阶段

企业只有能够不断研发出好的新产品，才能实现持续健康的发展。一个新产品从进入市场到被市场淘汰的全过程就是产品的寿命周期。一个产品的生命周期正常可以分为培育期、成长期、成熟期、衰退期，最终慢慢退出市场。如果企业的原有产品在成熟期的时候没有培育出新的好产品就会导致企业出现衰退的风险。所以企业的产品不是要不要创新的问题，而是必须要创新。并且产品创新的周期要比产品的寿命周期短，才能避免企业出现青黄不接的困境。

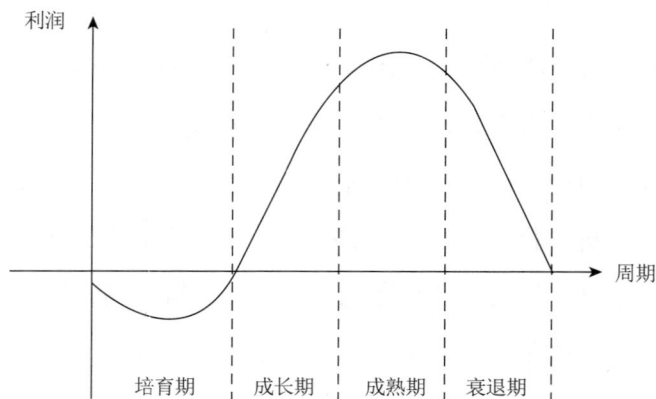

产品生命周期

1.培育期

根据定位用户群体的需求研发设计出新产品，通过小批量投产进行市场测试就是培育期。这个阶段的产品量很少，用户对产品不了解，除少数追求新奇的顾客外，实际购买的人数不多。公司为扩大销量，需要在宣传和促销方面做大量的投入，慢慢培育出更多的用户。培育期的企业因为受到技术成熟度和市场销量的限制，产品生产批量小，制造成本高，推广费用大。产品销售的价格虽然比较高，但企业却很难有盈利。

2.成长期

通过一段时间的市场培育，越来越多的人开始接受和购买新产品。因为互联网技术的发展，产品的培育期变得越来越短。真正的好产品可以在短时间内快速引爆市场。产品的销售量开始进入快速上升的阶段就是成长期。在这个阶段的生产成本会大幅下降，企业的利润会得到迅速增长。因为有利可图，新进入的竞争者也会越来越多。随着同类产品供应量的增加，竞争会慢慢变得激烈，销售价格开始下降。

3.成熟期

同类产品大批量进入市场，购买产品的人数增加到一定程度后，市场需求总量渐渐趋于饱和。因为产品的普及率越来越高，销售增长的速度会变缓，直至销量开始出现下降。由于竞争不断加剧，同类产品的企业在质量、款式、包装等方面会加大投入，企业的成本不断上升，利润空间却不断降低。最终会形成几个大的品牌主导市场。那些没有根据定位用户的需求形成差异化优势的企业会被市场所淘汰。

4.衰退期

一个产品很难做到持续不衰。因为科技的不断发展或消费习惯的改变，绝大部分产品的销量和利润会持续下降。最终产品已经不能适应用户的需求。市场中会出现性能更好，价格更低的新产品。这时候企业因为无利可图而陆续停止生产原有的产品。直到完全撤出市场，最终结束产品寿命周期。就像汽车最终取代了马车；数码相机渐渐取代了胶卷；钢筋水泥房渐渐取代了土瓦房。电子信息产品的寿命周期更短，每年都需要更新换代。

5.迭代期

一个企业如果原有的产品开始衰退，而又没有新的产品可以替代，就会面临倒闭的风险。所以企业要在原有产品进入衰退期之前升级或重新定义产品。只有提前开发培育新的畅销产品，才不会影响企业的持续发展。许多优秀企业的产品策略是销售一代，储备一代，开发一代。从而尽可能减小企业被市场淘汰的风险，只有持续创新迭代产品才有机会实现基业长青的目标。

三、制定业务组合策略

古往今来打仗都需要排兵布阵，只有形成互补的军团作战才能提高取胜的概率。企业的各项业务或产品就像打仗的部队。我们要根据企业发展的战略做好业务或产品的科学组合。不同的业务或产品对企业发展的价值不一样，只有形成合理的产品结构才能强化企业的综合竞争力。企业要围绕定位的用户群体从时间和空间两个维度来规划业务或产品的组合结构。

1.时间维度看发展

一个企业既要考虑现在，又要考虑发展和未来。而这一切都要以用户为中心，以产品为基础。只有能够为定位的用户持续提供有差异化优势的产品才能实现企业的健康发展。每个行业都在不断地发展，在不同的阶段，用户对产品或服务的要求会发生变化。根据企业的发展战略和商业模式，在不同的阶段能够做的事情也不同。所以企业要提前规划好现在、发展、未来三个不同阶段的业务项目。

2. 空间维度强优势

在明确了不同阶段的业务项目之后，还要对每个阶段的产品做好组合规划。企业的每个发展阶段都需要有三类产品。首先是要有快速吸引定位用户的产品，也就是引流的产品。引流的产品是企业快速占领市场的先锋部队，通常无法带来足够的利润。在此基础上企业要有能够获得合理利润的产品，这才是企业的主营业务。另外还要有代表品牌形象的产品，能够充分展示公司的核心优势和行业影响力。

3. 业务的最优组合

在时间和空间两个维度的综合思考基础上，最终要形成企业的业务组合方案。企业的业务组合要以定位的用户需求为基础，符合发展战略和商业模式的要求。不同的业务对企业实现持续健康发展的价值不同，要形成互补的最优组合。我们可以通过业务组合图来展示企业的项目规划情况。

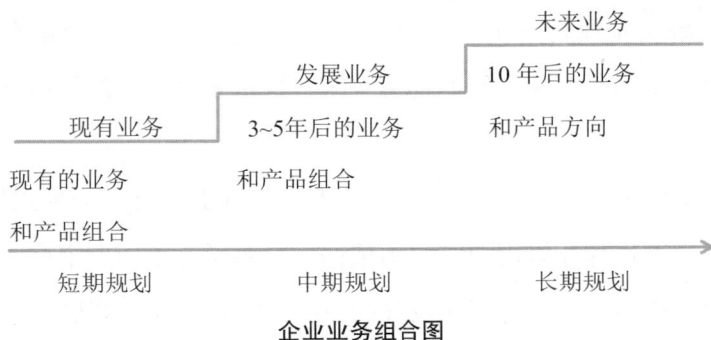

现有业务	发展业务	未来业务
现有的业务	3~5年后的业务	10年后的业务
和产品组合	和产品组合	和产品方向

短期规划　　中期规划　　长期规划

企业业务组合图

产品是构建商业模式的基础，没有好产品就是无本之木。企业在做产品规划时，要提前设计打通钉子模式、长尾模式、生态模式的产品结构。钉子产品的选择对商业模式能否升级为生态的影响非常大。最佳的钉子产品需要具备五个特征。首先产品对用户的刚需程度要高，越是刚需越适合；其次是用户使用的频率如何，越高频的产品越好；再次是产品有没有明显的优势，是否能让用户尖叫；又次产品是否与用户能够实现互动，并形成使用黏度；最后用户是否会主动推广产品，裂变出新的用户。只有符合刚需、高频、尖叫、黏度、裂变特征的项目，才能形成用户社群。企业围绕用户社群的需求不断增加产品或服务就能渐渐形成生态模式。

四、构建优秀商业模式

每一个创业者都希望打造一家能够实现合理盈利、持续发展、生态共赢的健康发展企业。幸福商业模式是以定位的用户群体为中心，构建价值圈、保护圈、生态圈，并形成合理的收支结构。创建优秀企业需要有一套优秀思想、科学方法和高效工具的支持。其中非常关键的就是要提前做好整套商业模式的设计。商业模式的价值圈设计要解决企业实现合理盈利的闭环；保护圈要解决企业具有持续发展的优势；生态圈要解决企业构建生态共赢的关系。商业模式不是静止不变的状态，而是一个不断变化升级的动态系统，这也是企业不断发展的过程。

1. 坚持用户为中心

用户是企业能够生根发芽的土壤。用户定位是设计商业模式的原点。企业的一切工作都要以用户定位为依据。只要脱离了用户定位，就无法判断一项工作的价值。我们在设计商业模式时，首先要明确企业的用户定位是谁。只有深度了解企业定位的用户，才知道用户有什么需求。商业模式的所有设计都要坚持以定位的用户为中心，能够为用户提供"人无我有""人有我优""人优我廉"的差异化产品或服务。商业模式是企业围绕定位用户的需求，形成具有核心竞争力的整套系统。

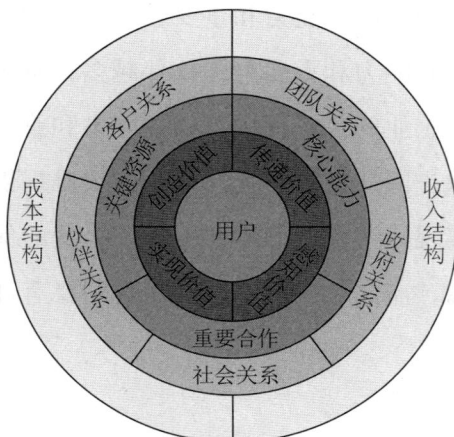

幸福商业模式

2.创造用户价值圈

根据定位用户的需求首先要设计企业的价值圈。价值圈主要包括创造价值、传递价值、感知价值、实现价值四个方面。一套优秀的商业模式首先是能够为用户创造有差异化优势的价值，也就是能够有效解决用户的一些具体问题。在此基础上，我们要有合适的销售渠道能够把这些有价值的产品传递给用户。同时通过宣传、体验等各种方式让用户可以感知到产品具有的价值。最终要让用户完成产品的购买和交付服务，这才能为用户创造实际的价值。商业模式要形成一个以定位用户为中心的价值闭环。企业定位的用户群体不同，为用户创造价值、传递价值、感知价值和实现价值的方式都会存在差异。只有能够形成完整的价值圈，并实现正常运行，企业才有实现合理盈利的基础。

3.形成价值保护圈

企业要构建以定位用户为中心的价值圈需要具备相关的资源和能

力。每个企业的资源和能力不一样，能够为用户创造的价值也不相同。我们要根据价值圈的要求来明确企业需要的关键资源、核心能力和重要合作伙伴。一个企业要为定位的用户创造具有差异化优势的产品或服务，需要有相关的资源、能力和重要合作伙伴的支持。企业拥有的这些关键资源、核心能力和重要合作伙伴越多，越难获得，其他企业就越难模仿。所以企业的关键资源、核心能力和重要合作伙伴就是商业模式价值圈的保护圈。保护圈让其他企业很难提供完全一样的产品或服务，是企业实现持续发展的重要保障。企业的保护圈不是短时间就能够形成的事情，需要长时间的沉淀。我们要有计划地不断提升保护圈的门槛。

4.构建共赢生态圈

每个企业都不能孤立地存在，需要与客户、团队、伙伴、股东、社会等不同的角色发生关系。企业就是这些相关者关系的集合，组成了一个生态圈。幸福商业模式要与各种相关角色建立生态共赢的关系，这也是企业存在的意义。为客户创造价值，为团队成就事业，为伙伴分享发展，为股东贡献回报，为社会增进和谐。企业只有与各相关方建立生态共赢的关系才能得到社会各界的共同支持。最终实现集众人之力，成众人之功的事业。我们在做商业模式的设计时，可以让不同角色实现重合。例如可以让一个人既是客户又是股东，还是团队成员。通过改变不同角色的关系，更好地发挥众人的合力，能够形成全新的商业模式。

5.设计收支的结构

一套商业模式的运行需要投入各种资源。根据资源的投入情况就会形成商业模式的成本结构。通过对成本结构的分析可以看到企业资源投入的方向。只有把企业有限的资源投入到最有利于为定位用户创造差异化价值的地方，才能渐渐形成核心竞争力。同时商业模式只有能够获得合理的收入才能有资源不断投入。不同商业模式的收入项目、金额及增长空间都不一样。商业模式的设计追求用最少的资源投入，产出最大的用户价值，能够形成多元化、多层级的收入结构。

通过对成本结构的分析，需要找到可以减少或分摊成本的方法，争取把成本降到最低。但降低成本要以能够增强企业的核心竞争力为原则。不该花的成本一分不浪费，该花的成本再多也要投入。企业一方面要做好节流，另一方面要强化开源。企业的收入项目要尽可能多样化，从产品收入、服务收入、生态收入，到融资收入、投资收入，形成分层级的多元收入结构。只有形成合理的收入结构，才能支持企业实现持续健康的发展。

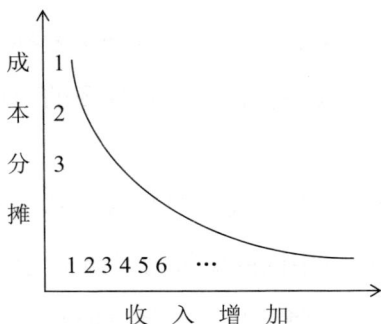

收支结构优化分析图

注：找到可以不断减少成本的方法和不断增加收入的项目，从而让企业的成本结构不断优化，收入来源可以不断增加。

在深圳有一家运用传统国学做家庭教育的企业。这家企业在国学教育方面拥有近十年的经验。他们希望通过中国的传统国学教育来帮助更多家庭提升幸福感。公司前期投入了几千万资金去研究、推广国学产品，但却始终没有获得理想的市场回报。结果导致公司处于亏损状态，如果不能找到新的突破将很难持续经营。但公司的负责人却苦于找不到有效的思路和方法。

通过对项目情况详细的调研和沟通之后，发现这是一个非常不错的项目。行业前景非常好；创始人具备"商家"的优秀基因；同时还沉淀了很多的行业优质资源。但存在的主要问题是用户定位不清晰；没有制定科学的发展战略；商业模式缺少设计创新。因为原有项目涉及的问题比较复杂，短时间很难调整。我们建议设计全新的商业模式重组一家新公司。最终公司的负责人接受了重组新公司的建议。

通过三个月的设计打磨，最终完成了新项目的商业模式。新公司一启动就得到了众多投资人的认可，以6000万元的估值获得了天使投资。原来公司想吸引的优秀人才都不愿意加盟，新公司成立之后，很多优秀的人才都主动想加盟到项目中来。之前几年积累的大量资源不知道如何发挥价值，在新的商业模式中都找到了发挥的空间，并且吸引了更多的优质资源形成了战略合作。一套优秀的商业模式可以起到化腐朽为神奇的作用。

中国自古就特别重视孩子的学习教育，甚至有"万般皆下品，唯有读书高"的谚语。所以中国的父母为了孩子的学习真可谓不遗余力，这也造成教育培训行业的野蛮生长。随着时代的发展，越来越多的人发现这种填鸭式的教育培训存在很多危害。为了改变教育存在的问题，2021年国家专门出台了"双减"政策。大量的K12教育机构渐渐退出市场。但与此同时素质教育和职业教育却迎来了发展的春天。因为互联网科技的发展，未来的培训更趋向于线上和线下的有效融合。中国的教育培训行业正在发生结构和模式的巨变，有志于教育培训行业的创业者要善于顺势而为。

五、打通线上线下平台

随着现代科技的快速发展，满足用户个性化的需求变得越来越容易实现。不关心用户需求的企业将无法生存。企业只有构建线上线下结合的系统才能及时了解和满足用户的个性化需求。通过线上系统可以打破时空的限制，能够随时随地与用户进行互动。同时还可以根据用户在线的数据，对用户的需求进行分析，甚至可以做到比用户更加了解用户。

企业构建线上系统并非要完全取代线下的工作。所有的工作都是围绕定位的用户价值展开，都是为了更好地服务用户。而线上和线下各有利弊，我们在做商业模式设计时要充分实现线上和线下的优势互补和相互促进。在打通线上与线下的过程中，企业要在六个方面形成一个有机的系统。

1.引流用户

这是一个得用户者得天下的时代。企业想要获得服务顾客的机会，首先要能够获得大量目标用户的了解和关注，这称为引流用户。现在有很多线上的平台，聚集了大量的固定用户群体。我们可以通过策划线上的活动主题来获得定位的目标用户。同样，在线下也可以策划各种活动来吸引目标用户的参与。最佳的方式是打通线上和线下的连接，围绕同一个活动主题实现线上和线下联合引流的效果会倍增。

2.相互转化

我们要把线下的用户转化到线上，同时又要善于把线上的用户转化到线下。我们可以运用线下与目标用户接触的一切机会，引导用户进入线上系统。只有把线下的目标用户转化到线上，才能实现随时互动交流，并沉淀出大量的用户数据。同样线上又可以配合线下的活动主题，把线上的用户转化到线下活动中。线下活动的体验感更强，可以提高用户的信任和黏度。通过线上和线下的相互转化，相互促进，企业才能更好地服务于用户。

3. 购买消费

无论线上还是线下的用户，都只有产生消费才能完成价值闭环，企业才能实现生存发展。根据企业提供的产品或服务特点，我们要尽可能让用户在线上完成购买和服务。针对无法通过线上完成的工作，再通过线下来配合用户完成购买消费。这样可以打破很多传统行业的时空限制，更高效、更方便地满足用户的需求。线下系统的主要优势在于体验和售后服务。

4. 消费反馈

企业要特别重视用户在购买消费后的体验意见。用户可以直接把消费的感受在线上做反馈。同时企业还要构建线下反馈的渠道和方式。只有建立多渠道的消费反馈通路，企业才能及时了解用户的消费情况。用户反馈的问题点就是企业改善提升的空间和未来发展的机会。互联网的时代，每个用户都是一个信息中心。用户可以快捷地把自己的消费体验分享给全世界，成为其他人做消费决策的参考。企业对用户的消费反馈处理得当是机会，处理不当就会变成危机。

5. 保持互动

如果不能与用户保持良性的互动，企业和用户之间就只是一种简单的交易关系。企业就很难及时、准确地了解用户的真实需求。用户与企业的黏度越低，用户的流失率就会越高，很难实现服务用户的终身价值。企业只有建立线上和线下与用户有效互动的系统，才能实现用户的社群化经营。通过把所有用户变成一个社群，大家能够保持不断的交流沟通，才能减少用户的流失。企业才有机会更好地为用户不断提供需要的各种价值。

6. 沉淀数据

通过线上和线下各种活动的展开，会形成大量的用户数据。这些数据是一座非常有价值的宝藏。企业要重视这些数据的收集沉淀。我们可以通过分析这些数据充分了解用户的情况，发现企业存在的问题和发展的机会，同时帮助领导者作出科学的决策。一个企业只有建立以数据为依据的决策和运营，才能避免摸着石头过河的风险。而线上系统是沉淀和运用数据最高效的方式。

六、好模式的六个标准

商业模式是企业实现战略的整套系统。只有根据企业的发展战略形成一套有效的商业模式，才能明确团队需要完成哪些重要的工作。通过商业模式设计可以让企业少走弯路。我们设计商业模式的目标是要创建一家合理盈利、持续发展、生态共赢的优秀企业。一套商业模式可以用六个标准来判断优劣。

1. 易复制

如果一套商业模式无法复制，企业就很难做到太大的规模。企业能从一个人到一万人，从一家店到一千家店，从一个车间到十个车间，其本质就是能够实现自身的复制。自我复制越容易，企业越容易做大，扩张的速度就可以越快。这需要企业有一套容易自我复制的商业模式。

2. 轻资产

一家企业发展需要投入的固定资产越多，发展的边际成本越高，资产就越重。例如一个工厂投入1000万的固定资产，每年的产值可以达到2000万。如果需要再提升2000万的产值，就还要继续投入1000万的固定资产。这种需要不断投入大量固定资产的发展模式就是重资产的情况。

3. 收入多

不少中小企业的收入来源都非常单一。只是靠简单的销售产品或服务的方式获得非常单一的收入。这类企业的商业模式适应能力弱，投入产出低，发展空间小。这样的企业即使短期有盈利，也看不到太大的发展空间。一套优秀商业模式的收入来源要能够不断增加，形成多元化、分层级的收入结构。

4. 现金足

许多企业倒闭不是因为没有订单，也不是因为没有利润，而是现金流断了。如果一套商业模式在上游需要大量预付款或下游产生大量未收款，都会严重影响企业的现金流。我们在设计商业模式的时候，要充分考虑现金流的充裕性。只有避免出现入不敷出的情况，才能保障企业的健康发展。

5. 门槛高

一个企业为用户提供的产品或服务只要有良好的发展空间，就会引来新的进入者。如果商业模式的门槛很低，就会有大量竞争对手进入。我们在设计商业模式时要提前做好保护圈的规划。只有进入的门槛越高，新进入的难度越大，才有利于企业实现持续健康的发展。

6. 空间大

一套优秀的商业模式还必须有足够大的发展空间。只有大市场才能成就大企业。如果一套商业模式本身锁定的只是一个非常细分的市场，而未来的成长空间又不大，企业的发展就会受到很大限制。所以企业要对未来的发展趋势作出准确判断，找到一个具有巨大发展空间的市场。

第五章　建立卓越组织

商业模式是一套通过为定位的用户创造价值来获得收入的系统。就像一部车一样，只是有漂亮的外形也没法开动。一套商业模式要实现正常运行还需要建立科学的组织机制作为保障。如果组织机制有问题，企业就无法持续健康地经营。每一个优秀的企业都必须完成从人治到法制的蜕变。企业的核心组织机制包括股权机制、决策机制、管理机制、创新机制、分配机制、组织架构六个方面。这是一套商业模式要实现正常运行的六大组织机制。

一、股权设计六部曲

企业首先要按现代法律规范建立科学的治理结构，主要包括股东会运作机制、董事会运作机制、监事会运作机制。从整体要求来说要实现决策、执行、监督的三权分立。按惯例董事会负责公司重大事务的决策；总经理负责按董事会决议做经营管理；监事会负责对公司经营管理的情况做监督。公司的治理结构主要取决于股权的构成和机制设计。

企业发展对外需要吸引资金、资源的投入，对内要吸引和激励优秀人才共同努力。通过设计合理的股权方案可以有效整合企业发展需要的资金和资源。同时还可以通过股权的方式吸引核心人才加盟和激励团队为企业的发展一起奋斗。股权是企业最重要的资源，用得好可以把企业发展需要的各种人才、资源、资金整合到一起。但如果用得不好，却可能让一家企业功亏一篑，前功尽弃。

1.股份结构要合理

首先要考虑的是股份的结构，也就是不同性质的股份占比和关系。根据对公司发展的价值主要可以分为创始股、资源股、资金股、人才股、激励股五种。创始股是分配给创始人团队的股份；资源股是用于整合企业发展需要的关键资源的股份；资金股是为了保证企业发展需要的资金而释放的股份；人才股是为了不断吸引优秀人才加盟企业的股份；激励股要分配给对公司发展作出特殊贡献的人才。

股份结构的设计要有助于企业的持续健康发展。每个企业的状况不一样，需要的资金金额、关键资源和核心人才会有所不同。同时企业在不同的阶段，需要的资金、资源和人才也会发生变化。在设计股份结构时，既要考虑当下的需要，又要考虑未来的发展，同时还要考虑企业的实际控制权的问题。通过企业的股权要解决商业模式需要的各种资源，有助于企业形成核心竞争力。

2.选择股东的标准

在确定股份的结构之后，还要明确具体把股份给谁的问题。选择的股东要有助于解决企业发展战略的重大问题，推动企业实现持续健康的发展。企业选择股东要非常慎重，根据企业发展的需要提前明确成为股东的具体条件。我们要严格按各类股东的标准来寻找和筛选符合条件的股东对象。一切以有利于企业实现持续健康发展为原则来选择股东。企业在选择股东时要重点关注两个方面。首先是价值观是否一致。只有股东的价值观一致，在做企业的重大决策时才容易达成共识。另一个方面就是股东的资源和能力是否能满足企业发展的需要。不同的股东要形成资源和能力的互补性，从而形成更大的合力。

3.获得股权的方式

因为不同股东需要对企业发展贡献的价值不一样。所以不同的股东对象在获得股份的方式上也会存在差异。根据公司的发展需要，获得股权的方式主要有三种。第一种是因为在公司担任重要岗位或作出特殊贡献而获得的股份称为内部股；第二种可以通过为企业发展战略提供关键的资源而获得的股份称为资源股；第三种完全按公司的市场估值直接购买获得的股份称为资金股。正所谓出钱才出心，原则上不管用哪种方式获得股份，都要用部分现金购买。只是不同方式获得股权的价格可以不一样。内部股的获得是最优惠的价格，资源股其次，资金股的价格最高。

4.明确的考核标准

内部股的目的是为了吸引核心人才加盟和激励内部团队共同努力；资源股是为了获得企业战略发展需要的关键资源；资金股是为了获得企业发展需要的资金。所以对内部股、资源股和资金股的股东有不同的要求。因为内部股和资源股获得股权的价格低于市场估值，要对内部股和资源股设定明确的考核标准。只有在考核期内达到标准获得股份的权力才能真正生效。在考核标准的设定上以公司战略发展的具体需要为目标，以最终的结果为导向。所有内部股都应以所在岗位达成的绩效目标作为考核依据。资源股要以实际为企业提供的有效资源数量和质量为标准。

5.退出机制不能少

企业的股东要有进有出才是正常的情况。但要减小因为股东变动对企业发展带来的风险和伤害。所有股东都要避免兄弟式入股，仇人式散伙的结局。所以在设计股权机制时就要提前定好退出机制。无论是股东主动选择退出，还是达不到考核要求或其他不可抗因素的被动退出，都要提前明确退出的方式。退出机制要和所有进入的股东提前达成共识，并形成具有法律效力的正式文件。当出现有股东需要退出的情况，就按提前确定的退出流程和方式办理手续。股东之间只有做到好聚好散对企业的伤害才会最小。

6.权力约定先签好

企业股份享有的权力非常多，主要包括分红权、决策权、转让权、继承权、知情权、抵押权等。为了有利于企业实现持续健康的发展，在做股权机制设计时可以对部分股份的权力做约定。例如为了让企业的核心经营团队拥有决策权，可以提前约定部分股份不享有决策权。另外为了避免股份流失，确保重要岗位的人才能得到股权激励，可以提前约定内部股不能对外转让。如果担任重要岗位的负责人离职或离岗，就要将其股份做内部转让。这种同股不同权的情况，要提前和相关股东做好约定并签好相关的法律文件。

因为股权机制设计不科学而失败的案例举不胜举。曾经最有机会挑战洋品牌的中式快餐真功夫因为股权设计不合理而错失最佳发展机会。两个创始人刚开始平分股权，最后双方出现矛盾争夺公司的控制权导致企业元气大伤。雷士照明更是多次因为股权问题造成巨大危机。最终在与资本方的争斗中，创始人吴长江沦为阶下囚。甚至连大名鼎鼎的万科创始人王石最终也因为股权设计不科学的问题而离开万科。

二、科学决策的技巧

决策是针对一件事情做信息搜集、分析，最后作出判断和选择的过程。企业决策的质量会直接决定经营管理的成效。股份不一定代表决策权，企业要把决策权交给有利于公司持续健康发展的负责人。在经营管理过程中要作出科学、高效的决策，还必须建立一套决策机制。完善的决策体系包括决策支持系统、决策咨询系统、决策评价系统、决策监督系统和决策反馈系统五个部分。对决策的权责、方法和流程都要作出明确的规定。比如股东会做决策一般按股份的比例享有决策权，只有超过三分之二股份的股东同意才能作出决策。而董事会做决策可以按一人一票的方法，按少数服从多数的原则作出决策。

1. 明确决策责任

企业每天都要面临各种各样的决策。如果决策错了，就很难达成想要的结果。每一个决策对企业的发展都会造成影响。一些重要的决策更是决定企业的生死存亡。所以决策存在风险，决策者要承担重大的责任。在企业中要建立谁决策，谁负责的机制。只有明确决策人的责任，才能做到决策的谨慎性。

2. 决策权限合理

在企业中要坚持谁负责，谁决策的基本原则。在董事会层面更是要找到能够为公司持续健康发展具体负责的人。董事会的决策要有战略高度，要有利于企业的长期发展。在企业内部，不同岗位的专业、能力存在差异。为了避免决策失误，要提前明确不同岗位的决策权限。每个岗位的责任和权限要对等，责大于权无法有效开展工作，而权大于责就会出现滥用的情况。

3. 制定决策流程

为了保证重大决策的科学性，我们要形成科学的决策流程。每一个决策都会经历三个阶段。首先是做好"问题识别"，要对整个事件有全面客观的认识，确定需要解决的真正问题。在此基础上，针对问题做相关信息的搜集和分析，并提出可行性的解决方案。最后才从各种可行的方案中筛选出最优的方案，执行过程中还要建立有效的反馈系统。

企业要针对重大决策制定科学的决策流程来保证决策质量。

4.设计决策方法

企业在按流程做决策时，针对每个环节都要有具体的要求。在决策的准备环节我们要提前了解问题的详细情况；要搜集与决策相关的信息；明确分析问题的方法和工具。在最后作出决策的阶段要制定评估方案优劣的标准；明确最终选择方案的具体规则；如何做决策后的信息反馈等。我们要作出科学的决策，每个环节都要形成具体可行的方法作为保障。

5.做好决策监督

没有监督的权力必然会导致滥用。企业要设置对决策过程和执行情况进行监督的机构或岗位。只有保证决策过程和方法的规范性，才能减少乱决策的情况。在董事会的层面，主要由监事会或监事来担任监督的职责。在经营管理的执行层面，企业也要设立专门的部门或岗位负责对执行的情况做好检视。我们对决策的监督要坚持做到对事不对人，以机制为保障。

企业在做重大决策时最忌讳仅凭领导者拍脑袋做决定。当年巨人集团的神话，因为创始人史玉柱对巨人大厦建设的错误决策导致现金流断裂而失败。后来史玉柱总结失败的主要原因为：盲目追求发展速度；盲目追求多元化经营；决策机制不适应公司的发展；没有重视主业的技术创新。其实归根结底还是因为决策机制的问题让企业变成一个人说了算。

三、管理的三大系统

企业的决策让团队做对的事，而管理是要把事做对。管理就是帮助合适的人，在合适的时间、合适的地点，用合适的方法把工作做好。企业要做好管理首先要明确组织架构中各职能部门及各岗位的责、权、利，并建立一套完善的管理机制。管理工作要以制度为依据，才能实现从"人治"到"法治"的转变。一套完善的管理机制主要包括运营体系、动力体系和管控体系三个部分。

1.建立运营体系

管理的运营体系要解决一项工作"如何做"的问题。企业要针对每项工作形成具体的操作流程、执行标准和表单工具。运营体系就是对如何才能把工作做好的经验和规律进行总结。企业团队只要严格按运营体系的要求执行到位，就能达成工作要求的目标。

2.设计动力体系

所有工作都需要有人去做。我们除了要解决"如何做"的问题，还要解决"想要做"的问题。一套优秀的动力体系要让团队从"被动做"变为"主动做"。这需要把各项工作的目标与团队个人的目标结为一体。也就是要明确一项工作的奖罚标准，通过把工作做好就能实现个人的目标。只有设计合理的动力系统才能让具体负责完成工作的人有动力去做好。

3.做好管控体系

最后管理机制还要解决"出现工作异常怎么办"的问题。不管制度体系有多么完美，在实际执行过程中都可能会出现异常状况。企业要保障一项工作能够按运营系统的标准得到高效执行，就要及时发现并调整工作中出现的异常。这需要建立一套管控体系。在工作过程中的重要节点，要设计信息反馈的要求。通过做好这些关键环节工作情况的管控，才能发现工作中的异常，并及时进行调整。

根据2016年的统计数据，中国的劳动生产率只有欧美发达国家的八分之一。除了生产技术造成的差距外，最关键的还是企业的管理水平。特别是大量的中小企业，目前大部分仍然是非常粗放的管理方式。随着企业的不断发展，行业越来越成熟，必须学会向管理要效益。同样的设备，同样的人，不同的管理会带来成倍的效率差距。再好的决策如果没有好的管理也很难执行好。

四、永无止境的创新

如果一个企业故步自封就会被这个时代所淘汰。企业只要什么时候停止创新就会开始遇到发展的瓶颈，最终一步步走向衰亡。只有持续不断的创新才能沉淀出企业的核心竞争力。企业的创新要以提升用户价值为导向，而不是盲目的创新。所以一个企业要建立一套科学完善的创新机制，追求持续改善和自我颠覆。健全的创新机制要解决创新工作如何高效运行、如何做好激励、如何有效管控三个方面的问题。

1. 做到科学创新

企业的创新要符合战略发展的方向，同时不能破坏正常运营的工作。所以创新不是盲目的创新，而是要让创新工作科学有序地开展。企业要做好创新工作同样需要建立操作流程、执行标准、表单工具和管理制度。通过建立创新运营系统，才能降低失败的风险，提高创新的效率。华为早在20世纪90年代就投入超过5亿美元引入国际一流的创新系统，才形成了现在强大的研发能力。

2. 创新要有动力

所有创新都要面临失败的风险，企业要避免出现"少做少错，不做不错"的不良风气。只有形成鼓励创新的文化，才有创新的积极性。首先要有包容创新失败的心态，对创新失败的情况不要过分苛责。同时对获得创新成果的人才要进行大力的奖励。只有解决团队创新的动力问题，才能激发大家主动创新的意愿。这同样需要以制度为保障，明确鼓励创新的具体措施。

3.创新需要管控

创新本身就是一个高风险的事情。企业要建立创新工作的管控系统，真正做到科学创新。我们要提前对创新项目进行评估，最大限度降低创新的风险。同时要把创新失败的损失控制在可以承受的范围。只有做到"进可攻，退可守"才有助于企业实现持续健康发展。企业还要对创新的过程做好反馈和分析，能够及时发现创新工作中出现的异常并做好处理。

创新是一种永无止境的追求，企业如逆水行舟不进则退。企业越是成功的时候越容易走向失败，没问题就是最大的问题。所以领导者要懂得居安思危，成功时就要推动企业改革创新。创新就是革命，经营企业需要不断自我革命。企业如果自己不革命，就会被别人革命。曾经全球最大的影像产品企业柯达因为错失数码技术创新带来的变革而失败；手机行业的霸主诺基亚，同样因为没有跟上智能手机的创新而走向失败；中国最大的商超卖场大润发被阿里巴巴收购，其创始人感叹：他战胜了所有对手，却输给了时代。

五、做好合理的分配

企业重视什么，不重视什么，最简单有效的方法就是看资源的分配情况。企业的分配机制就是如何分配各种资源的相关制度和执行情况。企业分配资源主要体现在成本结构和利润分配两个方面。成本结构直接体现企业的资源投向，利润分配体现了企业的分享精神。这两个方面都会影响企业是否能够持续健康地发展。

1. 优化成本结构

企业的成本由材料成本、人工成本、研发成本、销售成本、管理成本等不同的项目构成。企业要根据发展战略和商业模式的需要提前做好资源投入的规划，明确企业在哪些方面需要有支出，每类支出占销售额的比例是多少。在实际执行过程中要严格按预算做好各项费用的支出管理，避免资源投入偏离战略的方向。企业要不断优化成本结构，提高资源的利用效率。

企业通过定期对实际成本情况进行分析，检视资源投入是否与预算保持一致。同时我们还要将企业的成本结构与行业水平做对比来评估是否符合发展战略的要求。就像华为是一个以技术创新作为核心竞争力的企业。他们每年在研发方面的投入占销售额的占比超过10%，远远高于行业的平均水平。同时企业要对非战略方向的投入做好严格控制，争取做到低于行业水平。

2. 合理分配利润

优秀企业要有获得合理利润的能力。企业能够盈利的意义在于可以获得更多的资源支持企业实现持续健康发展。因为企业有盈利能力才有股东愿意投资；才能吸引和留住优秀的人才；才有越来越多的资金投入创新发展……所以没有盈利能力的企业不是真正的好企业。我们要经营好一家企业离不开社会各界的支持。在企业获得利润以后要做好合理的分配，才能与相关方建立共赢的关系。

企业在做利润分配时，除了股东外还必须兼顾相关方的关系。只有真正做到客户、团队、伙伴、股东、社会的生态共赢才能实现持续健康的发展。所以企业在做利润分配的时候，不能亏待那些真正为企业发展作出贡献的人。同时要把利润用到有利于公司未来发展的地方。

企业要特别重视创新投入和社会公益的参与。企业的利润只有用之有道，才会复能生有。

3.聚焦战略投资

无论是成本结构，还是利润分配，都要有助于企业实现持续健康发展。该花的钱再多也要花，不该花的钱一分也不能浪费。企业要把各种资源集中投入到战略方向上，有利于形成核心竞争力。只有能够为定位的用户创造不可替代的价值，企业才能获得合理的生存发展空间。所以企业的资源分配不能只顾眼前，更要关注长期的发展。

企业战略的目的是围绕定位用户的需求形成核心竞争力。企业构建核心竞争力的基础是要有优秀的团队和系统。华为从1998年开始，每年在人才培养和系统建设方面的投入都非常大。华为每年都会高薪招聘大量的优秀大学毕业生，仅仅是每年新人的培养投入都不计其数。每年华为都会与世界顶尖的咨询机构进行合作，不断优化升级管理系统。这也是支撑华为成长为世界顶尖企业的重要基础。

六、组织发展新趋势

公司的战略目标需要团队通过分工合作来完成。组织架构是实现企业战略的职责分工，可以明确各个部门的相互关系。企业的各项机制也要通过组织架构来实现运行。所以企业的基因、战略、模式、机制不同，所处的发展阶段不同，组织架构也会不一样。传统的组织架构主要有直线制、直线—职能制、职能制、事业部制、矩阵制五种基本形式。根据企业的实际情况会存在多种基本组织形式的组合结构。

传统的组织架构设计主要考虑八个方面的内容。首先是要与公司整体战略规划相匹配，有助于战略规划的执行落地；第二个方面是研、产、销要合理分工，让专业的人做专业的事；人、财、物都要有专门的部门负责管理，确保各项资源能够保障战略实施落地；做好决策、执行、监督的合理分权，每项工作都能得到有效管控；每个部门、每个岗位的责、权、利要统一，避免人浮于事；管理幅度要合适，既不能让管理层臃肿，也不能让管理人员疲于应付；管理层级尽可能扁平化，减少中间层，提高沟通效率；最后要重视对最新知识技术的应用，从而提高组织效率。

企业要根据实际工作流程的需要设计适合企业的组织架构。职能制是传统企业进行团队分工合作的主流组织架构。在设计职能制组织架构时要注意两个层级的三权分立。首先是董事会、监事会、总经理之间要做好三权分立，明确各自的责、权、利。然后是总经办、督导办、职能部门之间要设计好三权分立结构。由总经办担任公司重要管理事务的决策职能；各职能部门负责按总经办的决策做好执行落实；督导办负责监督各项工作是否有按规定执行到位。

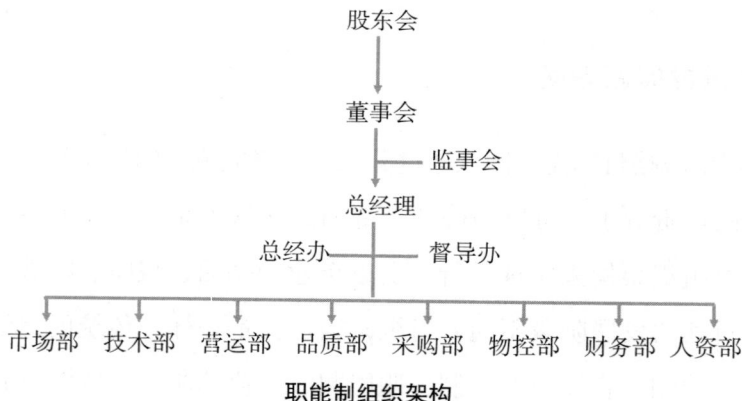

```
                股东会
                  │
                  ↓
                董事会
                  ├────── 监事会
                 总经理
         总经办───┼───督导办
     ┌─────┬─────┬─────┼─────┬─────┬─────┬─────┐
   市场部 技术部 营运部 品质部 采购部 物控部 财务部 人资部
```

职能制组织架构

随着时代的发展，因为技术的进步，消费者个性化需求的增强，以及个人自主意识等因素的变化。未来企业的组织架构将呈现出全新的特征。过往以管控为核心的组织架构将被打破，而以赋能为核心的组织架构将渐渐成为主流。未来组织形态的发展会有五个明显的变化。

1.企业平台化

企业与团队的关系正从"雇佣"变为"合作"。未来企业更多的是要扮演平台角色。因为平台的优势可以汇聚个人很难拥有的特定资源和能力。企业要充分发挥平台资源和能力的优势，为个人的工作赋能。通过企业提供的公共服务，让每个在平台上的人都能为定位的用户创造个人无法创造的价值。

2.团队创客化

这个时代越来越多的人具有创业意识。只有让一个人成为创业者才能充分地发挥主动性。所以企业让团队成员要么成为平台的合伙人，要么在平台上成为个体创业者。企业的每项工作都可以通过独立核算，让大家分享共创的价值。通过让团队创客化，将激发每个人充分发挥自身的潜力。

3.管理数据化

为了保障各项工作的有效开展，要做到一切以数据说话。所以企业要将各项工作的情况数据化。在平台上每个人都能及时地了解自己工作的相关数据。通过这些数据让每个人可以实现自主管理。团队能够依据获得的信息及时了解自己的工作情况和作出决策。没有数据作为支持，就无法实现各项工作的快速反应。

4.信息透明化

透明是消除不合理的最好方法。企业要减少内耗就要做到信息的透明化。让各项工作都能够公开透明地开展。这样有助于每个人把主要精力投入到自己的工作上。企业要避免团队合作中因为信息不对称造成的误解。最好的管理就是不需要管理，而透明化是实现自主管理的重要基础。

5.组织生态化

未来的组织边界将越来越模糊。未来真正优秀的企业都类似于"芯片"。以用户价值为导向，无限整合企业内外的各种资源来满足用户的需求。所以企业要构建一个以用户为中心的生态圈。只要能提升用户价值，就可以相互合作。企业平台运营的团队不需要太大。我们只需要专注做好自身具有核心优势的工作。通过与其他优秀团队相互合作，最终形成一个互补的共生系统。

目前海尔和小米的组织形态比较典范。海尔把组织调整为"支持平台＋小微组织＋个体创客"的内部创业生态结构。支持平台负责为小微组织提供创业需要的资源，包括生产、物流、人力、资金等服务。围绕用户需求形成自主经营，独立核算的小微组织，负责为用户提供产品或服务获得收入。每个人都可以成为支持平台或小微组织的个体创业者。小米构建了一个"创业服务＋生态企业"的外部创业生态结构。创业服务包括用户研究、工业设计、供应链、销售渠道、资本等。围绕小米平台的用户需求不断寻找优秀的创业团队组建独立的企业。不同的企业服务于同一群用户的各种需求，从而形成相互促进的生态网。

第六章　规划发展路径

在《三国演义》的"隆中对"中，诸葛亮根据天下大势为刘备做了三分天下的发展规划。同时建议刘备分为三个阶段来实现这个宏伟蓝图：先占荆州为家，再占益州建立基业，然后可图中原。从而让我们对如何实现《隆中对》的发展路径变得非常清晰。企业的顶层设计也是一样的道理，我们不可能一天就实现未来的发展规划。当企业明确了未来的发展蓝图之后，要分解成几个不同的发展阶段。通常每3~5年是企业的一个发展周期，要提前规划好三个周期的发展目标。

一、企业发展周期

一个企业有不同的发展阶段，根据企业的发展状况主要分为初创期、发展期、成熟期、扩张期、再造期五个阶段。每个阶段企业面临的主要问题和需要关注的重心都会不一样。只要不能解决所处阶段遇到的瓶颈，企业就会停滞不前，甚至走向衰亡。所以我们要对每个发展阶段的规律有充分的认识，既要正确处理企业正面临的问题，同时还要为下一个阶段的发展打好基础。

1."初创期"要活下来

每个企业都要经历从无到有的过程，我们称为初创期。新成立企业面临的最大挑战是"做不活"的问题。这个阶段缺资金、缺资源、缺人才，主要依靠创业者的能力和资源来解决企业的生存问题。目前中国的中小企业平均寿命不足3年，大部分新创企业都只是昙花一现。只有形成能够为企业带来足够收入的业务才能活下来。这对创业者的能力和资源是一种综合考验。

2."发展期"能做得大

企业度过了生存期之后，想要做强做大会经历一段快速发展的阶段。这个阶段需要解决的主要挑战是"做不大"的问题。要解决这个问题的关键是能够组建一支优秀的团队来扩大业务。很多企业所处的行业很好，创业者个人能力也很强，但经营了上十年也做不大。通常原因都是没有建立一支能够分工合作的优秀团队。创业者如果想把企业做大，就要具备组建团队的能力。

3."成熟期"想做得好

很多企业规模已经做得很大，但却不代表做得很好。企业要真正做好需要建立科学有效的系统。如果没有系统的支撑，各项工作就只能依靠个人的经验。这样很难保证工作的质量和效率。只有靠系统才能快速培养人才，各项工作才能高效完成。所以企业发展到一定规模之后，就要不断强化系统的建设。只有完成科学有效的系统，企业才会进入成熟期，才能渐渐成长为行业的引领者。

4."扩张期"为做得强

如果一个企业在某个细分领域已经做得非常好，成为这个行业的引领者。这个阶段的企业在原有业务模块的发展空间已经不大。这时候就需要找到新的突破点，也就要进行合理的扩张。进入扩张期的企业最容易出现的问题是盲目扩张。企业的扩张必须为发展战略服务，要有利于提升竞争力的维度。最佳的选择是能够提升企业价值链综合竞争力的扩张，让企业的竞争力从钉子模式升级为长尾模式，再升级为生态模式。只有把企业真正做强，才有利于企业实现持续健康发展。

5."再造期"求做得久

每一个行业都不可能一成不变，行业也有发展周期。随着行业的不断发展，企业迟早会遇到行业性的危机。如果要度过行业危机，就需要企业再造。这是"脱胎换骨"式的重生。如果不能顺利地应对这种危机，企业就"做不久"。这个阶段考验的是企业的文化。一个公司有没有适应环境变化的能力，是否愿意积极创新变革实现自我突破，将最终决定企业的生死。所有百年企业都经历过几次生死周期的大考验。

企业发展周期表

发展阶段	主要问题	发展策略	突破重点
初创期	做不活	靠领导	领导成长
成长期	做不大	靠团队	团队搭建
成熟期	做不好	靠系统	系统建设
扩张期	做不强	靠战略	产业决策
再造期	做不久	靠文化	创新变革

6.从"量变"到"质变"

企业的发展不仅体现在从小到大，更重要的是以定位用户为中心的核心竞争力越来越强。企业竞争力的提升从量变到质变可以分为"品物、品质、品牌、品类、品态"五个不同的层级。企业在不同的发展阶段要同步提升竞争力的层级。企业在初创期的竞争力不强，大部分都处于"品物"的水平。企业进入发展期要提升到"品质"的水平，也就是要提升产品或服务的价值。成熟期的企业要重点打造"品牌"，让定位的用户对产品或服务形成特有的偏好。而企业的扩张要致力于构建价值链或价值网的优势，能够升级为品类或品态的层级。

二、三五目标规划

每个企业通常每3~5年是一个发展阶段。企业只要把握好一个阶段的发展就可以上一个新的台阶。相反，企业如果不能把握好发展周期的规律就会停滞不前。一个卓越的企业要规划好三个阶段的发展目标。3~5年为短期规划，5~10年为中期规划，10~20年为长期规划。短期规划是为实现中期规划打好基础，中期规划要为实现长期规划服务。根据战略发展的要求，企业的每个阶段都要设定明确的目标。只要把每个阶段的目标都顺利达成，企业就能实现持续健康的发展。

1. 长期规划想清晰

根据企业的顶层设计，我们要清晰未来10~20年的发展方向和主要目标。因为长期规划的时间周期长，不可控的因素非常多。特别是针对这个快速变化的时代。所以很多人都感叹计划不如变化。更甚至觉得做规划没有太大意义。这都是对做规划的误解。首先做长期规划要对未来发展趋势有准确的判断。这也是对企业领导者综合素质的考验。另外长期规划不是一成不变，在执行的过程中要根据短期和中期规划的实际情况及时做好调整。同时无论一个行业的形势如何变，总有一些相对不变的东西。

2. 中期规划要明确

中期规划是对长期规划的分解，是为实现长期规划做铺垫。中期规划要明确企业5~10年需要实现的主要目标和重点工作。中期规划是一个承上启下的重要阶段。它为短期规划指明了工作方向，又是实现长期规划的重要基础。因为中期规划离当下的时间较长，也会存在较大的变数。所以中期规划的内容不用做得太细致。只需要明确计划达成的目标和主要策略就好。具体的工作可以根据短期规划的实施情况和外部环境的变化再不断进行完善细化。

3.短期规划做细致

企业的短期规划是最近3~5年要实现的具体目标和详细方案。不管多么伟大的梦想都只有脚踏实地走好每一步才能慢慢实现。如果短期规划不能达成，中期规划就无法正常推进，长期规划就更无从谈起。所以短期规划要尽量做细致，要具有很强的实操性。企业要围绕短期目标找到可行的策略，并形成能够落地的实施方案。只要我们实现了短期目标，原来的中期规划就变成了新的短期目标，原来的长期规划也变成了中期规划。通过这样的目标滚动推进，企业就会渐渐实现长期的发展规划。

目标规划表

目标种类	长期目标规划	中期目标规划	短期目标规划
财务目标			
市场目标			
运营目标			
成长目标			
生态目标			
备注			

在广东佛山有一家专门做门窗的企业。这家企业主要从事加工、销售高档门窗产品。公司的负责人带领团队经过几年的快速发展之后遇到了很多问题：团队的创业激情慢慢消退，以前的冲劲没了；生产管

理很混乱，交期不准、效率不高、品质不良率很高；市场增长乏力，看不到未来的增长空间。这些问题让公司的负责人感觉非常困惑和焦虑。他们尝试到处寻找解决的办法，但却始终没有形成有效的方案。

后来他们的团队通过重新梳理顶层设计，明确了三个发展阶段的目标。长期方向要打造智能家居健康服务平台；中期规划是完成全国品牌布局；短期目标为完成智能健康门窗的产品升级，打造线下品牌终端体验模式。通过对3~5年短期目标的细化，并制定了解决短期重点问题的具体实施方案。只用了半年时间的调整，整个团队开始变得充满激情；生产效率提升了50%以上；销售额也提升了30%以上。公司的负责人感叹：如果没有明确规划，企业只能是摸着石头过河。

三、目标的五维度

我们要指导企业各项工作的有效展开，需要把战略转化为具体的目标。目标是衡量各项工作达成情况的标准。如果企业的目标错了，就很难真正实现企业发展的要求。在确定每个发展阶段的目标时，领导者要站在全局的高度进行系统思考。企业是一个有机的整体，要推动企业向前发展就要做好不同维度的工作。所以企业的目标不是一个单一指标，而是一个不同维度的系统。科学的目标体系包括财务目标、市场目标、运营目标、成长目标、生态目标五个维度。

1.财务目标是结果

企业首先要明确每个阶段的财务目标。财务指标是检验一个企业经营好坏最直观的数据。企业要提前设定每个阶段要达到多少营业额，有多少的盈利，投资回报率是多少……这些目标是衡量一个企业发展水平的重要依据。企业在不同的阶段，战略重心不一样，财务目标也不同。如果一个行业处于快速发展的阶段，企业定位成为行业的领导者就要特别重视营业额的增长。而一个行业的格局已基本稳定，企业就需要更加重视如何提升盈利水平。

2. 市场目标做保障

企业的财务目标不可能靠运气来实现。无论是营业额，还是利润，都要从市场中获得。所以市场目标是实现财务目标的保障。我们要分析实现财务目标的市场要求。企业的营业额有一个简单的公式：客户量 × 转化率 × 客单价 = 营业额。所以只有把营业额的目标转化为具体的市场指标才能有实现的保障。而企业的利润额主要由营业额和利润率决定。利润率由成本和售价决定，同样需要市场指标作为保障。

3. 运营目标是前提

企业要达成市场目标就必须解决用户为什么要选择公司的产品。影响用户作出选择的因素主要包括"产品、服务、便利、场景、成本"五个方面。企业只有以定位用户的需求为导向，构建出54333的核心竞争力才能得到更好的市场结果。所以市场目标要以运营目标为前提。只有提升企业的运营能力，才能满足用户对"产品、服务、便利、场景、成本"的要求。

4. 成长目标最根本

如果没有新的改变，就不可能得到新的结果。企业与企业之间的竞争，归根结底是成长速度的竞争。企业要提高"产品、服务、便利、场景、成本"的运营目标，就需要在团队、系统、硬件三个方面得到成长。所以成长目标是企业得到发展的根本，只有把资源投入在团队、系统和硬件的建设上，才能不断提升企业的核心竞争力。只要团队成长了，系统升级了，硬件改善了，企业自然就能提升各项运营指标。

5.生态目标要健康

企业永远不能因为目标而忘了目的。企业存在的意义在于服务于人。企业只有得到社会各界的支持才能实现持续健康发展。企业发展得越大，越要承担更大的责任。一个优秀的企业不能仅仅只考虑自身的利益。领导者要有更大的格局和更高的境界去处理好与合作伙伴、政府和社会的关系。企业要提前设定具体的生态目标，构建与社会各界生态共赢的关系才是健康的发展。

四、绘制战略地图

企业在做好长期、中期、短期目标规划的基础上，要绘制出完整的战略地图。通过战略地图可以让我们看到实施路径的全貌。不同阶段的规划是一个有内在逻辑的整体。短期目标为实现中期目标服务，中期目标为实现长期目标服务。通过战略地图可以检视规划的逻辑是否成立。针对企业每个阶段的目标找到可行的策略和方案，这才能让企业的团队明确实现战略的路径。

1.做好目标分析

企业在绘制战略地图时，首先是要明确不同阶段要达成的目标，同时对各项目标进行分析。每个阶段的目标都包括财务目标、市场目标、运营目标、成长目标、生态目标五个维度。这些目标是一个相互关联的有机整体，而不能孤立地存在。首先要分析不同阶段目标分解的科学性。在此基础上还要分析每个阶段的各项目标是否符合内在逻辑。财务目标需要有市场目标来保障，市场目标需要以运营目标为基础，运营目标需要用成长目标来实现。同时企业不能只是考虑自身的目标，还要与社会各界建立生态共赢的关系。

2. 找到行动策略

我们要达成任何一个目标都要找到可行的方法，好的策略可以事半功倍。围绕企业不同阶段要达成的各项目标，要找到行之有效的策略。也就是如何才能达成这些目标的思路和方法。企业找策略要避免闭门造车，要懂得发挥团队和专家的智慧。通过群策群力，把各种可能的方法都罗列出来。然后再对这些方法进行分析论证，最终确定最合适的策略。一个好的策略既要争取用最少的资源投入能够达成目标，同时又不能脱离企业的实际状况。

3. 制定行动方案

在确定了实现不同阶段目标的策略之后，我们再根据策略制定具体可执行的行动方案。重点是做好实现短期目标的详细计划。任何一个策略要真正落地都需要做大量的工作。我们要制定详细的工作清单，并明确重点工作。每项工作都要制定出执行的流程和标准，并按5W2H的标准做好说明。在此基础上形成时间排程表，能够让各项工作的进度清晰地展示出来。为了保证重点工作能够有效完成，要对可能出现的异常情况提前做好预防。

五、明确战略重点

物有本末，事有终始，知所先后，则近道矣。做任何事情都有规律。只有找到规律，抓住本质，聚焦重点才能事半功倍。企业需要做的工作非常多，而拥有的资源却非常有限。我们要集中优势资源投入在最有价值的工作上。所以在绘制战略地图时，要根据发展战略的需要明确每个阶段重点的工作有哪些。这些重点工作会决定目标是否能够实现，同时影响发展战略的成败。只有聚焦重点工作，找到做好这些工作的方法才能推动企业健康发展。

1. 找准破局重点

只要找到合适的爆破点，用很少的炸药就能拆除一幢大楼。在做发展规划路径时，同样也要找到实现战略的切入点在哪里。只有找对了战略破局点，从破局点入手才能达到势如破竹的效果。我们可以把实现每个阶段目标需要的各种条件罗列出来。对这些要素的重要性做好评估。然后对实现这些条件的重要性和时间顺序进行排序。最先需要完成的重点工作就是战略破局点。

2. 制定战略主题

为了便于大家对重点工作的了解和重视，我们可以根据各项重点工作制定专门的战略主题。例如一家企业目前的战略重点是要提升服务水平，就可以命名为"微笑战略"。这样可以让企业的战略重点变得通俗易懂，团队才能快速达成共识。这有利于聚集团队的资源投入在重点工作上，从而形成战略势能。

3. 做好资源配置

每项工作都需要有相关的资源支持才能保障正常开展。但每个企业的资源都非常有限，很难做到面面俱到。如何合理配置资源是实现战略的重要基础。正所谓好钢要用到刀刃上，资源的配置要有利于战略目标的实现。所以我们要优先满足战略重点工作对资源的需求。只有集中优势的资源投入到重点工作，产出的价值才能最大化。用最少的资源产出最大的价值是企业永恒的追求。

六、做好落地执行

我们评价一家企业经营情况的常规周期是一年。企业的目标规划从长期到中期，从中期到短期，最终要细分到具体每年该如何做。一个企业只要连续做好3~5年的工作，就能实现企业的短期规划；连续做好5~10年的工作就会实现中期规划；坚持做好10~20年的工作，长期规划就实现了。企业在做好顶层设计之后，最重要的就是要脚踏实地地把每年的具体工作做好。这需要企业根据短期规划的目标制定出切实可行的年度落地方案。企业的顶层设计在实际落地过程中要坚持三个基本原则。

1. 强调脚踏实地

我们想实现企业的中长期规划，首先就要把短期的工作做好。战略上藐视问题，战术上重视细节。在具体的工作过程中不能好高骛远。规划得再好，想得再多，也要靠干出来。企业的顶层设计完成后，我们要把关注的焦点放到现阶段的工作中。必须从当下做起，实实在在地做好每一项工作，才能推动企业向前发展。

2. 善于随机应变

不管我们的规划做得多完美，都会存在考虑不周或出现变化的情况。所以做规划时要尽可能把各种异常情况都提前考虑到，同时企业要有随机应变的准备和能力。在执行的过程中，目标不能轻易改变，但执行的方法可以进行灵活调整。企业规划最大的价值在于让团队明确目标方向。实现目标的具体策略和方案就像我们去一个地方的路线图。正常情况我们要严格按路线图前行。一旦出现异常情况，路线图只是我们的重要参考，在此基础上要重新调整路线。

3. 要有战略定力

一个企业要达成战略规划的目标同样需要有足够的信念支撑。大部分人都只有看见才会相信，只有极少数人是因为相信就能看见。卓越的企业家都是能够在黑暗中看见光明的人。所以战略目标一旦确定下来就不能轻言放弃。只要方向是对的，围绕目标持续优化调整就会不断接近目标。

下篇

落地系统篇

第七章　科学设定落地目标

曾经有一个叫费罗伦丝·查德威克的游泳爱好者，她曾在1952年7月4日挑战从太平洋游向加州海岸。那天早晨雾很大，她几乎看不到护送她的船。时间一个小时一个小时地过去，15个小时后她感觉自己累得游不动了。她朝加州海岸望去，除了浓雾什么都看不到。这让她失去了继续坚持下去的信心。于是她让救援人员把自己拉上船，这次精心准备了很久的挑战以失败告终。其实她上船的地点离加州海岸只剩半英里的距离。后来她总结说：令她半途而废的根本不是疲劳，而是在浓雾中看不到目标。

经营企业同样需要有明确的目标。企业的顶层设计做好以后需要通过年度落地方案来一步步实现。顶层设计是企业经营的"效果图"，而落地方案是企业经营的"施工图"。如果只有效果图而没有施工图，就无法指导团队展开具体工作。企业要制定年度落地方案首先就要明确年度的经营目标。企业每年开展的主要工作都是为了更好地达成年度目标。企业在经营管理过程中如果没有目标的指引，整个团队就很容易迷失方向。

一、领导要主导目标

团队是一个为了实现共同目标进行分工合作的共同体。目标为团队的工作指明了方向，是团队存在的基础。领导者的作用就是要指引和支持团队成员实现共同的目标。团队在设定目标的过程中，我们可以让团队充分参与。但作为领导者不能随波逐流，既要听取和尊重团队对目标的想法和建议，同时要站在全局的高度作出独立的判断。领导者在目标制定的过程中要起到主导的作用。

1. 领导的本质

领导就是在一定条件下，为团队明确目标并指引团队朝目标行动的过程。领导者与管理者最本质的差别在于：领导者要让团队"做正确的事"，管理者的任务在于让团队"把事做正确"。领导者负责确定方向和目标，管理者负责如何高效地达成目标。在经营过程中，领导者偏重通过对人的影响来发挥作用，让团队主动追随。而管理者偏重通过对事的要求发挥作用，让工作高效执行。

2. 领导的重心

明确目标是领导者发挥影响力的基础。领导者通过感召人、激励人、鼓舞人，使团队能够自动自发地为目标而努力。管理者是围绕如何达成目标，做好计划、辅导、分析、反馈、提升的过程管理。领导者和管理者的共同基础都是要围绕目标展开工作。领导和管理并不是分割的关系。同一个人对下要担负领导的职能，对上又要做好管理的工作。领导者也要做管理的工作，管理者也会有领导的工作，只是不同职级的工作重心有所差别。

3. 领导力修炼

领导者的价值最终还是体现在团队达成目标的整体绩效上。领导者要发挥好价值，除了会受到环境和团队的影响外，主要取决于自身的五个方面。首先领导者要有坚定的信念。《西游记》团队中的唐僧之所以能成为师傅，最重要的就是有去西天取经的坚定信念。其次是领导者要有境界，只有高远的目标追求，才能海纳百川。再次是领导者的个人能力也会对团队绩效产生直接影响。另外，领导者的权力大小和领导风格最终都会影响团队取得的绩效。领导者只有在信念、境界、能力、权力和风格五个方面不断修炼才能提高自身的领导力。

二、目标的五大价值

西方管理学家德鲁克先生认为，是目标决定了工作，而不是工作决定目标。我们在经营管理过程中不是先有工作才有目标，而是要先有目标才知道需要完成什么工作。

企业中的各项工作都要围绕目标展开，只要不符合目标的工作都是浪费资源。管理工作的重心就是做好目标管理。如果企业的目标都错了，团队所做的各项工作都会失去意义。目标的重要价值主要体现在五个方面。

1. 统一方向

首先目标为团队指明了统一的努力方向。团队的各项工作都要以实现目标为导向。共同的目标是形成团队的基础，团队成员要围绕目标进行分工合作。就像拔河比赛一样，只有心往一处想，劲往一处使才能让团队形成合力。目标就是团队行动的"指南针"，帮助团队形成最大的合力。

2. 激励士气

一个人只有明确了目标才能充分发挥自身的潜力。有了目标，团队成员就不用再被动地工作。通过以目标为导向可以发挥团队成员的主动性。一个人只有通过达成自己的目标，才能从工作中获得成就感和满足感。所以目标是激励团队士气的重要因素。大量的实践都证明有明确目标的团队能够创造更高的绩效。

3.凝聚人心

团队和普通人群的最大差异就是有共同的目标追求。企业要把团队的目标和实现个人目标结为一体。只要保持团队目标和个人目标的一致性，就能凝聚大家朝着共同的目标努力。企业通过定好团队目标才能形成团队凝聚力，充分激发团队成员的工作热情和创造力。

4.管理依据

管理的价值就在于高效地达成目标。我们在制定各项工作方案和做管理决策的时候，都要以实现目标为导向。管理过程中需要不断作出决策，管理者不能凭主观想象作出选择。所有的管理决策都要以是否有助于达成目标为依据。所以目标是管理的前提，没有目标就没有管理。

5.评价标准

在经营管理过程中，企业要做到奖罚分明。只有让那些为企业发展真正作出贡献的人得到合理的回报，才能在企业中树立积极正向的文化。企业对各个部门和岗位工作绩效的评价都要以结果为依据。每个部门和岗位都要以目标达成情况作为衡量结果好坏的标准。优秀的部门或岗位都必须能够高效达成目标。企业通过制定科学合理的激励机制，激发整个团队为实现目标全力以赴。

三、制定目标的误区

目标的重要性已经不需要再多讲。然而有的企业在制定每年要达成的目标时都会出现很多误区。我们在调查中发现，即使在中国企业发展相对超前的沿海城市，也有超过30%的中小企业甚至都没有制定明确的年度目标。在制定了年度目标的企业中，90%以上的企业使用的方法也不科学。如果年度目标设定得不科学，企业发展就必然会遇到很多问题。目前中小企业在制定年度目标时的通常做法主要有三种。

1. 基于过去的结果

通过调查发现，有接近50%的企业在制定年度目标的时候，主要依据是参考过去几年的经营结果。大部分的做法就是在上一年营业额的基础上增加20%左右的比例。比如上一年的营业额是3000万元，今年的目标增长20%就是3600万元。这种基于过去制定年度目标的方法只能为企业带来修补式的惯性发展。企业只会在原来的发展方向和基础上做一些改良优化，很难充分发挥潜力和实现突破性的发展。

2. 全凭领导的想象

有30%左右的中小企业完全凭老板自己的想象来制定年度目标。企业老板一拍脑袋就定了一个3000万元或5000万元的年度营业目标。这个目标没有经过科学的论证，也没有充分的依据，只是老板自己的个人想法。这种方式定出来的年度目标要么完全不切实际，要么不能充分发挥团队的潜力。大家都不会特别认真对待这样的年度目标，能不能达成完全靠运气。所以凭领导者的想象设定的年度目标对企业发展的实际意义并不大。

3. 集合团队的建议

有20%左右的企业在制定年度目标时让团队自己定。企业安排各个部门和岗位的负责人定好年度目标，然后交给上级领导审核确认。如果定的年度目标和领导者的想法相差太大，就会要求做调整。如果基本符合领导者的想法就会确定下来。更好一些的做法是领导者会先召集大家开会做讨论。每个人提出自己的想法，最后领导者综合大家的建议确定好年度目标。这种方式同样局限于团队过去的经验和能力，很难让企业实现突破性发展。

以上三种制定年度目标的做法都是立足于企业的过去。用旧思维、旧方法，将很难制定出有突破性的目标。我们用过去看现在，看到的都是问题。很多企业都在抱怨说招人越来越难，人工成本越来越高，竞争越来越激烈，等等。而这些问题都是基于过去的视角对现有状况作出的判断。只有用未来的视角看现在，才能看到无数的机会。企业的年度目标要为战略发展服务，而战略就是要解决企业未来的问题。

四、目标的战略要求

大部分企业制定年度目标的方法都忽略了一个非常重要的原则。年度目标是对企业发展战略的量化和分解，必须要为实现战略服务。企业的年度目标不为战略服务就会出现短视行为或头痛医头脚痛医脚的情况。所以很多企业经过上十年的发展也没有形成核心竞争力。只有年度目标为战略服务，企业才能实现从量变到质变的持续健康发展。所以企业在制定年度目标时要符合三个基本要求。

1. 服务战略

我们在设定年度目标时首先要立足于企业的发展战略。通过把企业的战略转化为长期、中期、短期不同阶段要达成的目标，再把短期目标分解为年度目标。年度目标同样要从财务、市场、运营、成长、生态五个维度去制定。最终再把企业的年度目标分解到每个部门和岗位在不同时间段的目标。战略要解决企业未来靠什么才能得到生存发展的问题。通过不断实现每一年的目标，最终要能够形成企业的核心竞争力。

2. 面向未来

企业战略是要解决未来发展的问题，而年度目标是通向未来的路标。所以我们在设定年度目标时，不是过去已经能够做到的事情，也不能局限于过去的资源和能力。而是根据战略发展的需要来反推最近一年要达成的目标。面向未来一切皆有可能，缺人才可以找到，缺资源可以找到，缺资金同样可以找到。所以不是工作决定目标，而是目标决定工作。企业今年做什么取决于未来3~5年要实现什么目标。

3.不忘初心

企业的目标不等于目的，不能因为目标而忘了目的。企业存在的价值在于为人服务。而每个人的终极目标都是实现"内享幸福，外创价值"的人生追求。优秀企业要符合"合理盈利、持续发展、生态共赢"的要求。企业的盈利和发展都只是目标，能够构建与客户、团队、伙伴、股东、社会各方生态共赢的关系才是最终的目的。在制定企业的年度目标时要坚持不忘初心。

不同的战略在不同阶段追求的目标也不一样。通过战略的指引可以让企业未雨绸缪，做别人看不见，看不起，看不懂，最后来不及的事。无论是个人还是企业，其实最大的对手不是别人而是自己。"知止而后有定，定而后能静，静而后能安，安而后能虑，虑而后能得。"领导者要明确企业经营是"为什么""成什么""信什么"。只要朝着未来的发展方向脚踏实地地做好每一年，成功之路其实并不拥挤。

五、系统化设定目标

企业在制定年度目标时，最常见的指标有两个：一个是营业额，另一个是利润额。其实公司的营业额和利润额都属于财务指标。财务指标是一个企业经营好坏的最终结果，而不是原因。我们只有从财务、市场、运营、成长、生态五个维度制定系统性的年度目标，才能真正推动企业实现持续健康发展。然而超过80%的企业在设定年度目标的时候都缺少系统性。

1.年度财务目标

年度财务目标是衡量企业一年经营状况最直接的指标。通过年度的财务指标可以看到企业目前的规模、盈利和风险等情况。优秀企业不能单纯地追求利润最大化，但要具备合理盈利的能力，企业在财务方面主要有五个指标需要考虑。企业短期的战略重心不同，强调的具体财务指标也会不一样。

（1）年度营收目标

年度营收目标是企业在一年内通过销售产品或提供服务希望获得的营业收入。企业营业收入的水平是市场地位的重要体现。在行业处于高速发展的阶段，企业要实现行业领先战略，就要重点追求营业额的高速增长。

（2）年度利润目标

企业的年度利润是全年营业收入扣除各种成本后的余额。年度利润目标直接体现企业的盈利能力。企业在成熟期最看重的就是每年能产生多少利润，这代表企业在行业中的综合能力。

（3）年度资产回报率

企业全年税后的净利润除以资产总额就是年度资产回报率。这是投资人短期最看重的目标，直接决定年度投资的收益。所有的投资人都非常看重投资回报，企业要吸引投资人就要有合理的投资回报率。

（4）资产负债率

期末负债总额除以资产总额就是企业的资产负债率。资产负债率反映了总资产中企业自有的资产占有多大比例。企业的负债率太低不利于快速发展，而太高的时候债权人的风险就很大。

（5）资产流动性比率

企业的流动性资产除以流动性负债就是资产流动性比率。资产流动性比率是企业支付现金的能力。资产流动性比率高代表企业的现金流很健康，具有较强的支付能力。现金是企业经营的血液，要避免现金流中断的情况。

2.年度市场目标

无论是企业的营收，还是利润，都需要从市场上获得。企业各项年度财务目标的实现需要市场目标来保障。根据年度财务目标来反推年度市场目标需要达到的要求。只有达成企业的年度市场目标才能实现年度的财务目标。企业的市场目标重点考虑五个指标，年度市场目标的设定同样需要符合短期战略的重点要求。

（1）年度营收结构

企业的年度营收结构是指不同业务占全年收入的占比。根据企业战略和商业模式的需要，要设计合理的业务结构。不同的业务对企业发展的价值不一样，在年度营收中的占比要求也不同。

（2）年度客户量目标

企业的年度营收会受到全年客户数量的影响。如果要提高企业的年度营业额，其中一个重要的方法就是能够增加企业的客户数量。

（3）客户转化率目标

实际有购买企业产品或服务的客户数量除以客户总量就是企业的客户转化率。通过提高客户的转化率同样可以提高企业的营业额。

（4）客单价目标

客单价是指单个客户购买企业产品或服务的金额。即使客户量和转化率不变，只要提升每个客户购买的金额也能提高企业的营业额。

（5）客户流失率

企业全年客户流失的数量除以全年有购买企业产品或服务的客户总量就是客户流失率。客户流失率直接反映了客户对企业产品或服务的满意度。

3.年度运营目标

只有越来越多的客户愿意购买企业更多的产品或服务才能增加营收和利润。但客户为什么更愿意选择一家企业的产品或服务？这需要企业能够给客户一些充分的理由。而这些理由就是靠运营目标来支持。企业只有不断提升运营能力，才能更好地满足用户的需求。

（1）供应能力

企业每年能够提供的产品或服务客户的数量就是供应能力。企业要达成年度市场目标，年度的供应能力要有保障。

（2）质量目标

每一个客户对产品或服务的质量都有自己的要求。企业只有确保质量才能赢得客户的信任和持续购买，从而有助于市场目标的实现。

（3）交期目标

企业提供产品或服务给客户的效率就是交期目标。企业提供产品或服务的效率越高，越有利于达成市场目标。

（4）成本目标

客户购买和使用企业产品或服务需要付出的成本会影响客户的选择。同样的产品或服务，成本优势越大越有利于达成市场目标。

（5）服务目标

服务目标是客户购买和使用企业的产品和服务后的满意度。客户的满意度越高，客户的流失率就会越低，同时还会为企业转介绍新的客户。

4.年度成长目标

企业的运营指标要得到提升改善，就必须作出改变。所有能够帮助企业达成目标的改变都是一种成长。企业要实现年度运营目标就必须要有成长的要求。

（1）团队成长目标

根据年度的市场、运营目标和战略发展的需要，有计划地增加相关人才的数量。同时还要对整个团队的知识、技能、心性等方面做好持续培养提升。

（2）系统升级目标

企业要达成年度的市场、运营目标和满足战略发展的需要，每年都要对各项工作的运营和管理提出新的要求。我们每年要有计划地对运营管理系统进行升级，包括引进和升级各种管理软件。

（3）硬件提升目标

所有与工作相关的物质条件都是企业的硬件。我们要达成企业发展的目标，在场地、设备、物料等方面都要同步进行优化调整。

（4）创新能力目标

创新能力决定企业的未来。不管企业现在做得多好，只要创新能力不足就会慢慢落后。企业要根据战略发展的需要，不断提升企业的创新能力，每年都要设定具体的创新目标。

（5）团队文化目标

团队文化是企业的灵魂。团队的文化不是口号和标语，而是整个团队思维和行为的习惯。优秀的文化需要长时间的培育沉淀。所以企业每年都要有计划地对团队文化进行优化沉淀。

5.年度生态目标

优秀企业不仅只是追求自身的盈利和发展，更要建立与各相关方生态共赢的关系。企业建立与社会各界生态共赢的关系才能实现持续健康的发展。所以企业不仅要明确每年在财务、市场、运营、成长方面的目标，还要制定与相关方实现生态共赢的目标。

（1）合作满意度

企业的发展离不开上下游合作伙伴的支持。只有建立与供应商、经销商等合作伙伴的良好关系，才更有利于企业实现持续健康发展。企业每年对相关合作伙伴的满意度要有明确的目标要求。

（2）劳动就业

劳动就业是社会安定繁荣的重要基础。随着企业的发展可以增加劳动就业，这也是为社会做贡献的一种重要体现。

（3）法律法规

法律法规是维护社会秩序的各种要求。企业的经营管理要遵守当地各项法律法规，合法经营是企业的底线。

（4）税收贡献

税收是国家为了向社会提供公共服务，按法律规定向企业取得财政收入的一种形式。通过企业不断发展，能够依法增加税收也是为社会做贡献的重要方式。

（5）社会公益

社会公益是对公众有益而不求回报的事业，包括助学、扶贫、环保等方式。社会公益是企业为社会做贡献的重要方式，企业做得越大越应该积极参与社会公益活动。

六、目标要有科学性

企业在制定年度目标时还要避免一个常见的误区就是不科学。如果制定的目标不科学就很难得到有效执行。一个科学的目标要符合具体性、可衡量、能实现、相关性和有期限的SMART原则。

1.具体性

首先设定目标要具体，避免用形容词作为目标。我们在企业中常常听到上级领导对团队说：大家要努力工作，争取更好的业绩。这种很模糊的表达方式对做好工作没有太大作用。我们在设定目标时能够用数字表达的尽量用数字表达，不能用数字表达的也要形成具体的流程和标准。

2.可衡量

如果一个目标定下来，但却没有办法衡量是否达成就失去了意义。我们要做到目标可衡量取决于两个方面。一个是目标本身要具体，另一个是要有可检测的方法。很多企业因为没有建立合理的信息管理体系，根本无法检测到各项数据的达成情况。这样的目标就会变得形同虚设。我们所有确定的目标，都要有可衡量的方法和工具。

3.能实现

企业在制定目标时，如果太容易实现就无法充分发挥团队的潜力。如果太难，大家又会没有动力。最佳的目标是跳一跳够得着。所以要根据目标提前找到有效的策略和方法，让目标能够得到实现。一个完全不切实际的目标不仅不能激发团队的潜力，反而会打击大家的士气。

4.相关性

企业是一个整体，各项目标都是为发展战略服务。所以各项目标是相互关联的关系。如果一个目标和其他目标的相关性很低，无论是否达成对其他目标都不会产生太大影响，代表设定这个目标的意义就不大。

5.有期限

所有目标都要有时效性。没有时间期限的目标等于没有目标，并且各项目标的实现都有内在的关联。一个目标不能按时达成就会影响到其他目标的实现。所以我们对每个目标都要明确完成的时间节点，这样才能确保整体目标的达成。

第八章　目标分解的三维度

日本有一位获得过马拉松比赛世界冠军的传奇运动员叫山田本一。有记者在采访时问他是靠什么赢得了马拉松比赛的世界冠军。他回答说：靠智慧。很多人听了之后都认为他的回答是在故弄玄虚。后来他在自传中解密说：在每次比赛前，他都会提前把比赛的线路走一遍。每过几公里的距离就会找一个标志，例如银行、大树、红色房子……一直到达终点。这样一来，40多公里的赛程就被分成了几个小段。在参加比赛时每跑完一段都能激励他用更好的状态跑下一段。结果就能更轻松地跑完全程，最终获得了冠军。经营企业也是一场马拉松比赛，想赢得比赛的道理也一样。在确定了企业的整体目标之后，要细分到每个项目，每个岗位，每个时段，才更容易达成目标。

一、目标分解的原则

在确定企业的年度目标之后，只有进一步的细分才具有操作性。我们要把年度目标从项目、部门、时间三个维度做好详细的分解。尽量做到每个岗位，每项工作，每个时段都有清晰的目标。企业的目标分解得越科学才越容易得到实现。在做企业的年度目标分解时需要遵循以下几个基本原则。

1.战略导向

年度目标的分解同样不能偏离企业的战略方向。企业年度目标的设定是基于发展战略的需要。在做年度目标的分解时同样要以发展战略为导向。既要有利于达成年度目标的要求，又不能偏离企业的战略方向。

2. 团队参与

企业年度目标分解的各项指标最终都要由各个部门和岗位来负责实现。领导者主导年度整体目标的设定，但目标的分解要让团队充分参与进来。通过让团队一起探讨如何分解目标，可以更好地了解各项工作的实际状况，同时能够充分调动团队工作的积极性。只有群策群力才有利于目标的科学分解和提升执行的配合度。

3. 适当加量

《孙子兵法》中讲：求其上，得其中；求其中，得其下；求其下，必败。企业的年度目标分为保底目标、正常目标和挑战目标，我们要按挑战目标进行分解。我们只有争取做到"求其上"，才能"得其中"。也就是要有高于企业正常目标的追求。我们在分解年度目标时，子目标的总数要高出总目标的20%以上。

4. 市场导向

有的企业在分解目标时不知道该从何处入手，结果导致各项目标互不关联，更甚至对一些辅助性部门和岗位无法设定科学的目标。企业的价值最终要在市场上得到转化，所以在做年度目标分解时首先要做好市场目标的分解。各部门和岗位的目标都要能够满足市场目标的要求。

5. 协调统一

企业是一个有机的整体，分解的各项目标是相互关联的关系。我们要确保年度目标分解的协调统一。只有分解的各项目标方向一致，整个团队的各项工作才能形成合力。所以各个细分目标要符合内在的逻辑，相互支撑，互为条件。每个细分目标都是实现年度目标不可缺少的组成部分。

二、目标分解用工具

我们不能只是凭经验和感觉来做年度目标的分解。做任何事情都有规律和方法。只有善于运用相关的工具才能把工作做得更好。在做企业年度目标的分解时，也有很多成熟的工具可以运用。

1. 平衡计分卡

平衡计分卡是以战略为导向，从财务、客户、运营、成长、生态五个层面来做目标分解。通过平衡计分卡可以让我们清晰地看到不同层面目标之间的关系。这有助于我们把年度目标科学地分解到项目和部门。目标的设定能够量化的要量化，不能量化的必须流程化、标准化。我们可以从数量、质量、时间、成本、评价五个维度来确定各项目标的具体要求。

2. 鱼骨分解法

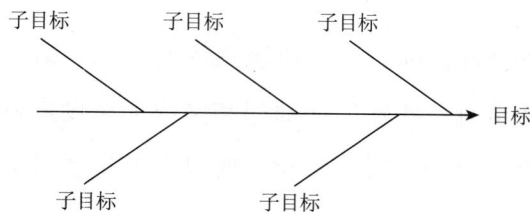

鱼骨分解图

我们在做年度目标分解的时候，还可以借助鱼骨图来明确相关的子目标。我们以一个具体的年度目标为导向，分析实现这个目标需要具备的相关条件。主要可以从人、机、料、法、环五个方面展开分析。也就是要达成一个目标需要的人员、工具、物料、方法和环境。针对这些项目做好层层分解，并设定具体的目标要求。这样可以让我们全面了解达成一个年度目标需要的相关条件。

3. 整分合结构

我们在做年度目标分解时先要明确全年的整体目标，然后按项目、部门、时间的维度层层分解。在目标分解完成后，要把各子目标进行统计分析，检查是否能够保证总目标得到实现。原则上子目标合计数要大于总目标的数值。同时还要分析各子目标之间在内容和时间上的分解是否协调一致。各子目标之间要符合内在的逻辑，不能影响总目标的时间进程。

三、项目分解是关键

企业的业务项目是战略落地的着力点。业务项目的构成是企业战略的直接体现。我们在做年度目标分解的时候，首先考虑的就是如何分解到企业的各个项目上。年度目标的项目分解主要包括业务目标结构、产品目标结构、渠道目标结构、区域目标结构四个方面。我们在做项目分解前要先明确公司战略的短期重点是什么。根据战略发展的需要来确定对各个项目的要求。

1. 业务结构分解

未来的竞争不是单个价值点的竞争，而是生态与生态的竞争。过去的思维是企业有什么就卖什么，未来的思维是定位的用户要什么企业就做什么。所以一个企业的业务构成要与时俱进。我们要根据企业定位的用户需求和发展战略来规划业务结构。每个企业都要做好现在、发展、未来三个阶段的业务规划。现有业务是目前正在经营的主要业务；发展业务是中短期重点培育或要新增的业务项目；未来业务是中长期要新增的业务项目。我们要把年度目标分解到不同业务项目，明确各项业务的具体目标。

2.产品结构分解

即使是同一项业务也需要形成科学的产品结构。通常每种业务都需要明确三类产品。首先是如何有效吸引到目标用户群体能够关注和了解企业的产品。我们称这类产品为引流产品。引流产品往往没有太强的盈利能力，甚至会是负利润产品。所以企业还需要有利润产品，能够实现合理的盈利。另外企业要推动行业的发展，在行业中形成品牌影响力，就要有代表行业高度的形象产品。这三类产品的定位不一样，营销策略也完全不同。所以在分解年度目标时要明确对这三类产品的不同要求。

3.渠道目标分解

现在销售的渠道越来越多元化，用户流量也越来越分散。每个企业都要根据用户的消费习惯和发展战略来规划多种营销渠道的有效组合。整体来说销售渠道可以分为线上和线下两大类。线上和线下还有很多不同的细分渠道形式。不同的用户群体选择的购买渠道不同。企业要把线上和线下的渠道打通，形成立体式的渠道网络。因为企业定位的用户购买习惯不一样，各种渠道产生的效果也不一样。我们要把企业的年度目标分解为不同渠道要达成的目标要求。

4.区域目标分解

根据企业的发展需要，同时会在多个不同区域的市场展开业务。不同区域的市场对企业发展的价值不同，我们要对区域市场的重要性进行分类。首先要明确重点区域市场，也就是对企业的生存发展有重大影响的市场。除重点区域市场外还要明确需要重点新开发和提升占有率的市场。除此以外就是对企业影响不大的普通市场，只需要做好维护就行了。因为各个区域市场的重要性不一样，在分解年度目标时对各个市场的目标要求也不同。

年度目标项目分解表

项目	产品1	产品2	产品3	…	合计	占比
区域A	万	万	万	万	万	
区域B						
区域C						
…						
合计						
占比						
备注						

在广东中山有一家做厨电的企业，一年的营业额近亿。在对这家企业做调研的时候，我们曾问公司的负责人："公司的产品定位是什么？"他说："我们定位是做中高端的厨电。"我们又问他："如何定义中高端？"他回答说："燃气灶售价在1000元以上的产品。"当我们问中高端的产品占公司的销售比例时，他说不清楚。然后我们就让他安排财务部门查一下。最后的结果是中高端产品销售占比只有20%左右。通过我们的进一步调查发现：公司在分解年度目标时并没有要求中高端产品的占比，更没有针对中高端产品制定相应的销售策略和激励方案。这样的方式必然会造成中高端产品销售占比低的结果。从年度目标的项目分解就可以了解一个企业的战略发展方向。

四、人人头上有指标

每一项工作都要有具体的部门和岗位负责完成才能得到实现。所以我们要把企业的年度目标分解到不同的部门和岗位。企业的每一项年度目标都要有具体的部门负责，部门再分解到各个岗位。最终要实现"人人有目标，事事有人做"。在实施过程中所有的工作都是围绕目标展开。

1.部门分解顺序

很多企业不知道如何确定各部门和岗位的具体目标，造成人浮于事的情况很严重。我们要把年度目标科学地分解到部门和岗位必须先明确分解的内在逻辑。一个企业的产品或服务如果没有市场需求就无法生存发展。所以我们首先要确定市场部门的目标。然后以市场目标为导向反推负责运营、物控、人资、财务等各部门需要达成的目标。在分解年度目标时，以市场部的目标为依据，按业务流程下一环节的部门目标要能满足上一环节部门目标的要求。

2.因事设岗原则

各部门是分工合作的一个整体，部门年度目标要为实现企业的年度目标服务。我们在确定部门目标时都要以达成企业整体目标的要求为依据。在确定部门目标之后，还要分解到本部门的各个岗位和具体的人负责。最终实现千斤重担人人挑，人人头上有指标。如果一个部门或岗位没有分解到需要负责的具体目标，也就代表这个部门或岗位应该作出调整。同时我们还要分析每个部门和岗位的目标工作量是否合理，要充分发挥团队的潜力。

年度目标部门分解表

部门	部门目标
部门1	
部门2	
部门3	
...	
备注	

3.做好信息管理

企业的年度目标做好分解之后，在执行过程中还要能够随时掌握目标完成的进度。所以每个部门和岗位都要及时反馈目标的达成情况。只有做好过程的信息管理才能发现执行中是否出现异常。我们要设计专门的表单或运用专业的管理软件来实现有效的信息管理。通过这些信息能够让相关部门或岗位的负责人随时了解各项目标的最新情况。领导者作出正确决策的重要前提就是要有及时准确的相关信息。

例如一个公司市场部的销售目标是一个亿。负责运营的部门就要有能力按市场部的要求提供一个亿的产品和服务。而市场和运营部门要达成目标要有人、财、物等各项资源的支持。作为物控、人资、财务这些职能部门的目标就是如何支持市场和运营部门的目标能够有效达成。只有确保需要的人、财、物等相关资源能及时配置到位，才能支持市场和运营工作的正常开展。同时在执行过程中要做好信息管理，能够随时了解各个部门的目标达成情况。

五、时间安排要合理

企业的年度目标是全年要达成的最终结果。一年的周期比较长，无法对团队每月、每天的工作提出具体要求。如果到年底才检视结果，即使没有达成也没有时间进行调整补救了。所以我们还要把每个项目的年度目标分解到季度、月度，甚至每周、每天要达成的目标要求。这样便于及时发现执行过程中出现目标滞后的情况。只有我们做好过程中目标进度的跟进调整，才能保障年度目标最终能够实现。

1. 时间分解逻辑

企业的年度目标在完成项目分解和部门分解的基础上，再进行时间的细分。如果能够做到随时随地都有明确的目标才是管理追求的理想状态。从战略层面要把长期目标分解为中期目标，把中期目标分解为短期目标，最后明确到每年的具体目标。从每年落地执行的层面，要把企业的年度目标再细分到季度、月度、每周、每天。我们在做好企业目标的时间分解后，每个人只要能够坚持达成每天的目标要求，就会一步步实现每周、每月、每季的目标，最终实现年度的各项目标要求。

2. 关注影响要素

我们在做年度目标的时间分解时要考虑几个重要因素的影响。首先企业随着时间的变化在不断成长。在做时间分解时要考虑与前几年数据对比的合理增长，同时还要考虑本年度每个月改善提升的影响。除此之外行业的淡旺季对目标分解也会产生直接影响。有的行业受季节的影响很大，淡旺季很明显，不同季节的目标相差就会很大。各个行业还会受到特定节假日或公司重大活动的影响。所以只有根据不同时间段的实际情况来做年度目标的分解才有合理性。最后要强调目标是一个整体，在分解时要做到各个子目标之间符合内在逻辑。

3.明确重要节点

为了达成企业的年度目标，要分解成很多子目标。这些子目标之间会相互关联，有的是并行的关系，有的是先后的关系。在同一级并行的各项子目标中耗时最长的工作要优先安排，这样才能实现整体工作用时最短。根据各级子目标的重要性和用时情况，提前确定实现总目标的关键时间节点。通过对重要节点的把控，确保年度目标能够高效有序地达成。

年度目标时间分解表

时间	一季度			二季度			三季度			四季度		
	1月	2月	3月	4月	5月	6月	7月	8月	9月	10月	11月	12月
营业额	万	万	万	万	万	万	万	万	万	万	万	万
合计												
备注												

我们在实际的调查中发现：中小企业在做年度目标的时间分解时，最常见的问题有两个。一个是把年度目标做平均分配。全年的业绩目标是6000万，分解为每个月的目标就是500万。这种没有考虑不同时间段会存在差异的目标分解对实际工作的指导价值并不大。另一个就是全年的工作都很平淡，看不到一些重要的时间节点。这样很难提升团队的工作激情和紧迫感。

六、目标落地路线图

不管目标的高低，各个部门和岗位的负责人都要乐观地看待目标，但是要谨慎地论证方法。通过年度目标的分解，每个部门和岗位都会明确自己的目标。根据战略发展的需要，分解出来的目标可能会远超过去的水平。在面对目标时，我们不能局限于过去的经验和能力。首先在信念上不能被自己打倒，要用积极的心态去看待。但又不能盲目地乐观，而是要去找到实现目标的有效方法。各个部门都要提前明确能够实现目标的路线图。

1.梳理目标逻辑

在确定企业一个项目的年度目标之后，主要从部门和时间两个维度来做进一步的目标分解。从而明确各个部门和岗位在每个时间段需要完成的目标要求。我们可以把整个年度目标分解的逻辑进行梳理，明确整个目标系统之间的关系。从而让目标的分解有科学的逻辑关系。

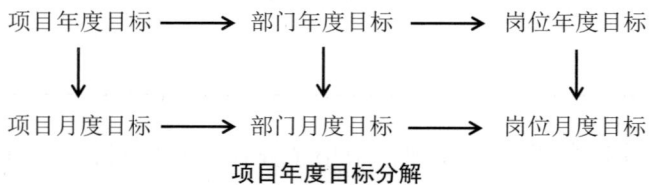

项目年度目标 ⟶ 部门年度目标 ⟶ 岗位年度目标
　　↓　　　　　　　↓　　　　　　　↓
项目月度目标 ⟶ 部门月度目标 ⟶ 岗位月度目标

项目年度目标分解

2.目标分解到人

所有的目标，最终都要落实到个人。如果一个目标没有人负责，或同一个目标有多个人负责，都代表目标分解还没有完成或不科学。只有做到每个目标都有具体的人负责，每个人都明确自己的目标，才能实现各司其职。团队的价值在于围绕一个共同的目标分工合作，实现一加一大于二的最大合力。

3.做好实施计划

各个部门和岗位在明确了自己的目标之后，还要做好如何才能实现目标的具体实施计划。凡事预则立，不预则废。没有达不成的目标，只有达不成目标的人和方法。部门和岗位的负责人要围绕如何达成目标找到最有效的策略。再根据策略展开，制定出详细的实施方案来保障目标能够得到实现。

第九章　找到目标实现策略

不少企业在确定和分解年度目标的时候都会提前让团队做可行性分析。这已经被大家默认为理所当然的事情。然而正是这种做法极大地限制了企业发展的潜力。首先年度目标要为企业的发展战略服务。如果企业的战略确定了，年度目标是根据战略规划反推出来的结果。其次，如果我们一开始就让团队讨论年度目标的可行性，大家很容易局限于过往的经验和能力，这样很难有大的突破。这种方式制定出来的年度目标往往都没有充分发挥团队的潜力。

所以我们应该是先根据企业的战略需要来确定每个阶段的发展要求，最终分解为年度目标。然后再根据年度目标的需要来寻找可行的实施策略。我们在做实施策略分析的时候，只为目标找方法，不为目标找借口。也就是只谈如何才能达成目标，而不是讲达成目标的困难。实现同样一个目标的策略并不是唯一的方法，可以有各种不同的思路。首先要做到集思广益，找到可以达成目标的各种可能性，在此基础上通过比较来确定最适合企业的策略。

一、高效策略的标准

很多领导者以为做好企业的年度目标分解就完成任务了。其实对于各个部门和岗位来说才刚刚开始。如果只是有目标，而没有明确可行的方法，仍然只能是摸着石头过河。一将无能累死三军，没有找到实现目标的好策略就会让团队多走很多弯路。高效的策略可以让工作达到事半功倍的效果。所以各个部门和岗位在明确了目标之后，还要围绕目标找到最有效的实施策略。一个优秀的策略要具备以下五个特征。

1.给人惊喜

如果我们把实现目标的策略与团队分享时，大家的反应很平淡就代表这个策略的质量并不高。一个优秀的策略能够给团队带来惊喜，让大家听了有眼前一亮的感觉。一个好的策略会让大家对实现目标的信心倍增。

2.容易执行

优秀的策略不仅要给团队惊喜，还要容易得到执行。很多想法非常好，但却很难执行落地也没有用。因为有的策略对团队的能力或资源要求非常高，执行起来难度很大。所以我们在制定策略的时候一定要考虑企业的实际情况。

3.产出最大

如何用最少的投入实现最大的产出，是所有策略都希望实现的目标。我们在围绕目标确定策略的时候，要提前预算需要投入的资源。投入产出的效率是评估一个策略优劣的重要标准。

4.各方共赢

企业的每一项工作都会与很多不同的人发生关系。所有策略的有效实施都离不开相关者的支持。我们在制定策略的时候要提前思考与各相关方的关系。只有能够让相关各方都能实现共赢，才能让大家支持策略的执行落地。

5.风险可控

企业要实现持续健康的发展就必须控制好风险。我们要对达成目标的策略做好风险评估。在能够达成目标的前提下，风险越小越好。我们要能够承受万一失败的结果，同时把可能遇到的各种风险提前做好预防。

二、集思广益找策略

三个臭皮匠顶个诸葛亮。每个人的优势和经验都不一样，对同一个问题的见解和处理方法也不相同。我们在制定策略的时候不能闭门造车，要善于集思广益，充分发挥大家的智慧。通过不同的思路在一起碰撞又会产生很多新的灵感，这有利于打破个人思维的局限。所以在为目标找策略的时候，要多渠道征询不同的思路和建议。

1. 重视内部探讨

围绕如何达成目标，我们可以召集内部团队做头脑风暴。开展头脑风暴的碰撞要分成三个阶段。第一个阶段的目的主要是找到尽可能多的思路。这个阶段要鼓励每个人畅所欲言。不管方法是否可行，其他人都不要反驳或批评。我们要把大家提出的思路进行汇总。接下来才进入头脑风暴的第二阶段。每个人对汇总的方法做充分的利弊分析。最后大家可以对各种方法做评分或投票，选出最优的方案。再围绕最优方案做进一步的完善。

2. 善于外部借力

我们发现越是优秀的企业，越善于借助外力来达成目标。因为术业有专攻，专业的人才在自己的领域拥有深厚的知识沉淀和丰富的专业经验。所以把专业的事情交给专业的人才能做得更好。我们平时就要多积累与企业相关的专业服务机构和优秀专家的资源。在有需要的时候，可以委托他们提供专业的咨询服务。外部的专业机构或专家因为受企业内部的影响小，又掌握许多企业的成功经验，所以更容易为企业提供具有突破性的高效策略。

3.懂得学习借鉴

他山之石，可以攻玉。各行各业都有做得非常优秀的标杆企业。我们所面临的问题，很多企业都曾经遇到过。我们可以对标同行或跨行中的优秀企业，学习借鉴他们在应对类似问题的成功经验。这可以帮助企业少走弯路。但每一个企业的发展战略和实际情况不一样，所以学习也不能简单地照搬。我们真正要学习的是这些成功经验背后的逻辑。然后再结合企业的实际情况，把其他企业的成功经验转化为适合自己的方法。

虽然企业的具体策略可以千变万化，但也并非没有规律可循。从本质来讲，企业达成目标的策略主要可以分为三类。第一类是如何把企业原有的资源能力发挥得更好来达成目标，称为挖掘潜力。但一家企业原有资源和能力的潜力是有限的，我们还可以通过增加投入进行拓展创新的思路来达成目标。最后，如果企业的潜力和拓展都无法达成目标的要求，还可以整合各界的资源来实现目标。企业能够整合的资源越多，才能创造更大的可能性。

三、挖掘潜力最可靠

同样的人，同样的条件，作出来的结果却可能天壤之别。几乎每个企业都没有百分之百地把自身资源和能力充分发挥出来。也就是说，即使不用增加任何投入，每个企业都还可以做得更好。如何把企业现有的人、财、物发挥到极致，这就是挖潜力的思路。在各类策略中，挖掘潜力是基于企业已有的资源和能力，所以也是最可靠的方式。我们在思考实现目标的策略时，要优先把企业已有的潜力发挥出来。

1.盘点现有的资源

我们要挖企业现有的潜力，就要先了解到底有多少潜力可以发挥。我们要对企业各个部门现有的资源和能力做详细的盘点。通过盘点，我们可以拟定出各个部门资源能力的清单明细。只有准确掌握各个部门人、财、物的情况，才能知道企业原有资源可以达到的最高水平。然后对比目前实际的发挥状况，就能找到可以改善提升的空间。企业挖潜力不是哪一个部门的事情，市场、运营、研发、供应、人事、财务等每个部门都可以围绕目标找到挖掘潜力的地方和方法。

2.提高人力的效率

通过对工作结果和工作量的分析，我们能够对团队的工作效率作出判断。其实每个团队都有提升效率的很大空间。如果我们对团队成员每天的工作时间做定量分析就会发现，大部分人的能力发挥都不到60%。每天上班按8小时计算，大部分部门和岗位的实际有效工作时间都不超过5小时，浪费了大量的时间。同时，很多人的时间运用也不科学，把大量时间用在一些琐碎的小事上，没有实现时间价值的最优化。

3.减少资源的浪费

除了团队的工作效率有潜力可以挖，各部门的设施、设备、物料，以及各种无形资源的使用也存在大量的浪费。一方面是在使用过程中存在不合理的浪费。原本正常可以使用一年的物资，几个月就用完或损坏了。另一方面就是存在严重闲置的问题。很多部门配备的设施、设备使用频率都非常低。我们可以想办法提高各个部门现有资源的使用率或降低使用成本。

有一家成立近20年的汽车维修服务企业，一年的营业额在1200万左右。企业的负责人非常希望业绩能够有所突破，却找不到有效的策略。通过对企业的市场数据进行分析发现：这家企业拥有的有效客户量超过3万，每年实际消费的客户有3000个左右。经过计算，企业的客户转化率只有10%，全年的客单价在4000元左右。从数据中可以看到企业现有客户的转化率太低。经过进一步了解发现，原因是企业还处于等客户上门的传统服务模式，缺少科学的客户维护跟进。通过建立客户管理系统的策略，就能挖掘出更大的市场潜力。

四、投入拓展空间大

企业通过挖掘潜力来达成目标是投入成本最低，也最可控的策略选择。但每个企业的潜力都有限。如果设定的目标超过了最大潜力能够达到的范围，就需要拓展新的发展空间。企业要拓展全新的发展空间需要增加资源投入，也存在一定的风险。但只有通过不断拓展才能打破原有资源能力的限制，让企业拥有更大的发展空间。所以企业要根据战略发展的需要，不断增加资源投入和提升团队能力。

1.市场做引领

企业的拓展投入要以市场发展为引领。所有增加的投入最终都要在市场上能够得到合理的回报。企业的市场目标影响最直接的投入有三个方向。首先企业可以投入开发新的市场，从而增加销售收入和市场影响力。因为现在的销售渠道越来越多元化，还可以通过开发新的销售渠道来增加销售收入。同时企业可以根据市场的需求投入开发新的产品。通过新产品的销售同样可以增加销售收入。我们要根据企业发展战略和年度目标的需要，综合运用市场拓展的策略。

2.做配套发展

企业的各个部门是一个分工合作的整体。如果只是加大市场的投入，其他部门的配套能力没有同步跟上也没有用。例如市场部门一年有能力销售一个亿的产品，但运营部门却不能供应一个亿的产品也没有用。所以要满足战略发展和市场目标的要求，对运营、物控、研发、人事、财务等各个部门的现有能力都要做好评估。无法达成目标要求的部门，可以通过增加人、财、物的合理投入来实现同步发展。所以企业的投入要进行系统思考，做好各个部门的最佳配置。

3.投入要可控

所有的投入发展都会存在风险，不是有投入就一定能实现想要的目标。但也不能因为有风险就止步不前。只是各个部门在做投入时要做好管控。每一个要增加投入的发展项目都应该提前做好充分的分析评估，控制好发展的风险。各个部门的投入预算要进行管理，不能超出企业的承受能力。很多企业投入发展失败的原因就是没有做好预算，因为资源投入得不到保障而半途而废。

曾经有一家生产办公家具的企业。这家企业当时的年度市场目标希望从原来的6000多万增长到1亿以上。通过充分挖掘企业原有的市场潜力发现可以增加3000万的业绩，但离目标还是有差距。在进一步分析中发现，这家企业原来的产品风格单一，销售主要靠打电话找经销商的方式来实现。只要通过开发一个新的产品系列，再增加电商和工程两个销售渠道就有机会再提升2000万以上的目标。经过实施验证，这家企业最终成功突破了一个亿的销售目标。

五、整合资源无边界

企业做得越大，需要的资源就越多。但每个企业自身的资源都非常有限，而外界的资源却有无限的空间。通过资源整合能够让企业达成原本不可能实现的目标。未来的企业将变得越来越没有边界。基于定位用户的需求，企业要有整合各界资源的思维和能力。所有的资源都会向有利于资源自身增值的方向流动。我们只要能够让各方的资源收获更大的价值，就能把各种资源汇聚到一起实现跨越式发展。各个部门都要围绕年度目标思考如何通过整合资源的策略来突破自有资源和能力的局限。

1. 整合六问

各种资源都归属于不同的人，资源整合的根本在于人。如何才能让别人愿意和我们共享资源？这需要我们回答好六个问题。首先我们要了解企业自身的情况：企业有什么，企业要什么，企业给什么？我们不能只是向别人索取。我们想要去与别人做资源整合，就要提前知道企业有什么资源可以给予。在此基础上还要找到适合与我们做资源整合的对象。我们要了解对方的情况：他有什么，他要什么，他给什么。如果他有的资源就是我们所要的，同时他要的是我们可以给予的，这就是实现资源整合的最佳组合。

2. 以奇制胜

企业要展开任何工作都离不开足够的资源支持。我们可以运用的资源越多，能够达成的目标就可以越大。所以每个部门都要思考如何通过资源整合的策略来达成更大的目标。无论是市场、运营、研发，还是物控、人事、财务等，每个部门都可以找到资源整合的对象和策略。只是依靠企业自身的资源和能力很难实现突破性的大发展。只有善于资源整合，才能创造以奇制胜的惊喜。每个部门的负责人都要善于根据发展的需要不断整合更多的外部资源。

3. 未雨绸缪

不是下雨了才想到要修房子。优质的资源可遇而不可求，不能等到需要时才去找。企业的各个部门都要提前明确未来发展需要的各种资源。在日常的工作中就要处处留意，不能错失整合到外部有效资源的机会。只有未雨绸缪，提前做好各种资源的储备，等到需要时才能有备无患。一个企业能够整合的外部资源越多，才越容易达成更高的目标。

小米从2010年创立，只用了8年时间销售额就过千亿，能够连接的智能硬件数量超过1亿台，已经成为全球最大的消费类物联网平台。创始人雷军曾总结小米获得成功很重要的原因在于他前期花了很多时间找人。因为有一个近乎完美的创业团队，才造就了小米的发展奇迹。其实小米的成功不仅在于雷军整合了一个顶尖的创业团队。纵观小米的发展历程，就是一个不断整合人才、资源、资金的典范。这与雷军和整个创业团队多年的深厚资源沉淀密不可分。

六、确定策略有原则

不管目标高低，企业的各个部门都要用积极的心态去探讨策略。只有保持积极乐观的心态才能找到更多的可能性。但又不是盲目乐观，而是要找到行之有效的策略。按照挖潜力、做拓展、整资源的思路，每个部门都能找到很多有助于达成目标的具体策略。我们要针对这些策略进行评估分析，最终确定最适合企业的策略。如何作出选择，主要有五个基本原则。

1.符合文化基因

文化基因是企业的灵魂，从核心理念、制度体系，到行为习惯、经营结果都是文化的体现。不同的文化基因对企业的制度体系和团队行为有不同的要求。各个部门在选择实施策略时要符合文化基因的核心理念。

2. 充分发挥优势

每个企业的状况不一样，沉淀的资源能力优势也不同。越是能够充分发挥企业已有优势的策略越有保障。所以企业各个部门在确定实施策略时，要优先选择能够充分发挥自身优势的方案。

3. 敢于打破常规

企业的各个部门在确定策略的时候也不能墨守成规。只有敢于创新才能有新的可能性。所以要有打破常规的勇气，敢于大胆尝试一些创新的策略。通过全新的思路才能取得突破性的发展。

4. 做好严格论证

在确定具体的策略之前，要进行严格的论证。按照"给人惊喜、容易执行、产出最大、各方共赢、风险可控"的五项标准进行分析评估。在论证策略时对利弊的分析要全面，只有提前想到最坏的结果才能万无一失。

5. 制定实施方案

不管策略看起来有多么高明，只有能够落地执行才能发挥作用。一个真正优秀的策略不能脱离实际，要有切实可行的实施方案作为保障。各个部门在确定策略时，都要充分考虑是否具备实施的能力。

第十章　制定经营实施方案

　　企业的各个部门都要围绕年度目标制定有效的实施策略。但只有策略还不能确定各个岗位的具体工作和要求。所以还要进一步把部门的各项策略细化为具体的实施方案。各个部门制定的策略是达成年度目标的思路，实施方案是要把思路变成如何做的具体要求。实施方案要制定实现策略的流程、标准和工具。然后把这些工作分解给不同的岗位负责，并做好实施的时间排程。

一、实施方案的原则

　　实施方案就是各个部门按策略实现年度目标的操作手册。通过实施方案可以明确达成目标的流程、标准和具体的要求。每个部门根据实施方案中的工作要求安排给不同岗位的人负责完成。所以实施方案决定了部门中各个岗位要"做什么"和"怎么做"的问题。实施方案制定得越科学，越详细，越有利于各个岗位高效完成相关工作。每个部门在制定实施方案时要遵循几个基本的原则。

　　1.坚持目标导向

　　先有目标才有工作，每个部门的工作都在围绕年度目标展开。只要与目标无关的工作都可以尽量删减。每个部门都要把有限的资源投入在有利于达成目标的工作上。我们制定实施方案时不能太复杂，要尽可能做到简单易操作才便于执行。每个部门围绕年度目标找到最佳的实现策略，并形成具体的执行方案。

2.要有备选方案

不管方案做得多完善，在实际工作过程中都会出现许多突发状况。这些新情况可能会导致原有的实施方案无法执行。所以各个部门都要针对一些重点的工作提前制定备选的方案。根据可能出现的异常情况提前做好准备。我们可以制定上策、中策、下策三种不同的实施方案。在理想的情况下争取上策，出现异常可以执行中策，遇到重大变化也要确保下策的实现。

3.做好风险控制

我们做任何事情都会存在一定的风险。每个部门对实施方案可能出现的风险要提前进行分析评估。做任何方案都要未问成功先问失败。也就是要提前思考如果失败会有什么结果。只有做到即使失败也能承受才能立于不败之地。在此基础上要做到将方案的风险尽可能降到最低。同时对可能出现的风险提前做好预防。只有在事前做好充分的预防工作才能让实施方案能够得到顺利推进。

二、重点工作先明确

企业中很多人看上去每天都很忙，但取得的结果却并不理想。通过分析就会发现，80%的原因在于他们每天都只是忙于一些琐碎的小事，没有把时间精力聚焦在重点的工作上。一个人用同样的时间做不同的事，所创造的价值完全不同。每个部门在制定实施方案时，都要提前明确有哪些重点的工作。在实施过程中要指引整个团队把主要精力聚焦到这些重点工作上。

1.工作分级管理

各个部门每天都有大量的工作需要处理。根据这些工作的重要性可以分为三种类型。首先是战略性工作，是关系企业生存发展的关键工作。每一项战略性工作中又会分解出一些重点工作，称为战役性工作。围绕战役工作会细分出很多具体的工作事项，这就是战斗性工作。通过对工作进行分级，不同岗位做好分工合作。每个岗位的人都要明确自己有哪些重点的工作要负责完成。

2.遵守二八法则

在工作中有一个非常重要的规律：我们取得的80%的成绩都由20%的工作所决定。也就是我们做的工作中最能创造价值的只占20%的比例。每个部门和岗位都可以通过拟定详细的工作明细表，明确需要完成哪些具体的工作。在此基础上对每项工作的重要性进行评估，把那20%的重要工作挑选出来。每个部门和岗位都要把资源和时间聚焦在这些重点工作上。

3.时间管理法则

每个部门把工作分解到岗位之后，各个岗位的负责人可以再按"重要性"和"紧急性"进行分类。"重要而紧急"的工作要立即做；"重要却不紧急"的工作要计划做；"不重要但紧急"的工作要授权做；"不重要也不紧急"的工作要拒绝做。根据工作的"重要—紧急"情况来安排处理的优先顺序。每个岗位要把时间、精力、资源都优先安排在重点工作上才能取得更好的成果。

三、制定方案用工具

工具承载着人的思想和方法。通过运用工具可以实现事半功倍的效果。各个部门在制定实施方案时要善于运用相关的工具。通过对优秀工具的有效组合，形成制定实施方案的整套方法。我们可以先通过思维导图来梳理实施方案的逻辑关系；再用工作清单把需要完成的具体工作进行盘点；然后用5W1H的方法把每项工作表达清楚。这也是每个部门不断细化实施方案的路径。

1.思维导图法

思维导图的工具能够帮助我们把工作思路直观地展示出来。我们可以围绕一个目标向外发散，把实现目标的相关要素全部罗列出来。每一个要素又作为一个子中心，向外发散找到要实现的相关要素。通过层层分解，最终形成一个具有内在逻辑关系的完整系统。思维导图让我们能够看到实现一个目标的整体状况。每个部门在制定实施方案的时候，可以运用思维导图来梳理实现部门目标的完整逻辑。

2.工作清单法

根据每个部门实现目标的思维导图，需要完成很多具体的工作事项。只有对这些工作做好盘点才能避免出现遗漏。我们可以把所有需要完成的工作汇总成一份工作清单。再按这份工作清单分解到各个岗位的人负责。在分解时必须做到每项工作都要有明确的负责人。

部门工作清单表

序号	工作项目	负责人
01		
02		
03		
04		
05		
...		

3.5W1H描述法

通过《部门工作清单表》可以知道有哪些工作需要完成。在做好这些工作的分工安排之后，还要对每项工作做好描述。如果对工作的表述不清楚就很容易出现偏差。我们可以通过5W1H描述法的要求对每项工作进行说明。5W1H的具体内容包括"有什么事，由谁去做，什么时间做，在什么地方做，为什么要做，如何做"。通过这种方法可以把每项工作的要求表达得非常清楚。

四、部门配合要做好

各个部门是围绕企业目标分工合作的有机整体。企业要达成年度目标需要完成的工作非常多。这些工作由不同的部门负责完成。如果其中有的工作没有按时、按质、按量地完成，就会影响到整体目标的有效达成。所以各个部门和岗位不能各自为政，在制定实施方案时必须考虑部门和岗位间的工作配合。只有做好部门和岗位间的有效衔接才能提高企业实现目标的整体效率。

1.明确工作流程

我们想把一项工作做好就要掌握其内在的逻辑。根据本末终始的逻辑关系制定出科学的工作流程。也就是要明确先做什么，后做什么的先后顺序。通过科学合理的流程可以避免出现本末倒置，拔苗助长的问题。所以我们在做部门分工之前，要先把企业的整体工作流程梳理出来。各个部门的分工要有助于工作流程能够高效可控地完成。

2.部门科学分工

根据企业的整体工作流程，把不同专业性质的工作进行分类，由不同的部门和岗位负责完成。通过让专业的人做专业的事，能够提高工作的品质和效率。各个部门和岗位的具体目标和职责不同，大家是一个分工合作的整体。整体流程的每一项工作都要有具体的部门和岗位负责完成。同一项工作不能由两个部门或岗位同时负责。只有做好科学的分工才能真正实现一加一大于二的合力。

3.做好工作衔接

因为每个部门的分工不同，一个流程中的各项具体工作由不同的部门和岗位负责。而各项工作存在流程上的关联关系。我们要做好各部门或岗位间的工作衔接。如果出现流程中的工作脱节，就会导致整体工作无法正常推进的情况。例如采购部和生产部的工作，只要采购部不能及时把生产部需要的物料采购回来，就会影响整个生产的工作进度。所以我们在做实施方案时，要提前做好部门和岗位的工作衔接。

五、时间排程很关键

通过把各项工作科学分解到不同的部门和岗位负责之后，还要确保各项工作能够符合实施方案的进度要求。每个部门和岗位都要明确完成每项工作的时间要求。把一个流程中的各项工作编制成时间排程表。时间排程表能够对每项工作的时间进度进行科学安排，确保每项工作可以有序开展。各个部门在制定时间排程表时，要重点做好三个方面的工作。

1.做好逻辑分析

一套实施方案的各项工作是一个整体。有的工作是并联的关系，也就是流程中在同一个环节需要完成的工作事项。有的工作是串联的关系，也就是流程中属于不同环节需要完成的工作。我们只有明确各项工作的内在逻辑关系，才知道哪些工作需要先做，哪些工作可以后做。

根据先后顺序，我们再把每项工作分解到不同的时间段去完成，从而形成科学的时间排程表。

2.明确关键节点

有了时间排程表，我们还要确定工作实施过程中的关键时间节点。也就是一些重要工作的完成时间节点。我们要把实施方案的执行分为不同的阶段，明确不同阶段的工作需要完成的时间要求。通过分解可以明确每个阶段需要完成的具体工作，同时也便于对工作的进度进行检视。这样才能及时发现工作过程中出现的异常情况，避免影响工作的整体进度。

3.预留合理时间

不管我们制定的方案有多么完善，在具体执行的过程中都可能会出现异常状况。但不能因为出现异常而影响工作的整体进度。为了确保工作能够按时完成，在制定时间排程的时候要提前预留合理的时间。也就是我们在安排工作时，不能把要求的时间排得太满。例如我们要求在当月30日完成的工作，在做时间排程时要争取在25日就能完成。这样我们就有5天的预留时间。即使出现一些异常情况，我们也还有时间作出调整。

部门工作时间排程表

时间 项目	1月	2月	3月	4月	5月	6月	7月	8月	9月	10月	11月	12月

六、信息系统做管控

在经营管理过程中，领导者做任何决策都需要以及时、准确、全面的信息为依据。我们正在进入万物互联的时代。企业要获得各种信息变得越来越容易，同时也变得越来越重要。如果没有及时、准确的信息，企业的应变能力就会很迟钝，甚至无法作出正确的决策。这样的企业会渐渐被时代所淘汰。各个部门都要重视信息系统的建设和运用，让各项工作都能做到随时在线的状态。

1.让管理更规范

我们都知道"没有规矩不成方圆"。但即使有了规矩，也很难让每个环节的工作执行到位。因为按传统的管理方式无法及时发现和检视违反规定的情况。通过借助信息化系统可以把工作流程和具体要求标准化。信息系统不支持违反流程的操作就可以杜绝违规的情况。同时每项工作的执行情况都要在信息系统中做好记录，让每项工作都能实现及时检视和追溯。所以信息系统能够让企业的各项工作变得更加规范。

2.提高工作效率

通过信息系统能够实现各项工作信息的同步传递。很多工作可以打破时间和空间的限制。因为可以便捷地获得需要的信息，从而减少了各环节工作停滞的时间，能够极大地提高工作效率。通过信息系统还可以有效地解放企业的领导者和管理团队，能够更加灵活地开展工作。他们即使不在办公室也能随时了解各项工作的执行情况。并且可以在线完成许多管理职能，推动工作高效执行。

3.形成数据沉淀

每个部门的数据都反映了相关工作的执行情况。信息系统可以对各项数据进行记录和统计，并形成信息数据的沉淀。时间越长，收集到的信息就会越多、越全面。只要有足够长时间的准确数据，领导者和管理团队通过对这些数据的总结分析，就能发现工作中成功或失败的规律。大数据最大的价值就是能够帮助我们找到工作中存在的问题和机会，从而作出科学的决策。

第十一章　科学配置落地资源

自古以来行军打仗都强调要"兵马未动，粮草先行"。企业做任何事情同样也需要有配套的资源做支持。但每个企业的资源都非常有限，不能不计成本地盲目投入。我们衡量一个企业优劣的重要标准就是投入产出的效率是否合理。所以企业领导者选择把资源投放在哪里，投入多少，既要满足各部门的目标要求，同时更要符合战略方向。只有把好钢用到刀刃上才能充分发挥企业资源的价值。企业的各个部门根据实施方案的需要提前做好各项资源的预算。

一、资源的多维组合

企业发展过程中需要的资源多种多样。每个企业需要的资源类型、数量也各不相同。企业领导者要根据每个部门制定的年度目标实施方案进行资源的合理配置。在做资源配置时，领导者要从多个维度进行组合。

1.内部和外部兼顾

企业的资源可以分为外部资源和内部资源。内部资源包括企业内部拥有的人力资源、物资资源、资金资源、信息资源、技术资源等。而在企业外部有比内部多得多的人力资源、技术资源和市场资源等。领导者对企业的内部资源可以自由配置，但却非常有限。企业的外部资源非常丰富，对企业发展的影响也很大。领导者要重视和善于通过整合外部资源来实现企业的目标。

2.有形和无形结合

不是看得见，摸得着的才是资源。企业的厂房、设备、材料、资金等都属于企业的有形资源。除此以外，企业还有品牌、文化、技术、专利和沉淀的知识经验等大量的无形资源。有形的资源非常有限，在使用中会被不断消耗减少。而无形资源却可以无限，正确运用还能不断增值。在企业的经营管理过程中，无形资源的价值甚至比有形资源更高。领导者要重视两种资源的组合运用，充分发挥这些资源在经营管理中的价值。

3.整合拓展新资源

企业的发展离不开大量资源的支持。企业拥有的资源越多，能够达成的目标就越大。但每个企业已有的资源都非常有限，很难支持企业实现更高的目标。所以每个企业想要实现快速发展都会受到现有资源的限制。因为资源不足，让企业错失良机或失败的案例数不胜数。所以企业领导者要重视不断整合拓展更多新的资源来达成目标。只有不断突破现有资源的局限，才能推动企业实现更大的发展。

二、提前做资源盘点

企业领导者首先要非常了解自身的状况。巧妇难为无米之炊，企业做任何事情都离不开资源的支持。企业发展的过程就是各种资源不断聚合的过程。每个部门在为年度实施方案配置资源之前都要提前做好现有资源的盘点。根据发展的需要，明确已有的资源和需要新增的资源。

1.战略目标导向

拥有核心竞争力是一个优秀企业的重要基础。企业战略就是要围绕定位的用户明确核心竞争力是什么。企业的核心竞争力需要长时间的沉淀，要有足够的资源持续投入才能渐渐形成核心竞争力。企业发展战略不同，需要的关键资源也会有差异。领导者在对企业资源进行盘点和明确新增资源需求时，都要以发展战略为导向。领导者要重点关注有助于发展战略和实现年度目标的资源。

2.明确现有资源

企业追求资源投入产出最大化的目标。这需要充分运用好已有资源。所以企业领导者首先要非常清楚现有的资源状况。各个部门都要做好现有资源的盘点，做到心中有数。在此基础上做好资源的科学管理，避免或减少资源的浪费和闲置。根据战略发展和年度目标的需要，合理配置现有的各种资源。只有充分用好企业现有的资源才能创造出更大的价值。

3.新增资源需求

企业只要想发展就需要不断增加各种资源的投入。根据发展战略和年度目标的需要，要先盘点已有资源的情况，同时还要明确需要新增的资源种类和数量。各个部门年度目标需要的资源要优先满足。每个企业需要的关键资源都是可遇不可求的事情。领导者要有随时随地为企业整合资源的意识。只有提前做好企业发展需要的资源储备，才能保证战略规划的顺利推进。

三、团队人才先储备

人对了，事才容易做好。各个部门在做好年度目标的实施方案之后，还要有合适的人才来负责执行。只有根据实施方案的需要合理配备人才，各项工作才能得到执行。如果没有优秀的人才作为保障，再好的方案也无法得到有效落地。但优秀的人才没办法短时间就能培养出来。能够独当一面的核心人才更是可遇而不可求。所以企业领导者既要善于充分发挥现有人才的能力，更要根据发展的需要不断培养和引进新的人才，提前做好人才的储备。

1.人员配置合理

根据每个部门实施方案需要完成的工作情况，我们要提前预算需要的人才数量和要求。工作难度越高，工作量越大，需要的人才要求就越高，需要的人才数量也越多。各个部门的人员配置既要避免无人可用，又不能人浮于事。只有充分发挥每个人的潜力，才能创造更大的价值。同时我们还要根据战略发展的需要提前进行人才的培养储备。每个部门都要严格按人员配置计划做好团队建设的工作。

2.明确任职要求

每个岗位需要负责完成的工作不一样，对任职人才的知识、经验、特长等要求也会不同。只有让合适的人做合适的事才能高效完成所负责的工作。所以每个部门都要提前明确每个岗位的任职要求。企业在做招聘和培养人才时，都要以岗位的任职要求为依据。每个部门要高效完成实施方案的各项工作，不是人多就一定能够做好。而是要根据岗位的要求合理配置合适的优秀人才。

3.储备人才来源

这个世界最难得的就是优秀人才。核心的人才不能等到需要的时候才去找。有的企业实施方案做得很好，但最终执行的效果却很差。大部分时候都是因为没有合适的人才。企业要根据发展的需要提前建立人才库。首先各个部门内部要培养人才梯队，形成内部人才库。同时也要建立外部的人才引进渠道，形成外部的人才库。华为从1997年开始就每年有计划地招聘大量优秀大学毕业生进行培养。正是有大量优秀人才储备的保障，华为才取得了今天让世界瞩目的成就。

部门人员配置表

岗位	人数	职责

四、配置物资要科学

企业每个部门的实施方案不仅需要配备合适的人才，还需要使用到各种物资。销售部门需要宣传资料，生产部门需要原材料，后勤部门需要电脑、笔、纸等办公用品。各部门的负责人要提前做好物资需求的预算。只有根据物资的需求，提前做好配备才能让各项工作能够正常展开。企业追求投入产出最优的目标。所以物资配备要科学合理，而不是越多越好。

1.明确物资需求

企业的每个部门在执行实施方案时需要的物资种类会很多。如果不提前明确物料的明细就很容易出现遗漏或配置不科学的问题。所以每个部门都要拟定好需要的物资明细表。因为不同的物资对工作的影响程度会不一样。各个部门要根据各种物资对工作的重要性进行分类。通常物资可以分为必需物资、急需物资、一般物资和储备物资四种类型。企业要针对不同类型的物资做好管理方案。

2.制定物资标准

根据每个部门实施方案的需要，对物资会有不同的要求。各个部门主要可以从数量、质量、成本、交期、服务五个方面明确对物资的要求。每个部门根据这些要求制定好物资需求的具体标准。负责采购供应的部门要严格按照需求部门提出的标准保质、保量、准时地把各种物资供应到位。

3.建立供应渠道

为了确保能够按每个部门的需求供应各种物资。采购供应部门要建立可靠的物资供应渠道，也就是要做好供应链系统的建设和管理。采购供应部门要提前明确各项物资的供应商、供应方式、供应周期、供应价格等。同一种物资至少要有两家以上的供应渠道。针对一些特定的重要物资要形成多个供应渠道才能控制风险。在实施过程中要做好供应链的管理，可以不断优化和增加新的供应渠道。

物料明细表

序号	物料名称	数量	质量要求	供应商

五、资金预算三步走

无论是吸引人才，还是采购物资，都要付出资金成本。各个部门要根据实施方案对人才和物资等各种资源的需求做好资金预算。资金是企业正常经营的血液，必须要有可持续的现金流。企业因为没有做好资金预算，盲目发展导致现金流跟不上而失败的案例非常多。所以每个企业在经营过程中都要提前拟定资金预算方案，做好执行过程中的资金管控，最后对执行结果进行评估考核。

1.预算资金需求

通过每个部门的预算，首先要明确企业总共需要多少资金。只有知道了资金的具体需求，我们才清楚已有资金是否充足。同时便于领导者分析评估各部门的投入产出是否合理。如果一套方案的投入产出不成正比，或资金需求超出了企业可以承受的范围，就需要重新考虑方案的可行性。如果企业有充足的资金就可以加快发展的速度或进行财务投资，要充分发挥资金的价值。

2.规划资金来源

资金的来源渠道有很多，可以通过银行借贷，可以找股东投资，还可以找身边的朋友做周转等。根据企业对资金的需求，财务部门要提前规划从哪些渠道可以获得资金。锦上添花容易，雪中送炭很难。企业在一切正常的时候很多渠道都愿意提供资金，一旦经营出现问题时想要找到资金就变得非常困难。所以企业不能等到缺资金的时候才临时抱佛脚。根据企业发展的需要，平时就要多建立资金来源的各种渠道，至少提前准备好半年发展需要的资金。

3.控制资金成本

不同渠道的资金使用成本会相差很大。企业要提前算好不同渠道的资金使用成本。资金使用成本越高，对企业经营造成的压力就越大。如果资金使用成本比企业的收益能力还高时，就很容易出现资金危机。企业要优先考虑使用成本低的资金。只有投入资金的收益高于使用成本才能形成良性循环。所以企业要尽量避免使用高成本的资金，保证企业的稳健发展。

资金预算表

序号	费用项目	预算金额	费用占比
01			
02			
03			
...			
合计			
备注			

六、好钢用到刀刃上

每个企业的发展都会受制于能够拥有和使用的资源。每个企业拥有的资源都非常有限，只有做好各种资源的管理，才能充分发挥有限资源的价值。每个部门在工作中首先要避免资源的浪费，还要懂得把资源投入在最有价值的工作上。企业要对各种资源做好预算、筹集、配置、协调的有效管理。所有资源都会自动向有利于自身增值的方向流动。只要用心做好有价值的事，就会吸引到更多的资源。在企业的经营过程中，资源的使用权比拥有权更重要。如何更好地使用各种资源，我们要坚持几个基本原则。

1. 用户价值为导向

企业存在的基础就是能为定位的用户创造价值。企业的所有工作都是围绕为用户提供价值在展开。所以每个部门在使用资源时要以用户价值为导向。企业的资源不能浪费在不能为用户创造价值的地方。

2. 聚焦核心竞争力

一个企业不可能把所有事情都做到最好。正如华为的任正非所说：企业不能偏离主航道。每个企业都要明确自己的主营方向，把有限的资源聚焦在核心竞争力的构建上。只有形成核心竞争力才能让企业实现持续健康发展。

3. 资源价值最大化

资源价值的转化率是评价企业水平最重要的指标。企业要追求用最少的资源投入，产出最大的价值。当然最大的价值不等于企业短期利润最大化，而是形成与客户、团队、伙伴、股东、社会等共赢价值的最大化。

第十二章　打造自驱力的团队

　　企业是团队通过分工合作实现"内享幸福，外创价值"的平台，只有能够充分发挥每个人的潜力才能形成最大合力。企业要充分发挥团队的潜力就要让大家能够从被动工作变为主动工作。企业的每个部门做好年度实施方案和资源配置之后，还要解决团队主动性的问题。只有把团队的目标变成个人的目标，才能让每个人从"被动"变成"主动"的工作。这需要企业建立一套科学合理的激励系统。

一、团队的需求分类

　　我们做团队激励的基础是了解人的需求。每个人都会关心自己要什么，并愿意为之努力。企业的激励方案只有符合团队个人的需求才能调动大家的积极性。虽然每个人的具体需求千差万别，但其实可以进行归类。

　　1.物质需求是基础

　　物质需求是一个人最基本的需求。企业在做激励方案时可以通过用物质来激发团队的主动性。包括工资、绩效、奖金、奖品等各种形式。只要团队成员达成设定的工作目标就可以获得合理的物质回报。企业要让每个人都可以通过自己的努力来提升物质条件，能够享受到更富足的生活。

2.重视精神的需求

一个人除了有物质需求，还有精神追求。包括尊重、荣誉、友谊、审美、道德等都属于人的精神需求。当人的物质需求得到基本满足后，物质对人的影响就会快速降低，而精神需求会变得更加重要。并且人对精神的追求会永无止境。企业在做激励方案时除了要有物质激励，还要特别重视精神激励。企业领导者要不断提升团队成员的精神追求，让大家拥有一个积极向上的精神世界。

3.强化成长的需求

在人的需求中自我成长的需求是最有意义的追求。很多人甚至为了得到成长愿意忍受物质的贫乏和精神的煎熬。人的成长可以分为知识技能的成长和心性境界的升华。成长是一个不断自我突破的过程，只有成长才能成为更好的自己。一个人成长的需求是一种内生的力量。只有一个人追求自我成长时，才能真正从被动到主动。企业的激励方案中可以通过学习培训、岗位晋升、文化建设等方式强化团队成员对成长的需求。

二、短期长期要兼顾

优秀的企业追求可持续的健康发展。在设计激励方案时要兼顾企业短、中、长期三个不同的发展阶段。如果只有短期激励措施，团队就会急功近利，甚至会损害企业的长期发展。而只强调长期激励，时间一长团队就容易失去激情和斗志。所以要结合企业短期、中期、长期发展的目标来制定对应的激励方式。既能满足团队的短期需求，又能激励团队关注企业中长期的发展目标。

1. 短期激励

短期激励的考评周期在一年以内，主要围绕年度目标进行设计。根据年度目标的分解设立各种激励措施。每个部门和岗位只要能够达成设定的目标就可以获得奖励。因为短期激励让人在短时间内就能获得，更容易快速调动人的激情。所以在设计激励方案时，可以运用短期激励措施来调动大家的工作状态。但我们不能让团队只顾眼前的利益，还必须有更长远的追求。

2. 中期激励

考评周期在3~5年的就是中期激励。企业中有很多工作在几个月内根本看不到明显的效果，但对企业的持续发展却非常重要。比如团队能力的培养，各部门的系统建设，品牌影响力的提升等等。这类工作如果没有几年时间的坚持就不会有太明显的效果。如果在设计企业激励方案时没有3~5年的激励措施，大家就不愿对这类工作做太多的投入。

3. 长期激励

在现实工作中，我们可以把针对5年以上的目标激励定义为长期激励。这些工作对公司的长期发展会产生重要影响。例如企业文化的建设、核心技术的沉淀、品牌信誉的维护等。这些方面的投入大，却见效慢，大部分企业都不愿意在这些方面做太多的投资。在设计激励方案时要结合企业的长期目标设计长期的激励措施。特别是企业的核心岗位更是要与长期目标紧密联系。

三、激励要因岗而异

一个人在企业中随着职业生涯的发展，从基层岗位发展到中层岗位，然后到高层岗位。不同岗位层级在物质、精神和成长上的现状差别会很大，他们需求的重点也会发生变化。同时企业对不同岗位层级的人才要求的目标和责任也不同。在设计企业的激励方案时要充分考虑不同岗位层级的团队成员在需求上的差异。针对不同岗位层级设计的激励方式和重点不能一样。

1.基层强调短期物质激励

企业中处于基层岗位的人因为收入水平相对较低，必须面对很多物质生活上存在的实际问题。所以大部分基层人员更在意短期的物质激励。在设计激励方案时，针对基层岗位主要以短期物质激励措施为主。所以要特别重视工资、绩效、奖金等激励方式的运用。企业只有能够提供高于行业水平的物质待遇，才能吸引到更优秀的基层岗位人才。一个企业直接为用户创造价值的都是基层岗位。只有建立一支优秀的基层团队才能提供高品质的产品或服务。企业对基层团队的激励也不能只是物质措施，还要同时兼顾精神和成长的激励。

2.中层激励做好综合平衡

一个人能够成长为企业的中层骨干，物质收入会明显提高。同时中层岗位人才的综合能力整体较强，对精神和成长的需求会更加看重。对这些中层岗位的激励要增加精神和成长激励的比重。包括岗位授权、培训学习、晋升机会等激励措施。中层岗位的需求更加重视物质、精神、成长的并重。我们在设计激励方案时要做好物质、精神、成长和短期、中期、长期的综合平衡。中层团队是企业的中坚力量，只有充分激发中层岗位的积极性，才能发挥承上启下的作用。

3.高层偏重长期成长激励

高层岗位是一个企业最核心的团队，这些岗位的物质待遇更加丰厚。高层岗位的人才会更加重视精神和成长的需求。因为高层岗位对企业发展的影响更加深远，只有具备超越物质追求的人才更适合担任这些岗位。企业的激励方案对高层团队要以长期的成长激励为主，同时兼顾精神和物质激励措施。高层团队要与企业形成事业共同体和命运共同体。只有企业可以实现持续健康的发展，高层团队才能取得更大的成就和发展。

四、明确个人的目标

每个人都有自己的需求，不同的人需求的重心不同，即使是同一个人在不同的阶段需求也会发生变化。一个人因为需求不一样，追求的目标就会不同。如果我们想要充分激发一个人的积极性，重要的不是企业想要什么，而是他自己想要什么。所以最好的激励方式就是根据每个人追求的目标能够量身设计激励方案。具体的激励措施可以根据团队成员自己想要的目标来设定。这就需要我们提前了解团队成员个人的目标是什么。

1. 明确个人目标

一个人想要实现什么目标只有他自己最清楚。领导者要了解团队成员的个人目标有一个非常简单的方法。通过设计一份个人年度十大目标的调查表，让每个人自己写。当然也不能让大家随便乱写一些不切实际或不合理的目标。在安排团队填写《个人年度十大目标调查表》时要提前做好说明引导。让大家在写目标时既要考虑自己未来的发展目标，又要结合目前的实际情况。为了让团队追求的目标更加平衡合理，可以引导团队围绕"修身、齐家、治业、和天下"四个维度来制定自己的年度十大目标。

2.做好目标融合

当我们知道团队成员的个人目标之后，可以分析其中哪些目标能够在企业中通过工作来达成。其实大部分个人目标都可以在企业中得到实现。特别是与钱有关的目标更是与工作直接相关。因为通过把负责的工作做好才能有更高的收入。同时还有一些目标是公司能够帮助个人实现的目标。企业的激励方案要把个人的目标与企业的目标结为一体。通过达成企业的目标来实现个人的目标。例如有人希望和自己的家人一起去度假。根据他的工作目标，可以把家庭度假设定为达成工作目标的奖励措施。

3.人生需要平衡

工作是为了更好地生活，生活是为了更好地工作！一个人虽然在不同的阶段，追求的目标也会不同。但最终每个人追求的本质都是"内享幸福，外创价值"的圆满人生。而要实现这个终极目的，就要做好"修身、齐家、治业、和天下"的平衡。企业领导者要成为团队成员的人生导师，指导团队成员设立科学合理的个人目标。只有让团队成员合理安排好自己的工作和生活，才能实现圆满的人生。

五、落地方案有动力

如果企业的激励方案设计得不科学就很难达到激励团队的效果。企业的激励方案要遵循物质、精神、成长三类激励要平衡；短期、中期、长期激励能兼顾；基层、中层、高层激励有差异的基本原则。最终根据企业每个阶段的具体目标和工作形成科学的激励方案。特别是企业的年度激励方案是制定中期和长期激励的基础，对团队的影响最直接。年度激励方案是实现年度经营落地方案的动力来源，要明确每个部门、每个岗位的团队成员，在月度、季度、年度能够获得的具体激励内容。

1.月度激励

每个部门和岗位月度的目标和工作要求必须为达成季度的目标和工作服务。我们要根据企业每个月的具体目标和工作要求来设计月度激励的方案。在设计月度激励方案时首先要考虑不同岗位层级在物质、精神、成长三个维度的不同需求。还要结合不同部门和岗位性质的差异，月度激励的方式不能单一固化。具体激励的措施要符合团队成员的个人需求，可以设计多种激励项目供选择。例如，市场部门的销售人员达成月度目标的物质类奖励可以设置为200元以内的多种选项。而这些具体的激励选项由销售人员根据自己的需求提供给企业。

月度激励方案

岗位＼激励	物质类	精神类	成长类
高层			
中层			
基层			
月度激励方案			

2.季度激励

每个部门和岗位的季度目标和工作要求是为了达成年度的目标和工作要求。同样要针对季度目标和工作要求设计季度激励方案。季度激励比月度激励的周期更长，激励的重点会有所差别。月度激励的重点是基层团队，以物质激励为主。而季度激励的重心偏向中层团队，要加大精神和成长激励的比重。季度激励的依据是季度目标和工作的实际完成情况。因为一个季度对全年的影响比一个月更大，所以季度激励措施的力度要大于月度。如果市场部的销售人员达成月度目标可以获得200元以内的奖励项目，达成季度目标就可以设置为1000元以内的奖励项目。

季度激励方案

岗位＼激励	物质类	精神类	成长类
高层			
中层			
基层			
季度激励方案			

3. 年度激励

每个部门和岗位的年度目标和工作要为达成企业3~5年的短期目标和发展战略服务。社会各界都是按年为周期对一个企业的经营成绩进行评价。即使部分月度和季度目标的达成存在小的差距，只要最终能够达成年度目标对企业的发展就没有太大影响。所以月度和季度的目标都是为实现年度目标服务。相对于月度和季度，年度激励的力度要更大。正常年度激励的比重要占到全年的50%以上。如果全年用于激励的费用是100万，年度激励的额度可以设定在50万以上。因为时间周期越长，越能体现中高层团队的贡献。年度激励方案的重心要更偏重对中高层团队的激励。

年度激励方案

岗位＼激励	物质类	精神类	成长类
高层			
中层			
基层			
年度激励方案			

六、经营管理要分工

　　企业是一个动态发展的系统工程，只有做好经营、管理和执行三个层面的工作，才能让企业实现持续健康的发展。经营规划是企业的设计图，包括顶层设计和落地方案两个部分。经营规划是指引企业展开各项工作的导航地图。以中国商道为灵魂，以经营规划为主线，领导者、管理者和执行者做好分工合作才能创建出优秀企业。领导者要提升领导境界；管理者要做好理人管事；执行者要做到自动自发。

　　1.提升领导境界

　　企业领导者是因为相信所以看见的人，要能看清未来发展变化的趋势，为企业指明发展的方向。领导者就是企业的"总设计师"，要主导企业的顶层设计。领导者要负责完成企业的文化基因、企业定位、发展战略、商业模式、组织机制、目标分解的规划设计。一个卓越的企业领导者要具备正能量、有梦想、大格局的基因，还要有智慧做判断、有勇气做决策、有毅力做坚持。

　　一个卓越的领导者要有一颗博爱之公心。博爱就是不仅爱自己，也要爱他人。领导者要追求自己幸福，与人共赢，社会和谐的人生目的。

而所谓的公心就是能顾全大局，坚持客观、公正、公平之心，而不能违反事物的规律或出于私心而伤害他人。所以一个真正卓越的企业领导者就是团队的幸福导师，要激励、支持、帮助团队中的每个人坚持用真、善、美的原则去追求"内享幸福，外创价值"的圆满人生。

2. 做好理人管事

领导者决定方向，管理者决定效率。管理者要负责制定本部门的落地方案，并做好管理工作。卓越的管理需要破解团队工作的效率之痛、协调之痛、动力之痛、持续之痛。这需要管理者从传统管人管事，转变为理人管事。也就是要帮助合适的人，在合适的时间，合适的地点，用合适的方法把事做好。在管理中需要处理好"理人"和"管事"的工作。"理人"面向团队，需要处理好团队的"不能、不明、不愿、不忠"的问题。管事要靠系统，需要处理好制度系统的"不全、不符、不知、不用"的问题。

根据团队成员的成长规划和岗位工作的要求，管理者要关注每一个人在四个方面的状况：第一个方面是对所负责的工作在能力上够不够，我们把能力不足的问题称为"不能"；第二个方面是对要负责的工作内容和要求是否明确，不明确的情况称为"不明"；第三个方面是对所负责的工作是否有意愿，对没有意愿的情况称为"不愿"；第四个方面是对自己的职业和企业文化是否具有足够的忠诚度，没有忠诚度的情况称为"不忠"。在了解了团队成员在"能、明、愿、忠"四个方面情况的基础上要做到知人善任和因材施教。让合适的人做合适的事，并不断提升团队成员的综合能力。

我们想要把一项工作做好，就需要明确工作的目标、流程、标准、表单、制度。如果一项工作没有制定如何处理的制度内容就是"不全"；很多工作虽然有完整的制度系统，但实际执行的效果不好就是

"不符";制定了科学完善的制度系统,相关工作人员却不清楚里面的具体内容,这就是"不知";最后,不管制度系统有多好,如果大家不执行就失去了价值,也就是"不用"。管理者要定期对制度系统的"全、符、知、用"做总结,有针对性地不断优化升级系统的有效性。

3.做到自动自发

企业经营规划落地方案中的每项工作最终都要分解到具体的人负责完成。只有负责具体执行的人做到自动自发才能高效完成各项工作。这需要团队成员树立自我经营的意识。每个人都是一本书,都在书写自己的人生;每个人都是一部电影,都是电影中的主角;每个人都是一件作品,都在创作自己的人生。企业是一个团队通过分工合作实现人生目标的平台,每个人都是自己的经营者。一个人要经营好自己的公式是:愿景 × 心态 × 能力 × 坚持 × 取势=梦想成真。

梦想成真的起点是要先有明确的人生目标,也就是人生愿景。在明确了自己的梦想后,只有好心态才能在追求梦想的过程中保持积极向上。同时每个人要实现梦想都需要具备相关的能力。通过坚持不懈的努力才能一步步实现自己的梦想。一个人要实现梦想除了会受到自身因素的影响外,还会被所处的环境影响。我们追求的梦想只有符合环境的大趋势才更容易实现,这就是懂得顺势而为的智慧。企业要成为团队追求"内享幸福,外创价值"的平台。在经营管理过程中,领导者要把团队成员的个人梦想与企业的发展融为一体,通过企业的发展来帮助实现个人的梦想。只有真正做到这一点团队才会自动自发。

后　记

经营企业要有设计图

经营企业就是对"商道"的实践，要做好"明因、持道、取势、定法、优术、利器"六个维度的工作，做经营规划就是按这六个维度对企业进行设计。

我们要提炼出企业的优秀基因，就需要做到"明因、持道"。在做企业定位的时候必须懂得"取势"，只有顺势而为才能事半功倍。围绕企业的定位做好战略、模式、规则就是"定法"。企业的顶层设计其实就是"明因、持道、取势、定法"的运用。

顶层设计是经营企业的效果图，而落地方案是施工图。顶层设计要能够落地就需要做好企业每年的"目标设定、目标分解、执行策略、实施方案、资源配置、团队激励"的工作。企业经营的落地方案就是围绕顶层设计做好"优术、利器"。

以"商道"为魂，以"经营"为线，做好领导、管理和执行三个层面的工作才能让企业实现持续健康的发展。没有完美的个人，却有完美的团队。在实际的经营管理中，领导者、管理者、执行者要做好分工合作。只有实现优势互补才能充分发挥团队的合力。

随着时代的发展，摸着石头过河的成功概率越来越低。孙子曰："夫未战而庙算胜者，得算多也；未战而庙算不胜者，得算少也。多算胜，少算不胜，而况于无算乎！吾以此观之，胜负见矣。"经营企业也一样，只有未雨绸缪，提前做好企业发展路径的规划才能实现更好的发展。

领导

修炼团队
幸福力

王前师◎著

中国文史出版社

图书在版编目（CIP）数据

领导：修炼团队幸福力 / 王前师著. —— 北京：中
国文史出版社，2022.8

（商道丛书）

ISBN 978-7-5205-3540-3

Ⅰ.①领⋯　Ⅱ.①王⋯　Ⅲ.①企业领导学　Ⅳ.
①F272.91

中国版本图书馆CIP数据核字（2022）第092180号

责任编辑： 张春霞

出版发行：**中国文史出版社**

社　　址：北京市海淀区西八里庄路69号院　邮编：100142

电　　话：010-81136606　81136602　81136603（发行部）

传　　真：010-81136655

印　　装：廊坊市海涛印刷有限公司

经　　销：全国新华书店

开　　本：710mm×1010mm　1/16

印　　张：56.25　字数：675千字

版　　次：2022年9月第1版

印　　次：2022年9月第1次印刷

定　　价：218.00元（全五册）

商道根植于中华优秀文化

　　春秋战国时期的百家争鸣让中国很多领域都形成了完整的思想理论体系，而商业领域直到现在都还没有完成这个历史命题。改革开放四十多年，中国经济取得了举世瞩目的成就。企业和家庭一样已经成为社会的基本构成细胞。一个优秀的企业不仅是为客户创造价值，为团队创造事业的平台，同时也是推动整个社会向前发展的重要力量。但中国的现代企业要么是摸着石头过河，要么是学习国外经验，始终还没有形成一套根植于中华优秀文化的理论系统。茶有茶道，医有医道，商也有商道。企业只有依道而行才能实现持续健康的发展。

　　中华文化源远流长，为我们留下了一座取之不尽的思想宝库。商道是对这些中华优秀文化在企业中的传承和弘扬。在过去几千年的历史中，儒家思想对中华民族的影响极为深远。孔子作为儒家学派的开创者，其核心思想有五大原则：第一大原则是民本思想，真正做到以人为本；第二大原则是与时俱进，任何东西都不能脱离时代；第三大原则是海纳百川，能够接纳和吸收各种不同的优秀东西；第四大原则是实事求是，做任何事情都要基于实际情况；第五大原则是经世致用，学问必须对国家和社会的持续健康发展有益。

　　《大学》是儒家经典的四书之首，讲解如何才能实现内圣外王的系统方法，这也是中国社会主流精英的最高人生追求。《大学》的核心思

想可以总结为三纲八目。"大学之道，在明明德，在亲民，在止于至善"讲的就是三纲。《大学》三纲表达的主要意思是作为君子要充分彰显仁、义、礼、智的光明德性，能够亲近爱护人民，追求达到内圣外王的最高境界。八目讲的是实现内圣外王需要做好的八个方面，包括"格物、致知，心诚、意正，修身、齐家、治国、平天下"。"格物、致知"是一个人外在的文采，"心诚、意正"是一个人内在的本质。子曰："质胜文则野，文胜质则史，文质彬彬，然后君子。"君子之人要围绕"仁、义、礼、智"不断提升自身的修养。只有修炼好自身才能让家庭和谐，才能治理好国家，才能实现天下大同的理想社会。

商道就是运用中华优秀文化来指导企业的经营。践行中国商道的目的是要创建优秀企业。因为企业是人类社会的一种组织形式，只有能够为人服务才有存在的价值。每个人追求的目标千差万别，但追求的目的都是为了获得幸福。以人为本正是中华优秀文化的核心思想。所以真正的好企业都是要符合"合理盈利、持续发展、生态共赢"的基本要求。优秀企业要真正造福于人，让社会变得更加和谐美好。商道丛书是一套以中国《易经》的辩证观为指导，吸取古今中外理论和实践的精华，让企业实现持续健康发展的优秀思想、科学方法和高效工具。希望商道丛书能够指引更多企业成为优秀企业。

复圣颜子七十八代嫡孙&曲阜孔子文化学院院长　颜廷淦

做人有道，做事要赢

世界观，观世界；人生观，观人生；价值观，观价值。

自春秋诸学起，到明清商帮盛，再至近代民营企业家见贤思齐；从先秦古书，商圣范公《范子计然》，到明清《商贾便览》等，再到当今各类学说百花齐放，中华传统文化可称得上博大精深，源远流长。纵观中外古今文化之精粹，对我经营企业的启示莫过于：做人有道，做事要赢。道是规律，是人心。做人唯循道而行，能得人心，方能行稳致远。赢是共创共得，是持之以恒的坚守，是对品牌永无止境的不懈追求。做事当以"道"为本，以"赢"为旨，厚德载物，自强不息，方能披荆斩棘，超越自我，生生不息！

一言以蔽之，商道即人道。通俗而言，即："经营人生就要经营事业，经营事业就是经营人生"。我认为，产品要品牌，企业要品牌，做人更要品牌。产品的背后是企业，企业的背后是团队。好产品要靠好企业，好企业要靠好团队。产品就是人品，将产品当作人品，只有作出好产品才能体现企业和团队的价值。所以做企业的根本就是做人，这也便是中顺洁柔的企业文化。

因此，很多人说我是企业家时，我常说，我是一个企业人。企业不是我的，不可任人唯亲，不可自行其是；我属于企业，我要为企业负责，应唯才适用，唯贤是举，以德为先，德应配位。企业是企业人的

作品，只有明德向善，以身作则，躬身笃行，才能慢慢造就优秀的企业文化。只有优秀的企业文化，才能实现企业的持续健康发展。

很幸运，我能成为中国改革开放几十年的见证者和参与者。从1978年开始创业，有幸成为中国第一代万元户，又有幸带领中顺洁柔成为国内首家A股上市的生活用纸企业，现在中顺洁柔正朝着世界一流的百年企业不断奋进。在此要特别感谢社会各界对中顺洁柔一路走来的大力支持。在这四十多年的经营过程中，也曾经历一场大火让我奋斗十年的工厂毁于一旦，当年汶川大地震我亦人处彭州。但我认为，有经历才是人生。世事皆无常，无论遇到什么事，何不处事平常心？

因此我处事有三问。一问失败："未问成功，先问失败"，提前思考最坏的结果且做好如何担当，才能立于不败之地；再问全局："要问全局，不谋全局何以谋一域？"统筹全局，运筹帷幄，高瞻方可远瞩；三问长远："要问长远，不谋万年何以谋一时？"要思考长期发展的影响，不要被一时得失而蒙蔽，但思考好了就要当机立断，亦要勇于担当。至于其他，三问之后，何不笑谈古今事，浪漫待输赢？

很荣幸，能看到一套以中华文化为指导，汲取中外的优秀理论和实践精华，让企业实现持续健康发展的优秀思想、科学方法和高效工具。在商道丛书中的很多思想观点，与我经营企业四十多年来的实践心得一致。望商道丛书可指引更多人以企业为道场，实现"内享幸福，外创价值"的人生追求！

中顺洁柔创始人＆战略委员会主席　邓颖忠

经营企业需要掌握企业发展的规律，并提前做好发展规划，这和建房子的道理一样。我们想要建出一幢好房子，首先就要做好设计，同时还要做好监理和施工的工作。而要经营好一家企业更需要提前做好规划，在此基础上再做好管理和执行。无论是做房子的设计，还是做企业的规划，都需要有优秀的思想理论体系为指导，而在实际的经营过程中，企业的领导者、管理者和执行者的角色不同、承担的职责也不一样，但却能主宰企业的发展方向。只有从上到下，充分做好分工合作、团结协作才能把企业经营好。

《大学》中讲："自天子以至于庶人，壹是皆以修身为本……"经营企业的关键就是要领导者、管理者、执行者分工合理、团结合作，共同发展。其中团队的力量是不可忽视，修炼团队也就是修炼团队成员的心性和能力，实现与企业的共同成长。商道丛书以"商道"为魂，以"经营"为线，通过"领导""管理""成长"指导整个团队共同发展，以企业为道场，在做好领导、管理、执行的工作过程中修炼团队成员的心性与能力，从而实现企业的健康可持续发展。这是对企业经营管理的一次系统梳理，也是对中国商道的一次深入探索，更是对中华优秀文化在企业中的一种传承发扬。中国商道指导企业能够真正为客户、团队、伙伴、社会创造价值，让商业回归造福于人的大道。

《领导：修炼团队幸福力》系统讲解如何成为一个卓越的企业领导者。产品是企业的作品，企业是领导的作品。领导者决定一个企业发展的理念和方向。领导就是引领企业发展，教导团队成长。领导者是企业经营中的主导因素，领导者需要做好企业文化建设和企业经营规划，领导者的心性和能力也在一定程度上决定了企业发展的程度。

企业是整个团队追求"内享幸福，外创价值"的共同平台，而企业发展的根本是人，只有团队成员的心性和能力得到不断成长才能推动企业实现持续健康的发展。而企业的持续健康发展才能帮助团队成员实现"内享幸福，外创价值"的人生追求。领导者要为团队创造良好的发展环境，要建立一套能够激发团队自驱力的管理系统，让团队的每个人都成为自己的经营者。

希望这本书能够起到抛砖引玉的作用，推动企业的领导者把企业变成团队成长的道场，帮助更多人实现"内享幸福，外创价值"的人生追求。同时借此机会感谢博商博文书院和广东省华商经济发展研究院作为丛书的联合出品单位，感谢中国商道文化研究院团队的共同努力，感谢家人对我研究写作的理解支持，感谢每一个愿意花时间阅读丛书的同道师友！

目　录

第六章
营造幸福的团队环境

第七章
建立自驱力管理系统

第八章
培养团队成为经营者

后 记

第一章

重新定义企业的价值

企业是现代社会的基本构成单位，已经融入我们生活的每一个角落。企业对每个人、每个家庭，乃至整个国家和世界都产生了直接而深刻的影响。企业作为人类社会的一种组织形式，只有能够为人服务才有存在的价值。所以只有明确企业存在的价值才能指引企业健康发展。

一、追求内圣外王的人生

企业存在的价值在于服务于人。经营企业首先要思考和回答一个问题：人到底在追求什么？只有找到这个问题的正确答案，才能真正明白经营企业的目的。每个人都有自己追求的人生目标，有的人希望拥有很多财富，有的人希望得到别人的尊重，有的人希望实现自我超越，等等。但无论一个人追求的具体目标是什么，也无论他现在正在做什么，其实最根本的目的都是为了获得幸福感。在中国自古就有遵循"天时、地利、人和"的智慧和"穷则独善其身，达则兼济天下"的仁爱精神，所以一个人要获得幸福感不能仅仅只考虑自己。

1.让自己获得幸福

一个人之所以会追求一个目标，一定是他认为实现这个目标可以让自己感觉幸福。企业是一个团队分工合作的整体，企业只有成为团队追求幸福的共同平台，才能充分发挥每个人的积极性。海底捞公司培育了"用双手改变命运"的文化，为团队成员提供改变命运的机会。胖东来甚至帮助团队规划好生活的标准，指导团队获得幸福的正确方法。正是这样的理念才让海底捞和胖东来的团队能够自动自发。

2.让他人获得幸福

追求幸福是推动一个人不断前行的原动力，为了这个目的每个人都会有自己想要实现的一些目标。一个人追求幸福没有对错，而具体的目标和用什么方式去实现这些目标却有是非善恶之分。有媒体曾报道一些不良餐厅为了赚钱使用对人体有害的地沟油，像这种通过伤害他人来实现自己目标的方式就是恶。一个人在实现自己的目标时一定要坚持与人为善，以利他的方式去实现自己的目标才是王道。企业需要与客户、团队、伙伴、股东、社会等不同的人发生关系。正所谓"得道者多助，失道者寡助"。只有做到与大家共赢才能得到社会各界的支持，这也是企业存在的意义。

3. 让世界更加美好

这个世界的事物都有其客观规律，只有按规律行动才能把事情做好。如果违反事物本身的客观规律做事，对这个世界就会造成破坏，最终也会反过来伤害到自己。就如不良工程公司在建设工程项目的时候偷工减料，不按照建筑的科学标准进行施工，结果工程还未完工就出现倒塌的事件；有媒体曝光一些企业单纯为了追求经济利益而对环境造成巨大污染的事件；因为过度捕捞造成现在许多物种濒临灭绝的情况。这些违反客观规律的行为，最终都会害人害己。所以每个企业在追求目标的过程中都要遵循事物本身的客观规律，能够让世界变得更加和谐美好。

通过对大量表现卓越的企业进行研究，这些企业都有一个共同的逻辑基础：追求与客户、团队、伙伴、股东、社会实现生态共赢。把团队的追求与企业的目标融为一体，让团队通过达成企业目标来实现个人追求的目标。团队努力工作为客户创造价值，与伙伴共同发展，与社会和谐相处。企业能够与社会各界建立生态共赢的关系就会得到大家的支持。从而让企业能够为客户、团队、伙伴、股东、社会创造更大的价值，实现持续健康的发展。卓越的企业要帮助团队实现"内享幸福，外创价值"的圆满人生。

二、幸福是一种人生境界

通过上文的探讨可以知道，每个人努力的方向都是追求幸福，但要坚持与人共赢、社会和谐的基本原则。企业是团队实现自己幸福、与人共赢、社会和谐的组织形式。一个人对幸福的理解不同，就会在追求的方向上有所差异，更甚至会南辕北辙。很多人认为有钱就可以幸福，然而只要稍做调查就会发现，很多开着名车、住着豪宅的有钱人并不感觉幸福。很多生活在贫困山区的人，他们每天过着日出而作、日落而息的生活却也自得其乐。经权威机构调查的数据也显示，现代社会的物质条件比20年前丰富了很多，然而人的幸福感却不增反降。要解释这样的现象，同时指引企业实现持续健康发展，就需要让团队对幸福有一个正确的认识。

1.幸福和快乐的区别

大家很容易把快乐和幸福简单地画上等号，其实幸福和快乐并不完全相同。快乐有两种，有一时之快，有持久之乐。只有持久之乐才是真正的幸福；一时之快主要是通过外部事物刺激所带来的感官之乐，如美食、唱歌、饮酒等。当然这并不是反对一个人要适度享乐，甚至要鼓励团队通过适度的享乐来增进幸福感。但领导者必须清醒意识到的是感官享受只能带来一时的快乐，过度追求感官享受往往会变成让人不幸福的根源。如朋友聚会适度饮酒是一件非常开心的事。但如果一个人嗜酒如命，经常喝得大醉，喝坏了身体就会严重影响自己的生活品质而降低幸福感。真正的幸福是一种持久之乐，也就是可以带给人长时间的好心境。为了获得持久之乐，往往需要舍弃一些感官之乐。

如一个人要保持身体健康就需要早睡早起，坚持锻炼身体；想要收获更多的知识就要坚持不断学习；希望有更好的发展就要认真努力工作。很多真正对人有长期帮助的事情刚开始都会让人感觉不舒服，但只要能坚持形成习惯就会从中获得持久的快乐。持久之乐主要源于一个人精神境界的升华，而不是过度依赖外界的感官刺激。

2.物质并不能决定幸福

生活在现代社会，追求过上富裕的物质生活无可厚非。一个人积极创造财富是一件值得鼓励和尊重的事情，但需要强调的是君子爱财，取之有道，不能为了获得物质财富而不择手段。每个人都需要有食物来补充身体所需的营养，还需要通过适当的运动来保持身体的健康，也需要衣服、房子等物品来避免身体受到伤害。每个人都离不开必要的物质条件来保障正常的生活所需。但对物质的追求是永无止境的事情，如果一个人的物欲被无限扩大的时候，就很容易误入歧途。如一个人住1000平方米的房子并不一定比住100平方米的房子幸福，一个人一餐花1000元也不一定比花20元对身体更加健康。所以要正确地看待物质财富，要"以财发身"，而不是"以身发财"。领导者只有通过物质财富来让自己和更多的人获得幸福，让世界变得更加和谐美好才有价值。

3.物质财富对幸福的价值

物质财富与幸福的关系可以用一个简单的比喻来说明：幸福就像一碗鸡汤，物质财富就像用来盛装鸡汤的碗。用上品青花瓷碗还是用一个快餐盒来装，其实都不会影响鸡汤本身是否鲜美；如果条件允许当然可以用上品青花瓷。所以一个人可以追求用青花瓷碗来装鸡汤，但绝不要因为没有青花瓷的碗影响了品尝鸡汤的鲜美。领导者要带领团队努力追求拥有更好的物质条件，但要坚持用"与人共赢，社会和谐"

的方式去实现。这需要重新认识物质财富对幸福的真正价值。

首先每个人都需要一定的物质财富来满足吃、穿、住、行等基本的生活所需，从而保持自己的身体健康。一个人要生存就离不开基本的物质条件，这也是物质财富对一个人最基本的价值。当拥有大量的物质财富后，更大的意义在于可以做自己喜欢的事，帮助更多人提升幸福，从而让这个世界变得更加和谐美好。就像现在顶级的企业家们都在推动行业发展、社会进步，以及支持大量的公益慈善事业。有人通过捐资建立希望小学，让更多小孩子可以接受良好教育；也有人通过捐资成立医疗专项基金，帮助一些无力治疗的病人；还有人通过捐资治理沙漠化，希望改善自然环境等。当领导者可以通过物质财富帮助更多人，让这个世界变得更加和谐美好时，同时也能提升自己内心的幸福感。

4.什么是真正的幸福

只要用心去感受什么是幸福时就会发现：幸福是一个人精神世界的主观感受，是一个人内心感觉充实、满足、平和、宁静、愉悦的心境。所以一个人要提升幸福感首先需要过得充实，让每一天都感觉过得有意义；同时要懂得知足，一个人的追求是永无止境的过程，既要做到积极地去追求，也要有一颗平常心去面对现实中的各种挑战；学会心怀感恩，对身边的人、事、物都怀着一颗感恩之心才能让内心变得平和而宁静；最后还要有看空现实的智慧，懂得用心去享受当下生命赋予的一切，去获得内心持久的愉悦感。幸福其实就是一种坦然面对世事的无常，既不大悲，也不大喜，一种风轻云淡似的持久之乐。

所以领导者要经营好一家企业，不仅只是创造物质财富，同时更要创造精神财富。无论是华为、阿里巴巴、小米等一流的卓越企业，还是洁柔、方太、海底捞等各行业的卓越企业，它们都是同时创造物质财富和精神财富的典范。一个企业只有能为客户、团队、伙伴、股东、社会真正创造价值才有存在的意义。企业的所有工作都是团队在负责完成，领导者要特别重视如何打造一支有幸福感的团队。通过有关的调查数据也证明一个团队的幸福感提升3%，顾客的满意度就会提升5%，利润至少增加25%。

三、经营企业的基本法则

苏东坡曾和好友佛印学打坐，其间苏东坡问佛印看他打坐像什么。佛印说看他像一尊佛。苏东坡听了非常高兴，他又问佛印："你知道我看你像什么吗？"佛印说："不知道。"苏东坡大笑着对佛印说："我看你就像牛粪。"佛印听后对苏东坡只是微微一笑。苏东坡从佛印那里回到家里还一直为此事非常高兴。他妹妹就问他有什么开心的事，他就把羞辱佛印的经过说给他妹妹听了。他妹妹听后对他说："你这次是输得很彻底。佛家说心中有什么看到的就是什么，因为佛印心中有佛，所以看谁都是佛。"

这个故事揭示了一个深刻的道理：一个人要获得幸福的关键在于自己内心有什么。真正的幸福是一种充实、满足、平和、宁静、愉悦的心境。人生就是一场修炼，企业是一个道场。修炼就要做事，做事就是修炼。经营企业就是一个团队不断修炼的过程。企业领导者要指引团队在工作中不断提升自己的心性和能力，从而实现"内享幸福，外创价值"的圆满人生。这需要在企业经营的过程中坚持3个基本法则。

1. 对事要真

世间万事万物都有其客观规律，这些规律不会随着人的主观意志而改变。只有掌握事物的规律，遵循和运用事物的规律才能与这个世界和谐相处，也才能把事做好。所谓的对事真就是要实事求是，要避免因为个人认识不足或主观意识而违背事物的规律。如果违背事物的客观规律做事必将会酿成苦果，一个企业在经营过程中处理各项具体工作时都要坚持"真"的基本原则。很多人都认为海底捞的成功主要是源于他们"变态"式的服务，而他们的创始人张勇认为"产品好"才是他们成功的基础。所以在海底捞的招牌上可以看到"好火锅自己会说话"这样一句经典的宣传语。这说明海底捞人非常清楚，一个企业要实现基业长青必须以货真价实为基础。胖东来更是简单明了地提出"以真品换真心"的理念，这都是对事真的表现。

2.对人要善

每个人都会按自己的主观意识说话做事，喜怒哀乐都源于人的感知。相信每一个人都希望身边的人对自己友善，但这需要自己先做到对别人友善。当一个人与人相处和交往的过程中坚持与人为善，真心对别人好的时候，每个人都可以感受得到。同样别人也会以友善的方式给予回应。同时每个人内心都有一颗善良的种子，当对别人为恶时将无法获得内心的平和、宁静。企业经营过程中会与很多不同的人产生关系，卓越的企业都能看到"对人善"的深刻痕迹。只有对客户、团队、伙伴、股东、社会都坚持善，才能做到与大家共赢。这样的理念让企业能够与社会各界建立生态共赢的关系，企业才能实现持续健康的发展。

3.心存美好

如果要了解一个人的幸福感，只需要听他分享一下他的人生经历就可以知道。如果一个人整天抱怨，讲的都是负面的东西，就很难有幸福感可言。人生不如意事十之八九，只有把困难当机会，把痛苦当成长，看到积极美好的一面才有幸福感。要做到这一点需要一个人拥有空无的智慧和大爱的境界，对遇见的人、事、物都要怀着一颗感恩之心。感恩具有一种非常神奇的功效，它可以让人看到一切事物都有积极正向的一面。所以任何一个卓越的企业都要让团队学会感恩，用感恩之心去面对工作中的人、事、物，只有心怀感恩才能感受到美好，才会有幸福感。

四、优秀企业的三大标准

企业是由人分工合作而成的组织形式。每个企业都要处理客户、团队、伙伴、股东、社会的关系。一个企业只有能够为人服务才有存在的价值。每个人的最终目的都是为了让自己获得幸福感，但要用与他人共赢的方式去追求幸福。企业就是整个团队追求"内享幸福，外创价值"的平台，所以一个优秀企业要符合"合理盈利，持续发展，生态共赢"的基本要求。

1. 合理盈利的能力

企业首先要有合理的盈利能力。企业如果没有合理的盈利能力就无法正常经营，更不用奢谈为客户、团队、伙伴、股东、社会持续创造价值。企业的盈利水平太低就无法支持企业的创新发展，而盈利水平过高会影响用户的合理消费，同时还会吸引大量的新进入者。企业只有保持合理的盈利水平才能实现持续健康的发展。就像一个人吃饭才能活着，但活着不能只是为了吃饭一样。一个优秀企业要追求合理盈利，但却不能以营利为目的。

2. 持续发展的优势

不少企业还没有真正开始就已经结束，也有少数企业只能红红火火三五年，一夜回到创业前。一个只是昙花一现的企业不是真正的好企业。企业要有长远发展的思维和持续发展的能力，这就需要企业领导者不仅只关注眼前的生存和利润，还要面向未来做到未雨绸缪。只有围绕企业定位的用户，通过长时间的沉淀资源和能力，能够真正为用户创造不可替代的价值才能实现持续发展。

3.生态共赢的关系

无论是盈利还是发展，企业都要建立在与相关者生态共赢的基础上。企业是客户、团队、伙伴、股东、社会等各种关系的集合体，只要与任何一方的关系出现问题，企业的发展都会遇到阻碍。企业要提前思考和规划与相关者的关系，真正能够通过企业的发展让各方都能共赢。企业要为客户创造价值，为团队创造事业，为伙伴创造发展，为股东创造回报，为社会创造效益。企业存在的价值就在于构建一个让大家都能共赢的生态圈。只有构建生态共赢的关系才能得到社会各界的支持，从而让企业实现持续健康的发展。

胖东来的创始人于东来对此拥有独到而深刻的见解，他致力于把公司打造成一个充满爱的地方。去过胖东来的人都会有一种感受，胖东来不仅是一家企业，更像一座教堂，一个创造爱、传递爱、享受爱的地方。更有媒体形象地描述胖东来是一家"贩卖快乐"的公司。他们管理团队的使命就是如何让团队快乐，他们一线团队的使命就是如何让顾客快乐。正是这样的理念让胖东来占据了许昌近六成的零售市场份额，在许昌这样一个内地三线城市也能做几十个亿的营业额。他们的人均销售额和单位面积销售额都是中国民营零售企业的佼佼者。

五、企业存在的真正价值

企业是一个团队追求"内享幸福，外创价值"的平台，要构建与客户、团队、伙伴、股东、社会生态共赢的关系。领导者的基本使命就是如何打造一家优秀企业。一个卓越的领导者要有一颗博爱的公心。博爱不仅爱自己，也要爱他人，爱世间万物，让自己和身边更多的人获得幸福，让这个世界变得更加和谐美好。而所谓的公心就是在处理工作时要能顾全大局，坚持客观、公正、公平之心，而不能违反事物的规律或出于私心而伤害他人。所以一个卓越的领导者就是一个爱的布道者，通过经营好企业能够让更多人更加幸福。

1.为客户创造价值

首先企业存在的基础是要真正为客户创造价值。如果没有服务的客户，企业就失去了存在的基础。每个企业都要知道自己的客户是谁，真正了解他们的需求，用心解决他们的问题。不同的客户，对产品或服务的需求重点会不一样。领导者要围绕如何更快、更好地满足客户真正的需求去规划和开展各项工作。一个企业只有能够为客户创造不可替代的价值，才能得到市场的认可。

2.为团队创造事业

企业中的每一项工作都离不开团队的付出。拥有一支优秀的团队才能更好地为客户创造价值。领导者要构建一套让团队通过为客户创造价值来实现人生目标的共赢系统。企业通过为团队创造能够成就事业的机会来提升幸福感。领导者就是要帮助团队通过做好事业来实现"内享幸福，外创价值"的人生追求。

3.为伙伴创造发展

每个企业都没办法完全靠自己完成所有工作，需要有各个方面的合作伙伴相互配合。包括要有各种物料的供应商，各种销售的渠道商，各种专业服务机构等。通过和这些合作伙伴分工合作来共同为客户创造价值。一个优秀的企业不仅仅只是做好自己，更要推动整个产业链的健康发展。在合作的过程中只有与合作伙伴共同发展，才能推动整个产业持续健康发展。

4.为股东创造财富

企业的经营发展离不开资金和各种资源的投入。企业在为客户创造价值的同时，要有合理的盈利。如果一个企业不能为投资者创造合理的利润回报，就很少有人愿意投入资金和资源。所以不管一份事业多么有意义，最终都要有一套可以实现盈利的商业模式才能做得更好。具备合理盈利的事业才能够吸引更多的资源投入，推动企业实现持续健康的发展。

5.为社会创造效益

企业是社会的重要组成细胞，要为社会的健康发展作出贡献。一个企业要实现持续健康的发展离不开社会的滋养。一个企业的发展不能以损害社会公共利益为代价。只有把商业价值建立在创造社会价值的基础上，真正为社会解决问题才能成为一个伟大的企业。企业不仅要尽力为行业作出贡献，还要全力推动整个社会的持续健康发展，积极参与支持各种社会公益活动。

六、工作就是最好的修炼

工作是一个人实现"内享幸福，外创价值"的方式，是生命能够成长升华的重要途径。然而有人只是把工作当作谋生的手段，认为工作是一种不得不做的负担。这样的认识也造成他们从内心讨厌自己的工作，无法从工作中享受到应有的乐趣。然而除了极少数人之外，大部分人又不得不去面对自己的工作，并且占据着人生中最宝贵的黄金时间。一个不能从工作中享受到乐趣的人将很难获得幸福感。所以领导者要让团队重新去认识工作的真正意义。

1.工作品质影响生活品质

工作的价值最直接的体现在于影响人的生活品质。当一个人的工作做得越好，创造的价值越高，才能获得更好的物质回报。拥有较好的物质回报才能让人拥有更好的生活条件，可以享受到更高的生活品质。很多贫困的家庭居住在破破烂烂的房子里，家里连像样的家具、电器都没有。这样的生活条件会直接影响一个人的生活品质。领导者要引导团队通过努力提升自己的工作品质来获得更好的物质待遇，从而提升团队的生活品质。

2.工作品质决定人生品质

如果一个人一生都没有作出什么有价值的事，那他的一生就算虚度了。相反一个人一生做的事情越多，对他人的价值越高，他人生的价值也就越高。一个人的人生就像是一部自导自演的电影，这部电影是否精彩关键取决于自己。所以每个人都不应该浪费自己的生命，而应该不断提升工作品质，通过工作让自己的人生更有价值。所以一个人的工作品质不仅会影响到他的生活品质，同时也决定他的人生品质。

3.工作是人生修炼的方式

中国自古追求"格物、致知、诚意、正心、修身、齐家、治国、平天下"的人生理想。对于现代社会一个人想要实现自身价值，为他人和社会创造价值已不再局限于"治国、平天下"。在当下的时代可以把这句话稍做调整为"格物、致知、诚意、正心、修身、齐家、治业、和天下"！所谓的"治业"就是每个人都要努力经营好一份事业，"和天下"就是通过自己的事业能为他人和社会创造价值。所以一个人的工作不仅是一种谋生的手段，更是一个人实现"内享幸福，外创价值"的方式。通过工作不仅让一个人获得生活所必需的物质条件，同时通过工作让一个人的人生变得更有意义。通过用心的工作会让人参悟到世间的道理，在工作中能够不断提升自己的能力和升华自己的心性，最终会让人收获充实、满足、平和、宁静、愉悦的幸福心境。

当一个人可以专注于自己的工作，通过自己的工作让自己和更多的人获得幸福，让世界更加和谐美好时，就找到了通向幸福的成长路径。在一次去胖东来参观的时候，看到一名负责清洁的工作人员正蹲在地上用小刷子认真地把墙角刷得干干净净。这一幕让人的内心感觉非常的感动和震撼。胖东来一位负责清洁的优秀员工曾分享：做清洁也要作出一种境界。其实不管从事什么工作，只要能用心做好，不仅能让自己得到生活必需的物质条件，同时也能为他人和社会创造价值。就像寺庙中的僧人每天要挑水、扫地、念经来修炼自己一样，其实工作并不存在高低贵贱之分。领导者要让团队学会把工作当作自己修炼心行的最佳方式，通过做好工作来实现"内享幸福，外创价值"的圆满人生。

第二章

卓越领导力修炼之道

人生的目的在于追求幸福，而人生的意义在于能够为他人创造价值。正如孟子所言："穷则独善其身，达则兼济天下。"在这个时代，我们要追求"修身、齐家、治业、和天下"，一个人的能力越大就要担负起越大的责任，能够为更多人创造价值。一个卓越的企业领导者要成为真、善、美的布道者，致力于创建优秀企业。优秀企业要与客户、团队、伙伴、股东、社会构建生态共赢的关系。卓越领导力就是引导团队创建优秀企业，实现"内享幸福，外创价值"的能力。

一、优秀企业要三力合一

企业的健康发展要符合"合理盈利、持续发展、生态共赢"的基本要求。企业是一个团队分工合作的整体。只有充分发挥团队的合力才能创建一家优秀企业。一个优秀的企业需要团队体力、智力、心力的配合。只有整个团队心往一处想，力往一处使，才能让企业实现持续健康的发展。

1. 体力决定执行

经营企业是一场只有起点不希望有终点的长跑。企业中每天都有大量的具体工作需要处理。只有脚踏实地地把每项工作做好才能推动企业向前发展。团队在工作中表现出的执行力就是体力。只有拥有强大执行力的团队才能高效完成各项工作。各项工作的具体执行主要由企业的中基层团队负责，领导者要重视提升中基层团队的工作能力。一支训练有素的团队才能保证企业拥有强大的体力。

2. 智力决定方向

团队的努力很重要，而选择却更重要。如果工作的方向错了，无论怎么努力也无法达成目标。所以企业不仅要有强大的体力，还需要有超高的智力作出正确的决策。企业的各项决策主要由中高层团队负责，体现了企业的智力水平。中高层团队要随时了解企业内外环境的状况，准确判断面临的挑战和机会，根据实际情况作出最适合的决策。

3.心力决定信念

《西游记》团队中唐僧看似是没有能力的人，却成为整个团队的领导者。最重要的原因就是无论遇到什么艰难险阻，只有唐僧坚定不移地要去西天完成取经的使命。企业经营过程中不仅需要有足够的体力和智力，还需要有强大的心力。很多时候并不是方向错了，也不是做不到，而是中途自己放弃了。创建优秀企业需要长年累月的沉淀积累，这需要有强大的信念支撑。

二、领导与管理需要配合

在企业中很多人把领导和管理经常会混为一谈。因为同一个岗位会存在两种角色和职能的重合，也就是同一个岗位既需要领导能力，同时又需要管理能力。其实领导和管理是两个不同的概念，既紧密联系，又存在区别。如果不能做好区分就很容易造成两种职能的混淆，这会影响团队整体的合力。所以要对领导和管理有正确的认识。

1.两种职能

领导和管理是两种不同的职能，承担的职责和工作重点不同。领导的重点在于把握方向，管理强调工作要有效率。领导要负责为团队指明工作方向，影响和激励团队努力做对的事。管理要负责制定工作的流程制度，并让团队严格执行。所以领导主要靠个人魅力影响团队，而管理主要靠岗位职权推动工作。领导更看重未来和全局，管理更关注当下和局部。

2.两种行为

领导的关键是用人做事，管理的重点是做事用人。正所谓用师者王，用友者霸，用徒者亡。一个卓越的领导者强调用人，能够找到比自己更优秀的人才合作。而管理者注重做事，要做好管理就要非常了解相关的具体工作。领导者强调发展方向和人格魅力，要获得团队的信任和追随。管理者注重方法和职责权力，通过流程制度明确工作的目标要求。

3.相互配合

领导和管理很难分出绝对的界限，只是不同性质的岗位重心会有所差别。高层的岗位更强调领导能力，中层的岗位更强调管理能力。以领导职能为主的高层岗位称为领导者，以管理职能为主的中层岗位称为管理者。只有领导没有管理很难有工作效率，而只有管理没有领导容易出现方向错误。所以领导和管理要做好配合才能把企业经营好。

三、卓越领导的六大特质

为什么有的企业经营得非常好，而也有很多企业却经营很失败。同样一家企业换一个领导者有可能完全颠覆原来的经营状况。当年海尔是一个资不抵债濒临倒闭的集体小厂，在张瑞敏的领导下成长为世界500强家电品牌。曾经在段永平的领导下"小霸王"从一个亏损200万元的小厂，只用了3年成为年产值超10亿元的行业领军企业，而在段永平离开后小霸王却渐渐变成了一家鲜为人知的企业。通过对大量企业领导者的观察研究，在卓越的领导者身上都具有一些共同的特质。

1.正能量

华为的任正非先生在面对美国政府无理的技术封锁和打压时，不仅没有抱怨，反而感谢美国政府和特朗普总统帮助华为向全世界做了很好的宣传。面对困难挑战，一个只会抱怨环境、抱怨对手、抱怨团队的领导者很难把企业经营好。一个卓越的领导者是在黑暗中都能看见光明的人。领导者不能去抱怨问题，而是要找到如何处理问题的有效方法。这需要领导者具有正能量，带领团队积极面对经营中出现的各种问题。

2.有梦想

茅忠群为方太制定的最新愿景是"成为一家伟大的企业"。正是因为有这样远大的梦想才吸引了大量优秀人才加盟到方太。只有拥有大梦想才能让优秀的人才看到发展的空间。没有人愿意追随一个没有梦想的人，一个人也不会愿意追随一个比自己梦想还小的人。一个卓越的领导者就是一个能为大家创造和实现梦想的人。

3.大格局

一个好汉三个帮，靠单打独斗不可能成就一番伟大的事业。梦想越大需要的人才、资源、资金就越多。领导者想要吸引更多的人才、资源、资金投入企业的经营中，就要懂得分利、分权、分名。正所谓财聚人散，财散人聚。只有愿意分利、分权、分名，才能得到大家的支持和追随。一个卓越的领导者就是整合大家的力量来共同实现梦想，这就需要领导者要有大格局。

4.有智慧

华为的任正非早在21世纪初就判断芯片会决定华为未来的生死存亡。中顺洁柔的邓颖忠认为只有能看未来十年的创业者才能成为卓越的领导者。一个卓越的领导者不需要做到样样精通，也不用每项工作都事必躬亲，但必须要有智慧对人和事作出正确的判断。领导者只有能够准确地判断一个人的优点和不足才能知人善任，也只有准确判断一件事是否该做才能作出正确的决策。

5.有勇气

正如任正非先生很早就意识到芯片对华为发展的重要性，但以当时国内的技术水平和研发芯片需要的巨额投资来说，绝大部分企业都只能望而却步。然而华为却在2004年就正式成立了海思公司，每年投入大量的人才和资金开始研发自己的芯片。这些投入要面临巨大的失败风险，能够作出这样的决定需要领导者具有巨大的勇气。一个卓越的领导者在作出科学判断之后，就要有当机立断的勇气才能抓住发展的机会。

6.有毅力

很多道理其实都很简单，但要真正坚持做到却不容易。绝大部分时候不是不知道，而是做不到。领导者作出一个决定很容易，但在实施过程中一定会遇到各种各样的问题。这个时候就需要领导者有足够的毅力去坚持。在《西游记》中，唐僧在团队里能力并不一定最强，但在经历八十一难的途中，只有他对西天取经的信念毫不动摇，所以才最适合担任取经团队的领导者。

四、领导力需要修好内功

天下没有相同的两片树叶，更不会有完全相同的两个人。每个企业都会受到领导者的巨大影响，正如任正非与华为，马云与阿里巴巴，雷军与小米。领导者是企业发展过程中最大的推动者，同时也可能成为企业发展最大的瓶颈。领导者要对企业出现的所有问题负责，所以领导者要特别重视自身对企业的影响。只有领导者不断成长蜕变才能带领企业实现更好的发展。领导者要不断修炼心法和干法，从而升华人生的活法。

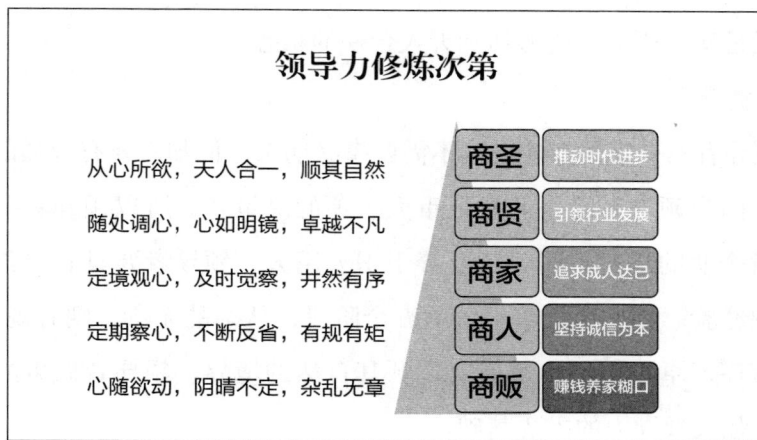

领导力修炼次第

从心所欲，天人合一，顺其自然	商圣	推动时代进步
随处调心，心如明镜，卓越不凡	商贤	引领行业发展
定境观心，及时觉察，井然有序	商家	追求成人达己
定期察心，不断反省，有规有矩	商人	坚持诚信为本
心随欲动，阴晴不定，杂乱无章	商贩	赚钱养家糊口

1.明确活法

领导者不同的人生追求就有不同的活法。领导者的人生活法可以分为五种。一个人只想赚钱过好日子称为"商贩"；能够坚持诚信，有所为有所不为的是"商人"；通过企业做一件有意义的事业成人达己的是"商家"，也就是真正意义上的企业家；成为行业的引领者，推动整个行业实现健康发展就是"商贤"；一个创业者能够推动整个时代的进步，成为国家民族骄傲的人是"商圣"。领导者追求的人生境界越高领导力就会越大。

2.修炼心法

大部分人都只有看见才会相信，领导者是因为相信就会看见。领导者是能够在黑暗中看到光明的人，所以卓越的领导者需要有强大的信念做支撑。领导者要在经营过程中不断修炼自己的心性，无论遇到什么事情都能保持良好的"情、欲、念"。心性的修炼分为五个阶段：

第一个阶段是心随欲动，表现出来的状态是阴晴不定；第二个阶段是定期察心，也就是开始懂得反省自己的情、欲、念；第三个阶段是定境观心，在面对特定的人、事、物时能够自我提醒和调整情、欲、念；第四个阶段是随处调心，这时候能够做到随时调整自己的状态；第五个阶段是从心所欲，能够达到天人合一的状态。

3. 提升干法

领导者不一定是专才，也不需要事必躬亲，但却需要有很强的综合能力。因为领导者是企业发展重大事项的决策者。所以领导者要能掌握经营企业的规律，同时还要善于识人用人。领导者要具有非常广博的知识经验。领导者做事也分为五个阶段，从杂乱无章，到有规有矩、井然有序、卓越不凡，最后实现顺其自然的境界。领导者做事的能力是发挥强大领导力的重要基础。

4. 善用权力

企业的领导者主要负责一些重要的高层岗位。基于岗位的职责会享有对应的很多权力。领导者对团队影响最直接的就是奖罚任免权。领导者能够真心对团队好，做到任人唯贤，奖罚分明，就能得到大家的拥护和爱戴。领导者的奖罚任免权是发挥领导力的重要保障，拥有的权力越大影响力也越大。领导者的权力是一把双刃剑，用得好可以提升领导力，使用不当反而会有损领导力。所以企业要科学设计领导者的责、权、利。只有实现责、权、利一致才能充分发挥作用。

5. 注意风格

不同的领导者会有不同的风格，对领导力的发挥也会产生直接的影响。根据领导者关注人和关注事的重心不同，可以分为教练式、指导式、参与式、授权式四种基本风格。领导风格其实没有绝对的好坏，关键在于要符合时间、地点和对象。然而大部分领导者在工作中都会形成一种习惯性的风格，这会让领导者的领导力受到场景的局限。只有能够灵活运用不同风格的领导者才能在不同的场景中更好地发挥领导力。

五、领导者善于用人做事

企业是一个团队通过分工合作来实现"内享幸福，外创价值"的平台。领导者的成功不是自己把工作做得多好，而是因为团队做得好而成功，所以没有优秀的团队就没有卓越的领导者。领导力的发挥会受到团队成熟度的影响。知人者智，自知者明。领导者既要了解自己的优点和不足，又要清楚团队成员的优点和不足。只有做到知人善任、扬长避短才能充分发挥领导力。领导者判断团队成熟度需要从胜任性和主动性两个维度进行评估，主要可以分为四种类型。

1.胜任性低—主动性好

领导者的工作重点是打造优秀的管理团队。管理团队的岗位能力不足或对岗位工作的要求不清楚都属于胜任性低，而管理团队的工作意愿和忠诚度高就是主动性好。针对胜任性低而主动性好的管理团队，领导者就需要加大胜任性的培养。在工作过程中，领导者要加大对管理团队的培训辅导才能取得更好的团队绩效。

2.胜任性低—主动性差

如果管理团队的胜任性低，同时主动性也差，领导者要取得好的团队绩效就非常难。面对这种状态，领导者不仅要重视培养管理团队的能力，还要激发管理团队的主动性。领导者要像教练一样让管理团队看到自身存在的问题，并鼓励和指导他们作出调整。领导者的最大意义就在于让管理团队不断得到成长。

3.胜任性高—主动性差

管理团队的岗位能力强，对岗位工作的要求也非常清楚，代表管理团队的胜任性高。如果一个管理团队的胜任性高，而主动性差也不会取得高绩效。面对这种状况，领导者要注意做好与管理团队的思想交流和工作参与度。只有统一思想，并让管理团队充分参与到工作中来才能提升主动性。

4.胜任性高—主动性高

领导者的最高追求是"无为而治"。这不仅对领导者的要求很高，对管理团队的要求也非常高。只有一支胜任性和主动性都非常强的管理团队才能实现"无为而治"。领导者要实现"无为"，就要让管理团队"有为"。领导者要根据管理团队成熟度的提高加大授权的力度，最终让管理团队实现自动自发。

5.领导要做到以身作则

孔子讲："其身正不令而行，其身不正虽令不从。"中国自古就强调领导者要以身作则。只有领导者做好榜样才能让团队心悦诚服。《论语》中讲："道之以政，齐之以刑，民免而无耻。道之以德，齐之以礼，有耻且格。"所以领导者要以德治为主，以法治为辅，指引团队追求高尚的道德品质。

六、环境影响领导的绩效

做任何事情都不能脱离所处的环境。领导者只有根据企业的内外环境作出科学的决策才能指引企业实现持续健康的发展。除了领导者自身素质和团队成熟度之外，还需要对所处的环境做好分析判断。

1. 外部环境

物竞天择，适者生存。企业的外部环境决定了生存发展的挑战和机会。外部环境包括政治、经济、社会、科技的宏观环境，还包括行业阶段和行业格局等状况。只有对企业所处的外部环境作出准确判断，做到顺势而为才能事半功倍。

2. 目标难度

企业的所有工作都要围绕目标展开，没有目标就没有方向。领导者要实现理想的经营绩效就要制定科学的目标。目标太低没有挑战，目标太高没有希望。理想的目标是让团队跳一跳可以够得着。

3. 系统建设

领导者的价值在于帮助团队创造出更大的价值。企业要实现持续健康的发展不能靠个人的力量。只有通过建立科学合理的系统才能帮助团队高效完成各项工作。企业的系统建设越好，团队取得的绩效越有保障。

4. 企业文化

所有企业归根结底都是对文化的一种实践。包括核心理念、流程制度、行为习惯、目标结果都是文化在不同层面的呈现。领导者要营造积极正向的文化环境，团队才更容易取得好的绩效。

5. 硬件设施

"工欲善其事，必先利其器。"企业的各项工作都需要有配套的场地、工具和物料。领导者要根据战略目标的需要提前做好硬件设施的规划。企业的硬件设施条件也是制约团队绩效的重要因素。

第三章

优秀企业需要做规划

经营企业和建房子的道理一样。建房子要先有设计，然后再按设计做好监理和施工才能建出理想的房子。做企业要先有规划，然后再按规划做好管理和执行才能打造出优秀的企业。房子的设计分为效果图和施工图。企业的规划分为顶层设计和落地方案。顶层设计是企业的效果图，落地方案就是企业的施工图。只有以"合理盈利、持续发展、生态共赢"的目标为导向，提前做好规划才能创建出优秀的企业。领导者是企业的总设计师，做企业规划是领导者需要掌握的核心能力。

一、优秀企业六维法则

"物有本末，事有终始，知所先后，则近道矣。"做任何事情都有规律，只有遵循规律才能事半功倍。茶有茶道，医有医道，商也有商道。商道就是如何把企业经营好的优秀思想、科学方法和高效工具。领导者在做企业规划的时候要遵循商道才能指引团队创建优秀的企业。商道的核心就是要做好"明因、持道、取势、定法、优术、利器"六个维度。

1.明因

企业是这个时代社会的基本构成单位。企业只有为人服务才有存在的价值。每个人追求的目标各有不同，但人生的根本目的都在于追求幸福。一个人想要获得幸福需要处理好三种关系：自己和自己的关系，自己和他人的关系，自己和环境的关系。每个人都有追求幸福的权利，但不能伤害到他人。如果每个人都只为自己考虑而不顾他人的感受最终就会变成相互伤害的共输。同时还要能够与整个环境和谐相处才可持续。优秀企业是一个团队通过分工合作实现"内享幸福，外创价值"

的平台。领导者要带领团队通过经营好企业来实现"自己幸福，与人共赢，社会和谐"的目的，这就是经营企业之因。

2. 持道

经营企业的目的在于追求"幸福、共赢、和谐"。要实现这个目的就要坚持一些基本的原则，也就是在企业经营过程中处理好自己、他人、环境三者关系的基本准则。正所谓"为学日益，为道日损"，可以把处理这三种关系的基本原则归结为"真、善、美"三个字。在经营企业时到底什么是"真、善、美"呢？在经营过程中坚持实事求是，能够严格遵循事物的规律是"真"；企业要与客户、团队、伙伴、股东、社会等相关方建立生态共赢的关系是"善"；无论面对什么结果和遇到什么挑战都能保持积极向上的心态，永远能看到好的一面是"美"。企业要实现"幸福、共赢、和谐"就要坚持"对事真，对人善，对己美"。

3. 取势

中国文化的最高追求在于天、地、人合一，也就是强调天时、地利、人和。人、事、物都在因时、因地、因人发生变化。《易经》就是一本揭示天地万物变化规律的经典，从中可以获得把握天时、地利、人和的智慧。在经营企业的过程中要善于根据天时、地利、人和的实际情况作出科学决策才能实现持续健康的发展。道家思想强调："人法地，地法天，天法道，道法自然"，其实质就是要符合天时、地利、人和的规律，最终实现天人合一。经营企业就要提前了解企业内外的环境状况，只有顺势而为才能事半功倍。

4. 定法

"明因、持道、取势"可以帮助企业明确实现持续健康发展的目的、原则和趋势。只有在"明因、持道、取势"的基础上，最终转化为指导企业实际经营的战略、模式和规则才能指导团队更好地落地执行。领导者制定企业的战略、模式和规则就是"定法"。战略、模式和规则是保证一个企业能够健康发展的顶层设计。战略决定企业未来的发展方向；模式决定实现战略的整体方案；规则决定经营管理中责权利的科学分配。如果企业的战略、模式和规则有问题，这个企业就会存在先天不足。这要求领导者在做战略、模式和规则时要符合"明因、持道、取势"的要求。

5. 优术

企业在完成顶层设计之后，要制定能够具体执行的实施方案，这就是术。只有把顶层设计转化为具体的落地方案才能一步步得到实现。"优术"包含三个方面的内容：一是要不断整合有利于帮助企业实现顶层设计的各种资源；二是要不断提升团队落实顶层设计所需的综合能力；三是对具体的行动措施做好持续的改善创新。只有做到资源、能力、行动都能够与公司的顶层设计相匹配，公司的发展规划才有保障。优术就是要不断优化实现企业顶层设计的资源、能力和行动。

6. 利器

巧妇难为无米之炊，做任何事情都需要有匹配的物资做支持。好的物资条件可以帮助团队更快、更好地达成目标。企业经营之器主要包括场地、工具和物料三个方面。在企业经营过程中首先要注意选择和建设最便利的工作场地；还要不断优化工作过程中所需的各种设备工具；确保各项工作所需物料能够保质保量地准时到位。这些是一个企业经营的硬件基础。企业拥有最合适的场地、工具和物料就能让各项工作取得事半功倍的效果。领导者在做企业规划时要同步做好相关物资的匹配。

二、领导者的经营秘诀

"明因、持道、取势、定法、优术、利器"是经营企业要遵循的六个基本法则。领导者做企业经营规划就是按这六个维度进行整体设计。然后再根据企业的经营规划做好管理和执行才能创建出优秀的企业。领导者要站在整个企业的高度抓好六个方面的重点工作。

1. 做规划

中顺洁柔的创始人邓颖忠先生说："经营人生就是经营事业，经营事业就是经营人生！"优秀的领导者才能创建出优秀的企业，优秀的企业才会成就优秀的领导者。企业是领导者的人生作品，领导者就是企业的总设计师。建房子要设计，做企业要规划。创建优秀企业首先就要做好规划。只有做好企业的规划才能指引团队做正确的事。合抱之木，生于毫末；九层之台，起于累土；千里之行，始于足下。领导者的首要责任就是为团队指明方向，然后支持激励团队坚持朝着正确的方向努力前进。

2. 搭班子

没有完美的个人，只有完美的团队。领导者不可能事事精通，靠一个人无法把企业做强做大。不同的规划对团队的要求也不一样。领导者要根据规划的要求来组建核心团队。汉高祖刘邦总结自己之所以能战胜项羽主要靠三个人：运筹帷幄的张良，战无不胜的韩信和治国安邦的萧何。雷军总结小米能获得成功的重要原因在于创业初期的两年里有70%的时间都在找人。正是拥有一支顶尖的创业团队才让小米实现了超常规的发展。

3.定规矩

没有规矩不成方圆，没有规矩的团队就是乌合之众。企业的流程制度都是规矩的体现形式。通过流程制度系统可以明确团队的目标权责，总结工作的经验方法，发扬人性的善良美德。没有流程制度系统作为保障，各项工作的开展就没有依据，也无法快速培养需要的人才。只有靠一套科学合理的流程制度系统才能让各项工作有序、高效地完成，从而让企业实现持续健康的发展。所以领导者要特别重视制度系统的建设。

4.带队伍

企业的每项工作都需要有合适的人负责完成。只有打造出一支优秀的队伍才能取得理想的绩效。领导者要关注管理团队，以制度系统为依据做好人才的选、育、用、留、汰。一个优秀的管理者不是自己做得多好，而是让自己的团队做得好。带队伍就是在工作中不断提升团队的胜任性和主动性。团队是一个分工合作的整体，只有让合适的人做合适的事才能取得好的绩效。

5.寻资源

做任何事情都需要有资源的投入。企业追求的目标越大，需要投入的资源就越多。企业想得到更好的发展，就需要有更多优秀的人才、更多的设备物料、更多的资金等。然而每一个企业自身的资源都非常有限，很难支持企业实现快速发展。所以领导者要根据企业发展的需要不断整合外部资源为企业发展所用。领导者为企业寻到的资源越多，才能为实现更高的目标提供保障。

6.育文化

企业也是一个生命体，也有基因。企业的基因就是核心文化。每一个企业都是一种文化的实践。优秀的企业文化造就优秀的企业，普通的企业文化只能成为平庸的企业。而领导者的追求和理念就是企业文化的源头。优秀的企业文化不能停留在口号上，而是要转化为整个团队的习惯。这需要长年累月的培育才会慢慢形成。领导者在经营企业的过程中要特别重视企业文化的培育建设。

三、企业经营的路线图

企业经营是一个资源不断"投入—产出"的循环过程。领导者要做好经营规划就要深入了解企业运行的内在逻辑。只有掌握了企业经营的逻辑，才能抓住企业经营的关键。企业经营规划就是根据企业的内在运行逻辑制定实现目标的路线图。有了企业经营规划就像一个人在一个陌生的城市拥有了一张地图就不会迷路。

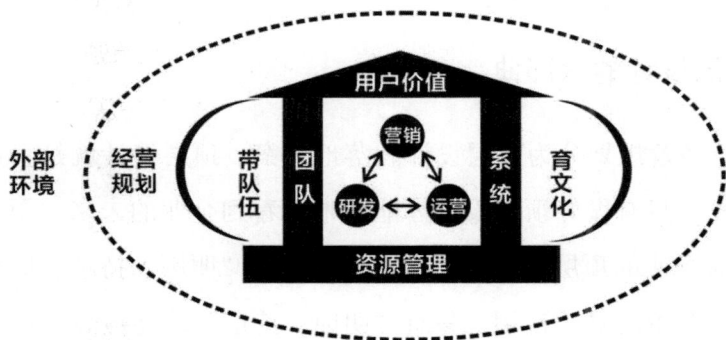

1.懂得顺势而为

领导者制定经营规划时要提前了解企业的外部环境和资源能力的现状。根据自身资源能力的优势和不足，明确应对外部环境机遇和挑战的有效策略。努力很重要，但选择更重要。企业发展的方向决定了企业发展的上限。

2.以用户为导向

用户价值是一个企业存在的基础，经营企业要坚持以用户价值为导向。领导者要对企业定位的用户做充分的了解，明确用户的需求，并根据定位用户的需求设计企业的核心竞争力模型。企业只有围绕用户需求构建出核心竞争力才能为用户创造更高的价值。企业为用户创造价值的关键在于不断提升研发、运营和营销三个方面的能力。

3.构建核心能力

企业要为用户创造不可替代的价值需要具备核心能力。企业不管是在研发、运营，还是营销上面形成核心竞争力，都需要有对应的优秀团队和科学系统。企业只有持续不断地把资源投入有利于形成核心竞争力的团队培养和系统建设中去才能渐渐形成优势。所以好钢要用到刀刃上，要集中优势资源打造企业的核心竞争力。只有形成核心能力才能为用户创造出不可替代的独特价值。

四、顶层设计的六部曲

企业经营规划分为顶层设计和落地方案。顶层设计就是企业发展的效果图。只有做好顶层设计才能清晰地看到企业的未来。领导者要主导完成企业的顶层设计。顶层设计就是对"明因、持道、取势、定法"在企业中的具体运用。只有"明因、持道"才能提炼出优秀的企业基因。企业的发展定位要基于内外环境的状况，懂得"取势"可以事半功倍。"定法"就是在"明因、持道、取势"的基础上确定企业的战略、模式和规则。最后再把企业的发展分解为长期、中期、短期不同的阶段。企业的顶层设计主要包括6个方面。

1.提炼基因

天下没有相同的两片树叶，也不存在完全相同的两个生命体。而不同生命体所呈现出来的特征和潜质都由它的基因所决定。企业也是一个生命体，同样有它自己的基因。企业的基因就是企业的核心文化。企业基因源于创始人，而又不局限于创始人。在做企业的顶层设计时，首先要深入了解创始人及其核心团队的追求和梦想。根据核心团队的追求、梦想和特长提炼出企业的核心文化。因为每个企业的创始人和核心团队都不一样，他们的追求和优势也会不一样，形成的企业基因也不会相同。

2. 明确定位

即使是一棵大树的种子，也只有种对地方才能生根发芽，最终才有机会长成参天大树。企业提炼出自身的基因之后，要根据宏观环境、行业环境和资源能力的状况，找到最适合企业发展的定位。企业定位是一个系统工程，定位的基础就是用户定位，也就是要确定主要是哪类人群会选择使用企业的产品或服务，因为不同的人群对同一类产品或服务的需求点都会不一样。只有根据用户存在的痛点形成优势，才能让用户更愿意选择使用企业的产品或服务。

3. 制定战略

当明确了企业的定位之后，接下来需要解决的问题是：用户凭什么要选择一个企业的产品或服务？也就是企业的产品或服务有什么竞争优势。企业只有能够为用户创造不可替代的价值，才能培育出一群有高忠诚度的用户，其本质就是要有核心竞争力。但一个企业的核心竞争力不是一朝一夕就能够建立起来的，要有十年磨一剑的毅力。领导者要提前根据企业定位的用户需求来确定企业的核心竞争力模型，这就是企业发展的战略方向。

4. 商业模式

海底捞服务很好但学不会；小米营销很棒也学不会；华为技术很强还是学不会。企业的核心竞争力不是靠说出来的，而是要靠团队一点点创造沉淀出来。企业的核心竞争力需要有一套复杂的系统支撑。帮助企业形成核心竞争力的整套系统就是商业模式。商业模式就是围绕定位的用户构建价值圈、保护圈、生态圈，在此基础上形成合理的收支结构。

5.科学机制

企业有了好的商业模式，还要保障这套模式能够实现正常运行。这就需要设计一套科学、合理的组织机制。企业的组织机制主要包括股权机制、决策机制、管理机制、创新机制、分配机制、组织架构六个方面的内容。人治不如机制，只有靠机制做好经营管理才能让企业的发展有保障。一个企业如果组织机制有问题就存在先天缺陷，一旦爆发将很难补救。

6.发展路径

任何事物的发展都会有周期，企业也同样如此。企业发展主要分为初创期、发展期、成熟期、扩张期、再造期五个阶段。企业在不同阶段所面临的问题和机会都不一样。领导者要根据战略发展的方向，明确企业在不同阶段要达成的目标、策略和行动。通常一家企业每3~5年是一个阶段，领导者最好要思考三个阶段的企业发展目标。从财务、市场、运营、成长、生态五个维度设定出短期、中期、长期的具体目标。企业的发展不仅只是量变，更重要的是质变，也就是要不断升级企业的竞争力维度。

五、制定经营落地方案

建房子有了效果图，还要有施工图才知道具体如何干。领导者在主导做好企业的顶层设计之后，还需要让管理团队围绕企业的年度目标制定各个部门的具体落地方案。通常社会各界是按年度对企业的短期经营成果做评价。所以企业要实现顶层设计就要做好每年的落地方案。只有达成每年的目标，才能一步步实现企业的中期目标和长期目标。

1. 明确目标

管理大师德鲁克认为：不是先有工作再有目标，而是先有目标才有工作。一切工作都要围绕目标展开，目标不同需要完成的工作也会不同。所以企业的落地方案首先就是要明确年度要达成的具体目标。在制定年度目标时要符合三个基本原则。第一个原则是战略性，年度目标是企业发展战略的分解，要服务于战略。第二个原则是系统性，企业的年度目标是一个有机系统，包括财务目标、市场目标、运营目标、成长目标、生态目标五个维度。第三个原则要有科学性，每个目标都要符合SMART原则。

2. 目标分解

明确好年度目标是企业经营落地方案的起点。如果领导者只是定好目标而没有过程的管理将很难实现想要的结果。所以领导者还要和管理团队把年度目标从项目、部门、时间三个维度做好科学的分解。在做目标分解的时候，各个子目标要充分体现公司的战略意图。不同的战略，对目标分解的要求会不一样。通过目标分解最终要实现每个项目，每个部门，每个人，在每个时间段都有明确的目标。

3. 实施策略

领导者要让每个部门的管理者根据分解的目标要找到可行性策略，也就是如何达成目标的有效方法。企业经营落地方案的主要含金量就体现在策略上面。一个好的策略能够让团队取得事半功倍的效果。各个部门的管理者只有找到能够让人眼前一亮的策略，才能充分调动团队的积极性。在制定策略的时候，每个部门的管理者可以从潜力挖掘、拓展创新、资源整合三个方面去思考和探讨。

4.执行方案

各个部门要实现制定的策略，还需要形成具体的行动方案。每个人都会有很多工作需要做，但具有高价值的却并不多。每个部门的管理者都要把那些会影响达成目标的重点工作挑出来。领导者要让每个部门的管理者根据目标明确3~5件全年最重要的工作，针对这些最重要的工作制定详细的执行方案。把方案中需要完成的各项工作拟定出详细的清单，并确定完成每项工作的时间排程表。

5.资源配置

古人打仗都遵循"兵马未动，粮草先行"的原则。各个部门的管理者也要根据执行方案，明确需要的各种资源。每项工作都要有人、财、物的资源支持才能有效开展。每个部门管理者都要根据执行方案把需要的人员配置、物资明细、资金需求等做好预算。各个部门在做预算时要追求资源产出价值的最大化原则，也就是要用尽可能少的资源投入来达成部门所设定的目标。只有提前把公司的各项资源做好合理配置，才能确保各项工作在实施过程中有匹配的资源。

6.激励方案

不管企业的落地方案做得多完美，最终都需要有人去做才行。如果团队没人愿意去做，再好的方案也没有用。如何让团队成员从要求他做，变成他自己想做？这是各个部门在做好执行方案之后必须解决的问题。领导者只有把公司的目标变成部门的目标，管理者再把部门的目标变成团队个人的目标，才能让人从被动变为主动。领导者和各部门的管理者要根据团队成员的个人需求来设计一套有效的激励方案。只有把个人目标与公司的目标融为一体，团队成员通过实现公司的目标来达成个人的目标才能充分发挥积极性。

六、强化管理执行系统

企业不仅要做好顶层设计，还需要有落地方案。根据落地方案做好管理执行才能一步步实现企业的规划。就像一幢房子有了好的设计，还要有好的监理和施工才能把房子建好。领导者在做好规划之后，还要有好的管理和执行来配合。如果把企业看作一个数字，规划影响的是百位，管理影响的是十位，执行影响的是个位。规划要落地靠管理，管理要落地靠执行。领导者要特别重视强化管理执行系统的建设。

1.打造管理团队

事在人为，要创造高绩效就要有一支优秀的团队。所以领导者要根据企业规划的要求明确对管理团队的要求。团队建设就是一个"选、育、用、留、汰"的过程。领导者可以从"能、明、愿、忠"四个维度对管理团队进行评估。"能"代表是否具备目标工作需要的能力；"明"是指对目标工作的要求是否很明确；"愿"是一个人对负责的目标工作是否有意愿；"忠"是对所从事的职业和企业文化的忠诚度。只有不断提高管理团队的"能、明、愿、忠"才能打造出卓越的团队。

2.重视系统建设

没有规矩不成方圆。一个企业如果没有科学合理的流程制度系统支撑就很难实现持续健康的发展。流程制度的价值在于三个方面：发扬人性的善良美德；明确目标的权责分工；总结工作的经验教训。一套科学、合理、健全的流程制度可以帮助一项工作的负责人在合适的时间，合适的地点，用合适的方法，把工作做好。一个企业的发展壮大只有建立在科学、合理、健全的流程制度体系上才能实现基业长青。

3.强化过程管理

管理执行不可能一劳永逸，是一个持续优化的过程。没有好的过程保障就没有好的结果。一套强大的管理执行系统就是要做好过程管理的闭环，也就是要形成PDCAS的闭环管理。领导者要让每一个管理者都要做好目标计划、跟进辅导、总结分析、反馈激励、管理提升五个环节的工作。而作为执行者对应每个工作环节要做到目标清楚、方法明确、严格执行、及时反馈、改善调整。只有做好过程管理才能让企业的经营规划得到执行落地。

第四章

团队幸福才更加卓越

企业要与客户、团队、伙伴、股东、社会等相关者构建生态共赢的关系。客户是一个企业实现持续健康发展的基础。只有企业的产品或服务得到客户的认可才有存在的价值，同时也才能获得收入来支持企业进一步发展。华为核心价值观的第一条就是"以客户为中心"。阿里巴巴核心价值观的第一条也是"客户第一"。企业要以为客户持续创造价值为导向。

为什么海底捞能不断为客户带来惊喜和感动；为什么许昌的胖东来能让客户专门开几公里车到商场只为买一瓶酱油；为什么方太厨电一年能收到过千封客户感谢信？这都基于企业真正为客户创造了价值。然而所有客户价值都由团队创造出来。只有一支幸福团队才能真正用心为客户创造更好的价值。

一、解开客人满意背后的秘密

1.团队幸福才能传递快乐

任何一个优秀的企业最终都会体现在市场上的卓越表现。只有提供真正有价值的产品或服务才能得到市场上越来越多的客户认可。每个企业领导者都在大力提倡"客户是企业的上帝""客户是企业的衣食父母"的理念。任何一家企业失去了客户就失去了生存的基础。所以大家也很容易理解要竭尽全力让客户满意的道理。但在实际工作中这往往只是领导者的一厢情愿，绝大部分企业的客户并没有真正获得"上帝"的待遇，相反却经常为产品质量差、服务态度差等问题所困扰。

为什么企业领导者的美好愿望换来的却是事与愿违呢？问题在于忽略了一个基本事实：那就是每个企业真正在直接为客户提供产品或服务的并不是领导者，而是企业团队一线的成员。作为企业领导者经常会向企业的团队宣导："一定要服务好客户，一定要让客户满意。"但领导者要试问一下：当自己不快乐的时候是否能用心去完成一项工作，是否能在工作过程中向别人传递快乐。一个人的情绪会直接影响一个人的行为，同时也很容易传递给别人。只有一个在工作中感觉快乐的人才能专注于自己的工作，也才能带给客户高品质的产品或服务。当一个人内心充满痛苦和不满时，也会很自然地把这种情绪带到工作中，并传递给团队中的其他人和所服务的客户。所以要让客户满意的背后要有一支幸福的团队。

2.幸福团队的卓越表现

（1）团队幸福才有凝聚力

一个人选择离开一家企业会有各种各样的理由，但如果挖掘最根本的原因90%以上都是因为工作不满意。每个人都在追求幸福，企业是一个团队追求幸福的共同平台。所以只有让团队成员在企业中有幸福感才会愿意留在这个企业，这样的团队才会具有凝聚力。我们到很多企业去参观都发现他们公司的人总是板着脸，见面也没人打招呼。稍做调查就会发现，这样的团队离职率都非常高，而在一些团队幸福感高的企业里却是完全不同的另一番景象。像在胖东来公司工作的员工很少有主动离职的情况，在公司里工作四五年以上的人非常多。现在很多企业都为招工难而发愁，而在胖东来几乎不太敢公开招聘。胖东来曾公开招聘几十名员工，而去现场面试的却有上千人，真正可谓是百里挑一。在这类团队幸福感非常高的企业中，团队的凝聚力都非常强。

（2）团队幸福才有主动性

海底捞的成功被外界归结于他们对顾客的"变态"式服务。海底捞的员工会跑到店外的公路边迎接到来的客人；会为等位的客人擦皮鞋、修指甲；会主动为客人照顾哭闹的小孩；会主动为长头发的女士递上一根橡皮筋让她扎好头发；会主动扶老人上洗手间等。而很多类似感动客户的服务都并非公司的明文规定，而是他们自动自发的主动行为。这些服务让顾客真正在这里感受到了当上帝的感觉，也像磁石一样牢牢地吸住了顾客。所有的同行企业都希望拥有像海底捞一样的服务，也都知道海底捞成功的秘诀，但奇怪的是却没有几家能够复制成功。有人请教海底捞的老板张勇："为什么海底捞的团队可以主动为顾客提供这么好的服务？"张勇给出的答案是"真正把员工当人对待"。这个答案并不新鲜，只是事实上真正有把这样一个简单的道理做到的企业却难得一见。正是海底捞的领导者把员工当人看，让团队能够获得幸福感，在公司感受到像家一样的文化，才充分调动了整个团队的积极性。没有人会因为给自己家里干活而不开心，也没有人会不喜欢到自家餐馆吃火锅的客人。海底捞告诉大家一个道理：当一个人在工作中感到快乐幸福时，他就会主动为客户提供超出期望的产品和服务。

（3）幸福的团队才有创造力

有史料记载，埃及的金字塔是由30万名奴隶建造而成。然而早在1560年，瑞士的一个钟表匠塔·布克在仔细观察金字塔后就断言它不可能是奴隶建造而成。他认为建造金字塔的应该是一批欢快自由的人。因为他发现金字塔的巨石之间连一片刀片都插不进去。如果是一群怀着不满和仇恨的奴隶不可能把这么浩大的金字塔建造得这么精细。一个人只有在自由快乐的情绪下才能发挥巨大的创造力，成就伟大的作品。后来在2003年，埃及的最高文物委员会宣布，经过考证发现金字塔的确是由具有自由身份的农民和手工业者建造。所以只有在工作中感觉幸福的团队才会发挥无穷的创造力，才会力求把工作做到尽善尽美。

3.领导者要把团队当客户

海底捞是一家一直以"超出客人期望"著称的火锅连锁企业，他们通过被外界称为"变态"式的服务常常让客人感动。很多同行都无法理解海底捞的团队为什么会有如此卓越的表现。从海底捞对各级管理人员的考核内容上也许能让大家有所启示。海底捞对管理人员的考核主要包括两个方面：一个是顾客满意度，另一个是员工满意度。创始人张勇曾公开表示海底捞的一切工作都要围绕顾客满意度，而顾客的定义应该包括员工。海底捞的领导者有这样一个理念：一个管理者感动1名顾客，远不如感动1名员工，因为1名被感动的员工会感动10名顾客。正是海底捞的管理者把员工当客户去服务才让他们的团队充满了激情和快乐。这种激情和快乐很自然地转变成了对消费者无微不至的"变态"服务。

一个企业要服务好自己的客户，让客户满意，作为领导者首先要想办法让团队满意、让团队幸福。这需要企业的领导者转变传统的观念，重新审视自己在团队中的角色。传统的领导者总是高高在上的发号施令，这样的方式不可能让团队有太高的幸福感。要提高团队的满意度就需要领导者把团队当客户的心态，让自己扮演团队的支持服务者。当一个领导者能用心服务好自己的团队时，团队就会服务好企业的市场客户。

二、企业基业长青的文化基础

企业的核心文化是一个企业的基因，一个卓越的企业必然有优秀的文化基因。每个企业的文化表述方式都不一样，但都不能违背"真、善、美"的基本原则。只有坚持"真、善、美"的企业文化才能让整个团队找到正确的追求方向：让自己和身边尽可能多的人获得幸福，让世界变得更加和谐美好！

1. 树立一个伟大的愿景

人生的根本目标就是让自己和身边尽可能多的人获得幸福，让世界变得更加和谐美好。企业是一个团队通过分工合作来实现"内享幸福，外创价值"的共同平台。所以领导者要为整个团队树立一个伟大的愿景。通过实现这个愿景为客户创造价值的同时帮助团队获得幸福，让这个世界变得更加的美好。一个伟大的愿景才能让团队获得使命感，更能激发出团队无限的激情和动力。

海底捞、胖东来、华为这些卓越的企业虽然在具体的愿景上各不相同，但却有殊途同归的感觉。胖东来提出的愿景是要做"商品的博物馆，商业的卢浮宫"！而海底捞的目标有三个：一是要创造一个公平、公正的工作环境；二是要在海底捞让每一个人都能用双手改变命运；三是把海底捞火锅店开到全国。华为的追求是丰富人们的沟通和生活。通过聚焦客户关注的挑战和压力，提供有竞争力的通信解决方案和服务，持续为客户创造最大价值。每一个伟大的企业都必然会有一个伟大的愿景，它是对大爱的一种诠释，是整个团队的精神家园。

2. 构建共赢的发展模式

只有一个能让尽可能多的人提升幸福感、让世界变得更加和谐美好的企业才具备了基业长青的基因。这就要求一个企业必须做到与客户、团队、伙伴、股东、社会等所有相关者建立生态共赢的关系。企业团队要坚持以不伤害他人为底线，要追求为他人和社会创造更多价值。一个真正卓越的企业要能让整个团队有更高的精神追求，在获得幸福感的同时实现更高的人生价值。

（1）客户有价值

企业要立足于客户价值才能得到生存发展，没有客户的企业就失去了存在的基础。一个企业对客户要承担的最大责任就是能满足客户的一些需求，也就是要真正为客户提供有价值的产品或服务。通过创造有价值的产品或服务去解决客户的问题，从而帮助客户提升幸福感。海底捞为客户创造的价值不仅是可以吃到美味的火锅，更能获得快乐的就餐体验。领导者要随时关注企业到底为客户创造了什么有价值的产品或服务，并且要能有效地把这种价值传递给客户，让客户能够感知并想获得这些价值。优秀企业都要立足于为客户提供真正有价值的产品和服务上。

（2）团队有成长

无论是企业的领导者、管理者，还是一线的成员，任何一个人加盟到一个企业中最直接的目的就是希望在这个企业里能够得到很好的发展。企业是一个团队追求幸福的共同平台，整个团队共同努力成就一份有意义的事业是让团队获得幸福的基础。通过这份共同的事业让团队中的每个人都可以真正为他人和整个社会创造价值的同时让自己获得幸福感。其实每个人都可以获得一定的成就，只要愿意在一个领域专注学习5年以上。每一个人都需要有所成就，能够取得成就才能让自己的生活和人生更有品质。一个人要取得成就不仅是为了团队，同时也是为了自己和自己的家人。每个人都希望辛苦一辈子的父母亲在年老体弱时自己有能力照顾他们；谁都希望自己的爱人可以过上更富足的生活；谁都希望自己的孩子可以从小接受良好的教育。而实现这一切的最好方式就是通过工作创造价值去实现。

（3）伙伴有发展

这个社会越来越专业化，企业分工也越来越细，每个企业都要和很多上下游的相关企业进行合作。企业伙伴之间的合作基础同样在于共赢，只有建立在共赢基础上的合作才能良性持久。很多企业为了不断降低成本而过度压低上游供应商的价格，也有企业只想自己有盈利而不管下游经销商的死活，这其实都不是一种可取的态度。任何一个企业在与其他企业合作的过程中要具备的理念就是能够实现共同发展。在合作中要让伙伴获得合理的利润空间。当然这种利润一定要合理，而不能是暴利。过分地要求低价格或抬高价格都必然会影响到企业的长期发展，只有合理的价格才能形成一个非常健康的产业链，最终实现整个产业的良性发展。胖东来在处理与供应商的关系时就坚持不压款、不拖款，所有供应商都对他们赞不绝口。这让胖东来与供应商的合作非常健康稳定，相互配合也十分默契。

（4）股东有利润

一个人选择投资一家企业一定都希望能从中获得合理的回报。虽然企业绝不能唯利是图，但一个不能实现合理盈利的企业就不是一家健康的企业。所以有人认为企业不盈利就是一种犯罪，这虽然说得有点偏激，但至少告诉大家要为股东创造合理的利润也是一个企业的重要责任。如果一个企业不能产生合理的盈利就很少有人会愿意投资，即使有人投资也很难生存下去，更不用说有持续健康的发展了。所以一定要让一些真正为他人和社会创造价值的企业有合理的利润，才能吸引更多的资源投入这些有意义的事业当中。同时当一个企业为他人和社会真正创造价值的时候，股东能收获合理的利润也是理所当然的事情，这是一个良性共赢的过程。用中国的一句古话来说，就是要坚持"君子爱财，取之有道"，所以大家会发现所有表现卓越的企业都是能为股东创造合理利润的企业。

（5）社会有效益

一个企业不仅要为客户、团队、伙伴、股东负责，同时也要为整个社会负责。一个企业对社会负责的直接体现在于贡献社会效益。企业的社会效益包括为社会提供更多的就业岗位，为国家创造更多的税收，维护良好的生态环境，帮助社会的进步和慈善等。企业是这个社会的一个器官，每个企业都要力所能及地主动承担社会责任，努力让这个世界变得更加和谐美好才能体现企业的最大价值，同时也才能让企业获得持续健康的发展。

企业团队的每个人都是这个生命体的重要组成部分，企业的生命就掌握在团队每一个人手里。当团队的工作做得越好的时候，企业的生命就可以延续得越久。企业是一个团队通过分工合作来追求"内享幸福，外创价值"的共同平台，这个平台需要整个团队的共同打造和维护。只有这个平台越大越坚固的时候团队才能有更好的发展空间，才能为他人和社会创造更多价值，才能更好地帮助团队获得幸福。每一个企业的倒闭都会浪费很多资源，同时对在这个平台上的整个团队及相关人员都会造成不良影响。打造百年品牌，让企业实现基业长青应该是一个团队共同的追求和责任。

3.管理的六大原则

一个企业的文化不是口号，而是要落实到具体的工作中。领导者要让管理团队遵循一些基本的管理原则。这些原则是企业核心文化的体现，将直接影响企业流程制度的建设和团队氛围。

（1）尊重理解

团队本身就是分工合作的结果，所以离不开与人打交道。只要与人相处就需要坚持与人为善，体现在管理中就是对人的尊重理解。"尊重理解"是管理中首先要坚持的原则。团队内部成员只有相互的尊重和理解才能让整个团队发自内心的相互支持、信任和关爱，大家才能朝着共同的目标同心协力。只有在这样的团队氛围中大家才会有更高的幸福感。同时也只有坚持尊重和理解才能在对外交往过程中得到客户、伙伴、股东及社会各界更多的理解和支持。

（2）实事求是

一切事物都有其客观规律，只有按照规律开展工作才能取得持续的成功。这要求团队对任何一项工作都有一股实事求是的求真精神，弄虚作假或不切实际都不可能取得持久的成功。领导者要让管理团队将实事求是的精神融入每一项工作。对在工作中敢于实事求是的人给予更多的包容和支持，鼓励他们更加坚持事实。

（3）资源共享

一个团队通过分工合作是希望能够更高效地达成目标。分工合作的本质就是能够实现资源共享。团队的价值就在于通过分工合作能够实现个人所不能达成的目标。只有"1+1＞2"的团队才是一支高效的团队。只有充分发挥团队每个人的个性、能力、资源的优势，通过优势互补才能最大化发挥团队的作用，让团队创造更高的价值。同时当团队取得成绩时也要与团队的每个人一起分享，建立一套科学合理的分享机制让团队中的每个人与团队共荣辱才能实现上下同欲。

（4）闭环管理

一项工作有头无尾是管理中最常见的问题，而正是这样的习惯让企业的很多重要工作执行不力。闭环管理是一个让工作有始有终，让工作方法得到持续提升的管理理念。这个理念要求团队在做任何一项工作时首先是要有计划；然后再根据计划做好执行；对执行的过程和结果都要做好检查辅导；对检查发现的问题要及时作出调整方案。当确定了调整方案以后又需要重新做执行、检查、调整的工作。通过不断循环直到形成一套处理工作的有效方法，包括处理这项工作的职责、流程、要求及对应的表单工具等内容，最终形成一套处理这项工作的流程制度体系。

（5）系统思考

任何一项工作都不是孤立的事情，为了避免头痛医头，脚痛医脚的情况，在管理过程中需要从不同的立场、不同的时间、不同的空间去全面思考一项工作。一个人对工作思考得越全面，考虑的因素越多，才越有把握做好。而这种全面思考问题的方法就是系统思考，主要包括考虑问题的时间延伸、空间改变、角色换位三个方面。通过这样全面的思考才能实现整个公司各项工作能够和谐平衡，最终实现系统的最优化。

（6）持续创新

这个世界唯一不变的就是永远在变。大家找不到任何一个不存在问题的企业。企业生存发展的过程就是不断遇到问题又不断解决问题的过程。每一个企业团队都要有一种持续创新的精神，才能不断推动企业跟上时代变化的步伐。一个不能适时创新的团队，必然会被这个时代所淘汰。所以在管理过程中要鼓励团队不断创新，没有最好只有更好。海底捞在服务客户的方法上就有很多值得学习的创新之举。他们可以提供送火锅上门的服务，可以通过线上直接点菜，在等餐时可以折千纸鹤来抵扣餐费等。正是这些源源不断的创新才让海底捞的服务在同行中能够脱颖而出。

三、让管理者用爱去管理团队

领导者是因成就团队而成功的人。只有真心对团队好，才能得到团队的认同和支持。领导者要引导管理团队用爱去管理团队。

1.管理团队的根本目的

孙中山先生曾说：革命的目的是为人民谋求幸福！这同样是一个企业领导者肩负的重要使命。领导者要充分发挥团队的积极主动性，就要以帮助团队获得幸福作为重要追求。只有一个能够让团队有幸福感的企业才能将大家凝聚在一起，只有能够帮助团队提升幸福感的领导者才能打造出卓越的团队。但要特别强调的是提升团队幸福感要坚持"真、善、美"的大道。领导者要帮助整个团队按"格物、致知、诚意、正心、修身、齐家、治业、和天下"的方向不断成长。团队成员通过努力把自己的工作做好为他人和社会创造价值，从而不断提升幸福感。

2.管理是一种严肃的爱

华为的任正非先生很早就提出"管理是一种严肃的爱"。自古以来都有严师出高徒的说法。所以并非严格管理就会让团队不幸福，相反领导者只有要求管理团队严格管理才能帮助团队实现"内享幸福，外创价值"的追求。一个领导者要让管理团队坚持真正为团队好的原则去严格管理，也许会让团队中的部分人感觉一时不快，但却能帮助他们形成正确的观念，养成良好的习惯，快速提升能力，让他们拥有更美好的未来。但管理者也必须清晰地认识到严格管理并非粗暴管理，在管理的过程中要充分尊重理解团队成员，注意管理的方式要合适。严格管理的本质是能够坚持实事求是，绝不能弄虚作假。所以管理者对团队的严格管理其实是对团队的爱。

3.构建生态共赢的关系

一个真心帮助团队提升幸福感的领导者，必然是一个心中有大爱的人。没有人愿意被管理，却没有人会拒绝被激励、支持和成就。一个让管理团队用爱去做管理的领导者，致力于帮助团队实现"内享幸福，外创价值"的圆满人生。每一个企业都要处理与客户、团队、伙伴、股东、社会等相关者的关系。这些关系都由企业的团队分工合作完成。管理者对团队的爱再由团队传递给客户、伙伴、股东和社会各界与企业相关的人。只有用爱去管理，用爱去工作，才能与客户、团队、伙伴、股东、社会等相关的人建立生态共赢的关系。

四、团队幸福常见的三个误区

当领导者意识到团队幸福感的重要性后，要避免陷入对团队幸福的一些认知误区。不能认清这些误区会让很多企业的领导者无所适从，甚至走错方向。在现实的工作中有3个常见的误区。

1.幸福不等于成就

每个人都希望取得事业上的成就，这可以让一个人实现人生的价值。这种价值感也有助于提升幸福感。但领导者也必须清醒地认识到并非有成就的人就一定很幸福。据调查发现很多事业有成的人幸福感却并不高。其实一个人的成就在外，而幸福在内。幸福感是精神世界的一种感受，外在的成就并不能完全决定一个人的内在感受。领导者要指引团队实现"内享幸福，外创价值"的圆满人生，有效地把内外结为一体。人生是一场修炼，工作是修炼方式。领导者要指导团队通过工作为他人和社会创造更多价值来提升自己的幸福感。领导者要鼓励团队积极追求事业上取得更高的成就，但同时要让团队能够正确认识成就与幸福的关系。

2.幸福不等于享乐

合理的享受可以增进幸福感，但绝不是一种不求上进地一味享乐。享乐可以作为美好人生的一种调味品，作为对努力付出的一种奖励。但如果沉迷于享乐而不求进取的人生也很难获得持续的幸福感。

所以大家会看到现在有部分人沉迷于网络、酗酒、赌博等不良恶习而无法自拔。也许他们自己会在短时间内感觉很快乐，但对其身心和未来都无疑是一种灾难。所以打造幸福团队不是养懒汉，不是让团队不劳而获，真正的幸福要靠奋斗而来。领导者要建立一套公平、合理的机制帮助团队通过自己的努力为他人和社会创造价值的同时提升幸福感。

3.幸福不等于放任

企业的领导者要成为整个团队的幸福导师，努力帮助团队提升幸福感。但这并不是说团队成员犯了错也不闻不问，放任团队为所欲为。中国有句古话叫"子不教父之过"，在团队中可以称为团队不教领导之过。无论大家是否承认都不能忽视一个事实，每个企业都是一所学校，每个领导者都是一名导师。一个真正的好领导要教出一批批优秀的学生，让他们可以养成一些正确的人生理念和做事习惯，能帮助他们自己和身边尽可能多的人提升幸福感。领导者只有帮助团队的心性和能力不断成长才能让他们不断提升幸福感。

领导者对团队的不良言行的放任也许可以让人感到一时之快，但却不能获得持久之乐。如果团队成员犯错领导者不及时地给予指正，长此以往，他将形成一些错误的观念或养成一些不好的工作习惯，同时工作能力也不能得到有效的提高。而工作品质会影响到一个人的生活品质，会决定他的人生品质。相反，如果一个领导者随时关注团队成员的成长，不断指正团队成员的不足，整个团队就会越来越优秀，未来的发展才能越来越好。只有让团队在心性和能力上不断成长才是真正为了团队好，这也是帮助团队提升幸福感的基础。当然在这个过程中领导者也要注意自己的方式，要站到团队成员的角度充分尊重理解他们。

五、构建幸福人生的基本模式

只有一支幸福感强的团队才能为更多人带去幸福。企业是团队追求"内享幸福，外创价值"的共同平台，领导者引导团队用正确的方式追求幸福。领导者要帮助团队提升幸福感就要明确哪些因素会影响人的幸福感。

1.幸福人生的金三角

每一个人都希望拥有幸福的人生。但这仅仅只是大家的一个美好愿望，要真正实现并不容易。根据哈佛大学研究得出的结论：一个人是否能够实现幸福人生主要受到遗传、环境和后天因素的影响。一个人的遗传是先天的因素，外部的环境也是不完全可控的因素。所以领导者要让团队把关注的重心更多地放到后天的因素上。而影响一个人幸福感的各种后天因素主要归结为愿景、心态、能力三个方面。这三者的相互关系可以形象地总结为"人"字模式。

愿景（活法）

人

能力（干法）　　　　心态（心法）

（1）愿景影响"活法"

吸引力法则告诉我们：一个人的一生就是内心世界在现实中的展现过程。因为一个人想什么就会关注什么，关注什么往往就会把相关的人、事、物吸引来。如一个人希望成为一个音乐家，他就会很注意一些与音乐有关的人、事、物。通过5年、10年的积累，就会有很多与音乐相关的人、事、物出现在他的生命中。他对音乐的了解就会远远超过一般的人。每个人都希望拥有一个幸福的人生，追求幸福是人的本性。为了实现自己的人生幸福，每个人的内心都会有一些或清晰或模糊的人生目标。一个人愿意用一生去追求的目标就是人生的愿景。一个人的人生愿景无论具体是什么，但都一定要能够通过实现愿景让自己和身边尽可能多的人获得幸福，让世界变得更加和谐美好。一个美好的愿景是一个人获得幸福人生之因。

然而生活在现代社会的人们已经变得越来越浮躁，越来越单纯地从物质角度来衡量一个人的成功。很多人都把一夜暴富当作人生的追求，并为此而不择手段。然而越是这样，大家会发现离幸福越远。人往往会因为财富、地位、名气这些外在的目标而忘记了人生的根本目的是追求幸福。所以领导者要指导团队在努力追求一些目标时更不能忘了目的。通过工作一定要能让自己和身边尽可能多的人获得幸福感。愿景是人生希望达到的最高目标，为一个人指明了前进的方向，是一种人生的活法。领导者要指导团队围绕自己的人生愿景明确不同阶段的细分目标，把个人目标与公司发展融为一体。

（2）心态源于"心性"

当一个人明确了自己的人生愿景之后，在追求的过程中需要保持积极向上的心态。心态会影响一个人的思维模式、工作热情和是否能够持之以恒。正所谓心态决定一切，当一个人的心态是积极向上的时候，总能看到积极正面的东西，才会有幸福感。现实世界中想要拥有任何东西都要有所付出，同样任何失去也必然会带来一些收获。积极向上的心态会指引一个人看到好的一面。只有积极的心态才懂得感恩和利他。当一个人是负面心态时，他所想、所看、所为都会变得负面。一个负面心态的人很难感受到人生的幸福。相反，如果一个人的内心充满了对人的理解、包容、关爱和感恩，无论何时何地都能感受到幸福的存在。同时心态还影响一个人能力的发挥和成长。所以领导者培养团队形成积极正面的心态让团队是获得幸福人生的根本，这需要不断提升团队的心性。

（3）能力决定"干法"

一个人明确了自己的人生愿景，也形成了积极向上的心态，还需要拥有足够的能力去实现愿景。一个人的能力无法弄虚作假，只有脚踏实地地不断学习成长才具备实现自己人生愿景的能力。所以能力决定干法，是一个人获得幸福人生的重要保障。一个人的能力主要是后天积累形成的知识、技能、经验等。领导者要支持整个团队朝着自己的愿景努力奋斗，保持积极向上的心态不断提升自己的能力。一个人的能力越大才能为他人和社会创造更大的价值，同时才能更好地实现自己的人生目标。当团队的心态变得更加积极向上的时候，才会有努力和坚持的强大动力。只有团队不断提升能力的时候，才能更快、更好地去实现"内享幸福，外创价值"的人生追求。

2.追求平衡式幸福人生

每个人都在追求幸福，而幸福的本质是内心充实、满足、平和、宁静、愉悦的心境，是一种持久之乐。正所谓大道至简，只有坚持对事真，对人善，心存美好才是一个人获得幸福的根本之道。在现实工作、生活中保持一种平衡和谐的状态就是幸福。每个人都需要平衡好健康、情绪、精神、人格、家庭、人际、财富、事业八个方面的关系。这些因素都会对一个人的幸福感产生直接的影响。不同的人或不同的阶段追求的重心会有所不同，领导者要让团队做到整体的平衡。

（1）健康

有人把一个人所追求的一切比喻成一串数字，而身体健康就是这串数字最前面的1，财富、地位等其他的一切因素都只是后面的0。如果一个人没有了健康的身体，后面有再多的0都很难让自己有幸福感。这样形容虽然有点太过强调身体健康的重要性，但我们不得不承认只有身体健康才更容易获得幸福感，也才能更好地为家庭、为团队、为社会承担更多的责任，贡献更多的价值。正所谓身体是革命的本钱，身体不好必然会降低一个人的幸福感，每个人都要注意自己的身体健康。为了让团队有一个健康的身体，胖东来公司专门为团队建立了被外界赞叹为"奢华"的健身中心。里面有台球、乒乓球、跑步机、有氧搏击、瑜伽、KTV等设施，通过健身中心让整个团队在工作之余保持合理的锻炼和娱乐。

（2）情绪

喜怒哀乐是每个人都会有的情绪状况，情绪会直接决定一个人当下的幸福感。一个不会管理自己情绪的人很容易感觉不幸福。只有让团队学会用平和的心境去感知和享受自己所面临的一切事情才能获得更高的幸福感。让团队学会与自己的内心对话，让他们在面对任何事情的时候都可以心平气和，不狂喜不大悲。只有团队能够管理好情绪才能更理性地去面对一切。海底捞对管理团队有一项特别的管理要求，就是要随时关注团队中每一个人的情绪。当发现有人情绪不对时要及时帮助他们从不良情绪中调整过来。领导者要非常重视团队的情绪状态，只有团队保持良好的情绪才会有更卓越的表现。

（3）精神

一个人不一定拥有很多物质财富，但每个人却都可以拥有丰富的精神世界。每个人都需要照顾好自己的精神世界，如再忙也要抽时间让自己静下心来看一本书，听一段音乐，欣赏一部电影。丰富的精神世界可以让团队生活得更加充实，让团队的内心更加愉悦。幸福本身就是属于精神世界的一种感受，丰富的精神世界是幸福人生最重要的因素。为了让团队拥有充实的精神世界，胖东来甚至根据不同层级的员工设定了明确的精神追求。公司引导店长以上的高管要开始学会淡泊名利，强调要做一个有使命感的人。

（4）人格

立德、立功、立言被古人视为三不朽之功，而立德又被放在最重要的位置。良好的人格品质是任何一个人取得成功的基础。儒家思想追求"修身、齐家、治国、平天下"的重要前提就是要"正心"，也就是要有高尚的人格。领导者要让团队成员争取做一个对事要真，对人要善，心存美好，对他人和社会创造价值的人。每个团队成员都应该通过努力工作让世界变得更加和谐美好。为了提升团队的人格，德胜洋楼致力于把团队中的每个人变成君子。胖东来更是在团队中积极提倡一种博爱的文化，让胖东来变成一个充满大爱的公司。

（5）家庭

家是一个人身心的港湾，一个家庭不幸福的人，即使事业上取得再大的成就也都会觉得有所遗憾。一家人能够相亲相爱地生活是幸福人生的重要内容。关爱自己的家人，同时也享受家人的关爱，生活在彼此相爱的关系中是一种幸福。所以无论是海底捞，还是胖东来都致力于在团队中营造家的文化，从而极大地提高了整个团队的幸福感。海底捞从关心员工本人出发，更是延伸到关心员工的家人。他们专门为夫妻都在海底捞工作的员工提供夫妻房；专门建立了学校让公司员工的小孩免费入读；为优秀员工的父母每个月寄几百元的生活费等各种充满亲情的措施。

（6）人际

良好的人际关系也是影响一个人幸福感的重要因素。如果一个人不能和身边的人友好相处，经常和身边的人发生冲突的话将很难有幸福感可言。领导者要让团队懂得善待别人就是善待自己的道理。当一个人真心地对身边的人好时，别人才会对他好。拥有良好的人际关系，生活在爱的关系中是一种幸福。而现代社会中每天在一起相处时间最长的就是自己的团队成员。领导者要在团队中建立一种彼此信任和关爱的人际关系，才能让整个团队获得更高的幸福感。当然在一个团队中人际关系好并不是指没有原则的一团和气。

（7）财富

领导者不能推崇金钱至上的观念，但也必须正视物质财富对一个人幸福感的重要影响。虽然一个人的快乐幸福主要取决于内在的心境，但如果连最基本的日常生活所需都无法保证，一个人要获得快乐幸福的心境就很难。每个人都需要一定的物质财富来保证自己和家庭必要的生活所需。拥有基本的物质基础是一个人获得高幸福感的重要条件。只是强调要通过为他人和社会创造价值的方式来获得合理的物质财富。胖东来公司为了让整个团队拥有良好的物质条件，同岗位的工资是当地同行业的2倍以上。在帮助整个团队获得良好的物质条件的基础上，引导整个团队有更高的精神追求。只有让团队在物质和精神上都能不断提升才能有更好的幸福感。

（8）事业

事业的成就自古都被视为一个人成功的重要标志。每个人都希望成就一番事业来实现自身的价值，所以一个圆满的人生需要有事业上的成就。一个人在事业上成就的大小也是为他人和社会创造价值多少的象征。一个真正事业有成的人一定是对他人和社会创造了价值的人。所以领导者需要给团队提供成就事业的机会和平台，帮助他们可以通过努力取得事业上的成就。海底捞为了帮助团队真正实现"用双手改变命运"，在职业发展上提供了管理线、业务线、忠诚线三条不同的发展通道。即使是保安和清洁这样的基层岗位都可以通过努力工作在公司得到发展的机会。

3. 不要因为目标忘记目的

有部名叫《遗愿清单》的电影，里面讲述了两个性格、背景、身份完全不同的老人，一个叫尼克尔森，另一个叫弗里曼。在同一个医院、同一天他们知道自己得了绝症将不久于人世。巧合的是他们被安排住进了同一个病房，开始了他们人生的交集。弗里曼是一个汽车工人，他有很多很多没有实现的人生愿望都记在了一个日记本里。尼克尔森是一个富翁，他在无意中偷看到了这个日记本，觉得这些愿望是非常有意思的事情。于是他约弗里曼一起，希望在人生的最后时光帮助他去实现那些想要实现的愿望。于是按照日记本中记录的内容他们开始一一去实现，在他们生命的最后时光里跳了伞，赛了车，去了世界各地的名胜古迹。

在影片的最后，两个人的生命都走到了尽头，传说上帝会问这样两个问题：你在生命中得到过快乐吗？在你的生命里有把快乐带给别人吗？弗里曼这时候才发现自己的一生都在努力成为好丈夫、好父亲、好员工，却忘了让自己幸福。尼克尔森发现自己一生都在为自己的事业全力打拼，却完全没有顾及身边其他人的感受。幸运的是他们在生命的最后一段时光没有为自己留下遗憾，真正懂得了人生的目的是让自己幸福，人生的意义是让别人幸福。

然而在现实生活中并非每个人都这么幸运，很多人穷其一生都没有真正明白，也不曾真正获得幸福和带给别人幸福。每个人都要有自己的追求，每个人追求的目标也会不一样。但无论是什么样的人生目标，也无论是否能够实现自己的人生目标，但最终都不要忘记人生最根本的目的：让自己和身边尽可能多的人提升幸福感，让世界更加和谐美好！作为领导者要帮助整个团队明确"内享幸福，外创价值"的人生追求。指导团队通过工作不断提升心性和能力去实现"内享幸福，外创价值"的圆满人生。

六、打造幸福团队的关键工作

中国经济经过几十年的高速增长带来的物质变化有目共睹。然而让人非常困惑的是物质条件越来越好，而幸福感却有不增反降的趋势。企业作为现代社会的基本构成单位，是一个团队追求"内享幸福，外创价值"的共同平台。只有越来越多的企业能够让自己的客户、团队、伙伴、股东等相关者不断提升幸福感，整个社会才会变得更加的和谐美好。也只有一支有幸福感的团队才能让一个企业实现持续健康的发展。如何才能打造一支幸福团队是优秀领导者必须担负的使命。

1. 领导的理念需要转型

领导者对团队的影响非常大，幸福团队需要领导者树立全新的理念，从传统的管理控制为主转变为教育服务为主。企业领导者要成为整个团队的幸福导师，帮助团队提升幸福感。这对企业领导者需要具备的理念和素质都提出了全新的要求。现在很多企业都开始意识到领导者需要具备服务意识。为了强化服务的理念甚至有企业的领导者在自己的名片和工作牌上标注为"首席服务员"。

2. 营造团队幸福的环境

每个人都不能脱离自己所处的环境，也必然会受到周围环境的影响。环境是影响团队幸福感的重要因素。如在非常寒冷的冬天，在一个拥有暖气的办公室工作肯定会比在一个四面透风的破厂房中工作更容易心情愉快。在一个充满互信、合作、关爱氛围的团队中也一定会比在一个抱怨、对立、冷漠氛围的团队中有更高的幸福感。作为领导者一定要努力为团队营造一个良好的团队环境。去过胖东来或方太公司的人都会看到他们良好的工作环境，更能感受到他们积极的团队氛围。这也是他们的团队能够获得更高幸福感的重要原因。

3. 帮助团队明确人生愿景

愿景是一个人追求的人生目标，是一个人想要的人生方向，会影响一个人的成就和价值。企业的领导者要帮助团队成员明确人生愿景，并帮助他们规划好在公司实现人生愿景的成长路径。同时要构建一套机制把团队个人的愿景与整个公司的目标统一起来，在实现公司目标的同时个人愿景也得到实现。在实现人生愿景的过程中，领导者要注意引导团队坚持"真、善、美"的基本原则。在胖东来公司会帮助每个团队成员规划好人生愿景，并明确每个发展阶段在工作和生活上需要实现的具体目标。然后领导者的使命就是带领管理团队一起帮助团队的每个人用正确的方法实现这些目标。所以胖东来的整个团队才能拥有很强的主动性和幸福感。

4. 培养团队形成积极心态

曾有一位哲学家在家里思考这样一个问题：人和这个世界有什么样的关系？在他思考这个问题的时候，他不满5岁的儿子老是不断地来打扰他。为了让他儿子不再来烦他，他随手拿了一张世界地图把它撕碎。然后把撕碎的世界地图给他儿子说："你去把这张地图拼好了，我就陪你一起玩。"于是他儿子就拿着地图碎片走开了。他以为一个对世界地图完全没有概念的小孩子肯定很难把地图拼好，这样他就可以安心思考自己的问题了。但没过多久他儿子就跑过来告诉他说拼好了。他半信半疑地去看，被他撕碎的世界地图居然真的被他儿子拼好了。他非常吃惊地问他儿子是如何拼好的。他儿子笑着把地图翻了过来告诉他说："地图的后面有一个人的头像，我想人对了后面的世界就对了。"哲学家听了他儿子的话豁然开朗，他突然意识到：只要人对了，这个世界就对了！其实这个世界并不缺少美，也不缺少幸福，只是缺少发现美的眼睛，缺少感受幸福的心。正所谓心态决定一切，一个拥有积极心态的人才能感受到幸福。领导者要打造一支幸福团队就需要帮助团队养成一种积极向上的心态，这是一个人获得幸福的根本。

5. 教会团队管理情绪的技巧

情绪决定一个人当下的幸福感，当一个人情绪不好时就很难为客户提供好的产品或服务。而每个人都会有情绪不好的时候，当团队被不良情绪所困扰时就很难获得幸福感。领导者要让团队获得幸福感就要预防不良情绪的出现。当不良情绪不可避免地出现之后领导者要帮助团队做好及时的调整。其实一个人要想赶走不良情绪会有很多技巧。作为企业的领导者要指导团队掌握一套有效管理情绪的技巧，这些技巧能够帮助团队提升幸福感。

6. 构建提升团队能力的体系

能力是一个人实现人生愿景的保障，决定一个人做事的方法。当一个团队的能力越强才能为他人和社会创造更大的价值，也才更容易实现自己的人生愿景。领导者只有在团队中构建一套高效提升团队能力的体系才能帮助整个团队更快、更好地实现工作目标。而工作品质会影响生活品质，决定人生品质，也会直接影响一个人的幸福感。全世界所有表现卓越的企业背后都有一套高效培养团队能力的体系。让整个团队通过提升能力，为他人和社会创造更多的价值来提升幸福感。

7. 找到团队幸福的理人思路

人都会按自己的主观意识说话做事，只有充分发挥人的主动性才能真正发挥每个人的潜力。领导者要发挥团队的主动性就需要找到一套有效的方法。领导者是整个团队的幸福导师，要帮助团队提升幸福感。这要求领导者要让管理团队改变传统的管人思路，而应该转变为理人思路。所谓理人就是要关注团队成员在四个方面的状况：第一个方面是对所负责的工作在能力上够不够，团队能力不足的问题称为"不能"；第二个方面是对所负责的工作内容和要求是否明确，不明确的情况称为"不明"；第三个方面是团队成员对所负责的工作是否有意愿，对没意愿的情况称为"不愿"；第四个方面是团队成员对自己的职业和企业文化是否具有足够的忠诚度，如果没有就是"不忠"。

管理者在了解团队成员在"能、明、愿、忠"四个方面情况的基础上要做到知人善任和因材施教。知人善任就是根据团队成员"能、明、愿、忠"的情况安排合适的工作给他，也就是要让合适的人做合适的事。因材施教就是要因人而异地提升每一个团队成员的"能、明、愿、忠"状况，帮助每一个团队成员在团队中找到一条适合自己的成长之路。一个人能够做适合自己的工作为他人和这个社会创造价值时，就是获得幸福的最佳方式。

8. 明确团队幸福的管事思路

这个世界的事物都有其客观规律，团队在处理各项具体的工作时只有遵循其规律才能把事情做好。任何人在工作中如果违反事物的客观规律都会对团队和他人造成伤害，最终也会伤害自己。所以领导者让管理团队真正要管的是事，管事需要求真，也就是要坚持实事求是。管理者管事的目标就是要指导团队在合适的时间，合适的地点，用合适的方法把工作做好。正所谓没有规矩不成方圆，在团队中管理者管事的基本工具就是制度体系。用制度体系管事首先需要对流程制度有正确的认识。制度体系的实质就是帮助团队更好地达成目标。真正好的流程制度主要有三个目的：明确团队的目标权责；发扬人性的善良美德；总结工作的经验教训。只有建立一套科学、合理、系统的制度系统才能让整个团队高效地做好各项工作，让企业实现基业长青。

领导者的价值需要有优秀团队配合才能实现，特别是管理团队的分工合作。领导者决定方向，更关注人。而管理者决定效率，更关注事。管理团队是企业的中间层，起到承上启下的作用。一线团队主要由管理者负责管理，而管理团队主要由领导者负责领导。领导者只有选拔和培养一支优秀的管理团队，才能有效推动公司的经营规划有效落地。没有一支优秀的管理团队做配合，领导者的作用就很难发挥。所以领导者要把管理团队的"选、育、用、留、汰"作为核心工作。

第五章

领导者是团队的导师

方太在2015年2月5日的年会上正式提出"成为一家伟大企业"的愿景。方太的茅忠群先生认为企业因爱而伟大，需要做好四个方面：用户得安心、员工得幸福、社会得正气、经营可持续。茅忠群先生希望方太的团队通过共同奋斗实现物质和精神双丰收，事业和生命双成长。正是这样的文化指引方太持续健康地向前发展。在这个过程中领导者扮演着至关重要的作用。领导者掌握着一个企业最多的资源和最大的权力，决定着企业的发展方向和团队的成长机会。领导者要打造幸福团队就要成为团队的幸福导师，在企业中培育优秀的文化。

一、领导要为团队谋幸福

企业领导者作为这个时代的精英应该追求"修身、齐家、治业、和天下"。一个人的能力越大就要担负起更大的责任，为更多人创造价值。企业的领导者要为团队谋幸福，与客户、团队、伙伴、股东、社会建立生态共赢的关系。

1.领导要有大爱

爱己为小爱，及人为中爱，济天下为大爱。企业领导者要有一颗为团队谋发展、谋幸福的大爱之心。中国有句古话："君视臣为手足，臣视君为腹心；君视臣为犬马，臣视君为国人；君视臣为土芥，臣视君为寇仇。"如果一个领导者真心爱自己的团队，团队必然会拥护他的领导，整个团队就会齐心协力。同时一个领导者还要真心地爱企业的客户，爱企业的合作伙伴，爱这个社会。一个心中有大爱的领导者才能带领团队为更多的人带去幸福，让这个世界变得更加和谐美好。同时这样的领导者自己也会获得更高的幸福感。

2.清晰人生定位

不同领导者的人生追求也不一样。领导者的追求会决定企业的发展方向。企业就是领导者的人生作品，企业的水平代表着领导者的人生成就。如果领导者经营企业只是为了赚钱，则人生定位是"商贩"；经营企业能够坚持诚信，有所为有所不为是"商人"；通过经营企业做一件有意义的事，坚持成人达己是"商家"；能够引领一个行业的健康发展是"商贤"；推动整个时代的进步，成为国家、民族的骄傲是"商圣"。领导者不同的人生定位会有不同的理念和经营方式。所以领导者首先要明确自己的人生定位，企业是领导者实现人生追求的平台。

3.升华人生梦想

企业是实现领导者人生追求和梦想的平台。但企业不是领导者一个人的企业。领导者只有把个人的追求和梦想升华为企业的使命、愿景、价值观，形成团队共同的追求和梦想才能更好地实现。企业的使命、愿景、价值观就是企业的核心文化。企业的核心文化源于企业的领导者但又不能局限于领导者。企业文化是一个企业的基因，要融入企业的每项工作中，转化为整个团队的习惯。每一个企业都是对文化的一种实践。只有优秀的文化才能成就卓越的企业。

二、幸福团队的领导心法

如果按照传统的管人观念去带领团队将很难充分发挥整个团队的潜力。领导者只有真心为团队谋幸福才能充分调动团队的主动性，最终打造出一支卓越的团队。这要求企业领导者要转变传统的管人理念，要成为整个团队的幸福导师，引导和帮助团队不断提升幸福感。幸福导师的角色对领导者提出了全新的要求，需要用全新的理念指导团队在心性和能力上得到成长。

1.超越物质追求

一个企业不赚钱就不能生存，但如果只是为了赚钱就会变得唯利是图。企业的领导者要保持对物质的合理追求，也就是不能把赚钱当作人生的根本目的。据调查发现，以中国目前的发展阶段，除了少数几个一线城市外一个人每个月收入超过2000元就已经能基本满足日常生活需要了。据美国普林斯顿大学的专家研究发现，在美国一个人的年收入超过7.5万美元时，物质财富对一个人幸福感的影响就会变得非常小。而企业领导者可以把追求物质财富当作人生的一个重要目标，而不能当作人生的目的，不能为了赚钱而赚钱。企业领导者需要有更高的精神追求，那就是创建优秀企业让这个世界变得更加和谐美好。在实践中也会发现那些拥有高尚追求的企业反而可以获得比一般企业更高、更持久的盈利，经营也更加的健康。

2.真心关爱团队

领导者要打造一支幸福团队，首先就要对自己的团队充满爱。因为只有一个领导者真正爱自己的团队时，他才会站在团队的角度去思考问题，才会真心为整个团队好。有了这个初心，在工作过程中团队就会慢慢感受到领导者的这种爱。领导者同时要引导整个团队把这种爱传递给公司的客户、合作伙伴、整个社会，一个幸福团队就是一种爱的传递。最终才能构建与客户、团队、伙伴、股东、社会生态共赢的关系。

3.保持一颗公心

企业领导者要爱自己的团队，真心为团队谋幸福，但不是让领导者做"老好人"。领导者要让自己保持一颗公心，能够坚持"真、善、美"的理念，着眼于长远和全局的发展。就像一个小孩子犯了错一样，如果动不动就拳脚相加就是虐待；要是因为爱他们，即使犯了错也不教育就是溺爱；只有通过合理教育能够让小孩得到良好成长才是正确的做法。作为企业领导者也是一样，要坚持公平、公正地对待整个团队，对每一个团队成员一视同仁。领导者要让团队中工作努力认真，真正为企业作出贡献的人得到好的回报。而要让那些弄虚作假，对企业造成伤害的人受到合理的惩戒。这样才是对团队真正负责，也才能让企业实现持续健康的发展。

4.重视团队认同

领导者要让整个团队充满良好的氛围，就必须重视团队的认同感。在领导过程中要与团队保持良性沟通，一些重要的举措尽量让整个团队多参与。每一项工作的开展都要尽最大可能取得整个团队的共识。每个人都不喜欢被强迫的感觉，也不喜欢做自己不认同的工作。团队成员对自己所负责的工作认同度越高在工作中的主动性就越强，就越容易在工作中获得快乐的体验。

5.变监督为指导

领导者与团队成员的工作关系也是影响团队幸福感的一个重要因素。传统的领导者和团队成员的关系主要是控制监督和被控制监督的关系。这种关系让领导者和团队成员处于一种对立的状态，很难让整个团队拥有良好的氛围。而事实上领导者和团队成员是为了共同目标分工合作的关系。领导者要和管理团队一起帮助团队成员提升"能、明、愿、忠"，能够让团队成员实现"内享幸福，外创价值"的圆满人生。

6.领导要保持谦和

一个对团队成员态度傲慢、粗暴，高高在上的领导者让整个团队很容易产生负面情绪。而一个总是微笑着面对团队的领导者却会带给整个团队一缕温暖的阳光。领导者对待自己的团队要保持谦和，充分地尊重团队中的每个人。只有这样的领导者才能不断为企业的团队注入正能量，让整个团队保持更好的状态。领导者保持谦和才能与整个团队建立良好的互动关系。

人无完人，每个人都会有优点，同样也都存在不足。领导者要有胸怀去包容团队中的每个人，充分发挥每个人的优点。同时领导者要清楚地认识到每个人的目的都在于追求属于自己的幸福。领导者在抱怨团队为什么不负责、不敬业、不努力的时候，同样需要思考一个问题：作为领导者是否有真正为团队考虑，是否有真心对团队好，是否有给团队通过努力改变命运的公平机会，是否建立了一套与团队分享成果的机制让团队共享奋斗的成果。企业是一个团队通过分工合作来实现"内享幸福，外创价值"的共同平台。如果这个平台不能帮助团队成员实现人生追求也就不能充分激发团队的积极主动性。

三、领导要担负六种角色

"其身正，不令而行；其身不正，虽令不从。"言传身教，上行下效，一个领导者只有做好自己才能带领好管理团队。领导者要打造幸福团队就要从传统的监督、检查、奖惩转变为激励、支持、成就管理团队的方式。领导者要指导管理团队通过用心工作去实现个人"内享幸福，外创价值"的圆满人生。在这个过程中领导者要注意扮演好六种角色。

1. 榜样

企业领导者在工作过程中首先要起到以身作则的带头作用。一个好的领导者首先必须是整个管理团队学习的榜样，这是一个优秀领导者的重要前提。如一个自私自利的领导者却要求管理团队要有奉献精神，这样很难让管理团队认同。只许州官放火不让百姓点灯，这样很难让管理团队有信服感。领导者在要求管理团队做到什么以前，首先要让自己做到。这才能让管理团队在执行过程中真正心悦诚服。

2. 导师

每个人都希望实现"内享幸福，外创价值"的人生追求。领导者要帮助管理团队在心性和能力上不断成长。这就需要领导者做好导师的角色，把管理团队的状况及时准确地做好反馈。让各个部门的管理者清楚自己的目标，现在存在的问题，未来成长的方向。

3. 队长

一个好的领导者不仅要成为管理团队的榜样，同时更要带领管理团队高效达成目标。就像一支球队的队长，他必须能够带领整个球队赢得比赛。队长是整支球队的带头人，在球场上要协调好整个团队成员各司其职。通过充分发挥团队的整体优势来争取赢得比赛。所以队长并不一定是球技最高的人，但必须善于让团队成员在球场上做好分工合作，充分调动团队的士气。

4. 纽带

领导者是企业的信息中心，掌握着最全面的信息。领导者通过对各种信息进行总结分析作出正确的决策。同时领导者要把与工作相关的信息及时传递给管理团队。在各个部门的工作出现需要合作时，还要做好沟通协调。领导者就是连接企业和外界的纽带，领导者在内部要做好重要信息的有效传达，同时还要代表企业对外做好协调沟通。

5. 服务

传统的管理模式是等级森严的金字塔结构，领导者在塔尖监督控制着团队。而一个幸福团队的管理模式是倒金字塔结构。领导者处于最下端，为整个团队提供支持服务。要打造一个幸福团队，领导者要把团队当客户，要有为团队服务的强烈意识。海尔在管理实践中走出了一条"人单合一"的全新模式，也就是让员工为用户创造价值的同时实现自身价值。这个模式通过内部市场化，把工作流程中下一环节变成上一环节的客户，业务部门变成人事、财务等职能部门的客户，员工变成管理者的客户，管理团队就是领导者的客户。

6.兄长

团队的每个人都有一个小家，从五湖四海走到一起共同组成企业的大家庭。团队把人生中最宝贵的时间奉献给企业，领导者要像兄长一样真心关爱团队。领导者作为团队的兄长，要在团队中营造相互支持，相互关爱的文化氛围。只有让大家感受到家的温暖才能让整个团队获得更高的幸福感。

四、幸福导师的八大职责

不同的角色担负的责任也不一样。领导者要成为团队的幸福导师就会有全新的要求。只有坚持"以人为本"，真正为团队着想才能不断提升团队的幸福感。在具体的工作中领导者要重点注意以下几个方面。

1.引导团队明确愿景

每个人都需要回答自己一个问题：这一生想要成为一个什么样的人？这就是一个人的人生愿景。愿景就像一座灯塔指引着一个人前行的方向，更是一个人获得幸福感最重要的力量。领导者是整个团队的幸福导师，首先就要引导团队成员明确自己的愿景，同时要把团队成员的个人愿景和整个团队的目标结为一体。在团队愿景得到实现的同时也帮助团队成员实现个人愿景。这才能充分激发整个团队的主动积极性，让团队从工作中找到乐趣。

2. 帮助团队获得成长

中国有句古话叫"授之以鱼不如授之以渔"。一个好的企业就是一所好的学校，一个好的领导就是好的导师。领导者要帮助团队提升幸福感就要帮助团队成长。成长包括两个方面：一个方面是知识、技能、经验的能力成长，另一个方面是帮助团队形成正确的价值观，保持积极向上的心态，升华自己的人生境界，这是心性的成长。当团队的知识技能提升后就具备了为他人和社会创造更大价值的能力。知识技能既是团队创造更好生活条件的保障，也是获得事业成就的基础。但一个人如果只有知识技能的提升并不能获得幸福感，同时也很难取得事业上的成就。因为知识技能只是一种工具，就像一把刀，既可以用它作出美味佳肴，也可能用它来犯罪。领导者要特别重视教育整个团队不断提升品德修养和保持积极的心态。这样才能让一个人的知识技能真正为自己和他人的幸福服务。一个人的能力和心性得到不断成长的过程就是提升幸福感的过程，帮助团队成长就是对团队最大的爱。

3. 要有合理的物质回报

虽然外在的物质条件并不能保证一个人获得幸福感，但没有必要的物质保障却往往成为一个人感觉不幸福的重要原因。良好的物质条件对一个人的幸福感会造成直接的影响。做同样的一项工作，一个人衣食无忧为兴趣而做获得的幸福感一定强过为解决生计而被动去做的人。有人把"自由"当作衡量幸福最重要的因素，其中包括"财富自由、身体自由、心灵自由"三个层次。所谓财富自由其实就是要有合理的物质保障，当一个人不再为日常的衣食住行而愁时才能更专注于精神追求，也才更容易提升幸福感。

虽然领导者不能提倡物质至上的思想，但也不能无视团队对物质条件的正常追求。相反领导者要鼓励整个团队通过努力为他人和社会创造价值来获得更好的物质条件。通过良好的物质回报让团队可以享受到物质财富带来的高品质生活。所以在胖东来有一项非常特别的制度，他们不仅为团队规划工作中的职业生涯，同时也为他们规划生活标准。他们对不同岗位应该住什么样的房子，有什么样的一些娱乐活动都有明确的标准。为了让团队可以更好地去享受生活，他们公司同岗位的工资是同地区的2倍以上，同时他们曾开创性地在零售行业推行闭店休息制度。

4.重视团队的身体健康

健康对每个人来说都非常重要，只有拥有健康的身体才能更好地享受幸福人生。同时健康的身体也是一个人为他人和社会创造价值的基础。如果团队成员的身体不好，必然会影响到正常的工作、生活，不论是对自己、家庭、企业其实都是一种伤害。所以作为领导者要重视团队成员的身体健康，让团队成员拥有一个健康的身体。德胜洋楼一直把团队的生命健康放在第一位。公司为了员工的健康还专门聘请了营养师为团队制定菜谱。在他们公司如果员工带病上班不仅不会受到表扬，反而会被处罚。他们公司甚至规定不能不顾生命危险抢救国家、集体或他人的财产。

5.做好团队的情绪调整

情绪是影响一个人当下幸福感最直接的因素，当一个人情绪不佳时就不会有幸福感。同时一个人会不自觉地把自己的情绪带到工作和生活当中。而情绪具有很强的感染性，当团队中有人情绪不佳时很容易感染给和他接触的其他人。相反，如果一个人情绪非常好时就很容易带给其他人好心情。领导者要让管理者注意做好团队成员的情绪调整，更要提升团队做好情绪管理的能力，好情绪才能让整个团队获得更高的幸福感。为了让整个团队在工作中保持好情绪，德胜洋楼规定只要情绪不佳时就可以申请休假。海底捞也要求管理者要随时关注团队的情绪状况，发现异常要及时进行调整。

6. 关心团队的生活状况

领导者都希望团队成员能够把工作和生活分开，不要因为生活影响到工作。而事实上工作和生活是一个人的一体两面，很难完全分开。工作品质会直接影响到生活品质，而生活品质也同样会影响一个人的工作品质。当一个员工的父母生病在家无人照顾时；当小孩到入学年龄却找不到学校时；当爱人相隔千里难得见面时；因为住宿条件不好影响休息时……这些生活因素都会直接影响到一个人的幸福感。而一个人很难做到在工作中能够完全不去思考生活中面临的实际困难。所以一个领导者不仅要关心团队的工作，还要合理地关心引导团队的生活。

7. 营造积极的团队氛围

团队氛围是企业文化的重要表现，同时也是影响团队幸福感的重要指标。如果在工作中充满了钩心斗角、推卸责任等不良氛围时，就会降低团队的幸福感。领导者作为整个团队的核心，在团队中的影响力也最大，所以要对团队的氛围担负主要责任。只有在团队中营造出尊重、理解、包容、信任、互助、关爱和感恩的文化时，才能提升团队的幸福感。而这种良好的团队氛围需要领导者有意识、有计划地做好培育。

8. 提供良好的工作环境

每个人都会受到工作环境的影响。在一个脏、乱、差的环境中和在干净、整齐、舒适的环境中工作的感觉肯定会不一样。当然一个良好的工作环境也要靠整个团队的共同维护。作为领导者要尽可能为团队提供一个良好的工作环境，并不断改善提升。良好的环境并不代表一定要很奢华，关键在于让整个工作环境保持干净、整齐、舒适。大家去到华为、方太、洁柔这些卓越的企业，会发现他们的工作环境都保持得非常的整洁而舒适。只要一进入他们的公司很容易让人有心情愉悦的感受。

五、领导的四种不同风格

领导者的领导风格会直接影响一个团队的氛围和状态。在具体的领导过程中主要有四种领导风格可供参考。每一种领导风格都有它特定的适合范围，作为领导者要善于在不同情况下根据管理团队的实际状况采用不同的领导风格。在选择具体的领导风格时领导者需要充分考虑管理团队的"能、明、愿、忠"的状况。这包括管理团队对所负责的工作在能力上够不够；对所负责的工作内容和要求是否明确；对所负责工作的意愿是否强烈；个人的品德和忠诚度好不好。对所负责的工作"不能""不明"的问题可以归结为胜任性问题。对所负责的工作"不愿""不忠"的问题归结为主动性问题。根据管理团队对工作的胜任性和主动性状况要灵活运用不同的领导风格。

1.指导式

指导式领导风格主要适用于管理团队主动性好，但胜任性不足的情况。指导式领导风格的主要特点是领导者的工作重心在于指导管理团队如何把负责的工作做好，最终帮助他有足够能力独立解决同类的工作任务。如一个刚晋升为管理者的人会遇到这种情况：因为刚开始做管理工作，对如何做好管理的能力会存在不足及对相关工作要求还不是特别清楚，这个时候的胜任性会较低。但同时一般刚晋升的管理者对工作的意愿会很高，表现出的主动性就会比较好。对于新晋升的管理者，领导者要指导他们明确管理工作的具体要求，掌握做好管理工作的正确方法，让他们能独立完成管理工作。

2. 教练式

当一个管理者的胜任性和主动性都很低，这时候就适合采用教练式领导。教练式领导的主要特点就是领导者既要明确管理工作的要求和标准，还要让管理者看到自己存在的问题。很多刚晋升的管理者在工作中遇到一些挫折后，主动性开始不断降低。这个时候领导者在提升他们管理能力的同时还需要注意调节他们的状态。如果一个管理者长期处于胜任性和主动性都非常低的状态，经过一段时间的教导仍无法改进时，最好能够调整他的工作。因为这样的状况不仅会对整个团队造成极大的伤害，同时也不利于他自己的发展。领导者在实际运用教练式风格时要做到对事不对人，在严格要求做好工作的同时注意尊重对方。

3. 参与式

有的管理者胜任性非常好，也就是有足够的能力，也非常清楚如何做好管理工作，但主动性表现却较低。在实际工作中就会经常不服从领导者的工作安排，对所负责的工作和团队充满抱怨。对这样的管理者在安排工作时适合采用参与式的领导风格。领导者要和这样的管理者做好沟通，明确管理工作的意义。多让他参与制定所负责团队的工作目标和执行方案。只有多参与才能更好地发挥这类管理者的主动性。同时领导者要让他清楚地看到自己的现状。这有利于他认识到自己存在的不足，提高工作的积极性。

4. 授权式

如果一个管理者的胜任性和主动性都非常高时，就适合采用授权式的领导。授权式的领导重点在于确定目标，领导者在和管理者确定工作的目标以后，如何达成目标就完全由他自己全权负责。这种领导方式可以充分发挥管理者的主动创造性，让管理者拥有很高的成就感。当整个管理团队都能达到胜任性和主动性都很高的时候，通过授权领导就可以实现无为而治。这也是领导者追求的理想状态。

领导者要对直属的管理团队做好评估，根据管理团队的胜任性和主动性采用适合的领导风格。领导者还要根据每个管理者的胜任性和主动性做好"选、育、用、留、汰"的工作。通过不断提升管理团队的胜任性和主动性，才能打造出一支卓越的管理团队。再由管理团队打造出卓越的一线团队，才能形成强大的执行能力。事在人为，只有一流的团队才能创建一流的企业。

六、合理授权的关键技巧

只有一支能够充分发挥自身主动性的团队才会有更高的创造力和幸福感，这就需要领导者做好合理授权。海底捞之所以能够把服务做到极致与对团队的合理授权分不开。在他们公司就连普通的员工也有免掉一个菜甚至是整桌菜钱的权利。在免单后只需要向管理者说明情况就可以了。无独有偶，在德胜洋楼公司甚至做到每个人在报销各项费用时都不用上级签字，只需要拿单据直接到财务部办理手续就好了。而这些懂得合理授权的企业都获得了卓越的成果。整个团队在工作中所表现出的积极主动性也是其他团队很难比拟的。但授权也是一柄双刃剑，用得不好反而会适得其反。很多领导者通过在外面上课或在书上看到授权的内容，也非常认同授权的重要作用。于是回到自己的企业就开始向管理团队授权，结果却发现并没有想象中那样有效。管理团队的主动性没见提高，换来的却是一大堆新的问题。作为领导者一定要清楚地意识到不是为了授权而授权，授权需要提前做好基础工作。

1.做好思想教导

领导者要做到有效授权而不失控，首先要提前做好管理团队的思想教育。要让管理团队意识到授权是对管理者的尊重和信任，大家不能辜负这份信任。领导者要在管理团队中倡导坚持真、善、美的文化，树立诚信的意识。要避免出现很多管理团队一放就乱，一紧就死的情况。只有培养管理团队具备不滥用授权的自律意识才能真正发挥授权的积极作用。

2.建立共赢的机制

通过授权既要充分发挥管理团队的积极主动性，同时又要避免出现滥用授权的现象。这需要建立一套团队共赢分享的机制。也就是当一个人滥用授权损害团队利益的时候就会对他自己造成损害。现在很多企业对部门甚至岗位做独立核算。以生产部门为例，可以明确规定每一个产品生产的单价。在生产过程中需要的各种物料授权给生产部门的人自己向公司仓库领用。但所有领用的物料成本将计入部门的工作成本。这样一来公司就根本不用担心生产部门会浪费物料，因为浪费的物料会直接影响生产部门的收入。

3.明确授权的目的

在团队中非常忌讳只是为了授权而授权，不清楚授权的目的。其实授权的目的就是要充分发挥团队成员的主动性，可以更快、更好地把工作做好。只有团队真正把各项工作做好才能为客户及更多的人创造价值，同时让自己获得更好的收入和成长。如果通过授权不能把工作更快、更好地做好就不适合授权。所以领导者在做授权时要提前做好评估。

4.授权要因人而异

领导者要做好授权还需因人而异。前文有专门探讨过管理团队的"能、明、愿、忠"情况不一样，领导者所采用的领导风格也要有所差别。当一个管理者的管理能力越强，越清楚管理工作的要求，对管理工作的意愿越强，对公司的忠诚度越高，越需要充分授权给他。领导者要根据管理者的胜任性和主动性状况合理授权，授权不当会害人害己。

5.明确授权的范围

领导者在向管理团队授权时要明确授权的范围。如果没有事先明确授权的范围就很容易出现超出授权或滥用授权的情况。曾有一个企业的领导者听了关于授权的课后回到公司也开始做授权。其中有一条就是各部门经理可以审核本部门1万元以下的报销。当这个授权开始运行一段时间以后公司每个月的报销费用突然增加了很多。一查情况才发现很多部门把原本不符合报销范围的费用通过部门经理签字以后也做了报销。

6.敏感职权要做分工

为了事先预防授权的滥用，领导者要对一些敏感职权进行合理分工。如物料采购的决策权、采购权、验收权和付款权要有合理分工。如果把这些权力集中由同一个岗位负责就很容易出现滥用授权的情况。很多时候授权被滥用是因为权力太过集中，无法实现部门之间、岗位之间的合理监督造成的结果。只有形成决策、执行、监督的合理分工才能从机制上保证授权的有效性。

7.使用授权后要说明

管理团队在被授权后要对授权有一个清晰的认识。授权不等于放任，也不等于不闻不问。相反为了让领导者更加放心，也为了避免出现滥用授权的情况，被授权人在行使了授权后要主动反馈情况。就像在海底捞连一线的工作人员都有赠送客人菜品甚至是免掉一桌菜钱的授权。这样的授权在其他餐饮企业很少见，因为会担心滥用。而在海底捞却发挥了非常好的作用，不仅让整个团队拥有更高的主动性，更是让客人获得了更高的满意度。其中非常重要的一点就是海底捞要求团队在使用授权后要向上级作出合理说明，这个要求极大地降低了滥用授权的概率。

8.做好授权使用的检查

很多授权的高手都有这样一个经验，既要授权也要检查，越信任越检查。在现实的工作中滥用权限的现象最容易出现在领导者信任的人身上。所以领导者越是信任，越是对他好，就不要忘了在授权的同时做好例行的检查。领导者因为对一个人的信任就容易放松警惕，授权一旦失去合理的监督就会泛滥，这无疑是害了被授权的人。所以领导者保持对管理团队授权的例行检查，其实反而是为了让他们可以在团队中得到更好的发展。但为了不影响被授权人的积极性，首先要向整个管理团队说明为什么授权还要做检查。同时要把对工作的检查制度化和例行化，这样才不会让管理团队感觉领导者是针对自己。

9.全员监督机制

很多领导者都善于通过授权来发挥管理团队的主动性。在这些团队中很少出现滥用授权的情况，除了团队成员的自律性很强以外，也要归功于团队中的全员监督机制。在苏州德胜洋楼公司曾有一个人违反公司的制度没有及时向公司说明。结果几天后好几个人都向公司反馈了这一问题。但领导者要让整个团队清楚地认识到，合理的监督并不是对管理团队的不信任，而是保证团队能够健康成长的科学机制。如果一个人根本不想滥用授权，所有的监督检查对他都只是形同虚设。

通过合理的事前、事中、事后的监督机制可以避免让好人犯错，让坏人不敢犯错。敢于揭发这种不良行为更是整个团队坚持真善美的直接体现。当团队中建立了全员监督授权使用的机制时，就会最大程度地避免有人滥用。

10.严惩滥用授权现象

同样以海底捞一线工作人员可以赠送客人菜品的特殊授权为例。这项授权可能引发一些人出现利用赠送之名私吞客人菜钱的行为，也就是自己收了客人一个菜的钱，但却向公司说送给客人了。这样的事在海底捞也的确出现过，然而却是极个别的现象。为什么这种现象能得到很好的控制，其实和海底捞在发现这类事情的处理之严有很大关系。在他们公司一旦发现这样的问题肯定会被开除，因为这是一个道德问题，是公司的底线。对于故意滥用授权的人，一经发现一定要给予严惩，只有这样才能促使每个人更加的自律。

11.授权的收益大于风险

虽然授权可能会引发一些风险，然而这绝不能成为领导者不敢授权的理由。相反作为领导者要尽可能地授权才能真正发挥整个团队的价值，也才能让整个团队得到更好的成长。领导者要清醒地认识到合理授权的收益远大于可能带来的损失。就像海底捞连一线人员都有赠送菜品给客人的权利，为此也有极少数人出现滥用授权的情况。但因此换来团队幸福感的提升和大部分客人更高的满意度，这为企业带来的价值远远大于可能带来的损失。所以这是一个芝麻和西瓜的选择题，如果只能选其一，领导者要站到长远和全局的高度抓住西瓜而放弃芝麻。

第六章

营造幸福的团队环境

每个人都会受到环境的直接影响。一个人在优雅、舒适的环境中更容易获得幸福的体验，所以不能忽视环境对一个人的影响。根据哈佛大学的研究表明，环境因素、遗传因素、后天因素是对人影响最大的三个方面。其中环境对一个人的幸福感影响占比为20%，对一个人成就大小的影响更是占到30%以上。所以作为领导者要尽可能营造一个良好的工作环境给团队，这将直接影响整个团队的成就感和幸福感。企业环境可以分为外部环境和内部环境。企业的外部环境着眼于外部因素，主要包括外部的自然环境、社会环境、政治环境、经济环境、技术环境、行业状况。这些外部环境因素会直接影响到一个企业的战略方向。而企业的内部环境主要着眼于企业内部，内部环境又可细分为内部硬环境和内部软环境。对于一个企业而言，外部环境更多的只能选择去适应，而对内部环境却可以更主动地去营造。企业发展的内外环境越好，才能为团队实现"内享幸福，外创价值"的圆满人生提供更好的条件。

一、准确把握企业所处环境

物竞天择，适者生存。企业要实现持续健康的发展就要对所处环境有准确的认知。企业的所有决策都要基于所处的环境，只有顺势而为才能事半功倍。企业的环境可以分为宏观的整体环境、中观的行业环境和微观的内部状况三个层面。

1.宏观环境调研

首先领导者要对企业所处的大环境有充分的了解，也就是外部宏观环境的情况。每个企业都会受到外部大环境的影响。企业的宏观环境主要包括政治、经济、社会、科技四个方面的现状和趋势。

不同国家或地区的政治体制、政策、法律会存在差异。同样一个做法在某个国家或地区被政府鼓励，而在另一个国家或地区却是违法行为。企业要充分考虑所在国家或地区的政治、政策和相关法律的实际情况，不能违反相关的政策、法规。

一个国家整体的经济情况和发展趋势会决定所在企业的整体发展水平和空间。在经济发展水平越高的国家或地区，企业的经营水平要求越高。只有企业的生存发展空间越大，才更有利于创建优秀企业。

企业的发展还要考虑所在地区的文化传统差异、人口结构和生活方式的现状和变化趋势。因为企业要与所在地区的社会各界产生关系，包括客户、团队、伙伴、股东、政府等。要处理好相关的关系就必须了解和尊重当地的文化传统和生活习惯。

技术是推动社会进步最直接的力量。每一次重大的技术突破都会引发社会经济的大变革。企业要随时关注一些重大技术对企业带来的巨大影响，只有与时俱进才不会被时代淘汰。

2.行业环境状况

在同样的宏观环境下，不同行业的发展状况和趋势也会不一样。行业环境对相关企业的影响会更加直接。每个行业都会经历培育、成长、成熟、衰退、变革的过程。在行业发展的不同阶段，面临的机会和挑战会不一样。在行业培育期的投资风险非常大，但也是成为行业引领者的机会期。成长期是企业发展的最佳时机，需要提前明确发展定位，培育出企业的核心竞争力。当一个行业进入成熟期，一些没有核心竞争力的企业就会被淘汰，新投资的回报会变低，而风险会变大。大部分行业最终都会进入市场需求萎缩的阶段。这时候相关企业需要寻求创新突破。往往一个行业的衰退与变革在同步进行，是一个此消彼长的过程。

除了要掌握行业发展的周期情况，领导者还要分析行业中相关企业之间的关系。包括行业中不同企业的影响力、产业链各环节的盈利水平分布和变化趋势等。同一个行业，在不同环节的企业发展状态相差会很大。一个企业只有在行业中拥有自身的优势和影响力，才能获得合理的生存发展空间。每个企业都需要分析行业中购买者、供应商、新进入者、替代品、同行企业之间的关系。不同行业的相关企业之间的影响力会不一样，存在的挑战和机会也不同。只有不断提升企业在行业中的影响力，才有成为优秀企业的发展空间。

3.企业现状分析

无论外部环境如何，一个行业中始终都会有企业获得发展，也有企业走向衰败。所以最关键的还是要回到企业自身如何经营好。企业在不同的发展阶段，面临的挑战和机会也会不一样。企业发展主要分为初创期、成长期、成熟期、扩张期、再造期五个阶段。领导者首先要分析企业所处的阶段和面临的主要问题。企业既不能安于现状不思进取，同样又不能脱离实际盲目发展。所以企业要集中力量处理好现阶段的主要问题，同时为未来的发展提前做好布局。只有兼顾好短期和中长期的关系，才能让企业实现持续健康的发展。

同时不同企业在不同的阶段所拥有的资源和具备的核心能力也不同。企业要盘点已经拥有的人才、物资、资金等硬件资源，以及信息、技术、品牌等软性资源的状况。通过前期的发展沉淀，企业在研发、运营、营销等方面会形成自身的核心能力。领导者要充分利用好企业已有的资源和能力优势来抓住适合自身的发展机会。领导者只有知道企业有什么，缺什么，才能根据外部环境的状况对未来的发展作出正确的判断和选择。作为领导者要根据企业战略的需要不断整合更多有助于企业发展的各种资源。

二、不断提升团队物质条件

每个人都会受到物质条件的影响。企业只有满足团队正常工作、生活所需的基本物质条件，才能让整个团队更专注于自己的工作和精神追求，也才能获得更高的幸福感。但企业为团队提供的物质条件受到自身发展状况的影响。企业自身发展越好，越有能力为团队提供更好的物质条件。所以领导者要带领团队推动企业实现更好的发展，从而不断提升团队的物质条件。

1.企业薪酬福利条件

吃、穿、住、行是一个人生存的基本物质条件。企业要提供合理的薪酬福利帮助团队解决物质的基本需求。胖东来公司在这一点上堪称企业界的典范。打开他们公司的《员工手册》会让人有耳目一新的感受。因为里面不仅对整个团队的工作进行规划，同时还帮助团队规划生活。在他们公司一个领班要负责哪些具体的工作，要具备哪些能力在《员工手册》中都有明确的标准。在生活方面要住多大面积的住房，房间里需要配备哪些生活设施，每个月应该参加一些什么活动都给予具体的指导。为了保证整个团队拥有更好的生活水平，胖东来的工资水平是同行业的2倍，并提供良好的生活配套措施。

2.企业经营场所因素

每个企业都需要有经营的场所，也就是团队工作的地方。经营场所的情况会对整个团队的状态产生直接的影响。作为领导者在选择经营场所时要考虑以下3个方面的情况。

（1）经营场所的位置是否适合

企业经营场所的位置选择除了要考虑企业本身的经营需要外，同时也要考虑整个团队的情况。既要有利于企业的经营，也要方便团队。这就要求领导者在选择经营场所的位置时进行综合考虑。这个位置是否方便整个团队日常的工作生活，是否与公司的形象定位相匹配，是否有利于开展业务，是否有便利的物流，是否有产业集群优势等。只有通过综合考察找到最有利的位置，才能既有利于企业的经营，又便于团队的日常工作、生活。

（2）经营场所的内部空间合理

企业的行业、规模及发展规划都对经营场所的大小及其结构会有不同的要求。企业领导者在选择经营场所时必须事先规划好所需面积及需要的内部结构，以便于企业经营时各部门的合理布局。经营场所的合理布局也有利于提高整个团队的工作效率，让整个团队更高效地达成工作目标。

（3）经营场所的工作环境情况

办公场所的灯光够不够亮，空气是不是流通，是不是很干净，室温合不合适，周围噪声大不大等，这些因素都会直接影响到一个团队的工作状态和情绪，从而对工作效率和质量都产生重要的影响。作为领导者要尽量为整个团队提供一个良好的工作环境。

3.企业经营设施因素

古人说"工欲善其事，必先利其器"。一个团队要高效地完成各项工作就离不开工作所需的必要设施。这包括各种工作所需的设备和工具，如水电、消防、电脑、电话、打印机及一些工作相关的各种设施是每个团队都必须具备的工作条件。领导者要懂得通过运用一些先进的设备和工具来帮助团队做好工作，能够提高工作质量和效率。所有表现卓越的团队都非常重视一些先进设备工具的运用。

4.企业经营物料因素

团队在具体的工作过程中除了需要有必备的工作设施外还会用到各种物料。如华为要生产手机就要用到芯片，海底捞要提供就餐就需要有火锅料、各种菜品及餐巾纸等。领导者要保证工作过程中各种运营物料能够保质、保量地及时到位，不然就会极大地影响团队的工作效率和工作热情。很多企业都因为这一点做得不好影响整个团队工作的正常开展。

5.企业经营资金因素

资金是企业经营的血液，一家企业要经营就需要有合理的资金投入。正所谓巧妇难为无米之炊，企业每天都要投入大量的人力、物力。所有这些投入都需要有资金去购买。许多企业都存在资金问题，因为资金不足而失败的企业也不胜枚举。企业领导者在企业经营中要提前做好资金需求的规划，并随时关注资金循环是否良性。只有保证企业资金流的健康才能实现良性发展。

以上5个方面都是团队的内部物质条件。企业就像一个舞台，只有搭得结实、美观才能让表演者尽情表演。所以领导者要根据企业发展的规划不断提升企业的内部物质条件状况。通过提供良好的物质条件会提升整个团队的幸福感。同时激励团队把工作做得更好，从而推动企业实现更好的发展。只有形成团队与企业的良性循环才可持续发展。

三、营造良好的企业软环境

领导者除了要重视企业的物质条件外，更要重视企业的软件条件。如果物质条件像一个人的身体，软件条件就像一个人的精神。企业的软件条件主要包括文化理念、制度系统、领导风格、团队关系、品牌影响力5个方面。企业的软件条件对团队幸福感的影响会更大。

1.企业的文化理念

首先一个企业的文化理念是影响团队幸福的重要因素。当整个企业的文化理念越积极，越能尊重团队成员，处理事情越公平、公正时，整个团队的幸福感就会越高。每个领导者都要坚持把"真、善、美"作为企业文化理念的基本原则。围绕"真、善、美"构建的文化理念才能引导整个团队真正获得持久的幸福感。

2.企业的制度系统

一套科学、合理、健全的流程制度体系也会对团队幸福感产生直接影响。一套好的流程制度体系可以帮助团队明确目标权责，发扬团队的善良美德，总结工作的经验教训。好的流程制度不仅能够帮助团队科学、高效地达成各项工作要求，同时引导团队向善。领导者要把公司的核心文化转化为制度系统。通过制度系统来帮助团队实现"内享幸福，外创价值"的人生追求。

3.领导风格的影响

根据调查发现一个人会选择离开企业70%的原因和上司有关。是否能够认同接受领导者的领导风格及和领导者的关系将影响管理团队的幸福感。作为领导者在领导过程中要根据管理团队的胜任性和主动性选择合适的领导方式。在领导过程中要懂得尊重理解管理团队，充分调动整个管理团队的积极性。当领导者能让管理团队保持良好状态，管理团队就会更好地完成管理工作，整个团队就会有更高的幸福感。

4.团队的人际关系

如果一个企业的团队成员之间相处得非常融洽，能够相互尊重、信任、关爱、合作，在这样的团队关系中工作就会让人感觉更加幸福。想要保持整个团队人际关系的健康，关键在于做好团队冲突的管理。在工作中团队成员之间发生冲突是不可避免的事情，但要把这种冲突引向以解决问题为目的，而绝不能变成个人的情绪发泄。只有这样才能帮助团队良性发展，才能增进团队的幸福感。建立良好的团队关系有三点需要注意：忌计较、忌是非、忌推脱。一旦出现这些问题就会对整个团队关系产生极大的破坏。

5.品牌的影响力

一个企业的品牌影响力对团队的幸福感也会造成影响。品牌影响力主要包括企业的技术实力、商业模式、市场地位、品牌美誉度等。企业的品牌影响力越大的团队幸福感会越强。因为在品牌影响力大的企业中工作的团队会得到社会各界更多的认可和尊重，所以对企业会有强烈的信心和自豪感。品牌影响力会影响团队工作的价值感，从而影响整个团队的幸福感。

四、重视企业环境的公平感

有的中小企业因为招聘难，同样的岗位新招聘的人比原有人员的工资高，这种情况必然导致原有团队成员的不满。中国有句古话"不患寡患不均"，作为领导者要在企业中营造一个公平的环境。海底捞的创始人张勇对此深有体会，所以他为海底捞设定的第一个目标就是"创造一个公平的环境"。营造公平的企业环境要从内部公平和外部公平两个方面去努力。

1.内部公平

就像上文提到的案例，在同一个公司，同样的岗位，做同样的事情，工作能力差不多，新招人员比原有团队成员的工资还高。这种做法就会造成内部不公平的问题。领导者要做到内部公平需要注意以下几个问题。

（1）一视同仁

领导者在团队中要形成一视同仁的文化氛围，不要因个人好恶而厚此薄彼。在实际工作中，很多领导者却做不到这一点。就像一个老婆婆向她的邻居抱怨她的儿媳妇，说她周末睡到10点钟还不起床，还要她儿子把早餐送到床上，实在是太不像话了。老婆婆谈完她儿媳又谈起她女儿，说她女儿非常幸福。每个周末睡到10点钟都不用起床，女婿还把早餐送给她吃。正如这个小故事中的老婆婆一样，一个领导者不能用同样的心态和方式对待团队成员时，就会让团队感觉到不公平。

（2）机会均等

曾有新闻报道一些国家单位在招聘人员时对领导的子女有量身定制招聘条件的嫌疑。结果造成符合招聘条件的非常少，甚至是独一无二的情况。这类事件引起大家的极大关注，批评、抱怨的非常多。其本质就是因为这些单位的招聘违反了机会均等的原则。在企业中也是一样的道理，对于职位升迁、评优秀、给奖励、定制度这些事情上，要让团队的相关成员都有均等参与的机会。为什么海底捞"用双手改变命运"的文化能深入人心？其实就是因为公司给那些愿意学习、愿意付出的人有机会凭自己的努力改变命运。

（3）按劳付酬

根据一项工作的难度、重要程度、任职要求等，再结合团队成员在这个岗位上实际作出的成绩，要做到按劳付酬。领导者要让为企业贡献越大，工作越努力的人得到更多的收获和更好的发展。只有一个企业真正做到不让活雷锋吃亏，才会有更多的人愿意为企业努力付出。

这也是检验一个企业是否健康的重要标志。一个好人总是吃亏的企业会导致好人都会变成坏人。真正优秀的企业都不会养懒汉，而是追求工作的高效。对不能胜任工作的团队成员要做好培养和调整。

2. 外部公平

除了内部公平以外，领导者还要关注团队的外部公平状况。如在同一个行业中相同的岗位与其他企业的薪酬水平如何，发展空间如何，工作条件如何等。在与外部环境进行比较后有3种策略可以选择。

（1）领先策略

领先策略是指团队在企业中享有的薪酬福利、发展空间、工作条件等在行业中处于领先地位。这种策略会增强团队的幸福感，有利于企业吸引行业中最优秀的人才加盟到团队中来，同时又能很好地稳定团队成员不流失。但这种策略会造成较高的人力成本，需要整个团队作出更优秀的绩效才能支持这种策略的实施。华为就是采用了这样的策略，公司的工资水平远超其他企业。他们公司的福利待遇和工作环境也都明显优于同类企业。而华为团队取得的成就更是全世界闻名。

（2）跟进策略

为团队提供的各种待遇和发展空间属于行业平均水平，随着整个行业的变化再进行适当的调整称为跟进策略。跟进策略并不能带给团队对外比较的优越感，但也不会让人明显感觉不公平。对于大部分没有领先优势的企业来说，因为很难有足够的利润来支持较高的运营成本，通常都采用跟进策略。但任何一个希望走向卓越的企业都需要有步骤地采取领先策略，才能吸引和留住最优秀的人才。

（3）滞后策略

各种待遇和发展空间在行业中长期处于落后的状态称为滞后策略。滞后策略表面上成本较低，然而这样的策略让整个团队在对外比较时感觉不公平，这将很难激发团队的动力。在这样的企业中优秀人才会流失严重，同时也很难吸引行业中优秀的人才加入团队。企业领导者要尽量避免采用这种策略。即使在企业初创或遇到危机需要过渡性运用，也要有一些配套激励措施来消除负面影响。

3. 正确认识公平

每个人都期望自己能够被公平对待，正如《自由宣言》中所说"人生而平等"。但一个团队不能把自己的主要精力都放在追求绝对公平上。有的人天生丽质，非常讨人喜欢，而有的人却其貌不扬；有的人出生在非常富裕的家庭，而有的人从出生开始就要为一日三餐发愁；有的人每天忙忙碌碌却一无所获，有的人轻轻松松却事业有成。领导者在努力营造公平的内外环境时，还要让团队中的每个人清楚地意识到，这个世界没有绝对的公平。但对于那些愿意努力，愿意付出，心态积极的人来说，永远都不缺少机会。一个人不要把自己的主要精力放在追求绝对公平这样无谓的事情上，而更应该专注在如何把事情做好。

五、培养团队共赢的思维模式

领导者要不断提升团队的人生境界，这需要培养团队在待人做事的时候能够坚持共赢的思维模式。只有构建与客户、团队、伙伴、股东、社会生态共赢的关系才能成为一家优秀企业。通过绘制"利人—利己"的坐标图可以清晰地看到共赢思维模式的实质和意义。

从上面的坐标图可以得到待人做事的9种基本模式。这些基本模式中讲到的利人就是有利于他人，利己就是有利于自己。

1. 舍己为人

按照坐标图所标的序号，第一种模式可以称为舍己为人，也就是有利于他人，但对自己却会带来一定的伤害。如发现有人抢劫，一个人愿意挺身而出与劫匪搏斗，这就属于一种舍己为人的行为。这种行为模式是每个人都值得学习的可贵品格。一个真正做到舍己为人的人，他的内心会感到更高的幸福感。同时拥有这种品格的人也更容易获得人生的成功。领导者要鼓励团队量力而行，不能勉为其难。

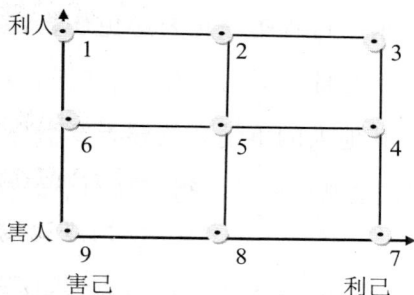

2.利人不害己

第二种行为模式可以称为利人不害己，领导者要让团队对这样的事情应该义无反顾地去做。如在公交车上为老弱者让座，为迷路的人指路等。这种举手之劳却能帮助到别人的事都属于利人不害己的事。然而事实上大部分人却经常在这类事上视而不见。当团队中的每个人都愿意力所能及地去帮助他人时，整个团队就会形成互助的良好氛围，在这样的团队中将获得更高的幸福感。

3.利人利己

如果有人问大家：有一件利人利己的事你会不会做，相信得到的答案都是愿意。每个人都认为利人利己的好事没有人不愿意做，但在现实生活中能够真正做到这一点的却非常少。举几个常见的例子：不在公共场所吸烟是不是对大家都好的一件事；随时保持微笑是不是无论对人对己都是一件好事；在企业中认真工作是不是对团队和个人都好的事？然而真正能够坚持做到的人却非常少。所以领导者要引导团队养成一种利人利己的意识和习惯，能够全力以赴地把利人利己的事做好。

4.利己不害人

对自己有利而又不损害他人的事情称为利己不害人，对这样的事要努力去做好。每个人都要有所追求才能更加的充实，这可以增进自己的幸福感。只是在追求的过程中一定要避免伤害到其他人。如在下班的时间去爬山锻炼一下身体，或者利用休息时间多看看书，这都是对自己好而又不会伤害其他人的事情。领导者要引导团队养成类似的一些良好习惯，这些习惯会帮助团队获得更高的幸福感。

5.中性事件

所谓中性事件就是对人对己都没有太大影响的事情。针对这类事情完全可以用很轻松的心态进行处理。如中餐到底要吃米饭还是喝粥，今天到底要穿什么颜色的衣服等类似的事情。这样的事无论是对自己还是别人都没有太大影响，完全可以根据个人的喜好去决定。

6.害己不利人

对自己有害，对别人而言没有什么影响。如一个人吃不吃早餐是个人的事情，但如果长期不吃肯定会伤害自己的身体。然而在调查中发现却有非常多的人没有养成吃早餐的好习惯。所以领导者要对团队做好引导，对于害己不利人的事情一定要避免去做。

7.利己害人

对自己有利但却会伤害到别人的事不能去做。一个自私自利而不顾他人感受的人不会受欢迎和尊重。同时习惯按这种模式做事的人一定会遭到别人的反对和阻碍，最后是害人害己。曾有媒体报道过一家食品企业为了打击竞争对手，故意造谣说对方的产品存在质量问题。这件事被其竞争对手了解后很快进行了报复性反击，结果造成两败俱伤的局面。

8.害人不利己

对自己没有什么影响，却会伤害别人的事情不能做。并且只要稍加分析就会发现，如果按照这样的模式去待人做事，即使当时看上去对自己没有影响，但被伤害的人在后续的时间里很容易找机会报复伤害的人。就像很多人很喜欢在团队中搬弄是非，这就是害人不利己的事情。一时的口舌之快，表面看上去当时对这个人好像没什么影响，但却很容易让他陷入恶劣的人际关系当中。

9.害人害己

从理性的角度每个人都不会做害人害己的事情，但在现实中却经常在犯这样的低级错误。还是以在公共场所抽烟为例，大家都知道抽烟对自己的身体不好，吸二手烟对身体更是不好。但在公共场所吸烟的情况却很常见。在工作中类似的事情也是司空见惯。每个人都知道在团队中做事不负责任对自己的发展不利，同时也会对团队造成损害，然而在工作中表现出尽职尽责的人却非常难能可贵。

通过上面的分析会发现平时很多习以为常的行为其实都存在认知的误区。用这个坐标图可以让团队很轻松地判断一件事情是否该做。正所谓害人终害己，利人也终利己。在以上的9种待人做事的思维模式中"利人利己、利人不害己、利己不害人"的三类事情都要鼓励团队尽力去做。同时对于舍己为人的精神在现实工作中并不能要求每个人都能达到这样无私的境界，但却可以引导团队量力而行。这样的精神值得在团队中学习提倡。一个人能够无私地帮助别人，即使对自己会有一时的伤害，但这也让人生变得更有意义。领导者需要在团队中特别强调坚持以不伤害他人为底线，用共赢的方式待人做事。

六、处理与环境关系的大智慧

领导者不能忽视环境对团队的影响，更要让团队对环境有正确的认识。通过一个小试验可以让我们更好地认识环境：准备两杯热水，在其中一杯水中扔进一颗石子，在另一杯水中扔进一颗糖，5分钟以后再来观察发生了什么变化。通过这个试验会发现扔进石子的那杯，水仍是水，石子仍是石子。而另一杯却变得水不再是水，糖也不再是糖，而是变成了一杯糖水。这个变化的过程其实已经把一个人和环境的关系做了非常形象的演绎。

在现实工作中大部分人都只是在不停地抱怨自己所处的环境，总认为自己所处的环境不好，以为外面会有自己向往的好环境。这样的认识造成很多人不断选择新的环境。所以在面试的时候经常可以看到很多人的工作简历中1年更换几次工作的情况，对每份工作都只是浅尝辄止。这样的情况会让一个人浪费很多时间却一事无成。反观那些能够坚持在一个企业中不断学习成长的人，最终更容易有所成就。这并不是说一个人不能调整自己所处的环境，而是要让团队正确地认识环境，不要太过轻易地频繁转换环境。

1.选择环境

每个人对自己所处的环境都在一定程度上有选择的能力和权利，所以对于环境首先面临的就是如何选择。就像一个人从学校毕业开始找工作时，可以选择留在家乡，也可以选择到其他城市发展。而如果选择到其他城市可以到珠三角，也可以去长三角，或者其他的城市。即使到了一个城市也并非只有一家公司可供选择。最终加入一个企业就是选择了自己所处的一个小环境。领导者要让团队学会在选择环境时都应该要慎重，尽最大努力选择到最适合自己的环境。但一旦选择了一个环境就应该尊重自己的选择，而不能轻言放弃。

2. 适应环境

虽然每个人对环境都拥有一定的选择能力和权利，但必须要认识到的是：其实这个世界不存在与自己想象中完全一致的环境。作为领导者必须要让团队意识到，无论选择加入哪家企业，都一定会面临一些问题。这个时候正确的做法就是要先努力去适应自己所处的环境。就像把石子和糖扔进一杯水一样，如果一个人像一块石子将无法融入企业中，既不能适应这个企业，企业也无法改变这个人。这样最终的结果要么是他会选择离开，要么就是被企业淘汰，又要回到重新选择环境的阶段。如果像一颗糖就会先尽量去适应企业的环境，想办法融入企业中去。

3. 影响环境

正如一颗糖一样，当一个人真正让自己开始融入整个企业中的时候，其实就会对整个企业的环境产生悄然的影响。每个人都是企业的一分子，每个人都会对自己的企业产生影响。每一个真正融入企业的人都会让企业发生一些改变。因为每个人都会把自己的观念和做事的习惯有意无意地带到企业当中，对整个企业的观念和做事习惯产生影响。所以企业中的每个人都应该对企业的现状承担一定的责任，因为都是企业的一分子。

4. 主导环境

如果向一杯水中不断投入糖块的时候，就会发现水会慢慢变得越来越甜，最后这杯水已不能再溶化所有糖块，结果糖块只是被浸湿而已。其实一个人融入企业之后，随着他能力的增强，职位的升迁，慢慢对企业的影响力也会变得越来越大。这种影响力达到一定的程度时，他就可以让整个企业朝自己想要的方向发生改变。就如一个人在刚加入一个企业时对企业的影响非常有限，但如果他成了这个企业的核心管理者，对这个企业的影响力就会起到主导性的作用。

5. 改变环境

如果把一杯水倒入一大堆糖块中，这杯水反而变得无足轻重。一个人对自己所在企业的影响力不断增大，通过运用自己对企业的影响力让企业朝着自己想要的方向不断作出改变。最终有一天会发现，自己想要的企业环境就变成了现实。就如一个企业的领导者希望团队成员之间能够有合作精神，能够相互支持。刚开始整个团队不一定能够做得很好，但只要领导者坚持引导，并不断做好宣导和榜样，最终一定可以帮助团队形成良好的合作精神。

6. 英雄造时势

大家都说时势造英雄，却忽视了英雄也可以造时势。这里的"时势"就是指做成一件事所需要的天时、地利、人和。不得不承认环境因素会对一个人产生重要的影响，但面对所处的环境也并不是束手无策。前文也专门论述过人与环境的关系，每个人都有一定的能力去选择环境，同时也会对所处环境产生一定的影响，甚至改变所处的环境。领导者要有计划地营造可以提升团队幸福感的环境。能否为团队营造一个幸福的环境也是评判一个领导者的重要标准。

第七章

建立自驱力管理系统

领导决定方向，管理决定效率。只有方向而没有好的管理企业目标会无法落地。每个人都会按自己的主观意识去思考和言行。领导者要打造一支幸福团队就必须让团队从"被动工作"变成"主动工作"。这需要领导者构建一套激发团队自驱力的管理系统。管理团队如果用传统监督控制的管人方式无法让团队从内心产生认同，这也注定不可能充分发挥团队的主动性。当一个团队主动性无法发挥时就很难有幸福感，同样也就无法充分发挥团队的潜力。而要真正发挥整个团队的主动性需要的是理人而不是管人。所谓的理人就是在充分了解团队成员"能、明、愿、忠"的情况下，让合适的人做合适的事，帮助他们通过自己的努力来实现"内享幸福，外创价值"的圆满人生。

《道德经》中说"人法地，地法天，天法道，道法自然"。这个世界的事物都有其客观运行规律，这些规律不会因为任何人的主观意识而改变。所以儒家思想有一个非常重要的内容就是"格物、致知"。其内涵就是要研究事物的本质，掌握其客观规律。经营企业如果违反事物的客观规律注定会以失败告终。管理就是理人管事，在管事的过程中必须遵循事物本身的规律，要始终坚持实事求是的精神。只有这样才能保证一个团队科学高效地完成各项工作，也才能帮助团队通过工作实现"内享幸福，外创价值"的人生追求。

一、理人过程中的四把钥匙

理人的目的是激励、支持和帮助团队成员通过自己的努力来实现"内享幸福，外创价值"的圆满人生。这需要管理团队首先在思想上从管人转变为理人，也就是要关注团队中每个人的状况。只有根据每个人的实际状况，让合适的人做合适的事才能充分发挥团队的潜力把工作做到更好。团队成员只有做适合自己的工作才能从中获得幸福感。在管理过程中要了解团队成员4个方面的状况。

1. 不明

首先要关注的是团队中的每个人是否明确自己的工作目标和每一项工作的具体要求。因为对一项工作的目标和具体要求不明确而产生的问题称为"不明"。一个人在团队中不明确自己的工作目标就很容易迷惘。在面试过程中会发现很多工作不开心而频繁离职的人，基本上都没有明确的工作目标。同时如果对一项工作的具体要求不明确就很容易出错。有一个小游戏可以很好地说明这个问题：给几个人各发一张A4纸，然后告诉他们："把纸对折3次。"结果会发现每个人折的方法都不一样，和原本想要的折法可能会完全不同。

在工作中类似的情况也司空见惯。在管理过程中如果没有把完成一项工作的具体要求沟通明白时，负责工作的人只会按照自己所理解的意思自行其是。对同样的一句话，不同的人会有不同的理解，当然就很难达到想要的结果。所以在管理过程中要指导团队的每个人掌握正确的沟通方式，尽量做到把每一项工作的目的和具体要求提前沟通清楚。这样整个团队的目标才更明确，工作要求也更清晰，团队在工作中才会更加主动。

2. 不能

在管理过程中还要关注团队中每个人的能力是不是能够胜任岗位的各项工作。一个人的能力达不到岗位工作的要求称为"不能"。如果管理者把一个人安排在一个完全不能胜任的工作岗位，不仅无法把工作做好，给团队造成损失，同时也会让他因为工作压力太大而没有工作乐趣。在管理团队时首先要了解一个人的能力状况，充分发挥每个人的专长。同时要有计划地持续培养提升团队的能力，让团队成员能够得到更好的成长和发展。

每个人在企业中都有自己想要实现的目标。团队成员通过把岗位工作做好来实现自己的目标。如果没有做好工作的能力，就很难把追求的目标变成现实。所以在管理过程中要根据不同岗位的要求建立能力模型。不同的岗位对一个人的专业技能、理论知识、自我概念、个性特质、行为动机都有不同的要求。只有建立科学的培训体系帮助团队不断成长才能更好地完成岗位工作。

3. 不愿

第三个方面是管理者要关注团队成员对完成一项工作的意愿如何。如果对一项工作没有意愿就很难把工作真正做好，也不能从工作中感受到快乐。团队中出现意愿不足的问题叫"不愿"。能力是一个人解决问题需要具备的知识、经验、技能等因素，而一个人的意愿却决定能力的发挥程度。如一个人原本有搬起100斤的能力，但他却可能连20斤也不愿意搬。同时意愿也是决定一个人在团队中是否有幸福感最关键的因素。一个人在工作中的自愿程度越高的时候，就越会乐在其中。相反即使是原本别人都认为是很有趣的事，当一个人没有意愿的时候也变成了苦差事。

在管理过程中管理者要时刻关注团队的意愿情况，经常了解团队的心态和情绪。首先要让整个团队对工作树立积极向上的正确观念，做好事前的预防。一旦发现有人在工作中出现意愿不强的情况，管理者就要及时给予沟通疏导，同时还要通过分析找到导致团队成员工作意愿不佳的具体原因。根据具体的问题作出合理的调整，只有建立一套科学、合理、系统的激励方法才能充分调动团队的积极性。

4. 不忠

最后管理者还要非常关注团队中每一个人对自己所负责的工作是否专注，对企业文化是否认同和坚持，是否具备良好的职业道德。这几个方面出现的问题称为"不忠"。一个人的忠诚度不仅对团队产生非常重大的影响，也是一个人能够取得成就的重要因素。只要稍加留意就会发现一个不争的事实：很多企业的重要岗位并不一定是能力特别强的人，而一定是对负责的工作和企业忠诚度高的人。同时所有在专业领域取得较大成就的人，几乎都是因为能够长期专注于岗位的相关工作。

在管理过程中要教会团队学会合理的忠诚。在这里之所以在"忠诚"前面加上"合理"两个字是要和"盲忠"做好区分。就像古代君王一样，不断宣扬天下臣民要对他无论对错都要绝对忠诚。这是不合理的要求，同时也是不可能真正实现的事情。因为任何欺骗性的言论都经不住时间的检验，时间一长所有人都会明白真相。真正的合理忠诚就是坚持"真、善、美"的原则。这要求企业的领导者和管理团队一定要有博爱的胸怀，真心为了团队成员好。把团队成员的幸福和企业的发展结为一体，团队成员在为企业付出的同时，其实也是在实现自己的人生追求。

5. 理人的三大法则

在管理过程中要关注团队每个人的"能、明、愿、忠"四个方面的状况。领导者要让管理者帮助团队成员通过自己的努力来实现"内享幸福，外创价值"的圆满人生。团队成员在工作中要始终坚持"真、善、美"的基本原则。管理者从团队成员对工作的"能、明、愿、忠"四个方面入手，不断提升他们在这四个方面的水平。这个过程就是理人的过程，也是指导、帮助一个人通过不断提升心性和能力来实现人生追求的过程。

只有让合适的人做合适的事，才能充分发挥团队成员的潜力。管理者在了解团队成员的"能、明、愿、忠"之后，要坚持三大理人法则。首先是要做到知人善任，让合适的人负责合适的岗位工作。然而很难有人刚好和岗位的要求完全匹配的情况。每个人的特长和兴趣爱好也会存在很大差异。所以管理者还要做好因材施教，不断提升团队的心性和能力。最终能够实现团队的综合能力和岗位的要求高度一致。只有做到人事合一，团队才能发挥最好的状态。

二、理人过程体现幸福文化

企业的理念只有融入具体的待人做事中才能发挥价值。领导者要打造幸福团队不能只是停留在口号上，这需要让管理团队在理人的过程中充分体现幸福的理念。理人的过程主要包括8个环节。

1.幸福规划

正所谓凡事预则立，不预则废。领导者要打造一支幸福团队，首先就要做好幸福团队的规划。在团队的工作环境、文化建设、团队成员的组建上都要以团队幸福作为基本导向。如对团队的工作环境要尽可能做到舒适、方便，让大家可以工作得更舒心。在团队成员的组成上要做到能力、个性、资源上的互补，能让大家形成最大的合力。

2.幸福招聘

在招聘新人加入团队时，要让每一个应聘者都能体验到一个快乐的应聘过程。如要求负责招聘的负责人在面试的过程中要充分尊重每个应聘者。一些条件好的企业甚至会为远道而来的应聘者提供应聘期间的吃住及车费报销等。一个充满轻松、快乐的招聘过程更容易吸引一些优秀人才加盟，同时能让来到企业面试的应聘者留下一个良好的印象。

3. 幸福入职

所有做过销售的人都有这样一个共识：给客人留下良好的第一印象非常重要！其实不仅仅是做销售，只要是与人交往第一印象都非常关键。一个好的开始是成功的一半。如何让新加入团队的成员在刚进入公司时有一个良好的开始，这也是领导者需要去思考的问题。海底捞在这方面做得非常细致。新入职人员的直接上司要为他做好一周的服务。在这一周里，他的直接上司要为其安排好宿舍，带他一起就餐，带他了解公司周边环境。因为新入职的人员在第一个星期不熟悉公司的情况，在这个阶段很容易选择中途离职。如果由他的直接上司在第一个星期给予无微不至的照顾，一个星期下来，这个管理者就变成了这个新人最信任的人。这也更有利于后续在工作中的沟通配合。

4. 幸福培训

培训是提升团队能力最重要的方式，然而也不能为了培训而培训。好的培训是既能提高团队的能力，同时能够充分调动团队学习的积极性，主动想要接受培训。要做到这一点就要求不仅关注培训的需求，同时也要注意培训的方式能够让团队很容易理解和接受。在培训的过程中要随时注意大家的情绪变化，充分调动大家的学习状态。可以通过在培训中巧妙的插入故事、游戏、音乐、舞蹈等内容，让培训变成一件快乐、有趣的事情。

5. 幸福激励

促使一个人做一件事情的动力主要有两个：一个是追求快乐，另一个是逃避痛苦。可以帮助一个人获得快乐的措施称为正面激励，让一个人为了逃避痛苦而行动的措施称为负面激励。负面激励让一个人不敢，正面的激励让一个人想要，只有更多的正面激励才能充分发挥一个人的主动性。领导者要让管理团队尽可能多用正面激励，少用负面激励。

6.幸福工作

幸福工作就是要尽可能让团队成员在工作中找到乐趣。管理过程中要让合适的人负责合适的工作，并为团队做好后勤服务工作，让团队可以专心把自己所负责的工作做好。就像做面条这样一件既辛苦又枯燥的工作，在海底捞却让这项工作变成了现场表演。让整个做面条的过程变得充满乐趣，并且给顾客也带去了快乐。还有一家餐饮企业通过让传菜员穿上溜冰鞋在餐桌中间轻快地溜来溜去，同样让原本无趣的工作变得充满乐趣。所以在设计工作时要充分考虑如何让原本枯燥的工作变得更加丰富多彩。

7.幸福晋升

在企业中要为每一个团队成员提供良好的发展空间，而职业生涯的升迁是发展的主要途径。公司要为团队打造多种晋升渠道，让每一个团队成员对未来的发展路径都非常清晰。在个人发展的过程中能够得到管理者及整个团队的全力支持，让升迁变成一个充实快乐的成长过程。要实现团队成员的幸福升迁需要做好3个方面的工作。

（1）顺畅的升迁渠道

在团队中要有明确的晋升渠道，为每一个团队成员指明方向。同时在实际工作过程中要保证升迁渠道的顺畅和公正，让那些真正有能力又表现优秀的团队成员得到更好的发展。

（2）做好升迁前的准备

管理者要做团队的教练，要发现团队成员存在的不足，并帮助他们不断成长。通过让每一个团队成员不断提升，最终达到升迁需要具备的条件。机会永远属于有准备的人，只有准备好的人才会得到更多的发展机会。

（3）升迁的全程辅导

中国有句古话叫："扶上马再送一程。"一个人在刚升迁到一个新的岗位时压力会很大，遇到的问题也是最多的时候。作为上司对刚得到升迁的团队成员做好前期的辅导工作是最好的支持，这也能让新升迁的人可以快速适应自己的工作。

8.幸福离职

正所谓天下没有不散的筵席。一个人加入一个团队并不代表就会永远留在团队中。但需要注意的是不要因为离职而变得像仇人一样。管理者要为每一个选择离开团队的人留下最后一段值得留恋的美好回忆。这需要注意做好3个方面的工作。

（1）尊重离职者

无论是加入还是离开，这是每一个人自己的选择。即使不希望有人离开自己的团队，但也不可避免。无论什么原因，只要有人选择离开的时候，要学会尊重每一个人的选择。在一个团队成员提出离职的时候，管理者可以和他深入地交流想要离开的真实原因。管理者可以根据他所提到的理由给予适当的挽留和沟通，但最后都要尊重他自己的选择。这样不仅可以让团队获得一些宝贵的意见和经验，即使最终选择离职的人也有更好的感受。

（2）欢送离职者

当一个人在离开企业的时候，管理者要像欢迎他加入团队时一样欢送他。不要在离职的过程中有意给离职人员设置一些阻碍，同时也不要因为他要离职而有失尊重。在离职者离开的最后一刻，作为管理者要感谢他对团队作出的贡献，让整个团队欢送其开心地离开。其实这个世界很小，一个人暂时的离开并不代表永远离开，更甚至有可能会成为公司的客户或未来重要的合作伙伴。当一个人能够在一个企业中拥有快乐的记忆，至少都会成为企业最忠实的传播者。

（3）离职者管理

对已经离开的团队成员进行合理的管理不仅能让离职者获得更多感动和快乐，也将成为企业的巨大财富。在德胜洋楼公司有"吃一年苦"工程，就是让离职者可以离职一年出去体验，体验后如果想回到公司可以提出申请。往往离开公司出去体验后再回到公司的人对公司会有更高的忠诚度，工作也会更加的专注和快乐。所以每个公司都有必要与所有离职者建立长期的联系。这会让一些优秀的离职人员重新回到公司，同时在企业中能够形成一种让人感觉温暖的优秀文化。

三、让合适的人做合适的事

只有一个自动自发的团队才有更高的幸福感。领导者要让管理者充分发挥团队成员的主动性，这需要管理团队能够做到知人善任，让合适的人负责合适的工作。所以管理团队要掌握一套能够充分了解团队成熟度的有效工具。

1.做好团队状况的测评

管理者理人首先要以团队着眼，也就是要站在整个团队的高度去分析团队的实际状况。这可以帮助管理者掌握整个团队的成熟度，为理人的工作明确方向。但仅仅有方向还不行，还必须了解团队中每一个人的具体状况如何，离想要的目标有多大的差距。管理者要清晰地了解整个团队的状况可以运用"团队成熟度坐标图"的工具来做分析。

团队成熟度坐标图

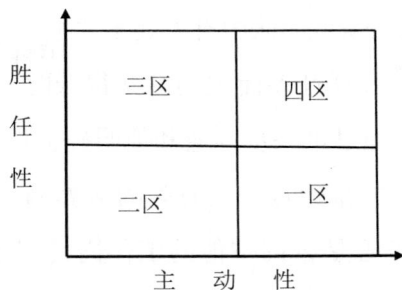

备注说明：

a.胜任性包括一个人是否具备一个岗位所需要的能力和对岗位工作的具体要求是否非常清楚。非常胜任为5分，胜任为4分，基本胜任为3分，不胜任为2分，完全不胜任为1分。

b.主动性是指一个人对一个岗位工作的意愿和忠诚度情况。非常主动为5分，主动为4分，比较主动为3分，不主动为2分，完全被动为1分。

（1）明确团队成员的状态

管理者要把自己直接负责管理的每个团队成员的胜任性和主动性进行评分，根据评分把他们分别标示在坐标图对应的位置。坐标主要分为四个区，通过分析团队成员在四个区的分布情况就可以看到一个团队的整体状况。

一区代表：主动性高—胜任性差

处在这个区域的团队成员一般是刚加入的新人或刚被调到新岗位的人员。这部分团队成员急需得到系统的培训来提升能力。在这个区间的团队成员数量一般不能超过整个团队的20%。如果一个团队不能胜任工作的人员比例太大就会极大地影响整个团队的正常工作。管理者要对处于这个区间的团队成员做好培训指导工作。

二区代表：主动性低—胜任性差

作为管理者要极力避免团队中有人处于"主动性低—胜任性差"的区域。如果一个人的胜任性差而主动性又很低时，就需要及时与他沟通调整。管理者可以通过进一步沟通和他明确工作的范围及具体要求，同时做好激励措施。如果通过一段时间的培养调整仍无法帮助他走出这种状态，就需要考虑是否调整他的工作岗位或让他选择离开团队。因为一个人长时间用这种状态在团队中工作，不仅会对整个团队造成很大的伤害，对他自己的成长发展也非常不利。

三区代表：主动性低—胜任性好

处于这个区域的团队成员一般都是属于具有一定专长的人，这类专业人才很容易出现自恃能力强而不愿服从管理的情况。管理者对这部分团队成员在工作中要多让他们参与，并帮助他们认识到自身的状态。对于极少部分不愿作出调整的人，管理者要避免把重要的工作交给他负责。因为这样的人虽然有较强的能力，但却不能有效地在团队中发挥正面作用，相反却很容易给团队带来极为负面的影响。

四区代表：主动性高—胜任性好

每一个管理者梦寐以求的就是整个团队都处于这个区域。因为在这个区域的团队成员根本不需要管理者花费太多精力，每个人都能够主动把自己负责的工作做好。作为管理者只需要为他们明确目标，充分授权让他们去开展工作就好。这就是管理者在理人时追求的最高境界，也就是无为而治。一个自动自发的团队就是每个人都能进入这个区域。

（2）描述团队的整体状况

通过把团队中每个人的状况标示到团队成熟度坐标图中，再统计每一个区域的人员数量及所占团队的比例，就可以看到团队的整体状态。

根据这种状态，管理者要找出团队存在的主要问题。到底是能力不够，还是沟通不明，或者是意愿不足，又或者是忠诚度出现了问题等。当管理者明确了整个团队存在的主要问题后，也就为整个团队的理人工作指明了方向。

（3）拟订团队提升计划

当管理者通过分析团队状况坐标图找到团队存在的主要问题后，就需要拟订明确的团队提升计划。如发现整个团队胜任性状况较差，这就需要对团队增加有效的培训和工作沟通。如果发现是整个团队的主动性不足的问题，就要进一步找到出现这种状况的根本原因是什么。是因为不认同公司的文化理念，还是没有工作动力，或者仅仅是因为还没有养成习惯。针对团队实际存在的不足拟定帮助团队提升的可行性方案。

2.直属团队的个人测评

管理者理人首先要从整个团队着眼，但要改变团队的状况却需要从个人入手。很多人可能会提出这样一个疑问：如果是一个上百人，甚至上千人的企业，怎么可能从每一个人入手。但只要稍作分析就会发现，其实一个管理者真正直接负责的人员一般都不超过10个人，不然在管理的设计上就不科学。所以每个管理者真正需要关注的就是自己直属的几个人。管理者能够让这几个人做到"能、明、愿、忠"的话，一个卓越的团队就初步形成了。而要实现这样的一个目标需要做好持续培养提升的过程。在这个过程中管理者要准确地把握自己直接管理的团队成员状况，针对他们的状况可以运用一些有效的工具作出准确的判断。

（1）个人状况描述

管理者要做好具体的理人工作，首先要准确把握直属团队每个人的状况。从"能、明、愿、忠"四个方面分析一个人的成熟度。管理者要根据一个人所负责的岗位工作去评估他在这四个方面的状况，并且要把团队中每个人在"能、明、愿、忠"的实际表现定期用文字的形式进行总结描述。

（2）明确个人坐标定位

根据管理者对直属团队成员"能、明、愿、忠"的状况描述，就能在团队成熟度坐标图中找到他所在的位置。通过明确一个人的成熟度坐标后，他所处的坐标区域存在什么问题就变得一目了然。这也为管理者帮助他成长指明了方向和评估工具。同时通过比较一个人坐标位置的变化曲线就可以了解到他的成长趋势。

（3）拟订个人提升计划

在明确团队成员存在的不足后，管理者要针对这个人的情况拟订可行的个人提升计划。如果通过分析发现一个团队成员存在能力不足的状况，管理者就要有具体的培训指导计划来帮助他提升能力；如果是他的工作意愿不够，管理者就要找到提升他意愿的方法。管理者通过把团队成员个人提升计划落实到工作中去，并不断检视培养的效果。当团队中每个人的胜任性和主动性都得到不断提升时，整个团队就得到了成长。

3.建立团队个人档案

为了帮助管理者全面地了解一个团队成员的情况，需要对团队中的每一个人建立一份个人档案。通过这份档案可以帮助管理者随时了解每一个团队成员的成长背景、个性特质、工作经历、学习培训经历、人生的目标、个人兴趣爱好、生日、家庭情况等。当管理者了解了这些基本情况后，才能对团队情况拥有更全面准确的认识。这也能够让管理者真正帮助团队成员实现"内享幸福，外创价值"的圆满人生！胖东来公司为了让管理团队真正关注团队的状况，一个主管对团队中每个人的了解情况作为重要的考核内容。如果主管对团队成员的基本情况不了解，考核的分数就会受到影响。

四、管事要坚持的基本法则

在企业中经常会听到有人讲"对事不对人"，而在现实工作中每件事却都与人有关。所以在管理过程中要正确地理解"对事不对人"的真正含义。所谓的"对事不对人"并不是不管与这件事相关人的感受，而是在坚持事实和规律的基础上充分尊重每一个人。在管事的过程中也只有充分考虑相关人员的感受才能避免"感情用事"。领导者要让管理团队在管事的过程中坚持求真的精神。只有一个团队可以更加理性地对待工作时，才能减少出现违反事物规律的情况。管理过程中坚持管事"对事不对人"需要做好以下5个方面。

1.遵循事物客观规律

一个团队要做好各项具体的工作，首先要遵循事物的客观规律。违背事物的客观规律无法真正把工作做好。所以管理者要根据事物的规律来明确处理一项工作的科学方法，并把一些证明行之有效的方法转变成流程制度。团队中的每个人在处理同样一项工作时都要按流程制度规定的统一方法进行。在德胜洋楼，甚至做到任何一项做过的工作都能查找到工作记录和总结。只要做过一次，在下一次再遇到同样的事情时就能找到指导完成工作的详细依据。通过这样的不断沉淀才能帮助整个团队把各项工作做得更好，同时也才能让整个团队获得不断成长。

2.坚持持续不断的创新

过去有效的方法到现在变得不一定有效。同时一个人认识这个世界也是一个循序渐进的过程，通过不断研究就可以找到比现在更好的方法。所以管理者在管事的时候要有不断创新的意识，不断探索比现在更适合、更科学、更高效的新方法。固化守旧并不代表符合规律，只有与时俱进才是坚持实事求是的真正精髓。

3.选择尊重理解的方式

一个方法无论多么符合事实规律都需要有人去运用才有价值。而管理者要让团队成员积极主动地按流程制度规定的方法开展工作，就需要充分考虑人的主观意识。一套方法能让整个团队容易接受的基本原则就是要让人感受到被尊重理解。如一个人在工作中做错了一件事，如果管理者走过去当众责骂他，他就很难接受。但如果管理者单独找到他，不带负面情绪地和他一起分析为什么会做错，并帮他找到避免以后出现同样问题的方法，这样就能让人把关注焦点放到如何做好事情上。

4.坚持一视同仁的态度

在管理过程中要做到对事不对人，要特别强调的是对待团队的每一个人都要做到一视同仁，也就是处理同一件事的时候无论是谁都要遵守同样的流程制度。不同的人把一件事做好得到的奖励和把一件事做错受到的惩戒都一样，而不能因人而异。这样才能在整个团队中形成公平、公正的氛围，也才能最大化避免个人情绪对正常工作造成干扰。

5.做到有据可依的执行

事物都有其客观规律，在工作中要把这些规律通过流程制度的方式明确下来。通过流程制度可以让团队中的每一项工作都尽量做到有据可依。当团队成员需要处理一项工作时只需要按照相应的流程制度去开展就好了。也只有当一项工作有据可依时，才能真正实现对事不对人。不然不同的人处理同一项工作时一定会出现不同的方法，得到的结果也会千差万别，而要做到对事不对人也就很难。没有流程制度时，管理者就成了流程制度，这就无法避免因人而异。有了流程制度后，流程制度就是管理者，让一项工作能够科学、可控、有序、高效地开展。

五、用制度系统管事的技巧

团队是一个分工合作的整体，每个人都要在团队中分担一定的工作。一支幸福团队要以科学、高效地完成各项工作为基础。只有把工作用心做好才能实现"内享幸福，外创价值"的追求。在团队中要做好各个岗位的工作就离不开科学合理的流程制度。通过流程制度帮助团队在合适的时间，合适的地点，用合适的方法把工作做好。流程制度就是为了帮助整个团队更快、更好地做好各项工作。只有整个团队能够得到良好发展时，才能帮助团队成员实现"内享幸福，外创价值"的圆满人生。所以要打造一支幸福团队需要有科学、合理、系统的流程制度体系。

1.制度把个人智慧变成团队智慧

在团队中如果一个人有一个好的创意或是有处理一项工作的好方法，只有把这个创意或方法转化为整个团队每个人都掌握的技能才能发挥更大的价值。能够不断把团队中的个人智慧转变成团队智慧才能推动整个团队得到更好的成长。流程制度是把个人智慧变成团队智慧最有效的方法。管理者要推动团队中的个人智慧有效转化为团队智慧需要重视3个方面的工作。

（1）做好原始记录

任何一个岗位，任何一项工作，只要做过一次就要有原始记录。也就是把做这项工作的开展情况做好记录，并把出现的问题和改善的方法进行总结。有了这些记录，当再出现类似的工作需要处理时就可以找到参考的依据。

（2）形成培训课程

一些对团队产生重要影响的工作，要把处理这些工作的方法整理成系统的培训课程。通过有计划地对团队中的相关人员进行培训，让他们可以快速地掌握处理这些工作的方法。

（3）拟定制度规范

一些经常需要处理的工作，并已经找到成熟的处理方法时，管理者就需要把这些方法变成明确的制度规范。有了流程制度作为保障，当团队中的任何一个人需要处理这项工作时都有了依据。只要按照流程制度所规定的要求开展工作，就可以帮助团队达成想要的工作结果。

2.制度的基本目的

没有规矩不成方圆，一个团队要科学、合理、高效地开展各项工作就离不开流程制度。然而当提到"流程制度"时，大部分人的第一感觉都并不愉快。这需要管理者让团队对流程制度的本质有正确的认识才能改变这样的情绪。一项好的流程制度绝不是为了给团队的工作设置障碍，相反流程制度是为了帮助团队更快、更好地完成工作。只有当团队能够正确认识理解流程制度的本质时，在用流程制度管事的过程中才能避免负面情绪的影响，团队才会有主动性。当整个团队对待流程制度的态度越客观和理性，才会越愿意按流程制度的要求开展工作。

（1）明确团队的目标权责

制度的第一个目的在于帮助团队明确目标和实现目标进行分工合作的职责权限。团队的最大价值就在于通过分工合作可以更快、更好地实现共同目标。通过制度明确每个部门及岗位为实现共同目标需要承担的职责，从而明确了一个人要负责一个岗位需要完成的各项工作。当一个人具备完成一个岗位的各项工作在"能、明、愿、忠"四个方面的要求时，他就是最适合这个岗位的人。所以通过制度明确了团队的目标权责就为管理者理人提供了具体的方向和要求。

（2）总结工作的经验教训

一项好的流程制度必然是对工作经验教训的总结。事物都有其自身的规律，只有遵循规律才能把工作做好。流程制度是为实现团队目标提供有效方法的工具。管事需要让团队掌握处理相关工作的科学方法，而不能盲目地蛮干。科学合理的流程制度就是对做好工作的经验教训的总结。流程制度可以帮助团队快速提升能力，是团队高效完成工作的重要保障。

（3）发扬人性的善良美德

管理者理人的关键在于发扬人性的善良美德，引导每一个人都能够以高尚的品德自我要求，在工作中实现自动自发。这个过程离不开科学合理的流程制度，通过流程制度来引导和传承团队的善良美德，最终沉淀为企业的核心文化。一个企业的流程制度要能帮助团队发扬人性的善良美德，通过流程制度要建立"好人有好报"的优秀机制。让团队中能够坚持为企业和他人创造价值的人得到好的回报，同样要让做坏事的人得到教育惩戒。

3.建立制度系统

中国有句古话说："麻雀虽小五脏俱全。"企业在流程制度的问题上首先面临的就是流程制度体系是否健全，是否缺少一些必要的流程制度。一个企业的流程制度不健全的问题称为"不全"。领导者和管理团队要解决流程制度"不全"的问题，首先要对健全的流程制度体系有一个清晰的认识。根据对完成一项工作的具体要求和标准是否有明确的规定，可以把制度分为例行制度和临时措施两大类。企业发展得越成熟，制度体系越健全，例行制度的比例就越大，临时措施的比例就会不断减少。

（1）例行制度

例行制度就是处理一项工作的职责权限、流程、要求及表单工具的明确规定，每个人都可以按这些规定来处理工作。有例行制度的工作，团队成员只需要严格按照流程制度的各项要求展开就能把工作做好。企业中的例行制度主要可以归结为经营手册、管理手册、运营手册三大体系。

经营手册是对企业发展战略、商业模式、组织机制、目标分解、实施策略、执行计划、资源配置等经营性制度的汇总。通过经营手册可以帮助团队明确工作的目标方向及落地方案。

管理手册是企业团队日常管理规范的汇总，它的根本目的在于发扬团队人性的善良美德，并要把这种正面美德打造成企业的核心文化。管理手册主要包括企业文化、行为标准、人事管理、行政管理、后勤管理、福利管理等。

运营手册是保证各项工作能够达成目标要求的文件汇总，它对影响工作质量的过程和相关因素进行描述，并规定工作过程中对重要环节进行有效控制的各项要求。运营手册的根本目的在于总结团队工作的经验教训，帮助团队科学高效地处理各项具体工作。

（2）临时措施

另外，对一些例行制度执行过程中出现的异常情况或临时出现一些需要处理的工作。这类工作事先没有明确规定如何处理的具体方法。在处理这些工作时，更多地需要通过计划、通知、会议、指示、授权的方式临时决定处理的方法。计划、通知、会议、指示、授权就是团队在处理异常情况和一些临时工作的依据，这些方法称为临时措施。这些临时措施通过执行后就要进行总结分析并为后续的工作提供指导的依据。管理者对一些经过尝试有效的临时措施要转化为例行制度的内容。

4.重视制度建设

通过分析就会发现，一个企业中出现的工作主要分为两类：一类是会重复发生的工作，另一类是不会重复出现的工作。对于会重复发生的工作就需要形成例行的制度规范，对于不会重复出现的偶发性工作主要通过临时措施进行处理。任何一项工作只要处理过一次就要形成处理类似工作的经验和对策，这就是团队的知识沉淀。领导者和管理团队要非常重视流程制度体系的建设，通过流程制度工具来帮助团队科学、高效地完成各项工作。在流程制度体系的具体建设过程中要注意4个方面的问题。

（1）制度"不全"

制度"不全"也就是流程制度体系不健全，工作中缺少一些必需的流程制度。就像一些企业刚成立时只有两三个人，有事大家一起做，遇到问题大家一起想办法。这个时候没有太多的流程制度可言，也不需要太多的条条框框。但随着企业发展到几十人的规模时，如果还没有做好合理分工、过程管理、日常纪律等基本要求，整个企业就很难正常运转。领导者和管理团队要根据企业的发展阶段和实际需要不断完善流程制度体系，从而帮助整个团队科学高效地完成各项工作。

（2）制度"不符"

流程制度有了，但相关的内容与实际工作情况不符合或通过流程制度管事的实际效果不佳，这就是制度"不符"。就像在北上广深这些大城市，每个路口都需要安装红绿灯，所有人员和车辆都要遵守红灯停、绿灯行的规定。但如果是到了车辆稀少的一些偏远乡村也装红绿灯就显得没有必要。所以流程制度不仅需要健全，同时还需要符合实际的工作情况。当一项流程制度在执行过程中发现与实际情况不符时，就需要对原有流程制度进行调整或拟定新的流程制度。

（3）制度"不知"

制度"不知"就是流程制度制定以后由于缺少必要的宣导，没有把流程制度的相关内容有效传达给团队的相关人员，很多人还不清楚流程制度的具体内容。如果团队成员都不知道一项流程制度的内容，就不可能按规定的流程和要求开展工作。中国有句俗话说"不知者无罪"，对不清楚流程制度的人进行惩罚很难让人信服。即使再好的流程制度如果不能通过有效的措施保证让团队相关成员都知道具体内容也会形同虚设。

（4）制度"不用"

一项科学合理的流程制度没有得到有效执行，在实际工作中没有按规定的流程、要求和工具去开展工作称为制度的"不用"。就像很多服务型企业都会规定团队在面对客人时要保持微笑。就这样一个简单的要求，在实际执行中真正做到的企业凤毛麟角。再好的流程制度也只有真正得到执行才有价值。领导者和管理团队要推动每一项流程制度都能在实际工作中得到执行落地。

5.制度与团队成长的关系

企业的流程制度是否健全及是否符合实际工作的需要称为制度的精细化。当企业的流程制度的精细化程度越高就意味着制度体系越健全和科学。各项流程制度的内容是否有效地传达给团队相关成员及团队在实际工作过程中对流程制度的执行情况归结为制度的普及化。当整个团队对一项流程制度越了解，越严格按流程制度的规定开展工作，就证明这项制度的普及化越高。企业在不同阶段对制度体系的精细化和普及化要求会不一样。正所谓最合适的才是最好的。制度体系的精细化和普及化要与一个团队的发展阶段实现最佳匹配时才能发挥最大的价值。领导者要让制度体系的精细化相对普及化略微超前，这样才能推动整个制度体系不断提升。

制度体系的发展和团队的成熟度息息相关。企业的团队从初创到成长，再到成熟，制度体系也需要越来越健全和成熟。当企业的团队成员、制度体系、内外环境之间实现最佳匹配时团队才能高效完成各项工作。领导者要知道企业的制度体系不是越精细化越好。制度体系如果脱离整个企业和团队的发展阶段反而会变成一种障碍。一套健全、科学、合理的流程制度，将让一群平凡的人作出伟大的成绩，能够帮助团队成员实现"内享幸福，外创价值"的圆满人生。

6.制度的火炉原则

流程制度不管多么科学、完善，如果不能有效执行就不能发挥作用。管理者在用制度管事的过程中要遵循火炉原则。

（1）温暖性

人们用火炉的目的是为了在冬天取暖，火炉可以带来温暖。同样制度体系的目的绝对不是为了惩罚和约束一个团队，而是帮助团队做好工作的工具。从这个角度来说企业的制度体系和火炉一样，出发点都是为了让人更好。只要团队遵守制度体系的要求就可以科学高效地完成各项工作。制度体系的三个根本目的在于：帮助团队明确目标的职责权限，总结各项工作的经验教训，发扬人性的善良美德。只有能帮助整个团队更快、更好地达成目标才是适合的流程制度。

（2）公开性

火炉的第二个特点是每个人都可以看到火炉的存在，也可以看到火炉中的炭火。这也是流程制度在执行过程中需要做到的要求。每一项流程制度的内容都要让相关团队成员提前知道。只有让团队的相关人员都了解流程制度的具体要求及相应的奖惩，才可以提前预防有人会违反。流程制度是要帮助团队在工作中少犯错，而不是为了给团队的工作制造障碍。

（3）必然性

只要有人敢摸火炉就一定会被烫，不摸就一定不会被烫，这个结果没有例外。一项流程制度要求的行为和得到结果的必然性越高时，越容易得到执行。如果团队严格按流程制度开展工作就一定可以得到好的结果，一旦不按流程制度执行就一定会受到相应的惩戒，这样就没有人会轻易违反。为什么国家法律对犯罪行为都有惩罚，但还是有人敢以身试法？原因就在于并不是每个犯罪的人都必然会被抓到，这就会让一些心存侥幸的人铤而走险。

（4）及时性

当有人摸到火炉的时候会立即感觉到疼痛，而不是半小时或更长时间后才有感觉。根据科学研究发现，一个行为和得到的结果间隔的时间越短时，对一个人的影响力就会越大。现在社会上普遍认为年轻人工作缺少责任心，工作不认真，然而在很多方面他们却表现出超常的认真和责任心。曾有一个年轻人去一家企业面试工作。他竟然问了这样一个奇怪的问题："如果我工作1个月辞职能不能结到工资呢？"通过了解才知道，他是因为玩游戏把钱花光了才想出来工作。工作1个月后希望能结算工资继续去玩游戏。虽然玩游戏不值得提倡，但却从中能够让领导者和管理团队得到很大的启示。正是游戏的趣味和及时反馈让很多年轻人痴迷。

（5）公正性

不管是谁摸了火炉都会被烫，这是火炉的第五个特征，称为公正性。企业的流程制度要得到很好的执行同样离不开公正性。很多企业的流程制度之所以无法得到执行，就是因为领导者和管理团队自身没有做好榜样。如公司规定每个人都要按时上下班，结果是公司管理人员经常迟到早退，也没有对违反考勤规定的管理人员做相应的惩戒。如果管理者自己没有做好执行流程制度的榜样，再去要求团队的其他人要遵守就会比较困难。

7.情、理、法的合理运用

（1）情、理、法的形成制度

在拟定任何一项流程制度的时候都要考虑规定的内容是否合情、合理、合法。在制定流程制度时要遵循合情、合理、合法的基本原则。

合情要求一项流程制度首先要考虑人的感受。流程制度要发扬人性的善良美德，让人从情感上能够接受认同制度的规定。如果一项流程制度的内容让大家都很抵触，想要得到执行的阻力就会很大。

合理是指流程制度要结合实际情况，符合事物的科学规律。流程制度是为了帮助团队更快、更好地达成目标。如果一项流程制度不合理将无法取得理想的结果，即使得到执行也没有价值。

合法就是要把合情、合理的一些要求转变成工作的流程制度，同时流程制度不能违反国家的相关法律。在制定流程制度时领导者和管理团队要坚持做到民主、公开、透明，让团队的每个人都有表达自己意见的机会，这样形成的流程制度才能得到高效执行。

（2）情、理、法的沟通制度

一项流程制度最终形成以后就要把具体的内容有效地与团队的相关

成员进行沟通，让团队成员可以对流程制度有正确的认知和理解。在向团队说明制度时要按三个基本步骤展开。

首先是"谈感情"。一项流程制度在向团队做说明时首先要尽可能让整个团队在情感上能接受规定的内容。只有先让团队抛弃个人情绪，才能更客观地认识流程制度。管理者要向团队说明流程制度的目的和价值，所有流程制度都是为了帮助团队实现"内享幸福，外创价值"的人生追求。

"讲道理"是指一项流程制度在情感上得到大家认同后，还需要向整个团队讲明道理，也就是制定这项流程制度有什么样的科学依据。如果一项流程制度只是通过拍脑袋来制定，这注定不会得到很好的执行。其实每个人都愿意讲道理，一项流程制度如果制定得很合理，只要向团队说明就能够得到大家的认同。

"说制度"就是对流程制度的规定进行讲解说明。这要在情感上接受、道理上认同的基础上，再去讲解流程制度的具体内容。这个时候大家才会把焦点真正放到流程制度本身上，才能取得最好的效果。只要团队愿意主动去了解和掌握流程制度的规定，就会预防执行过程中的很多问题。

（3）法、理、情的执行制度

一项流程制度一旦制定好，同时又已经把流程制度的内容对团队做好了讲解说明，接下来的重点就是如何具体落实了。在流程制度执行的过程中要做到合法、合理、合情。

合法是要求一项流程制度只要形成就要做到"有法必依，违法必究"。无论谁，无论是什么原因，都要严格按流程制度开展相关工作，只要违反流程制度的相关规定就要按要求进行处理。

合理是指对违反流程制度的情况做处理时要充分尊重当事人。管理者要提前和当事人"讲清事实，讲明道理"。让当事人能够真正理解管理者按流程制度执行的依据，是对事而不是对人。

合情要求在执行流程制度时做到"制度无情人有情"。领导者让管理团队要做到合情并不是指可以违反流程制度，而是在执行流程制度的方式上要尊重当事人。同时可以在不违反流程制度的前提下给予灵活的处理，要让大家从情感上都能接受。如一个公司元老因为能力已经跟不上公司的发展要求，在工作中又出现了重大失误，按公司的制度规定应该做辞退处理。这个时候要做到"合情"就需要在辞退他的同时为他做好以后的一些安排，如可以帮他在其他公司找到适合他的岗位或支持他发展自己的事业成为公司的供应商等。

8.形成制度的生命机制

流程制度都由人制定出来，也是由人在负责执行。领导者和管理团队只有正视这个问题，才能更好地发挥流程制度的作用。这需要赋予流程制度本身生命力，也就是流程制度一旦形成就要能相对独立地运行和更新，避免在执行过程中走偏。一旦形成一项制度，就算是制度的制定者，就算是公司的最高领导者也必须按流程制度执行，而不能随意更改和废止。这需要形成一套科学的机制来保障一项流程制度的执行和调整都符合科学、公平、公正的原则，这就是流程制度的生命机制。让流程制度本身具备生命需要注意以下几个方面。

（1）过程透明

流程制度的制定、执行、修订或废止都要做到过程透明，让每一个与流程制度相关的人都有参与的平等机会。只有过程透明才能最大限度地保障流程制度的科学合理，这也就是流程制度的过程公平。

（2）内容合理

流程制度的制定要做到内容合理。内容合理包含两个方面，首先是要求流程制度的内容要符合科学规律，同时流程制度不能对相关者有人为的偏见。只有一项内容合理的流程制度才能得到长期有效的执行，推动企业实现健康发展。

（3）结果公开

流程制度的执行结果要对外公开，接受所有人的监督。这样才能避免流程制度执行不公平的情况发生，同时这也有利于及时发现流程制度存在的不足，可以对流程制度中存在的缺陷作出及时的调整。

（4）合理调节

以"人本恶"的理念来制定制度，以"人本善"的理念来做好执行。也就是在流程制度的制定过程中要把所有可能出现的问题都要尽量考虑到并做好预防。而在流程制度的具体执行过程中，要充分尊重理解每一个人的实际情况。在严格执行流程制度的同时要对明显不合理的结果做一些事后补救和调节的措施，真正让流程制度起到扬善惩恶的作用。

9.把幸福理念融于制度

制度体系是管事的工具，也是企业文化的重要组成部分和体现。打造一支幸福团队需要形成积极向上的企业文化。所以领导者和管理团队要把幸福的基因融入流程制度的每一个细胞。每一项流程制度都要以让团队实现"内享幸福，外创价值"为导向。以最容易影响团队情绪的惩罚制度为例，如果从考虑团队感受的角度就可以形成全新的方式。如有公司把原本的惩罚制度调整为"乐捐制度"。当有人违反流程制度以后把原本的罚款变成按规定作出捐献。当捐献的钱积累到一定的金额后就可以组织大家搞活动或用乐捐的钱去帮助一些需要帮助的人。这样既让违反流程制度的人吸取了教训，同时又不会让他感觉很不开心。领导者和管理团队要增强团队成员的幸福感就要重视大家对流程制度的感受。

（1）离职率考核

为了促使管理者真正重视团队的满意度，形成上级服务下级的服务意识，领导者要把一个团队保持合理的离职率作为管理者的重要考核指标。有研究证明一个人离开一个团队70%与直接上司有关。无论是什么原因引起离职，但归根结底就是一个人在团队中感觉不快乐才会选择离开。所以离职率高的团队一定是幸福感低的团队。企业要降低离职率的根本方法就是要帮助团队提升幸福感。

（2）团队成长考核

团队成长是实现"内享幸福，外创价值"的基本保障。一个幸福的团队要形成一套合理的职业发展道路，管理者要帮助团队成员不断获得职业发展。海底捞的做法非常值得借鉴，那就是把一个管理者培养了多少优秀的下属作为晋升的重要依据。如一个店长要升为小区经理要看他培养了多少个店长，只有培养合格店长的人数达到标准才能升为小区经理。通过这样的机制才能让每个管理者拥有培养下属的动力，并帮助管理者形成培养下属的习惯。管理者帮助团队获得成长就是对团队最大的爱。在一个可以获得快速成长和发展的团队中工作才能帮助团队成员更好地实现人生目标。

（3）健全投诉渠道

当一个人的不满没有正常的渠道反馈和释放的时候，最容易让人感觉不开心。要打造一支幸福的团队就需要建立合理的投诉渠道，让整个团队的意见或不满能够很轻松地得到反馈和释放。如现在很多公司都专门设立了意见箱、上诉制度等，让每一个团队成员都能通过正常的渠道反馈自己的意见。这也有利于促使各层级的管理者保证公平、公正地处理问题。只有一个相对公平、公正的企业环境才能让整个团队获得更高的幸福感。

六、用好工具才能事半功倍

团队是为了一个共同的目标进行分工合作的整体，每一个团队成员都要负责完成团队中的一些工作，每一个人都应该是这个团队不可缺少的组成部分。只有整个团队分工明确，每一个团队成员都能高效地完成自己所负责的岗位工作，才能实现团队的共同目标。一个无法达成目标的企业很难帮助团队实现"内享幸福，外创价值"的人生追求，帮助团队成员提升幸福感也就变成了口号。所以领导者要让管理团队帮助整个团队实现高效工作，从而获得更高的绩效，才能更好地让团队实现"内享幸福，外创价值"的圆满人生。这需要管理者运用一些科学的工具来管好企业中需要完成的工作。让各项工作可以科学、高效地完成是创建幸福团队的重要基础。

1.明确岗位职责

管理者要管好企业中的各项工作，首先就需要把企业的各项工作明确分解到各个岗位，从而形成每个岗位的岗位职责。用"一个萝卜一个坑"来形容非常恰当。就是要让企业的每一项工作都有具体的岗位负责，每一个岗位都有明确的工作，有明确的负责人。

2.做好工作排程

当明确了每个岗位的具体职责以后，管理者还需要让每一个岗位的负责人对自己每天、每周、每月的工作做好一个排程。也就是每一项工作到底在什么时间要去完成。通过工作排程可以解决两个问题。

（1）避免遗忘

通过工作排程让团队成员每天都知道有哪些事情需要处理。每天只要看一眼工作排程表就不会把需要完成的工作遗忘。

（2）提高效率

通过排程让团队成员明确每个时间段的具体工作，这会让每天的工作变得简单有序。让团队不用每天花大量的时间思考自己该做什么，也不用因为犹豫不决而浪费时间。同时，因为每天不断地做一项工作可以熟能生巧。所以工作排程将极大地提高团队的工作效率。

3. 做好工作计划

前文讲了工作排程是可以帮助管理者管好事的重要工具，但工作排程并非完美无缺。因为排程只能把一些有周期性的例行工作安排进去，而对于一些突发事件或临时性工作却无能为力。要解决好这些问题，每个岗位除了需要一份工作排程外，还需要有一份工作计划表。这份工作计划表就是把一些没有周期性的工作安排到具体的时间表里面。管理者让团队成员在填写工作计划表时要抓住两个重点。

（1）及时记录

首先是把想到的工作要及时做好记录，把一些排程表中没有的工作及时地安排到工作计划表中。这样可以避免遗忘一些需要完成的工作，同时也可以促使团队成员有计划地高效完成各项工作。

（2）做好总结

对每天工作计划的完成情况要进行总结。总结的内容包括在哪些方面的工作做得好，有哪些方面的工作做得不足，后续如何才能做得更好。通过这样的总结可以不断提高团队的工作能力。同时还能通过总结为后续处理类似的工作提供经验。

4. 坚持要事第一

每个岗位每天都有很多工作需要做，没有人可以保证把每一项工作都能做好。但管理者需要思考如何做才能充分发挥每个岗位的最大价值。这就需要管理者在团队中树立要事第一的理念。也就是永远要优先安排把重要的工作做好，这样才能让一个岗位的价值实现最大化。

5. 及时反馈沟通

当团队明确了自己每天需要完成的各项工作，并按照"重要紧急性"做好工作计划后，只需要按计划全力以赴地去完成就行了。但在实际工作中并不是每一项工作都能顺利开展，当一项工作出现异常而无法按计划完成时要怎么办？这时候最需要的就是及时向上司或工作交办者反馈情况。现在很多公司在实施的24小时反馈制度就是非常好的工具。也就是每一项上司或其他伙伴交办的工作，无论完成情况如何都要在24小时内给当事人反馈一次完成情况。

6. 谁发现问题谁负责跟进

海底捞总是有很多让人感动的服务故事。当一个顾客问海底捞的一个清洁阿姨洗手间在哪里时，这个清洁阿姨会先放下手上的工作把客人引导到洗手间的位置；当一个到店里对账的财务人员发现店里的客人太多忙不过来时，她会先放下手上的工作帮忙洗盘子；当一个客人的小孩哭闹而不能让客人安心吃饭时，会有人跑上去帮忙逗小孩。这种行为在团队中是非常可贵的"补位"意识。这让团队中无论是谁发现了需要及时处理的工作，不管这项工作是否属于他的岗位职责，这个时候他都会负责及时地把这项工作跟进完成。这样就可以最大化弥补流程制度存在的不足，让整个团队着眼于团队整体价值的最大化。

7. 先执行后上诉

一个优秀的团队要做到：先执行后上诉！这句话包括两层意思：一层是当面对一项规定或接到上司交办的工作时，即使有不同意见，但也要先服从安排而不能拒不执行。另一层是如果团队成员有自己的看法，要及时地把意见反馈给上司甚至是公司的最高层领导。包括上面提到的谁发现问题谁负责跟进的情况就应该及时反馈。如一个财务人员听到前台电话响了三声还没有人接听，这个时候财务人员要及时地把前台电话转接过来，负责处理好这个电话。但同时他也要把这个问题反馈给前台文员的上司，让他了解相关的情况后作出调整，从而避免同样的问题再次出现。

8.重视临时措施

即使一个非常成熟的团队都不可能做到每件事百分之百的都可控。在工作过程中经常会遇到一些异常情况和一些临时出现的工作需要处理，而要有效完成这些工作就需要制定临时措施来指导团队的工作。常用的临时措施包括工作计划、培训、会议、通知、指示、授权等形式。领导者和管理团队都要非常重视临时措施对管事的重要价值。通过这些临时措施对一些突发工作做好及时处理，并为最终形成例行制度提供重要的依据。

9.重视工具的运用

任何一个理念或好的工作方法都只有变成团队的一种习惯才能产生最大价值。管理者要帮助团队养成习惯就需要借助一些有效的工具。

（1）设施工具

首先要善于使用一些合适的外部设施，包括一些设备和工具。如一条走廊一到晚上就需要长时间把灯打开，这样会浪费很多电。这种情况可以通过采用智能灯来自动管理。一个人进入走廊时灯光就自动打开，人离开之后灯又自动关闭。这样就可以有效避免浪费电。

（2）表单工具

表单也是帮助团队落实工作的好方法。通过设计科学的表单，从而帮助各岗位真正按规定开展工作。如为了让销售团队在工作中能够养成超出客户期望的习惯，就可以在销售单中设定超出客人期望的反馈栏。让每个销售人员在接待客户时，都要有超出客户期望的意识，要做一些超出客户期望的事情。客户到来要热情地奉上一杯热茶，赠送一些小礼品给客户等。同时要把超出客人期望的行为登记到客户的销售单中。管理者只要经常检查销售单中是否有填写超出客户期望的内容就可以了解整个团队是否有做到"超出客户期望"的要求。

（3）软件工具

把一些工作流程制度的要求设计成电脑软件也是帮助团队落实工作的重要工具。当软件设计好一项工作的流程和要求之后，只有严格地按设定的要求才能正常进行操作。如果违反流程就无法让工作向前推进，这样就会让团队严格按流程开展工作。所以对于一些具备条件的企业，建议要运用管理软件来帮助团队养成一些良好的工作习惯。

10.坚持日清模式

管理者要帮助每个团队成员养成日清的工作习惯。当每个人每天的工作都有明确的排程和工作计划时，在每天下班前就需要专门花一点时间来检视当天的各项工作完成情况。做得好的经验就需要继续坚持，做得不足的工作就要做好改进。同时对于一些当天真的没办法完成的工作，要重新排入后续的工作计划中。现在有很多办公软件可以更轻松地帮助团队实现工作日清的管理。通过软件每个人每天需要完成的各项工作都非常明确。每天只要打开软件就可以看到当天需要完成的工作明细。每完成一项就可移除一项，到下班还没有完成的将自动移到第二天的工作事项中。在这个过程中管理者也可以随时了解到各个岗位每天的工作完成情况。

11.形成会议体系

企业中要建立合理的会议系统，通过会议系统来帮助管理者管事。

会议可以分为两类：一类是经营例会，另一类就是临时会议。例会主要围绕各阶段工作的目标计划进行，包括年会、季会、月会、周会、早会、夕会。通过例会来明确每一个阶段的工作目标计划和总结上一阶段的目标计划完成情况。临时会议是工作过程中临时召集相关人员参加的会议，一般是针对工作中出现重大异常情况需要共同探讨或安排解决方案。因为临时会议很容易打破团队的正常工作计划，管理者要尽可能少召开临时会议。

12.不断检视制度

没有最好只有更好，领导者要让管理团队养成随时检视流程制度体系的习惯。当一项工作能够有效开展时，就需要把这套工作方法固化为流程制度。当一项工作按流程制度开展遇到问题时，就需要分析调整现有的流程制度。管理者在检视一项流程制度时要从"全、符、知、用"四个方面去做全面分析。通过分析找到流程制度存在的不足，不断提升制度系统的精细化和普及化水平。只有不断提升制度系统的精细化和普及化，才能帮助团队把工作做好，才能促进整个团队不断成长。

第八章

培养团队成为经营者

领导者不仅要让管理团队"成长"，同时还要让管理团队帮助团队的每个人"成长"。人生就是通过做事不断修炼自己的成长过程。领导者和管理者要让团队知道每天所做的事正在构成自己的人生。要让团队的每个人对自己负责，成为自己人生的经营者。只有团队成员具备了经营者意识才会在工作中从"被动做"变成"主动做"。通过努力把工作做好来实现"内享幸福，外创价值"的人生追求。

领导者和管理者要帮助整个团队正确地认识工作，学会享受工作所带来的乐趣。一个感受不到工作乐趣的人很难实现"内享幸福，外创价值"。团队成员要从工作中体验到乐趣需要树立一种经营者心态。这是一种做任何工作都是为自己而做的心态。这种心态让团队成员敢于对自己所做的每一件事负责，把自己当成岗位的主人。一个有经营者意识的人通过工作不断修炼自己的心性和能力。工作品质会影响生活品质，影响人生品质。因为工作品质会影响团队成员获得物质财富的能力，生活品质需要一定的物质条件来保障。同时工作品质将决定团队成员对他人和社会创造价值的大小，团队成员的人生价值将决定他的人生品质。

一、让每个人都找到梦想

每个人都是天使，领导者和管理者要帮助团队找到自己的使命。梦想的价值就是人生的意义。哈佛大学曾对一批年轻人做调查，了解他们对未来有什么目标。调查的结果是有27%的人对未来没有任何目标；有60%的人对未来有模糊的短期目标；有10%的人对未来有明确的短期目标；只有3%的人对未来有明确的长期目标。25年后，哈佛大学对当年的这些年轻人做了跟踪调查。结果发现对未来没有任何目标的那27%的人几乎都生活在社会的最底层；那60%对未来有模糊短期目标的人几乎都没有特别大的成就；对未来有明确的短期目标的人几乎都成了社会各界的精英；而只有那3%对未来有明确长期目标的人成了各个领域的领导者。

1.生命的灯塔

一个人的人生梦想就是生命的灯塔。所以任何一个人想要取得一定的成就首先就需要明确自己的人生愿景。只有明确了自己的人生愿景才能明确前进的方向。同时通过分析现在的状况与人生愿景存在的差距，让一个人知道要实现愿景还需要具备的各项条件。这些实现愿景需要具备的条件就是一个人需要提升的地方。领导者要打造一支幸福团队就要和管理团队共同引导团队成员明确自己的人生愿景，并帮助他们在企业中一步步得到实现。

2.愿景要美好

人生最根本的目的在于追求"内享幸福，外创价值"。所以无论一个人的愿景是什么，也不能偏离这个最根本的目的。一个人的人生愿景一定要足够美好，在追求愿景的过程中既能让自己获得幸福感，同时又能为别人带去幸福感。无论在哪一个领域，真正的成功者都一定是为他人创造了价值的人。领导者和管理团队要让团队成员通过做好工作让自己和身边尽可能多的人获得幸福感来实现圆满人生。

3.适合才是最好

每个人在确定自己的人生愿景时都不能盲目决定，而是要根据自己的个性、爱好、专长等实际状况去明确最适合自己的愿景。让一个拥有音乐天赋并热爱音乐的人成为音乐家才是真正的幸福。所以管理者要尽量为团队中的每个成员找到适合自己的人生愿景，并为他们的成长提供指导和支持。让企业成为帮助团队成员实现人生愿景的平台。

二、保持良好的工作状态

团队成员有了梦想还要有良好的状态去努力实现。只有保持良好的情绪才有好状态。情绪会直接决定一个人当下的幸福感，同时情绪也非常容易传染给别人。情绪会影响到一个人待人做事的方式。当一个人情绪不佳时就很容易对身边的人不友善，也会直接对工作品质产生不良的影响。因为一个人情绪不佳时很难专注于自己的工作，也不可能发自内心地带给别人快乐。每个人都希望自己随时都有一份好心情，而要真正实现这个目标，就要有良好的心态和做好情绪管理。领导者要打造一支幸福团队，就要让管理者帮助团队成员掌握一些有效调节情绪的方法，才能让整个团队保持良好的状态。

1.对情绪要有正确认识

只有做好情绪的管理才能收获一份好心情，而做好情绪管理的前提是要对自己的情绪有正确的认识。情绪反映了一个人的需求是否被满足，既要看到情绪背后的需求是什么，还要看到需求背后的动机是什么。每个人都会有情绪，关键在于如何做好这些情绪的及时觉察和有效管理。管理者要让整个团队拥有更好的心情，就需要帮助他们正确认识自己的情绪。情绪管理的本质就是做好情绪、需求、动机的分析和调整，这是一个人心性成长的过程。

2.培养积极向上的心态

同样一件事，不同的心态就会有不同的情绪。一种是受害者心态，带着这种心态的人认为出现的一切问题都是别人的原因，都是外部环境的原因。当团队用这种心态看问题时，就会变得消极和不断抱怨。

与受害者心态相反的另一种心态称为作用者心态。拥有这样心态的人会认为发生的一切事都和自己有关。所以对任何事情他都不是觉得委屈和抱怨，而是想着自己要如何去积极应对。这种积极的心态会转变成正面的能量，把原本的坏事都能变成好事。只有培养团队形成作用者心态才会获得更高的幸福感。

3.保持快乐的情绪保健

大家都知道生病了需要去看医生，但最希望的还是保持身体健康不生病。一个人要尽量避免生病的唯一方法就是做好预防。预防生病最有效的方法就是做好平时的身体保健。同样每个人都希望随时保持一份好心情，都希望能避免不良情绪的出现，这就需要做好情绪的保健。情绪的保健分为两个方面：一个是身体状态的保健，包括要注意睡眠、休息、饮食、健身、姿势等。另一个是形成正面积极的价值观，无论遇到什么事情都能看到好的一面。管理者要让团队平时做好情绪保健才能保持良好的状态。

4.调节情绪的六脉神剑

虽然每个人都希望自己有一个好心情，但坏情绪还是会不可避免地来临。正所谓人生不如意事十之八九，关键是要如何面对这些不如意事。管理者要让团队成员能够快速地从负面的情绪中脱离出来。这就需要当坏情绪到来时，要懂得及时地进行自我调节，掌握一些调节情绪的有效方法。通过呼吸、运动、倾诉、宣泄、转境、暗示等方式都可以对情绪进行调整。

5.培养团队快乐的技巧

管理者要让团队学会一些获得快乐的技巧才能增加好心情。首先一个人在取得成绩时要学会奖励自己。同时还要培养一些可以让自己快乐的兴趣爱好。在工作、生活中做到不积压自己的情绪，做好压力的控制。管理者要让团队养成做事专注的习惯，注意力分散很容易心烦意乱。管理者可以引导团队成员每天要有独处的时间，定期做自我反省和情绪调节才能保持好心境。

6.阻断不快乐情绪的技巧

好情绪像阳光，到哪里都能传递出它的正面能量。而坏情绪像病毒，会不断向周围传播负面能量。如公司生产部的经理被总经理批了一顿，情绪非常不好。这个时候刚好生产部主管来找他沟通工作，结果他莫名其妙把生产部主管痛骂了一通。生产部主管被骂后情绪也坏到了极点，马上回去把车间的员工也骂了一顿。结果全公司都会被坏情绪影响。

所以在团队中带着坏情绪的人就像一筐苹果中的那个坏苹果，如果不能被及时发现和阻断他的坏情绪就有可能烂掉整筐苹果。领导者和管理团队要清醒地意识到这个问题。首先要避免不快乐的情绪从自己身上传递出去，同时还要特别留意团队成员是否有人情绪不佳。一旦发现就需要采取合理措施及时阻断不良情绪的进一步传递。管理者要找到一些行之有效的方法阻断团队中的不良情绪。通过开好每天的早会提前做好调节；工作中及时发现有不良情绪的人对其进行沟通疏导；做好工作的合理调配等都可以起到调节团队情绪的作用。

三、构建团队的成长系统

一个人的能力是提升幸福感的重要保障。当团队的能力越强时才能创造更大的价值让自己和身边尽可能多的人获得幸福感。如一个刚出生的小孩子需要父母亲的细心照顾才能慢慢长大；随着年龄的增加，他们的能力也会不断增强，慢慢就能自己照顾自己；一个人在成长中不断提升能力，等到他们长大之后不仅能照顾自己，还能照顾好自己的家人，同时能够帮助到更多的人。所以要提升一个团队的幸福感就需要建立一套系统的方法帮助团队的能力可以得到不断提升。

1.明确提升能力的种类

一个人的能力是实现"内享幸福，外创价值"的重要基础。在团队中是否具备完成一项工作的能力主要可以从专业技能、理论知识、个性特质、自我概念、行为动机五个方面去评估。不同的工作对这些能力素质的要求也有所差异，所以要准确了解团队成员所具备的能力素质是"理人"的重要前提。只有掌握了团队成员所具备的能力素质状况，管理者才知道有哪些工作是他可以胜任的事情，也才能明确他在能力上需要成长提升的方向。

理论和知识是一个人做事的依据，是对事物规律的认知。任何知识都只有转化成具体的工作技能才能产生价值，也就是解决实际问题的能力。个性特质是指一个人在生理和心理上表现出来的特点，不同的个性特质所适合的工作会不一样。一个人对自己的认识、评价和期望就是自我概念。每个人言行举止的背后都受到自己观念的影响，也就是为什么要做一件事的动机。

2.有效学习的五种方法

团队用老方法处理老问题想得到新结果就是异想天开。如果希望改变现状最简单的思路就是要改变方法。像在农村种田如果用锄头挖田的效率就非常低，而要提升效率就可以改用牛耕田，如果还要进一步提升可以采用机器耕田。当方法改变的时候，结果自然就会随之改变。但想要不断获得新方法就需要不断提升能力，想让团队要提升能力就需要持续不断地学习。

学习是让团队能够不断成长的基础，通过坚持学习才能掌握人、事、物的规律。学习就是一场永无止境的修炼，学习的具体方法也无穷无尽，但归纳起来可以分为五种最基本的方式。经常会听到这样几句话：读万卷书不如行万里路，行万里路不如阅人无数，阅人无数不如名师引路，名师引路不如自己感悟。其实"读万卷书、行万里路、阅人无数、名师指路、自己感悟"都是学习的方式。只是每个人擅长的学习方式有所差别，只有综合运用这五种方式的效果才会更好。

3.建立完善的培训体系

为了帮助整个团队不断提升能力，在企业中要建立完善的培训体系。这需要做好6个方面的工作。

（1）建设良好的培训环境

在团队中要正常地开展培训工作，首先需要建立一个良好的培训环境。良好的培训环境是做好培训工作的重要基础。根据企业的实际情况要有用于培训的合适场地。另外，开展培训还需要配备培训设施，如电脑、投影仪、白板、激光笔这些在培训时需要用到的工具。还可以通过相关的标语来营造学习的氛围，强化团队对培训的重视。

（2）做好培训计划

在做培训计划前管理者首先需要明确团队的培训需求，这就需要在团队中进行详细的培训需求调查，把一些重要而紧急的培训内容优先安排到培训计划中。一个完整的培训计划包括：培训的主题、选择合适的培训师、设计具体的培训课程、明确培训时间、培训地点、参加培训的人员、培训成本的预算、培训效果的考评。把这些要素明确下来就是一份简单的培训计划了。

（3）组建培训师团队

培训师是培训课程的实际执行人，管理者要做好培训工作离不开一支优秀的培训师队伍。同样的课程内容让不同的培训师讲，取得的效果也会截然不同。所以平时就要注意培养和收集培训师资源。要找到最合适的培训师来主讲计划的课程内容。管理者可以根据培训内容和企业内部人力资源的情况，建立内训师团队和外聘培训师的资源库。

（4）培训课程设计

课程内容设计一定要根据培训的实际需要，要能通过培训达到想要的目的。在进行课程设计时需要重点关注两个方面：在选择和设计课程内容的时候，一定要切合工作的实际需求。也就是这些课程是不是针对团队面临的实际问题设计的内容，是不是真的能够解决想要解决的问题。另外培训的形式要易于接受，要重视实操性和趣味性。在做培训课程设计时，要注意根据培训的对象选择合适的形式，让大家更多地参与互动，学习效果才会更好。

（5）培训实施

在具体实施培训时要注意提前做好准备工作，把培训中需要的各种辅助物资提前准备到位。同时要注意培训现场的秩序和氛围，保证培训的效果。有的企业花了大量的时间和经费准备一场培训，而在培训现场有的人手机铃声不断，有的人在下面窃窃私语，这样的效果大家可想而知。所以在培训实施过程中要做好纪律管理，保证大家良好的学习状态。

（6）培训效果考核

培训的成本其实非常高昂，包括培训场地的使用、培训老师的费用、受训人员的时间成本等。一场有效的培训可以为企业创造几倍甚至几十倍的收益，而一场无效的培训却只会为企业增加成本。这也是很多企业不愿开展培训的重要原因，因为不能确定到底培训有没有效果。管理者要对培训的效果有较全面的掌握，这需要在培训的过程中开展多层面的培训考核。同时还要根据对培训效果的考核结果及培训成本控制情况，做好每一次培训的总结分析。通过总结经验为改善下一次培训提供重要的依据，这样才能帮助企业不断提升培训的实际效果，真正起到帮助团队提升能力的作用。

四、打造一个学习型企业

学习是一种胸怀，只有怀着空杯的心态才能装入新的东西；学习是一种习惯，只要事事留心皆学问，要让团队形成随时随地学习的习惯；学习更是一种境界，正所谓上善若水，只有让团队不断学习新的东西才能不断适应新的环境。就像水倒入杯子里就像杯子，倒入瓶里就像瓶。只有持续不断地学习，团队才能更快、更好地适应环境的变化，每个人才能通过工作创造更大的价值。通过创建一个学习型企业才能帮助团队实现"内享幸福，外创价值"的圆满人生。

1. 在工作中学习

在工作中学习就要善于不断总结工作经验，通过学习思考解决在工作中发现的问题，从而不断提升心性和能力。每一个岗位的工作负责人是最了解自己岗位的人，每一项工作永远都有改善提升的空间。管理者要让团队成员对自己的岗位工作保持足够的热情和对问题的敏感度，不断从工作的细节中发现提升的机会。美国的石油大王洛克菲勒还是一个石油化工厂的普通工人的时候，通过他对工作的用心观察和思考，发明了少用一滴焊接剂的焊机就帮公司一年增加上亿元的利润。也正是这样的好习惯，帮助他后来成就了一个商业帝国。

2. 强调以个人学习为基础的学习

学习型企业就是一个学习型团队，如果没有个人学习，就不可能让整个团队形成学习的氛围，也就无法打造出学习型企业。打造学习型企业首先要从提倡个人学习开始，要让每个人都有目的、有计划地主动学习。但如果只是个人学习，而没有和团队目标及团队工作结合在一起，也不能算是学习型企业。所以在学习内容和方向上，管理者需要做一些要求和引导。同时促进团队成员在成长的过程中共同探讨，相互帮助，共同进步，让学习始终朝着实现整个团队目标的方向不断前进。

3.强调以信息反馈为基础的学习

学习是一个持续的过程，学习能改变团队的工作思路和工作方法，从而得到更好的工作绩效。通过学习对团队的工作绩效到底有没有帮助，这需要一些信息反馈作为依据。管理者指导团队在学习的时候要为自己设定明确的工作提升目标，并定期地检查目标的实现情况。从而可以帮助团队成员检查学习的效果，也可以让团队成员看到存在的差距，从而更有效地进行学习。一个学习型的企业，作为管理者要定期向团队成员反馈他们工作情况的信息。管理者要和每个团队成员分享做得好的经验，让每个人去借鉴。同时也要告诉每个人做得不足的地方，并探讨改善不足的一些方法，从而帮助团队成员找到成长的方向。

4.强调以总结反思为基础的学习

美国权威机构对工作的好习惯有一个调查，"不犯第二次错"的习惯排名前列。相信每个人都不希望在同一个地方摔倒两次。但在实际的工作中发现，很多时候都在重复犯一些简单的错误。很多人都有这样类似的经历，上司交代了一件事情，结果等到上司来追问的时候才发现自己忘了。而这样的事不止一次地发生，也还会继续在大部分企业中不断发生。一个人要真正做到"不犯第二次错"，首先要能对自己的工作进行总结反思，对出现的问题找到可行的解决方案。就像上面提到的要避免发生工作遗忘的问题，如果养成随身带笔和纸的习惯，当上司交代工作时能及时记下来就可以很好地解决这个问题了。一个学习型的企业必然是一个善于总结反思的团队，从总结反思中不断学到新的东西，从而提升自己的心性和能力。

5.强调以共享为基础的学习

这个世界分工越来越细，团队本身也是分工合作的产物。一个人想学好所有东西，做好所有事情是绝不可能达成的目标。管理者要善于做好分工合作，让每个团队成员负责自己擅长的工作岗位，并不断提升自己所负责工作的综合能力。同时团队在提升工作的各项能力时要善于借鉴别人的经验，站在前人的肩上去提升能够进步得更快。所以一个学习型企业，要善于分工合作，善于共享别人好的方面才能发挥团队合力的优势。你有一个方法，他有一个方法，交换一下每个人就有了两种方法，甚至会在交换的过程中产生新的方法。团队成员在学习成长的过程中要主动分享自己学习的成果，帮助其他团队成员快速提升的同时自己也获得成长。

6.强调学后要有新行为

学习以后如果不能带来新的行为，不能产生更好的绩效，那么这种结果就是无效的学习。学习型的企业要能学以致用，能快速地把学习的内容转化成工作思路和方法的优化，带来工作绩效的提升。所以一个学习型的企业必然是一个不断创新的团队。在工作过程中不断发现问题，通过学习找到解决问题的方法。企业的发展归根结底就是靠团队的学习成长。

五、掌握时间管理的方法

一个圆满的人生归结为一句话就是"内享幸福，外创价值"。人生最基本的两个主题就是追求内在的幸福感，外在的价值感，而这两者又会互相影响。一个人只有通过真正为他人创造价值的方式来增强自己的幸福感才能持久。为他人创造价值归根结底就是要让他人获得幸福感，让自己和身边尽可能多的人获得幸福正是人生的根本目的。管理者要帮助团队创造更多的价值，就需要团队做好时间管理。时间是一个人最宝贵的资源，一个人的时间在哪里收获就会在哪里。所以时间管理会决定团队成员的人生价值。

1.时间分配的秘密

在工作、生活中，每个人都需要去平衡健康、情绪、精神、人格、家庭、财务、人际、事业八个方面。一个圆满的人生在这八个方面都不能有低于60分的项目，要有高于80分的项目。要求管理者指导团队在这八个方面合理地分配时间，既要平衡好每一个方面，同时又要在自己最重视的方面投入更多的时间。一个人的时间在哪里收获就会在哪里。如一个人把时间投入身体健康方面就会拥有更健康的身体；把时间投入家庭就会拥有更温馨的家庭；把时间投入人际关系，就会收获更多的朋友。

2.时间管理四原则

时间管理的重点不在于做更多的事，而在于做更有价值的事。特别是在工作过程中这一点更加重要。管理者要让团队学会根据事情的轻重缓急来决定一件事情的时间安排。

（1）重要而紧急的要立即做

一项工作非常重要，同时完成的时间又非常紧迫，这就属于重要而紧急的事情。如一个家具企业要参加一个非常重要的家具展会，距开展日期只剩下1个星期的时间，而在展会上要用的产品宣传手册还没有制作好。如果展会上没有宣传手册，整个展会的效果将会受到极大的影响。对于这类重要而紧急的事情要集中精力立即处理。一个能合理、高效安排工作的人，要尽量避免自己的工作出现重要而紧急的情况。

（2）重要不紧急的要计划做

还是以家具企业参展为例，在参展前要做好产品的宣传手册是一项非常重要的工作。但如果距参展还有3个月时间，那么做好宣传册就还有充足的时间。一项很重要但时间充足的工作就属于重要不紧急的工作。管理者要让团队的每个人优先把重要而不紧急的工作有计划地做好，避免等到时间已经非常紧迫了才去做。因为时间紧迫就很难把一项工作做细、做好。而一项重要的工作没有充足的时间就很容易出错，一旦出错就会给整个团队造成巨大的损失。

（3）紧急不重要的要授权做

在每天的工作中也有类似于要去参加一个即将开始却并不重要的研讨会；一个没有提前预约就上门做推销的业务员请求面谈；需要打电话通知一些人开会等。像这类在时间上需要急着去做，但却不具有重要价值的工作就属于紧急而不重要的事情。对于这类事情如果没有什么重要的工作需要做就可以安排时间来处理。如果有更重要的工作需要处理就要学会通过授权或让他人帮助处理。

（4）不紧急不重要的拒绝做

还有一类是既不重要也不紧急的事情。如要不要打个电话给朋友闲聊一下或者一帮朋友闲着无聊约你出去吃饭打发时间。对于这类事情要尽量避免去浪费时间。在现实的工作、生活中，在这类事情上却花了太多时间。管理者要让团队成员学会拒绝一些既不紧急也不重要的事情。只有把有限的时间投入有价值的事情上才能创造出更大的价值。

3.做好时间排程表

把需要处理的各项工作做好优先处理排序之后，还要对这些工作做好具体处理的计划。管理者可以让团队成员制定一份科学的时间排程表来安排好各项工作。通过时间排程表不仅可以让团队成员了解所有需要处理的工作，还可以看到每项工作的时间安排情况。时间排程表可以帮助团队成员随时检视自己的时间使用情况是否合理。在做时间排程时要明确追求的目标，根据目标合理配置各项工作的时间。同时要注意不能把每天的时间排得太满，要留出一些机动的时间便于处理出现的临时性工作。在实际执行的过程中如果出现异常情况，要对时间排程表及时做好调整。

六、重新认识企业的价值

企业和家庭一样已经成为现代社会的基本构成单位，已经融入工作生活的每一个角落。在这个时代，企业对每个人，每个家庭，整个国家和世界都产生了直接而深刻的影响。毫不夸张地说"对企业的认识会影响整个世界"。然而对企业的传统认识却很容易让企业误入歧途。只有看清企业的本质，重新认识企业存在的真正价值，才能指引企业实现持续健康的发展。

1.企业是成长平台

传统的观念普遍认为企业的本质就是追求利润最大化。正是源于这样的认识把很多企业引向了为了赚钱而不择手段的误区。几乎每天都可以看到有关企业的负面新闻，"无商不奸"似乎已变成公开的秘密。事实上企业追求合理利润并没有错，企业没有利润也无法正常经营下去。企业应该追求合理利润，但却不能只是为了利润。就像一个人吃饭是为了活着，但活着不能只是为了吃饭一样。一旦企业变得唯利是图就很容易出现损害客户、团队、伙伴、股东和社会的情况。这也许能让企业获得短暂的利益，但却会严重损害企业的持续健康发展。每个人都在追求幸福，只有一个企业能够与客户、团队、伙伴、股东、社会等相关者实现生态共赢时才能得到大家的认同和支持。所以获得利润只是企业的目标而不能成为目的。企业的本质应该是一个团队追求"内享幸福，外创价值"的平台，企业要与客户、团队、伙伴、股东、社会建立生态共赢的关系。

美国著名管理学家德鲁克认为企业是社会的一个器官，为这个社会承担一定的功能而存在。其实质也是说明一个企业存在的目的不应该是追求利润，利润只是承担一定社会功能，为他人、为社会创造价值后的附带收益。一个可以为客户、团队、伙伴、股东和社会上尽可能多的人提升幸福感，让这个世界变得更加和谐美好的企业才能成为一家真正伟大的企业。这不仅不会损害企业获得合理利润，相反是企业获取利润，实现基业长青的根本。如果把企业比喻成整个社会的细胞，不能为客户、团队、伙伴、股东和社会提升幸福感的企业就像是一个人身上长的毒瘤，没有人愿意让毒瘤长期留在自己的身体里。

2.工作是成长方式

很多人都只是把工作当作谋生的手段，把工作当作一种迫不得已的负担。正是这样的认识造成大部分人从内心讨厌自己的工作，无法从工作中享受到应有的乐趣。盖洛普公司曾对全球员工的工作状态做过调查，结果发现只有13%的人对工作充满热情；64%的人处于被动工作状态；24%的人消极怠工，这部分人不仅讨厌自己的工作，还暗中破坏同事的工作成果。2012年的调查数据显示，在中国对工作充满热情的员工只有6%；被动工作的员工达到68%；消极怠工的员工高达26%。正所谓"知之者不如好之者，好之者不如乐之者"。只有能从工作中享受到乐趣的人才能从中获得幸福感。领导者要让团队改变这样的心态就需要重新去认识工作的价值。

中国自古就追求"格物、致知、诚意、正心、修身、齐家、治国、平天下"。对于现代社会一个人实现自身价值的方式已不再局限于"治国、平天下"。工商时代的人生追求应该是"格物、致知,诚意、正心,修身、齐家、治业、和天下"!通过用心做好一份工作,从而实现"内享幸福,外创价值"的圆满人生。其实一个人的工作不仅是自己谋生的手段,更是一个人追求幸福的修炼之道。通过工作不仅让一个人获得生活所必需的物质条件,同时通过工作来实现人生价值。很多人为了追求内心的平和宁静而选择到寺庙或教堂去修行。就像在寺庙修行要每天打坐、念经、挑水、砍柴一样,工作本身就是人生修炼的最好方式。当一个人可以专注于当下的工作时就能参悟到人生中的智慧。领导者要让团队通过在工作中不断提升自己的能力和升华自己的心性,最终就会收获充实、满足、宁静、平和、愉悦的心境。

领导者要让团队明白在工作时能够乐在其中,能够珍惜当下的人、事、物,这就是幸福之道。许昌胖东来负责清洁的工作人员每天都会用小刷子认真地把墙角刷干净。一个人不管做什么工作,只要用心做好,能真正为他人创造价值都是非常有意义的事情。每个人都应该通过工作实现"内享幸福,外创价值"的追求。如果把工作当作自己修炼心行的方法,工作本身并无高低贵贱之分。通过选择一份自己胜任的工作去用心做好,学会从中享受工作带来的乐趣。工作是工商时代一个人实现"内享幸福,外创价值"的最佳修炼方式。

3.团队是成长伙伴

如果把企业当作成长平台,把工作当作成长方式时,就会对自己的团队有全新的认识。从这个视角来看,团队就是企业平台上分工合作、共同成长的伙伴。首先一个人不可能什么都干,这样很难做到专精。所以每个人最好都能选择做自己最专长的事情，通过团队分工合作既能帮助一个人取得更大的成就，又可以专注做好自己喜欢的工作。华为的任正非曾感慨说："这个时代发展得太快，只有会聚一帮优秀的人共同努力才能追上时代的步伐。如果一个人只是闭门造车，就很难在工作上取得大的突破。只有选择和一帮能力越强，心态越好的人在一起共同工作学习，才能加快自己的成长速度。"

4. 上司是成长导师

过去上司和团队的关系被视为猫和老鼠的游戏。上司每天都在思考要如何监督、检查、控制每个人做好工作。而团队每个人都在想办法如何应付、逃避工作，甚至与上司对抗。在这种相互关系中，很难充分发挥每个人的潜力。如果把企业看成是一个团队共同成长的平台，上司就应该是帮助团队成长的导师。作为上司需要思考的是如何激励、支持、成就团队的每个人。没有人喜欢被人监督、检查、控制，但却没有人不希望有人可以激励、支持、成就自己。领导者和管理者只有成为团队的成长导师才能充分发挥团队每个人的潜力，通过团队的分工合作更快、更好地实现"内享幸福，外创价值"的人生追求。

5. 制度是成长方法

制度体系在传统企业中的出发点在于对团队的工作进行控制、检查和奖惩。这让很多企业一提到流程制度就让团队从内心产生抗拒。如果要真正发挥制度体系的价值就需要让团队重新认识流程制度。其实制度体系的根本目的在于帮助团队如何把各项工作科学高效地做好。一项好的流程制度就是对如何把一项工作做好的方法总结。所以制度体系要把企业经营管理过程中如何处理好各项工作的有效方法明确下来。整个团队只要学会，并按这些方法展开工作就可以少走弯路。所以好的流程制度就是一个团队成长过程中需要学习掌握的工作方法。领导者和管理者要让团队明白制度体系的目的在于帮助团队更好地实现"内享幸福，外创价值"的人生追求。

6.构建成长的道场

企业是一个团队追求"内享幸福，外创价值"的共同平台。领导者要为团队构建一个成长的道场。领导者要引导团队通过"格物、致知，诚意、正心，修身、齐家、治业、和天下"来实现圆满的人生！领导者和管理者要指导团队成员围绕"修身、齐家、治业、和天下"制定具体的目标。每一个团队成员都要定期总结目标的达成情况，并分析在做事过程中"情、欲、念"的状态和"法、术、器"的运用。让团队通过做事来修炼"情、欲、念"的心性，提升"法、术、器"的能力，从而实现"内享幸福，外创价值"的圆满人生。

后记

幸福力是一种智慧

人生的根本目的就是追求"内享幸福，外创价值"。如何让自己和身边尽可能多的人获得幸福是永恒的主题。一个国家的根本使命应该是为人民谋幸福，一个企业的根本使命应该是为更多人带去幸福。企业已经成为现代社会的基本构成单位，一个幸福的团队亦能促进社会幸福。所以如何创建具有幸福力的企业是这个时代赋予企业领导者的重要命题。

创建幸福企业是一种大爱，更是一种智慧。幸福企业要实现"合理盈利、持续发展、生态共赢"的要求。企业是一个团队追求"内享幸福，外创价值"的平台。只有让客户、团队、伙伴、社会实现生态共赢才能让企业实现持续健康的发展。相信会有越来越多的企业领导者愿意加入到"创建幸福企业"的旅程中来。只有幸福企业越来越多才能提升更多个人的幸福感，这个社会就会更加和谐，这个世界就能更加美好！

从确定《领导：修炼团队幸福力》这个主题到初步完稿用了几年时间不断去探索和思考。把总结的一些观点和方法又不断和一些企业家进行探讨和实践。每当有新的收获都让人感觉无比的兴奋和幸福。这也让我更加坚信：只有一个具有幸福力的企业才能表现更加卓越，发展更加健康，更加持续。企业的领导者需要重新去思考和定义企业的本质是什么，领导者的根本使命是什么！

管理

激发团队自驱力

王前师◎著

中国文史出版社

图书在版编目（CIP）数据

管理：激发团队自驱力 / 王前师著 . — 北京：中
国文史出版社，2022.8
（商道丛书）
ISBN 978-7-5205-3540-3

Ⅰ.①管…　Ⅱ.①王…　Ⅲ.①企业经营管理－组织管理学
Ⅳ.①F272.9

中国版本图书馆CIP数据核字（2022）第092182号

责任编辑：张春霞

出版发行：**中国文史出版社**
社　　　址：北京市海淀区西八里庄路69号院　　邮编：100142
电　　　话：010-81136606　81136602　81136603（发行部）
传　　　真：010-81136655
印　　　装：廊坊市海涛印刷有限公司
经　　　销：全国新华书店
开　　　本：710mm×1010mm　1/16
印　　　张：56.25　　字数：675千字
版　　　次：2022年9月第1版
印　　　次：2022年9月第1次印刷
定　　　价：218.00元（全五册）

推荐序一

商道根植于中华优秀文化

春秋战国时期的百家争鸣让中国很多领域都形成了完整的思想理论体系，而商业领域直到现在都还没有完成这个历史命题。改革开放四十多年，中国经济取得了举世瞩目的成就。企业和家庭一样已经成为社会的基本构成细胞。一个优秀的企业不仅是为客户创造价值，为团队创造事业的平台，同时也是推动整个社会向前发展的重要力量。但中国的现代企业要么是摸着石头过河，要么是学习国外经验，始终还没有形成一套根植于中华优秀文化的理论系统。茶有茶道，医有医道，商也有商道。企业只有依道而行才能实现持续健康的发展。

中华文化源远流长，为我们留下了一座取之不尽的思想宝库。商道是对这些中华优秀文化在企业中的传承和弘扬。在过去几千年的历史中，儒家思想对中华民族的影响极为深远。孔子作为儒家学派的开创者，其核心思想有五大原则：第一大原则是民本思想，真正做到以人为本；第二大原则是与时俱进，任何东西都不能脱离时代；第三大原则是海纳百川，能够接纳和吸收各种不同的优秀东西；第四大原则是实事求是，做任何事情都要基于实际情况；第五大原则是经世致用，学问必须对国家和社会的持续健康发展有益。

《大学》是儒家经典的四书之首，讲解如何才能实现内圣外王的系统方法，这也是中国社会主流精英的最高人生追求。《大学》的核心思

想可以总结为三纲八目。"大学之道，在明明德，在亲民，在止于至善"讲的就是三纲。《大学》三纲表达的主要意思是作为君子要充分彰显仁、义、礼、智的光明德性，能够亲近爱护人民，追求达到内圣外王的最高境界。八目讲的是实现内圣外王需要做好的八个方面，包括"格物、致知，心诚、意正，修身、齐家、治国、平天下。""格物、致知"是一个人外在的文采，"心诚、意正"是一个人内在的本质。子曰："质胜文则野，文胜质则史，文质彬彬，然后君子"。君子之人要围绕"仁、义、礼、智"不断提升自身的修养。只有修炼好自身才能让家庭和谐，才能治理好国家，才能实现天下大同的理想社会。

商道就是运用中华优秀文化来指导企业的经营。践行中国商道的目的是要创建优秀企业。因为企业是人类社会的一种组织形式，只有能够为人服务才有存在的价值。每个人追求的目标千差万别，但追求的目的都是为了获得幸福。以人为本正是中华优秀文化的核心思想。所以真正的好企业都是要符合"合理盈利、持续发展、生态共赢"的基本要求。优秀企业要真正造福于人，让社会变得更加和谐美好。商道丛书是一套以中国《易经》的辩证观为指导，吸取古今中外理论和实践的精华，让企业实现持续健康发展的优秀思想、科学方法和高效工具。希望商道丛书能够指引更多企业成为优秀企业。

复圣颜子七十八代嫡孙&曲阜孔子文化学院院长　颜廷淦

做人有道，做事要赢

世界观，观世界；人生观，观人生；价值观，观价值。

自春秋诸学起，到明清商帮盛，再至近代民营企业家见贤思齐；从先秦古书，商圣范公《范子计然》，到明清《商贾便览》等，再到当今各类学说百花齐放，中华传统文化可称得上博大精深，源远流长。纵观中外古今文化之精粹，对我经营企业的启示莫过于：做人有道，做事要赢。道是规律，是人心。做人唯循道而行，能得人心，方能行稳致远。赢是共创共得，是持之以恒的坚守，是对品牌永无止境的不懈追求。做事当以"道"为本，以"赢"为旨，厚德载物，自强不息，方能披荆斩棘，超越自我，生生不息！

一言以蔽之，商道即人道。通俗而言，即"经营人生就要经营事业，经营事业就是经营人生"。我认为，产品要品牌，企业要品牌，做人更要品牌。产品的背后是企业，企业的背后是团队。好产品要靠好企业，好企业要靠好团队。产品就是人品，将产品当作人品，只有做出好产品才能体现企业和团队的价值。所以做企业的根本就是做人，这也便是中顺洁柔的企业文化。

因此，很多人说我是企业家时，我常说，我是一个企业人。企业不是我的，不可任人唯亲，不可自行其是；我属于企业，我要为企业负责，应唯才适用，唯贤是举，以德为先，德应配位。企业是企业人的

作品，只有明德向善，以身作则，躬身笃行，才能慢慢造就优秀的企业文化。只有优秀的企业文化，才能实现企业的持续健康发展。

很幸运，我能成为中国改革开放几十年的见证者和参与者。从1978年开始创业，有幸成为中国第一代万元户，又有幸带领中顺洁柔成为国内首家 A 股上市的生活用纸企业，现在中顺洁柔正朝着世界一流的百年企业不断奋进。在此要特别感谢社会各界对中顺洁柔一路走来的大力支持。在这四十多年的经营过程中，也曾经历一场大火让我奋斗十年的工厂毁于一旦，当年汶川大地震我亦人处彭州。但我认为，有经历才是人生。世事皆无常，无论遇到什么事，何不处事平常心？

因此我处事有三问。一问失败："未问成功，先问失败"，提前思考最坏的结果且做好如何担当，才能立于不败之地；再问全局："要问全局，不谋全局何以谋一域？"统筹全局，运筹帷幄，高瞻方可远瞩；三问长远："要问长远，不谋万年何以谋一时？"要思考长期发展的影响，不要被一时得失而蒙蔽，但思考好了就要当机立断，亦要勇于担当。至于其他，三问之后，何不笑谈古今事，浪漫待输赢？

很荣幸，能看到一套以中华文化为指导，汲取中外的优秀理论和实践精华，让企业实现持续健康发展的优秀思想、科学方法和高效工具。在商道丛书中的很多思想观点，与我经营企业四十多年来的实践心得一致。望商道丛书可指引更多人以企业为道场，实现"内享幸福，外创价值"的人生追求！

中顺洁柔创始人&战略委员会主席　邓颖忠

经营企业需要掌握企业发展的规律，并提前做好发展规划，这和建房子的道理一样。我们想要建出一幢好房子，首先就要做好设计，同时还要做好监理和施工的工作。而要经营好一家企业更需要提前做好规划，在此基础上再做好管理和执行。无论是做房子的设计，还是做企业的规划，都需要有优秀的思想理论体系为指导，而在实际的经营过程中，企业的领导者、管理者和执行者的角色不同、承担的职责也不一样，但却能主宰企业的发展方向。只有从上到下，充分做好分工合作、团结协作才能把企业经营好。

《大学》中讲："自天子以至于庶人，壹是皆以修身为本……"经营企业的关键就是要领导者、管理者、执行者分工合理、团结合作，共同发展。其中团队的力量不可忽视，修炼团队也就是修炼团队成员的心性和能力，实现与企业的共同成长。商道丛书以"商道"为魂，以"经营"为线，通过"领导""管理""成长"指导整个团队共同发展，以企业为道场，在做好领导、管理、执行的工作过程中修炼团队成员的心性与能力，从而实现企业的健康可持续发展。这是对企业经营管理的一次系统梳理，也是对中国商道的一次深入探索，更是对中华优秀文化在企业中的一种传承发扬。中国商道指导企业能够真正为客户、团队、伙伴、社会创造价值，让商业回归造福于人的大道。

管理工作就是让合适的人去做合适的事。《孙子兵法》云："故善战者，求之于势，不责于人，故能择人而任势。"其意是说，优秀的将帅善于捕捉时机，选择合适的人才，形成有利的形势。这是值得管理者学习的地方。事实上，让合适的人做合适的事，说起来简单，做起来并不是一件容易的事情。管理者要激励、支持、帮助团队把企业经营规划中的各项工作做好。管理是一种严肃的爱，在管理过程中要做到尊重而不放纵，严格而不严厉。《管理：激发团队自驱力》从理人和管事两个维度系统讲解了如何做好管理。

理人篇主要讲如何做好理人的工作，最终打造出一支卓越的团队。理人就是要实现让合适的人做合适的事，这需要管理者去关注、了解团队中每个人在"能、明、愿、忠"四个方面的状况。理人要求管理者要以尊重团队成员的方式帮助每个人在"能、明、愿、忠"四个方面不断提升，让每个人在团队中都能得到更好的成长，并做出更好的业绩。当每个人对所负责的工作都达到"能、明、愿、忠"的要求时，一支卓越的团队就打造成功了。

管事篇主要讲如何管事，管事需要构建一套科学、合理、高效的制度系统。正所谓没有规矩不成方圆，要打造一支卓越团队离不开用"制度"系统来管事。用流程制度管事就是要帮助团队在合适的时间、合适的地点，用合适的方法，把工作做好。在运用流程制度管事的过程中主要会遇到"不全""不符""不知""不用"四个方面的问题。管理者对流程制度要有一个清晰、正确的认识，更好地运用制度系统来明确团队的目标，总结工作的经验教训，帮助团队取得更多的成就。

希望这本书能够起到抛砖引玉的作用，让管理者通过理人管事帮助团队在工作中不断提升心性和能力，同时借此机会感谢博商博文书院和广东省华商经济发展研究院作为丛书的联合出品单位，感谢中国商道文化研究院团队的共同努力，感谢家人对我研究写作的理解支持，感谢每一个愿意花时间阅读丛书的同道师友！

目　录

下篇
管事篇

后 记

解秘卓越团队

企业是团队追求"内享幸福，外创价值"的平台，一支自动自发的团队可以获得更高的幸福感，同时也可以创造更大的价值。一个优秀的企业要符合"合理盈利、持续发展、生态共赢"的要求，这样的企业可称之为幸福企业。

一、管理其实很简单

1.《孙子兵法》的启示

《孙子兵法》是兵家必读的经典之作，文中对军队取胜之道归结为五个方面：一曰道，二曰天，三曰地，四曰将，五曰法。即要赢得一场战争首先要符合道义、符合民心，得道者多助；"天"是指天时，即选择合适的时机；"地"是指作战的地理环境；"将"就是将领；"法"是指治理军队的法规。"道、天、地、将、法"综合作用而形成"势"，得"势"者才能取得战争最后的胜利。

正所谓商场如战场，《孙子兵法》的取胜之道值得企业学习借鉴。在企业中"道"可以理解为优秀的文化理念，优秀的企业采用优秀的经营理念方可得到社会各界的认同和支持，也是经营企业的王道。"天"与"地"是指企业经营管理的内外环境，包括政治环境、经济环境、社会环境、技术环境、行业环境及企业所拥有的各种资源及能力，这些也是企业制定经营规划的重要依据。"将"是指企业的核心人才，而不仅仅只是管理者。"法"是企业的制度体系。所有这些要素汇聚成企业之势，只有顺势而为才能有所成。

通过学习《孙子兵法》可以找到影响企业经营的重要因素。企业经营之道就是企业的核心文化，一个企业所处的内外环境是制定企业经营规划的依据，而企业文化和经营规划要得到落实离不开卓越团队和制度系统的保障。所以企业成功的基石在于打造卓越团队和构建制度系统，这也是企业管理的核心。

2.用干部出主意

领导就是用干部，出主意。"用干部"对于企业来说，就是要有优秀的管理者，而"出主意"就是解决问题的有效思路和方法。

在打造团队的过程中领导者和管理者扮演的角色有所不同，关注的重心也不一样。领导者把握方向和氛围，管理者强调效率和数据。领导的关键是用人做事，管理的重心是做事用人。领导和管理其实很难分出绝对的界线，只是不同岗位职级的工作重心会有所差别。高层的岗位更偏重领导能力，中层的岗位更偏重管理能力。管理者要负责把领导者的决策落地。

3.管理就是理人管事

一支卓越团队需要发挥每一个人的特长和主动性，让合适的人做合适的事。实现这个目标，管理者需要去理人而不是管人。因为管人永远无法激发人的主动性，也就无法充分发挥一个人的潜力。管理者要关注所属团队成员的状况，了解他们对岗位工作是否具备足够的能力，是否清楚完成工作的要求，是否有足够的意愿去完成工作，是否对团队的文化和工作具有忠诚度。在关注了解每一个团队成员的这些状况的基础上，管理者要帮助团队成员能够不断成长，最终成为适合所负责岗位工作的人才。

管理者真正需要管的是事，即管好团队需要完成的各项工作。制度体系是管事最有效的工具，通过制度体系让每一项工作都有明确的岗位负责，且完成每一项工作都有明确的流程、要求、标准和工具。在开展各项工作时无论是谁都要严格按流程制度进行，真正做到对事而不对人，才能高效达成目标。所以要管好事就要建立适合企业的制度体系，通过流程制度帮助各项工作的负责人在合适的时间、合适的地点，用合适的方法，把工作做好。

二、卓越团队靠理人

一个团队只有通过分工合作让合适的人负责合适的事才能实现高效，但让合适的人做合适的事则需要管理者关注、了解团队中每一个人的优势与特点。

1.理人"四不"

管理者理人主要从四个方面去关注团队成员，通过了解一个人在这四个方面的状况来判断一个人是否适合一个岗位的工作。

（1）不能

团队成员的能力不能胜任所在的岗位，则被称之"不能"。

（2）不明

团队成员对完成各项岗位工作的要求，即使是通过沟通，仍然不清楚的，则可称为"不明"。

（3）不愿

团队成员对完成岗位工作的意愿不足，且对岗位工作也没有积极性，叫"不愿"。

（4）不忠

关注团队成员对岗位的工作是否专注，对企业文化是否认同和坚持，是否具备良好的道德品质，这些问题统称为"不忠"。

管理者在安排一个人负责一个岗位或一项工作时，要充分评估他在以上四个方面的状况。一个人对完成一项工作的能力越强，越清楚要求，越有意愿去完成，忠诚度越高，就越适合负责这项工作。

2.理人以个人为基础

团队由个人组成，理人要从个人入手，关注团队中每个人的实际状况。通过对团队中每个人的充分了解，帮助团队成员解决在岗位中存在的"不能""不明""不愿""不忠"问题。管理一个团队是理人而不是管人，管的方式无法让团队产生自动自发。管人和理人的最大差异在于管人是"要求团队做"，理人要达到的目标是团队自己"清楚，想做，负责，能做"。当每个团队成员对自己所负责的岗位工作都做到"能、明、愿、忠"时，一支卓越的团队也就培育成功了。

3.理人讲效果

理人要把握人性，简单地用要求、监督、惩罚的管人方式无法打造出一支自动自发的卓越团队。在理人的问题上不能急于求成，重点是要关注效果。比如一个公司对待新加入团队的人可以用两种方式获得不同的效果。一种是让新人办好入职手续就直接安排上岗，另一种方式是对新人进行一周或者更长时间的岗前培训。前者表面上是省了很多时间，然而在后续的工作过程中却要付出更多的时间和代价。

4.理人需要制度

理人就是管理者要了解团队成员"能、明、愿、忠"四个方面的状况，并帮助他们不断成长，最终实现让合适的人负责合适的事。理人要符合人性，要尊重每一个团队成员。但理人要帮助团队提升对工作的

"能、明、愿、忠"，并在工作中形成正确的理念和良好的习惯，从而实现心性和能力的成长。这个过程需要有一套科学、合理、健全的制度体系。制度的目的在于帮助团队更快、更好地达成目标。只有当团队能够正确认识制度体系的本质时，才能发挥团队的主动性。

（1）明确团队的权责

制度可以帮助团队明确目标和职责权限。团队的根本价值就在于通过分工合作来更快、更好地实现工作目标。通过制度明确每个部门及岗位需要承担的责任，从而明确团队成员负责一个岗位需要完成的各项工作。只有成员对所在岗位的各项工作具备"能、明、愿、忠"四个方面的要求时，才是适合这个岗位的人。

（2）总结工作的经验教训

制度为团队成员实现目标提供明确的方法和工具。通过制度帮助团队把行之有效的方法固定下来，同时避免再犯曾经出现的问题。理人需要让团队掌握所负责工作的科学方法，而不能盲目的蛮干。科学合理的制度可以帮助团队快速提升能力，高效完成岗位相关的各项工作。

（3）发扬人性的善良美德

管理者理人需要发扬人性的善良美德，让团队成员在工作中产生自动自发的意愿，主动投入工作，离不开科学合理的管理制度。好的制度可以激发人的潜能，不好的制度会让有能力的人产生惰性。通过制度引导和弘扬团队的团结协作精神，最终沉淀为企业的核心文化。所以要用优秀的文化理念来指导制度体系的建设。

三、制度管事的技巧

一支卓越的团队体现在能够高效完成各项工作。流程制度是管事的依据，管理者要落实各项工作的关键在于打造一套适合团队的制度体系。让每一项工作都有明确的岗位，并让岗位负责人在合适的时间，用合适的方法把工作做好。在管理的过程中要"对事不对人"，但要做到这一点并不是件容易的事情。要"管事"并"管好事"，就需要用流程制度，用制度来管人管事。达成了目标受到的奖励和没达成目标承担的责任都一样，这就是"对事不对人"。

1. 管事"四不"

一套科学、合理、健全的制度是打造卓越团队的重要保障。在用流程制度管事的过程中主要会遇到四个方面的问题。

（1）不全

在管理过程中缺少一些必需的流程制度，就需要完善制度体系，则称之为制度体系不健全。

（2）不符

流程制度有了，但制定的内容与实际工作情况不符合或通过流程制度管事的实际效果不佳，需要对原有流程制度进行调整。

（3）不知

流程制度制定以后缺少必要的宣导，没有把制度的相关内容有效传达给团队成员，很多人还不清楚流程制度的内容。

（4）不用

流程制度没有得到真正落实，没有按规定的流程、要求、标准和工具去开展工作。

2. 管事从具体工作着力

管事要以具体工作着力，从每一项具体的工作入手。通过流程制度确定每一项工作的职责权限、流程、要求、标准和工具来管好这项工作。管理者要不断检视团队中每一项工作是否存在制度系统"不全""不符""不知""不用"的问题。当每一项工作都有了合适的流程制度作为依据时，各项工作就能更高效地展开。一个企业靠优秀人才才能实现快速发展，但只有靠制度体系来管人管事才能实现基业长青。

3.管事要讲效率

管事用制度体系作保障来实现高效率，并让团队更快、更好地达成工作目标。这里要特别强调的是团队的整体效率提高，而不是一个岗位或单一工作的效率。就像在一个车流量很大的十字路口要设置红绿灯一样，表面上为等红绿灯会浪费时间，但却提升了整体的通行效率。一项合适的流程制度能帮助团队成员正确、简单、有序、可控、高效地处理工作。

（1）正确

流程制度规定的工作方法要合符人性和事物的客观规律。所以合适的流程制度可以帮助团队达成目标。

（2）简单

流程制度规定的方法要尽量简化，让人很容易理解和执行。

（3）有序

流程制度规定的内容要有逻辑性，工作的各个环节有明确的先后顺序。

（4）可控

所谓的可控是指整个工作过程的一些关键环节要有检查反馈以防止出错，从而保证流程制度规定的要求能够得到落实，保障工作目标能够有效达成。

（5）高效

一项合适的流程制度最终表现为团队能高效完成工作。团队是一个分工合作的整体，真正的高效是团队整体的高效。团队整体高效是检验制度体系是否适合的重要依据。

四、理人的三个维度

理人的目的是让合适的人做合适的事，并充分发挥每个人的潜能，从而帮助团队成员实现"内享幸福，外创价值"的人生。管理者要做好理人的工作需要关注三个维度。理人的过程在不同的环节，会遇到不同的问题。不同角色的要求和不同环节的问题都要从"能、明、愿、忠"四个方面进行评估。

1. 理人的四种角色

在企业中不同岗位之间有四种基本的角色。首先要明确自己所在的岗位。以所在岗位为基础，上级的岗位就是上司，平级的岗位是同事，下级的岗位是下属。不同岗位担负的职责不一样，对负责人会有不同的要求。但团队是一个分工合作的整体，只有每个岗位都做好自己负责的工作才能实现整体的高效。所以每个岗位不仅要了解自己的状况，同时还要了解上司、同事和下属的状况。只有对相关岗位负责人的状况做出准确的判断才能更好地相互配合以完成工作。

2. 理人的四个阶段

首先是选人的阶段，要根据岗位的要求选择最适合的人。当一个人进入企业以后还要根据岗位的要求做好培养。同时还要做到知人善任，让合适的人做合适的事。最后要能够让优秀的人才留在团队中，合理淘汰不适合团队的人选。无论是选人、育人、用人、留人，还是淘汰，都要根据岗位的要求作出科学的评估。

3. 理人的四大问题

理人的根本问题都可以归结为"不能、不明、不愿、不忠"四大问题。通过分析不同岗位"能、明、愿、忠"的状况，在合作过程中才能扬长避短。管理者对团队成员的"选、育、用、留、汰"的依据同样是从"能、明、愿、忠"四个方面作出判断。管理者要选择最适合的人，不断提升团队的心性和能力，能够做到知人善用。在此基础上留住优秀的人才，淘汰不适合的人。

五、构建管事的系统

管事就是帮助团队在合适的时间、用合适的方法把工作做好。管事需要以制度为保障。制度的构建是一个系统工程，需要从三个维度去展开。管事从性质上有不同的层面，在过程中有不同的环节。不同层面和不同环节的制度存在的问题又分为"不全、不符、不知、不用"四种情况。

1. 管事的四大体系

企业经营管理的不同层面都需要建立制度体系。最核心的是企业的文化体系，主要包括企业的使命、愿景、价值观和实践维度的核心理念等内容。以企业文化为指导，要制定企业的经营规划体系，包括顶层设计和落地方案。企业的文化和规划要落地还需要做好管理和执行。管理体系主要包括人事和行政两个方面的内容。而具体的执行要以运营体系为依据，就是每项工作的流程、要求、标准和工具。

2. 管事的四个环节

管事的过程要形成闭环才能够不断优化升级各项工作的方法。首先要制订工作的目标计划；对执行的过程和结果要进行跟进辅导；根据执行的结果做好总结分析；根据总结分析的情况进行反馈激励。按总结分析得到的经验教训对制度体系进行不断升级。在这个过程中负责执行的团队成员要做到"目标清楚、方法明确、严格执行、及时反馈",在此基础上不断改善和调整工作。

3.管事的四大问题

通过分析文化体系、经营体系、管理体系、运营体系的"全、符、知、用"的情况,不断升级各个体系。同时要分析管事闭环各个环节的情况,管理者要把有助于团队成员做好工作的方法转化成制度体系。只有一套科学、合理、健全的制度体系才能指导团队高效完成各项工作。

六、管理以目标导向

不是先有工作再有目标,而是先有目标才有工作。团队的所有工作都要围绕目标展开。管理就是要帮助团队更高效地达成目标,才能创造出更大的价值。在管理过程中要重点做好四个方面的工作。

1.明确目标计划

管理要以目标为导向,管理的目标是为了让企业的顶层设计能够得到实现,且有战略性、系统性和科学性。管理者还要根据设定的目标制订详细的实施计划,从而明确团队的年度、季度、月度,甚至每周、每天的目标和需要完成的工作。只有制订了科学合理的目标计划,管理工作才有明确的依据。

2.过程跟进辅导

无论工作计划制订得多好,都只有执行好才能变成现实。在执行的过程中会出现很多异常情况。如果不能及时发现并做好调整,计划就无法落地。所以在执行的过程中要建立信息管理系统,能够及时了解执行的情况。管理者要对执行情况做好跟进,在这个过程中辅导团队把工作做好。如果发现异常要及时进行调整,确保计划能够得到高效执行。

3. 及时总结分析

管理者要根据每天、每周、每月、每季、每年的目标计划执行结果做好总结分析。明确有哪些做得好的方面要继续保持，同时要发现还有哪些工作做得不足，并找出具体的原因。在分析原因时主要从"团队"和"制度"两个维度展开。团队的原因包括"不能、不明、不愿、不忠"四个方面。制度的原因包括"不全、不符、不知、不用"四个方面。针对找到的原因制定具体的管理提升方案。

4. 重视反馈激励

管理者要把总结分析的结果反馈给岗位工作的负责人。通过与工作的负责人保持良性的沟通，从而让团队成员了解自己的工作情况。根据总结分析发现的不足确定新的工作目标计划。在此基础上，管理者还要及时的兑现承诺。也就是要根据公司的激励管理方案，对完成目标计划的团队成员进行奖励，没有完成目标计划要做适当的批评或者惩戒。

5. 做好管理提升

管理的本质就是理人管事。管理者根据团队的目标，帮助合适的人，在合适的时间，用合适的方法，把各项工作做好。所以管理者要围绕目标帮助团队不断成长，不断提升团队"能、明、愿、忠"四个方面的水平。同时要不断优化升级流程制度，指导团队成员把工作做好。检验管理水平的重要依据就是目标计划的达成效果，优秀的管理者就是通过理人管事来达成团队的目标，帮助团队实现"内享幸福，外创价值"的人生追求。管理不是一劳永逸的事情，而是一个不断改善提升的过程。

上篇

理人篇

第一章　破解团队"不能"

一、能力是工作的基础

如果让一个没有学过开车的人自己开车送货给客户，他将很难完成这项工作。在工作中经常会遇到类似的问题，把一项工作安排给一个没有能力完成的人。所以管理者要充分了解团队成员的能力状况。能力是一个人完成工作的基础，管理者要根据工作的要求安排具备相应能力的人去负责完成。

1. 能力冰山

一个人是否具备完成一项工作的能力主要从专业技能、理论知识、个性特质、自我概念、行为动机五个方面去评估。不同的工作对这些能力素质的要求也有所不同，所以准确了解团队成员具备的能力素质是理人的基础工作。只有掌握了团队成员实际的能力状况，才知道什么工作最适合安排给谁，也才能明确每个团队成员在能力上需要做哪些提升。按照了解这五项能力的难度情况，可以用一个能力冰山图形来做描述。

（1）专业技能

一个人的各类能力中最容易了解到的就是工作技能，也就是解决一些实际问题的能力。在冰山模型中技能是冰山的山顶，也是最容易看得见和测量到的能力。管理者可以通过设计一些实操模拟的方式来了解一个人的工作技能情况。

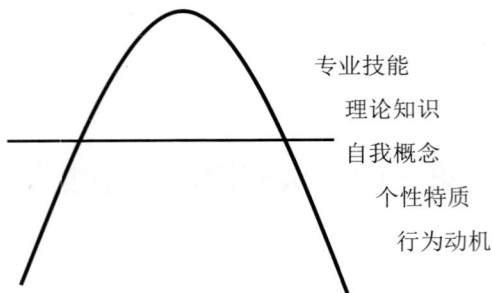

专业技能

理论知识

自我概念

个性特质

行为动机

（2）理论知识

所有技能的背后都需要有理论知识的支撑。只有知道做好一项工作背后的规律，才能做到举一反三。一个人的专业技能如果没有理论知识的支撑就无法做到融会贯通。理论知识水平也可以通过简单的测试快速了解。

（3）自我概念

自我概念是一个人对自己的认识、评价和期望。自我概念会影响一个人的选择方向和信心。比如一个人认为自己非常优秀，并期望自己未来能成为一名优秀的设计师。这样的自我概念就会促使这个人朝着优秀设计师的要求不断努力，在这个过程中即使遇到困难也不会轻易放弃。因为自我概念会决定一个人的选择和动力，从而影响他在一个领域的成就。

（4）个性特质

个性特质是指一个人的性格和遗传因素，不同的个性特质所适合的工作也不同。一个人的性别、年龄、身高都属于个性特质的一部分，这些特质很容易被观察到。有的人很活泼，有的人却喜欢安静；有的人天生想象力丰富，有的人却擅长逻辑推理……个性特质很难完全把握，就像一座冰山水平面以下的部分，需要运用专业的方法进行测评才能知道。

（5）行为动机

隐藏在冰山模型最底层的能力，对一个人影响最深远的也就是行为动机。行为动机是一个人做一件事背后最深层的原因，也就是出发点。经常会听到有人说：要不忘初心，就是指最初的动机。决定一个人取得成就最深层的原因就在于动机。正所谓"凡人畏果，圣人畏因"。一个人做事情的动机比最终得到的结果更重要。所以管理者引导团队的动机要符合"真、善、美"的基本理念。

2.岗位技能的分类

根据岗位的性质可以把岗位分成操作性岗位、管理性岗位和领导性岗位，不同的岗位对一个人的能力要求也不一样。一个岗位对任职技能的具体要求主要有6个方面：

（1）作业能力是指一个人有效完成一项具体操作性工作的水平；

（2）管理能力是指通过理人管事来实现团队目标的能力；

（3）人际能力表现为与人相处时沟通交流的和谐程度；

（4）决策能力是指对各项工作方案进行选择的效率和质量；

（5）学习能力表现为不断更新、适应新的知识、技能、理念、环境的效率；

（6）悟察能力是一个人把握事物的本质和发展趋势，对所学知识、技能、理念不断总结优化的效率和质量。

不同岗位对任职能力的要求有所差异。一般而言，越是操作性岗位对这6项能力中越靠前的能力要求越高，而越是领导性岗位对这六种能力中靠后的能力要求越高。

二、决定能力的因素

团队是一个分工合作的整体，每一个团队成员都需要把自己负责的工作按要求做好。每个岗位都要具备对应的工作能力才能胜任。在分工合作中对团队成员能力要求的依据主要有5个方面。

1. 岗位职责要求

岗位是团队分工的结果，每个岗位都需要负责完成团队的一些工作。不同的岗位需要完成的工作也不同，而不同的工作对能力的要求也不一样。如一个企业的前台岗位要负责接听公司所有来电。这项工作对能力的要求是：声音甜美，说话流畅，沟通能力强，普通话标准。但如果是一个负责技术开发的工程师岗位，那么他的声音是不是甜美，普通话是不是标准就变得不重要了。所以一个团队的不同岗位对能力要求会不一样。

2. 职业发展要求

职业发展通道是一个人通过学习成长能够得到晋升的路线。一个优秀的企业要根据不同的岗位设计科学的职业发展通道。要根据企业发展的需要结合个人的兴趣特长，设定每一个岗位的发展路线。每一次晋升是一个人能力提升的标志，也是对他工作成绩的肯定。但要从原有岗位升迁到上一级岗位，需要的能力会有所不同。一个负责生产的班组长，不需要懂得做生产计划，也不一定需要对电脑操作很熟练。但一个班组长要升任生产主管，他就必须懂得做生产计划且要负责把生产订单安排到各班组。同时大部分企业都要求生产主管必须对电脑操作熟练，特别是企业信息化越来越普及，不会使用电脑会影响工作的正常开展。

3.企业发展要求

一个刚刚创立的新企业最重要的是要能接到订单生存下去。企业在这个阶段对负责销售的团队成员最看重的就是市场开发能力，只要能为企业接到订单就是企业需要的人才。而对于一个已经初具规模的中型企业来说，如何建立科学的市场管理系统变得更加重要。这个阶段销售人员不仅要能接订单，更要懂得对自己所负责的客户进行分类管理，甚至要淘汰一些单量小且回款不及时的劣质客户。企业在不同的发展阶段，面临的主要问题不同，对团队能力的要求也会有所不同。

4.行业发展要求

一个行业从诞生开始就会不断向前发展。以手机行业为例，从20世纪八九十年代第一代的模拟制式手机到第二代的数字手机，一直到现在的第五代智能手机。每一代手机都会运用一些全新的技术。一个行业的发展分为培育期、成长期、成熟期、衰退期、变革期。在发展的不同阶段面临的行业状况也会不同。随着行业技术的发展和行业阶段的不同，对企业团队的能力也会不断提出新的要求。所以，团队的能力发展要跟上行业的变化。

5.社会发展要求

20世纪90年代在中国，互联网还是一个很新鲜的事物，没有多少人知道互联网是什么。而对于21世纪的企业，一个人不能使用互联网将很难正常开展工作。以前没有互联网的年代，企业各项工作照样能有序开展，而现在如果一个企业的网络发生故障，办公室就处于瘫痪状态。这虽然有一点夸张，但也反映了一个现状，随着整个社会的发展进步，对每个企业、每个人的能力都会不断提出新的要求。

三、能力不足的表现

前文有探讨因为不同的岗位职责、职业发展、企业发展、行业发展及社会发展的需要，对团队的能力就会提出新的要求。符合能力要求的人才能更好地完成所负责的工作，推动团队向前发展。管理者必须清楚每一个团队成员的能力状况，通过合理的分工合作，充分发挥每个人的优势高效达成团队目标。同时要根据工作要求、个人及团队发展需要有计划地不断提升每个人的能力。

1.知识不足

一个人能够高效完成一项工作，首先对这项工作的基本原理和要求要有充分的了解。这些原理和要求就是完成这项工作需要具备的知识。以驾驶汽车为例，首先就要掌握与驾车有关的操作要求和交通规则，所以考驾驶证的第一个科目就是交通知识。在正式练习驾车基本技能之前教练都会提前讲解注意事项。初学者的姿势要求：头正身直，坐椅前后适中，双手握住方向盘的左右两边。脚能踩踏到刹车，离合到位，行驶时眼看车前向……如果不知道这些基本知识就很难学会驾车。一个团队的成员对所负责岗位工作的相关知识掌握得越全面，在工作过程中才能更有效地开展工作。

2.技能不足

岗位技能就是完成工作的实际操作能力。掌握一项技能的主要途径有两条：一个是专门的训练，一个是实践经验。也就是说只有亲自去做才能真正掌握一项技能。在驾驶员培训机构学开车的时候，都是教练先讲解开车的要领，再做示范，学员通过反复练习才能掌握要领。

通过一段时间的训练，能够通过各项驾驶技能考核才代表学会了开车。除了专门的训练以外，实际工作经验也是获得技能的重要途径。工作经验和专门的训练最大的差别在于经验更多地要靠个人在实际工作中慢慢摸索才能得到。

专门训练的优势在于更系统、更科学，掌握起来就会更快速。就像开车技能，如果在驾驶员培训机构每天练习2小时，1个月左右就能掌握开车的技能。而要靠自己去摸索花几个月的时间都很难掌握要领。一个优秀的企业对各个岗位的技能要有科学的训练体系，这样可以快速有效地提升岗位人的能力。管理者要善于把一些好的工作经验总结成流程制度，并形成一套有效的训练方法做好复制与传承。

3.潜力不足

在评估团队成员的能力时，除了考虑他是否具备完成岗位工作的知识技能外，未来的发展潜力也是非常重要的因素。一个人的成长潜力越大，越容易在自己的工作岗位上取得更好的发展，对团队的贡献也将越大。另外，随着企业、行业和社会的不断发展，对每个岗位也会不断提出一些新的要求。这也要求团队成员要有足够的潜力才能适应发展的需要。所以从长远的角度考虑，一个人现有的知识技能即使稍弱一点，但只要有足够的发展潜力都值得培养。管理者主要可以从个性特质、自我概念和行为动机三个方面来判断一个人的成长潜力。

四、选人比培养更重要

每个管理者都希望打造一个高效团队，选对人是非常重要的基础。入职条件是一个团队的门槛。如果门槛没有设置好，让一些不适合团队的人加入会严重影响团队的效率和发展。提前选择好合适的人才远比后续的培养更重要。因为要改变一个不适合岗位工作的人非常难，同时他在工作中也感受不到乐趣。只有把好入职的门槛才能选择更适合团队的人才，不断提升团队的合力。

1.明确任职要求

管理者要找到适合的人才加盟到团队，首先要根据每个岗位工作的情况及未来发展的需要明确岗位任职要求，并拟定好岗位说明书。岗位说明书的内容主要包括岗位名称、隶属关系、目标责任、岗位工作、岗位权力、岗位环境、职业发展、任职资格等内容。通过这些内容能够对一个岗位有比较全面的认识，同时也为选拔人才提供了评判的依据。

2.建立多渠道招聘

在明确岗位任职要求之后，还要建立多种招聘渠道，以保证企业需要人才时能找到更多符合条件的应聘者，有机会从中选择最适合团队的人才。

3.重视面试设计

把好入职关需要做好入职前的面试工作。面试的时候可以面对面与应聘者交流，直接观察应聘者的身高、容貌、言谈举止。同时在面试的过程中，要根据岗位任职的要求设计一些特定问题。通过应聘者对这些问题的回答，可以对一个人的相关能力有更准确的判断。在面试的过程中第一感觉非常重要。

4.做好专业笔试

笔试是通过试卷的形式提出一些问题让应聘者进行分析解答。对应聘者来说，笔试可以有更多的时间认真思考，也没有面对面试官的压力。同时，笔试也可以避免面试官主观判断的影响。所以笔试比面试的结果更加准确，也更加客观。在笔试的时候要针对岗位任职的要求设计问题，笔试适合一些有固定答案的问题，这样评分才更准确。

5.运用职业测评

在人才选拔的时候，职业测评可以对一个人适合哪些职业作出判断。通过测评可以帮助管理者了解一个人的个性特点、职业兴趣、智力水平、能力倾向、价值观等内在的特质，从而更准确地判断应聘者是否适合一个岗位的工作。主要的测评包括智力测验、人格测验、兴趣测验、动机测验。每一种测验都有专业的测评工具，测评结果可以给面试官决策提供参考。

6.情景模拟测试

情景模拟就是模仿实际工作的场景，让应聘者扮演应聘的岗位角色来处理一些工作。这可以更集中、更直观地展现应聘者的岗位工作能力。管理者可以直接观察到应聘者对岗位的一些重要工作的处理能力。企业中最常用的情景模拟方法有以下4种。

（1）角色扮演法

角色扮演是一种简单而有效的方法。应聘者扮演所应聘岗位的工作人员，再安排人扮演成客户、上司、下属或其他可能与这个岗位有工作关系的人。这些人可以站在扮演角色的立场向应聘者提出各种与工作有关的问题、建议或反驳他的意见。扮演工作人员的应聘者必须对这些人提出的问题做好处理，从而了解他在实际工作过程中解决问题的思路和方法。

（2）案例分析法

案例分析通常是给应聘者一些关于企业中存在问题的介绍材料，让应聘者根据这些材料中的信息提出自己的解决方案。这种方法可以考察应聘者的综合分析能力和判断决策能力。

（3）无领导小组讨论法

无领导小组讨论法是让4~8个应聘者组成一个小组，但不指定小组领导和发言人，让每个人根据提供的材料展开自由讨论，最后要求小组在限定时间内形成一致意见，并以书面形式汇报。在这个过程中可以观察到每一个应聘者如何参加讨论，谁会主动担当领导者的角色，谁会提出建设性建议。每个人的表达能力、说服能力、人际关系处理能力、个人见解、是否善于倾听等都会在这个过程中得到很好的展现。

（4）文件筐处理法

文件筐处理就是给应聘者一堆需要处理的文件，包括通知、报告、信件、下属汇报、电话记录等内容，要求应聘者在规定的时间内做好处理。在这个过程中可以看到应聘者的计划能力、判断能力和决策能力。

7.合理调查取证

调查取证主要是考察应聘者所提供信息的真实性，同时也可以借此了解到应聘者的人品是否诚实。对一些重要的工作岗位通常要求应聘者留下每一个工作阶段的证明人，可以是当时的上司，也可以是同事。通过电话或其他形式向这些证明人沟通了解应聘者过去工作的实际情况和对应聘者的评价。如果应聘者在面试时所提供的信息和实际调查得到的信息存在较大差异就不能录取。

8.试用期考评

试用期是企业进一步验证应聘者是否适合的重要过程。在试用期内需要完成两件事情：一是新入职人员的入职培训，通过入职培训可以进一步考评应聘者的知识、技能、个性、理念等各项能力、素质是否适合岗位的工作；二是评估新人进入团队后的融入情况。像华为、海尔这些世界一流的企业都会有3个月到半年的岗前培训，培训的过程就是进一步考评筛选的过程。只有真正认同企业文化，能够快速融入团队，并有足够的能力完成岗位工作的人才是适合团队的人才。

五、科学的培训体系

不要期望一个人刚加入团队就能完全胜任所负责的岗位工作。每个岗位对任职人的能力要求也会随着企业的发展、行业的发展和社会的进步产生变化。一个人入职一家企业也不可能永远只在一个岗位上工作。所以把好企业的入职关并不能完全解决团队能力不足的问题。只有让团队中的每一个人能够持续不断地成长，才能适应这些新的要求。这就需要建立完善的培训体系，根据岗位工作的需要和企业发展的需要，分岗位、分阶段、有计划地进行系统培养。

企业没有培训系统来提升团队能力是造成团队"不能"的重要因素，同时也会严重阻碍一个人在团队中的成长与发展。如果有人问："一个没有学过开车的人开的车你愿不愿意坐？"相信没多少人愿意。然而却有很多企业让没有接受过任何岗位培训的人直接上岗工作。这些没有经过训练的人要完全通过自己的摸索掌握其岗位能力，这需要付出比科学训练高几倍的代价。一个优秀的企业，每个岗位的人有超过90%的岗位能力来源于有计划的培训指导。而很多普通企业的团队通过培训获得的岗位能力不足10%，剩下的就只能靠自力更生。

（一）有效培养的基本原则

企业在开展培养工作时不能盲目，要符合一些基本的原则。只有按这些原则去规划开展训练才能起到更好的作用。

1.针对性

有效的培养首先要有针对性，培训内容要针对团队工作中存在的实际问题。不是什么内容都可以拿来培训，每一次培训都要有明确的目标。

2. 实用性

培训的内容要能真正帮助团队解决工作中遇到的问题，帮助受训者提高工作绩效。不恰当的内容甚至会对团队产生负面作用。比如，有的生产性企业在给团队做了成功学方面的培训后，导致大量员工离职。

3. 系统性

根据不同的岗位需要设计不同的培训课程，形成完善的训练内容。同时能让团队成员在同一个岗位、同一个阶段接受到同样的培训课程，以保证培训内容能得到有效的传承。一些重要的培训内容要做到定期复训，内容有调整后还要重新培训，这样才能不断强化培训内容的落实。

4. 成长性

培训课程的设计不仅要立足于现在，同时要充分考虑职业生涯的发展和公司战略发展的需要。通过培训帮助团队成员的职业生涯得到更好的发展，培养更多适合公司战略发展需要的人才。

5. 经济性

培训工作的开展还要充分考虑经济性，要充分发挥培训经费的效果。发达国家一些优秀企业的培训经费一般占到营业收入的5%，企业要把培训经费用到一些解决企业面临的关键问题上才能发挥最大作用。

（二）培训内容的分类

企业培训的种类非常多，不同培训的作用和目的也不同。只有对培训进行科学分类，做好不同类型的培训管理才能更好地发挥作用。

1. 分岗位培训

不同岗位需要具备的能力要求和职业发展的通道会不一样，需要培训的内容和重点都会有所差别，所以培训的内容要根据不同的岗位有所差别。通常可以按专业性分为生产类、技术类、销售类、财务类、行政类、管理类等不同的岗位类型。同一类岗位还会分成不同层级。这些不同性质的岗位，需要设计对应的培训内容，帮助团队成员的能力得到提升。就像技术类和销售类的岗位培训重点和内容肯定不一样，对普通技术人员所培训的内容和对工程师需要培训的内容也肯定会有很大的差异。

2.分阶段培训

一个人加入团队，在不同的发展阶段需要提供的培训内容和重点也有所差别。可以把一个人在团队中接受的培训分为3个阶段。

（1）入职培训

入职培训是新入职的团队成员在正式上岗前开展的一系列培训内容。一般包括公司简介、企业文化、规章制度、岗位职责等相关内容。每个企业的实际情况及岗位的不同，入职培训的内容也有所不同。

一个好的入职培训可以为企业带来很多收获。最直接的效果是可以降低团队的流失率。很多企业每天都在搞招聘，但人员还是不够。原因不是公司发展太快，而是团队离职的人太多。如果在入职时让每个新入职人员对公司有一个较全面、客观的了解，对自己的定位和发展有一个正确认识的话，可以让他们更安心地留下来工作。

第二个好处是可以帮助一个新人更快、更好地胜任岗位工作。通过入职培训，可以让一个新人了解到岗位的工作要求，并掌握岗位工作需要的基本技能，这样可以让他们在正式上岗后少犯错。

第三个好处是可以帮助新人快速地融入团队，适应企业的文化。让每个人都了解并认同企业的核心文化是入职培训非常重要的目的。正所谓道不同不相为谋，一个不认同企业核心文化的人会对团队造成伤害。

（2）在职培训

在一个岗位上已经正常开展工作的团队成员，为了提升岗位工作绩效或适应岗位新要求而开展的培训称为在职培训。每个人对一个岗位的工作都有一个从认识到熟悉、从熟悉到突破的过程。同时因为行业、社会的发展和企业的不同阶段都会对同一个岗位提出新的要求，需要掌握一些新的技能。管理者要根据团队成员所在岗位的职业生涯规划及实际绩效表现，制订合理的培养计划。帮助团队成员分阶段地提升自己的综合能力，才能胜任岗位的工作要求。

（3）调职培训

很少有一个人在企业的同一个岗位上能干一辈子。因为不同的岗位所负责的工作会有所不同，对任职者的能力要求也会不同。所有因为岗位变动而开展的培训统称为调职培训。调职培训的目的偏重于让调整的人能够更快地适应新的岗位工作。就像一个在销售岗位上工作出色的业务精英，在调升为业务主管以前就需要进行管理能力的训练。因为一名业务主管不仅需要出色的销售能力，更需要有很强的管理能力，才能带领整个业务团队取得出色的成绩。

3.分内容培训

根据培训的内容可以把培训分为个人素质类培训、岗位技能类培训、理念心态类培训。

（1）个人素质类的培训主要包括时间管理、情绪管理、压力管理、商务礼仪、沟通技巧等课程内容。

（2）岗位技能类的培训是根据不同岗位性质及岗位层级来设计对应的课程内容。按岗位专业性可以分为生产类、技术类、销售类、财务类、行政类、管理类等不同的类型。同一类的岗位还可以分为基层、中层、高层三个不同的层级。不同性质不同层级的岗位，要求具备的能力也不同。

（3）理念心态类培训是帮助团队树立一些正确观念和积极心态的培训内容。每个团队都要根据企业的核心文化来设计相应的课程，帮助整个团队树立正确、统一的思想观念。

4.培训形式分类

同样的培训内容可以用不同的培训形式来开展，每一种培训形式都有自身的优缺点。管理者要根据培训的需要和条件选择合适的培训形式。常见的培训形式有以下5种。

（1）知识讲解式培训

这是最常见，也是最传统的培训方式。在学校接受的教育基本上都是属于这种形式。培训老师把一些知识直接讲解给团队听。这种培训方式的知识容量很大，培训内容的系统性强。

（2）案例研讨式培训

案例研讨式培训是通过告诉大家一个案例，让大家对案例中出现的问题进行分析，并给出自己的理解或解决方案。案例研讨不一定有标准答案，虽耗时较多，但可以集思广益，让每一个人在分析过程中能力得到提升。

（3）模拟训练式培训

通过模拟实际工作的场景，让大家在模拟的场景中处理工作中遇到的一些问题。通过这样实操式的练习，可以直接、快速地提升团队的实际工作技能。这也是提升岗位技能最有效的一种培训方式。

（4）启发训练式培训

启发训练式培训可以贯穿到整个工作过程中，是管理者在工作过程中训练团队的重要形式。当团队成员遇到问题的时候，管理者可以通过三个步骤来启发提升他们的能力。首先是问当事人："对这个问题你有什么想法和建议？"从而启发他主动去思考解决问题的方法。如果对回答的内容不满意，还可以再问他："还有没有更好的办法？"直到满意或当事人的确没有更好的思路时，管理者再根据实际情况给他一些指导性建议。

（5）拓展训练式培训

拓展训练式培训是大家非常喜欢的一种培训形式。培训者根据培训的目的设计一些游戏活动，通过在一些游戏活动中让大家去感悟到一些道理。这种培训方式让每一个受训者都亲自参与，把娱乐和学习融为一体，让参加学习者很容易理解和接受培训的内容。

（三）建立完善的培训体系

1.建设必备的培训环境

通过了解培训的分类对各种培训会有一个基本的认识。但要正常地开展培训工作，还需要建立一个良好的培训环境。

（1）首先是管理者要重视培训工作。只有真正关注团队能力的提升，重视培训系统的建立和培训工作的开展才能形成良好的氛围。

（2）开展培训需要有合适的培训场地。根据企业的实际情况，可以设置专门的培训室。如果达不到设置专门培训室的条件，也可以把会议室或合适的临时场地作为培训用。培训场地要考虑到培训人员的数量、灯光、电源等配套要求。

（3）在实施培训时还需要一些培训设施，如电脑、投影仪、白板、白板笔等，这些都是在培训时会用到的工具。只有培训设施越齐全、越先进，才能提升培训的效果。

（4）建立企业读书室也非常有必要。企业可以购买、收集一些与企业和各个岗位有关的书籍供团队在空闲时间进行学习。通过帮助团队成员养成学习的习惯来提升工作能力。

（5）制作培训有关的标语也是营造良好学习氛围的重要措施。如

"每天进步一点点""学习是最好的投资""学无止境"等类似的标语可以强化团队对培训的重视，为培训工作的有效开展营造良好的氛围。

2. 做好培训计划

凡事预则立，不预则废。管理者要做好培训工作，需要根据团队中各个岗位的实际培训需求拟订培训计划。培训的需求主要来源于三个方面：第一个是岗位绩效表现中存在的问题，需要通过培训得到改善；第二个是企业或岗位未来发展的需要；第三个就是团队成员个人的兴趣爱好。

在拟订培训计划以前管理者要进行详细的培训需求调查，把一些重要而紧急的培训内容做优先安排。一个完整的培训计划包括：确定培训的主题、选择合适的培训师、设计具体的培训内容、明确培训时间、培训地点、参加培训的人员、培训成本的预算、培训效果的考评。

××公司季度培训计划

序号	培训主题	内容大纲	培训讲师	培训时间	培训地点	参加人员	成本预算	效果考评
01								
02								
03								
备注								

拟订：　　　　审核：　　　　核准：　　　　年　月　日

3. 培训师团队组建

培训工作需要有优秀的培训师，企业要注意培养和收集培训师资源。培训师是培训课程的实际执行人，同样的培训内容让不同的培训师讲，得到的效果会截然不同。企业可以根据培训内容和企业内部人力资源的情况，建立内训师和外聘培训师相结合的优秀师资团队。

内训师是企业内部培养的培训师。这些内训师都是企业中某个领域的精英，对公司及所负责的工作都有非常深入的了解。由他们把自己所专长的领域整理成培训课程最具有实效性，缺点是内部团队成员能把自己岗位上的工作做得很高效，却不一定是一个好老师。因为培训也是一门非常专业的技能，如果没有掌握相关的知识技能就无法胜任培训工作。所以企业要提前做好内训师的筛选和培养，一步步组建企业内训师团队。

除了内训师以外，还需要整合一些培训顾问公司或职业培训老师的资源。有很多培训课程不一定能找到合适的内训师，同时也需要借鉴其他企业的优秀经验。而顾问公司或职业培训师都在自己所专长的领域有很深入的研究，接触到的企业也非常多。往往外部培训师在解决一些问题时会有自己独到的见解和方法。这些成功的经验可以帮助团队少走弯路。

4.培训课程开发

在制订好培训计划之后，还要找到优秀的培训师负责课程开发。课程内容的开发一定要符合培训的实际需要，通过培训达到目的。在进行课程开发时有两个方面需要重点关注。

（1）课程内容要切合实际需求

在设计课程内容的时候，一定要了解团队成员的实际需要，也就是课程的内容要针对团队的工作需要展开。如果培训内容不对，就像一个人感冒了去看医生，医生却给他治胃病的药一样。所以现在很多企业因为盲目地做培训，在培训上没少花钱但却收效很少。

（2）课程培训形式要易于接受

企业培训面对的都是已经参加工作的成年人。针对成人学习，他们更看重是否能解决工作中的实际问题，培训的形式要偏向于实操性和趣味性。因此在做培训课程开发时，要注意根据培训的对象选择合适的形式，让大家更多地参与互动，学习效果才会更好。

5.做好培训实施

在具体实施培训课程时要注意提前做好准备工作，把培训中需要的物资提前准备好。同时要注意维护好培训现场的秩序和氛围，保证培训的效果。有的企业花了大量时间和经费准备一场培训，而在培训现场手机铃声不断，有的一边上课还一边窃窃私语，这样的培训效果可想而知。

6.培训效果考核

培训的成本非常高，包括培训场地的占用、培训老师的费用、受训人员的时间成本等。一场有效的培训可以让企业获得几倍甚至几十倍的收益，而一场无效的培训却只会增加成本。这也是很多企业不愿开展培训的重要原因。我们要想对培训的效果有较准确的了解，就需要在培训过程中做多层面的考核。

（1）反应层面

培训考核的第一个方面是学习的反应层面，也就是接受培训的人员对培训课程的评价。包括他们对培训的内容是否感兴趣，在培训的过程中是否认真，是否积极参与互动，对整个培训过程的感觉是否良好，对老师的评价如何等。对这个层面的考核，通常可以采用对参加培训的人员进行问卷调查，让他们对学习的情况作出评价就可以掌握了。

（2）内容层面

第二个层面是培训内容的掌握情况。针对培训的重点内容，在培训完成以后可以采用几种不同的形式进行测试。一个是提问的方式，可以对培训内容直接向参加培训的人员做抽查提问，要求在不能查阅资料的情况下进行回答。另外，还可以采用更为正式的方式就是通过考试来进行测试。把培训中的重点内容以选择题、问答题、案例分析等方式要求受训人员做解答，从而了解他们对培训内容的掌握情况。除此以外，还可以要求接受培训的人员在培训以后写学习总结报告。学习总结要求首先把自己从培训中学到的重点知识写出来。为进一步引发大家的思考，能够把所学知识应用于实际，还可以要求大家根据所学的内容谈谈自己在实际工作中如何运用。

（3）行为层面

企业做培训的时候，学过什么不重要，关键是学到了什么；比学到什么更重要的是能用到多少；比用到多少更重要的是有没有得到更好的结果。通过培训不只是为了学到课程中的知识，更重要的是能够改变以前的一些工作思维和方法，从而得到更好的结果。所以在做培训考核的时候要考察接受培训的人员在培训以后，工作的思路和方法上有没有一些新的变化。

例如，很多销售团队都会培训FAB产品介绍法。FAB分别是属性、特点、好处3个英文单词第一个字母的缩写。这个方法要求销售人员在介绍一个产品时，首先要说明这个产品具备一个什么属性，再说明因为这个属性使产品拥有什么特点，而这些特点能给客户带来什么好处。在培训完FAB产品介绍法以后，要知道培训在行为层面产生的效果，就需要随机观察几位接受过培训的团队成员是否运用这种方法向客人介绍产品。

（4）绩效层面

培训的价值最终要体现在工作结果的变化，这就是对培训绩效层面的考核。一般培训以后要产生绩效需要一段时间的转化。对培训绩效的变化依据主要来源于培训内容相关工作的一些关键指标变化。同样以上面提到的FAB产品介绍法培训为例，最直接的绩效变化就是销售业绩是否有提升，客户成交率是否有提升。如果通过培训以后，接受过培训的人员在销售额和成交率比培训以前有明显提升，就证明培训非常有效。

六、打造学习型企业

21世纪企业竞争胜负的关键在于人才的竞争。一个企业要实现持续健康发展的关键在于团队学习能力是不是够强够快。学习型企业就是团队具有很强的学习能力，能够快速适应环境的新要求。学习型企业能够通过不断的学习创新抓住发展的新机遇，从而获得远高于普通企业的盈利能力。如何才称得上一个真正的学习型企业？主要体现在6个方面。

1.在实际工作中进行学习

在工作中学习就要善于不断总结工作经验，通过学习思考不断解决在工作中发现的问题，从而提升自己的心性和能力。每一个岗位的工作负责人是最了解自己岗位的人，每一项工作永远都有改善提升的空间。只要对自己的岗位工作保持足够的热情和对问题的敏感，就能不断从工作的细节中发现提升的机会。中顺洁柔的团队在工作中发现，袋装生活用纸的直线开口在打开时不方便，并且第一抽会浪费好几张纸。为了解决这个问题，他们设计了圆弧形的开口，并获得了专利。正是这个独具特色的设计得到了大量消费者的认可。

2.以个人学习为基础的学习

学习型企业要打造一个学习型的团队，但如果没有个人的学习，就不可能让整个团队学起来，也就无法打造学习型企业。打造学习型企业首先要从提倡个人学习开始，让每个人都有目的、有计划地主动学习。但如果只是个人学习，而没有与团队的目标和工作结合在一起，也不能算是学习型企业。所以在学习内容和方向上，管理者需要做一些要求和引导。同时促进团队成员在成长的过程中共同探讨，相互帮助，共同进步，让学习始终朝着提升工作能力，实现整个团队目标的方向进行。

3.以信息反馈为基础的学习

学习是一个持续的过程，学习能改变团队的工作思路和方法，以取得更好的工作绩效作为重要目标。通过学习之后团队的工作绩效到底有没有得到提升，这需要一些信息反馈作为依据。团队在学习的时候要设定明确的工作提升目标，并定期检查目标的实现情况，从而可以让管理者检查学习的效果，也能够看到存在的差距，让团队更有效地进行学习。一个学习型的企业，作为管理者要及时向团队成员反馈他们工作情况的信息。团队成员要一起分享做得好的经验，让每个人都能学习借鉴。同时也要告诉每个人做得不足的方面，并探讨改善的方法，从而帮助团队成员找到成长的方向。

4.以总结反思为基础的学习

曾有专门的机构对工作的好习惯做过一个调查，"不犯第二次错"的习惯排名前列。每个人都不希望在同一个地方摔倒两次，但在实际的工作中发现，很多人都在重复犯一些简单的错误。在团队中经常会有这样的经历，上司交代了一项工作，结果等到上司来追问的时候才发现忘了。一个人要真正做到"不犯第二次错"，首先要能对自己的工作进行总结反思，对出现的问题找到可行的解决方案。就像上面提到的要避免发生工作遗忘的问题，如果养成随身带笔和纸，当上司交代工作时能及时记下来就可以很好地解决这个问题。一个学习型的企业必然是一个善于总结反思的团队，从总结反思中不断学到新的东西，从而不断提升自己的工作能力。

5. 以共享为基础的学习

现在社会分工越来越细，团队本身也是分工合作的产物。一个人不可能靠自己学好所有知识，做好所有工作。在团队中要善于进行分工合作，每个成员专长于自己的岗位工作，并不断提升自己的知识技能才能真正创造更大的价值。同时在提升知识技能时要善于借鉴别人的经验，站在前人的肩上去提升才能成长得更快。所以一个学习型企业，要善于分工合作，善于共享别人成功的经验才能发挥团队整体的优势。团队成员在学习成长的过程中要主动分享自己学习的成果，帮助其他团队成员快速提升的同时自己也获得成长。

6. 学后要有新行为

学习以后如果不能产生新的行为，不能得到更好的绩效，那么这种学习的价值就不高。学习型的企业要强调学以致用，能快速地把学习内容转化成工作思路和方法的改变，带来工作绩效的提升。所以一个学习型的企业必然是一个不断创新的团队，在工作过程中不断发现提升的机会和创新的方法。

学习是一种胸怀，只有怀有空杯的心态才能装入新的东西；学习是一种习惯，只要事事留心皆学问，要养成一种随时随地学习思考的习惯；学习更是一种境界，正所谓只有当一个人能不断学习新的东西才能不断适应环境的变化。就像水倒入杯中就像杯，倒入瓶中就像瓶。只有持续不断地学习，团队才能不断提升心性和能力，才能实现"内享幸福，外创价值"的人生目标。

第二章 避免团队"不明"

一、沟通并没有那么简单

很多人都认为沟通是一件很容易的事情，只要有嘴巴会说话就能沟通。当然这也没错，表面上看沟通并不是一件很复杂的事，但要真正沟通好却并不容易。湖南电视台曾做过一个节目，节目的内容是让6个人坐成一排，由第一个人先听一段音乐，其他人都要背对着第一个人用耳塞把耳朵堵起来。当第一个人听完音乐，第二个人才能转过身把耳塞取下来听第一个人把音乐的旋律唱一遍给他听。第二个人听完以后，第三个人再把耳塞取掉听第二个人把音乐的旋律唱给他听。就这样一个传一个，听的人在整个过程中都不能说话，最后一个人在听完以后就要说出是什么歌曲。结果发现传的人越多旋律越走样，到最后一个人的时候几乎已经很难辨别是什么歌曲了。这其实就是现实的沟通情况，经过几个沟通环节后，接收到的信息差别会很大。到底是什么造成了沟通的问题，下文是对沟通完整过程进行的分析。

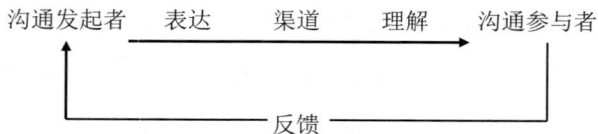

沟通发起者　　表达　　渠道　　理解　　沟通参与者

——————————— 反馈 ———————————

一个完整的沟通过程就是沟通发起者把想要表达的信息或情感通

过语言、语调、表情、动作等形式进行表达，这些表达的内容通过一定的渠道传递给沟通参与者，沟通参与者再把看到、听到、感受到的内容转化为自己理解的信息或情感。很多时候自己理解的并不一定是沟通发起者的本意，所以一个完整的沟通还需要沟通参与者把自己理解的意思反馈给沟通发起者，以确认是不是准确的理解。有效的沟通需要在合适的场合、合适的时机、用合适的方式，表达自己的想法或情感，并让对方得到正确的理解和执行。上面提到湖南电视台的游戏，其关键问题就在于沟通参与者没有反馈的机会，几轮沟通后，和本来的意思差距很大。

有一个著名的沟通模型叫哈雷视窗，它可以更准确地说明沟通的实质和沟通过程中遇到的障碍。

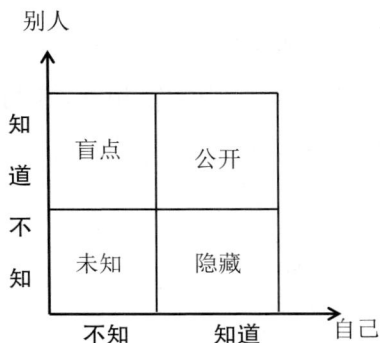

从这个视窗中可以看到沟通的双方在沟通过程中因为对信息的掌握情况不同可分为四种状态。

1.首先是自己不知道，别人也不知道的内容。这是一个未知的领域，也就是沟通双方对相关的内容都不知道。对待未知的领域无法通过沟通来了解真相，只有靠不断地探索才能了解更多。如一个人的潜力到底有多大，通过不断努力能取得怎样的成就，这些问题没有人真正清楚，只有靠不断地探索才能得到结果。

2.自己知道，但别人不知道的信息。这个领域是沟通者的隐私，也是造成沟通障碍的重要因素。因为每个人在沟通时无法把所有信息都让对方知道，甚至是故意隐藏一些内容不让对方知道。这就很容易造成对沟通内容的误解。所以在沟通过程中要尽可能做到不隐藏与沟通相关的一些重要信息。

3.自己不知道，而别人知道。这个领域是自己的盲点。在工作、生活中很多人都以为很了解自己，认为自己了解的都是事实，其实很多时候是旁观者清。通过沟通要不断消除自己的盲点，只有善于倾听和自我反省，才能了解到一些自己并不知道的真相。所以任何时候，发生任何事情，都要给别人说明的机会，也许自己所理解的并不一定是真相。

4.自己知道，别人也知道。这个领域是一些公开的信息，是大家都知道的内容。一个良好的沟通最终要达到的结果就是大家对相互表达的信息或情感都有正确的理解。当大家相互之间真正理解了对方表达的真实内容时，才容易在同一个问题上达成共识。

二、常见的三类沟通问题

通过对企业管理过程中遇到的问题调查发现，70%以上的问题是因为沟通不良引起。因为沟通不良产生的问题，可以归结为团队"不明"。也就是在团队沟通的过程中没有明确工作的具体情况和要求。管理者要减少团队"不明"的问题，就要提前明确每一个岗位和各项工作的具体内容和要求。在工作沟通过程中要避免"不明"的3种情况。

1.没说清

首先是在沟通时没有把工作的内容和要求向团队说清楚。曾有一个公司的主管抱怨说：部门里的文员做事让他很不放心，总是不能给到他想要的结果。他还举了一个简单的例子，安排这个文员帮他打印文件，经常要去催她才有结果。通过了解他安排文员打印文件的沟通过程，发现他只是告诉文员要打印文件，而没有把打印文件的具体要求和重要性说清楚。这种类似的问题在团队工作中每天都在发生。

2.没听清

"没听清"是指在沟通的过程中，没有把工作的内容和要求听清楚。很多人都有一边做着事情一边与人沟通的习惯。因为不能专心工作，所以很容易出错。同时也没办法用心听对方在讲什么内容，很多重要的信息都没有听清楚，结果等出现问题再沟通时会发现很多内容都没听见，所以在工作沟通过程中参与者一定要用心倾听，只有把对方表达的内容听清楚才能减少出错的概率。

3.没理解

在沟通过程中只要相互之间没有准确地了解对方所表达的真实意思都属于"没理解"。对沟通中的"没理解"可分为三种不同情况。第一种情况是完全不理解，就是对沟通的内容根本没搞明白；第二种情况是对沟通的内容一知半解，也就是只理解了一部分的内容，但还没有全部理解；第三种情况是对沟通内容存在错误的理解，与本来的意思不一致。在沟通过程中之所以会经常出现"没理解"的情况主要有以下4方面原因。

（1）中国语言内涵丰富

在中国两个人见面经常都会问："吃过饭了吗？"对这句话至少可以有三种完全不同的理解：第一种是他想请吃饭；第二种是表示他的一种关心；第三种纯属见面的一种问候方式。同样一句话都可以有不同的理解，会得到完全不同的结论。

（2）沟通用语模棱两可

在沟通的时候经常会用到"可能""也许""差不多""大概"等模棱两可的用语，这些词语的使用会在沟通过程中对准确地理解对方表达的意思增加难度。

（3）沟通个体存在差异

由于每个人的经历、价值观和立场不一样，对同样一件事情的看法都会出现完全不同的观点。在生产型企业中对待加班的看法就存在很大差异。比如，一个生产型企业因为生产出货需要加班，有一部分人非常乐意，也有一部分人却表现得非常抵触。调查发现，乐意加班的基本上都是年龄偏大的员工。他们愿意加班的主要原因是：不加班也没什么其他事做，加班还可以多挣点加班费。而不愿意加班的基本上都是年轻人，他们希望有更多的个人时间。不同年代出生的人，因为生活背景的差别，他们的价值观也有很大差异，所以对待加班的态度也完全不同。

（4）沟通障碍的影响

每个人因为自己的心理、兴趣、经验不同也会造成沟通的一些障碍。这些障碍同样会影响一个人对沟通内容的准确理解。常见的沟通障碍包括首因效应、晕轮效因、固化印象等。以固化印象为例，只要一说四川人就想到能吃辣；一说东北人就认为很豪爽；一说广东人就感觉很务实……这些先入为主的观念或印象会造成团队沟通的一些障碍。

三、高效沟通的基本原则

通过不断的实践总结发现，要做好沟通必须遵守几个基本原则。如果没有做到这些要求，在沟通中就很容易出现问题。

1.提前准备

提前做好准备工作是提升沟通效果的重要方法。根据需要沟通的内容拟定好一个大纲，并对沟通涉及的内容提前查阅相关的资料。同时还要对准备沟通的对象有一个整体的了解，根据对方的情况明确最适合的沟通方式。

2.尊重理解

每个人都希望得到别人的尊重理解，没有相互尊重理解的沟通不可能有好的效果。很多企业的管理者总是喜欢板着脸，动不动就大声训斥自己的下属，下属见到他就像老鼠见到猫一样。当面说什么下属都说好，但只要他一走开下属就开始发表不同的意见。良性的沟通是要达成共识，而共识必须建立在相互尊重理解的基础上。在实际沟通过程中要做到尊重理解需要6个合适。

（1）合适的沟通礼仪

沟通过程中的礼仪是对别人尊重理解的重要体现。如在一些商务沟通中要穿正装，见面时要握手，这些都是在沟通中需要注意的礼仪要求。同时要特别注意不同国家或地区的礼仪文化不一样，要尊重对方的习俗。

（2）合适的沟通时机

同样的事情选择的沟通时机不对也达不到想要的效果。如销售人员要做好销售的工作就必须善于把握时机。不要一见到客人就开始介绍产品，这很容易让人产生防范和抗拒的心理。只有与客人建立基本的信任之后才是介绍产品的好时机。

（3）合适的沟通地点

在沟通过程中要做到尊重理解对方，还需要选择合适的地点。如一个下属出现了工作失误，如果管理者当着很多团队成员的面训斥他，即使他不争辩，也完全达不到想要的结果。因为在他心里更多的不是在反思自己为什么会犯这个错，以后要如何避免犯同样的错误。相反因为受到当众训斥他更多的是感觉很委屈，会为自己找很多借口。

（4）合适的沟通内容

在沟通的时候内容要合适，所谓的内容要合适就是要站在双方的不同角度思考，沟通的内容要符合公平、合理的原则。只有用一种共赢的理念，提出公平、合理的要求，才能体现对别人的尊重理解。如果提出一些无理的要求，即使暂时达成共识也无法长久。就像有的生产企业为了赶货经常要求生产人员加班，但又不给加班费。一次、两次可能没有问题，如果长期如此就很难行得通。

（5）合适的沟通语言

为了体现对别人的尊重理解，在沟通时要文明用语，同时选用对方听得懂的语言来表达。这就要求在沟通的时候尽量避免用太过专业的表达方式或别人听不懂的语言。就像在广东，有些年龄偏大的人听不懂普通话，如果要和他们去沟通事情就要用粤语去表达。即使自己不会，最好也要找一个既懂粤语又懂普通话的人配合沟通。

（6）合适的沟通技巧

在工作中沟通的目的是为了解决问题，所以要讲究沟通的技巧。如果团队成员出现工作失误，在沟通时首先不能带个人情绪，坚持做到对事不对人。同时针对出现的问题要找到有效的解决方案。最后要鼓励他努力改善，取得好成绩。如果团队成员在工作中表现好就要及时地表扬，只有善于赞美团队才能让大家在工作中有更大的动力。

3.诚实可信

为什么有的管理者在团队中讲的话大家都深信不疑，而有的管理者说的话却没人相信。这需要管理者在平时就要注意自己的言行举止，与团队沟通的事情要说到做到。只有建立了信任才能实现高效沟通。如果得不到团队的信任，不管说什么都会被怀疑，这样的沟通很难达成目的。

4.控制情绪

有人开玩笑说：千万别和自己的老婆讲道理！可能很多人都认为一家人最容易沟通。但事实上大家会发现，自古以来家人之间的沟通都不容易。父母与子女之间有一个形容难于沟通的词叫"代沟"；兄弟姐妹之间也很少有人能真正做到和睦相处；婆媳关系更是许多人的家庭困扰。造成家人沟通如此困难的根本原因就在于有"情感"。家是情感最浓的地方，而正是这种浓浓的亲情，让很多人在与家人沟通的时候都容易情绪化。一个人只要带上情绪就不会再关心对方在说什么。在团队中做沟通也是一样的道理，只有学会控制好情绪才能就事论事。当情绪不对的时候，越沟通会发现越不能通。

四、把事情说清楚的技巧

在工作沟通过程中要避免沟通的问题产生，首先必须把事情说清楚。只有把事情的相关内容和要求都说清楚才能避免出现误解。为了把事情说清楚可以借助几个有效的工具。

1."5W1H"把工作描述清楚

在工作沟通过程中，首先要把工作本身的相关内容描述清楚。任何一项工作都会包含"有何事，何时，何地，需要谁去做，为什么要做，用什么方法去做"这6个方面的内容，以英文单词的第一个字母表示为"5W1H"。

（1）What是指"什么事情"，在沟通一件需要完成的工作时，首先要明确到底有什么工作需要完成；

（2）When是指"在什么时候"，也就是需要在什么时候做；

（3）Where是指"在什么地方"，明确这项工作是在什么地方开展；

（4）Who是指"谁负责"，明确这项工作由谁负责，有哪些人参与；

（5）Why是指"为什么"，做这项工作的目的是什么，有什么价值；

（6）How是指"如何"，用什么方法完成这项工作。

相信很多人都有临时接到公司电话通知开会的经历，常常会出现沟通不清楚的情况。如果用5W1H的方法来通知开会的话，就会变得非常清晰。按5W1H的要求模拟通知开会的沟通内容："您好，×经理！今天下午2点钟，在公司会议室召开上周的部门工作总结会，总结汇报各部门的目标计划。总经理要求每个部门经理都要亲自参加，并提前做好本部门的周总结和计划。"按照这个标准，只要把6个要素都表达清楚，就能把一项工作的内容描述完整了。在这个过程中一定要避免一种心理，就是自以为事情很简单，别人应该都知道，所以就把一些要素省略不讲。

2.明确一项工作的要求

只是把一件事情描述清楚还不能完全解决"没说清"的问题。把事情描述清楚只是一个基础，同时还必须通过沟通让对方明确做这件事情需要达到的具体要求。如人力资源部要招聘一名文员，在进行招聘之前，人力资源部的负责人必须把招聘文员的要求讲清楚。到底是哪个部门的文员？招聘的文员有什么任职要求？在什么时间完成招聘？招聘费用需要控制在什么范围？只有明确了这些招聘工作的具体要求，负责招聘的人才会清楚工作的具体目标。管理者在对工作提出具体要求时可以从5个方面进行明确。

（1）明确工作的数量要求

很多企业的团队都认为自己很努力，为企业的发展作出了很大贡献。但如果问他有什么具体的依据时却说不出来。一个企业要实现持续健康的发展不能只是凭感觉，因为感觉无法衡量和评价。企业的各项工作都要由团队成员负责完成，只有团队每个成员都能高效地完成所负责的工作，才能实现企业的目标，所以对团队每个成员都要有工作量的具体要求。如果是销售部门就要明确每天要与多少客户沟通，有多少的销售额；生产部门就要明确每天生产多少数量的产品；职能部门要明确每天完成哪几项具体的工作等。

（2）明确工作的质量要求

不能保证质量的速度是一种浪费，只有在做好的基础上去提高速度才有价值。在企业中经常会出现为了速度而降低质量要求的情况，结果需要花更多的时间和代价来弥补。就像前文谈到让人力资源部招聘一名文员的工作，如果不明确文员的任职要求就随便找一个人负责这个岗位的工作，人是很快招来了，但在具体的工作过程中会出现很多问题。在工作沟通过程中要提前明确工作的质量要求，不能只是简单地追求速度或数量。

（3）明确工作的时间要求

如果一项工作没有明确的时间要求就等于可以不用做。任何一项工作都要有完成的时间才能进行管理。而在工作沟通过程中经常会犯的一个错误就是没有明确完成工作的具体时间。经常会听到类似"小王你写一份工作总结给我"的工作安排。管理者也经常因为得不到想要的结果而去指责团队成员。事实上在这个过程中，安排工作的管理者首先就犯了一个严重的错误，就是根本没有明确时间要求。从这个角度而言，根源是工作交办者造成的问题。

（4）完成工作的成本要求

如何用最低的成本实现目标是每个企业永恒的主题。曾有一位创业者因为对企业运营成本不了解，为了快速获取订单，以低于市场20%的价格销售产品。1年下来，虽然公司营业额还算不错，但财务核算后发现不但没有利润，还亏损了100多万。从此以后他每一张订单都先让财务仔细核算成本，严格控制各项开支，经过一段时间的努力才让公司扭亏为盈。成本的控制意识要贯穿到每一项工作中，管理者在安排工作时要提前明确完成工作的成本预算。

（5）上级或客户的评价

有的工作无法用数量、质量、时间、成本的指标来明确要求。如一个人的工作配合度好不好，对客户的服务态度好不好……对这类工作可以用上级或客户评价来进行衡量。像现在很多银行窗口都有一个让客户进行服务评价的提示，你可以对银行服务窗口的工作人员进行服务评价。通过统计1个月客户对服务窗口工作人员的服务表示"满意、一般和不满意"的比例，就能衡量窗口工作人员的客户满意度。

任何一项工作都可以从数量、质量、时间、成本、上级或客户评价五个方面去明确要求，但在沟通时不是每一项工作都要对这五个方面全部做说明。一些已经公开化的要求或对完成这项工作不会产生太大影响的要求就不需要特别说明，就像安排部门的助理为来访的客户冲一杯咖啡。对这件事的安排可以看到"一杯"表示数量，"咖啡"表示质量，而其他几项要求就没有特别说明。因为对"时间"的要求显而易见，对"成本"也不需要再说明。

在明确每一项工作要求的时候还需要特别强调一点：就是表达这些要求的时候能够量化的就要量化，不能量化的尽量细化，不能细化的也要流程化。只有越具体、越明确、越容易去衡量和判断是否有达成才是一个科学的目标。管理者在安排工作时必须把工作的具体要求表达清楚。

3.表达方式对沟通的影响

在沟通的过程中主要会运用文字、语调、表情和动作这几种基本的方式来表达想说明的信息或情感。同样的内容用不同的方式表达，效果会完全不一样。比如，去一些餐厅或酒店，会听到服务人员问好。有的人在对客人说"您好，欢迎光临！"的时候，面无表情，声音也没有感情色彩。有的人会面带真诚的微笑，在向客人鞠躬致意的同时用很热情的口吻向客人问候："您好，欢迎光临！"同样的内容只是表达的方式不一样，给人的感受完全不同。

据调查研究发现，在进行沟通的时候"文字、语调、表情和动作"对人产生的影响力差别很大。以百分比的形式来表示，文字对沟通效果的影响只占到7%，而语调对沟通的影响占到38%，表情和动作对沟通的影响达到55%。这个结果可能让很多人都有点无法接受，但通过服务人员问好的例子就会发现，沟通时用什么文字或语言来表达虽然很重要，但用什么语调来表达更重要。如果我们的语言、语调与自己的表情和动作表达的意思不能统一的时候，别人感受到的更多的是表情和动作传递出来的信息。

五、如何掌握倾听的方法

沟通是人与人之间进行信息或情感交流的过程。在工作过程中要做好沟通不仅需要把事情说清楚，同样需要把事情听清楚。上天给了人们两只耳朵，一个嘴巴，本应该更善于听，但事实上大部分人在沟通时都不善于倾听。团队成员要掌握听的技巧，减少没听清造成的沟通问题。

1.用心倾听

在沟通过程中经常会犯的一个低级错误就是不够专心。最典型的就是心不在焉，更甚的是一边和人沟通还一边做着其他的事情。在很多企业都会发现这样一个现象，下属在找上司沟通事情时，很多管理者一边看文件或一边查阅电脑资料，头也不抬地和下属交流。这种沟通方式要尽量避免，首先是对团队成员的不尊重，同时也很容易在沟通中没听清对方讲什么。

在沟通中需要注意的第二个问题是不要打断别人说话。中途打断别人讲话会打乱对方的思路，也容易让自己忘记对方到底说了些什么。如果有疑问或自己有一些不同的观点，都要等对方把要表达的内容说完后再讲。

第三个问题是不要边听边想。很多人在进行沟通时喜欢一边听对方讲的内容，一边自己就在开始思考他讲得对不对，自己该如何去回应？甚至别人还没讲完就迫不及待地开始发表自己的意见。而对方到底讲了些什么内容反而不是很清楚。

2.好记性不如烂笔头

中国有句古话叫"好记性不如烂笔头"。很多团队甚至开会都不带会议记录本。等开完会再问他们开会的内容是什么，大家都记不清了。因为一个会议少则半小时，多则几小时甚至更长时间。每个人的记忆力都有限，不可能记得了那么多内容。要避免这样的问题，就要养成与人沟通时备好笔和纸的习惯。把听到的一些重要内容或有疑问的地方及时做好记录。

3.复述沟通的重点内容

在沟通完之后要确保听清了对方的讲话，还有一个杀手锏，那就是可以把没听清的地方请求对方复述或向对方复述自己听到的内容。通过养成随身带笔纸的习惯，及时把听到的重点内容做好记录。在沟通的最后，再把自己听到的内容做一次复盘确认。如果有遗漏一些重要的内容，就可以让对方补充。这样就可以有效减少团队沟通过程中"没听清"的情况。

六、只有正确理解才有用

沟通的效果取决于最终大家对沟通内容的理解情况。只有沟通双方真正理解了对方所表达的内容并达成共识才算是有效的沟通。在实际的工作沟通过程中，因为文化背景的差异、个人情绪及沟通过程中表达方式等因素都会影响到对沟通内容的理解，也经常会因为没有正确理解别人的意思而办错事情。为了帮助团队在沟通过程中准确理解对方所表达的意思，可以运用以下几个方法。

1.用确认代替猜测

在工作中要避免对沟通内容理解上的偏差，首先要做到用确认代替猜测。对沟通内容的猜测十有八九都只是自以为是。如发现一个业务人员与客户沟通时很没有耐心，造成客户多次投诉。业务部的负责人往往会把他大骂一顿，并认为他不适合做业务工作。但如果深入沟通了解就会发现，可能是因为他正与女朋友闹矛盾，又或者是他这段时间身体状况不好造成情绪不稳。

所以在沟通过程中一定要避免把自己的一些猜测当成事实。对一些不能确定的内容要及时与对方确认。"确认"就是把自己理解的意思与对方做一下核实，看自己理解的意思和他真正想表达的内容是不是一致。如可以用征询的方式问对方："您刚才说的意思是不是……？"就以刚才谈到业务人员的事情，如果不是用主观猜测，而是跟他确认说："感觉你这几天的表现不是很适合做业务工作，想确认一下是什么原因？"这样就能及时了解到真实的情况。

2.明确回复

在团队中不是为了沟通而沟通，通过沟通是希望在工作上达成共识并得到执行。在工作中一个完整的沟通在最后要得到明确的结果，那就需要明确"YES"还是"NO"。由于受到沟通习惯的影响，很多时候不太愿意当面拒绝别人。经常沟通以后都是"考虑一下""到时再说"，"再等一等"这种不明确的回答。这样在工作中很容易造成一些误解，对工作的开展会造成极大障碍。想要改变这样的情况就需要养成对工作明确回答的习惯：要么回答行，大家就按沟通确定的方法去做；要么就是不行，但要说明不行的原因，这样也让对方知道是否需要再沟通或找其他方法。

3.持续的信息反馈

在工作过程中，如果确定说清楚了，也听清楚了，通过确认也都理解了，这只完成了沟通工作的一半。通过沟通对一项工作达成共识仅仅只是开始，因为沟通最终要得到有效的执行才算完成。这需要在工作过程中重视持续的信息反馈。很多优秀的企业都有一个非常值得借鉴的制度，就是24小时反馈制度。也就是在接受一项工作任务后，无论完成与否都要在24小时内把工作完成的情况向交办工作的人做一个反馈。同时，如果通过努力后发现这项工作无法保证按要求完成，也需要第一时间告诉交办工作的人，以确保双方对工作进展的情况有及时的了解。

第三章　根治团队"不愿"

如果让一个人无偿地把100斤重的石头搬到公司去，他会很不情愿。但如果让一个人把他很喜欢的一块100斤重的石头搬回家就会很高兴。同样一件事，因为心态不一样，表现出的状态差别会很大。管理者只有让团队从"要他做"变成"他想做"才能自动自发。一个自动自发的团队才能充分发挥最大的潜力，同时才能从工作中获得幸福感。

一、团队不愿的三大原因

很多企业的团队能力很不错，对工作的要求也很明确，但工作绩效却非常低。所以经常会听到有管理者抱怨，一项工作安排下去总是不能按时完成，更甚至在一些简单的问题上不断出错。大部分情况并不是团队能力达不到，也不是他们不清楚工作的内容和要求，而是做这项工作的积极性不高。这就是团队面临的第三个问题"不愿"。管理者想了解团队意愿最直接的方法就是看一看士气状况。在工作过程中如果团队的士气非常高，每个人都精神抖擞，就表示团队工作意愿非常强。相反如果一个团队在工作中表现得没有活力，必然是团队意愿出现了问题。通过长期的研究发现造成团队不愿的主要原因有3个方面。

1.不认同

很多企业在开会的时候有一个现象：管理者直接宣布一项工作的要求，然后让团队严格按照要求去执行。会议上大家都不说话，散会后就三五成群地开始展开讨论。有人说这肯定又是三分钟热情，做不了三天肯定没戏；有人说这个工作怎么能这样做呢；还有人说先看看其他人怎么做再说。结果往往证明他们说的很对，因为最后得到的结果往往都不太理想。

但在一些优秀的企业里，开会又是另一番景象。管理者提出一项工作方案让团队积极发表意见。参会的每个人都会很踊跃地发表自己的看法，甚至为了一个问题大家争得面红耳赤，最后大家会形成会议决定。只要走出会议室的门，每个人都会按会议的要求快速投入工作中。结果往往证明他们也是对的，因为到最后工作都按要求完成了。

同样的事情，不同的团队却有完全不一样的表现和结果。优秀的团队为什么可以让每个人快速投入自己的工作当中去？关键在于通过团队的共同探讨对工作达成了共识，大家认同了会议的决定。其实稍加留意就会发现，当一个人真正认同一件事情的时候才更愿意全力以赴地去把这件事情做好。但每个人因为自身的能力、经验、个性特质、自我概念、行为动机都会影响到对一项工作的认同度。管理者在安排工作时要争取得到团队的认同，只有认同度越高大家的工作意愿才越强。

2.无动力

一个人愿意做一件事或不做一件事的基本动力有两个，一个是追求快乐，另一个叫逃避痛苦。一些工作意愿不强的团队，深入沟通就会发现：他们不是没有能力做好工作，也不是不知道如何把工作做好，最重要的是他们对完成工作没有动力。因为在团队中工作做好做坏一个样，找不到工作的成就感和荣誉感。更甚至因为做事情就难免犯错，做的事情越多犯错的机会就越多，被处罚的也越多。所以在这样的团队中即使有人想做事都不太敢做，大家都想尽量少做事。而要改变这样的情况，必须建立起一套科学的激励机制，通过奖优惩劣让每一个团队成员愿意动起来。

3.不习惯

在实际的管理过程中还会遇到一种情况。团队对一项工作很认同，同时也清楚做好工作可以获得的好处和不做的坏处，但结果还是没有人去做。就像大家都知道吃早餐对身体好；也知道学习很重要；同样知道工作要努力。然而能够真正坚持做到的却不多。因为很多人都没有养成这些好习惯。如果做一件事情没有养成习惯就会阻碍自己的意愿。

习惯是一种非常强大的力量。任何好的想法只有把它变成一种习惯才能真正发挥作用。如果做一件事成为一种习惯就会变成很自然的行为，就能从中找到乐趣，也就不会有"不愿"的阻力了。就像一块石头从山顶开始向下滚动起来以后，要停下来反而是一件很难的事。一个成功的人或一个成功的团队，关键在于养成一些优秀的习惯。所以管理者要把一些重要的工作转变成团队的习惯。

二、只有先认同才会主动

没有人愿意做一件自己内心不认同的事情。管理者要调动团队的意愿，在实际工作过程中就必须尽可能取得团队成员对一项工作的认同。只有当一个人发自内心地认同一项工作的价值和方法时才能激发其对工作的主动性。管理者要取得团队成员的认同可以采用下面这些方法。

1.多参与

管理者让团队成员对一项决策或方法参与得越多，越容易得到大家的认同。因为大家越多的参与会让每个人都感觉到被尊重，同时会感觉是自己意愿的表达。如果条件允许要尽可能让团队成员多参与到各项工作中来，让他们有机会发表自己的意见，对工作的开展进行充分的探讨。在此基础上形成的工作方案才能得到大部分团队成员的认同。

有一家生产型企业准备实施早会制度，要求团队每天早会要做好三件事情：第一个是总结一下昨天的工作情况；第二个是做好当天的目标计划；第三个就是提升一下班组的士气。结果实施了半个月各班组都反馈说没什么用。后来通过召集各班组开会探讨开早会的利与弊，大家才意识到开早会的价值。通过共同参与探讨之后，早会制度得到了很好的执行。

2.多教导

让团队成员参与决策探讨并不一定能让每个人对工作都产生认同，也不是每一项工作都有条件让大家参与探讨。这个时候，管理者要善于运用教导的方法，也就是对不认同的团队成员进行单独的教育引导。这需要管理者明确不认同的团队成员有哪些，与他们进行单独的沟通，听取他们不认同的原因。如果他们的想法有值得借鉴的地方，可以及时进行调整。很多时候不一样的声音都是帮助团队改进工作的强大动力。同时要向他说明这项工作的重要性和工作的具体方案。通过深入沟通可以让不认同的团队成员对一项工作有更全面的认识。很多时候团队成员之所以不认同一件事情，只是因为不了解真相，或者只是站在不同的角度看到的问题不同罢了。

为了提高团队的积极性，很多企业会导入"PK"制度。通过让每个团队成员为自己确定每个月的主要工作目标，然后去和其他团队成员进行比赛。如果1个月下来两个人的目标都达成或两个人都没有达成目标，则表示不分胜负。如果只有一个人达成了目标，那么没达成目标的团队成员就要向达成目标的人送上一件礼物。这项制度在团队中刚开始实施时会有很多人不认同，担心影响团结。只有通过教导让大家都明白"PK"制度的目的是为了让每个人都在团队中找到共同进步的伙伴，当发现对方表现比自己优秀时就赠送礼物表示祝贺，同时也向对方学习。这样的方式不仅不会影响团结，还会激发团队共同进步。

3. 多培训

对公司的一项新制度或新方法，要得到团队成员的认同，培训将是一种非常高效的方式。通过召集团队的相关人员进行统一培训，让他们对新制度或新方法的目的和内容有一个正确、全面的了解。同时在培训过程中，针对可能遇到的一些问题要事先做好提示说明，解除团队成员心里的一些疑虑。因为培训对个人的针对性不强，通过培训的方式对工作中存在的一些问题进行说明也更容易让人接受。对培训后还没有达成共识的成员，管理者还可以再进行单独沟通与教导。

4. 做承诺

人无信不立，每个人都不希望自己是一个不守信用的人。一个人只要对一件事情作出承诺都会想尽办法去实现。在管理过程中，管理者要善于运用承诺来发挥每个人的主动性。当对一项工作达成共识以后，最好是能让任务接受者对完成工作作出承诺。就像在开会时为了让大家保持良好的纪律，在会前要先把会场纪律做一个说明，公布了会场纪律之后会议主持人要问："大家能不能做到？"当大家回答说"能！"以后，会议主持人可以补充一句："相信大家都是信守承诺的人！"这样就能强化参会人员的自律意识。

5. 树榜样

经常会听到有人说榜样的力量是无穷的。在工作开展过程中，管理者如果能抓住具有代表性的典型事件，树立好榜样，就更容易得到团队的认同。德胜洋楼的管理是中小企业学习的楷模。他们公司就非常善于通过抓典型事件让团队对公司的文化、制度有更深的理解和认同。他们公司在工作过程中不仅要求结果要好，同时也非常强调做事的过程一定要对。有一次他们在完成一幢洋楼的建设以后，在验收的过程中发现阳台没有按图纸的要求施工。客户认为没什么太大影响，可以接受，但公司的负责人却要求通知所有阳台工程的施工人员从各个工地赶回来，把阳台打掉重新按图纸建好。这件事情让公司的所有人都明白了一个道理：如果过程错了，即使结果对了也是错的。所以在德胜洋楼公司不仅要求得到正确的结果，更要用正确的程序来保证得到正确的结果。

三、建立有效的激励机制

没有合理的激励机制会让一个原本积极的人变得消极，一套好的激励机制可以让团队充满动力。改制前在国营企业里面就是吃大锅饭，也就是无论干多干少，干好干坏都一样。企业里不做事的人比做事的人还多，管理者上班就是一杯茶，一份报，工人就是等等、看看地混日子，所以很多国营企业每年不仅没有利润，反而需要国家补贴。通过改制让企业自负盈亏，做得好的工资、奖金就高，做得不好的就下岗。人还是那些人，设备也还是那些设备，然而创造的效益却是之前的几倍，甚至几十倍。每个企业都需要建立一套好的激励机制来提升团队的工作动力。在设计团队激励机制时要注意以下5个方面。

1.在激励内容的选择上物质、精神、成长相结合

从激励内容的性质可以把激励分为物质激励、精神激励和成长激励三大类。物质激励就是工资、奖金、奖品这些以物质形式进行的激励。

按马斯洛的需求层次，物质是满足一个人的生理、安全这些低层次需求的基础。对大部分人而言，只有拥有一定的物质基础之后才会对人际关系、受到尊重、自我实现这些较高层次的需求有更多的追求。物质激励一直也是团队管理中最基础、最直接、见效最快的激励方式。

精神激励是通过表扬、荣誉、愿景、使命这些精神层面的形式对一个人进行的激励。一个团队不谈物质回报很难行得通，但一切都只看物质回报的团队经不起任何考验。只要稍加留意就会发现一个现象：无论是宗教，还是军队，又或是国内外最优秀的企业，他们更多的都不是单纯靠物质的东西在激励团队。真正能够对团队产生更强大和持久的激励是责任、荣誉、理想、信仰、爱等这些精神层面的东西。

成长激励是指能力提升和心性升华对一个人产生的激励。当一个人的能力得到提升或心性得到升华之后，他可以创造出更大的价值，同时获得更高的幸福感。一个人的不断成长是实现"内享幸福，外创价值"的重要基础。就像现在很多企业在招聘一些重要岗位的时候，几乎都要求有相应的专业技能和工作经验。一些大学生为了未来的发展，很多人宁愿低工资到有助于提升能力和积累经验的公司工作。很多人离开所在企业的原因也是因为得不到很好的发展，发展最关键的就是能力的提升和心性的升华。在一个团队中是否能够得到更好的成长对团队成员变得越来越重要。

在设计团队激励方案时，要综合考虑物质、精神、成长三个方面各自的利弊。既要有物质的激励，更要有精神和成长层面的激励，要有效地把三者结合起来。在平时的工作过程中，管理者就要注意向团队持续开展企业文化的教育，升华每个人的人生追求。在具体工作中，如一个团队成员的月度工作目标完成得非常出色，可以给他颁发一个月度优秀员工的荣誉证书，同时再给他一份奖金。另外，还可以送那些表现优秀的团队成员参加各类对他成长有益的学习培训作为奖励。通过把物质、精神、成长激励相结合，将对团队产生更有效、更持久、更强大的激励作用。

2.在激励时效上选择短期、中期、长期相结合

激励措施要围绕团队的工作目标进行设计，有效地把个人目标和团队目标结为一体。按照实现企业目标的时间周期不同，设计的激励措施也要有所差异。按时间周期的长短可以把激励分为短期激励、中期激励、长期激励三类。

（1）短期激励

通常把时间周期不足1年的激励措施归为短期激励。在企业中经常运用的短期激励措施包括针对一项具体工作进行的及时表扬、批评、奖惩；每个月或季度的绩效工资；月度或季度优秀员工评选等措施。短期激励是一种及时性的激励，能起到立竿见影的效果。做好短期激励是团队能够保持良好士气的重要保证。只有实现短期目标，才能一步步实现中长期的目标。日本曾有一个获得两届马拉松比赛冠军的运动员叫山田本一。他分享自己能够获得冠军的秘诀时说：关键在于他把整个马拉松比赛分解成几个小段，每跑完一小段就让他有更大的动力朝下一个小段目标奔跑。这样把几个小段顺利跑完时也就完成了马拉松的全程比赛。正是因为把马拉松比赛分解为几个小段目标，在每次完成一小段目标时能让他得到及时的激励，这让山田本一最终夺得了两次马拉松比赛的冠军。

（2）中期激励

为了保障企业中期目标的实现，需要为团队设置与中期目标相对应的激励措施。中期激励主要是指激励周期在1~3年的激励措施。也就是

这些激励措施将与企业1~3年所取得的成绩挂钩。目前很多企业用到的年度优秀员工、年终奖金、年终分红都属于中期激励。中期激励措施需要考察的时间周期较长，所以激励效果没有短期激励那么直接，但对于一些短期内无法看到明显效果的工作，通过中期激励可以起到很好的作用。通过这些措施能够帮助团队成员树立更长远的意识，工作过程中不会只是追求短期效益。在实际运用过程中也发现，中期激励措施主要适合对一些中高层岗位的激励。

（3）长期激励

长期激励是指周期在3年以上的措施。长期激励措施的主要意义在于提高团队稳定性，帮助团队树立长远意识，关注企业的长期发展。现在很多企业都采用期权、股份的激励形式，其立足点就是把企业的核心团队与整个企业的长期发展紧紧地联系在一起。当然长期激励也不仅仅只是针对企业的核心团队，像企业的使命、愿景、职业生涯规划等措施对整个团队都能起到非常好的长期激励效果。

企业在设计激励措施时既要考虑短期激励，同时也要兼顾中期和长期激励。如果只有长期激励而没有短期激励，时间一长团队很容易表现疲软，丧失信心。只有短期激励而没有中、长期激励的话，就可能会导致团队为了短期利益而牺牲企业的中、长期发展。只有综合运用短期、中期、长期激励才能平衡好企业发展不同阶段的目标。

3.在激励来源上选择自我激励和外部激励相结合

上文谈到的绩效工资、奖惩、年终奖金、期权等都属于外部激励措施，也就是通过外部的一些因素来激发一个人的动力。除了这些外部激励因素外，管理者更要培养团队的自我激励能力。自我激励就是一个人自己调动积极性的一种能力。对善于自我激励的人有一个形象的说法叫"自燃式的人才"。当一个人懂得自我激励的时候，即使没有任何外界的激励，他也能获得强大的工作动力，是一种自动自发的表现。管理者只有让每一个团队成员都具备自我激励的能力，团队才会拥有永不枯竭的动力。

在团队中常见的自我激励包括目标设定、自我承诺、信念、愿景、使命等方式。以自我承诺为例，可以让团队成员每个人为自己每个时间段设定明确的成长目标。管理者与团队成员沟通确定目标以后，每个人都可以在团队的全体大会上向大家公开作出自我承诺："本人的目标是……，如果完成目标将奖励自己……，如果未完成目标将惩罚自己……，我承诺保证完成目标！"通过这种方式可以让团队成员更加主动地去达成自己设定的目标。

4.在激励性质上选择追求快乐和逃避痛苦相结合

管理学界有一个著名的小故事：一个猎人开枪打伤了一只兔子，然后让猎狗去追。结果猎狗追了一段时间满头大汗地跑回来告诉猎人说："兔子跑得太快了，我已经很努力了，但还是没追上。"兔子逃走后，其他兔子就问它为什么在受伤的情况下还能逃脱猎狗的追赶。兔子告诉它们："很简单，猎狗追到我只是为了得到猎人奖励的一顿饱餐，而我却是为了保住性命。"

这个故事相信很多人都有看过，而这个故事带来的启示却不断有新的发现。猎狗为什么会努力地追兔子，是因为希望得到猎人的奖励。而兔子为什么会拼命地逃跑，是为了活命。得到奖励可以带来快乐，而逃命是为了逃避痛苦，这正是两种不同性质的动力表现。为什么猎狗没有追到受伤的兔子，因为逃避痛苦要比追求快乐更能在短时间激发一个人的潜力。如果猎人事先给猎狗说：如果你今天抓住兔子将获得半斤兔肉的奖励，如果没抓住兔子今天晚餐就只能吃狗肉了。相信兔子将很难逃掉。在实际的工作过程中也可以得到很好的验证，很多时候只有奖励并不一定能激发每一个人的动力，但如果同时对做得不好的情况给予适当惩戒的时候，几乎每个人都会变得更用心。

管理者在具体运用追求快乐和逃避痛苦两种不同性质的激励措施时，要尽可能以奖励、荣誉等追求快乐的措施为主。因为对于惩罚性质的激励措施在短期内可能会获得很明显的效果。但这是一种负面激励，惩罚不是目的，真正需要的是激发团队的工作动力。

5.激励措施要因人而异

每个人因为自身的经历、观念、处境不一样，他的主要需求也不一样。而要对一个人进行有效的激励，必须立足于他的需求。团队成员对一项激励措施的需求越强烈，所产生的激励效果就会越大。就像一个在沙漠中行走缺水的人，一瓶水会比一块金子对他更能产生激励的效果。所以管理者在对团队进行激励的时候，一定要根据团队成员的需求情况来设定具体的激励措施。如就年龄而言，年轻人更看重发展机会；中年人因为各种生活压力更看重收入待遇；老年人更看重声誉影响。对团队的不同层级而言，基层更看重短期收入待遇；中层更看重中期激励；高层更看重长期发展。根据团队受教育程度而言，教育程度越高越偏重于精神激励。只有把握住不同人的需求重点，把实现团队目标和满足个人需要结为一体才能真正激发团队的工作动力。同时所有的激励最终都要有助于团队实现"内享幸福，外创价值"的圆满人生。

四、把工作要求变成习惯

只有将完成一项工作的有效方法转变成团队的一种习惯，变成处理一项工作时很自然的做法，才能真正解决"不愿"的问题。大家都知道作为销售型的公司每天花几分钟时间开早会非常有必要。但一个团队在刚开始要求开早会时很多人都会感觉不习惯。这需要管理者提前和团队做好沟通和训练，并在刚开始实施的阶段多去现场检查开会的情况。只有坚持3个月以上才能让团队养成习惯，这个时候如果突然不开会大家反而觉得不习惯。管理者要把做好工作的方法变成团队的习惯需要讲究方法。

1. 强训练

管理者要让团队养成良好的工作习惯，同样离不开严格的训练。很多优秀的企业都会把一些关键的工作技能或工作思路设计成模拟训练的课程，让负责这些岗位的人通过不断模拟练习来提升能力，最终养成一种工作习惯。就像航空公司要求3米以内要向客人微笑，微笑的标准是露出八颗牙齿。为了真正做到这一点，航空公司的工作人员都要经常面对镜子训练微笑。每个航班在展开工作前乘务长也要检查服务团队的微笑是否合格，只有微笑合格才能进入岗位工作。通过标准、严格、重复的训练，所以在乘坐飞机时才能看到她们对乘客的热情微笑。

2. 多检查

管理者想要什么很重要，但更重要的是检查什么。这句话深刻揭示了检查在管理中的重要作用。每个人都会有惰性，任何一项工作如果没有人做检查的话，团队就不会特别重视，更不用说养成一种习惯。对于一项新的工作要求，管理者更要加大检查的频率和力度。通过检查会推动负责相应工作的人按照规定的流程和要求去完成，同时也通过检查能够及时发现执行过程中的问题并做好指导和调整。经过一段时间的坚持，就会帮助团队把一项工作的要求变成一种习惯。

3. 有奖惩

奖惩措施是管理中非常重要的一种激励方式，同时也是帮助团队养成良好工作习惯的有力保障。管理者对团队中严格执行流程制度的人要进行适当的奖励，而对违反流程制度的人要给予适当的惩戒。通过奖励可以让一个人获得快乐，从而让他更加坚定之前的做法。通过惩戒会让一个人痛苦，这样就会促使他调整自己的做法。合理的奖惩可以帮助团队养成良好的工作习惯。

4.贵坚持

据科学研究发现，当一件事重复21次以上就会变成习惯，重复90次以上就会变成一种本能。一件事重复1~7次的时候会表现得刻意而不自然；当一件事重复做7~21次时会表现得熟悉但不自然；而一旦把一件事重复21次以上再做这件事就变得不经意且是自然行为，再坚持下去就会变成一种本能。所以做任何事情要真正做好都需要坚持行动。

就像很多用五笔输入法打字的人都会有这样的经历。最初用五笔打字的时候很慢，每个字拆开字根以后要刻意去思考在键盘的哪个按键上。经过一两个月的坚持，打字会变得很熟练，开始不用刻意去想哪个字根是在哪个按键上了。等持续用五笔打字几个月以后会发现一个很奇怪的现象，打字的时候根本不用再思考这个字的字根在哪个按键，但却能让自己的手指快速准确地敲打出想要的字。如果真的有人问你键盘上每个按键上到底有哪些字根，你反而不是很清楚了。这就是上面讲到的道理，通过长期的坚持已经把用五笔打字的方法变成了一种本能。

管理者想要打造出一支高效的团队，就需要长期坚持一些好的工作方法，把这些方法变成团队成员的工作习惯，最终变成一种本能。而要实现这个目标并非一朝一夕，管理者要有重复持续要求100遍的耐心和毅力，才能帮助团队渐渐养成良好的工作习惯。当整个团队大部分人都养成同一个习惯时，这个习惯就会沉淀为这个团队的优势文化。

五、培养团队成为经营者

心态决定一切，当用不同的心态去面对同样的事情的时候，得到的结论就会完全不一样。当团队改变心态的时候，做事的状态也会发生根本的变化。管理者要打造一支高效团队，就要破解团队"不愿"的问题，这需要整个团队树立良好的经营者心态。如果一个人认为自己只是一个打工者，是在为别人做事的时候，就不可能"愿意"得起来。如果一个人工作的心态能从"为别人做"变成"为自己做"，从"别人要我做"变成"我想要做"，在工作中就会有完全不同的表现。为自己工作的心态就是经营者心态，经营者心态是消除"不愿"的最佳良药。任何一个取得大成就的人必然是一个善于经营自己的人，管理者要帮助团队成员树立经营者心态。

1. 从经营过程看企业

大部分人都认为只有企业的领导者才是经营者，所以领导者工作意愿很强，很主动都是理所当然。通过分析一个领导者经营企业的过程就会发现：经营企业就是通过人、财、物的投入，经过企业内部运作产出满足市场需求的产品或服务，当这些产品或服务被客户购买后就产生了企业的收入。同时也分析一下每个人在企业中的工作过程。一个人在自己身上投入时间、物资，经过学习成长具备了满足一个岗位的各项能力，通过发挥自己的能力完成岗位工作，就得到了收入和能力的进一步提升。通过对这两个过程的分析会发现，其实一个人在岗位上工作的过程和企业经营的过程在本质上都一样。用简单的图形来表示这两个过程：

企业经营过程：

人、财、物　投入　运作　产出　产品/服务　→　价值实现

个人工作过程：

人、财、物　投入　运作　产出　体力/脑力　→　价值实现

2.从经营结果看企业

任何一家经营成功的企业都会创造大量的财富和强大的品牌，就像大家所熟知的华为、阿里巴巴、小米等优秀企业。如果个人经营成功又意味着什么呢？就像知名职业经理人方洪波、张勇等；体育名星全红婵、苏炳添等；甚至网红名人罗永浩、李子柒等。大家会发现当个人经营成功的时候同样会获得大量的财富和强大的个人品牌。从结果而言个人经营成功和企业经营成功带来的结果也相似。

3.每个人都是自己的经营者

通过对个人工作和经营企业的过程与结果的比较就会发现，其实每个人都是自己的经营者。企业只是团队分工合作的平台，让更多志同道合的个人经营者在这个平台上追求"内享幸福，外创价值"的人生。海尔提倡的内部市场链把这种关系体现得更加的清楚。其实在企业内部，每一个岗位的工作都要被下一个工序或所服务的岗位认同接受才能创造价值。这就像一个企业一样，它的产品或服务只有被消费者认同接受，消费者愿意为产品或服务付费，企业才能实现价值。

其实每一个岗位都是一个小小的经营场所，每个人都是自己岗位的经营者。在自己的岗位上经营自己的能力和经验，通过发挥自己的能力和经验而创造价值。每一个岗位的下一工序或所服务的岗位就是这个岗位的客户。当团队成员把自己的能力和经验经营得越好，给其他岗位客户创造的价值越大时，就能得到客户的认同。一个人能够服务的客户越多，创造的价值越大，取得的成就就越大。每个人都要对自己负责，都要成为自己人生的经营者。通过努力经营好自己的工作才能收获更好的生活和人生。

六、团队主动工作的意义

企业是一个团队追求"内享幸福，外创价值"的平台。工作是团队实现圆满人生的修炼方式。如何对待工作会决定一个人的人生状态，最终会有完全不同的两种人生。同样一份工作，有的人干得很痛苦，有的人却干得很开心。而这两者最重要的差别就在于是否能够做到主动。

1.能够乐在其中

在这个时代，一个人大部分时间都是在工作中度过。如果不能从工作中找到乐趣，在工作的过程中就很难有幸福感。一个人是否能从工作中找到乐趣的关键在于变被动为主动。《论语》一书中讲道："知之者不如好之者，好之者不如乐之者。"团队成员只有主动工作才能乐在其中，在工作中感受到幸福感。

2.工作质量更高

工作能力决定能做什么，而工作的意愿决定能力的发挥。一个人的能力再强，但如果不愿意干也没有用。如果没有主动性就会对工作敷衍了事，很难把工作做好。管理者要不断提升团队的主动性，团队的工作质量才会不断提高。一个人只有通过提升工作品质才能创造更高的价值，同时获得更好的物质回报。所以一个人的工作品质会影响生活品质，同时决定人生品质。

3.成长发展更快

很多人在一个岗位上工作几年，甚至几十年都没有太多成长。最关键的原因就是没有主动性，只是被动重复地做一项工作。很多人都不会主动去思考如何把工作做得更好。其实每一项工作都有提升的空间。通过发现工作中存在的问题，主动去探索解决问题的方法，这是最有效的成长方式。只有一个积极主动的团队，才能在工作中得到心性和能力的快速成长，从而通过工作实现"内享幸福，外创价值"的人生追求。

第四章　消除团队"不忠"

一、没有忠诚就没有发展

每个管理者都希望自己的团队具有忠诚度，对团队忠诚的重视程度甚至超过对能力的要求。所以很多人虽然没有超强的能力，却能凭着高度的忠诚度而担当重任。自古对人才都强调"德才兼备，以德为重"的共识。然而现实中离心离德的情况却非常普遍，在企业中更是如此。很多企业的离职率居高不下，对企业文化认同度不高，不良道德之风严重。如果把这些忠诚度不足的表现做个归类，主要体现在3个方面。

1. 不专

在进行招聘时经常会发现这样一种情况，有的应聘者出来工作才一两年时间，但却换了五六家企业。更重要的是，他们几乎在每一家企业做的工作都不一样。在这家企业做了2个月生产的工作，在另一家企业又做了几个月销售，而在下一家企业却是做仓管。这种没有明确的职业发展规划，经常盲目地换企业、换职业的现象称为"不专"。团队成员对所在的企业和从事的职业不专注是现在团队面临的一个严峻问题。

中国有句古话叫"三百六十行，行行出状元"。把这句话用到现代企业就是"只有失败的企业，没有失败的行业"，用在个人就是"只有失败的个人，没有失败的职业"。其实每个领域都有做得非常好的企业，每个职业也都有做得不错的人。为什么这些企业做得好，这些人做得不错，只要稍加分析就会发现：最重要的不是行业有问题，也不是这个职业有多差，更多的时候是缺乏一种专注的精神。很多人平均一年换一次甚至几次工作，这种浅尝辄止的方式无论是对个人还是企业都是一种巨大的伤害。

据调查显示，一个人只要在一个领域专注学习3年就可以成为这个领域的专业人士；如果坚持学习5年就可以成为这个领域的专家；如果是10年将成为这个领域的权威。另外每个人加入一个新的团队，要适应这个团队并被团队真正了解和认可都需要一个过程。只有在一个团队中经过一段时间的学习成长才有机会得到更好的发展。同时一个人在团队中工作的时间越长，对团队越了解，能力越强，越能被信任，越容易对团队作出贡献。所以一个人能不能做到专注，无论是对自己还是对团队而言都是非常宝贵的品质。

2. 不敢

一些优秀的团队在做事风格上具有明显的特征，他们每个人都有明确的做事原则和方法，处理事情非常高效。而在有的企业里看到的却是另一番景象，很多人在做事情的时候没有明确的原则或不敢坚持原则，每做一件事都担心是否会受到上司或其他人的异议。这样的结果就造成做事时瞻前顾后，做事提心吊胆，不敢安心做事。导致这种情况产生的关键在于没有做好企业文化建设。一个企业如果没有一套优秀的核心文化作为指引，整个团队做事的时候就会没有原则和方向，也就不敢大胆做事。

大部分工厂都会在门口设有保安室，会对进出工厂的人员进行登记检查。然而不同工厂的保安在工作时的表现却截然不同。有的工厂保安人员对普通员工的要求很严格，而对企业的管理者和领导者却很放松，甚至大开绿灯。而有的企业却能做到一视同仁，即使是董事长或总经理也要严格按规定执行。之所以有这样的差异，背后反馈的就是企业文化的问题。一个企业只有形成优秀的文化，每个人有坚定的文化信念，在工作中才能做到坚持原则。

3.无德

蒙牛曾有一个用人原则：德才兼备者破格重用，有德无才者培养使用，有才无德者限制使用，无德无才者坚决不用。这是值得所有管理者参考学习的原则。一个人如果能力不够还可以培养，但如果一个人的品德有问题会很难改变。一个能力不足的人只是做不好事，一个品德不好的人却会做坏事。

所以管理者要特别重视和关注团队的品德状况。长三角优秀企业的代表方太集团提倡：人品、企品、产品，三品合一。珠三角优秀企业的代表中顺洁柔强调：产品要品牌，企业要品牌，做人更要品牌。他们都不约而同地把人的品德作为经营企业的核心。其实一个企业的产品背后就是企业的人，产品就是人品。只有一个品德高尚的团队才能做出好产品，才能让企业实现持续健康发展。

二、让团队能看得见未来

专注无论是对个人还是对团队的成功都起着非常关键的作用，专注是一个人想要取得成功的大智慧。管理者要让团队成员能够做到专注于企业，专注于自己的职业，这需要做好3个方面的工作。

1.明确企业愿景

任何一个卓越的企业都需要有一个伟大的梦想，这个梦想就是企业未来想要达到的目标，也就是通常所说的企业愿景。一个拥有伟大愿景的企业，会对团队产生强大而持久的动力，让整个团队为了这个愿景而共同努力。企业愿景就是企业的一面旗帜，让整个团队明确方向，看到光明。也让更多的团队成员即使在企业遇到巨大挑战的时候，也不会轻易离开。

2. 规划职业生涯

几乎所有的优秀企业都有一套科学合理的职业生涯设计，让加入公司的每个人都明确自己在公司未来可以得到的发展空间。有了科学的职业发展路线，每个人在企业中才能找到成长的方向，知道自己下一步将去哪里？要得到发展在能力上需要做哪些提升？在工作中需要作出什么样的成绩？这样团队成员在企业中才能看到希望，才不会感觉迷惘。做职业生涯设计需要抓住几个工作重点。

（1）设定多种职业发展通道

首先是要根据企业发展的需要设计忠诚线、专业线、管理线三种不同的职业发展通道，这样可以避免因为单一发展路径而造成扬短避长的局面。就像很多企业唯一的发展通路就是管理线。一个人技术好就提升为生产主管，销售业绩突出就提升为销售主管。然而他们虽然在技术或销售的专业岗位上做得很出色，但却并不一定适合做管理。结果他们不但没有把管理工作做好，连他们本来的特长都没有机会发挥了。

（2）与企业发展需要同步

职业生涯设计的第二个要点是要根据企业发展的需要来设计。如果职业生涯的设定不符合企业发展的需要，对企业发展将失去价值，也就没有可行性。就像一个销售手机的企业，在未来也不打算进入汽车行业，而在他们的职业生涯设计中就不应该出现汽车相关的专业岗位。除了在岗位的种类上要与企业发展需要同步以外，同时在培养人才的数量和速度上也要保持一致，这样的职业生涯规划才能真正发挥作用。

（3）适合的才是最好的

在具体确定一个人的职业生涯时，需要掌握个人的意愿和特长。一个很讨厌技术的人，如果将他在企业中的职业生涯设计为从技术员到技师，由技师到高级技师，一直到高级工程师。相信这样的职业生涯对这个人将没有任何吸引力，也不可能让他很专注于自己在公司的职业发展。同样一个非常喜欢搞技术研究，在技术上拥有很高天赋的人，却让他从事销售工作，让他一步步从业务员做到业务总监，这样的设计就不合理。要让合适的人做合适的事，根据每个人的情况设定合适的职业发展路线。在为每个人设定职业生涯规划的时候，一定要与他本人充分沟通，对职业生涯的规划达成共识。

3. 职业发展辅导

职业生涯的发展是一个动态的过程，在不同的发展阶段，需要具备的能力要求会不一样。作为管理者要支持、指导和帮助团队成员不断成长，以达到更高发展阶段的要求。

（1）明确每个阶段的标准

管理者要对团队成员的职业生涯发展做好辅导。这需要提前明确职业生涯发展每个阶段的标准。以销售类职业生涯发展为例，一名新入职试用的业务员需要多长时间，通过哪些考核，做到多少业绩才能转正成为一名正式的业务员？这需要有明确的标准。这样可以帮助团队成员在工作过程中有一个非常明确的目标，更能激发他朝着这个目标去努力。

（2）做好每个阶段的辅导

根据职业生涯发展的不同阶段管理者需要做好相应的支持和辅导，帮助团队成员更好地实现职业发展。一个优秀的企业不是把职业生涯通道设计好以后就结束了。职业生涯通道的设计只是一个开始，更重要的是在职业生涯的每一个阶段，都需要为这条通道的团队成员提供支持与帮助。而对他们最有效的支持就是及时发现他们身上存在的不足，在每个阶段都有计划、有步骤地去提升他们在职业生涯发展中需要具备的综合能力。

（3）提供转换职业的机会

最后还要为确实不太适合继续在原有职业生涯通道上发展或自己主动要求到其他职业生涯通道发展的团队成员提供转换职业生涯的机会。如一个人加入公司做技术员，在实际工作过程中发现他对技术的兴趣并不强，但他的交际能力却非常强，人也特别开朗，非常适合做销售。那么这个时候就要考虑让他从技术类的职业生涯发展通道转到销售类的职业发展通道上来。同时对公司需要补充人员的岗位向内部公开，大家可以通过申请应聘的方式争取适合自己的岗位。通过提供这种职业生涯转换的机会，可以让团队的每个人都有机会找到更适合自己的工作，能够更有效地发挥自己的专长。

三、企业文化是一种信仰

长期的行为才沉淀出习惯，长期的习惯才沉淀出文化。只有把优秀的核心理念变成企业的优势文化，企业才能在日趋激烈的竞争中脱颖而出。企业的优势文化会让一个团队带上明显的印记，它是一个团队判断是非对错和轻重缓急的准则。一个真正形成优秀核心文化的团队，在工作过程中才敢于坚持原则。

把一个好的理念最终变成团队中的优势文化主要依靠三个方面。首先是这个理念要有群众基础，也就是要让团队中70%以上的人认同。如果没有得到团队中大部分人认同的理念就不算是优势文化。其次是要得到领导者和管理者的大力支持。最后还需要通过一套科学的制度体系把理念变成团队的一种习惯和信仰。下面分享一些优秀企业文化的内涵。

1. 个人修炼的方向

中国自古就推崇修身、齐家、治国、平天下的人生追求，任何一个人或团队要得到成功都要以个人修身为基础。企业文化的形成同样需要从个人入手，通过让团队中每个人对己、对人、对物、对事的基本理念和行为习惯达成一致，企业的优势文化才能形成。

（1）对己自律修身

这个世界就是自己和自己、自己和他人、自己和环境的关系。所有的关系都源于自己。首先一个人要学会如何做好自己。团队工作的过程就是一个人修炼成长的过程。在工作过程中只有懂得管理好自己的"情、欲、念"，做好自我管理的人才能更好地融入团队。在工作中修炼的重点是"八心"，它们分别是同理心、包容心、关爱心、感恩心、责任心、上进心、平常心、持恒心。前"四心"主要是在对待他人时需要的心态，而后"四心"主要是一个人在做事时需要的心态。

在与人交往时首先要有同理心，也就是要懂得站在别人的立场上思考问题，能够理解别人的言行和心情。接下来要有包容心，一个人只有学会站在别人的立场去思考时，才会懂得包容别人。只有可以理解和包容别人时，才会真心去关爱人。每个人都需要得到他人的关爱，只要每个人都能够献出一点爱，这个世界就能变得更加温暖和美好。团队成员要有一颗关爱之心，带着爱去和人相处，对身边的人多一些关心爱护。最后是感恩心，不管是带给人快乐的人、事、物，还是让人痛苦的人、事、物，只有学会感恩生命中的一切，才能拥有一个更加美好的人生。

做事首先是要有责任心，责任心是每个人做事的根本。一个人需要对自己、对家庭、对团队、对企业、对社会负责，一个敢于负责的人才值得尊敬。接下来是要有上进心，不想当将军的兵不是好兵。一个人有了上进心，才会不断提升自己的能力，追求创造更大的价值，也才能更好地担负起自己的责任。再次是平常心，有人说人生不如意十之八九，努力了不一定能得到想要的结果，这就需要用一颗平常心去面对。最后是持恒心，一个有责任心、上进心，并能保持平常心的人，只要认准方向坚持下去就一定可以取得成就。

（2）对人尊重理解

每个人在工作中都要面对自己的同事、客户、伙伴等不同的人。在与人交往的过程中对人的观念将决定与人相处的方式和关系。一个优秀的团队，每个团队成员在对人时都要坚持尊重理解的基本原则，始终以爱和感恩的心态去对待每一个人。一个人希望别人怎么对自己，就要先做到用同样的方式对待别人。只有自己能够先做到尊重理解别人，才能得到别人的尊重理解。在团队中要真正做到这一点需要注意几个小细节。

首先要注意的是不带负面情绪与人沟通，我们的不良情绪会影响别人的情绪；对别人要时刻保持友善的态度，微笑永远是化解不愉快最有效的武器；注意恰当的礼仪，礼仪本身就是对人尊重的体现；不打断别人说话，认真倾听别人把话说完是一种基本的礼貌；不在背后议论别人的是非，这是一种让人非常厌恶的事情；最后要尊重别人的合理权利，坚持共赢的理念，只有共赢才能长久。

（3）对物珍惜共享

德胜洋楼公司有一句如何对待物质财富的话非常值得学习。他们对待物质财富的态度是：拼命挣钱，拼命省钱，拼命捐钱！拼命挣钱是为了创造价值，不能创造价值的人和企业都没有意义，所以德胜洋楼公司要求每一个人在工作时间都要尽全力工作。同时不仅要创造价值，更要珍惜所创造的价值，所以德胜洋楼公司会为了浪费几颗镙丝钉而处罚一个人。最后要把钱用到真正需要的地方，让更多的人过上更好的生活，帮助社会上遇到困难的人渡过难关。所以德胜洋楼公司不断捐款用于慈善事业，尽最大努力帮助那些需要帮助的人。这正是每一个人在对待物质财富时应有的态度，在对待物质财富时要懂得珍惜和分享。

（4）对事求实尽心

在企业中要处理好人与人，人与物之间的关系就是事。古人言：谋事在人，成事在天。虽然没有办法保证每件事都能达到理想的目标，但最重要的是要做到尽心尽力。只要一个人尽心尽力了，即使最后没有达到想要的结果，也可以问心无愧了。所以最重要的是要让团队成员养成对事尽心尽力的习惯。同时管理者还要为团队建立一种信念：只要尽心尽力就没有做不好的事，方法总比问题多。

在对待工作时要求实。也就是要实事求是，敢于坚持真相，不能弄虚作假。如果每个人都能坚持对每项工作实事求是的话，很多问题都可以避免。工作过程中就不会出现对人不对事，也不会存在工作中隐瞒真相的问题，企业就能进入非常良性的循环状态。管理者在实际工作中要大力鼓励诚实守信的行为，对弄虚作假的人给予最严厉的惩戒，对敢于揭发弄虚作假的人给予大力的奖励。

2.优秀的团队风格

一套优秀的企业文化要以每个团队成员树立对己、对人、对物、对事的正确理念和行为习惯为基础，把这些理念真正落实到团队在待人、接物、做事的每项工作中。最终团队表现出来的行为习惯就是企业的优势文化。一个高效的团队在整体风格上有三个特别值得学习的榜样。

（1）军队的高效

一支优秀的团队首先体现在执行力和战斗力，而全世界最能代表执行力和战斗力的团队是军队。正所谓商场如战场，是一场不见硝烟的战争。团队是否表现得像军队一样训练有素，具有高效的执行力，这将决定一个企业的成败。一个高效团队的风格要像军队一样具有执行力，也要像军队一样具有战斗力。

为了让团队养成像军队一样的执行习惯，很多优秀的团队都会对其进行专业的训练。在团队中要提倡"先执行后上诉"的理念！就是在按制度或上级指示执行一项任务时，如果有一些个人意见或建议，可以及时地向上级或相关负责人反馈，也鼓励要向上级反馈，但绝对不能因为有自己的想法就不按要求执行，更不可以不执行。不按制度或拒绝执行，即使最后证明自己的意见或建议是正确的都同样不值得提倡。

（2）学校的成长

21世纪的企业竞争归根为团队学习力的竞争，谁拥有更快的学习能力谁就可以立于不败之地。只有通过不断的学习才能持续创新，企业才能实现不断成长。正如曾被认为是全世界最优秀的CEO杰克·韦尔奇所说：你可以拒绝学习，但你的竞争对手不会！一支高效的团队，必然体现在高效的学习。而全世界最能代表学习的地方就是学校。一个优秀的企业就是一所优秀的学校，要建立科学的培训体系帮助每一个团队成员都能得到不断成长。每一个人在团队中也要像学生一样把学习融入工作，能够随时随地抓住学习的机会。同时要善于把学习到的新知识运用到工作当中，对工作进行持续的改善创新。日本经营之神松下幸之助曾问公司的高管：松下是做什么的公司？得到的答案是松下公司做高科技电子产品。结果松下幸之助告诉他们：松下公司主要做两件事，首先是培养人才的地方，其次才是制造高科技电子产品。

（3）家庭的温暖

每逢佳节倍思亲，正是这样的情感在中国才形成了全世界独有的奇观。每到春节到来，在世界各个角落的中国人都会不辞辛劳，不计代价地赶回家。在家里每个人都很重要，当做错事的时候可以回到家得到包容；当做对事的时候可以回到家得到称赞；受委屈的时候可以回家得到安慰；当开心的时候可以回家得到分享；当失败时可以回家得到鼓励；当成功的时候可以回家得到祝贺。家是全世界最温暖的地方。一支优秀的团队除了要像军人一样高效，像学生一样学习成长，同时在工作和学习中要感受到家一样的关爱。这种家的温暖让团队的每一个人感觉再苦再累的工作和学习都很值得，都很快乐，都是爱的体现。

很多人都觉得海底捞火锅的员工非常有激情。每次去海底捞都能感受到他们贴心的服务和充满阳光的笑脸，但这只是结果而不是原因。在他们公司即使普通员工都能住上大部分公司连白领都很难住到的高档套房；他们公司做到大堂经理以上的职务，他的父母每个月都会收到公司寄出的慰问金；公司专门创办了优质学校免费供内部员工的子女学习等措施。这样为团队着想，把团队当家人的措施在他们公司还有很多。他们公司提倡"用双手改变命运"的价值观，让每一个愿意努力的人都有机会过上有尊严的生活。当企业把团队当家人去关爱的时候，团队也会把企业当家，每天都充满激情也就不足为奇了。

3.管理的基本原则

管理的基本原则就是在管理过程中需要遵循的一些基本要求，这些要求也是企业文化的重要组成部分。这些原则为管理工作指明了方向，让管理者即使是没有具体制度的情况下也知道应该如何做好管理工作。通过大量的管理研究和实践，在管理过程中需要注意以下几个基本原则。

（1）尊重理解

尊重理解是对人的基本要求，而管理离不开与人打交道，这也是管理的基本原则。正所谓上下同欲者胜，只有相互的尊重和理解才能让团队真正达成共识，大家才能朝着同一个目标齐心协力。也只有坚持尊重理解才能在对外交往过程中得到合作伙伴和社会各界的支持。

（2）实事求是

管理过程中需要不断作出决策，而任何科学的决策都需要以及时、准确、全面的信息为依据。团队成员对任何一项工作都需要有一股实事求是的精神，弄虚作假或不顾实际都将对企业造成巨大的伤害。管理者要将实事求是的精神融入具体的工作当中。在团队中对敢于实事求是的人给予更多的包容和支持，鼓励他们更加坚持事实。在团队中要形成一种氛围：如果一个人不小心在工作上犯了错，只要他敢于及时地向上司如实反馈，公司就可以从轻惩戒甚至是免除惩戒。但如果是明知道犯了错，却故意隐瞒事实，一旦被其他人发现将加倍惩戒。

（3）资源共享

团队是一个分工合作的整体。分工合作的实质和基础都需要做好资源共享。团队的价值就在于通过分工合作能实现个人所不能实现的目标。只有一个"1+1＞2"的团队才是一支高效的团队。管理者要充分发挥团队每个人的资源优势，通过有效的共享才能最大化发挥团队的作用。同时对团队取得的成绩也要与团队成员共同分享，才能让整个团队上下同欲。

（4）闭环管理

有头无尾是管理中最常见的问题，而正是这样的做法让很多重要工作变得没有结果。闭环管理是一个让工作有始有终，让工作方法能够得到持续提升的管理方法。这个方法要求在做任何一项工作时首先是要有目标计划；在执行过程中做好跟进辅导；对工作情况做好及时的总结分析；根据工作结果做好反馈激励。这是闭环管理的一个循环，根据分析总结的情况又需要重新定目标计划、跟进辅导、总结分析、反馈激励的工作。直到找到处理一项工作最有效的方法，最终形成处理这项工作的制度体系，包括处理这项工作的职责、流程、标准及工具等内容。

（5）系统思考

任何一项工作都不是孤立的存在，为了避免头痛医头，脚痛医脚的情况，在管理过程中需要从不同的角度，不同的维度去全面思考一项工作的处理方法。对一项工作思考得越全面，考虑的因素越多，才越有把握做好，而这种全面思考问题的方法就是系统思考。

（6）持续创新

这个世界上唯一不变的就是永远在变。没有不存在问题的企业，企业生存发展的过程就是不断遇到问题，又不断解决问题的过程。团队解决任何一个问题都是一个创新的过程。每一个团队都要有一种创新精神，才能不断推动企业向前发展。一个不能与时俱进的团队，必然会被时代所淘汰。所以在管理过程中要鼓励团队成员不断创新，没有最好只有更好。

4.核心价值观的基础是责任

责任是一个人待人做事的基础，同样是一个企业生存发展的基础。企业对客户、对团队、对伙伴、对股东、对社会表现出来的责任感就是实现持续健康发展的基础。一支高效的团队需要承担责任，这种责任源于爱。因为爱客户、爱团队、爱伙伴、爱股东、爱社会，所以才会主动对他们负责。只有与客户、团队、伙伴、股东、社会建立生态共赢的关系才能实现持续健康的发展。

（1）为客户创造价值

企业首先要立足于客户的需求，很多企业都把客户形容成上帝或衣食父母。如果企业没有客户就无法生存。一个企业对客户需要承担的最大责任就是要能够满足客户的需求，也就是要为客户创造价值。就像生产洗衣机的企业，他们的产品可以帮助人洗衣服。这样就能节省大家的时间，减少做家务劳动的辛劳，这就是生产洗衣机的企业为客户创造的最重要的价值。

（2）为团队创造事业

每个人都是自己的经营者，任何一个人加入一个企业最直接的目的就是希望在这个团队中能够实现自己的目标。每一个人都需要有一份事业，不仅是为了团队，也是为了自己和家人。每个人都希望自己的人生过得有价值；谁都希望辛苦一辈子的父母在年老体弱时自己有能力照顾他们；谁都希望自己的爱人可以过上更富足的生活；谁都希望自己的孩子可以接受良好的教育；谁都希望得到社会各界的认可和尊重。这一切都要团队成员通过用心经营好一份事业来实现。

（3）为伙伴共同发展

各行各业越来越专业化，企业分工也越来越细，每个企业都要和很多上下游的相关企业进行合作。合作伙伴的合作基础在于共赢发展，只有建立在共赢基础上的合作才能良性持久。随着时间的推移，阿里巴巴和入驻平台的商家关系开始变得越来越紧张。因为线上引流的成本越来越高，很多商家都很难盈利，这种矛盾也变成困扰阿里巴巴进一步发展的巨大障碍。任何一个企业在与其他企业合作的过程中要承担的基本责任就是要能与他们共同发展。

（4）为股东创造财富

企业的经营发展离不开资金和各种资源的投入。企业在为客户创造价值的同时，要有合理的盈利空间。如果一个企业不能为投资人创造合理的利润回报，就没有人愿意投入资金和资源。所以不管一份事业多么有意义，最终都要有一套可以实现合理盈利的商业模式才能持续健康的发展。具备合理盈利能力的事业能够吸引更多的资源投入，推动企业实现更好的发展。

（5）为社会创造效益

每一个企业的成功都离不开社会各界的支持。一个企业不仅要为客户、团队、伙伴、股东负责，同时也要为社会负责。一个企业对社会负责的直接体现在于创造社会效益。企业的社会效益包括企业为社会提供更多的就业岗位，为国家创造更多的税收，维护好生态环境，帮助社会的进步和慈善等。每个企业都要以此作为需要承担的重要责任，才能得到社会的认可和尊重。

其实企业也是一个生命体，它也有生老病死。企业创立时就是它的出生，企业发展中出现的各种问题都是企业生病的一种表现，企业进入衰退期就是企业衰老的表现，当企业倒闭时也就是企业死亡的时候。团队的每个人都是这个生命体的重要组成部分。企业的生命就掌握在团队成员的手里。团队成员把工作做得越好的时候，企业的生命就可以延续得越久。企业是团队通过分工合作实现"内享幸福，外创价值"的平台，这个平台需要团队的共同创造和维护。只有这个平台越大越好的时候团队才能有更好的发展空间。打造百年企业是每个团队的共同梦想和责任。

5.使命和愿景让团队找到方向

企业的使命是指企业到底为了谁而存在，存在的意义是什么。企业的愿景是一个企业未来想达成的理想状态，是一个团队需要长期奋斗才能实现的目标。就如阿里巴巴的愿景是能成为持续经营102年的企业。如何让阿里巴巴成为百年企业就是团队努力的目标。一个拥有伟大使命和愿景并为之持续奋斗的团队，他们在工作中才不会迷惘。只有当团队知道自己现在正在做什么，是为了什么而做的时候，整个团队才会形成坚定的信念。

四、职业道德的六大问题

中国自古就强调厚德载物，品德无论是对个人还是企业的发展都至关重要。小胜靠力，中胜靠智，大胜靠德。如果一个团队没有形成良好的职业道德就很难实现持续健康的发展。在企业中团队"无德"的主要表现有以下6个方面。

1. 推卸责任

敢于承担责任，不推卸责任是一个人非常珍贵的品德。一个对自己负责，对家庭负责，对团队负责，对企业负责，对社会负责的人，不可能是一个品德败坏的人。一个拥有良好品德的人，必然敢于承担责任。雷锋的无私付出是一种责任，军人保家卫国同样是一种责任，所有高尚品德的背后都可以看到责任的光芒。而一旦不负责任，就会给他人、给团队、给社会造成损失和伤害，最终也会伤害自己。

一个负责任的人在团队中首先会全力以赴地把该做的工作做好，表现出高度的爱岗敬业，避免因为人为的原因造成工作问题。当团队工作出现问题时，不是去指责、去抱怨，而是积极提出建设性意见。同时针对出现的问题检讨自己有什么责任，自己可以做些什么有助于解决问题的事情。

2.弄虚作假

曾经闻名世界的美国安然公司一夜之间倒闭虽然已经过去很久，但它带给企业的教训和思考却没有结束。任何一家企业都只有脚踏实地把工作做好，才能让企业基业长青。一家市值上百亿美元的安然公司就毁于一个小小的造假账户。弄虚作假或许可以骗人一时，但终究会为此付出惨重的代价。诚实守信是一支优秀团队必须具备的重要品质。一个诚实守信的团队表现在工作中就不会弄虚作假，而是坚持实事求是。

3.损公肥私

团队中"无德"的第三种表现是损公肥私。当年张瑞敏在刚负责管理海尔的时候，在最初制定的规章制度里面有一条是：不准把公司财物私自带回家。其实这条规定的实质就是不能损公肥私。损公肥私也就是为了自己的个人利益而有损企业的整体利益。一支优秀的团队更多地表现出一种奉献精神，很多企业在创业初期都是靠团队的奉献精神而得到快速发展。在企业中要避免损公肥私的事情发生，除了要有科学完善的制度体系以外，对团队成员的品德教育也非常关键。制度只能管一时一事，只有一个人的品德修养才能让团队随时随地地自律。

4.搬弄是非

把搬弄是非形容成团队的第一杀手一点都不为过。一旦团队中有人搬弄是非，团队的氛围就很容易被破坏。一个爱搬弄是非的人唯恐天下不乱，他会把团队的关系搞得鸡犬不宁，让团队陷入严重的内耗当中。团队中要避免是非的伤害需要坚持三个原则。首先是不说是非，也就是团队成员要从自己做起，不要背后谈论一些不利于团队和他人的事情；其次是不听是非，也就是当团队中有人说一些没有依据的负面事情时，要立即制止，让他不要再说；最后一点是不传是非，如果偶然知道了一些没有依据的负面事情，要到此为止，不再向他人传播。如果能做到这3点，一个团队的关系将变得单纯，每个人也更能集中精力于工作。

5. 拉帮结派

曾经一个企业的管理者分享他自己的一段经历，说他们公司连老板和老板娘都各是一派。老板是总经理，主管销售、生产、技术，老板娘是副总，主管财务、采购、仓库，几个部门之间经常明争暗斗。只要出现工作问题，老板娘都会维护财务、采购、仓库部门的人，而老板会维护销售、生产、技术部门的人，各部门之间互相推卸责任。有时候销售、生产或技术部门几十块的费用都会被财务部门以各种理由拖延，造成很多工作都不能高效开展。

在中国的文化中强调一视同仁，在一个团队中更应该做到一视同仁。而在很多企业中拉帮结派的现象非常严重。企业中一旦出现拉帮结派的现象，为了维护小团体的自身利益就会变得四分五裂，陷入内部纷争。因为帮派之间一般都会互相拆台，互不买账，一些原本正常的工作都很难有序地开展下去。在团队中要把拉帮结派的现象提升到道德的高度来重视，要坚决杜绝出现拉帮结派的现象。

6. 挖脚立户

很多人都有创业的梦想。一个人有理想是非常值得称赞的事情，但在选择创业的时候很容易触犯道德的底线。所谓的挖脚立户就是指通过挖走原有企业的一些重要资源创办自己的企业。如挖走原有企业的核心技术、销售人才、抢夺原有企业的客户资源等都属于这个范畴。这样的做法是每一个企业都不愿意看到的事情，然而事实上这样的情况却经常发生。管理者在对团队进行品德教育的时候，一定要正视这样的问题。通过与团队正面地沟通，把这些问题坦诚地与团队进行交流，让他们意识到挖脚立户是有违道德的事情。

五、品德教育让团队高尚

现代职业道德把"爱岗敬业、保守机密、诚实守信、办事公道、服务群众、奉献精神"总结为职业道德的主要内容。在前文也专门有谈到企业中"无德"的主要表现。在企业中要尽可能避免团队"无德"行为的出现，可以从3个方面着力。

1.坚持用人以德为重

企业要尽可能避免"无德"事件的发生，首先在用人原则上要坚持以德为重。无论是对外招聘，还是内部选拔人才，都要把品德的考核放在第一位。对于在品德上存在问题的人不能重用，从而引导整个团队重视自身的品德修养。

2.做好品德言传身教

管理者要教导团队养成良好的品德修养，首先自己要做好言传身教的工作。正所谓上行下效，只有管理者自己先做好榜样，才能教导整个团队树立良好的风气。就像一个处处以权谋私的管理者要让团队大公无私就很难实现。管理者除了自己要以身作则，还要做好3个方面的工作。

（1）做好教导工作

首先是在思想上做好职业道德的教导工作，让每一个团队成员清楚地认识到什么是职业道德。结合企业自身情况，要明确所在企业中违反职业道德的主要表现有哪些？团队提倡的品德修养有哪些？养成良好的职业道德对个人和企业的发展将带来什么好处？通过这样的教导，可以帮助团队强化对职业道德的自律意识，从而有效地预防"无德"现象的出现。

（2）抓典型树榜样

除了在思想上做好职业道德的教导以外，在实际工作过程中还要善于抓住典型事件，树立榜样。家喻户晓的铁人王进喜就是一个敬业爱岗、大公无私的榜样。正是王进喜的典型故事成为几代人学习的榜样，激励更多的人在自己的岗位上尽职尽责。每一个团队也都需要抓住一些具有代表性事件做好团队的引导。这些天天在身边的人，发生在身边的事最容易对团队产生影响。

当年联想集团为了提高会议效率，规定所有参加会议迟到的人都要罚站10分钟。结果在规定出台后的第一次会议，柳传志的一个老领导就迟到了。柳传志硬着头皮让老领导罚了站，从此以后很少有人再迟到，迟到也会自觉地罚站。正是柳传志在制度开始执行时，连自己的老领导都不例外的典型事例，让每一个人都清楚地知道对待制度要坚决执行，要有对事不对人的勇气。

（3）不让雷锋吃亏

管理者不能让企业雷锋吃亏，对品德高尚的表现要及时地给予肯定。德胜洋楼公司曾经发生过这样一件事情，他们公司的一个供应商想让其公司的采购帮他多算一些材料款，就向德胜洋楼公司的采购人员私下承诺可以给1000元的好处费，结果被这个采购当场拒绝了。后来这件事被德胜洋楼公司知道了，公司决定奖励这个采购员2000元，并发动全公司向这位采购员学习。德胜洋楼公司正是靠不断提倡高尚的品德修养，让品德高尚的人得到应有的回报，把德胜洋楼公司打造成了一家具有君子文化的优秀公司。有一次，德胜洋楼供应商的一个销售员因为对账不符，向领导解释说是给了德胜洋楼公司采购回扣，结果他们领导当场对他说：如果你说其他公司我会相信，但你说德胜洋楼公司的采购拿回扣是不可能的事。这就是德胜洋楼公司通过对团队品德的高要求得到的高度评价。

3.品德底线无人敢破

正所谓不以善小而不为，不以恶小而为之。品德问题无大小，只要是品德上的问题都要给予重视。对出现较严重品德问题的人，要让他离开团队。无论任何人只要是品德上的问题都要慎重对待。只有这样才能不断净化团队，在团队中树立一股正气。

六、忠诚是一种人生智慧

忠诚不是对某个人的盲从，而是对职业的专注、对文化的信仰、对品德的自律。忠诚是一种责任担当的优秀品质。在生活中，为人父母，为人子女，为人朋友，需要忠诚。在工作中，为人下属，为人上司，为人同事，同样需要忠诚。在生活中讲忠诚，才能幸福快乐，才能和睦相处，才能安居乐业。对工作讲忠诚，才能立足于社会，才能发展壮大，才能实现人生目标。所以管理者要让团队对忠诚度有正确的理解。

1.只有相信才会忠诚

团队的忠诚度无法凭空产生，而是基于对团队、对企业、对文化的信任。只有团队相信通过自己的工作能够实现自己追求的目标才会对职业有忠诚度；只有相信企业的核心文化是正确的才会对文化有忠诚度；只有相信好人有好报才会对道德有忠诚度。所以要提升团队的忠诚度不能靠喊口号，而是通过实际行动让大家能够真正相信企业、相信文化、相信道德。

2.忠诚是成功的基础

古圣先贤已经认识到忠诚是人的立足之本。古人云"人无忠信，不可立于世""不信不立，不诚不立"。一个人说话不忠实守信，行为不笃实严谨，根本行不通。如果失去了忠诚，那么就会失去别人的信任。只有忠诚的人，才会得到别人的认可、信任和帮助，才有可能获得发展的机会。反之，失去忠诚的人，身边的人就会远离他、鄙视他、抛弃他。如果得不到别人的支持一个人就很难有所作为。

3.把忠诚升华为信念

一个人的信念决定着人生的发展方向。没有任何信仰的人只是一个没有灵魂的躯壳，将会失去把握自身命运的能力，其一生也将碌碌无为。有追求和信念的人，将凝聚巨大的能量，会朝着自己的目标而努力，最终实现自己的理想和愿望。忠诚是一种信念，是一个人安身立命的重要基础。将忠诚作为自己信念的人，肯定是不怕困难、永不退缩的人。管理者要为团队注入一个共同的信念：只有持之以恒地努力奋斗才能实现"内享幸福，外创价值"的圆满人生。

理人总结

管理过程中需要处理好团队"不能""不明""不愿""不忠"的四大问题。前文针对这四个方面做了系统的讲解，并给出了应对这些问题的思路和方法。为了让管理者更简单地诊断团队的状况，把一个人是否有足够的能力完成工作及是否明确完成工作的要求归结为胜任性，这是判断一个人是否能够胜任一个岗位或一项工作的依据。把一个人是否愿意全力以赴地主动工作，并对从事的工作和企业是否具有忠诚度归结为主动性。主动性并不能立即改变一个人的胜任性，但会决定一个人工作过程中的状态，这将决定一个人胜任性的发挥程度。一个主动性强的人在工作中才能快速成长，一个团队的主动性比胜任性更为重要。

在实际工作过程中每个人对工作的胜任性和主动性会存在差异。更甚至是同一个人，在不同的时候，不同的环境下，面对同样的工作，表现出的胜任性和主动性都不一样。根据一个人对工作的胜任性和主动性不同，适合采用的理人方式也要有所差别。理人就是要准确把握团队成员对工作的胜任性和主动性，根据分析的结果帮助他们实现不断成长。

从岗位的层面讲，一个人的胜任性主要反映在是否具备完成各项岗位工作所需要的能力及是否明确岗位工作的要求。而一个人的岗位主动性主要表现为三个方面，第一个方面是能够自觉遵守公司的文化和制度的要求；第二个方面是能够积极主动地对待岗位工作；第三个方面是面对工作中的各种挑战不轻言放弃，并不断对工作方法进行改善创新。根据一个人对岗位工作的胜任性和主动性可以分为四种状态。管理者对不同状态的人需要采用不同的理人方式。

1.指导式

指导式主要适用于团队成员对一项工作的主动性好，但对这项工作的胜任性不足的情况。指导式的工作重心在于指导团队成员如何把一项工作做好，最终帮助他有足够能力解决同类型的工作任务。如一个新加入团队中的人或刚调整到新岗位的人通常会遇到这种情况：因为刚接触一个岗位的工作时，对完成各项岗位工作的相关能力会存在不足，对工作的一些要求也不是特别清楚，所以对这些工作的胜任性会较低。但一般新人对工作的意愿会很高，表现出的主动性就会比较好。对于这些岗位新人，管理者要指导他们把每项工作的具体要求了解清楚，掌握完成每项工作的正确方法，让他们能独立完成岗位的各项工作。管理者要做好指导工作可以分为两个步骤。

（1）我说你听，你说我听

在指导一个人完成一项工作的时候，首先要让他清楚完成这项工作的各项具体要求。而真正要让一个人清楚一项工作的具体要求并不是一件容易的事，在这个过程中需要有一定的技巧。最简单的方法就是按"我说你听，你说我听"的要求进行说明。首先是"我说你听"，管理者要把一项工作的要求清楚地表达给工作的负责人听，讲完以后要询问他们是否清楚了。如果得到的回答是"清楚"，接下来要做的就是"你说我听"了。也就是要求他把刚才听到的内容复述一遍。只有他们复述的内容和工作的要求一致时才证明是真正清楚了。在工作指导的过程中如果只是简单地把工作要求告诉团队成员，很难让他们真正清楚工作的要求。因为很少有人愿意主动承认自己还不清楚工作的要求。

（2）我做你看，你做我看

当把一项工作的各项要求沟通清楚以后，接下来需要做的就是让工作的负责人真正掌握完成这项工作的技能。说一百遍不如做一遍，要帮助一个人掌握做一项工作的技能可以采用"我做你看，你做我看"的方法。管理者首先要把这项工作的要求亲自示范给他们看。看完以后要了解他们是否有看明白，接下来再要求他们按照示范做一遍看看。当他们能够按要求独立完成这项工作时，就代表他们已经掌握了这项工作的技能。

2.教练式

当团队成员对一项工作的胜任性和主动性都很低，却必须让他负责这项工作时就需要采用教练式管理。教练式管理的主要特点就是管理者既要让团队成员明确工作的各项要求和标准，还要让他看到自己存在的不足。很多岗位新人在开始工作时会面临很多实际的问题，在处理这些问题的过程当中如果不能保持积极向上的心态就很容易陷入胜任性不高，主动性也变得很低的情况。这个时候管理者在提升他的能力时还需要注意调节他们的状态。如果一个人对所负责的工作长期处于胜任性和主动性都非常低的状态，经过一段时间的教导仍无法改进时，最好让他选择离开团队。因为这样的状况不仅会对整个团队造成极大的伤害，同时也不利于他自己的发展。管理者在实际运用教练式管理时要做到对事不对人，在严格要求做好工作的同时注意尊重对方。为了尽可能减小严格要求的负作用，管理者要把握好技巧。

（1）多商量

为了尽可能调动团队成员的积极性，管理者可以优先用商量的方式安排工作。如安排小张去负责打扫办公室的卫生，可以这样对他说："小张，你今天在下班前负责把办公室卫生打扫干净，你看行吗？"

（2）要友好

在安排工作时的语气一定要友好，不能太生硬，更不要带上个人情绪。管理是为了更有效地达成目标，要做到对事不对人。因为工作负责人的胜任性和主动性都不强，需要在过程中多关注工作的完成情况。

（3）有要求

在一些特殊的情况下或对极度不配合的团队成员要提出明确的要求。如两个同事在办公室发生了争吵，这个时候管理者就要直接要求他们先停止争吵，让他们先冷静下来，再通过单独沟通解决问题。

3.参与式

有的人对一项工作的胜任性非常好，也就是有足够的能力，也非常清楚如何做好这项工作，但主动性表现却较低。这种状态的团队成员会经常不服从管理者的工作安排，对所负责的工作和团队充满抱怨。对这样的团队成员在安排工作时适合采用参与式的管理方式。管理者要和这样的团队成员做好沟通，把一项工作的意义做好说明。尽量让他多参与制定工作的目标和执行方案。只有多参与才能更好地发挥这类团队成员的主动性。同时团队管理者要让他清楚地看到自己的现状，这有利于他认识到自己存在的不足，提高工作的主动性。对这部分团队成员在安排具体工作的时候可以运用"四讲"的方法。

（1）讲道理

首先要把一项工作的意义和让他负责完成的理由告诉他。通过沟通让他能够理解和重视这项工作。

（2）讲目标

第二个方面是要和负责工作的人通过沟通明确具体的目标，确定的目标一定要可量化考评。

（3）讲过程

在工作过程中管理者不需要参与太多，因为他们有足够的胜任性。但要随时了解工作的进度，检查工作的完成情况，对出现的异常要及时作出调整。

（4）讲结果

最后根据工作的实际完成情况，要作出适当的奖惩。对完成好的进行奖励，对完成不足的给予适当的惩戒。在实际的工作中，管理者要不断让这类团队成员看到自己存在的不足和改进的方向。

4.授权式

如果一个人对一项工作的胜任性和主动性都非常高时，就适合采用授权式的管理。授权式管理的重点在于确定目标，管理者在和团队成员确定一项工作的目标以后，如何达成目标就完全由接受任务的人全权负责。这种管理方式可以充分发挥个人的主动创造性，让一个人拥有很高的成就感。当整个团队对自己负责的各项工作都能达到胜任性和主动性都很高时，这个团队就可以实现自动自发的工作，这也是管理者在管理团队时追求的理想状态。但在对团队成员做授权的时候需要注意三点：

第一点是授权不卸责。也就是虽然授权给团队成员自主完成，一旦出现问题管理者要承担责任，不能把责任推卸给其他人。

第二点是授权的同时不要放弃检查。管理者要随时了解授权的工作开展情况，从而有效判断授权的效果。

第三点是权力能授也要能收。当授权的一项工作完成或被授权人在工作过程中不能合理行使授权时要能够收回。

5.影响管理方式的主要因素

管理者应该选择什么管理方式并非一成不变，而是需要根据实际情况及时地作出调整。管理者选择用什么管理方式除了考虑人的因素外，还需要因时、因地、因事、因势作出不同的选择。

（1）因时而异

处理一项工作的时间越紧急，就越偏向于采用指导式。如一个工厂的管理者发现厂房起火了，他需要立即指导大家有序疏散，同时安排人员进行灭火。而不可能召集大家先商量半天，然后才决定如何做。

（2）因地而异

因为不同的地域会有不同的文化，而这种文化的差异对管理方式也会产生影响。如在美国他们很重视个性创意的发挥，其更愿意接受授权式的管理方式。而在德国，他们做事要求非常严谨，其更容易接受指导式的管理方式。

（3）因事而异

一项工作的轻重缓急不同，适合的管理方式也会发生变化。一项越重要越紧急的工作就会越偏向于用指导式的管理。因为只有指导式的管理才能快速反应，及时地对一项工作进行处理。

（4）因势而异

当一项工作的形势发生变化的时候也需要调整管理的方式。如果企业的产品质量一直很稳定，对生产的产品只需要做抽检就可以了。在抽检的过程中发现产品的品质变得不稳定的时候，就要加大检查的力度，甚至要求全检。这就是因为形势的变化而作出的管理方式上的改变。

管理者只有带着爱去管理团队，大家才会被感召，才能让很多原本复杂的问题变得简单，也才能打造出一支真正的高效团队。中国自古就把"修身、齐家、治国、平天下"作为人生的追求。理人的实质就是通过关注、了解团队中每个人对所负责工作的胜任性和主动性状况，在此基础上用心帮助团队成员在心性和能力上不断成长。通过不断提升团队的"能、明、愿、忠"，真正帮助团队成员实现"内享幸福，外创价值"的圆满人生。

管理的最高境界是无为而治。无为不是什么都不用做，而是需要通过理人让团队成员对所负责工作的胜任性和主动性不断提高，实现让合适的人做合适的事。同时通过建立科学、合理、健全的制度体系让每一项工作的负责人明确在合适的时间、合适的地点，用合适的方法，把工作做好。在此基础上管理者只需要通过充分授权让团队成员自动自发地开展各项工作。万科的创始人王石还在担任董事长时，很多人都非常羡慕他。因为作为一家大型上市公司的董事长，他居然可以随时离开公司一段时间做他自己喜欢的事情，而公司仍然能够健康发展。他自己对此总结为：因为在此之前他花了十几年的时间来培养企业的职业经理人团队，建立了科学健全的制度体系。所以他即使不在公司，团队也能够把工作做得很好。

下篇

管事篇

第五章　杜绝制度"不全"

一、没有规矩不成方圆

　　一支高效的团队离不开一套科学、合理、健全的制度体系。制度体系是管事的基本工具，管理者要让团队对制度体系的本质有一个正确的认识。制度体系的真正价值在于三个方面：明确团队的目标权责；总结工作的经验教训；发扬人性的善良美德。一套科学、合理、健全的制度体系可以帮助团队在合适的时间、合适的地点，用合适的方法，把工作做好。

　　一个企业只有建立在科学、合理、健全的制度体系上才能实现基业长青。很多在制度体系健全的优秀企业中工作过的人才，当他们跳槽到没有健全制度体系的中小企业后会有一种无所适从的感觉。因为他们已经习惯了每项工作分工明确，只需要按规定的职责权限、流程、标准和工具做好执行就可以取得不错的工作成绩。而在缺少制度体系的企业里每项工作都表现得杂乱无章，不同的人做同一件事采用的方法和得到的结果都有很大差别。这样很容易造成严重的内耗和各项工作的混乱。管理者要重视制度体系的建设，通过制度体系来帮助团队有序、可控、高效地开展各项工作。

　　1.制度让工作变得有序

　　制度体系会对一项工作的流程、标准和工具作出规定，让团队在开展工作时非常明确需要对哪些方面负责，应该先做什么，后做什么。这样在工作过程中就会表现得井然有序。

2. 制度让工作结果可控

好的制度体系是对过去经验教训的总结，只要按制度体系规定的流程和标准开展工作，就能够达到预计的目标。就像很多服务型的企业要求在微笑时露出八颗牙齿。因为根据研究发现露出八颗牙齿的笑容给人的感觉最自然，也最亲切。只要按照这个标准微笑，就能给人留下良好的印象。如果没有这样的规定，团队成员在面对客人时不一定会面带微笑。即使有微笑，因为标准各不相同达到的效果就变得不确定。

3. 制度让工作整体高效

在没有红绿灯的十字路口只要车流量稍多一点，就很容易出现交通堵塞的情况。企业的制度体系也是一样的道理，如果一项工作没有流程制度，每个人都只会按自己的想法去开展工作。然而团队是一个分工合作的整体，没有统一的流程制度作为保障，表面看个人工作效率也许会很高，但整个团队却很容易陷入"堵塞"，让团队的整体效率变得非常低。所以健全的制度体系也是整个团队高效工作的保障。

二、麻雀虽小五脏俱全

中国有句古话讲："麻雀虽小五脏俱全。"企业在制度体系的问题上首先面临的就是不健全的问题。一个团队的制度体系不健全的问题称为"不全"。企业要解决制度体系"不全"的问题，首先要对健全的制度体系有一个清晰的认识。根据一项制度的使用情况，可以把制度体系分为例行制度和临时措施两大类。企业发展越成熟，制度体系越健全，例行制度的比例就越大，临时措施的比例就会不断减少。

1. 例行制度

一些经常需要处理的重复性工作，针对这些工作制定的职责权限、流程、标准及工具等内容就是例行制度。这类工作只需要严格按照制度体系的要求按部就班地完成就好了。如一家公司为统一上班时间作出规定："每天早上 8：00 开始上班，在上班前每个人要在公司门口打上班卡。"这就属于一项例行制度。每个企业的行业、阶段、理念等实际状况不一样，制度体系的具体内容和细化程度也会有所差别，但制度体系的基本框架却是大同小异。企业中的例行制度主要可以归结为经营手册、管理手册、运营手册三大体系。

2. 临时措施

在实际的工作过程中，总会出现一些异常情况及临时需要处理的工作。针对这类工作无法事先明确规定处理的具体方法。在处理这类工作时，更多的需要通过计划、会议、指示、通知、授权的方式临时决定如何处理。计划、会议、指导、通知、授权就是处理异常情况和一些临时工作的依据，这些方式称为临时措施。这些临时措施通过执行如果有效，就需要转化为例行制度。

曾有一家生产服装的企业突然与一家国外大客户达成了合作协议，订单量一下提升了近 1 倍。公司要完成这些订单无论是以前的设备，还是员工数量都不够。如何解决好这些问题，公司召集管理人员开专题会议探讨解决方案。最终确定短期内找合作厂家发外加工，同时公司开始筹备扩大生产规模。在统一这个方向后各部门开始制订工作计划，采购部负责及时找到发外生产厂家，人力资源部负责扩招生产人员，工程部负责扩建生产线，财务部负责资金保障。通过整个团队的共同努力让公司得到了快速发展，跳上了一个新的台阶。在这个过程中很多工作的开展都是依靠一些临时措施。

3.强化制度建设

通过分析就会发现一个企业中出现的工作主要分为两种：一种是会重复发生的工作，另一种是不会重复出现的工作。对于会重复发生的工作就需要形成例行的制度规范，对于不会重复出现的偶发性工作主要通过临时措施进行处理。任何一项工作只要处理过一次就要形成处理类似工作的经验和对策，这就是团队的知识管理。领导者和管理团队要非常重视制度体系的建设，通过流程制度工具来帮助团队科学、高效地完成各项工作。

三、例行制度三大体系

根据实际情况，一个企业的制度体系在具体内容和细化程度上会有差别，但制度体系的基本框架都一样。根据企业经营管理的需要例行制度主要包括三大体系，每个体系的内容框架基本固定。

1.经营手册

经营手册是对企业发展战略、商业模式、组织机制及职责分工等制度的汇总。通过经营手册可以帮助团队明确目标方向及职责权限。经营手册的主要内容是企业的顶层设计。健全的经营手册主要包括五个方面的内容，在拟定经营手册时需要围绕这五个方面展开。

（1）发展战略

发展战略是经营手册的核心，整个经营手册都是围绕企业战略如何实现的相关内容。企业的发展战略是在对企业内外部环境综合分析和评估的基础上明确企业的定位。根据定位明确企业的核心竞争力，并对企业未来的行动方向和路径、资源配置等作出系统、全面、科学的安排和筹划。企业发展战略包括整体战略、行业策略、竞争模式三个层面。整体战略主要是确定企业是扩张、稳定，还是收缩。行业策略是明确企业在行业中的位置，主要包括领先、聚焦和颠覆三种策略。企业的竞争模式是围绕用户定位建立核心竞争力模型，在产品、服务、场景、便利、价格五大要素中明确"54333"的核心竞争力结构。

（2）商业模式

商业模式要为实现战略服务，是为企业定位的用户群体提供具有差异化优势的产品或服务的整套系统。一套优秀的商业模式要帮助企业实现合理盈利、持续发展和生态共赢的目的。商业模式要以定位的用户群体为中心，构建价值圈、保护圈、生态圈，并形成合理的收支结构。价值圈设计要解决企业具有合理盈利的能力；保护圈要解决企业具有持续发展的优势；生态圈要解决企业相关者形成生态共赢的关系。在此基础上还要设计好收支结构，企业才能实现持续健康的发展。

（3）组织机制

商业模式是一套通过为定位的用户创造价值来获得收入的系统。就像一部车一样，只是有漂亮的外形也没法开动。一套商业模式要实现正常运行还需要建立科学的组织机制作为保障。没有规矩不成方圆，如果组织机制有问题，企业随时会面临巨大的风险。企业的核心组织机制包括股权机制、决策机制、管理机制、创新机制、分配机制、组织架构六个方面，这是一套商业模式要实现正常运行的组织保障。

（4）发展阶段

任何事物的发展都会有周期，企业也同样如此。企业发展主要分为初创期、发展期、成熟期、扩张期、再造期五个阶段。企业在不同阶段所面临的问题和机会都不一样。我们要根据战略发展的方向，明确企业在不同阶段要达成的目标、策略和行动。通常一家企业每3~5年是一个阶段，最好要思考三个阶段的发展目标。从财务、市场、营运、成长、生态五个维度设定出短期、中期、长期的具体目标。

（5）年度规划

千里之行，始于足下，不管企业有多远大的目标都需要一步步地实现。只有把企业的顶层设计转变成每年的具体规划才能落地。企业的各项管理和执行工作都是以每年的规划作为依据。企业的年度规划包括设定目标、分解目标、执行策略、实施方案、资源配置、团队激励六个部分。企业的年度规划就是经营管理的施工图。企业每个部门的工作都要按年度规划的内容展开。

2. 管理手册

管理手册是团队中各项管理规范的汇总，它的主要出发点在于发扬团队的善良美德，把符合真、善、美的理念打造成企业的优势文化。管理手册主要包括企业文化、行为标准、人事管理、行政管理、后勤管理、福利管理六部分内容。

（1）企业文化

企业文化已经做过比较详细的论述。在管理手册中要对企业文化的核心内容做好明确说明，为整个团队指明行为的准则。管理手册中有关企业文化的内容主要包括企业的使命、愿景、价值观、核心理念、团队风格、管理原则等。

（2）行为标准

行为标准的内容包括两个部分：一个是对团队仪容仪表的要求，一个优秀的团队必然有良好的精神面貌。另一个是对团队工作行为的要求。如接电话应该如何接，与同事碰面应该问好等。这些都有助于帮助团队养成良好的行为习惯。一支优秀的团队要根据企业文化的理念形成基本的行为要求。

（3）人事制度

人事制度的主要内容是企业对选、育、用、留、汰的相关规定。包括招聘管理规定、职业生涯规划、培训管理、薪酬体系、绩效管理、离职规定等内容。这些内容也是理人的核心内容，是理人过程中的重要依据。人事制度的具体规定就是一个企业团队理念的重要体现。

（4）行政制度

行政制度是为了维持企业正常的经营管理秩序，对日常工作开展作出的管理规定。工作过程中的奖惩内容、奖惩流程、申诉程序、考勤管理、会议管理、借支报销等都属于行政管理的范畴。

（5）后勤制度

后勤工作是为保障团队正常的工作、生活所提供的支持服务工作。而后勤制度就是对各项后勤工作制定的管理规定。后勤制度包括食堂管理、宿舍管理、办公环境、办公用品管理、车辆管理、图书资料管理、设备维修管理、安全管理等。在大型企业里甚至有专门为内部员工设置的理发店、洗衣店、小卖部、医务室、招待所等后勤服务部门。而现代企业因为社会分工不断细化，后勤工作更多的会让专业服务公司负责提供，让企业更专注于自己的主营业务。

（6）福利制度

福利是企业为团队成员除工资以外直接或间接提供的各种额外收益。很多企业每年的旅游、聚餐、免费工作餐、房补、车补、年假等都属于福利的范围。福利制度就是规定团队可以享有的福利项目及享受的流程、制度、标准。现在很多企业都在不断增加福利的内容和改变福利的形式，以提高团队的满意度。

3.运营手册

运营手册是保证各项工作如何有效完成的文件汇总，它对影响工作的过程和相关因素进行说明，并规定工作过程中重要环节如何有效控制的具体方法。运营手册要求总结工作的经验教训，帮助团队科学高效地处理各项具体工作。运营手册以过程管理为基础，每一项工作都以客户需求为出发点，为了满足客户的需求明确各个部门及岗位的职责；为了有效地完成各项职责需要对企业的人力、财力、物力资源进行合理的管理；通过企业投入资源按规定去完成各项职责，就会产出客户要求的产品或服务；通过对产出的产品或服务进行测量、分析、改进，不断提升客户的满意度。运营手册就是围绕如何科学高效地做好每一项工作作出的相关规定，它主要包括三个方面的内容。

（1）工作目标

工作目标是通过工作的开展要达成的结果。工作目标要有具体的要求，要能够量化。比如，人均生产效率高于100个/天；生产过程产品的合格率高于98%；产品退货率小于1%；客户投诉解决率为100%等。

（2）程序文件

程序文件是对完成一项工作作出的完整规定，包括程序文件的目的、适用范围、管理职责、工作流程、各环节的标准要求、表单工具六个方面的内容。每一个程序文件都是为了让一项工作能够有序、可控、高效地达成目标。

（3）作业指导书

作业指导书是对完成一项工作的具体方法及工作过程中需要注意的细节要求作出规定。作业指导书的目的在于帮助团队在工作过程中避免出错，让团队掌握一套成熟的工作方法。

四、建立部门制度体系

在企业层面需要建立经营手册、管理手册、运营手册三大体系。公司的目标和具体工作都需要分解到不同的部门和岗位负责才能得到执行。管理者要根据部门的目标和工作建立部门的制度体系。

1. 部门职责

每个部门需要负责完成不同的工作，一个部门负责完成的工作内容就是这个部门的职责。部门职责要以部门职责表的形式进行规范。一份完整的部门职责表主要包括七个方面的内容。

"部门名称"，部门的名称是部门职责的缩影。每个企业都会根据工作流程的需要设置对应的部门。如研发部就是专门负责技术突破和新产品开发的部门；生产部就是专门负责产品的生产制造；人力资源部主要负责人才"选、育、用、留、汰"的相关工作。

一个部门的"隶属关系"，也就是这个部门的直属上级是谁，直属下级部门和岗位有哪些。通过隶属关系让一个部门的工作关系非常明确，知道该向谁汇报工作，该对哪些人的工作负责。

"部门目标"是一个部门工作需要达成的结果。如一个企业的生产部最重要的目标就是要保质、保量、按时完成生产订单，并且要根据企业发展的需要明确不同阶段的量化目标。部门的一切工作都是为了实现部门的目标。

"部门职责"是指一个部门为了实现目标需要负责的工作内容。就像前面提到的生产部要保质、保量、按时完成生产订单，就需要根据产能提前做好生产计划。在生产过程中严格按生产计划做好采购、品质、进度等相关工作的跟进。当工作过程中出现异常时需要及时处理才能保证部门目标的实现。

"部门权限"是一个部门要完成工作职责需要的权力。工作权限主要包括人事处置权、财物处置权、业务处置权三项内容。人事处置权是一个部门对人员的任免、奖惩的权力；财物处置权是一个部门在资金使用，物资购买、使用、管理、出售的权力；业务处置权是指对一项工作如何处理作出决策的权利。

"部门架构"是为了完成一个部门的职责进行分工合作的组织结构。根据一个部门的工作需要做好岗位设置，每一项工作都要有具体的岗位负责。每个岗位的工作量不同，还要做好人员数量的合理配置。既要避免人浮于事，也不能让工作超负荷。

最后一个部分是对部门职责做好管理的相关内容。包括部门职责表的拟定、审核、批准、执行日期、编号等。这些内容是为了便于对部门职责进行有效管理，保证文件的有效性。

部门职责表　　　　　　　　　　　　　　　　编号：

部门		上级部门		下级部门	无
部门目标					
部门职责					
部门权限					

部门		上级部门		下级部门	无
部门架构					

拟定：　　　　　审核：　　　　　　批准：　　　　　日期：

2.部门流程制度

从整个部门的层面，每个部门都要根据本部门的目标和工作形成流程制度。研发部要有研发流程制度，生产部要有生产流程制度，财务部要有财务流程制度。部门流程制度对部门职责的工作进行规范。通过部门流程制度让企业的其他部门明确本部门工作的流程、要求和标准。在工作过程中能够更好地相互配合和自觉遵守，从而提升企业整体的效率。而对部门内部来说，才能做好各岗位的分工合作。

3.岗位职责

根据部门职责的工作内容和工作量的大小，需要设置具体的岗位来负责完成。整个企业的发展目标要分解到各个部门，最终要分解落实到具体的岗位，只有每一个岗位都把属于自己的工作做好才能实现部门的目标，而每个部门的目标都能达成才能实现企业的整体目标。在进行岗位设置的时候需要明确八个方面的内容。

首先是"岗位名称"，如人力资源部有人力资源经理、招聘专员、培训专员等不同的岗位。每个岗位的名称和这个岗位需要负责的主要工作相关。

除了岗位名称以外，还要根据这个岗位的工作量确定负责这个岗位的人数，也就是"岗位的编制"。一个岗位的工作量越少编制就会越少，甚至会因为工作量太少而把几个岗位的工作合并为一个人负责。

所以很多中小企业行政部就只有一个主管，一个文员。人力资源工作、行政工作、后勤工作全部都由他们负责完成。

"岗位隶属关系"是指这个岗位的直属上级是谁，也就是要向谁汇报请示工作，听谁的工作安排。另外就是这个岗位的直属下级，也就是这个岗位可以直接安排谁的工作。

"岗位目标"是通过完成岗位工作需要达到的最终结果。就像一个企业的保安岗位，保证企业人、财、物的安全就是这个岗位最重要的目标。如果公司财物被盗，那么就代表保安的工作目标没有达成。

"岗位职责"是这个岗位要实现目标必须完成的工作。像现在很多小区的物业公司，为了保障小区的安全都在小区里装了摄像头，要求保安人员要负责查看监控的显示屏。同时保安人员每过半小时就要对所负责的区域巡视一次。为了检查保安人员是否有按规定进行巡视，有的物业公司专门在巡视线路的途中设置巡视登记本，要求保安人员在巡视时必须做好登记。

"岗位权限"是指这个岗位要完成所负责的工作需要的权力。一个岗位的责权要对等，不能出现有责无权，同时也要避免有权无责的情况。

"岗位待遇"是指一个岗位能够得到的报酬，包括工资、奖金、福利、办公条件、工作时间等内容。岗位待遇是吸引和激励一个人的重要因素。

"任职要求"是指一个人要胜任这个岗位需要具备的条件。不同岗位因为工作职责不同，对任职的要求也不一样。所有的任职条件都是考核一个人对这个岗位工作的胜任性和主动性的依据。如一个前台文员的岗位，就会要求她形象气质佳，声音甜美。如果是生产文员，在形象和声音上就没有太高的要求。因为前台岗位是一个企业重要的形象窗口，一个形象气质佳，声音甜美的前台更容易给人留下好的印象。

岗位职责说明书　　　　　　　　　编号：

部　门		岗　位		代理人	
直接上级			直接下级	无	
岗位目标					
岗位职责					
岗位权限					
岗位待遇					
任职要求					

拟定：　　　　　　审核：　　　　　　批准：　　　　　　日期：

4.岗位作业指导书

企业的各项目标和工作最终都要分解到具体的岗位负责。只有确保每个岗位的目标和工作能够高效完成才能推动企业的健康发展。所以管理者管事要以岗位作为着力点。根据每个岗位的职责，对完成相关工作的流程、制度和标准做好规范。每个岗位都要形成详细的岗位作业指导书，帮助岗位工作的负责人能够在合适的时间、合适的地点，用合适的方法，把工作做好。

5.岗位异常处理方案

每个岗位在工作过程中都会出现异常情况或一些临时性的工作。在面对这些突发性的工作时，如果没有科学的指引就很容易处理不好。所以管理者要对每个岗位可能出现的异常情况提前做好总结分析，并提前对这些可能出现的异常情况提供处理的方法与技巧。通过岗位作业指导书和岗位异常处理方案可以帮助团队成员快速掌握一个岗位需要具备的工作技能。

五、随机应变要有方法

除了用于处理各种重复性工作的例行制度体系外，在工作过程中会遇到很多异常情况和一些临时需要处理的工作，而要有效完成这些工作就需要制定一些临时措施来指导团队的工作。这里对最常用的临时措施做一些介绍。

1.工作计划

工作计划是临时措施最重要的方式。管理者要根据企业的顶层设计明确年度工作目标，并把年度工作目标有效地分解到每月，分解到每天，分解到每人。而要完成这些目标就需要拟订相应的工作计划，通过工作计划来指导工作有序开展。同时对任何一项重要的工作，都需要提前做好计划才能更好地得到执行。一个完整的工作计划包括6个部分：

（1）清晰的目标

所有工作都是为了达成目标，所以工作计划要围绕目标展开。一份完整的工作计划首先要有清晰的目标。

（2）具体的标准

工作计划的第二个部分就是完成目标的标准是什么，也就是从质量、数量、时间、成本、上级或客户评价上要做到什么程度才算达到了要求。

（3）实施的方案

实施的方案就是要达成目标的流程和方法。主要是指需要做哪些具体的工作，各项工作如何开展才能达成目标。

（4）明确的职责

在确定实施方案以后还要明确每一项具体的工作由谁负责完成，也就是明确工作的职责。在明确职责时要注意让不同的人负责执行和监督的工作，这样可以有效地提升执行力。

（5）资源的支持

任何一个方案要得到实施都离不开资源的支持，包括要有合适的人、财、物。正所谓巧妇难为无米之炊，没有提供必要的资源支持再好的方案都无法落实。

（6）时间的安排

最后整个方案的每项具体工作都要有明确的完成时间，没有合理的时间安排，各项工作无法做到高效配合。

2.办公会议

办公会议是做好管理的重要方法。办公会议可以分为两类：一类是经营例会，一类是临时会议。经营例会主要围绕各阶段工作的目标计划进行，包括年会、月会、周会、早会、夕会。

（1）年会是对上一年工作目标计划完成情况的总结及本年度工作目标方案的确定。企业的年度目标要为实现发展战略服务。

（2）月会是对上月工作目标计划完成情况进行总结，并明确本月的工作目标方案。月工作目标来源于年度工作目标的分解，是为了保证年度工作目标的实现。

（3）周会是对上一周工作目标计划执行情况的总结，并明确本周的工作目标方案。周工作目标方案是为了保障月工作目标的完成，是月工作目标的分解。

（4）早会是明确当天的工作目标，同时激励团队的士气。通过早会把周工作目标具体分解到每一天。

（5）夕会是对当天工作目标完成情况的总结，让团队的每一个人了解自己当天的工作结果及需要提升的地方。

临时会议是工作过程中临时召集相关工作人员开展的会议，一般是针对工作中出现重大异常情况需要共同探讨或安排解决方案。因为临时会议很容易打破正常的工作计划，在团队中要尽量减少临时会议。

3. 工作指导

管理者要鼓励团队在工作过程中发现异常情况或有一些新的想法时，能够及时地向上级反馈。这样可以帮助上级及时了解各岗位的工作情况，同时对各岗位出现的问题能够及时地给予支持。上级可以通过工作指导的方式为团队工作提供处理的思路和方法。

4. 通知

在处理一些影响面比较广的异常情况和临时性工作时，也经常会采用通知的形式。因为通知可以把相关工作的内容及要求表述得非常明确，并让整个团队都能及时、准确地掌握相关信息。

5.授权

合理的授权可以让团队及时、有效、灵活地处理一些突发事件。就像海底捞的一线普通员工都拥有免掉一次就餐费用的权限，只需要事后向上级说明原因就好。通过这样的授权使海底捞的员工能够灵活高效地处理一些服务客户的问题，赢得了更高的客户满意度。但要做好授权并不是一件容易的事情。这需要强化企业文化建设，让团队成员在处理突发事件时都能以企业的文化为导向。同时要做好授权还要准确判断被授权人对这项工作的胜任性和主动性状况，授权不等于放任，对于滥用权限的情况要及时作出调整。

六、制度的基因是文化

企业的经营管理就是一种文化的实践。从内至外，从无形到有形，企业文化可以分为核心层、制度层、行为层、结果层四个层级。这四个层级是相互影响，相互转化的一个完整系统。只有实现核心层、制度层、行为层、结果层的统一才能形成真正的优势文化。只要任何一层脱节，都无法充分发挥企业文化的作用。企业文化的核心层主要包括使命、愿景、价值观等内容，这是制度体系的基因。

1.制度要体现核心文化

企业的核心文化只有融入制度体系才能得到落实，制度体系也必须是企业核心文化在处理具体工作中的体现。企业核心文化和制度体系是企业文化在不同层面的呈现。制度体系是用来指导团队具体工作的依据，只有一个团队的行为、制度和价值观保持一致时才能形成企业的优势文化。

2.打造企业的优势文化

每个人都知道很多道理，但知道不等于理解，理解并不等于行动。海尔的张瑞敏对此有一句非常经典的论述："什么叫不简单，就是把每一件简单的事每次都做对就叫不简单；什么叫不容易，就是能认真对待每一件容易的事情就叫不容易！"制度体系就是要帮助团队能够高效完成各项工作，发扬团队的善良美德，让团队养成良好的工作习惯。只有把制度体系的要求变成团队的一种习惯才能沉淀为企业的优势文化。

3.只有文化才深入灵魂

前文提到德胜洋楼的案例，在他们公司追求一种君子文化。他们公司把这种文化做到了深入人心，每个人都以君子的标准来要求自己。因此在他们公司损公肥私的情况很少发生，连他们公司的费用报销都可以做到不需要任何人批准直接到财务部报销领取。管理者想要达到这样的境界，要把企业的核心文化植入团队的灵魂，只有文化才能深入人心。当企业中形成优势文化后，每个人都会主动以这种文化来自我要求。

第六章　突破制度"不符"

一、没有最好只有更好

有一个和尚分粥的故事对管事有很好的启示。在一座庙里住着一群和尚。由于庙里的粮食短缺，他们每天的粥都不够吃，为了抢粥喝让他们每天都很不开心。为了解决这个问题他们决定选一个人出来负责分粥。刚开始时这个方法还不错，每个人都能分到差不多一样多的粥。但时间一长他们发现负责分粥的和尚开始给自己和一些关系好的和尚多分，这让其他和尚很不满。

于是他们又想到另一个办法，每个人轮流分粥。通过新的调整比以前固定一个人分粥时又有了改善，但大家发现还是会出现轮到谁分粥时就会给自己多分的情况。最后有人提议还是找一个人来负责分粥，但负责分粥的人要让其他人先选，剩下的最后一份才属于分粥的人。这样调整后大家发现再也没有出现分粥不均的情况，因为负责分粥的人如果分得不均只能拿到最少的一份。

就这样大家相安无事地又过了一段时间，当地的一个大财主为他们寺庙捐了一大笔钱，他们再也不用为吃不饱饭而发愁了。大家发现分粥变得没有任何意义，同时还非常浪费时间。于是大家通过探讨决定取消分粥的方式，每个人能吃多少就打多少。

1. 制度永远有改善的空间

和尚分粥的故事虽然很简单，但从中却可以得到很多重要的启示。首先是任何一种工作方法都可能失效，同时也有改进的空间。这群和尚在分粥的问题上经历了抢粥到固定一个人分粥，再调整为轮流分粥，后来又变成固定一个人分粥，但负责分粥的人要让别人先选，自己只能拿最后一份。通过一次次调整才最终让粥分得科学、合理。对于企业的制度体系也是同样的道理，只有在实践中不断改善让制度更加科学、合理，才能帮助团队更好地完成各项工作。

2. 制度要随条件变而变

当企业内外环境及团队状况发生改变时，原本适合的方法也会变得不再适合，甚至变成企业发展的阻碍。当寺庙可以让每个和尚都能吃饱饭时，再通过分粥来吃饭反而浪费时间。企业的生存发展就是企业团队成员、制度体系、内外环境相互作用的一个过程。只有实现团队成员、制度体系与内外环境的最佳匹配，企业才能得到更好的发展。就像一个小孩子选衣服一样，不是每一件衣服的大小、款式都适合他。同时即使找到了一件非常适合他的衣服，但随着他的长大，一段时间以后就不再适合他了。

3. 制度要不断优化升级

制度体系的目的是为了帮助团队科学、高效地达成目标。如果企业的流程制度不能解决实际工作所面临的问题或解决的效果欠佳都称为制度"不符"。企业的各项工作都在因时、因地、因人而发生变化。制度体系具有延后性，如果不能根据实际情况不断优化升级制度体系的内容，就会僵化失效。所以制度体系的优化升级是一个持续的过程，也是企业不断创新发展的过程。

二、多维度的创新能力

企业要实现持续健康的发展就必须不断地创新，而对创新的成果要通过制度体系做好复制和传承。所以制度体系要通过不断升级来转化创新成果。根据企业创新涉及的内容不同，可以把创新归结为6个方面。制度体系优化升级要与企业的创新成果同步进行。

1.经营创新

企业经营分为资本经营、资产经营和商品经营。它们的定义分别是：资本经营是企业所有权的流动组合，包括融资、收购等；资产经营是企业资产的流动组合，主要是指企业的厂房、设备等；商品经营是从物料采购到最终完成销售的过程。经营的目标是追求投入产出的最大化，而经营创新就是对资本经营、资产经营和商品经营的方式作出调整和改变，主要体现在企业发展战略和商业模式的调整升级。像当时海尔在快速扩张的时候就采用了"激活休克鱼"的创新经营思路，也就是收购一些硬件设备和技术实力都不错，只是缺乏科学管理而快倒闭的企业。通过把海尔的文化和管理模式输入这些公司，让这些公司快速起死回生。

2.组织创新

组织创新是对组织机制、组织架构和组织运行规则的调整和改变。企业不同的发展战略和阶段都需要进行相应的组织创新。所以每一个企业在不同的阶段都会对组织作出相应的调整，以适应新的发展需要。很多刚创立的小企业都是采用直线式的组织架构，随着企业的发展就会开始调整为职能式的组织架构。当企业发展的规模越来越大，业务种类越来越多的时候，又适合采用事业部或矩阵式的组织架构。未来的组织会朝着平台和生态的方向发展。

3.管理创新

管理思想、方法和工具的改变都属于管理的创新。每一次管理创新最终都会体现在对管理流程和业务流程的调整。小企业靠业务，中企业靠管理，大企业靠文化。管理创新是推动企业向前发展的重要因素。国内外所有表现卓越的企业都必然是管理良好，不断追求管理创新的企业。杰克·韦尔奇之所以能够领导通用取得世界瞩目的成绩，就在于他把无边界组织、六个西格玛等先进的管理思想、方法和工具落实到通用的管理当中。

4.技术创新

对原有技术工艺的优化改变称为技术创新。技术创新是推动企业进步的重要力量，科技兴国同样兴企。一些高科技企业的技术创新更是一场生死存亡的竞争。比尔·盖茨说微软公司离破产永远只有18个月。其实这就是软件行业技术创新的速度，即使是微软这样的世界巨头如果18个月不创新都会被竞争对手赶超，就可能要面临破产。所有的技术创新都要有效地变成为解决用户需求的产品。好产品是创建幸福企业的基础。

5.营销创新

营销创新是对企业市场定位及主营产品、销售定价、销售渠道、宣传促销等内容作出的调整改变。在这个全新的时代并不缺乏好的产品，再好的产品如果不能通过有效的营销把它推向市场，也不能为企业带来回报。同时很多企业的产品在行业中并不算非常出众，然而却通过创造性营销获得了巨大的市场成功。前段时间曾在电视节目中看到一个农村待业青年，通过网络营销把他们当地的土特产推向市场，通过几年的努力居然每年可以做到几百万的营业额。营销上的创新是值得每一个企业不断研究和提升的地方。

6. 文化创新

这里的文化创新主要是指对企业原有的使命、愿景、价值观作出调整和改变。企业文化也需要与时俱进。企业在不同的时代背景，不同的发展阶段需要的核心文化也会有所差异。就像一个刚创立的企业要生存下来，就需要像鹰一样的敏锐眼光，善于抓住每一个市场机会；而企业处在快速发展阶段又需要像狼群一样团结合作主动出击；在企业的成熟期却需要有牛的文化，让每一个人都能够脚踏实地地做好自己负责的工作。

随着企业的创新发展，原有的制度体系就不再符合实际的工作需要了。企业制度体系优化升级的实质就是对经营创新、组织创新、管理创新、技术创新、营销创新、文化创新的内容做好规范化，也就是把各项有效的创新成果固化为新的流程制度，这就是制度体系优化升级的过程。企业的每一项有效创新都最终要转化为流程制度，变成整个团队的理念和习惯才能产生最大的价值。

三、制度不能生搬硬套

天下没有相同的两片树叶，也没有相同的两家企业。每一个企业的实际状况和面对的外部环境都存在很大差异，所以制度体系的具体内容和要求也不相同。只有适合的才是最好的制度。

1. 行业环境差异

企业所处的行业环境不同，所适合的制度也不一样。行业环境影响企业制度的主要因素有3个方面。

（1）行业性质

首先是企业所在的行业性质不同，需要的制度体系会有所差别。如一个生产食品的企业和一家生产自行车的企业，他们在制度上肯定会存在差异。因为不同的行业会有一些特定的要求。食品行业是生产吃的东西，必然会非常强调食品的卫生情况。很多食品企业都是封闭式生产车间，规定任何人进入车间都要先更换专用的衣服、鞋帽才能进入。而作为自行车行业对这方面的要求相对食品行业就没有那么严格。

（2）行业发展

每个行业都在不断向前发展，随着整个行业在技术、管理、营销上的突破，对这个行业的所有企业都会提出新的要求。不能跟上行业发展的企业就会被淘汰出局。像现在中国的茶叶行业，随着市场需求的不断扩大，整个行业不断走向成熟。以往的中国茶叶是一个有名茶无名牌的状况，而未来的中国市场上会逐渐形成一批有影响力的茶叶品牌。而茶行业品牌化发展的新趋势要求有实力的茶叶企业走品牌战略，加快自主品牌的建设。公司要适应品牌化运作的要求就必须对以往的制度体系做全面调整，以适应企业发展的新要求。

（3）整体环境

每个企业都会受到外部整体环境的影响。整体环境主要包括政治环境、经济环境、社会环境、技术环境等因素。在全球经济危机的状况下，大部分企业都会受到负面影响。很多企业一时之间订单大规模减少，融资也变得更加困难。在这种整体环境的变化下，企业必然会对以往的制度体系作出新的调整。很多企业为了应对这种大环境的变化大量缩减开支，减缓发展速度，甚至进行大规模裁员。但同时也有企业利用这样的机会实现超常规发展。

2.企业发展阶段

很多企业曾到华为、阿里巴巴、海尔这些优秀企业去学习经验，但最终得到的结论却是学不会。为什么会有这样一个结论呢？有一个非常关键的原因在于去学习的企业所处的发展阶段与这些企业不一样。以海尔为例，从最初的"不准随地大小便"，到"日事日清""内部市场链"，到现在的"小微创业平台"是通过30多年不断探索发展的结果。正所谓只有适合的才是最好的，企业在不同的发展阶段所适合的制度体系会不一样。要制定适合的制度体系需要结合企业不同阶段的实际情况。

（1）企业的战略不同

企业在不同的阶段有不同的发展战略，有不同的工作重点。制度体系要保证企业战略规划的实现，不同的战略对制度体系的要求会有所差别。就像一个实施扩张性战略和一个实施收缩性战略的企业，扩张性战略的企业在制度上就会体现为鼓励增加投资、增加新项目等。而实施收缩性战略的企业就会在制度上要求控制各项支出，尽量降低各项成本。

（2）企业的规模不同

一个企业所处的发展阶段不同，在规模上会有很大差距。很多刚起步的企业只有两三个人，既是总经理也是员工。处于这个阶段的企业就不可能做到像大企业一样分工非常细，每项工作也没有明确的制度规范和责任人。同时规模较小的企业，像5S管理、信息管理等管理基础的建设还比较欠缺，这也会造成很多好的流程制度无法得到有效落实。

（3）企业的资源不同

企业在不同的发展阶段所拥有的资源也不一样。刚刚创立的企业基本上是人、财、物都非常短缺，这个阶段的重心就是要如何活下去。大家看到很多大企业为了提升管理效率导入各种管理软件，一个项目几十万，甚至上千万。而这对于中小企业来说就很难承受。企业的制度体系同样离不开资源的配备，要根据企业自身的资源状况有计划地推进制度建设。

（4）企业的团队不同

企业团队的成长和企业发展的阶段相互促进。当企业一步步成长起来的同时，企业团队的能力也在这个过程中得到快速提升。所以企业在不同的阶段，企业团队的能力水平也不一样，而每一项流程制度要得到落实都需要团队具备相应的能力。就像很多企业都在推行 ISO 质量管理系统、绩效管理等科学的管理方法，但真正发挥作用的并不多。这很大程度上是受到团队能力不足的影响。如果有机会可以对团队做一个调查，看看有多少人对 ISO 质量管理体系真正了解，有多少人真正理解绩效管理的内容及实施技巧。调查结果就会告诉管理者为什么很多好的管理方法在团队中运用却没有取得好的效果。

3.企业文化差异

企业的核心理念是制度体系的基因。不同企业形成的核心文化也不一样，这种文化的差异让同样的制度体系在有的企业中有效，而换一家企业却变成一种阻碍。大部分零售企业的销售人员都采用个人销售提成的薪酬制度，也就是一个人的业绩越好，他的工资就可以越高。通过这个制度可以有效地激发销售人员的工作动力，但却不利于发挥团队的合作精神。在一些非常重视团队合作精神的企业中就不能完全照搬这个制度。

四、创新不能影响执行

创新和执行是制度的一体两面。制度体系不创新就会过时，不执行就是形式。只有平衡好制度体系的创新和执行才能推动企业实现持续健康的发展。所以在管理过程中创新不能影响制度体系的正常执行。

1.制度要创新也要执行

只有不断优化升级制度体系才能推动企业向前发展，也才能适应企业内外环境的变化。但制度体系的优化升级绝不是为了破坏制度体系，相反是为了流程制度能够得到更好的执行。因为只有流程制度越科学合理，越适应企业内外环境的变化，才能得到更好的落实执行。在实际的管理过程中要保证制度体系优化升级又不破坏执行就要坚持一个原则：先执行后上诉。也就是对一项流程制度有不同的见解时一定要及时向上级反馈，但在有权限修订流程制度的上级还没有确定调整修改前不能停止或改变执行。

2.把创新纳入制度

没有规则的创新是对管理最严重的一种破坏。只有科学有序的持续创新才能为企业发展创造价值。其实做任何事情都有规律，包括做创新同样有规律。所以创新工作也不能没有章法，同样需要有流程制度的保障。通过制度体系为创新工作提供明确的方向、目标、渠道、流程和资源。把创新纳入制度体系可以推动创新工作更有序、更高效地开展。

3.在执行中创新

岗位的负责人是最了解自己岗位的人，管理者要激发每一个岗位的负责人主动创新。很多有效的创新都是通过在工作中发现问题或找到更有效的办法而产生。管理者要推动制度体系的优化升级，就要培养团队成员善于在流程制度的执行中发现问题或探索更好的解决方法。当找到现有流程制度存在的不足或更好的解决方法时要及时向上级反馈，这样可以有效地推动制度体系的优化升级。前面讲到洛克菲勒发明只用37滴焊接剂的焊机，就是在执行中创新的典型例子。

五、创新要用高效工具

好的方法和工具可以实现事半功倍的效果。在企业中要做好创新工作同样需要借助一些高效的工具。管理者要让团队掌握一些高效的创新工具，从而帮助团队在工作中实现更好的创新。

1.学习是创新的土壤

任何一项有效的创新都是一种进步。无论是一个团队还是个人，要在现有的基础上做得更好就离不开不断的学习。只有通过不断学习新的思想和方法，并应用到实际工作中才会产生一些新的方法，这时候就需要优化升级现有的流程制度。现在很多企业都意识到了学习的重要性，不惜投入重金让团队参加各种学习。学习是创新的土壤，所以只有不断学习、善于学习才会有更多的创新产生。

2.总结反思是创新的催化剂

没有最好只有更好，这需要每个人对自己的工作不断进行总结反思。通过团队成员的不断总结反思发现存在的不足或更有效的工作方法。为了让工作总结反思变成一种习惯，很多企业要求团队成员坚持做个人日志、总结报告、开例会等。通过这些方法，每个团队成员对自己每个阶段的工作都会总结哪里做得好，哪些地方还做得不足，有什么方法可以让自己的工作做得更好。而这些总结反思就是推动制度体系优化的催化剂,可以加快流程制度的升级。

3.借鉴是一种有效的创新

站在前人的肩上更容易获得成功,人类今天取得的成就源于几百万年的沉淀积累。如果不是站在前人成就的基础上去发展,就会停留在非常原始的状态。任何一个企业都要善于借鉴别人的经验,有效的借鉴其实是一种非常高效的创新。企业要向行业中做得好的标杆企业学习,同时也要善于向其他行业的优秀企业学习。有效的借鉴绝不是简单的抄袭,而是要转化为适合企业的方法,甚至比标杆企业要做得更好。就如当年的海尔从德国学习冰箱技术,最后产出的冰箱质量比德国还要好。如果海尔不向德国学习先进的冰箱技术,或只是简单地抄袭德国的技术,就不会取得海尔今天的成就。

4.制度优化的基本工具

制度体系优化升级就是要不断总结分析现有流程制度存在的不足及更好的解决办法,在现有流程制度的基础上能够把工作做得更好。管理者要做好制度体系的优化升级有五个基本的思路可以运用。

(1)删除

首先可以思考这项流程制度规定的内容是否可以删除不要。曾经有一个解放军炮兵营的新任军官一直想不通一个问题:那就是在每次演习时每台大炮旁边总有一个士兵从头到尾站在那里,但直到演习结束他什么事也没做过。于是他就开始去查相关的军事资料,结果让大家非常吃惊。原来是因为最初的大炮都是由马来拉,每当大炮发射时为了防止马受惊会乱跑,所以每台炮才专门配一个人在旁边负责拉着马。而到后来大炮不再需要用马来拉动了,但大炮旁要站一个人的规定却没有取消。这个军官把这个发现专门写了一份报告给上级,最终才取消了这项已经没用的规定。

（2）合并

优化升级的第二个思路是可以思考一些制度内容能不能合并到一起。通过合并如果可以提高工作效率和质量，这也是一种进步。一家专为国内品牌服装企业制造展示道具的企业就曾存在这样的问题。最初公司生管、采购、车间是3个独立的部门，结果整个生产计划总是脱节。后来通过把这3个部门合并到一起由生产经理统一管理生管、采购和车间，采购和车间要严格按生管的生产计划安排工作。这样合并以后整个生产变得顺畅了很多。

（3）减少

如果要让管理变得越来越简单，这需要不断检视流程制度规定的内容是否可以再精简。当把流程制度中一些多余的内容都减掉的时候，这项工作就变得更简单，工作效率也可以更高。在一些优秀的生产企业中，甚至是拿一颗螺丝钉的动作路线都要不断地测试。通过不断试验要把所有多余的动作都删减掉，只有找出最简化的动作才能最高效地完成工作。

（4）调整

这里的调整主要是指对完成一项工作的流程做调整。很多时候仅仅是改变一下工作的顺序就能帮助团队提高效率或品质。曾对一些做销售的门店打扫卫生做观察。通过观察发现其实要打扫好卫生很有技巧。同样的工作有的店可以做得又快又干净，而有的店花的时间不少，地面却仍然很脏。其实卫生做得好的店和做得较差的店最大的差别就在于搞卫生的顺序不一样。如有的店先把地板拖干净了，然后再整理货品和擦货架，结果拖干净的地板又被搞脏了。还有的店在打扫卫生时先把洗手间拖干净，而在打扫其他地方的卫生时又要不断到洗手间洗拖把或清洁毛巾。结果等其他地方的卫生打扫完，洗手间又变得非常脏。如果能够在搞卫生时合理地规划好先后顺序，就可以大大提高门店卫生工作的效率。

（5）增加

对于制度体系的优化升级除了前面提到的4个方面以外，还有一个非常重要的思路就是合理的增加。增加新的流程制度或在现有流程制度中增加一些新的内容也是对制度体系的优化升级。随着企业内外环境的变化，企业需要面临一些新的问题，而要有效地处理这些问题就需要制定一些新的流程制度或在现有流程制度中增加一些新的内容。就像新《劳动法》公布的时候，里面规定企业必须与所有员工签订正式的劳动合同。这让很多以前没有与员工签劳动合同的企业都需要增加一份关于签订劳动合同的流程制度。

5.PDCAS改善模式

在制度体系执行中持续改善是一种非常有效的方法，这种渐进式的改善也是风险和成本最低的方式。持续改善的过程按PDCAS管理循环主要分为五个步骤。

（1）计划

首先是根据总结分析对流程制度的优化工作要提前立项并做好推进计划。凡事预则立，不预则废，有了详细的计划才能有效地推动制度体系的优化。

（2）执行

有了计划还要按计划去执行才能得到结果，不然计划就只是一张废纸没有任何意义。所有优化的流程制度都要在实际工作中测试实际的效果。

（3）检查

管理者对制度体系改善计划的执行情况要做好检查，及时了解创新工作的进度和效果。确保制度体系的改善工作能按计划推进。

（4）调整

在检查中发现的问题要制定合理的调整方案，也就是新的优化升级计划。通过新的计划来改善之前执行中发现的不足。

（5）标准化

通过实际工作验证有效的工作方法要标准化，通过正式文件的方式把它变成一种例行制度。把一个新的方法变成标准化才完成制度流程优化升级的一次闭环。

6.发挥每一个人的智慧

一个企业的发展需要发挥团队每个人的智慧，为了提高团队成员的创新积极性，推行改善提案是一种非常有效的方法。这种方法的重点就是让每一个团队成员定期向公司反馈一些自己发现的问题，并对这些问题提出改善的建议。要做好这个方法的关键在于管理者要认真对待每一个提案，并对每个人提出的改善提案及时地进行回复。对一些有利于改善工作绩效和企业发展的建议要及时转化为流程制度，从而最大化发挥改善提案的价值。以下是一份改善提案的样板可以供大家参考：

改善提案表

姓名		部门		日期		方案评级	
问题描述							
不良影响							
原因分析							
改善方案							
是否采纳		跟进人		完成日期		检查人	

六、培育持续创新文化

创新是一个永无止境的过程。一个企业不管现在做得多好，只要停止创新就会慢慢落后。所以创新不能只是一时的热情，而是要变成团队的一种习惯，沉淀为企业的一种文化。

1.建立创新试验田

管理者要有效推动制度体系不断优化升级，就需要为一些创新思路提供尝试的机会。因为很多想法在没有得到验证以前也不适合全面推行，而验证这些新方法的有效方式就是做试验田。也就是先在一个部门或让几个人组成专项小组用新的办法来做尝试，看试验的效果如何。如果得到的结果很好，就可以把这个方法固化为新的流程制度，再在整个公司中进行推广。

2.提高创新的容忍度

任何创新都需要承担失败的风险，如果一个企业要提倡创新精神，首先需要提升整个团队对创新犯错的容忍度。也就是对一些按公司创新流程尝试新方法的人，即使失败了也尽量不要指责或处罚他们。相反还应该给予创新失败的人适当精神和物质上的支持鼓励。只有这样才有更多的人愿意不断献出他们的智慧和努力。

3.追求更好的理念

每项流程制度永远都有提升的空间。要做好制度体系的优化升级需要树立追求更好的理念。有了这种理念才会对工作中存在的问题随时保持足够的敏感。很多人都有到企业工作的经历，当刚进入一个企业的时候很容易发现存在的问题，然而工作时间长了反而对很多问题变得视而不见了。其实这种变化的关键就在于对问题的敏感性开始降低了。因为刚到企业时对每一件事情都保持高度的敏感，所以会很容易发现问题的存在。而时间一长，对企业的各种事情越熟悉的时候就会变得习以为常，原本的问题都不再认为是问题了。

滴水石穿可以让人知道一滴水持续的力量。无论是个人还是企业的成长都不能一步完成。每一次重大突破都需要长时间的积累沉淀。新东方的俞敏洪对此有一段非常精辟的论述："每一天的事情单独来看都微不足道，如果每天的事情都围绕一个伟大的目标，当这个目标实现的时候，每天都变得非常有价值。"华为公司对改善创新的态度非常值得借鉴：小改进大奖励，大建议只鼓励。这是华为管理的一种智慧，是一种务实的精神。因为企业最容易实现的正是一次次小改进。通过坚持每天进步一点最终让一个团队变得越来越优秀，让一套制度体系越来越科学，才能让一个企业实现持续健康的发展！

第七章　防止制度"不知"

一、制度需要让人知道

很多企业并不缺少流程制度，在办公室文件柜里放满了各种制度规范，但很遗憾的是上到总经理，下到一线员工却没有几个人知道那些文件里到底写了些什么。因为他们都是把流程制度写好以后就扔进柜子里开始睡大觉。不管流程制度有多好，如果团队根本不知道具体的内容，这项流程制度要得到执行就不太现实，这种现象就是团队对流程制度的"不知"。导致团队对制度体系"不知"的根本原因在于对制度体系的教育沟通不够。经过调查发现造成制度体系"不知"的原因主要有3个方面。

1.不注意制度体系的宣传

一项流程制度制定以后没几个人知道的首要原因是企业不重视对流程制度的宣传。很多企业以为流程制度制定出来就万事大吉了。而事实是流程制度制定出来仅仅只是一个开始，还需要通过各种宣传渠道及时把流程制度的具体内容公布出去。如果没有对流程制度进行有效的宣传，团队成员就很难知道具体的内容。

2.不重视制度体系的学习

要让团队真正清楚一项流程制度的具体内容，不能仅仅是把流程制度简单地公布出去。流程制度的制定部门还需要针对相关内容组织大家进行学习。通过学习才会让团队对一项流程制度的内容加强印象，同时才能够真正理解相关内容的含义及具体要求。

3. 没有对制度体系做检查

除了要对流程制度做好宣传和学习以外，还要促使大家主动了解各项流程制度的内容。管理者需要经常对流程制度所规定的内容进行检查。通过检查可以看到团队对流程制度的了解程度，在检查中发现对流程制度不了解或执行不到位的情况要及时进行调整和适当的惩戒。这样才能够不断强化团队对流程制度的学习和执行的重视。

二、做好宣传渠道建设

任何一项流程制度在制定完成以后都需要有一些固定的宣传渠道进行公示，通过公示让团队及时、准确、便捷地了解到流程制度的具体内容。通过公示可以不断强化团队对一项流程制度内容的了解，让他们在实际工作过程中能够知道相关的要求，同时公示可以让团队能够很容易查看到相关流程制度的内容。通过对流程制度做好公示，就可以减少团队对流程制度"不知"的问题。企业公示流程制度的常用方式有以下几种。

1. 岗位粘贴

岗位粘贴是指把一个岗位相关的流程制度粘贴到工作的地方。通过这种方法让每一个岗位的负责人便于随时了解和确认所负责工作的相关流程制度。岗位粘贴的主要形式包括责任牌、作业指导书、工作排程表等。

（1）责任牌

责任牌是企业为了明确一项工作的工作内容、责任部门、工作标准、责任人、监督人的指示牌。责任牌要求放置或粘贴在工作开展附近非常显眼的位置，让团队很容易明确一项工作的职责权限。以对一台空调的管理工作为例做一个责任牌，通过这个案例大家对责任牌会有一个更清晰的认识。

空调管理责任牌

责任工作	空调管理	责任部门	行政部
责任标准	室内温度高于28℃时打开空调，空调温度设置为26℃； 下班时负责关闭空调； 每周负责擦拭空调一遍，保持空调干净，标准为用手摸后看不到灰尘； 每个月5号前负责把空调过滤网拆下来清洗干净； 空调出现故障要联系维修人员及时维修。		
责任人	张三	检查人	李四

（2）作业指导书

作业指导书是对一项工作具体操作方法的规定。一些管理规范的企业都会把每项工作的作业指导书粘贴在具体开展工作的地方。当需要处理这项工作时可以很方便地看到作业指导书的内容。工作的负责人只要按作业指导书的要求开展就可以有效地完成这项工作。

（3）工作排程表

工作排程表就是把一个岗位每天在每个时间段需要处理的例行工作全部罗列出来。通过把这样一张工作排程表粘贴在工作岗位最明显的位置，可以让岗位的负责人随时知道自己每个时段需要完成的工作，帮助团队养成按计划工作的良好习惯。以一个零售店营业员的岗位为例做一份工作排程表。

营业员工作排程表

时间	工作项目
8：00-8：10	按《仪容仪表管理规定》检查整理仪容仪表。
8：11-8：20	按《早会管理规定》开早会。
8：21-9：00	做好所负责区域卫生及产品展示，要求干净、整齐、规范。
9：01-11：30	按销售流程做好来店客户接待。
11：31-12：30	根据工作情况轮流吃中餐。
12：31-15：30	按销售流程做好来店客户的接待。
15：31-15：50	按要求做好与对班的交接班工作。
15：51-16：00	按《夕会管理规定》开夕会。
备注	无客人来访时要通过模拟或研讨方式提升自己的能力； 随时保持所负责区域的环境及货品的干净、整齐、规范； 如出现异常情况不能按本排程表开展工作时，要及时与店长沟通。

2.表单工具

表单是具体落实流程制度的一种有效辅助工具。把一项流程制度的内容用表单的形式固定下来，让每一个人拿到表单就能明确流程制度的相关要求，同时通过表单能够对工作过程做好记录。以出现考勤异常时需要填写的《考勤异常申请单》为例。

考勤异常申请单

部门		申请人		异常时间	
异常 事由					
备注	只要出现与公司考勤打卡要求不一致的情况，都要填写本单，部门主管最高批准权限为3天，部门经理最高批准权限为7天，7天以上由总经理批准生效。				

审核：　　　　　　　　　批准：　　　　　　　　　年　　月　　日

　　通过这样一张表单就可以把考勤制度的重点要求落实到具体的执行中。并且可以有效避免制度执行的随意性，也使各项工作更透明、更容易让人理解，从而避免流程制度"不知"的管理问题。

　　3.现场沟通

　　现场沟通是与团队面对面进行流程制度的教育宣导，主要形式包括培训、会议、研讨等。现场沟通的最大优势在于可以实现互动，让团队对流程制度的内容更准确地理解，也更容易达成共识。

　　（1）培训

　　每一项新的流程制度出台或对新加入团队的成员都有必要做专门的培训。通过培训可以让团队对一项流程制度的内容和真实含义有一个统一、清晰、正确的认识。管理者要把对流程制度的培训形成完善的体系，有计划地持续开展。

　　（2）会议

　　会议也是进行流程制度教育宣导的重要方式。通常都会采用会议的形式对一项流程制度进行探讨，并最终确定具体的内容。在流程制度制定完成后，通过召开会议来公布讲解具体要求也是一种非常有效的传递方式。

（3）研讨会

研讨会主要出现在一项流程制度在正式确定前或对一项流程制度的执行中出现重大争议时。在流程制度正式确定前可以通过研讨征求团队的建议，从而保障流程制度的内容更加科学合理。当流程制度在具体执行中出现争议时，针对出现的问题开展专题研讨也是解决争议的有效方法。通过深入的研讨让整个团队对流程制度的意义和内容有更深入的理解，也更有利于流程制度的执行。

4.公开传播

公开传播是一种广而告之的方式，把流程制度的相关内容向团队的每一个人公开宣传。在企业中常用的方法有公告栏、宣传标语、内部刊物3种形式。

（1）公告栏

公告栏是一种成本极低但却非常有效的宣传窗口，每个企业都有必要设定一个固定的公告栏。通过公告栏把公司的各项日常管理制度进行长期公示，并把一些新的流程制度、临时通知、计划及时地公示给团队，这样就可以让每一个团队成员都能及时知道各项常用流程制度的内容和公司最新的动态。为了更直观地了解公告栏，可以做一个公告栏的样板供大家参考。

× 公司公告栏

制度栏	通知栏	文化栏

（2）宣传标语

把企业的核心文化或一些流程制度的重点内容用标语的形式公示出来，可以帮助团队不断加深印象。很多企业在推行"6S管理"时都会把"整理、整顿、清扫、清整、素养、安全"的标语挂在明显的位置。其实就是把"6S管理"最核心的内容通过标语来提醒每个人要注意。

（3）内部刊物

内部刊物也是一种非常有效的宣传平台。很多有实力的企业都有编制自己的内部刊物，通过内刊对企业的制度体系或在具体经营管理过程中有价值的事件直接刊登在内部刊物上面，从而达到让团队了解公司的各项流程制度的内容及整体执行情况，引导企业文化的形成。同时还可以通过内部刊物与团队进行互动，成为展现企业团队精神面貌的窗口。

5.制度存档

（1）部门制度资料夹

每个部门都有一些与部门工作相关的流程制度。为了很好地保存和使用这些流程制度，让部门的每一个人便于随时查阅，管理者需要对本部门的各项流程制度做好分类标识。然后把分类标识好的流程制度存放到部门资料夹中，在每本资料夹上都要明确标注序号和存放文件的性质及明细，这样可以帮助团队有需要时很容易查找到各项与工作相关的流程制度。

（2）企业资料档案库

除了部门要有资料的存档管理，整个公司更有必要建立资料档案库。把每一项流程制度按文件管理规定在资料档案库中进行分类存档。在档案库中要能找到公司的所有流程制度及其变动情况。当需要查询一项流程制度时，即使在其他地方查找不到，都可以经批准后到资料档案库中进行查找。同时公司还要建立电子版的资料档案库，对公司相关的文件进行管理存档。

6.建立线上渠道

随着现代科技的快速发展，在信息传递的渠道上有了更多、更好的选择。为了让团队更好地了解各项流程制度和一些信息，有必要运用一些便捷的线上渠道。

（1）建立企业网站

现在大部分企业都建有自己的企业网站，但运用得却比较少。企业网站不仅可以成为让外界了解企业的一扇窗户，同样可以成为团队进行流程制度宣传的重要渠道。通过把公司的一些流程制度和动态放到企业网站供大家随时了解。如果出于保密需要，在建立网站时可以设立一个专供团队内部进入的专栏，把只有团队内部才能了解的内容放入专栏中。

（2）内部管理软件

现在各类管理软件的运用已经非常普遍。有条件的企业可以通过引入管理软件来落实流程制度的执行。通过管理软件把每个岗位的工作内容和权限都可以设置得非常清晰，从而让流程制度的执行变得更加可控和高效。

（3）快捷传递工具

对一些简短的内容还可以运用一些非常快捷的方式，包括可以开发APP、小程序、微信公众号、工作微信、小视频、QQ群、工作邮箱等方法。通过这些方式帮助团队更快、更好地了解流程制度的内容和工作动态等信息。

三、建立制度学习机制

只是把公司的各项流程制度通过宣传渠道传播出去并不能保证团队每个人都真正知道相关的内容。管理者要进一步强化团队成员对流程制度的了解，还需要建立完善的学习机制来学习各项流程制度。通过对各项流程制度分层级、分周期地开展学习，让每个人不仅知道流程制度的内容，并对各项内容的要求有一个正确的理解。系统、重复的学习也是一个团队了解流程制度最有效的方式。管理者要把对流程制度的学习放到战略的高度去重视和落实，才能保证团队真正掌握流程制度的具体内容。

1.分层级学习

对流程制度的学习要分层级来开展，每个层级培训的内容和重点要有所不同。根据培训的范围大小可以把流程制度的培训分为公司级学习、部门级学习和个人级学习三个层级。

（1）公司级学习

公司级学习是在全公司范围内统一组织开展的流程制度学习。公司要把一些日常工作过程中每个人都会涉及的流程制度内容定期召集全体人员进行学习。特别是对一些执行不到位的流程制度，更需要重点培训。如公司的企业文化、考勤制度、薪酬制度等相关内容就需要让全公司每一个人都非常清楚，这就需要由公司统一安排学习。

（2）部门级学习

每个部门都有一些部门内部特定的流程制度，包括部门职责、岗位职责、作业指导书等。这些流程制度的适用范围主要是部门内部，或者本部门对一些公司统一安排学习的流程制度掌握不太好的内容，都有必要由部门负责人安排在部门里开展强化学习。

（3）个人级学习

任何学习都要以个人学习为基础。对于流程制度的学习也是一样，如果没有个人对流程制度的学习就不可能让团队真正掌握相关的内容。管理者要把对流程制度的学习纳入团队每个人的学习计划。只有每个人都重视与自己工作相关流程制度的主动学习，才更容易掌握流程制度的内容。

2.分周期学习

团队对流程制度的学习除了需要分层级，同时还需要分周期重复开展学习。如果对一项流程制度学习一次就放进文件柜里面，同样会导致没有几个人真正知道具体的内容。因为没有几个人可以做到过目不忘，只有不断重复的学习才不会忘记。同时每个企业都有一些新人加入，如果对一项流程制度只培训学习1次，而没有分周期的重复学习的话，对后面加入企业的人来说就等于没有专门学习过。所以对每一项流程制度的学习都要做到重复开展，保证1年至少把公司的所有流程制度重新组织学习1次。对一些重要的流程制度甚至1年要组织学习几次，通过这样不断的重复强化学习才能让团队每个人真正熟悉各项流程制度的内容。

四、强化制度检查考核

如果想保证流程制度的学习效果，在组织流程制度学习之后一定不要忘记进行学习结果的检查。没有压力就不会有动力，通过对每次学习结果的检查可以推动团队在学习过程中更投入、更主动。任何学习都要讲结果，通过检查也可以推动团队对流程制度的执行。管理者要做好流程制度学习的检查主要需要抓好3个环节。

1. 学习签到

首先每次开展正式的流程制度学习时都要求参加学习的人员做好学习签到，对于没有按规定准时签到的要按考勤制度的规定做好管理。如果不做好这个环节很容易出现缺席、迟到、早退的现象，从而严重影响学习的效果。

2. 内容抽查

在学习的过程中负责培训的讲师要随机对大家学习的内容做好抽查。对抽查不合格的可以给予适当惩戒，对抽查表现优秀的给予适当奖励。通过抽查可以让管理者直接了解到团队对流程制度的掌握情况，同时可以促使团队在参加学习时更加用心。在学习结束后，管理者也要注意在工作过程中检查团队对各项流程制度内容的掌握情况，促使大家养成对流程制度持续学习的习惯。

3. 定期考试

最后公司要对各个岗位涉及的流程制度每年定期组织考试。把一项流程制度的重点内容通过填空、提问、案例分析等方式，全面检测团队对流程制度的掌握情况。对检测出来的结果要进行适当的奖惩，对不合格者要求重新学习后补考。对流程制度的掌握是每一个团队成员开展工作的基础，也是能够高效完成岗位工作的重要保障。如果一个人不重视流程制度的学习，连续几次考试都不合格可以要求其离开团队。

五、坚持做好宣传教育

制度体系的宣传教育不是一蹴而就的事情。管理者把一项制度制定好才刚刚开始。只有把制度的内容让相关团队成员充分了解和认可才有可能得到执行。这需要管理者持之以恒地做好制度体系的宣传教育。

1. 强化制度的学习

在工作过程中管理者要持续组织团队开展流程制度的学习，并对学习结果进行检查考试。在平时工作过程中要善于总结分析团队对流程制度了解的薄弱环节，当发现有对流程制度不了解的地方要及时强化学习。当然学习的方式有很多，不一定是把全部团队成员集中到一起做培训才叫学习。管理者可以临时就一个问题召集相关团队成员对流程制度的执行做辅导也是一种学习。管理者对流程制度的教育要做到随时随地地进行。

2. 教育不要怕唠叨

流程制度的宣导是一个持续不断的过程。管理者要让团队的每一个人都真正掌握各项流程制度的要求就需要不断重复。管理者要做好重复10次甚至100次的心理准备。一个好的管理者就要不怕唠叨，要随时把流程制度放在心上，挂在嘴边，看到行动。把各项流程制度要求的内容向团队的每个人不断重复唠叨，直到每个人都清楚每一项流程制度的具体内容。

3. 善于抓典型案例

榜样的力量非常大，管理者要善于抓典型案例来做团队教育。曾有一家公司为了提倡员工的诚信品质，公司有一个员工捡到500元钱交给了公司。结果公司奖励给这个员工1000元，并组织全公司向他学习。这就是一种抓典型案例来宣传公司制度体系的做法。通过抓住一些有代表性的事件，把公司所强调的企业文化及相应的流程制度深入人心。典型案例可以让团队对流程制度有更准确、深刻的认识，从而让制度体系得到更好的执行。

六、教育是执行的基础

制度的目的在于帮助团队在合适的时间、合适的地点，用合适的方法，把工作做好。制度的根本价值主要有三个方面：明确团队的目标权责，总结工作的经验教训，发扬人性的善良美德。所以管理者要让团队执行制度就需要先做好教育。孔子曰："不教而杀谓之虐，不戒视成谓之暴。"如果没有提前做好制度的教育就做执行是一种不负责任的做法。

1.不知道就不会执行

自古就有"不知者不为过"的说法。如果团队不知道制度的相关内容就不会执行制度。在团队不知道制度内容的情况下，即使没有执行制度也不应该受到责备。所以管理者要通过制度的宣传教育让团队知道相关制度的具体内容。然而在实际工作过程中大部分企业都没有做到让团队先知道制度的内容。在执行过程中出现问题就很容易出现争议。

2.不理解就不能执行

如果对制度的内容只是死记硬背，也不能执行好制度。因为没有真正理解制度表达的真实含义就会在执行过程中出现错误。管理者对制度的宣传教育不能停留在只是让团队知道的层面，还要对制度的各项内容做好解释说明。只有让团队成员正确理解制度的内容才能预防执行错误的情况。在遇到异常时团队才懂得随机应变，而不是生搬硬套的执行制度。

3.不认同就不愿执行

每个人在做一件事情时都需要找到充分的理由。没有人愿意做自己都不认同的事情。不管制度多么科学合理，如果得不到团队的认同就很难得到执行。每一项企业的制度内容都是企业文化的具体体现。管理者在做制度的宣传教育时要与企业文化做好内在的连接。只有让团队对制度内容达成共识，从内心真正认同制度的要求才愿意主动去做好执行。

第八章 战胜制度"不用"

一、知行合一不容易

一个企业有了科学健全的制度体系，团队对制度体系的内容也非常清楚，但却没有真正按制度体系的要求开展工作，这就是制度的"不用"。制度"不用"的实质就是执行不力，管理者要让团队对执行有一个正确的认识。

1.执行是一种勇气

严格按流程制度开展工作说起来很容易，但真正要做到需要一种敢于面对各种挑战的勇气。在制度体系的执行过程中，不得不面对自己的上司、自己的同事，甚至自己的亲朋好友。举个简单的例子，一名保安发现行政经理没有按制度要求戴厂牌，如果按制度的规定需要做警告。这个时候能不能按流程制度去执行就需要有勇气。其实任何流程制度的执行都会有人反对，敢于在反对力量中坚持流程制度的人是企业里的真正勇士。

2.执行是一种格局

能够坚决执行流程制度的人必然是一个懂得顾全大局的人。因为不遵守流程制度，个人的效率有可能会有所提高，但对团队其他人的工作却会造成不良影响，使团队的整体效率大幅度降低。希望集团的刘永行先生曾在韩国参观过一家面粉生产厂。这家企业每天可以处理小麦1500

吨，雇员却只有66人。这个结果让刘永行非常吃惊。因为希望集团的效率已经在国内行业中处于领先水平，每天生产能力达到250吨的工厂也有七八十名员工，人均产能仅为韩国工厂的1/6。按此计算，韩国工厂的人均产能是中国同行业工厂的十几倍。这家工厂也曾在中国设厂，同样的设备，同样的流程制度，然而人均产能不到韩国工厂的一半。有人问到为什么会相差这么远，负责人总结为：有的员工不能严格执行流程制度。一旦有人不执行流程制度就会影响到其他人的效率，每个环节的效率降低一点，最后的结果就相差几倍，甚至几十倍。

3. 执行是一种仁爱

管理是一种严肃的爱。但中国是一个重情理的国家，有时候在做事的过程中往往是先谈感情，再讲道理，最后才讲制度。所以在管理过程中会出现执行力差，让很多流程制度流于形式。而事实上因为流程制度得不到执行对个人和团队最终带来的都是伤害。如果有人问："当一个人违反制度的时候，你认为是严格按制度惩戒好，还是不执行制度好？"经过探讨大家就会意识到其实遇到一个严格的上司才是一件幸运的事。因为一个严格的上司会让团队的工作能力得到快速提升，帮助团队养成一些良好的工作习惯。相反如果做错事也没人管，时间一长就会养成不负责任、做事马虎等坏习惯。当有更好的发展机会的时候，相信谁都更愿意给工作努力、做事认真的人。在团队中如果没有规矩，最后会害人害己。团队成员只有严格执行制度体系才更容易取得成功。管理者严格要求团队执行流程制度是对团队的一种爱。

二、向火炉学习执行

冬天在北方生活过的人都对火炉取暖有所了解。顾名思义，也就是把一些烧得通红的炭装在一个炉子里，然后把这个炉子放在房间里面来取暖。火炉具有五个明显的特征，这也正是在执行流程制度时的重要原则。

1.利他性

火炉的目的是为了在冬天取暖，火炉可以为人带来温暖。同样制度体系的目的绝对不是为了惩罚和约束团队，而是为了帮助团队把工作做好。从这个角度来说制度体系和火炉一样都是为人好。只要遵守流程制度规定的要求就可以帮助团队高效完成各项工作，如果违反流程制度就很容易出现工作失误。企业在拟定流程制度时要始终坚持三个方向：帮助团队明确目标的职责权限，总结工作的经验教训，发扬人性的善良美德。只有能帮助整个团队高效达成目标的流程制度才有价值。

2.公开性

火炉的第二个特点是每个人都可以看到火炉的存在，也可以看到火炉中的火。这也是执行制度体系需要做到的原则，要让相关团队成员都非常清楚流程制度的内容。让团队中的每个人都要了解流程制度规定的要求及相应的奖惩。只有这样才能事先预防有人违反。同时只有制度体系的公开性非常好，当有人违反流程制度受到惩戒时才不会有太多怨言。

3.必然性

只要有人敢摸火炉就一定会被烫，不摸就一定不会被烫，这是一个必然的结果。一项流程制度要求的行为和得到结果的必然性越高，越容易得到执行。如果严格按制度体系工作就一定可以得到想要的结果，一旦不按流程制度执行就一定会受到相应的惩戒。这样就没有人会轻易地违反流程制度的要求。为什么国家对贩毒分子判刑很重但还是有人敢以身试法？原因就在于并不是每个贩毒的人都必然会被抓到，在高利益的驱动下才会有人铤而走险。

4.及时性

当有人摸到火炉的时候他会马上感觉到痛，而不是半小时或更长时间后才有感觉。根据科学研究发现，一个人的行为和得到结果的时间越及时，对人产生的影响力就会越大。这个方法曾经用在一家公司的考勤制度中。当时这家公司的考勤很混乱，经常有人迟到、早退、不打卡。虽然公司也有开会强调，要求大家严格执行公司的考勤制度，但收效甚微。每个月底行政部算考勤时都很头痛，因为不符合规定的人太多了，如果要处罚全公司大部分人都免不了。为了改变这一现状他们做了一个小小的调整。就是做了一个《考勤异常通知单》，只要有人违反考勤制度，当天行政部就会填好《考勤异常通知单》交给本人。第一次做提醒，第二次开始按规定给予处罚，并要求把处罚的通知当天公布在打卡机旁。结果通过1个星期的调整，整个公司的考勤制度得到了很好的执行。

5.公正性

不管是谁摸了火炉都会被烫，这是火炉的第五个特征，也就是公正性。企业的制度体系要得到很好的执行同样离不开公正性。很多企业的制度体系之所以执行力不强，主要就是因为管理层自己没有做好榜样。按照流程制度的规定一定要按时打上下班卡，结果公司管理人员经常带头不打卡，也没有对违反考勤制度的管理人员做相应的惩罚。如果管理者自己没有做好执行流程制度的榜样，再去要求团队成员要遵守就会比较难。

三、破窗原理的启示

一个心理学家无意中发现，有一幢房子的一扇窗户玻璃被打破了，因为没有及时地更换好玻璃，结果几天后这幢房子的大部分玻璃窗都被人打破了。这就是管理学中著名的"破窗原理"。"破窗原理"给制度体系的执行有几个重要启示。

1.不要放任问题的出现

从"破窗原理"的故事当中可以看到最初只是一个玻璃窗破了，因为没有及时修补，几天后整幢房子的大部分玻璃窗都被打破了。一项流程制度的执行也是一样，最初只是一个人违反，如果没有及时进行制止，很快就会有更多人不遵守。所以制度体系要得到很好的执行，就不能轻易放过任何一个违反流程制度的问题。

2.发现问题处理要及时

从"破窗原理"中得到的第二个启示是要对制度体系执行中发现的问题及时处理。越及时越有利于流程制度的执行，因为通过对问题的处理可以起到预防类似问题的扩散。就像一个人生病不可能一开始就是癌症，一定是因为对一些小毛病没有及时的治疗才渐渐变成了癌症。当有人违反流程制度而没有及时处理时，拖延的时间越长就越容易让问题扩大。

3.执行制度从小事做起

纽约市的治安曾经非常不好，新任的警察局长经过深入的分析调查以后下定决心要进行整治。但警察局长的做法让纽约市民无法理解。因为警察局长整治的重点居然是从地铁的卫生及涂鸦开始。经过一段时间的大力整治后，纽约市地铁终于变得整洁起来。在此之后让人惊讶的事发生了，人们发现自从纽约的卫生好转以后治安也开始好转。大家所熟知的海尔公司也有类似的经历。在张瑞敏刚上任时制定了几条规定，其中有一条是：不准随地大小便。通过从这样的小事抓起，最终取得了海尔巨大的成就。这些事例都在说明，制度体系的执行要善于从一些有代表性的小事抓起，从一个点开始突破来带动全局的改变。

四、提升团队执行力

事在人为，制度体系要得到执行需要一个有执行力的团队。为了确保团队拥有卓越的执行力，在团队建设过程中要注意以下几个方面的工作。

1.选拔有执行力的人

管理者要打造一支有执行力的团队，首先在选拔团队成员的时候就要优先挑选有执行力的人。在实际工作过程中管理者安排一项工作后，有的人很快会给出理想的结果，而有的人却总是拖拖拉拉到最后还做得乱七八糟。能按要求高效完成工作的人才是值得提拔的人才。把一些执行力强的人提拔到重要岗位，在团队中形成良好的执行文化才能不断提升执行力。

2.提升团队综合能力

一个人对一项工作表现出的执行力和他自身对这项工作的胜任性与主动性息息相关。管理者只有不断提高团队成员的胜任性和主动性，让每个岗位的负责人对工作有足够的胜任性和主动性时，整个团队的执行力才会很强。

3.避免缺位、越位、错位

每一项工作都要落实到具体的岗位，通过制度体系来规范岗位工作的权责、流程、标准和工具。在工作过程中要做好流程制度的执行就需要各个岗位不能出现缺位、错位、越位的情况。缺位是指一项工作没有人负责；越位就是做了上级或下级应该做的工作；错位就是做了其他平行岗位的工作。团队的每个人都要明确自己的岗位职责，保证把岗位的每一项工作执行到位。

4.遵守团队工作伦理

在管理过程中需要建立科学的工作伦理，也就是团队成员之间的工作关系。良好的工作伦理有助于提高制度体系的执行力。

（1）一个上级的原则

为了避免多头指挥，要坚持每个岗位只有一个上级的原则。不然在工作过程中就会非常混乱，让团队无所适从。

（2）不越级指挥，要越级检查

作为管理者不能越级指挥团队的工作，但必须越级检查工作情况。这样管理者可以真实地了解各项工作的落实情况，同时又避免因为越级而造成多头指挥的问题。

（3）不越级请示，要越级反馈

每个人都要做到不越级请示工作，但可以越级反馈情况。也就是在工作过程中出现问题时不能跳过直接上司去请示要如何处理，但可以把问题的情况越级反馈。这同样是为了避免多头指挥，同时也可以净化团队的关系。

（4）培养团队良好的工作习惯

在理人的过程中，管理者要帮助团队养成五个良好的工作习惯。分别是：请示工作讲方案；汇报工作讲结果；发现问题讲细节；分析原因讲过程；总结工作讲感悟。通过这些良好习惯可以帮助团队成员得到更快、更好的成长。

5.培养良好的工作模式

管理者要提升团队的执行力，就需要帮助团队形成一套高效的工作模式。通过养成良好的工作习惯可以有效避免执行不力的情况。

（1）重目标

做任何一项工作都需要有明确的目标。在开展工作时要提前设定好目标，有了目标才能为团队的工作指明方向。在整个工作过程中要随时检查目标达成情况，出现异常要及时进行调整和反馈。

（2）有计划

有了目标就有了明确的工作要求，但只有目标还远远不够，还要围绕目标拟订如何实现目标的行动计划。通过制订计划明确实现目标的步骤和需要的各种资源。

（3）抓重点

每一项工作都有重点，要提升执行力就要善于抓住工作重点，这样才会事半功倍。就像要让一头牛跟着自己走，只要在牛鼻子上拴上一条绳子，用手拉住绳子就可以轻松地让牛跟着自己走了。

（4）讲技巧

处理同样一件事情用对方法才更容易达成目标。就像服装销售人员介绍同一件衣服，讲解的技巧不一样，销量和售价都会有很大差距。在工作中也是一样的道理，要找到高效完成工作的技巧才能事半功倍。

（5）勤反馈

在完成一项工作的过程中要养成不断向工作交办者反馈完成情况的习惯，特别是遇到异常情况更要第一时间反馈。通过反馈让工作交办者随时掌握工作的进度，并能够根据工作中出现的异常情况作出及时调整。

（6）善总结

工作是一个不断学习成长的过程。在工作过程中要善于不断总结经验教训，提升工作的能力。只有团队的能力得到了提升才能把工作做得更好，也就会表现出更强的执行力。

6.学会合理授权

如何做好授权的内容前文也有专门讲过，授权也是提升团队执行力的重要方法。因为通过授权可以更好地调动团队的工作积极性，同时还可以让管理者把精力放到一些更重要的工作上。

7.做好沟通指导

在工作过程中管理者要随时做好团队工作的沟通指导。良性的沟通和有效的指导能够帮助团队更快、更好、更主动地把工作执行到位。

8.管理者做好榜样

管理者在工作中要带头做好榜样。正所谓上行下效，什么样的管理者就会带出什么样的团队。只有管理者自己拥有强大的执行力才能带动团队做好执行。

9.建立执行文化

方法总比问题多，在团队中要形成一种"用结果说话"的执行文化。当形成结果导向的企业优势文化时，整个团队的执行力就会不断提高。

五、设计制度执行力

制度体系本身是否科学、合理、健全对执行力会产生直接的影响。

流程制度要得到执行就要重视本身内容的设计。

1.制度形成的情、理、法

制度体系要具有执行力，首先在拟定一项流程制度的时候要做到合情、合理、合法。

（1）合情

一项流程制度必须符合人性，让人从情感上能够接受认同流程制度的各项要求。如果一项流程制度让团队在情感上很抵触，要得到执行的阻力就会很大。

（2）合理

所谓的合理是指流程制度要结合实际工作情况，符合事物的规律。制度体系是为了帮助团队更快、更好地达成目标。如果一项流程制度不合理即使得到执行也很难实现想要的结果。

（3）合法

制度体系的内容与国家法律及制度体系之间不能出现矛盾的地方。只有在合情、合理、合法的基础上形成的流程制度才具有强大的执行力。

2.健全的制度要素

一项流程制度形成执行力需要有健全的要素。健全的流程制度至少包括职责权限、流程、标准、奖惩、表单5个部分的内容。

（1）"职责权限"是要明确每项工作由谁负责执行、谁负责检查、谁负责监督，要做好分工；

（2）"流程"是指执行时各项工作的环节和先后顺序；

（3）"标准"是每个工作环节需要达到的具体要求；

（4）"奖惩"是根据执行的结果进行的激励；

（5）最后还要制定表单来规范流程制度的执行，通过表单的数据统计检查流程制度执行的实际情况。表单记录的结果是检查一项流程制度的执行情况和进行奖惩的重要依据。

3.明确团队的工作明细

在团队中要提升执行力就要明确每项工作由谁负责，做到让每一项工作都有具体的人负责。这需要管理者首先要明确团队中有哪些工作要做，每项工作都要明确具体的负责人。团队的工作主要来源于3个方面。

（1）战略任务

团队的工作首先来源于发展战略。企业发展战略需要完成的工作要分解到部门，再分解到岗位，最终分解到每个人需要负责的工作任务。如一个企业的发展战略要求销售部门完成一个亿的年度销售目标，分解到销售部的5个销售小组，平均每个小组就要负责完成2000万的业绩。而每个销售小组的人员配置是10个人，每个人的平均销售任务就是200万元。然后再把每个人的年度目标分解到月才能保证企业的整体目标能够实现。

（2）岗位职责

工作的第二个来源是岗位职责规定的工作范畴。如人力资源部的培训专员就要负责公司与培训有关的各项工作。

（3）临时工作

每个人都会经常遇到临时性的工作。临时工作主要包括两个方面，一个是职责范围内出现的一些异常情况需要处理，另一个是上级临时交办的工作。

4.权力要做好分工

每一项工作的执行都要有明确的职责权限，让每个岗位的权力与岗位职责相对应，同时要对每个岗位的权力从制度上做好合理分工。同一项工作的决策、执行、监督的权力不能由同一个人负责。如果一个人既负责采购，又负责做账，还负责付款，这样就很容易出现问题。

5.建立完善的信息系统

团队的信息系统就像人的神经系统一样，所有信息都要依靠它来获得。管理者要提高团队的执行力就要重视信息系统的建设。信息系统要保证团队工作需要的信息能够高效、准确、全面地传递。对此要建立相应的流程制度来规范信息的收集和传递，也包括前面提到的制度体系本身在团队中的传达。

6.建立科学的决策机制

如果决策错了，执行得越好对企业的损失越大。同时一个错误的决策在执行的过程中遇到的阻力也会更大。企业要降低决策失误的概率就需要建立科学的决策机制。通过明确每个人决策的权限和决策的方法来提升决策质量。

7.建立动力机制

当每项工作都明确了责任人之后，还需要建立一套有效的动力机制。通过动力机制让团队能够主动按流程制度去完成工作。

（1）奖励

这里的奖励是指按制度体系完成工作可以得到的收获，包括奖金、发展机会、能力提升等。只要是能激发团队主动工作的内容都可以作为奖励措施。管理者要根据企业的实际情况拟定奖励方案来提升执行力。

（2）竞赛

当竞赛形成后管理就变得简单，执行就变得容易。企业要建立良性的竞赛机制，让团队与团队之间，个人与个人之间建立内部良性竞赛关系。可以定期公开对各部门制度体系执行情况的评比排名，对执行好的团队及个人给予奖励。

8.建立约束机制

团队只有动力机制缺少约束机制会很容易出现问题，就像一部车只有油门但没有刹车一样。所以每个团队都需要建立一套完善的约束机制来帮助团队在该刹车时能够刹车。

（1）检查

首先是要重视各项工作执行情况的检查，把工作检查变成一种机制。通过检查可以及时发现各项工作在执行中的问题，也可以促使团队严格按流程制度去执行。管理者可以通过建立走动式检查机制和设立专门的督查部门来负责检查工作。

（2）惩戒

对违反制度体系的情况作出适当的惩戒也是约束机制的重要组成部分。通过惩戒不仅可以促使违反流程制度的人改正，同时还可以起到警示他人的作用。作为管理者要注意惩戒不是目的，帮助团队成长，能够更快、更好地达成目标才是目的。

9.建立退出通道

只有最适合的才是最好的，对于不适合团队的人要有退出的通道。这不仅仅是为了企业，同样也是为了团队的每个人。如果一个人不适合在一个团队，即使勉强让他留在团队中也无法提升他的能力，无法发挥他的价值，那么他在团队中也很难得到很好的发展。而让他选择离开可以促使他反思，才有机会找到更适合他发展的地方。建立合理的退出通道将有助于提升制度体系的执行力，在这里分享企业中常用的几种方法。

（1）末位淘汰制

首先是末位淘汰制。这个机制要求对每个岗位的业绩表现进行排名。整个团队排名最前的20%的人是表现最优秀的成员；岗位业绩排名最后10%的人是不太适合岗位工作的成员；中间占整个团队70%的人在工作中表现一般。对于表现最差的10%的人，通过沟通调整还不能得到改善就要调换岗位或退出团队。末位淘汰制可以有效提高团队的执行力，但淘汰的比例不能太大。因为每个人都担心自己会被淘汰，这容易破坏团队的合作精神。同时经过连续几轮淘汰之后，即使是排名靠后的团队成员也非常优秀。

（2）最低保底制

企业中还有一个常用的方法是保底制，也就是为岗位工作设定一个最低的目标。当一个人的绩效低于这个最低标准时，就可以要求退出团队。这种方式相对末位淘汰而言不能激发个人的最大潜力，但优势是让每个人都会真正关注自己在岗位上的绩效表现。为了让自己的绩效达到标准，会促使团队相互合作，从而有效地提升团队凝聚力。

（3）设定高压线

把公司不能违反的重点要求作出明确的规定，只要有人违反就会被要求离开。这些不能违反的规定就是公司的高压线。在阿里巴巴就设立了价值观的高压线，只要被发现严重违反价值观的情况就会被要求离开团队。管理者要根据企业的核心价值观制定企业的高压线，让不认同和不遵守企业核心价值观的人离开团队，这样才能把核心价值观转化为企业的优势文化。

六、执行的常用工具

管理者要提高制度体系的执行力，需要不断探索一些有效的执行工具。"工欲善其事，必先利其器"就是这个道理。在这里分享一些管理过程中能够提高执行力的有效工具。

1.制度执行的法、理、情

前文有讲到制度体系的制定要合情、合理、合法。一旦流程制度形成，在执行的过程中要做到合法、合理、合情。

（1）合法

无论是谁，无论是什么原因，都要严格按流程制度开展相关工作，只要违反流程制度的情况就要按规定进行惩戒。

（2）合理

管理者在处理违反流程制度的工作时要做到实事求是，和当事人"讲清事实，讲明道理"。让当事人能够真正理解管理者按流程制度执行的原因。

（3）合情

"合情"并不是指可以违反流程制度，而是要求在执行流程制度的方式上要尊重当事人，要让大家从情感上都能接受。如一个公司的元老级员工因为能力已经跟不上发展的要求，在工作中又出现了重大失误，按公司制度应该被辞退。这个时候要做到"合情"就需要在辞退他的同时为他做好后续的安排。可以帮他在其他公司找到适合他的岗位或帮助他发展自己的事业成为公司的供应商等。

2.看板管理

为了提升团队成员工作过程中的自我管理，管理者可以运用看板把每个人负责的工作及完成情况进行公开。看板管理的重点就是要明确每个人每天的工作目标，并对工作目标及完成的情况通过看板公示出来。这样每个人每天实际做了什么工作，做得怎么样，大家一看看板都会非常清楚。

3.例会系统

前文专门对例会系统做过介绍。例会系统一定要围绕工作目标及完成情况做总结计划。通过总结前面工作目标的达成情况，让团队吸取经验教训。通过确定后面的工作目标，让团队明确工作要求。

4.工作安排单

管理者要保证工作得到执行，工作安排的方式也非常重要。只有把一项工作的各个要素讲清楚才能避免执行不到位。各项工作的安排最好能用一个固定的方式来进行，并把这个方式书面化。工作安排单就是一个非常有效的书面工具。

工作安排单

责任人		完成时间		检查人	
工作描述					
检查结果					

这份表格中的"工作描述"栏要按5W1H及完成考评要素把一项工作的要求描述清楚。表格一式两份，检查工作的人留一份存档，以便跟进结果。负责完成工作的人一份，以明确工作的各项要求。通过这个表单工具可以帮助团队有效提高执行力。现在企业信息化建设已经越来越普遍，有条件的企业更要善于运用信息化系统来做工作安排和跟进。

5.问题反馈表

为了保证在工作过程中发现的问题能得到及时的处理，企业需要形成一套固定的问题反馈模式。对工作问题的反馈要注意两点：首先是要把发现的问题描述清楚；其次是针对发现的问题要提出解决的有效方法。下面这份问题反馈表格式可以作为参考。

问题反馈表

问题描述				
处理措施				
领导批示				
反馈人		反馈时间		处理时间	

6.二十四小时反馈制

随时保持信息的反馈是提高执行力的重要保证。在工作过程中要建立工作信息高效传递的模式。二十四小时反馈制的实质就是要提高工作信息的快速反馈，要求接受任务的人每过二十四小时就要向上级或工作委托者反馈工作的进度情况。如果遇到异常无法保证工作按时完成时，就要第一时间反馈。每个团队成员都需要养成及时反馈的工作习惯，这样才能在第一时间了解工作中出现的异常情况并及时做好调整。

管事总结

管理就是帮助合适的人，在合适的时间、合适的地点，用合适的方法，把工作做好。而管事就是让团队在合适的时间、合适的地点，用合适的方法，把工作做好。企业管事要靠制度体系，而制度体系的问题主要有"不全""不符""不知""不用"四个方面。管理者要定期对团队的工作情况进行总结分析。如果是制度体系存在问题就要及时进行优化升级。

制度体系是否健全及是否符合企业实际工作需要归结为制度体系的精细化程度。当企业制度体系的精细化程度越高就代表流程制度越健全和越合理。另外，把制度体系的内容是否有效地传达给整个团队及团队在工作过程中对制度体系的实际执行情况归结为制度体系的普及化水平。当整个团队对一项流程制度越了解，越是按流程制度规定的要求开展工作，就证明这项流程制度的普及化越高。

在实际工作过程中，首先需要提高制度体系的精细化。也就是要不断完善和优化制度体系，一项流程制度越健全、科学、合理，越符合工作的实际需要，才越容易在团队中得到普及。一项流程制度制定后要让团队成员都非常清楚相关的内容，并在工作中按流程制度的要求严格执行，这就是制度体系的普及化。团队成长的不同阶段与制度体系的精细化和普及化的匹配关系可以用一个坐标图表示如下。

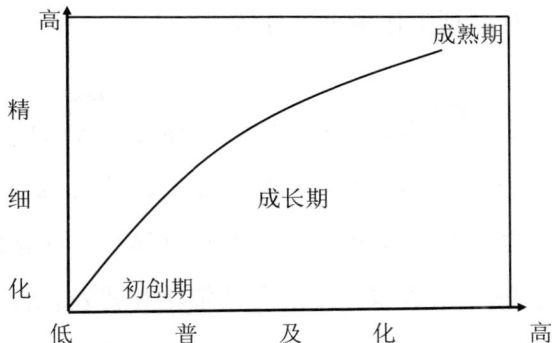

1.初创期

企业的初创阶段由于团队刚刚组建，没有健全合理的制度体系，所有工作都处于摸索状态。同时团队成员之间需要一段时间的磨合才能达成共识，对各项工作的看法也会存在一些差异。这个时候的制度体系处于精细化和普及化非常低的阶段。在这个阶段管理者要尽快把制度体系的基本框架建立起来，明确团队的目标和职责分工，让团队的各项工作快速进入一种有序状态。同时随着团队的成长不断提升制度体系的精细化和普及化，一套科学、合理、健全的制度体系可以帮助团队更快地成长。

2.成长期

制度体系的精细化和普及化的提升是团队成长最重要的体现，团队的成长也离不开制度体系精细化和普及化的提升。如果制度体系发展的速度落后于团队成长时，就会阻碍团队进一步发展。所以有很多企业快速地发展起来，几年时间就把营业额做到过亿甚至几十亿，但很快又从市场上销声匿迹了。这里面非常重要的一个原因就在于整个制度体系的精细化和普及化没有跟上企业的发展速度。只有通过不断提升制度体系的精细化和普及化，才能让各项工作变得更高效、更可控。在这个阶段管理者要带头推动制度体系的细化和执行，管理方式从人治向法治转变，让各项工作不再过分依赖个人。

3. 成熟期

一个成熟的企业是不需要个人英雄的团队，企业的长期成功要依靠制度体系的成功。很多传承百年的卓越企业，连总裁的名字都很少有人知道。只有依靠科学、合理、健全的制度体系才能帮助企业实现长治久安。一个成熟的团队需要有一套精细化和普及化都非常高的制度体系为基础。一套精细化和普及化都高的制度体系帮助团队在合适的时间、合适的地点，用合适的方法，把各项工作做好。

4. 变革期

企业的发展会受到很多因素的影响，是一个动态的过程。即使是进入成熟期，随着企业内外环境的变化就会需要进行重大变革。当企业需要重大变革时，很多原有的流程制度都变得不再适合。这个时候就需要根据企业的发展战略对原有的制度体系做重构。这种变革对原有团队的能力会提出全新的要求。这需要团队快速学习改变才能适应企业发展的需要。

5. 最佳匹配

制度体系的发展和团队的成熟度是相互促进的关系。团队越优秀，就能推动制度体系的精细化和普及化。而制度体系越科学、合理、健全，就会推动团队不断成长，变得更专业。当企业的团队成员、制度体系、内外环境之间实现最佳匹配时才能创建出一家幸福企业。只有最适合的才是最好的，制度体系如果脱离整个企业的发展阶段也会变成团队的一种障碍。一套健全、科学、合理的制度体系能够帮助一群平凡的人作出伟大的成就！

后 记

管理的根本是仁爱

书写到这里已接近尾声，但总觉得还有很多东西想说，又不知道如何表达。突然想到孙中山先生所倡导的"博爱"和"天下为公"两句话，让我的思路变得越来越清晰。

道家追求"上善若水，水善利万物而不争"；儒家对其核心思想"仁"的解释为"爱人"；墨家强调"非攻兼爱"；法家认为"人生有好恶，故民可治也"。不难发现中国文化的共同本质在于"仁爱"，在于追求让这个世界变得更加和谐美好。管理的本质也应该是仁爱，但爱有大小之分，"爱己"为小爱，"及人"为中爱，"济天下"为博爱。博爱就是要顾全大局，要有"天下为公"的大格局。管理者要真心的对人好，爱团队、爱客户、爱伙伴、爱社会。

只有真心爱自己的团队，才会用心帮助团队的每一个人不断成长；爱客户，则能够为客户提供超出期望的好产品和贴心服务；爱伙伴，则能和合作伙伴共赢发展；爱社会，则能更积极主动地去承担各种社会责任。一个心中有大爱的人，能感召每一个团队成员自动自发，亦能打造出一支真正卓越的团队。

管理者打造团队的最高境界是实现无为而治，然而无为并非什么都不用做。一个管理者要带着一颗博爱的公心去理人管事。只有帮助每一个团队成员对所负责的工作做到"能、明、愿、忠"，让每一项工作的流程制度都能实现"全、符、知、用"的时候，无为而治才能变成现实！管理是帮助团队在工作中不断提升心性和能力，最终实现"内享幸福，外创价值"的人生追求。

勇者无惧，智者无惑，仁者无忧！把此书献给心中有爱，愿意用博爱之公心去成就团队的管理者！

成长

做自己的经营者

王前师◎著

中国文史出版社

图书在版编目（CIP）数据

成长：做自己的经营者 / 王前师著. — 北京：中
国文史出版社，2022.8
（商道丛书）
ISBN 978-7-5205-3540-3

Ⅰ.①成…　Ⅱ.①王…　Ⅲ.①企业经营管理
Ⅳ.①F272.3

中国版本图书馆CIP数据核字（2022）第092181号

责任编辑：张春霞

出版发行：**中国文史出版社**

社　　址：北京市海淀区西八里庄路69号院　邮编：100142
电　　话：010-81136606　81136602　81136603（发行部）
传　　真：010-81136655
印　　装：廊坊市海涛印刷有限公司
经　　销：全国新华书店
开　　本：710mm×1010mm　1/16
印　　张：56.25　　字数：675千字
版　　次：2022年9月第1版
印　　次：2022年9月第1次印刷
定　　价：218.00元（全五册）

商道根植于中华优秀文化

春秋战国时期的百家争鸣让中国很多领域都形成了完整的思想理论体系，而商业领域直到现在都还没有完成这个历史命题。改革开放四十多年，中国经济取得了举世瞩目的成就。企业和家庭一样已经成为社会的基本构成细胞。一个优秀的企业不仅是为客户创造价值，为团队创造事业的平台，同时也是推动整个社会向前发展的重要力量。但中国的现代企业要么是摸着石头过河，要么是学习国外经验，始终还没有形成一套根植于中华优秀文化的理论系统。茶有茶道，医有医道，商也有商道。企业只有依道而行才能实现持续健康的发展。

中华文化源远流长，为我们留下了一座取之不尽的思想宝库。商道是对这些中华优秀文化在企业中的传承和弘扬。在过去几千年的历史中，儒家思想对中华民族的影响极为深远。孔子作为儒家学派的开创者，其核心思想有五大原则：第一大原则是民本思想，真正做到以人为本；第二大原则是与时俱进，任何东西都不能脱离时代；第三大原则是海纳百川，能够接纳和吸收各种不同的优秀东西；第四大原则是实事求是，做任何事情都要基于实际情况；第五大原则是经世致用，学问必须对国家和社会的持续健康发展有益。

《大学》是儒家经典的四书之首，讲解如何才能实现内圣外王的系统方法，这也是中国社会主流精英的最高人生追求。《大学》的核心思

想可以总结为三纲八目。"大学之道，在明明德，在亲民，在止于至善"讲的就是三纲。《大学》三纲表达的主要意思是作为君子要充分彰显仁、义、礼、智的光明德性，能够亲近爱护人民，追求达到内圣外王的最高境界。八目讲的是实现内圣外王需要做好的八个方面，包括"格物、致知，心诚、意正，修身、齐家、治国、平天下"。"格物、致知"是一个人外在的文采，"心诚、意正"是一个人内在的本质。子曰："质胜文则野，文胜质则史，文质彬彬，然后君子。"君子之人要围绕"仁、义、礼、智"不断提升自身的修养。只有修炼好自身才能让家庭和谐，才能治理好国家，才能实现天下大同的理想社会。

商道就是运用中华优秀文化来指导企业的经营。践行中国商道的目的是要创建优秀企业。因为企业是人类社会的一种组织形式，只有能够为人服务才有存在的价值。每个人追求的目标千差万别，但追求的目的都是为了获得幸福。以人为本正是中华优秀文化的核心思想。所以真正的好企业都是要符合"合理盈利、持续发展、生态共赢"的基本要求。优秀企业要真正造福于人，让社会变得更加和谐美好。商道丛书是一套以中国《易经》的辩证观为指导，吸取古今中外理论和实践的精华，让企业实现持续健康发展的优秀思想、科学方法和高效工具。希望商道丛书能够指引更多企业成为优秀企业。

复圣颜子七十八代嫡孙&曲阜孔子文化学院院长　颜廷淦

做人有道，做事要赢

世界观，观世界；人生观，观人生；价值观，观价值。

自春秋诸学起，到明清商帮盛，再至近代民营企业家见贤思齐；从先秦古书，商圣范公《范子计然》，到明清《商贾便览》等，再到当今各类学说百花齐放，中华传统文化可称得上博大精深，源远流长。纵观中外古今文化之精粹，对我经营企业的启示莫过于：做人有道，做事要赢。道是规律，是人心。做人唯循道而行，能得人心，方能行稳致远。赢是共创共得，是持之以恒的坚守，是对品牌永无止境的不懈追求。做事当以"道"为本，以"赢"为旨，厚德载物，自强不息，方能披荆斩棘，超越自我，生生不息！

一言以蔽之，商道即人道。通俗而言，即"经营人生就要经营事业，经营事业就是经营人生"。我认为，产品要品牌，企业要品牌，做人更要品牌。产品的背后是企业，企业的背后是团队。好产品要靠好企业，好企业要靠好团队。产品就是人品，将产品当作人品，只有做出好产品才能体现企业和团队的价值。所以做企业的根本就是做人，这也便是中顺洁柔的企业文化。

因此，很多人说我是企业家时，我常说，我是一个企业人。企业不是我的，不可任人唯亲，不可自行其是；我属于企业，我要为企业负责，应唯才适用，唯贤是举，以德为先，德应配位。企业是企业人的

作品，只有明德向善，以身作则，躬身笃行，才能慢慢造就优秀的企业文化。只有优秀的企业文化，才能实现企业的持续健康发展。

很幸运，我能成为中国改革开放几十年的见证者和参与者。从1978年开始创业，有幸成为中国第一代万元户，又有幸带领中顺洁柔成为国内首家A股上市的生活用纸企业，现在中顺洁柔正朝着世界一流的百年企业不断奋进。在此要特别感谢社会各界对中顺洁柔一路走来的大力支持。在这四十多年的经营过程中，也曾经历一场大火让我奋斗十年的工厂毁于一旦，当年汶川大地震我亦人处彭州。但我认为，有经历才是人生。世事皆无常，无论遇到什么事，何不处事平常心？

因此我处事有三问。一问失败："未问成功，先问失败"，提前思考最坏的结果且做好如何担当，才能立于不败之地；再问全局："要问全局，不谋全局何以谋一域？"统筹全局，运筹帷幄，高瞻方可远瞩；三问长远："要问长远，不谋万年何以谋一时？"要思考长期发展的影响，不要被一时得失而蒙蔽，但思考好了就要当机立断，亦要勇于担当。至于其他，三问之后，何不笑谈古今事，浪漫待输赢？

很荣幸，能看到一套以中华文化为指导，汲取中外的优秀理论和实践精华，让企业实现持续健康发展的优秀思想、科学方法和高效工具。在商道丛书中的很多思想观点，与我经营企业四十多年来的实践心得一致。望商道丛书可指引更多人以企业为道场，实现"内享幸福，外创价值"的人生追求！

中顺洁柔创始人&战略委员会主席　邓颖忠

经营企业需要掌握企业发展的规律，并提前做好发展规划，这和建房子的道理一样。我们想要建出一幢好房子，首先就要做好设计，同时还要做好监理和施工的工作。而要经营好一家企业更需要提前做好规划，在此基础上再做好管理和执行。无论是做房子的设计，还是做企业的规划，都需要有优秀的思想理论体系为指导，而在实际的经营过程中，企业的领导者、管理者和执行者的角色不同、承担的职责也不一样，但却能主宰企业的发展方向。只有从上到下，充分做好分工合作、团结协作才能把企业经营好。

《大学》中讲："自天子以至于庶人，壹是皆以修身为本……"经营企业的关键就是要领导者、管理者、执行者分工合理、团结合作，共同发展。其中团队的力量不可忽视，修炼团队也就是修炼团队成员的心性和能力，实现与企业的共同成长。商道丛书以"商道"为魂，以"经营"为线，通过"领导""管理""成长"指导整个团队共同发展，以企业为道场，在做好领导、管理、执行的工作过程中修炼团队成员的心性与能力，从而实现企业的健康可持续发展。这是对企业经营管理的一次系统梳理，也是对中国商道的一次深入探索，更是对中华优秀文化在企业中的一种传承发扬。中国商道指导企业能够真正为客户、团队、伙伴、社会创造价值，让商业回归造福于人的大道。

《成长：做自己的经营者》系统讲解了一个人要如何通过不断成长，实现"内享幸福，外创价值"的追求。作为团队中的一员，融入企业也需要明确自己的人生梦想才有努力的方向。一个人在追求梦想的过程中要不断修炼自己的心性，才能保持良好的心态和稳定的情绪，因为情绪是获得幸福感不可忽略的因素，而在工作生活中要做好情绪管理也是必不可少的修炼。

实现梦想不仅需要具备足够的能力，也要有良好的精神状态，同时还要做好时间管理。而在工作中，更要处理好与他人的关系，实现良好的沟通。本书则围绕个人的追求从第二章到第七章分别讲解了人生梦想、良好心态、情绪管理、能力提升、时间管理、沟通技巧的六大主题。

在这个时代，企业已经成为社会的基本细胞，每个人的工作生活都与企业息息相关。企业是一个团队实现"内享幸福，外创价值"的共同平台，那么对于团队中的成员来说，就需要对企业、团队、制度、工作细则形成全新的认知。因为工作品质会影响生活品质和人生品质，只有把工作做好才能实现人生追求。第八章则对工作相关的内容做了系统讲解，让企业成员学会在工作中提升自己。

希望这本书能够起到抛砖引玉的作用，帮助更多人成为自己的经营者，通过心性和能力的不断成长实现"内享幸福，外创价值"的人生追求。同时借此机会感谢博商博文书院和广东省华商经济发展研究院作为丛书的联合出品单位；感谢中国商道文化研究院团队的共同努力；感谢家人对我研究写作的理解支持；感谢每一个愿意花时间阅读丛书的同道师友！

目　录

第三章
搞懂心态那点事

第四章
不要被情绪奴役

第七章
做一个沟通高手

第八章
换个角度看企业

后　记

第一章

遇见更好的自己

世界权威调查机构曾对全球60岁以上的老人做过一个抽样调查，了解他们一生中最后悔的事是什么。结果排名前五的分别是：有92%的人后悔年轻时不够努力，导致一事无成；有73%的人后悔在年轻的时候选错了职业；有62%的人后悔对子女的教育不当；有57%的人后悔没有好好珍惜自己的伴侣；有45%的人后悔没有善待自己的身体。正如《钢铁是怎样炼成的》所写："人最宝贵的是生命，生命属于人只有一次。人的一生应当这样度过：当他回首往事的时候，不会因为虚度年华而悔恨，也不会因为碌碌无为而羞愧。"

有一个建房子的老工匠想退休回去与妻儿享受天伦之乐，于是就向老板提出了辞职。老板再三挽留不住，就希望他能帮忙再建最后一幢房子。老工匠碍于情面不好推辞就答应了。老工匠在建房子的过程中却已经心不在焉，用料和做工都大不如前。很快房子就建好了，老工匠如释重负。当他去告别的时候，老板把他最后建的房子钥匙递给他说："这房子是我送给你的退休礼物。"老工匠顿时目瞪口呆，为他的行为悔恨不已。

其实每个人的人生都像正在建设的一幢房子，我们每天的一言一行就像一抹土、一块砖、一片瓦……然而总会有人像老工匠一样，以为正在建的是别人的房子，建造中会偷工减料。当把房子建好之后才发现，原来建的是自己的房子。只有认真过好每一天，我们才能活出幸福而有意义的人生。一个人不断努力奋斗的最好理由就是：要成为更好的自己！

一、幸福的人都相似

《大学》中讲："知止而后有定，定而后能静，静而后能安，安而后能虑，虑而后能得。"以终为始，只有知道自己最终要什么，想成为一个什么样的人，我们才知道自己该如何做出选择。"知止"就是要明确人生的目标是什么。每个人追求的目标都不一样，有人希望拥有很多财富，有人希望成为行政领导，有人希望取得科研成果，也有人仅仅只是希望吃饱穿暖。无论一个人追求的目标是什么，最终的目的都是希望获得幸福。对于如何通往幸福之路，中国过去两千多年的主流思想认为是"格物、致知，诚意、正心，修身、齐家、治国、平天下"。在企业中我们可以把这几句话调整为"格物、致知，诚意、正心，修身、齐家、治业、和天下"。这几句话的本质就是要处理好自己与自己、自己与他人、自己与环境的关系。

1. 自己要感到幸福

通过对不同行业、不同职务、不同学历的人做大量调查，了解他们对未来有什么愿景。虽然得到的答案千差万别，但还从来没有发现过有人追求的目标是为了让自己痛苦的情况。所以我们要正确地认识自己，知道自己到底要什么，处理好自己所想和所做的关系。在现实的工作生活中我们常常会陷入两个误区：一个是不敢表达自己追求幸福的愿望，因为担心被别人认为是一个自私的人。这造成我们很多人习惯把自己内心的真实想法隐藏起来，结果压抑了很多原本合理的要求。另一个是在我们追求具体目标的过程中忘了自己最终想要的。最后我们即使达成了目标却失去了更多自己真正珍惜的东西。

2. 坚持与他人共赢

老子早在两千多年前就悟道："天地所以能长且久者，以其不自生，故能长生。是以圣人后其身而身先，外其身而身存。非以其无私邪？故能成其私。"这段话为我们揭示了一个如何处理好自己与他人关系的智慧。一个人在追求个人幸福时一定要坚持与人为善，只有以利他的方式去实现自己的目标才是正道。正所谓"得道者多助，失道者寡助"。当我们追求的目标能够成就别人的时候，就会有更多人愿意支持我们，最终才更容易实现自己的目标。同时我们所做的事情能够帮助到他人才能获得内心的价值感，这也是提升幸福感的重要来源。

3. 与环境和谐相处

在中国的传统文化中特别强调世界的整体性，追求天人合一的最高境界。《道德经》中讲"人法地，地法天，天法道，道法自然"。天地万物都有其客观规律，只有遵循事物自身的规律才能处理好与环境的关系。如果我们不能与环境和谐相处，最终自己也会被伤害。就如广受关注的食品安全问题、水质污染问题、空气污染问题，这都源于我们违背了客观规律。这些违背规律的行为最终都会害人害己。所以每个人在追求自己目标的过程中要符合事物的基本规律才能与这个世界和谐相处，也才能实现持续健康的发展。

二、一滴水看透人生

"上善若水，水善利万物而不争，处众人之所恶，故几于道。"古人形容做人的最高境界就像水一样，润泽万物却不争名利。水是生命之源，它孕育了一切生命。我们不仅可以向水学到许多人生的哲理，同时水还能帮助我们更加直观地理解这个世界的本质。

1. 能量的形态

这个世界的本质是能量的循环转化。每个人、每样物、每件事都可以看作是能量存在的一种形式，不同形式的能量之间在不断地循环变化。通过水可以让我们直观地理解能量转化的过程。在常态时呈现为至柔灵动的水，当温度降至零摄氏度以下时就会凝结成坚硬的冰，当温度不断上升时就会升华为无影无踪的气。水存在的三种形式生动地展现了世界万物能量变化的过程。世界上一切能量形式的常态是柔软灵动的状态，当能量不断降低就会变得冰冷僵硬，当能量不断升华就会隐于无形。各种能量都在这三种状态间不停地循环往复。

每个人也都是一个能量场，但每个人能量的大小却不一样。一个人能量的大小会随着一个人心态、能力、环境的变化而不断变化。美国著名心理学家霍金斯把人在不同情感下的能量大小做了等级划分。从最负面到最正面的分值范围是0~1000分，一个人在不同能量等级状态的幸福感会截然不同。200分是一个人的正常能量水平，能量越高就会

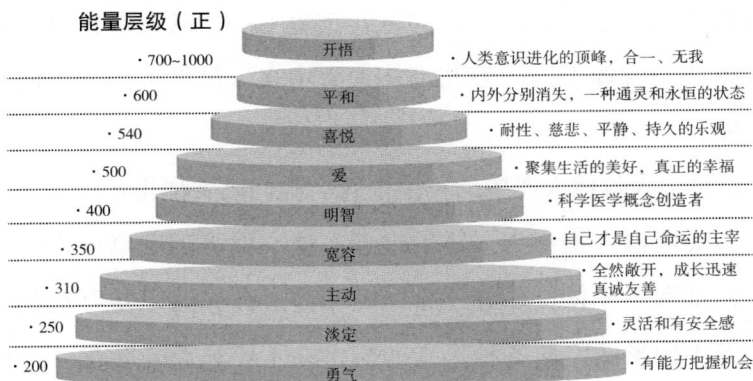

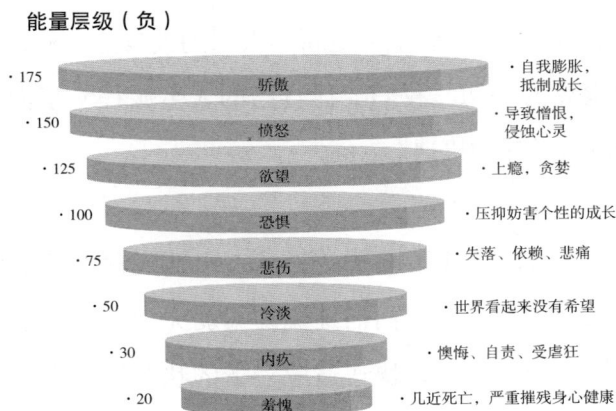

能量层级（正）

700~1000	开悟	人类意识进化的顶峰，合一、无我
600	平和	内外分别消失，一种通灵和永恒的状态
540	喜悦	耐性、慈悲、平静、持久的乐观
500	爱	聚集生活的美好，真正的幸福
400	明智	科学医学概念创造者
350	宽容	自己才是自己命运的主宰
310	主动	全然敞开，成长迅速 真诚友善
250	淡定	灵活和有安全感
200	勇气	有能力把握机会

能量层级（负）

175	骄傲	自我膨胀，抵制成长
150	愤怒	导致憎恨，侵蚀心灵
125	欲望	上瘾，贪婪
100	恐惧	压抑妨害个性的成长
75	悲伤	失落、依赖、悲痛
50	冷淡	世界看起来没有希望
30	内疚	懊悔、自责、受虐狂
20	羞愧	几近死亡，严重摧残身心健康

表现得越积极正面，能量越低就会越消极负面。我们每个人都希望能够不断提升自己的幸福感，这就需要在工作生活中不断地提升自己的能量等级。所以每个人的一生其实都是一场修炼，要不断升华自己的心性和提升自己的能力。

2.归一的智慧

我们不仅可以从水的三种形态转化中直观地看到能量的循环变化，还可以悟到世界本为一体的智慧。我们可以把这个世界的初始状态想象为平静的一片大海。当大风刮起的时候，海面会激起无数的浪花。每朵浪花的形状会各不相同，在空中停留的时间也长短不一。每朵浪花看似独立的存在，其实都来源于同一片大海，最终还会回到大海。世间万物看似形态各异，存在的时间长短不一，其实都只是能量存在的一种形式。就像不同的浪花都从大海中来，最终又回到大海，万物实为一体。

我们每个人就像大海中的一朵浪花。我们既要懂得珍惜变成浪花的机会，又要明白万物本为一体的道理。这个世界的花草树木、飞禽走兽与我们都源于一体，最终还会回归一体。世界的千差万别都只是能量存在的不同形式，而各种形式的能量在不停地循环转化。一棵苹果树吸取大自然的能量结出苹果；把苹果吃掉就变成我们身体的一部分；我们身体的细胞每7年就会全部更新一次回到大自然。所以我们要懂得接纳和善待世界的一切。我们要让自己的人生旅程幸福而有意义，才无悔于这趟体验世界的机遇。

3.当下的力量

水倒在杯子里就变成了杯子的形状，水倒入盆中就变成了盆的形状。山间洪水会力大无穷，涓涓细流却柔弱无力。水总是能根据当下所处的环境快速做出改变，快速适应当下的状况。水不会拘泥于任何环境，随时与环境的变化保持同步。更重要的是环境永远也不能真正改变水的本质。我们在水里混入泥沙，又或用水清洗衣服，只要一过滤或气化后又会变成干净的水。

我们要向水学习这种融入当下而又能坚持做自己的智慧。在过去、当下、未来的时空中，最重要的就是做好当下。因为在未来看当下就是过去，我们当下创造的一切也都将成为过去。正所谓种花得花，种豆得豆，当下又会直接影响到未来。无论过去还是未来都源于当下。我们要认真对待当下，当下的人、当下的物、当下的事就是当下最重要的一切。只要全力以赴地做好当下，就会拥有最好的过去和未来。

三、我有六种变身术

我们大部分人都以为自己很了解自己，正如苏轼的"不识庐山真面目，只缘身在此山中"一样，每个人在同一时间都存在不同的形态，我们又很难全面地看清自己。自己的不同形态之间甚至常常会互相矛盾，这也是一个人会有痛苦和烦恼的原因。我们要了解自己就需要了解自己的不同形态，并对相互矛盾的状态做出及时的调整。

1. 身我

我们认识一个人首先看到的就是他的体型外貌，也就是他的身体特征。不同人的身体特征各不相同。我们要看清别人的身体外貌不难，然而我们想看清自己的身体只有借助镜子或别人的描述才能知道自己的体形外貌。我们想进一步了解身体的内部情况就更难了。我们的身体就是"身我"，是我们存在的物质形态。"身我"是对一个人最直观和表面的认识。大部分人对"我"的认知就是自己的身体。

2. 行我

两个体型外貌非常相似的双胞胎与人相处的感受却可能有天壤之别。造成这种差异的直接原因在于他们的言行举止。在待人接物过程中的一言一行是否妥当，会直接影响别人对我们的感受和印象。我们会对一个人的言行做出评判，形成我们对他的认识。当我们提到一个人时，想到的不仅仅是他的外貌，还有对他言行的印象。我们的言行举止就构成了"行我"。我们要看清"身我"难，要看清"行我"更难。我们要养成总结反省自己行为的习惯，并不断调整自己的行为。

3. 情我

每个人的一言一行都受到自己的情绪影响。即使是同样的言行举止背后都有不一样的喜怒哀乐。大部分时候正是我们没有注意到自己或别人的情绪状态造成言行不当。我们要分析自己言行背后的情绪状态是什么。只有随时了解自己的情绪状态，在情绪不佳时及时做好调整才能减少工作生活中的许多问题。同时我们与人相处时也要注意对方言行背后的情绪状况，要多为对方着想，照顾到对方的情绪。只有了解自己和他人言行背后的情绪，我们才不会被表象所迷惑。

4. 欲我

我们都知道每个人每时每刻都会受到情绪的影响。这些情绪又影响一个人的言行举止。到底又是什么在决定着我们的情绪，为什么喜，为什么忧，为什么怒？这些情绪波动都源于自己的欲望，也就是人的各种需求。当我们认为遇到的人、事、物符合自己的需求时就会喜悦，不符合自己的需求时就会痛苦或愤怒。我们要认识到自己情绪背后的需求到底是什么，这就是"欲我"。一个人的需求是多种多样的，只有正确认识自己的需求，并管理好自己的欲望，我们才能更好地驾驭自己的情绪。

5.念我

我们经常听到有关价值观的话题，价值观其实就是一个人判断是非对错、轻重缓急的准则。我们所有的欲望都受到自己观念的影响。这些观念就是我们做出各种行为和情绪反应的深层原因。比如我们认为尊重人很重要，我们就会反对不尊重人的行为。当我们发现有人不尊重自己时，就会产生愤怒的情绪。所以我们要分析自己言行举止背后的观念是什么。这些观念有的符合真、善、美，有的却是假、恶、丑。我们要对假、恶、丑的观念及时进行调整，让自己随时保持积极向上的动机。

6.道我

从水的形态变化让我们理解到这个世界只是能量形式的循环转换，世间万物都只是能量存在的一种形式。我们每个人也只是能量存在的一种形式。组成我们的能量也许曾经是一朵花或一片树叶。我们自身的能量也许以后又会转化成为一只蚂蚁或蝴蝶的一部分。就像一朵花凋谢后掉落在地上化为泥土，菜种吸收泥土的能量长成青菜，我们吃掉青菜把青菜转化成我们身体内的一部分。所以世界万物本为一体，就像大海的浪花溅起成为万物，最终万物又如浪花回归大海。只有看透世界的本质，我们才不会被各种表象所困扰，才能跳出情、欲、念的小我。《中庸》中讲：天命之谓性，率性之谓道，修道之谓教。只有遵循世界万物的规律，回归无我利他的本性才是道我。

四、成长的五重境界

有一座即将完工的寺庙要雕刻一尊佛像。负责雕刻的工匠找回了两块具有灵性的大石头。雕刻工匠首先挑了其中一块开始雕刻，却听到石头大声抱怨说："你快住手，痛死我了。"于是雕刻工匠就换了另一块石头开始雕刻。经过几周时间不停的雕刻打磨，第二块石头终于被雕成了庄严的佛像。寺庙建成以后，成千上万的人都来膜拜佛像，被丢在寺庙附近的第一块石头却无人问津。第一块石头非常生气地问佛像："我们同为石头，凭什么你受万人敬仰，而我却不能。"佛像微笑着回答："因为我经历了千锤百炼的打磨，而你却不愿意承受这些磨炼。"

其实每个人都像一块需要雕刻打磨的石头。现实工作生活中的各种挑战就像工匠手中的雕刻刀，我们只有不断自我挑战才能获得心性和能力的成长。特别是一个人身、心、灵的成长，都需要在具体的事情中去修炼。一个人的人生境界决定他如何面对自己在工作生活中遇到的挑战。一个内心觉醒的人会将所有的挑战当作成长的机会，就会直面困难。只有通过解决工作生活中遇到的问题去成长，才能让我们的人生更充实和更有意义。一个人心性的成长主要分为五个阶段，只有不断修炼才能让自己得到升华。

1. 不要心随欲动

如果把人的心性成长过程看成是登一座山，"心随欲动"的阶段就是在山脚还没有开始向上攀登。处于这个阶段的人不懂得自我反省和总结，错了不知道哪里错，对了也不知道为什么对。心随欲动的人对自己的情、欲、念没有自察能力，言行完全被自己的欲望所控制。这个阶段的人很容易受到外界人事物的影响，每天的情绪波动非常大。这样的结果是自己的心境无法实现平和愉悦，待人接物都表现出杂乱无章的状态。所以我们不要让自己成为一个心随欲动的人。

2. 学会定期察心

心性成长的第二个阶段叫定期察心。儒家思想里面所讲的"吾日三省吾身"就是在讲定期察心。现实的运用就是每天、每周、每月定期对自己的工作生活做总结分析。把自己做事过程中的"情、欲、念"分析清楚。通过定期的总结分析能够让我们了解自己的情、欲、念，并找到存在的不足。定期察心是心性成长的一个转折点，代表一个人真正开始走上修炼之路。我们只有学会定期察心，才能发现自己需要成长的地方，做事就会开始变得有规有矩。

3. 做好定境观心

通过做好定期察心会让我们渐渐发现自己在遇到某些人或某些事情的时候，很容易在情、欲、念上出现波动。这些人和这类事就是最能帮助我们实现心性成长的机会。定境观心就是在遇到这些人或这类事的时候，我们在内心要提醒自己特别留意情、欲、念的变化。这样可以帮助我们及时发现自己情、欲、念出现的波动，并做好调整。通过一段时间的练习，当我们能做到平和愉悦地去面对这些最容易影响自己的人或事时，就代表自己的人生境界已经得到了升华。在做事的时候就会表现出井然有序的状态。

4. 做到随处调心

定境观心可以帮助我们突破一些最容易影响自己情、欲、念的人、事、物。这样可以让一个人心性的境界得到快速提升。但我们不要让自己止步于这个阶段。在此基础上还要进一步做到随时随地掌握自己的情、欲、念。就像我们开车，通过速度表可以随时了解自己是否有超速一样。我们要为自己装上情、欲、念的仪表，可以随时了解自己情、欲、念的状态。根据变化的状况能够及时判断是否需要做出调整，这就是随处调心。一个可以随处调心的人在做事的时候才能做到卓越不凡。

5. 追求从心所欲

孔子总结自己在70岁达到的境界是"从心所欲而不逾矩"。也就是能够用心去驾驭自己的各种欲望。依从自己内心的想法行事，但却不违背人、事、物的规律。这是一个人通过长时间的心性修炼，最终实现明心见性，真正达到道我的状态。道我就是遵循世界万物的规律，回归无我利他的心性，不会被自己的情、欲、念影响正常的判断。根据天时、地利、人和做到恰到好处，这就是儒家思想所提倡的中庸之道。从心所欲而不逾矩就是做事顺其自然，达到天人合一的最高境界。

五、人生成长的路径

儒家思想把一个人的成长之路总结为"格物、致知、诚意、正心、修身、齐家、治国、平天下"。这个思想影响了中国两千多年的人生追求。因为时代背景不同，我们实现人生价值的方式已经发生了很大变化。在两千多年前一个人想要实现人生价值的最佳方式就是"治国、平天下"。在工商时代要实现人生价值的方式变得非常多，我们只需要找到一个自己喜欢的行业用心做好就能为他人和社会创造价值。所以我们要根据这个时代的特征做到与时俱进，人生成长的路径可以调整为"格物、致知、诚意、正心、修身、齐家、治业、和天下"。

1.格物

世间万物都有其自身的规律，做任何事情都要先掌握规律。这就需要对相关的人、事、物进行研究。"格物"的"格"就是指要认真地研究，"物"是指人、事、物。也就是要认真研究我们所面对的人、事、物，掌握人、事、物的基本规律。在工作生活中，我们要与不同的人相处，要用到各种各样的物品，要处理各种不同的事情。只有掌握了相关人、事、物的规律，我们才能工作、生活得更好。对于人我们重点了解其情、欲、念，找到人情绪、需求、动机的变化规律；对于物我们要研究它的象、数、理，就是物的现象、数据和原理；人与人、人与物之间发生的关系就是事，我们要研究如何把事做好的法、术、器，也就是做事的规则、技巧和工具。

2. 致知

"致知"就是通过研究我们所面对的人、事、物，最终掌握人、事、物的基本规律。我们在处理一件事情的时候要关注自己和这件事相关者的情绪、需求和动机是什么；掌握与事情相关物品的现象、数据、原理，比如要做好家具就要了解木料、油漆等相关物品的现象、数据和原理；根据相关人和物的规律找到处理好事情的规则、技巧和工具。我们只有掌握了工作生活中人、事、物的规律，才能随机应变。即使出现问题，我们也能知道背后的原因可以及时做出调整。"致知"就是明理，让我们的人生不再困惑。

3. 诚意

我们很容易发现别人身上的问题，却很难意识到自己存在的问题。我们大部分人都习惯为自己不良的情、欲、念找各种各样的理由。我们不想承认自己与人交往是为了想得到自己需要的东西，更不会认为自己的动机是一种丑恶的观念。"诚意"就是要我们真实地面对自己的情绪、需求和动机，不能自欺欺人。在工作生活中只有愿意坦诚地面对自己内心的情、欲、念，我们才能及时发现自身存在的问题，从而不断净化自己的情、欲、念。我们自己是一切问题的根源，只有不断净化自己的情、欲、念才能找到解决问题的方法。

4. 正心

我们的情、欲、念随时都在发生变化，坦诚地面对自己的情、欲、念就能发现自身存在的问题。我们要针对发现的问题不断净化自己的情、欲、念，最终才能回归真、善、美的本性。我们要让自己保持平和愉悦的情绪，不要有不合理的需求；要有积极正面的动机。正心就是让自己的情、欲、念做到合情、合理、合法，言行举止要符合人、事、物的基本规律。所以"正心"就是不断净化自己的情、欲、念，最终实现道我的境界。

5.修身

《大学》中讲：自天子以至庶人，壹是皆以修身为本。所以人生就是一场修炼。修炼就要做事，做事就是修炼。"格物、致知，诚意、正心"就是在做事中掌握人、事、物的规律，净化自己的情、欲、念，从而不断提升心性和能力。"格物、致知"是正知，"诚意、正心"是正念，这都需要通过在做事中才能实现，也就是知行合一。就像我们只有坚持锻炼身体才能掌握健身的规律，在这个过程中才能不断提升自己的心性。在做事的过程中"格物、致知，诚意、正心"就是修身，这就是知行合一的正行。所以随时随地都可以修身，这是实现"内享幸福，外创价值"的根本。

6.齐家

家庭是人类社会的基本组织形式，是社会的组成细胞。家人与我们朝夕相处，是与自己最亲近的人。正所谓家和万事兴，只有家庭和睦才能更幸福。同时也只有每个家庭都能安居乐业，整个社会才能更和谐。一个人首先要在家庭中不断修炼自己。只有在家里做到"正知、正念、正行"才能实现家庭美满的"正果"，也就是齐家。古人云"一室之不治，何以天下家国为？""齐家"的道理和"治国、平天下"的道理完全一样。如果家庭关系都没有办法处理好，要处理好与社会各界的关系就更难。

7.治业

在这个新时代，企业和家庭一样已成为社会的基本组织形式。因为工商业的发展让我们拥有了很多可以实现自身价值的方式。每个人都可以选择一个符合自己兴趣专长的领域作为事业的方向。在这个时代，如果把人生当作一场修炼，企业就是最好的修炼道场，工作就是最好的修炼方式。工作本身没有高低贵贱之分，只是一个人实现自我成长的方式。我们在工作中做到"正知、正念、正行"才能实现事业有成的"正果"。在工作中不断提升自己的心性和能力，从而把自己的事业经营好就是"治业"。

8.和天下

不管我们从事什么职业都不能偏离为社会创造价值的大道。作为一个企业要与客户、团队、伙伴、社会这些相关者建立生态共赢的关系。我们的事业能为多少人创造价值，就有多大的成就。一个人的人生目的在于"内享幸福"，而人生的意义却在于"外创价值"。"内享幸福"和"外创价值"其实是相互依存的人生两面。我们在处理与社会各界的关系时要坚持"正知、正念、正行"，从而实现为社会作出贡献的"正果"，这就是"和天下"。我们要坚持做对社会有价值的事情，"让世界变得更加和谐美好"！

"格物、致知"让我们获得"正知"；"诚意、正心"才能实现"正念"；"修身"就是在做事的过程中"格物、致知，诚意、正心"，也就是知行合一的"正行"；在处理家庭、事业及社会环境的关系时都坚持"正知、正念、正行"才能得到"齐家、治业、和天下"的正果。"正知、正念、正行、正果"就是我们实现"内享幸福，外创价值"的成长之路。这也是我们在这个时代对中国几千年文化精髓的传承和发扬。

六、命运由自己做主

中国有几句古话："一命，二运，三风水，四积阴德，五读书。"这几句话的本意是为了让我们找到实现人生梦想的方法，却成了很多人为自己推卸责任的借口。大部分人从这几句话中首先看到的是"命"，并且认为"命"是不可改变的东西。很多人在工作生活不如意时就会抱怨自己的命不好，而不会思考自己存在什么问题，也不会想办法通过自己的努力去改变现状。我们到底应该如何理解这几句话呢？

1."命"是使命

通常一个人能实现自己追求的目标，成为自己想成为的人，就觉得是他命好，当自己的目标没有实现的时候就是命不好。这其实是对"命"的片面消极理解。其实对"命"更准确的理解应该是"使命"，也就是我们要知道自己最终想成为一个什么样的人，人生的价值是什么。使命最大的作用在于为我们指明人生奋斗的方向。天下没有相同的两片树叶，更没有相同的两个人。我们每个人都应该找到自己来到这个世界的使命是什么。在此基础上我们还要懂得遵循天时、地利、人和的规律才能实现自己的使命。

2."运"是天时

"运"不是我们现在通常所理解的运气，而是机会，也就是能够实现人生使命的天时。因为运气是被动的等待，而机会却可以自己主动去创造和把握。我们不要去抱怨自己的运气不好。这个世界永远不缺机会，机会是对每个人开放的。但机会只会眷顾有准备的人，我们要围绕自己的人生使命提前做好各种准备。只有做到"万事俱备，只欠东风"，当机会到来时才能抓得住。我们只要抓住适合的机会就能一步步实现自己的人生使命。

3."风水"是地利

正所谓良禽择木而栖，一个人要懂得选择适合自己的发展环境。不同的环境存在的发展机会也会完全不一样。同样一个人选择在不同的城市，在不同的企业，拥有的发展机会就会完全不同。所谓的"风水"其实就是指一个人所处的环境。我们想要实现自己的人生使命要懂得选择适合自己发展的环境。所以"风水"的本质就是要取得地利。在一个适合自己的发展平台上，我们会得到更多的机会。我们能够实现自己人生使命的可能性就更大。

4."积德"是人和

得道者多助，失道者寡助。一个乐于助人的人，在需要帮助时大家才更愿意支持他。一个人有再大的能力，如果不去发挥也变得没有意义。所以一个人的能力越大，就要尽己所能地帮助更多的人。我们对家人、朋友、同事、社会作出的贡献越大，人生越有意义。"积阴德"的实质就是要坚持与人为善，多做好事。我们越坚持利他的原则越能得到"人和"。我们在实现人生使命的过程中，只要做到利他就会得到越来越多的支持和帮助。

5."读书"是成长

"天时、地利、人和"都要以一个人的能力和品德为基础。"读书"不只是"看书"，更准确的含义是成长。我们只有通过不断的学习，提高自己的能力，才能把握和创造"天时、地利、人和"。如果一个人连自食其力的能力都没有，就更谈不上去帮助他人。如果一个人没有良好的品德，能力越大对他人和社会可能造成的伤害越大。我们要不要成长完全取决于自己。我们的使命能否实现的关键因素是自己要不断学习成长。

我们在实际的运用过程中可以把"一命，二运，三风水，四积阴德，五读书"这几句话的顺序调整为"一成长，二利他，三环境，四机会，五使命"。我们想实现人生使命的基础就是努力学习成长，不断提升自己的能力和品德。坚持"利他"可以实现"人和"；选择适合的"环境"可以获得"地利"；懂得抓住合适的"机会"就是"天时"。我们只有自身不断成长才能更好地把握"天时、地利、人和"。只有符合"天时、地利、人和"，我们的人生使命才能一步步得到实现，也就是实现自己的天命。

七、拥抱人生的挑战

香道是中国古人修身养性的重要方式。而沉香被视为众香之首，自古就是文人雅士的至爱。但我们只知道沉香的珍贵，却不了解沉香的来之不易。沉香源于沉香树受到伤害后，在自我修复过程中分泌出的树脂受到真菌感染，经过长时间的变化最终才凝结为香。在工作生活中我们每个人也都会遇到各种困难和伤害。我们要积极面对人生中的挑战，要像沉香木一样把伤害转化成惊世之香。

1.离开舒适区

根据一个人对环境的适应情况可以分为舒适区、学习区和恐慌区。我们大部分人都希望待在舒适区，然而，舒适区就像温水煮青蛙，我们很容易在安乐窝中失去斗志，得不到成长。我们只有走出舒适区，走进学习区才能得到成长。但我们也要评估好自己的承受能力，不能让自己不堪重负。当我们感觉过于强烈的忧虑和恐惧时，反而会影响正常的学习成长。

2.追求高目标

《孙子兵法》中讲：求其上，得其中；求其中，得其下；求其下，必败。所以我们在设定目标时要敢于提出高要求。有的人不喜欢冒险，习惯把目标定得很低，根本无法充分激发自己的潜力。我们的人生意义不在于能做什么，而是做过什么。只有把自己的能力充分发挥出来才能创造更多价值。所以我们要为自己确定一个需要跳一跳才够得着的高目标。这样才能让我们围绕目标不断自我挑战，最终成就更精彩的人生。

3.要直面困难

普通的人生只会遇到普通的困难，敢于面对巨大的挑战才能成就精彩人生。人生中的每一个困难都是实现自我超越的机会。我们战胜的困难越大，意味着我们可能创造的成就越大。就像登山一样，登一座普通的山不足为奇，如果能登上珠穆朗玛峰就会成为我们人生的精彩故事。所以我们要学会直面困难，把每一个困难当作人生成长的机遇，去享受挑战困难的过程。

4.空杯的境界

不管我们过去多么成功或失败，都不应该成为阻碍自己前进的包袱。我们有时会受到自己固有思想和经验的局限，不愿意接受新的事物。空杯心态就是要完全放空自己，对新事物没有先入为主的成见。很多人工作了十几年都没有太大进步，因为他只是把一些工作简单地重复了十几年。所以空杯心态就是一种永不自满的境界，没有最好，只有更好。只有用空杯心态去学习成长才有更大的进步空间。

5.坚定的信念

小时候看《西游记》一直有一个疑问：为什么唐僧最没有本领却是师傅？后来才慢慢明白，虽然孙悟空、猪八戒、沙僧都有一身本领，但却没有去西天取经的坚定信念。唐僧不管遇到什么艰难险阻，或是名利美色的诱惑，都坚持要去西天取经。而信念是这个世界上最强大的力量。我们每个人在明确了人生使命之后，都要有不达目的不罢休的信念。在工作生活中遇到困难挑战在所难免，只要坚持向上攀登，我们就会看到更美的风景。

八、做自己的经营者

因为一群小孩每天的吵闹让一个老人无法安心休息。有一天老人走出房间对孩子们说：你们每天来这里玩耍让我觉得很热闹，所以我给你们每人奖励一元钱。孩子们拿到老人奖励的钱都开心极了。第二天他们来得更早，吵得更欢了。老人又走出房间奖励给每个人一元钱。这样连续几天，孩子们都拿到了老人的奖励。当孩子们都习惯了拿老人奖励的时候，老人却突然宣布不再给奖励了。这时候孩子们开始抱怨：为什么我们为老人带来了快乐却没有得到奖励？有人提议不要再来老人这里玩了。于是孩子们从此再也不愿到老人房子附近吵闹了。为什么奖励前和奖励后，孩子们发生了这么大的变化。这取决于我们认为一件事是为自己做，还是为别人做。一个人只有明白所做的事都是为自己做时，才能成为自己的经营者。

1.找准人生定位

有人说：天才是1%的灵感，99%的汗水。但有时候那1%的灵感却是最重要的东西，甚至比那99%的汗水都重要。就像一壶水只烧到99℃，始终无法沸腾。我们要得到人生沸腾的灵感就需要找准自己的人生定位。我们要对自己所处的时代和环境有准确的判断，并对自己的优势和不足有清醒的认识。我们的人生定位要符合时代趋势，同时还能够充分发挥自己的优势。如果人生定位错了，即使实现了也不是我们想要的人生。

2.明确成长目标

人生是一个不断成长的过程。我们在找到自己的人生定位后，要明确每一个阶段的成长目标。我们可以运用SMART原则来制定自己的人生目标。首先目标要具体，能够量化的就尽量用数字表达；同时要可衡量，也就是能够对目标的达成情况做检视；目标不能定得太低，也不能太高，跳一跳要够得着；各个目标相互关联，共同为更远大的目标服务；最后要有时间的限制，任何事情都不能没有完成时间的要求。只有以具体目标为指引，我们才能一步步实现自己的人生定位。

3.学会自我激励

我们要成为自己的经营者就要学会自我激励。我们做任何事情都需要有动力推动自己前行。如果这种动力源于外界的奖励或惩罚就是外部激励。如果只是靠外部激励来推动自己，我们很容易受到外界的影响。如果我们不需要通过外部激励来促使自己行动，而是围绕自己的目标主动工作就是自我激励。一个自我激励的人不需要他人的督促和监督，就会表现出自动自发。正所谓：知之者不如好之者，好之者不如乐之者。只有通过自我激励才能让我们乐在其中。

4.不断自我超越

这个世界没有最好，只有更好。不管一个人已经取得多大的成就，永远都有进步的空间。人生如逆水行舟，不进则退。特别是身处这个快速变化的时代，我们只有努力奔跑才能不落后于人，不落后于时代。所以我们不能让自己安于现状，对自己要不断提出新的目标和要求。通过持续的自我超越，才能让自己的人生更加丰富多彩。我们的心性和能力不断得到提升的过程也是为人生不断积累宝贵财富的过程。

5.打造人生作品

每个人都像一家公司，都是一个品牌，都是一件作品。我们只有具备自我经营的意识和方法才能实现人生目标。我们的言行举止都是自我品牌的展示。我们自己才是工作生活中一切问题的根本。我们在朝着自己的目标前行过程中，要不断分析自己的优势和存在的不足。我们要不断强化和发挥自己的优势，同时要针对存在的不足做出改善。只要坚持每天进步一点点，我们就会成为更好的自己。

第二章

揭开梦想的秘密

人类能够离开森林，走向平原，走向江海，走向太空，最重要的其实不是逻辑，而是梦想。因为梦想总会指引我们找到实现的路径。周恩来小时候读书时，他的老师曾问全班同学"为什么而读书"。有人回答为做官，有人回答为挣钱，也有人回答为明理……只有周恩来的回答是："为中华之崛起而读书！"在当时学习这篇课文时，很少有人能真正理解不同回答背后折射出的人生梦想。随着时间的推移，当我们明白梦想对一个人的深刻影响时，才知道周恩来一生的成就与他立志高远的人生追求息息相关。一个人确定了自己的梦想，就是选择了一种人生的活法，所做的一切都会围绕梦想展开。

一、人因梦想而伟大

梦想是我们对未来的一种期待。正是一批又一批有梦想的人在推动着每个时代的快速进步。《中国合伙人》中有一句非常经典的台词：梦想就是一种让你感到坚持就是幸福的东西。人生本无意义，因为梦想而被赋予了意义。所有能够取得伟大成就的人，一定有一个伟大的梦想。

1.梦想决定格局

我们对世界的认知可以分为经验、知识、文化、智慧四个层次。通过工作生活的实践我们会获得经验。但我们不能止于经验，还要总结出背后的规律，把经验上升到知识的层面。经验升级为知识就可以举一反三，更有利于学习传播。从实践到形成理念、方法和工具，只有建立完整的体系才能上升为文化。我们还要能够跳出单一的文化体系，看到各种文化背后的异同就需要有大智慧。一个格局越大的人往往越有智慧。只有大梦想才有大格局，大格局才有大智慧。

2. 赋予生命意义

我们吃饭是为了活着，但活着不只是为了吃饭。有人感叹：很多人二三十岁就死了，到七八十岁才埋。因为在该为梦想而奋斗的年龄，他们却选择了安逸。虽然活到七八十岁，却像行尸走肉一样没有激情和成长。这样的生命只是在简单重复，并没有随着年龄的增长而得到升华。一个人正是因为有了梦想才为生命赋予了意义。

3. 人生的导航仪

一艘船在大海中航行，如果没有方向，无论东南西北风都是逆风。我们想开车去一个陌生的地方，只需要在导航仪中输入目的地就会规划出行驶的路线。人生梦想就像导航仪一样为我们指引前行之路。一个没有梦想的人生注定只能随波逐流。我们只有明确了自己的梦想，人生才不会迷惘。我们要始终朝着梦想的方向展开行动，从而让自己少走弯路。

4. 前行的原动力

一个真正有梦想的人都是积极向上的，根本不需要有人督促和提醒。为了实现自己的梦想，一个人可以起早贪黑，却乐在其中。也正是有了梦想，才能让一个人无畏艰险地奋勇前行。在追求梦想的过程中，我们会感觉时间的宝贵，生命的意义。

5. 结果说明一切

哈佛大学曾对一群年轻人做过一个调查，了解他们未来的目标。结果显示有27%的人根本没有思考过自己的未来；60%的人只有模糊的短期目标；10%的人有明确的短期目标；只有3%的人有明确的长期梦想。20年后的跟进调查发现，那27%没有目标的人几乎都生活在社会的底层；60%有模糊的短期目标的人都过着普通人的生活；而那10%有明确短期目标的人成了社会各界的精英；只有那3%有长期梦想的人成了各个领域的领袖。

二、一个神奇的法则

澳大利亚的朗达·拜恩曾出版过一本中文译名为《秘密》的书。这本书里阐述了一个神奇的法则。其大概内容是说人类所有的思维活动都会产生某种特定的频率。而这种频率会吸引相同频率的事物引发共振，从而将我们所想的事物吸引到自己身边。当一个人心中对一件事物想得越强烈，就越容易吸引到这些事物出现，这被称为吸引力法则。我们不要把吸引力法则想得太过神化，但却可以从中得到几点影响现实生活的重要启示。

1. 聚焦梦想

一个人如果没有明确的人生梦想就很难发现身边的事物对自己有什么影响。有了梦想就可以帮助我们把注意力都集中起来，聚焦到与梦想相关的事物上。我们关注什么才更容易发现什么，不然即使就在眼前我们也常常视而不见。就像一个人在不喝茶以前很少会留意到有卖茶的地方。当喜欢喝茶以后就会发现到处都有茶叶店。我们每个人的时间精力都非常有限，只有把注意力集中到能帮助我们实现梦想的事物上才更有意义。

2. 同频共振

"物以类聚，人以群分"是我们耳熟能详的一句话。就像收音机一样，只有信号同频才能接收到节目信息。我们很容易与自己感兴趣的人、事、物产生共鸣。就像一个热爱音乐的人与另一个热爱音乐的人会找到很多共同话题。通过聊音乐相关的话题让他们很快就能成为好朋友。所有与音乐有关的信息都更容易吸引他们的注意力，并让他主动接近这些事物。这就像两块磁铁一样互相吸引，最终会走到一起。有共同爱好的人越多，形成的影响力就会越大。通过他们的力量聚集才能推动一个领域的快速发展。

3. 创造现实

"有和无"听起来是一个非常深奥的哲学命题，其实我们每天都在运用"有无"的规律。一个人只要愿望足够强烈，并能够朝着目标坚持行动，随着时间的推移就有机会梦想成真。人类世界的一切发明创造都源于梦想。因为人类梦想可以上天，所以就发明了飞机、飞船；因为人类梦想看得更远，所以就发明了望远镜；因为人类梦想跑得更快，所以就发明了汽车……梦想为我们创造了现实世界的无数奇迹，同时也在不断创造新的现实。我们每个人都需要用梦想来指引自己前行，慢慢将梦想变成现实。

人类与其他生命相比有一项非常独特的能力就是能够想象现实世界并不存在的事物或者未被发现的事物，这在人类进化过程中被称为认知革命。而梦想就是一个人对未来的一种想象，是人独有的能力。也正因为人拥有想象力才让很多原本不存在的新事物能够从无到有。但我们不能进入吸引力法则的一个误区：不要以为只靠想就能成功。其实做任何事情都不能仅靠梦想，更要脚踏实地地去行动才能一步步梦想成真。

三、悟道到证道之路

每个人的一生都是一个不断悟道和证道的过程。我们在工作生活中探索和思考人、事、物的规律，并通过实践将自己的认知进行验证。《大学》中讲："知止而后有定，定而后能静，静而后能安，安而后能虑，虑而后能得。""止、定、静、安、虑、得"就是验证儒家思想的方法，被统称为"六证"。儒家思想的这六证就像同一幢房子的六扇门，不管我们从哪一扇门进去，只有把六扇门都找到才能全面地了解这幢房子。儒家思想的"六证"其实就是一个人明确梦想和实现梦想的过程。

1."知止"才能以终为始

一个人之所以会感觉迷惘是因为不知道人生到底是为了什么。《大学》讲：大学之道，在明明德，在亲民，在止于至善。"知止"就是要知道自己人生的最终目的是什么，儒家追求"止"于至善的大道，也就是内圣外王的圆满人生。我们每个人都应该清楚地知道自己的人生使命是什么，也就是自己的人生有什么意义。我们只有知道自己来到这个世界的意义，在内心才能明确前进的方向。只有以终为始才不会迷惘。

2."有定"才不随波逐流

我们知道自己的方向才不会随波逐流。所以"定"是指要明确人生的目标，也就是要成为一个什么样的人。当我们不知道自己要什么，也不知道如何才能实现自己想要的目标时就会感觉迷惘。就像一杯浑浊的水，只要把杯子固定下来水就会慢慢变得清澈。人也是一样的道理，只要确定了自己真正想要实现的人生目标，就不会被无关紧要的东西所诱惑。一个人有了明确的人生目标之后，才能静下心来研究如何实现目标。

3."能静"才会活在当下

曾有一个小和尚问他的师父："您在得道前做什么？"师父回答说："念经，挑水，砍柴。"于是小和尚又问："那您在得道后又做什么？"师父还是回答说："念经，挑水，砍柴。"小和尚不解地问："那得道前和得道后有什么差别呢？"师父说："得道前念经想着挑水，挑水想着砍柴。得道后念经就是念经，砍柴就是砍柴。"得道后与得道前的差别在于是否真正能够活在当下。我们要做到这一点的前提就是让自己的心静下来。只有心静才能专注于当下的人、事、物，才能更好地达成目标。

4. "能安"才能从容不迫

"静而后能安"，如果心不能静就会心浮气躁。我们一旦让自己的心静下来就能做到随遇而安，而不会被外部环境所干扰。只有心安才能从容不迫地应对人生中的荣辱沉浮。当年孔子形容颜回能够做到"一箪食，一瓢饮，在陋巷，人不堪其忧，回也不改其乐"。自古以来人们都向往安居乐业的生活，在现实的工作生活中难免会遇到许多突如其来的变数，我们只有保持内心的安定才能真正做到安居乐业。

5. "能虑"方可万无一失

如果我们不能安心于当下就无法深入系统地思考所面临的问题。我们在内心安定的状态下才能把事情考虑得更周全。所以我们要避免在情绪不稳定的情况下做决策。在作出重大决策之前要给自己静下来思考的时间。《大学》中讲："物有本末，事有终始，知所先后，则近道矣。"也就是要把所面对的"人、事、物"的规律想清楚，只有明确本末终始才不会作出错误的决策。正所谓："人无远虑，必有近忧。"我们提前把可能出现的各种问题都考虑到，方可做到未雨绸缪。

6. "能得"才是终成正果

我们只有坚持按照人、事、物的规律来开展各项工作才能一步步实现梦想。"格物、致知"就是要掌握工作生活中人、事、物的规律；"诚意、正心"是要不断净化自己的情、欲、念，回归真、善、美的本性；"修身"是在做事的过程中做好"格物、致知，诚意、正心"；最终才能得到至善的大道，从而实现"齐家、治业、和天下"的圆满人生，也就是"能得"。所以从"知止"到"能得"的六证就是一个人最终实现内圣外王的证道过程。只有经得起实践检验的道理才是真正的规律。

四、人生追求的底色

我们要确定自己的人生梦想，就要先知道自己到底想要什么。人生梦想就是我们一生所追求的目标。梦想的背后都承载着自己一生的追求。我们要谈梦想就要对人的需求有全面科学的认识。美国著名心理学家马斯洛把人的需求做了总结归类，也就是马斯洛需求层次理论。从马斯洛的理论中我们可以清晰地看到人的不同需求。这些需求就是我们人生梦想的底色。

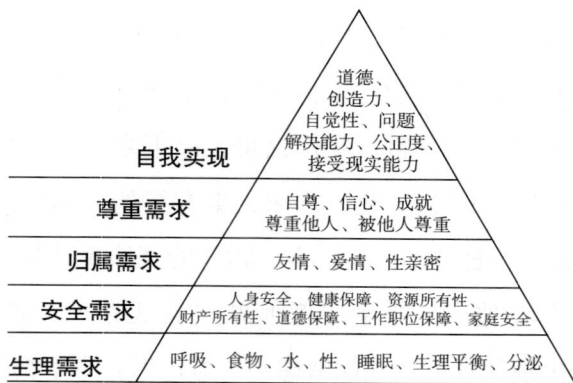

自我实现	道德、创造力、自觉性、问题解决能力、公正度、接受现实能力
尊重需求	自尊、信心、成就尊重他人、被他人尊重
归属需求	友情、爱情、性亲密
安全需求	人身安全、健康保障、资源所有性、财产所有性、道德保障、工作职位保障、家庭安全
生理需求	呼吸、食物、水、性、睡眠、生理平衡、分泌

1.生理需求

生理需求是一个人能够活下去的基本需要。包括水、空气、食物、睡眠、健康等都属于生理需求。一个人要真正做到安贫乐道非常难。当一个人的基本生理需求得不到满足时，对这些需求就会表现得特别强烈。一个人吃饭是为了活着，活着却不能只是为了吃饭，而应该有更高的追求。所以我们在追求合理的生理需求时，还要有高于生理需求的人生追求。

2. 安全需求

当一个人满足了吃饱穿暖这些基本的生理需求后，就开始更加关注安全的需求。所以像煤矿开采、建筑工地、高空作业等危险性高的职业，生活条件较好的人都不太愿意选择。每个人都希望自己能够健康平安，生活稳定。当我们缺乏安全感时，就会感受到强烈的威胁。这样会导致自己精神紧张，恐惧不安。安全的需求同样属于一个人较低层次的需求。

3. 归属需求

在生理需求和安全需求之上是归属需求。也就是对友谊、爱情等被他人接纳的情感需求。一个人如果感受不到自己被他人接纳和关爱就会认为自己不重要，找不到人生的价值。很多人为了融入一个圈子甚至无视理性和道德底线。正所谓"君子和而不同，小人同而不和"。我们要形成正确的人生观和价值观，而不能为了归属需求失去独立的人格。

4. 尊重需求

每个人都希望得到别人的认可和尊重，都有被人尊重的需求。当一个人缺少尊重时就会变得特别爱面子，很容易被虚荣所吸引。尊重需求属于较高层次的需求，可以激发一个人追求名声、地位和成就。也正是因为人有被尊重的需求，可以引导一个人为他人和社会作出贡献。我们要通过追求对社会有价值的梦想来获得尊重，从而实现"内享幸福，外创价值"的圆满人生。

5. 自我实现

马斯洛需求层次理论的第五个层级是自我实现。自我实现的需求是一个人充分发挥自身潜能，创造自身最大人生价值的需求。我们经常说到的"怀才不遇"就是自我实现需求得不到满足的感受。当一个人自我实现需求无法满足时就会感觉工作生活空虚乏味，没有积极主动性。人生梦想是一个人追求的长远目标，也是自我实现的奋斗方向。

6. 成就他人

人生的意义不仅仅只是为了成就自己，还要能成就更多的人。中国自古就有"君子成人之美"的品德。一个人要超越单纯的自利性需求，每个人都有与人为善的利他追求。当我们帮助他人解决了面临的问题时，内心就会充满喜悦。所以一个人自身的成就要与为他人创造的价值合为一体。只有把这两者统一起来才能实现持续健康的发展。用利他之心去成就他人才是实现人生梦想的王道。

7. 天人合一

中国文化追求的最高境界是天人合一，也就是人与人、人与环境的和谐相处。我们每个人都要处理好自己与自己，自己与他人，自己与环境的关系。道家自然无为的思想就是追求天人合一的理念。我们遇到的很多问题都源于太执着于自我，以自己的利害得失来判断世界的是非对错。其实这个世界的万物本为一体，只是能量的循环变化。我们只有跳出个人小我的概念，看空自己才能得到内心的绝对自由，才能真正做到顺其自然。

成就他人是慈悲，天人合一是智慧。马斯洛需求理论加上成就他人和天人合一的更高追求，我们可以把人的需求分为七大类。这七大类的需求可以分为身、心、灵三个层次。身需的重点是物质，最高追求是健康；心需的重点是情感，最高追求是慈悲；灵需的重点是智慧，最高追求是空无。生理和安全的需求主要属于身需；归属、尊重和自我实现主要属于心需；成就他人和天人合一主要属于灵需。每个人都有身、心、灵的需求，只是不同人的重点需求会不一样。即使是同一个人在不同的时间、不同的地点，他的需求重点也会发生变化。但一个人只有不断提升自己需求的层次才能升华自己的人生境界。我们的人生梦想要建立在高层次的需求上才能快速提升自己的人生格局，让自己的生命变得更有意义。

五、找到自己的梦想

人生梦想就像夜空中的北斗星，可以帮助迷路的人找到方向。其实每个人都是天使，来到这个世界都有自己独特的使命。只是有的人找到了自己的使命，而有的人却不知道自己的使命是什么。我们经常说"不忘初心，方得始终"。只有找到自己的使命，明确自己的梦想，才不会偏离人生的方向。

1.了解自己

天下没有相同的两片树叶，也没有完全相同的两个人。每个人都有自己的特点和优势。我们在确定自己的梦想前要对自己有正确的了解。只有知道自己的强项和短板，才能做到扬长避短。一个拥有音乐天赋和兴趣的人，要尽量在音乐领域确定自己的梦想。一个对数字没有概念的人，就不要梦想成为数学家。天赋是指引我们找到自己使命和愿景的钥匙。

2.环境分析

根据调查研究发现，环境、遗传、成长是影响一个人成就和幸福感的三大因素。不同的环境适合的发展方向会不一样。所以我们在明确自己梦想时要做好自己所处环境的分析。通过分析找到所处环境中存在的机遇和挑战，根据自己的能力和资源去抓住最适合自己的发展机会。只有做到顺势而为才能事半功倍。

3.活出自我

我们都在"找"自己，也就是到底要成为一个什么样的人。每个人都是独一无二的存在，人生梦想就是我们要寻找的自己，也就是人生的活法。我们在寻找自己的过程中需要回答自己三个问题：我想做什么，我能做什么，我该做什么？通过这三个问题来找到属于自己的人生方向。在明确了自己的人生梦想后，就要全力以赴地创造出属于自己的独特价值。我们努力实现梦想的过程就是活出自我的过程。

4.觉醒道我

无论我们的梦想是什么，都不要忘记这个世界本为一体。这个世界的一切都只是能量的一种存在形式。不管是人类本身，还是花草树木，或者飞禽走兽，又或者沙石水气，我们本为一体，最终也会融为一体。所以我们要学会接纳和善待这个世界的一切，就像善待我们自己一样。在为人做事时能够超越小我的情、欲、念，自觉遵循人、事、物的规律就是道我。用道我的智慧与世界相处，做事认真却不要太过当真。我们只需要用平和而愉悦的心境去享受创造的过程。

5.内外兼修

每个人在追求的具体目标上会各不相同，但最终想达成的人生目的却殊途同归。我们每个人都希望自己内心能有幸福感，对外能创造价值。我们的人生愿景不能偏离"内享幸福，外创价值"的人生目的。人生的成长就是在做事的过程中内修心性，外建事功，从而实现"内享幸福，外创价值"的圆满人生。

我们在寻找自己的梦想时，首先是要问自己："我到底想做什么？"我们的梦想一定是自己想要实现的人生目标。然而在自己想要实现的人生目标当中，不是每个目标都是自己能够真正实现的。所以梦想要具备实现的可能性，也就是"我能做什么？"最后还要问自己："我该做什么？"我们的梦想要符合自己的价值观和人生使命。通过找到这三个问题的答案，我们就能一步步明确自己的梦想。最终知道自己想成为什么样的人。

六、放大梦想的力量

几乎每个人都曾有过梦想，也就是人生的愿景。但只有少数人把梦想真正变成了现实。随着年龄的增加，大部分人早就把儿时的梦想抛到了九霄云外。在成人的世界，梦想已经变得非常奢侈。如何才能不忘初心，让我们能够坚持朝自己的梦想去不断努力。这需要我们找到一些方法来不断强化梦想的力量。

1.为梦想取个名

首先我们要为自己的梦想取个好名字。一个想创业的人可以叫商海梦；一个希望能成为画家的人可以叫彩色梦；一个想到各地旅行的人可以叫环球梦……通过这个名字可以让我们的梦想变得更明确。同时我们还可以根据梦想的特点为自己取一个雅号。比如我们想成为一个策划师可以取个外号叫小诸葛。通过这个雅号可以不断提醒自己的梦想是什么。

2.让梦想形象化

我们只有把自己的梦想形象化才能增强动力。我们通过想象实现梦想后的场景让自己有切实感受。这将形成强大的吸引力，促使我们不断前行。同时我们还可以找出一个能代表自己梦想的榜样。就像孔子作为万世师表，是每一位想做老师的人的学习榜样。榜样的力量是无穷的，可以让我们的梦想变得更加直观。通过学习榜样还可以让自己少走弯路。

3.把梦想写下来

如果梦想只是停留在脑海里面，它对我们的影响力还是非常有限。我们可以把自己的梦想用文字或图片清晰地表现出来。比如，一个人的梦想是要成为一名世界闻名的音乐家，就可以把自己的梦想写到笔记本上，或者写到一张漂亮的纸上。还可以把自己的人生座右铭也写在自己的梦想旁边。通过把自己的梦想写下来，能够进一步强化梦想对我们的影响。

4.大胆说出梦想

我们不仅要想，要写，还要大胆地向身边的人分享自己的梦想。每个人都有惰性，需要有适当的外力推动我们前行。因为我们每个人都会在意身边的人对自己的看法。当我们把自己的梦想告诉大家时，相当于是对他们做了要实现梦想的当面承诺。可以通过大家的见证来促使自己不断努力，同时也能得到大家更多的支持。当我们在追求梦想的过程中遇到挑战时，就不会轻易选择放弃。

5.随时提醒自己

在追求梦想的过程中，我们很容易走着走着就偏离了方向。我们只有不断被提醒，才能让关注的焦点始终围绕着自己的梦想。为了达到不断自我提醒的目的，我们可以在自己的办公室、书房、车里等每天都会接触的地方留下自己梦想的痕迹。比如，把我们的梦想用图片或工艺品的形式展示出来，随时提醒自己要不断朝自己的梦想努力。通过这种方法可以把梦想深深地植入我们的内心，渐渐变成一种思维和行动的习惯。

七、人生需要有规划

《论语》中孔子对自己的一生总结为："吾十有五而志于学，三十而立，四十而不惑，五十而知天命，六十而耳顺，七十而从心所欲，不逾矩。"从这段总结中让我们可以清晰地看到孔子一生分成了六个不同的阶段，每个阶段达到的状态是不一样的。任何一个取得大成就的人都非一日之功。我们需要分阶段、有计划地学习成长，通过达成每一个阶段的目标才能一步步实现梦想。当我们确定自己的人生梦想之后就要提前做好可行性方案，也就是人生规划。

1.做好目标分解

梦想是我们一生最终想要达成的目标。在实施的时候，我们要把实现梦想的具体标准明确下来，并把这些标准分拆成不同阶段的细分目标。比如孔子的人生梦想是成为万世师表，这对他个人的修养要求非常高。最终要达到"从心所欲，不逾矩"的人生境界更是难以企及。以孔子在70岁才最终达成这个标准来反推每个阶段的目标，60岁、50岁、40岁……从15岁就开始朝这个目标努力。人生就是一次长跑，我们需要知道每个阶段需要跑到什么位置。只有把人生的长远目标分解到年、月、日才更容易实现。

2.制订行动计划

当我们把自己的人生梦想拆分成每一个阶段需要达成的具体目标后，自己的未来会变得更加清晰可见。接下来最关键的就是要找到实现每个阶段目标的有效方法。根据每个阶段的目标拟订出行动计划。以学习为例，如果我们5年内想成为某一个领域的专家，假设要达成这个目标需要我们看完100本相关的书。那么我们每年至少看完20本，每个月大概要看完两本。如果平均每本书按250页计算，每天要看20页左右，正常需要每天安排1小时的时间看书。我们要把看书安排到每天的计划当中，然后坚持去做就能一步步实现自己的目标。

3.合理匹配资源

我们做任何事情都需要有相关的资源做支持才能实现。在制定具体的行动方案时要同时做好所需资源的匹配。包括需要投入的时间、资金、物品等各种资源的明细。同样以5年时间要成为某一领域的专家为例。要达成这一目标需要投入多少学习成长的时间，需要多少学习的费用，需要哪些书籍、设施、工具等。正所谓巧妇难为无米之炊，有了这些资源才能按计划去实施。同时资源也不是越多越好，我们要考虑如何才能让有限的资源创造出最大的价值。在保证目标能有效达成的基础上，找到资源投入最少的可行性方案。

4.设计激励方案

很多思想和方法都非常好，但真正能做到的人却并不多。其实一个人要在一个领域取得一定的成绩并不难。大部分人之所以做不到就是因为不能持之以恒。每个人都有惰性，我们要找到有效的方法来克服自己的惰性。这就需要制定一套行之有效的激励方案。把自己的中长期发展目标分解成短期小目标，达成了阶段性的小目标要对自己进行奖励，达不成要对自己有所惩罚。同时还可以把自己的目标分享给身边的家人和朋友，让大家负责督促自己严格按计划实施。通过自我激励可以有效提高我们执行计划的动力。

5.及时总结调整

不管计划制订得多好都不可能一成不变。在具体的实施过程中会出现各种意想不到的情况。所以在计划实施过程中我们要做好每天、每周、每月的及时总结。通过总结来检视我们计划执行的情况。如果得到的结果和我们计划的一样或更好，就按原计划继续推进。如果没有达到我们计划的目标要求，要通过分析找出问题所在。针对遇到的问题制定出行之有效的对策，同时对实施计划及时做出调整，尽最大努力保证最终目标能够达成。我们不能轻易改变目标，但实施的具体方法可以根据实际情况不断调整。

八、梦想成真的密码

我们经常会听到有人感叹"理想很丰满，现实很骨感"。人生梦想是我们一生追求的目标，不是定下来就会自然实现的事情。很多时候我们想得很美好，但现实中却会遇到各种各样的困难和挑战。我们每个人都在探索把理想变为现实的方法和途径。任何事情都有其规律，只有掌握了规律依道而行才能梦想成真。我们可以把一个人实现梦想的规律总结成一个公式：愿景 × 心态 × 能力 × 坚持 × 取势 = 梦想成真。

愿景

取势　**大**　坚持

能力　　心态

1.确定愿景

梦想成真的起点是要先有明确的人生目标，也就是愿景。所以我们要找到适合自己的人生梦想。根据梦想对他人和社会的价值我们可以做一个评分。如果我们的梦想对整个国家甚至人类都会产生非常大的价值，评分在85~100之间；梦想会对一个行业产生非常有价值的影响，评分在70~85之间；一个人的梦想会对自己的家庭和企业产生价值，评分在60~70之间。古人云：求其上，得其中；求其中，得其下；求其下，必败。我们在确定自己的人生梦想时不要局限于现状，而要着眼于自己的未来，充分发挥自己的最大潜力。只有大梦想才能指引我们成就更有价值的人生。

2.调整心态

我们明确了自己的梦想后，在追求的过程中心态非常重要。人的心态是有正负的，好心态才能为我们实现梦想提供正能量。一个人每天都能保持积极向上，心态的评分就在85~100分之间；如果大部分时间都能保持积极向上，很少出现负面状态，评分在70~85分之间；我们能对负面心态做到有效控制，评分在60~70分之间。一个人要保持良好的心态需要不断地修炼心性。我们首先要有觉察自己情、欲、念的能力，只有及时发现不良心态才能进行自我调整。

3.提升能力

我们要达成一个目标不仅要有好心态，还需要具备相关的能力。比如我们要成为一个优秀的销售人员，就要具备良好的沟通能力、相关产品的专业知识等。要实现自己的人生梦想就要围绕梦想不断提升自己需要具备的能力。我们的能力越强才越容易实现自己的梦想。我们根据梦想对自身具备的能力大小可以进行评分。如果我们的能力在行业中出类拔萃可以评分为85~100分；我们的能力在所处行业算优秀，评分为70~85分；我们的能力在行业中是很普通的水平，评分为60~70分。

4.坚持行动

正所谓水滴石穿，我们要实现人生梦想不可能一蹴而就，只有坚持不懈的努力才能一步步实现自己的目标。研究发现一个人只要在一个领域坚持成长3年就会成为专业人士；如果能够坚持成长5年就能成为专家；只要坚持成长10年就能成为所在领域的权威。根据一个人在某个领域坚持学习成长的时间作为评分标准：3~5年的评分为60~70分；5~10年的评分为70~85分；10年以上的评分为85~100分。一个人如果愿意在某个领域用一辈子坚持学习成长必有所成。

5. 懂得取势

我们要实现梦想除了会受到自身因素的影响外，还会受到所处环境的影响。我们的人生梦想要符合环境的大趋势，也就是取势。中国自古就强调做事情要符合天时、地利、人和。只有做顺应天时、地利、人和的事情才能事半功倍。我们的梦想如果完全符合天时、地利、人和的趋势可以评为85~100分；只是基本符合天时、地利、人和的趋势评分为70~80分；没有背离天时、地利、人和的趋势评分为60~70分。我们不要做违背环境大趋势的事情。

我们每个人都可以参照评分标准对自己在愿景、心态、能力、坚持、取势五个方面进行打分。这五个方面的评分是相乘的关系，其中只有心态会有正负。如果一个人的心态为负，其他项的得分越高对他人和社会可能造成的伤害就越大。同时任何一项得分太低，最后得到的总分相差会非常大。我们要特别关注自己得分较低的项目，针对低分项目可以制订提升计划或找到弥补的有效方法。一个人的最终得分越高，未来取得成就的可能性就越高，取得的成就也会更大。

第三章

搞懂心态那点事

　　一头驴子不小心掉进了一口枯井，大家想尽了办法也不能把它救出来，只好准备放弃。为了减少驴子的痛苦，主人决定用泥沙把它埋掉。于是大家就开始往枯井里倒泥沙。当泥沙落在驴子的背上，驴子就用力地把它抖落在地上。泥沙倒得越来越多，大家惊奇地发现，驴子竟然从枯井中跳了出来。其实我们每一个人都像掉进枯井中的驴子。我们如何看待倒在自己身上的泥沙将决定自己的人生。我们只要用积极的心态面对遇到的困难，把各种挑战当作成长的机会就会获得不一样的人生。

一、幸福是一种关系

　　每个人追求的目标虽然各不相同，但最终的目的却都是一样的，那就是获得幸福感。而幸福感取决于我们自己与自己，自己与他人，自己与环境的关系状况。这三种关系中有一个共同的主体就是自己。用不同的心态看待同样的人、事、物，得到的结论和感受都会完全不一样。我们要实现这三种关系的和谐，自己必须保持积极乐观的心态。

　　1.自己与自己的关系

　　我们与这个世界千丝万缕的关系都始于自己。要处理好自己与自己、自己与他人、自己与环境三者关系的根本在于先处理好自己与自己的关系。我们每个人都是由身体、行为、情绪、欲望、动机、道体共同组成的复杂个体。我们需要处理好身我、行我、情我、欲我、念我、道我之间的关系。因为各种因素的影响，不同维度的自己有时会存在自相矛盾的情况。比如我们因为孩子不愿意吃饭就很生气，于是大声责骂或惩罚他。孩子看到我们很生气，会认为是不喜欢他。而我们的真实想法是不要让孩子挨饿，希望他身体健康。这时候我们的

"情绪"和"动机"之间就出现了不一致的情况。

我们要处理好自己与自己的关系有四个重要步骤，分别是觉察、接纳、分析、迁善。首先我们要能觉察到身我、行我、情我、欲我、念我、道我的存在，并随时了解自己在这六个维度的状态。及时发现我们在这六个维度是否存在矛盾的地方。无论觉察到我们在各个维度的状态如何，都要懂得先接纳自己的现状，而不能在内心产生对抗。在接纳的基础上我们再去分析引起这种状态的原因是什么。最后把自己的不良状态进行调整，让各个维度的自己实现和谐合一。

2. 自己与他人的关系

社会分工推动了人类文明的快速发展，同时也让人与人之间变得更加相互依赖。随着分工越来越细，与我们产生联系的人也变得越来越多。在现实生活中我们需要与不同的人相处，建立起相互之间的各种关系。我们要与家人、朋友、老师、领导、同事、客户等各种角色发生关系。如果不能处理好自己与他人的关系，我们的工作生活都会受到很大的影响。

我们在处理自己与他人的关系时，既要了解自己在六个维度的状态，同时也要了解对方情、欲、念的状态。每个人都会受到自己情绪的影响，我们做任何事情都要尽量照顾到对方的情绪。同时我们要分析引发对方情绪背后的需求是什么，要维护每个人的合理需求。古人言：凡人畏果，圣人畏因。我们还要特别重视一个人需求背后的动机是否符合真、善、美的价值观。

3. 自己与环境的关系

我们每个人都无法脱离环境而存在。我们会受到所处的自然、社会、政治、经济、技术等环境的影响。生态环境的破坏会直接影响到人的生存；只有社会安定才能实现安居乐业；经济繁荣才能过上富足的生活；技术进步会让很多不可能的事变成现实。我们做任何事情都要提前对所处环境做好分析。明确环境的现状和发展的趋势，只有遵循环境的规律才能与环境和谐相处。

"物竞天择，适者生存"是对环境的真实写照。我们只有正确地认识环境，才不会违背环境的客观规律。我们根据环境发展的规律做顺势而为的事情才能事半功倍。人相比于其他生命的幸运之处在于拥有更高的智慧，能够认识到事物背后的规律。因此我们不是完全被动地去适应环境，我们还可以去选择、影响和改变环境。慢慢推动环境向我们想要的方向发生变化。

二、积极心态的密码

我们每个人都只有处理好自己与自己，自己与他人，自己与环境的关系才能获得幸福感。我们在处理好这三种关系时要掌握人、事、物的规律，并对这些规律要有敬畏之心。我们只有严格遵循人、事、物的规律才能与他人和环境和谐相处。大道至简，真、善、美就是处理这三种关系的基本法则。我们只要坚持做到对环境真，对他人善，对自己美，就找到了获得幸福的密码。

1.对环境要真

世间万事万物都有自身发展的规律，就像四季循环，昼夜交替。这些规律都不会随着个人的主观意识而改变。我们只有掌握了所处环境的规律，并自觉遵循和运用环境的规律才能与环境和谐相处。这就要求我们要坚持对环境"真"的基本法则。也就是要做到实事求是，避免因个人认识不足或主观意识而违背事物的客观规律。如果我们违反客观规律做事最终只会适得其反，也就很难获得幸福感。

在工作生活中要做到"真"我们需要重点强调三个方面的内容。一份付出才有一份回报，我们首先要做到勤俭。这既是我们中华民族的传统美德，同时也是对环境"真"的重要体现。第二个方面是要坚持诚信，也就是不能弄虚作假，坚持实事求是。诚信是我们做事的基础，一个人无信而不能立。同时我们还需要有智慧。有智慧才能透过现象看到事物的本质，掌握其内在的规律。

2. 对他人要善

我们每一个人都希望和身边的人建立良好的关系，大家都能友善地对待自己。但这需要我们首先要做到对别人友善。当我们在与人相处和交往的过程中能够坚持与人为善，真心地对别人好的时候，对方就可以感应到。只要对方感受到我们发自内心的善意，通常也会以友善的方式给予回应。通过善意的互动才能建立与他人的健康关系。

在与人交往的过程中，我们首先需要做到对人"尊重"。对人尊重的基本体现是不损害别人的合理利益，也就是要坚持与他人共赢。同时在与人相处和交流的时候要符合基本的礼仪，礼仪也是体现尊重对方的重要形式。人无完人，每个人都有自己的优点，同样也都存在自身的不足。我们在尊重人的基础上还要学会"包容"。只有能够做到容人之短才能与人相处得好。对人善的最高体现在于利他，也就是能够去成就他人。利他的本质就是能够帮助别人获得幸福感，我们要以慈悲之心去对待一切生命。

3. 对自己要美

面对挑战、挫折，对于有的人来说是一场灾难，而也有人把它当作成长过程中的宝贵历练。一个人选择用什么心态去面对自己所经历的事情会得到截然不同的感受和结果。我们只要听一个人分享他的人生经历就可以知道他是否是一个有幸福感的人。如果一个人的记忆里留下的都是一些痛苦的经历就很难有幸福感可言。如果我们把痛苦的经历当作成长的机会，我们就会在困难挑战中自得其乐。我们每个人都希望自己的一生可以过得很精彩，却很少有人意识到正是因为有困难才能成就精彩。我们只有学会通过战胜工作生活中的困难来提升自己的心性和能力才会感受到幸福。一个自己有幸福感的人才能更好地为别人带去幸福。

我们要做到美于自己，就要培养自信、乐观、感恩的意识。我们只有自我认同，充满自信才能敞开胸怀与外界互动交流。一个人不自信的时候就会自我封闭或盲目对抗，很害怕与外界交流，无法得到自我的价值感。同时我们要用"乐观"的心态去面对一切。其实任何事物都有两面性，没有绝对的好，也没有绝对的坏。只要学会用"乐观"的心态去面对，就会看到好的一面。最后我们还要学会感恩这个世界的一切。感恩拥有一种非常神奇的力量，它能够把这个世界上的一切事物都变成正能量。感恩伤害你的人，因为他可以磨炼自己的心智；感恩欺骗你的人，因为他增进了自己的智慧；感恩抛弃你的人，因为他让自己更加独立。只有一个真正学会感恩的人才会得到内心的幸福感。

三、不要输给了心态

没有不好的事情，只有不好的心态。好心态像阳光，照到哪里哪里亮。但在现实的工作生活中负面心态却非常多。负面心态的具体表现千差万别，但主要根源可以归结为三个方面。我们在处理一件事情时会经历三个阶段，在每个阶段的负面心态不一样。在开始时喜欢本末倒置，在过程中希望拔苗助长，在结果后习惯怨天尤人。大部分不良心态都源于这三个原因，我们要保持良好的心态就要对这三种问题有正确的认识。

1. 开始时本末倒置

在中国的文化中特别重视"道"，做什么都要讲道。但却没有几个人能说清楚"道"是什么。我们对"道"的理解千差万别，几乎包罗万象。《大学》中的几句话对道有明确的说明：物有本末，事有终始，知所先后，则近道矣。从中我们得到的"道"其实并不高深，事物的本末终始就是道。我们只要遵循事物"本末终始"的规律就接近道了。

我们发现大部分问题都源于一开始就本末倒置了。我们都想要身体健康，但却不愿意保养身体；我们很希望知识渊博，却不愿意坚持学习；我们想追求富足生活，却不愿意努力拼搏。我们看到别人得到好结果就想要，但却不愿意和别人一样的努力付出。这就是我们大部分人内心的矛盾和痛苦所在。我们只有遵循人、事、物的发展规律，脚踏实地地把各项该做好的工作做好，才能达成想要的目标。

2. 过程中拔苗助长

现在很多小孩子的学习压力都特别大。每天一大早就要去上课，回到家还要做一堆的作业。好不容易到了周末，还有各种各样的补习班、兴趣班在等着。大家为这种现象找了一个非常好的理由是"不要输在起跑线"。家长们都希望把最好的教育给自己的孩子，恨不得让自己的孩子能够一夜成才。但却很少有人认真思考，这是否真的有助于孩子的健康成长。

正所谓十年树木，百年树人。我们实现任何一个目标都需要一个过程。然而，我们往往都缺乏应有的耐心，都希望一夜成名，一夜暴富。这种急于求成的心态导致我们无视事物的发展规律，经常会犯拔苗助长的低级错误。这样的做法即使在短期内取得一定的成效也不会长久。

从长期的角度看，不仅无法真正帮助我们达成自己想要的目标，反而会阻碍目标的实现。

3.结果后怨天尤人

如果在开始时本末倒置，在过程中拔苗助长，最终得到的结果就不可能好。但大部分人并不会认为是自己的原因。所以我们经常会听到有人抱怨说自己的运气不好，自己的领导不好，自己的家人不好……这种人认为一切的问题都和自己无关，都是别人的问题，都是环境的原因。这种受害者心态就会让人整天怨天尤人，而不是主动去寻求解决问题的方法。

我们要提倡的是与受害者心态相反的作用者心态。拥有这种心态的人会认为发生的一切事都和自己有关。当他们面对问题时不是找借口，也不是抱怨，而是去积极地寻找解决的办法。工作生活中遇到问题并不可怕，关键是我们用什么心态去面对。我们只有认识到自己面对的一切问题都与自己有关，才能主动去面对问题并努力寻求处理的方法。

我们在处理各种关系的过程中会表现出两种行为。一种是能真正帮助我们实现追求目标的行为，称为有效行为。有效行为是以解决问题为导向的理性行为。如果一个行为不能帮助我们达成目标，甚至阻碍目标的达成，这就是无效行为。比如我们约一个合作伙伴要谈一些非常重要的事情，结果对方却迟到了很长时间。合作伙伴到来时，我们为了发泄心中的不满而大发脾气。我们责骂他的行为就属于无效行为。相反，我们控制住自己的情绪，做到心平气和地与合作伙伴沟通事情，这才是有效行为。我们只有增加有效行为，减少无效行为，才能帮助我们更好地实现目标。

四、人生的三种选择

在处理自己与自己、自己与他人、自己与环境的三种关系时，我们常常会感觉迷惘和痛苦。这源于我们不知道该如何做出选择，或者是不想做选择。然而无论我们是否愿意，人生就是不断做出选择的过程，不选择本身也是一种选择。我们在面对任何人、事、物的时候都要具备在"接纳、改变、离开"中做出选择的智慧。一旦做出选择后，我们都要从内心尊重自己的选择。无论结果如何，我们既不要不知所措，也不要悔不当初。

1.努力改变

如果我们对现状不满意，可以通过努力做出改变。我们要明确自己真正想要的目标是什么，并对现状和目标之间存在的问题做好科学的分析。根据自己所具备的能力和资源来判断是否能够改变现状。如果有机会改变现状，我们就要制定出可行性的方案，然后全力以赴地去改变，最终达成自己想要的目标。事在人为，只要不断努力，方法总比问题多。

我们可以看到古今中外在各个领域能够取得成就的人，没有一个不是通过努力奋斗得到的。越王勾践为了复兴国家可以卧薪尝胆；读书人为了改变命运能够头悬梁，锥刺股；无数普通人为了过上更好的生活每天起早贪黑。也正是这种奋斗拼搏的精神推动着时代的不断发展，让我们的工作生活变得更加美好。所以我们每个人都要努力改变自己的现状，朝着自己的目标不断奋斗。

2. 轻松离开

曾有人公布过一张让人感觉特别惊讶的照片。照片上一家人非常开心地站在一幢着火的房子前面。而这幢着火的房子正是他们自己的家。有人采访照片的主人，问他为什么看到自己的房子着火了还表现得非常开心。他回答说：因为当时火势太大了，根本没有办法扑灭，再难过也于事无补。所以还不如开心地拍张照片作为纪念。这种积极乐观对待问题的心境值得我们每个人学习。

就像那幢燃起大火的房子，很多事情是我们无力改变的。我们要有追求，但却不强求。这个世界的人、事、物都有其自身的规律，同时我们每个人的认知、能力和资源都是有限的。对于我们无法改变的人、事、物，我们还可以选择轻松地离开。比如自己和一个人总是找不到共同语言，但又无法改变对方，那么可以选择不和他在一起相处。这也就是我们常说的要能"拿得起，放得下"，这需要用空无的境界去面对这个世界。

3. 懂得接纳

古时候有人得到了一颗大珍珠，但美中不足的是珍珠上面有一个小黑点。他每次看到珍珠上的黑点都感觉特别不顺眼。于是他决定要想办法把珍珠上的黑点磨掉。最后他终于把黑点磨掉了，但珍珠也被磨没了。这个故事听起来有点不可思议，而在现实的工作生活中我们却经常会犯类似的错误。我们只看到了珍珠的黑点，却忽略了整颗珍珠。

这个世界永远都有两面，一面是我们喜欢的，另一面就是我们讨厌的。面对一些我们既无法改变，又不想离开的情况，就要学会去接纳。接纳不是让我们不思进取，而是让我们获得平和的心境。我们要接纳现实，但又要对未来充满期待。接纳是一种敢于面对现实的积极心态。只有接纳现实，我们才会正视自己所处的真实状况。有意的回避或抗拒现实都只能是徒增烦恼。

五、你好我好大家好

每个人都有追求幸福快乐的权利和自由，但不能建立在伤害别人的基础上。我们在追求自己的人生目标时要处理好与他人的关系。因为我们每个人都不是孤立的存在，很多事情会对他人造成影响。我们与他人相处的关系模式不同，表现出的行为就会有很大差异。我们在工作生活中要对与他人的关系模式有正确的认识。我们可以通过"利他—利己"工具来对与他人的关系进行分析，帮助我们判断与他人的关系模式。同时也让我们看到自己与他人的关系是否存在问题。我们与他人相处的关系主要有九种基本模式。

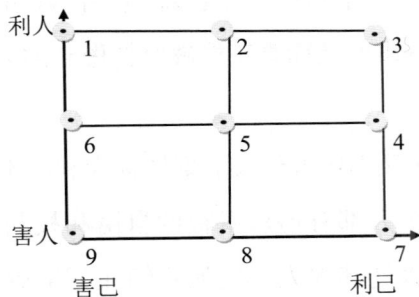

1.舍己为人

按照坐标图所标的序号，第一种关系可以称为舍己为人模式。这是对他人有帮助，但对自己有一定伤害的关系。比如我们发现有人抢劫，我们挺身而出与劫匪搏斗，这就属于一种舍己为人的行为。舍己为人是值得我们每个人学习的可贵品格。一个能够坚持无私地为他人付出的人，他的内心会获得幸福感。同时拥有这种品格的人也更容易得到大家的支持和帮助。

2.利人不害己

第二种关系我们称之为利人不害己，也就是对自己没有伤害却能帮助到别人。对这类事情我们应该义无反顾地去做。比如在公交车上为老弱者让座，为迷路的人指路等等。这种举手之劳却能帮助到别人的事情都属于利人不害己的事。然而事实上我们却经常在这类事上视而不见。当每个人都愿意力所能及地去帮助他人时，整个世界都会变得更加和谐美好。

3.利人利己

我们可以做一个小调查：如果有一件对自己和他人都有帮助的事你会不会做？我们得到的回答几乎都是肯定会做。我们都认为利人利己的好事没有人不愿意做。但在现实中却很少有人能够真正坚持做到这一点。举几个实际的例子：不在公共场所吸烟是不是对大家都好的一件事；随时保持微笑是不是于人于己都是一件好事；认真工作是不是对团队和个人都是好事？然而真正能够坚持做到的人却非常少。

4.利己不害人

对自己有帮助而又不伤害他人的事情称为利己不害人，对这样的事要努力去做好。每个人都有追求幸福的自由和权利，只是在追求的过程中一定要避免伤害到其他人。比如我们在下班后去爬山锻炼一下身体，或者利用休息时间多看看书，这都对自己好而又不会伤害其他人。我们要养成一些能够帮助自己达成人生目标，又不会伤害别人的良好习惯。

5.中性事件

所谓的中性事件就是对人对己都没有太大影响的事情。针对这类事情我们完全可以比较随性地处理。比如中午到底要吃米饭还是喝粥，今天到底想穿什么颜色的衣服等类似的事情。这类事情无论是对自己还是别人都没有太大影响，完全可以根据自己的喜好去决定。在我们的工作生活中，其实大部分事情都是偏中性的。对中性的事情要尽量用轻松的方式去处理，不要让工作生活变得太过沉闷。

6. 害己不利人

对自己有伤害，对别人也没有什么帮助。像我们吃不吃早餐，看不看书都是个人的事情。但长期不吃早餐肯定会伤害自己的身体，总是不看书就很难得到成长。对于这类害己不利人的事情，我们要尽量避免，促使自己养成良好的个人习惯。

7. 损人利己

对自己有帮助但却会伤害到别人的事我们不能去做。我们做任何事情都要以不伤害他人为底线。一个为了追求自己的利益而不顾他人感受的人，不会受人尊重和欢迎。我们按损人利己的模式很难与他人友好相处。损人利己的模式会被其他人反对和阻碍，反而很难达成自己想要的目标。为了自己的利益而伤害他人都是没有智慧的人，最终都会害人害己。

8. 损人不利己

对自己没有什么帮助，还会伤害别人的事情不能做。并且我们稍加分析就会发现，如果按照这样的模式去待人做事，即使当时看上去对自己没有影响，但被你伤害的人在后续的时间里很容易反过来伤害你。就像很多人喜欢拨弄是非，这就是损人不利己的事情。一时的口舌之快，表面看上去对自己好像没什么影响，但却很容易让自己陷入恶劣的人际关系当中。

9. 害人害己

我们主观认为害人害己的行为模式是每个人都不愿做的事情。但事实上这样的情况同样随处可见。我们都知道对工作不负责任会阻碍自己的发展，同时对团队的发展也不利，然而在工作中表现出尽职尽责的人却非常难能可贵。我们也都知道乱发脾气对自己的身体不好，也会伤害到别人，但却总是忍不住常常发脾气。所以我们要避免犯这种低级错误。

通过上面的分析会让我们发现，我们平时很多习以为常的行为都不能与他人建立健康的关系。用这个坐标图可以让我们很轻松地判断一件事情是否该做。正所谓害人终害己，利人也终利己。在上面的九种关系中利人利己、利人不害己、利己不害人都是值得提倡的行为模式。同时对于舍己为人的精神在现实生活中我们并不能要求每个人都能达到这样无私的境界，但我们却要鼓励每个人都要尽力而行。我们可以力所能及地去帮助那些需要帮助的人。我们能够无私地尽力帮助别人时，即使对自己会有一时的伤害，但这也正是人生价值的体现。我们需要特别强调的是每个人都要坚持以不伤害他人为底线，与他人建立起共赢的健康关系。

六、对人的四种心态

无论是生活，还是工作，我们每天都要与家人、朋友、同事等不同的人相处。只有处理好自己与他人的关系，我们才能实现"内享幸福，外创价值"的圆满人生。因为与他人的关系会直接影响到自己的幸福感。同时我们外创价值的本质就是为他人带去幸福感。这就需要我们与他人建立共赢健康的关系。我们在与人交往的过程中需要做好四种心态的修炼。

1.同理心

在与人相处时首先要有同理心，也就是我们要懂得站在对方的立场去思考问题，能够理解别人的言行和心情。我们之所以不能理解一个人是因为我们不是他，我们要理解一个人最简单的方法就是把自己放到他的立场去思考。我们要拥有同理心就要学会放下自己，从内心真正尊重每一个人。有人开玩笑似的说：一个人不要把自己太当一回事，但绝不能不把别人当一回事。当我们抱着这个心态与人相处的时候，很多问题都可以迎刃而解。

2.包容心

除了要有同理心，我们还需要有一颗包容心。天下没有完全相同的两片树叶，更不会有完全相同的两个人。每个人的成长背景、教育、个性、经历都不一样，只有我们能够站在别人的立场去思考时，我们才会懂得去包容别人的不一样。天下万物，有容乃大。在工作生活中我们需要和不同的人交往，只有拥有容人之心才能与别人和睦相处。

3.关爱心

当我们可以理解和包容别人时，我们才能发自内心地去关爱他人。我们很容易去关爱自己身边的亲人朋友，而对陌生人有时候却显得麻木不仁。其原因就在于我们会更多地理解和包容自己的亲人和朋友，这就让我们会更多地看到他们好的一面。其实每个人都希望得到别人的关爱，只要每个人都能够真心地对他人献出一点爱心，这个世界就能变得更加温暖和美好。我们对人要有一颗关爱之心，带着爱去与人相处。当我们真心地对身边的每一个人好，就会收获健康的人际关系。

4.感恩心

最后是要有一颗感恩心，带给你快乐的人让你感受到温暖，带给你痛苦的人让你更加坚强。生命中出现的每个人、发生的每件事都在帮助我们成长，为我们的生命增添色彩。正是他们的出现才让我们拥有一个丰富多彩的人生。在现实生活中我们一定要怀着这样的一种心态：

为别人做的一切都当作是应该的，别人为自己做的一切都要学会感恩。一个懂得感恩的人内心才能获得满足、平和、宁静，也才能感受到幸福。感恩会让我们生命中的每个人、每样物、每件事都变成正能量，让这世界的一切都变得更加美好。

七、做事需要的修炼

我们都希望拥有一个幸福美满的人生。我们在实现人生追求的过程就是不断成长的过程。所以人生就是一场修炼，让自己的心性和能力不断成长。幸福本身就是一种心境，只有向内探索，不断修炼自己的心性才能提升自己的幸福感。孔子说："君子务本，本立而道生。"我们修炼的最终目的就是"内享幸福，外创价值"。要实现这个人生目的，我们要在做事中不断提升自己的心性和能力。

1. 责任心

首先是责任心，责任心是每个人做事的基本态度。我们做任何事都需要对自己、对家人、对朋友、对团队、对企业、对社会等负责。一个人的责任心最直接的体现就是要掌握事物的客观规律，把自己该做的事尽心尽力地按规律做好。一个敢于对事负责，坚持实事求是的人才让人信任和尊敬。我们要注意培养自己的责任心，对自己的工作生活担负起责任。

2. 上进心

不想当将军的兵不是好兵，一个人不但要有责任心，同时还要有上进心。一个人有了上进心，才会不断提升自己的能力，追求把事情做得更好。只有能够不断进步的人才能更好地承担起自己的责任。因为当一个人做事的能力越强的时候，他才能对他人和社会作出更大的贡献。所以每个人都应该有所追求，通过为他人创造价值的同时让自己收获幸福感。

3. 平常心

第三个心态是我们都需要有一颗平常心。每个人都希望一切都能顺心如意，但现实却是人生不如意十之八九。不是我们努力了就一定能得到自己想要的结果。自古就有谋事在人，成事在天的说法。只要我们尽心尽力去做了，无论结果如何我们都需要用一颗平常心去面对。我们把这种心态总结为"有追求而不强求"，用平常心去面对得失。

4. 持恒心

这个世界其实没有太多特别高深的道理，很多时候并不是我们不知道，也不是我们不理解，而只是我们没有坚持做到。只要我们坚信一件事情是对的，我们就需要有足够的恒心去坚持，把它变成一种习惯。对环境坚持真，对他人坚持善，对自己坚持美，这些都是很平常的道理。然而真正能够坚持做到却非常难能可贵。一个有责任心、上进心，并能保持平常心的人，只要坚持朝一个正确的方向不断努力，就一定会有所收获。

八、与环境好好相处

我们把一块石头和一颗糖分别投进两杯热水中。随着时间的推移，我们会发现装石头的水杯里并没有发生明显的改变。石头仍然是石头，水也仍然是水。而投进糖的水杯里却发生了本质的变化。糖融进了水里，糖不再是原来的糖，水也不再是原来的水，而是变成了一杯糖水。这个变化很好地说明了我们和环境之间的关系。我们只有正确地认识自己与环境的关系，才能与环境和谐相处。

1. 选择环境

我们每个人对环境都拥有一定的选择空间。在这个时代，我们可以选择留在家乡发展，也可以选择到不同的城市寻找机会。即使在同一个地方也可以选择不同的行业，去不同的企业工作。选择进入什么环境是一种智慧，将直接影响我们的人生走向。所以自古就有"男怕入错行，女怕嫁错郎"的说法。我们要根据自己的人生梦想，从可以选择的范围里找到最适合自己的环境。

2. 融入环境

这个世界根本不存在完全符合自己想象的环境。在现实中不管我们选择什么环境，都会遇到各种各样的问题。这时候我们可以选择像一块石头一样抗拒自己所处的环境。最终石头还是石头，水还是水。我们也可以选择像一颗糖，让自己先学会融入和适应所在的环境。当然，我们并不鼓励一个人只是安于现状，因为只有先适应所处的环境，才有机会去影响和改变环境。

3. 影响环境

我们发现，当糖融入水里后，糖不再是原来的糖，水也不再是原来的水，而是变成了一杯可口的糖水。我们每个人都是环境的一部分，每个人都会对所处的环境产生影响。所以我们不用去抱怨自己所处的环境，而是要通过自己一点点去影响环境。我们每个人都可以通过自己的努力让环境朝着自己想要的方向发生变化。就像一颗糖会让一杯水变成糖水一样。

4. 改造环境

我们要解决一切问题的根本都在于自己。随着我们自身的能力不断提升，作出的贡献越大，对环境的影响力也会不断增加。就像我们新入职到一个团队时，对团队的影响非常有限。随着自己的不断成长，我们对团队的影响会越来越大。当我们最终成为这个团队的管理者时，我们就能主导整个团队的发展方向。我们每个人都可以通过努力让环境发生改变。

5.和谐生态

我们每个人都不能脱离环境而存在。我们可以影响和改造环境，同时环境也在影响和改变着我们。所以我们要懂得尊重和遵循环境的规律。我们要追求与环境的和谐相处，与环境形成健康生态的关系。我们对环境的改造不能破坏健康的生态。就像我们过度捕鱼，就会无鱼可捕；我们过度砍伐，就会无木可伐；我们过度污染，就会影响健康。我们只有与环境和谐相处才能实现持续健康的发展。

我们每个人都需要正确地认识自己与环境的关系。我们每个人都脱离不了所处的环境。环境对我们的工作和生活都会造成直接的影响。但不管我们身处什么样的环境，永远都要以积极和正面的心态去回应环境。对环境的抱怨和对抗不能解决任何问题，只会让我们更加痛苦。环境就像一面镜子，只有我们对它微笑的时候，才能得到微笑的回应。只有不断修炼自己的心性，能够做到境随心转才会获得更高的幸福感。

第四章

不要被情绪奴役

一个好斗的武士向一个老禅师询问："何为天堂，何为地狱？"老禅师听后轻蔑地对武士说："你不过一个粗鄙的武夫，哪有资格与我谈经论道？"武士听后大怒，拔剑要杀禅师。禅师却微笑着对武士说："这就是地狱。"武士听后恍然大悟，赶紧将剑收回，向禅师鞠躬感谢。禅师又对武士说："这就是天堂。"其实天堂和地狱的差别在于我们能不能管理好自己的情绪。

正如禅师给武士的启示：是生活在天堂，还是生活在地狱，由我们自己决定。无论天晴下雨，还是白天黑夜，当我们情绪好时都觉得无限美好。相反，当我们情绪不佳时，无论是风和日丽，还是鲜花掌声，都让人十分苦恼。情绪不仅决定自己当下的感受，同时还会影响自己的身体健康和人际关系。我们只有成为情绪的主人，才能掌握自己的人生状态。

一、无时不在的情绪

情绪是我们的心理状态。根据引发情绪的原因可以分为原生情绪和衍生情绪两种。原生情绪是我们对发生事情做出的第一反应，是一种原始本能的心理反应。比如我们在路上突然看到一条蛇会感到恐惧。而衍生情绪是由原生情绪引发出来的反应。我们可能会因为看到这条蛇感觉恐惧而愤怒，让自己对蛇发起攻击。这种愤怒就属于衍生情绪。情绪无时不在，我们首先要对情绪有正确的认识，才能更好地管理自己的情绪。

1. 个人影响

一个人的各个方面都会受到情绪的影响。首先是对我们身体健康的影响非常大。情绪被证明是各种因素中对健康影响最大的一项。我们的大部分健康问题都和不良情绪有很大关系。同时情绪还直接影响到我们的行为。一个人情绪失控时，智商会降为零。我们很多错误的决定都是一时冲动造成的结果。我们只有保持积极良好的情绪才有利于自己的身心健康。

2.家庭影响

中国自古就强调"家和万事兴"。然而非常遗憾的是我们往往把最坏的情绪都给了家人。因为大部分人都把家人对自己的付出和关心当作理所当然。我们在对待家人的时候就不会注意控制自己的情绪。更甚至因为在外面遇到不顺心的事，而把坏情绪发泄到家人身上。我们的情绪会严重影响与父母的关系，与夫妻的感情，以及子女的健康成长。

3.事业影响

随着社会分工越来越细，人与人之间的联系越来越紧密。在工作中，我们需要与不同的人配合才能把事情做好。没有人喜欢和一个总是带着负面情绪的人合作相处。如果我们的工作得不到领导、同事、下属等相关人员的支持将无法正常开展。我们只有懂得管理好自己的情绪才能与团队成员建立健康的关系。所以一个情绪不好的人要获得事业上的成功会非常困难。

4.社交影响

我们不仅要与家人和团队相处，还要面对社会中的各种关系。包括要与朋友、同学、客户等不同的人打交道。即使我们只是要买一件东西都离不开与销售人员做沟通。当我们与人相处交流时能保持良好的情绪，才能建立与社会各界的健康关系。我们要实现"内享幸福，外创价值"的人生追求，在工作生活中就要做到与社会和谐相处。

从自身到家庭，从事业到社会，情绪会影响到我们的方方面面。管理好自己的情绪对身心健康、家庭幸福、事业成功和社会和谐都有很大的帮助。我们只有保持良好的情绪才能处理好自己与自己、自己与他人、自己与环境的关系。

二、别掉进情绪误区

我们的情绪就像一条河流，有波动起伏是很自然的事情。但如果任由河水泛滥就会造成水灾。同样我们不能被自己的情绪控制，要对情绪做合理的管理。我们要管理好情绪，就要避免掉进一些情绪认知的误区。我们对情绪的错误认识会造成对情绪的管理不当。在工作生活中对情绪常见的认识误区有以下几个方面。

1.有情绪很正常

我们会遇到有的人为了一点小事就乱发脾气。我们提醒他要注意自己的情绪时，他也认为是理所当然的事。他们认为一个人有负面情绪很正常，所以对自己的负面情绪不以为然。事实上我们的确无法避免出现负面情绪，但却不能放任自己的负面情绪。做情绪管理就是要对合适的对象恰如其分地表达情绪。当我们遇到让人不满的事情时，我们可以向当事人正确表达自己的气愤，但不能乱发脾气。

2.情绪需要发泄

我们经常会听到有人说：不要把情绪积压在心里，要想办法发泄出去。事实上如果我们总是通过向外的方式发泄自己的情绪，很容易陷入一种依赖。这不仅不能提升自己管理情绪的能力，反而会让自己陷入负面情绪的恶性循环中。做情绪管理不是简单地发泄情绪，而是要找到引发负面情绪背后的真正原因，要想办法从根本上解决问题。即使真的需要发泄情绪也要注意场合、对象和方式。

3.都是别人的错

人生不如意十之八九，关键在于我们如何面对这些不如意的事情。大部分人在结果不如意时，负面情绪就会很严重。他们会抱怨"这不是我的错""都是别人的原因""都是环境不好"等。当我们把不好的结果归因于外的时候，只会强化自己的负面情绪，而对解决问题没有任何帮助。我们只有学会从自身寻找原因才能预防问题再次出现。

4.回避不良情绪

负面情绪让人感觉非常难受，所以我们都不喜欢负面情绪。因为害怕负面情绪，很多人在遇到问题的时候就会选择回避。然而很多问题不是回避就可以自行解决的事情。就像一个人怕吃药打针，生病了也不愿去看医生一样。我们只有敢于直面问题，并想办法把问题处理好才有助于心性的成长。同时我们在解决问题的过程中可以不断提升自己的能力。

5.消极情绪不好

我们大部分人都会认为消极的情绪不好。所以一出现消极的情绪就想尽快消除它。事实上我们越是抗拒消极情绪反而越会强化它。每个人都无法避免消极情绪的出现。其实情绪本身并无好坏，每种情绪都有它的价值，关键在于如何处理它。正如化悲痛为力量，又如冥思苦想，这往往是帮助我们取得人生成就和突破的力量。我们要善于发挥消极情绪的积极作用，推动自己不断成长。

6.不能外露情绪

很多人认为把自己的情绪表现出来是不对的事情。我们认为只有做到无论喜怒都不露声色才是成熟的表现。其实情绪管理不是让我们简单地压抑自己的情绪。情绪管理是让我们用正确的方式处理和表达情绪。只有懂得选择在合适的时机，用合适的方式来表达，才能得到建设性的结果。所以我们不用故意隐藏自己的情绪，这对解决问题不一定有帮助。

三、管理情绪有技巧

我们每个人每时每刻都在经历着不同的情绪体验。只有能够管理好自己的情绪，我们才能正常地面对工作和生活。但不同的人对待自己情绪的方式却截然不同。我们对待情绪主要包括拒绝、压抑、替代和升华四种基本方式。一个人对待情绪的不同方式会产生完全不同的结果。所以我们要合理运用好这四种方式，才能让自己的工作生活变得更好。

1. 拒绝情绪

在遇到一些重大变故时，有的人在心理上完全不能接受变故的事实，就会产生拒绝情绪的情况。有人在失去深爱的亲人后，在很长时间都无法接受这样的事实。仍然坚持认为亲人还活着，吃饭时还要为其留位置，并装好饭。这是一个人在遇到巨大痛苦的情况下的极端自我防御形式。但拒绝情绪并不能改变事实，也无法真正解决问题。通过拒绝的方式可以暂时减轻内心的痛苦，但最终还是需要慢慢接受现实才行。

2. 压抑情绪

当我们不能做一些自己想干的事情时，就会产生压抑情绪的情况。比如我们很想出去旅行，但因为有很多工作需要处理不能去。这时候我们就需要压抑自己想出去旅行的情绪。所以压抑情绪是避免自己做非理性事情的一种积极努力。但长时间或过分压抑自己的情绪，又不能有效做好疏导的话，对一个人的身心都会产生伤害。

3.替代情绪

替代情绪是对压抑情绪的一种释放方式。就像我们被上司责骂后，很容易向其他人发泄自己的不满情绪。当我们把情绪迁怒到其他人身上时，就可能会形成迁怒的恶性循环。所以我们最好不要把压抑的情绪向其他人发泄。而是找到类似打球、跑步这样的替代方式来发泄情绪。这样既释放了情绪，又不会让无辜的人受到伤害。

4.升华情绪

无论是拒绝、压抑，还是替代情绪，其实都不是最佳的情绪管理方式。最理想的情绪管理是能够升华自己的情绪。我们可以把对别人的不满转化成努力工作的动力；我们可以从各种负面情绪中找到自我成长的机会；我们可以用感恩之心面对他人和世界的一切。通过升华自己的情绪可以充分发挥各种情绪的积极作用，从而化解负面情绪的不良影响，让我们的工作和生活变得更好。

四、上天赐予的礼物

哈佛大学通过调查研究得出一个结论：一个人的成就85%源于正确的情绪，专业能力只占了15%。一个人的情商远比智商更重要，这已成为大家的共识。而在现实工作生活中真正能够正确认识情绪并做好管理的人却非常少。其实情绪就是我们的心理状态，同时会表现出对应的一些生理特征。《礼记》中把人的情绪分为七种，包括喜、怒、哀、乐、爱、恶、欲。我们每个人每时每刻都会受到情绪的影响。情绪本身并没有好坏之分，每一种情绪都有其存在的价值。我们要对情绪有正确的认识，并对情绪做好分析和管理。通过发挥各种情绪的积极作用，对自己的身心健康、家庭和睦、事业发展都有帮助。

1.适应环境

情绪帮助我们更好地适应环境，从而获得生存和发展的机会。当我们遇到危险的时候就会产生恐惧的情绪，这会促使自己警惕和求救。当我们在温暖舒适的环境中，我们就会很愉悦，这会让自己放松下来。通过了解自己和别人的情绪，对我们的工作和生活帮助都很大。在不同的环境中会产生不同的情绪，根据环境快速做出反应能够帮助我们更好地适应环境。

2.促使行动

我们做任何事情都需要有动力。而情绪就是我们行动的重要动力源。每个人都有趋利避害的本能。良好的情绪体验会吸引我们靠近，而负面的情绪体验会促使我们逃避。对于一个很喜欢看书的人，一有时间就会找书看。当他长时间看书感觉很累时就会产生紧张情绪，这又会促使他停止看书。我们的行为都会受到自己的情绪影响，但又不能完全被情绪所控制。

3.组织行为

情绪对各种心理活动和行为都会产生直接的影响。一个人在积极、乐观的情绪状态时，就会更多地看到美好的一面，行动会更加主动开放。当我们的情绪消极时，行动就会变得被动保守。积极的情绪能帮助我们提高工作效率，而消极情绪却会降低我们的工作效率。我们要做好情绪管理，正确地运用好情绪来组织自己的各种行为。通过适当的行为来帮助我们达成追求的目标。

4.信息传递

在我们与人相处的过程中，情绪表现比说什么更能影响到对方。同样的一句话，用不同的情绪状态表达出来，对方理解的意思会完全不同。情绪在我们的音调、动作和表情中都会表现出来，能有效传达许多更真实的信息。通过观察对方的情绪，才能让我们更准确地了解他所表达的意思。比如我们在公交车上不小心踩到别人的脚，我们向对方表示歉意的时候，有的人会微笑着说"没关系"。有的人虽然嘴上说"没关系"，脸上的表情却表现出十分生气。

5. 感染他人

在工作生活中，我们最容易受到情绪的相互感染。一个人与我们交流很愉快时，我们也会变得很开心。而有人对自己表现出很厌烦时，我们也很容易变得愤怒。所以我们在与人相处时要特别注意自己和对方的情绪。当双方的情绪不对时，很难对沟通的内容达成共识。在沟通事情时要注意调整好双方的情绪，避免因为负面情绪造成不良后果。

五、穿越时空的游戏

人的一生就是一段时光，最后留下的只是一段经历。每个人的经历都可以分成过去、现在和未来三个不同的时段。《当下的力量》中说："过去和未来显然并无其自身的存在……他们的存在是从现在那里'借'来的想象。"也就是说过去和未来都只是我们在脑海中用主观虚构而成。一个人如何看待自己的过去、现在和未来，将会影响到他的情绪状态。

1. 对过去要接纳

古希腊哲学家赫拉克利特说：人不能两次踏入同一条河流。这个世界无时无刻不在变化，随着时间的推移，过去的永远已经成为过去。无论过去有多么美好，我们都不用去迷恋；不管过去有多少苦难，我们都不用去抱怨；即使过去有很多不堪，我们也要去接纳。过去的一切，无论对错好坏都已成为过去，无论我们是否愿意都已经无法改变。

我们需要从过去得到启示和借鉴，但也要学会放下过去的负担才能轻装上阵，这就是空杯心态的精髓。只有一个不纠结于过去的人才不会背负过去的包袱，不要因为过去影响自己当下的情绪。

2.对当下要专注

我们总是很容易被过去或未来所牵引，而忘记了当下正在发生的一切。但实际上我们只能活在当下，因为每个过去都是由曾经的当下变成的，每个未来都是将要到来的当下。现在就是过去的结果，未来就是现在的结果。正是现在连接着过去和未来，我们真正需要把握的就是现在。只有把握了现在才能创造出精彩的历史，并走向更美好的未来。当下我们身边的人、事、物就是生命中此刻最重要的。我们在明确自己的追求方向后就要专注于做好现在，把每一件该做的事情做好，而不用陷入毫无意义的胡思乱想中。

3.对未来要期待

因为未来充满很多不确定性，因此才拥有无限的可能。对待未来我们既不要有太多不切实际的幻想，也不用太过杞人忧天。就像现在很多年轻人刚刚走向社会就幻想着能够一夜成名，结果变成高不成低不就。但也有人过分担心自己跟不上时代的发展，每天心神不宁。我们既不能没有目标，也不能让自己因为目标而忘记了享受过程的美好，感受当下的快乐。我们要对未来有正确的认识，既不要总是活在不切实际的未来，又要对未来永远充满期待。我们要脚踏实地地做好现在，并坚信未来一定会越来越好。

六、与情绪一起跳舞

在现实的工作生活中每个人都无法避免会产生各种情绪。这些情绪中有的积极，也有的消极。出现消极情绪并不可怕，关键在于我们如何做好这些情绪的有效管理。只有做好情绪管理我们才能处理好自己与自己、自己与他人、自己与环境的关系。我们要成为情绪的主人，而不能被自己的情绪所控制。情绪管理有助于我们处理好工作生活中的各种关系，从而提升幸福感。

1.及时觉察

我们每时每刻都会有自己的情绪存在。而要管理好这些情绪首先就要能够及时觉察到它们。所谓觉察自己的情绪就是能够随时了解自己的情绪状态。当自己出现负面情绪时，自己可以及时地意识到，就像车上要有速度表，我们开车时可以随时知道开车的速度一样。只有我们能够及时知道自己出现了负面情绪，才会主动采取一些有效措施进行调节。所以能够觉察自己的情绪是做好情绪管理的基础，也是一个人觉醒的重要标志。

2.描述情绪

当我们觉察到自己出现情绪波动时，可以对自己的情绪进行命名。例如生气、悲伤、快乐、失落、后悔等。同时用心观察这种情绪给自己带来的感受和反应。比如发怒时感觉自己脑袋发胀，全身发热，想要打人等。不管出现什么情绪，我们都不要做好坏是非的评判。当我们因为被上司批评感觉生气时，如果认为自己生气是没用的表现，这就是在做评判。如果我们只是在心里告诉自己现在正在生气，这就是不做评判。我们只是客观地描述而不评判情绪的好坏时，就能让自己的情绪快速恢复正常。

3.真心接纳

我们不仅要学会准确描述自己的情绪变化，同时还要能够坦然接受自己的消极情绪。因为我们越是抗拒反而越会强化这种情绪，让自己更加痛苦。接纳自己的消极情绪并不是要放任自己的消极情绪。只是我们要知道出现消极情绪是很自然的事情，不要因为有消极情绪而产生心理负担。正确的方法是当我们觉察到自己的情绪后，不管是积极的还是消极的情绪出现，都不用刻意去压制和回避。我们可以在内心静静地告诉自己："每个人都会有类似情绪出现的时候。"只有先坦然接纳才能对情绪做客观的分析。

4.认真分析

我们不仅要真心接纳自己的情绪，同时更要能够科学地分析这些情绪。也就是要找到出现这种情绪背后的原因。每一个情绪的背后都隐藏着我们的需求。当我们的需求能够得到满足时往往就会产生积极的情绪，当我们的需求得不到满足时就容易出现消极的情绪。所以要找到产生情绪背后的需求到底是什么。在明确产生情绪的需求后，我们还要进一步了解自己需求背后的动机是什么。通过了解情绪背后的需求和动机，才能找到产生这种情绪的深层原因。同时我们才对自己有更深入的了解。我们要对自己的需求和动机做出判断，对不合理的需求和动机要做好调整，对合理的需求和动机要找到合适的方法去达成目标。

5.获得成长

通过分析情绪背后的需求和动机能够让我们看清问题的本质。如果是自身的需求和动机不合理就必须及时做好调整。如果我们的需求和动机是合理的，就可以把出现的问题当作成长的机会。客户的问题就是销售的机会；同事的问题就是建立人脉的机会；老板的问题就是赢得信任的机会；公司的问题就是晋升的机会。通过分析引起不良情绪的具体原因并找到处理的方法，这不仅让我们从中学习到经验，还能获得内心的成长。当我们从负面情绪中学到经验和得到成长时，就会把原本的坏事也变成好事。

6.学会感恩

有一段充满人生哲理的话："感谢伤害你的人，因为他磨炼了你的心智；感谢欺骗你的人，因为他增进了你的智慧；感谢中伤你的人，因为他砥砺了你的人格；感谢鞭打你的人，因为他激发了你的斗志；感谢遗弃你的人，因为他教会了你的独立；感谢绊倒你的人，因为他强化了你的双腿；感谢斥责你的人，因为他提醒了你的不足！"我们要学会感恩遇见的每个人、每样物、每件事，只有怀着一颗感恩之心才能让这个世界的一切都变成正能量，让我们获得内心的愉悦。

七、保持愉悦的方法

正所谓开心也是一天，不开心也是一天，还有什么理由让自己不开心呢。我们每天的情绪状态会决定我们的人生品质。我们只有用最好的心情去度过人生的每一天，才能收获高品质的人生。情绪管理的最佳方法不是等到出现消极情绪后才去做调整，而是要特别重视提前做好预防，找到可以让自己保持良好情绪的方法。也就是要做好消极情绪的事前管理。

1.良好的作息时间

只要熬过夜的人都会有深刻的感触，如果晚上没有休息好，第二天的精神状态就不可能好。我们在非常疲惫的状态下就很容易出现消极情绪。所以我们要养成良好的作息习惯，保证自己有充足的睡眠。无论是工作还是娱乐都不能没有节制，这是一种不健康的状态。养成早睡早起的习惯才有利于自己的身体健康。我们要尽量保证每天晚上有8个小时的睡眠时间。我们要在意识上重视科学的作息时间对自己的影响，不要随意打乱自己正常的休息时间。根据调查发现，合理的作息时间是影响我们健康的第二大因素。

2.饮食习惯要健康

有人把人生追求的健康、家庭、事业、财富等目标比喻成一个数字，而健康就是这个数字最前面的1，其他的都是1后面的0。拥有一个健康的身体是我们享受幸福人生和做一切事情的重要基础。身体不好会对一个人的工作和生活造成不良的影响，就很容易产生消极情绪。正所谓病从口入，日常饮食对我们的身体会产生直接的影响。我们要养成"早吃好、中吃饱、晚吃少"的健康饮食习惯。同时还要注意多吃水果蔬菜，少吃不健康不新鲜的食品。只有健康的身体才更容易保持良好的情绪。

3.锻炼身体很重要

锻炼身体对健康的影响排在情绪、休息、饮食之后，是影响健康的第四大因素。科学研究发现，一个人如果能够每周坚持锻炼三次以上，每次坚持30分钟，对身体健康会有非常大的帮助。所以我们不仅要养成良好的作息习惯和饮食习惯，还要养成坚持锻炼的习惯。我们可以根据自己的爱好和环境来选择合适的锻炼方式。很多人因为工作太忙而没有专门的时间用于锻炼身体。其实锻炼身体并不一定非要专门安排一段时间，也不是必须要到健身场所才能锻炼。我们可以利用每天工作的间隙在自己办公室做做下蹲或垫脚运动。通过锻炼身体可以有效调节自己的不良情绪，还可以提高我们的工作效率。

4.安排好间隙休息

人毕竟不是机器，即使是机器也需要做好定期的维护保养。一个人能够高效展开工作的持续时间是1.5~2个小时。如果连续工作超过两小时，就会让人感觉非常疲惫。所以我们在工作过程中，最好每两个小时就安排一个短暂的间隙休息时间来调整自己的状态。我们可以从自己的座位上站起来伸伸腰，也可以借喝水的机会走动走动。通过10分钟左右的间隙休息可以有效调节自己的精神状态。我们只有保持精力充沛，才能拥有更好的心情。

5.积极的行为习惯

我们都知道一个人在情绪好的时候，会表现出积极主动的行为。当我们的行为积极主动的时候，反过来也会让自己的情绪变得更好。我们在情绪低落的时候，可以有意识地让自己微笑。用积极正面的语言和自己对话，比如对自己说："我真的很不错！"同时可以让自己的动作变得更加有力量。我们每个人的言行举止既反映自己的情绪状态，同时又会影响自己的情绪状态。我们想保持愉悦的情绪，就要学会养成积极的行为习惯。当我们养成使用积极的语言，微笑的表情，主动的行为时，就会暗示自己拥有好心情。

6.树立正面的观念

塞翁失马，焉知非福？这个世界的事物都具有两面性，没有绝对的好事，也没有绝对的坏事。关键在于我们从什么角度去看待一件事情。我们只有形成积极向上的人生观念，不管遇到什么事情才能够微笑面对。我们不能只看到不好的一面，永远要能看到事物美好的一面。我们要微笑着面对这个世界，开心时要笑，不开心时更需要对自己笑一笑。一个人的表情是对自己心理的一种暗示和引导，当我们能够微笑面对一切时就能获得更好的心情。

八、调整情绪的技巧

其实很多道理我们并不是不明白，但要真正做到却并不容易。我们每个人都希望自己有好心情，但还是无法避免会有消极情绪出现。在描述情绪的词语中，消极的占了大部分。所以我们经常不知不觉中就陷入了消极情绪。当有消极情绪的时候，我们不用回避，也不用苦恼。我们要学会接纳这种情绪，然后找到一些行之有效的方法来做好调整。

1. 身心放松法

这个时代的变化越来越快，每个人的工作生活压力也变得越来越大。大部分人经常会感觉身心疲惫，据世界卫生组织的调查，亚健康人群已经达到了70%左右。我们每个人的情绪和自己的身体状态会相互影响。当我们身体状态越好，情绪也会越好。当出现负面情绪时，我们可以通过深呼吸、肌肉放松、听舒缓音乐等放松身心的方法来调节情绪。每个人都可以找到一些行之有效的方法来帮助自己及时地调节消极情绪。

2. 宣泄调节法

消极情绪如果得不到及时的排解会对人的身心造成伤害。很多公司甚至专门建立了员工情绪宣泄室，其目的就是为团队提供宣泄消极情绪的途径。当我们有负面情绪时站到一个空旷的地方或山顶大声地呼喊也是一种非常好的方法。通过大声呼喊或其他一些不影响他人的情绪宣泄方式可以短时间内起到调整情绪的效果。但情绪宣泄的方式要特别注意场合，不能影响到他人。同时宣泄情绪并不能从根本上解决问题，要避免习惯性宣泄情绪。

3. 运动调节法

运动也是宣泄消极情绪的好方法。当一个人被焦虑、悲伤、失落等不良情绪所困扰时，不妨走出去爬爬山或打一场球，总之就是让自己充分地运动。运动之后我们会发现自己的不良情绪随着自己的一身臭汗跑得无影无踪。在运动的过程中可以转移我们的注意力，同时还能让消极情绪得到调节。我们要培养一些适合自己的运动习惯。有计划地定期安排参加运动项目，这不仅对身体健康有帮助，同时还可以有效预防自己的消极情绪。

4.心理暗示法

曾有人做过这样一个实验：在开学的时候对负责给两个新生班授课的同一批老师强调其中一个班是特选班。这个班都是经过测试后，专门挑出的具有超常智力的学生。但要求老师们要做好保密，不能告诉学生。结果一年以后发现，特选班的学生成绩远远超过普通班的学生。而事实上这两个班的学生并没有经过特别的挑选，完全只是随机的组合。为什么同样的学生只是因为强调其中一个班是特选班就会出现如此大的差距呢？其实这就是心理暗示对人造成的巨大影响。同样我们每个人的情绪也都会受到自己心理暗示的影响。我们要养成积极的自我心理暗示习惯，经常自己给自己打打气，告诉自己其实很优秀。

5.自我愉悦法

我们做自己不喜欢的事情就很容易感觉累，做喜欢的事情就会乐在其中。我们在有消极情绪的时候可以做一些让自己开心的事情来愉悦自己。因为每个人的个性、教育和经历等各方面的差异，能让我们开心的事情也各不相同。根据自己的偏好，我们平时要注意培养一些兴趣爱好，比如看书、下棋、跳舞等。我们很容易从自己爱好的事情中获得好心情。当我们出现消极情绪的时候，可以通过做这些自己喜欢的事情来调整情绪。

6.环境调节法

每个人的情绪都会受到环境的影响，在一个优雅舒适的环境当中更容易获得好心情。无论是工作还是生活，我们都要不断调整和优化自己所处的环境。要营造一个让人感觉身心愉悦的环境。当出现严重的负面情绪时，还可以通过改变所处的环境来进行调节。通过一次说走就走的旅行，让自己暂时去到一个全新的环境，去经历一些全新的人和事，这有助于我们快速调整自己的情绪。

调节情绪的具体方法很多，关键是找到适合自己的方式。但我们要知道，不管用什么方式来达到调节情绪的目的，这都只能是治标不治本的方法。就如不学会游泳，换游泳池也没用。我们要减少自己的消极情绪，关键是要找到引发自己负面情绪背后的需求和动机是什么。只有从观念上做出改变，从境界上得到升华，学会用积极的心态去面对工作生活中的各种问题，才能真正减少出现消极情绪的情况。

第五章

为理想装上翅膀

我们每个人从出生就开始了学习之旅，学吃饭，学说话，学走路，学穿衣，学扫地……可以说我们的每一点进步都离不开学习。然而很多人却认为学习只是小时候在学校的事情，走出校门就不再愿意花时间去学习了。其实一个人在不同的阶段，需要学习的东西也不一样。即使在同一个领域，知识技术的更新速度也变得越来越快。在这个时代，我们要对学习有全新的认识。

根据联合国教科文组织的一项调查。在18世纪，知识更新的周期为80~90年；19世纪到20世纪初，知识更新的周期缩短为30年；20世纪60~70年代，一般学科的知识更新周期为5~10年；而到80~90年代，一些学科的更新周期已经缩短为5年；在21世纪，许多领域的更新周期已变成以年为单位。知识的更新变得越来越快，甚至我们还正在学习的很多知识已经过时。所以只要我们停止学习，很快就会被时代所淘汰。我们每个人都需要形成终身学习的意识和习惯才能跟上时代的脚步。

我们常常听到有人抱怨说：理想很丰满，现实很骨感。其实是他的能力还无法支撑起自己的梦想。我们每个人都需要有梦想，但要梦想成真还需要具备实现梦想的能力。当我们明确了自己的人生方向之后，就要脚踏实地地去不断提升自己的各项能力。这就要求我们围绕自己的目标持续不断地学习。一个人只要还在不断成长，一切都有可能。

一、能力的冰山模型

梦想是我们人生奋斗的长期目标。我们要找到梦想与现实之间存在的差距，分析实现梦想需要具备的资源和能力。如果没有实现梦想的能力，就无法将梦想变成现实。所以我们需要围绕梦想建立一套科学的能力模型。一个人要达成一个目标就需要具备相应的专业技能、理论知识、自我概念、个性特质、行为动机五个方面的能力。这五个方面的能力由表及里像一座飘在水面的冰山，所以也被人称为"冰山模型"。参照"冰山模型"可以帮助我们明确实现梦想需要具备的各项能力。

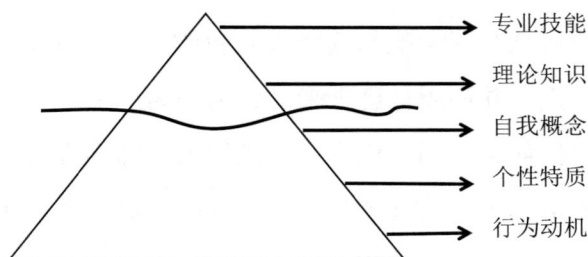

1.专业技能

专业技能是我们完成一项具体工作需要掌握的实际操作能力。专业技能是需要经过专门的操作训练才能形成的能力。就像游泳、跳舞、开车这些项目都属于专业技能。如果我们只是看书或听老师讲，而自己不动手练习就不可能真正掌握一项专业技能。在冰山模型中专业技能是冰山的山顶，也是我们最容易看得见和测量到的能力。就像开车、跳舞、游泳等专业技能，我们只需要做现场展示就可以让大家看到了。

2.理论知识

我们不仅要掌握做一件事的技能，同时还需要知道相关的基本原理。只有知道做好一件事情背后的规律，才能做到举一反三。这些有关基本原理的信息就属于理论知识。我们要学习到一个领域的理论知识有很多方法。可以通过看书，也可以听老师讲解，还可以在实践过程中做总结提炼。各类理论知识是专业技能背后的规律。一个人的专业技能如果没有理论知识的支撑就无法做到融汇贯通。我们既要掌握一个领域的理论知识，又要训练专业技能，只有做到知行合一才能发挥更大的价值。

3.自我概念

一个人的专业技能和理论知识都很容易被了解到，就像冰山水平面之上的部分。但比专业技能和理论知识对一个人的影响更大，更难被了解到的是自我概念。自我概念是一个人对自己的认识、评价和期望。一个人的自我概念会影响他的选择方向和信心。比如我们自认为是一个非常优秀的人，并期望自己未来能成为一名优秀的工程师。这样的自我概念就会促使自己朝着成为一名优秀工程师的方向去努力。因为自我概念会决定一个人的选择和动力，从而影响一个人在所在领域的成就。

4.个性特质

我们在生理和心理上表现出来的特点就是个性特质。有的人身体很强健，有的人身体很敏捷，有的人身体很柔软。有的人很外向，有的人很文静，有的人很包容。不同生理和心理特征的优势会不一样，适合发展的方向也不一样。一个有音乐天赋的人更容易在音乐领域取得成就，而一个语言表达能力强的人更适合做与人沟通的工作。所以我们需要正确认识自己的个性特质，了解自己的优势和不足，才能做到扬长避短。

5.行为动机

隐藏在冰山模型最底层的能力，也是对我们影响最深远的就是行为动机。行为动机是一个人做一件事背后最深层的原因，也就是出发点。我们经常听人说：要不忘初心，就是指最初的动机。决定一个人取得成就的最深层原因就在于动机。正所谓"凡人畏果，圣人畏因"。我们做一件事情的动机比最终得到的结果更重要。所以我们每个人都要不断审视自己的动机是否符合真、善、美的基本法则。我们只有清楚自己做一件事情背后的动机，在前行的路上才不会偏离自己的目的。

我们要围绕自己的梦想去思考：我们实现这个梦想需要具备什么技能？学习哪些理论知识？需要形成什么样的自我概念？是否符合自己的个性特质？追求这个梦想的动机是什么？通过冰山模型可以帮助我们了解自己的梦想是否能发挥自己的优势，同时也让自己知道存在的差距。我们不足的方面可以有计划地进行学习。随着自己各项能力的不断提升，我们才能让梦想一步步变成现实。

二、学习的三种风格

我们要实现梦想需要不断提升自己的各项能力，这就离不开学习成长。一个人只要坚持学习，就有可能创造奇迹。通过学习才能不断缩小理想与现实的差距。学习能力决定一个人的未来。不同的人适合的学习方式会不一样，要因人而异才能实现高效学习。我们要了解自己，找到适合的学习方式。根据每个人擅长的学习方式可以分为三种学习类型。

1.听觉型

如果一个人喜欢与人聊天交流，口头表达能力很好，能通过听别人讲话获得很多知识，那么他就属于听觉型的人。听觉型的人听觉非常敏锐，喜欢用听的方式获取信息。只要能听到声音就能达到不错的学习效果。对于听觉型的人，适合选择用听的方式进行学习。听觉型的人在学习中要通过多和别人交流讨论来加强对内容的记忆和理解。

2.视觉型

如果一个人喜欢通过阅读来进行学习，对细节有很强的洞察力，就代表是视觉型的人。视觉型的人擅长通过自己的眼睛阅读、观看的形式进行学习。他们对文字、图表会特别敏感，喜欢通过书籍资料自学。这类人在学习的过程中要选择多看的方式。在学习的时候如果看不到老师和讲授的内容，学习效果就会很差。

3.触觉型

触觉型学习就是通过自己亲身体验的方式来学习。触觉型的人不太容易安安静静地坐着听课，在学校时总是"不守规矩"，让老师感觉非常头痛。很多在学校学习成绩一般，在工作中却表现很突出的人都是触觉型的人。这类型的人具有很强的动手能力。对于触觉型的人，在学习时就要多动手尝试，通过在做的过程中得到学习成长。

每个人学习类型不一样，适合的学习方法也不相同。但无论用什么方法都需要真正掌握所学的内容，并能在工作生活中学以致用。不同的学习方式对内容的转化效果也不一样。通过听课的方式对内容的转化效果只有10%；大家对一个内容进行互动研讨掌握的转化效果可以达到20%；只有对内容做模拟演练掌握的效果才能达到70%。最好的方法是将多种学习方式进行组合运用才能取得最佳的效果。我们经常讲：学过什么不重要，学到了什么才重要，比学到了什么更重要的是能够做到。只有把所学的东西运用到实际工作生活当中才能发挥价值。

同时我们还要注意对所学内容的强化记忆。我们要把所学的内容运用到工作生活中，首先就要把相关内容记住。根据遗忘曲线的原理，我们对新事物的遗忘有一个不断递减的过程。我们在学习后的第一天会快速遗忘大部分内容。如果不复习的情况下，学习一天后只能记住33.7%的内容。再往后遗忘的速度会减慢，六天后能记住的比例为25.4%。我们在学习新的东西时要根据遗忘曲线有计划地做好复习。温故而知新，通过复习还可以让我们对所学内容有更深的领悟。

三、让成人也爱学习

我们小时候的学习和成人后的学习特点会存在很大的差异。小时候因为没有太多阅历，分辨能力也差。我们在学习时就像海绵吸水一样不加选择，教什么就会学什么。而成人却不同，因为有了丰富的人生经历，思想也变得复杂。我们学习的目的性越来越强，对学习的内容、教学的方法都有自己的要求和期望。所以我们要把握成人的学习特点，才能提升成人学习的有效性。

1.成人是想学才会学

孩子就像一张白纸，老师教什么他都不加选择地接受。即使不想学，家长和老师也会要求他学习。对于成人来说，只有他自己真正想学才会学。所以很多企业投入大量的资金和人力用于培训，但却收效不大。团队的能力没有得到有效提升，大家也不感激公司提供的学习机会，甚至有很多人还会对学习产生抱怨。其中很大的原因就是没有解决学习动力的问题，只有让大家自己想学才能学好。

2.只学有需要的东西

成年人的学习都具有很强的目标性。只有在工作生活中有迫切的需要，我们才会乐意去学习。比如工作中我们经常需要开车外出，我们才愿意去驾校学习开车。我们不知道如何教育自己的孩子，才愿意去学习如何教育孩子的知识。所以我们要善于总结发现工作生活中存在的问题点。带着问题去学习，即学即用，在实践中学习是最有效的成长方法。

3.喜欢运用过去经验

随着年龄的增长，我们拥有的经验就越丰富。在面对所有新事物时，我们都喜欢依据旧的经验做判断。所以我们在学习时要有"空杯"的心态，不能抗拒新事物。同时我们也要善于找到新事物与我们过往经验的链接点。因为我们已经有很多知识经验的沉淀。在学习新内容的时候，只要找到所学内容与我们过往经验的关联，就可以更容易记住和理解。

4.成人喜欢在做中学

英国有句谚语说：你听见了会忘记，你看见了就记住了，你做过了就明白了。我们成人在学习时已经不像在学校时一样，很难做到规规矩矩地坐好听老师讲课。因为我们要面对工作生活中的实际问题，所以更喜欢通过做的方式来学习。只有实际操作才能让我们直接掌握解决问题的方法。说一千次还不如做一次，在做的过程中学习才有更好的转化效果。

5.非正式环境更有效

大部分成人都戴着各种面具在生活。为了自我保护，成年人都习惯把自己隐藏起来。所以在比较正式的场合，大家都会表现得非常慎重。在这样的氛围中，因为担心出错，大家都会变得很保守。既不会主动表达自己的很多真实想法，也不太愿意接纳别人的意见。只有打造一个轻松、友好的环境，大家的内心才会被打开。这才能让大家更愿意表达自己，也更容易接纳新的东西。

6.综合运用学习手段

因为成人每天接收到的信息太多，要形成记忆的难度也更大。如果不能通过一些新颖的方法和不同方式来强化记忆就很容易遗忘。在学习的过程中，运用的形式越多，我们对知识的理解和记忆才会越深刻。

所以在学习时，我们要注意综合运用案例、游戏、视频、图片、演练等多种表现形式。通过运用视觉、听觉、触觉的不同方式可以提升学习的整体效果。

四、认真读好六类书

自古就有"读书破万卷，下笔如有神"的教诲。博览群书是我们每个人都非常重视的学习方法，甚至很多人把看书等同于学习。每一本书都是作者人生经验和智慧的总结。我们通过看书可以快速把别人的经验变成自己的心得。并且看书可以帮助我们穿越时间和空间的限制，让我们有机会站到作者所在的时空中去思考和感悟。因为知识爆炸式的快速增长，各类书籍也越来越多。我们每个人的时间都非常有限，没有办法把所有书都看完。所以看书要有所选择，尽量多看与自己工作生活有关联和一些经典的著作。我们要有结构地看书，每个人都应该有计划地学习六类书。

1. 多看常识书

在工作生活中我们需要掌握一些基本的常识。这些内容是一个成人需要具备的基本知识。天冷要加衣服，下雨要打雨伞，见到朋友要问候……这些都是我们的生活常识。我们在小学、中学需要学习的大部分知识都属于常识。比如数学的加减乘除，语文的识字写作，历史的人物事件等等。如果缺少常识就容易犯低级错误，无法正常地工作生活。所以我们要多看一些有关工作生活常识的书，避免自己干傻事。

2. 钻研专业书

随着社会分工越来越细，每个领域都有其自身的特点和规律。我们要真正深入了解一个行业或职业就需要多看相关的专业书。餐饮、服装、地产、汽车、家具等不同行业都有对应行业的专业书。销售、生产、研发、财务、管理等不同领域也都有对应职业的专业书。我们要根据自己从事的行业和职业，多钻研与专业相关的书。把一些优秀的专业书挑出来多读，多感悟，多实践。

3. 选读文学书

同样的中秋佳节思念亲人，没有文学素养的人只能唉声叹气，有文学素养的人却可以引用"但愿人长久，千里共婵娟"来表达自己的情感。文学源于生活又高于生活，一些优秀的文学作品可以帮助我们升华自己的精神境界。通过看一些优秀的文学作品让我们对工作生活会有更深刻的理解。良好的文学素养可以让我们的工作和生活变得更加丰富多彩，让生命变得更有温度。

4. 通读历史书

"以铜为镜，可以正衣冠；以史为镜，可以知兴替；以人为镜，可以明得失。"前事不忘后事之师，我们不能在同样的问题上重复犯错。中国有上下五千年的悠久历史，是一座无尽的智慧宝库。我们可以从过去的历史中学习到很多成败的经验，让自己少走弯路。同时我们还要读一些国外的历史类书，这些内容都会对我们的成长有很大的帮助。我们要把中国和世界发展的主要历史书籍通读一遍，对中外历史要有一个整体的了解。

5. 精读传记书

传记都是描写各个领域产生过重大影响的人物事迹，反映了这些典型人物的生活和精神状况。通过读这些名人传记可以让我们全面了解这些名人的成长经历。这不仅可以让我们有机会了解传记人物所在的时代特征，还能让我们学习到他们成长的宝贵经验。通过这些在历史中取得重大成就的人物故事可以提升我们的胸怀和格局。我们可以找到自己人生奋斗的榜样，不断激励自己奋力前行。

6.长读智慧书

《论语》中讲：朝闻道，夕死可矣。一个人只要能够明白世间宇宙的规律，连死都值了。我们每个人都要不断提升自己的人生智慧。一个拥有智慧的人才能看到事物的本质，才不会被人生中的是是非非所束缚。我们提升智慧的捷径就是要看一些智慧类的经典。包括中国的传统国学、宗教经典及哲学类的书籍，在这些书里有非常多的智慧。我们可以挑选几本经典的著作长期重复看，这样才能不断深化自己的理解。

五、随时随地的学习

学习是一个人能够不断成长的基础，通过坚持学习才能让我们掌握人、事、物的规律。学习就是一场永无止境的修炼，学习的方法也无穷无尽。只要我们愿意，学习可以无处不在。我们经常会听到这样几句话：读万卷书不如行万里路，行万里路不如阅人无数，阅人无数不如名师引路，名师引路不如自己感悟。这几句话其实为我们揭示了学习的五种基本方法。

1.做好读书规划

我们很多人以为读书只是学生时代在学校的事情。大部分人走出学校就再不愿意看书了。根据最近的调查数据，在中国每年的人均阅读量只有4.35本书，韩国是11本，法国是20本，日本是40本，而以色列是60本。其实读书是我们快速学习的一条捷径。古今中外的大成者几乎都爱读书。但读书也要有方法，不能盲目地读。首先是要明确读书的种类，必读的六类书包括常识类、专业类、文学类、历史类、传记类、智慧类。我们要根据自己的人生梦想明确要读的每类书籍明细。在此基础上规划好读书的时间，有计划地坚持阅读。

2. 重视实践运用

我们到各大求职网站看一看就会发现，很多企业都很看重岗位的实践经验。对一些重要岗位，很多企业都不招聘没有经验的人。根据对近千名大学毕业生的调查，68.09%的人认为择业中面临的最大问题是没有实践工作经验。尽信书不如无书，我们除了要多看，还需要多去实践运用。正所谓实践出真知，只有把"读万卷书"和"行万里路"结合起来，既重视理论，又重视实践才能有更深的认识，也能让我们得到更快的成长。

3. 与人交流学习

每个人的背景、学习、经历不一样，他所具备的能力特长也不一样。三人行必有我师，每个人身上都一定有值得我们学习的东西。最理想的学习不是让自己头撞南墙才明白，而是能够从别人的经历中吸取经验教训。我们要多和各行各业的人进行交流，了解不同人的个性、喜好、专长、经历等。通过与人交流学习，不仅可以让我们从他身上得到启示，还能让我们更好地了解人。这个世界虽然变化很快，但人性却几千年不变。我们只有了解人性，才能更好地与人合作。

4. 找到名师引路

人类的发展史就是一个不断传承和创新的过程。如果一些优秀的思想和方法不能有效传承下去，就很难实现历史的持续进步。但要做到很好的传承就离不开师者的传道、授业、解惑。老师在我们的成长过程中一直扮演着不可缺少的角色。名师出高徒，一个好的老师能够让我们少走弯路，帮助我们快速学到他已经取得的成果。我们只有站在巨人的肩上才更容易实现超越。我们在老师的成就基础上，进一步的学习研究才更容易取得新的突破。所以我们要特别留意所在领域的优秀老师，争取有机会向他们学习。

5.定期总结感悟

无论是读万卷书、行万里路，还是阅人无数、名师引路，最后都需要我们总结思考才能真正转化成自己的东西。"学而不思则罔，思而不学则殆。"如果我们只是不断地学，却不去思考转化就只能停留在表面。我们要养成每天、每周、每月定期做总结的习惯。把自己的所见、所闻、所做的事情，通过深入的思考提炼，找到内在的规律。通过日积月累，我们就会形成自有的一套知识体系。零散的知识并不能发挥太大的作用，只有结构化的知识体系才具有强大的力量。

这几种学习的方法各有利弊，每个人最擅长的学习方式也各不相同，但最理想的方式是能够把这五种方法综合运用。若能把这五种方法组合成一个整体方案，通过多维度学习的效果则会最佳。我们可以把要看几本书，要实践多少次，与多少人做交流，拜哪些人为师，在什么时间做思考形成具体的规划。通过有效组合学习的不同方式，同样花一年时间我们所获得的成长会有成倍的效果。无论我们自己是否意识到，每个人的一生都在通过这五种基本方式来实现不断成长。

六、学习必须有方法

我们在学校读书时，发现有的同学该玩的时候玩，该睡的时候睡。他们学习并不比我们更努力，但学习成绩却总能名列前茅。造成这种现象的关键在于这些同学掌握了有效的学习方法。做任何事情都有规律，我们只有找到规律才能事半功倍。学习也是一样，掌握方法才能提高我们的学习效果。我们要善于吸收各种学习理论的优点，并不断总结成功经验，最终形成一套科学的学习方法。

1.目标学习法

明确学习目标是目标学习法的前提条件。我们可以根据自己的人生梦想确定自己在每个阶段的学习目标。比如每个月要看完哪几本书，要上几次专业训练课，要和多少人互动交流等。在此基础上还要进一步分解到每周和每天的小目标。以看书为例，如果我们每天坚持看半小时书，每次看20页，每个月就能看完2本，一年就可以看完20本。几年坚持下来我们就能在自己专注的领域获得很大的成长。

2.问题学习法

在工作生活中每个人都会遇到各种各样的问题。我们要处理好这些问题就需要找到行之有效的方法。我们可以围绕出现的问题如何处理来提升自己所需的能力。为了找到处理问题的方法，我们可以阅读相关的书，可以自己动手尝试，可以找人交流探讨，还可以找相关的专家请教。通过这些方法，我们在解决问题的同时就能不断提升自己的能力。我们想办法解决工作生活中的实际问题就是一种非常有效的学习方式。

3.对比学习法

物质与精神，过去与未来，权利与义务……这个世界的一切都是成对出现的。我们可以通过把成对的事物进行对比，找出它们的共性和差异。这不仅可以让我们记忆更深刻，同时让我们对事物的了解也更全面。正所谓：执其两端而用其中。通过对比了解才能避免走极端，作出最佳的决策。在工作生活中我们可以通过运用对比的方法来提升学习效果。

4.联系学习法

所有的事物都不可能独立存在，会有许多相互关联的因素。我们在学习一项新知识或技能的时候，可以找到与我们原本熟悉的知识或技能之间的关联性。就像我们很多人都吃过苹果，但却不一定见过苹果树。我们把苹果树相关的知识与苹果联系起来就更容易掌握。通过联系学习法还可以帮助我们把所学的知识点形成相互关联的体系，有体系的知识才更具价值。

5.归纳学习法

我们所学的内容要真正转化成自己的东西都需要做归纳总结。就像一本上百页的书，看完后的心得总结可能就三五条。所以学习要先从薄到厚，然后要由厚到薄。也就是要先让自己在一个领域的知识丰富起来，然后从中找到规律技巧。大道至简，事物的本质并不会太复杂。我们把大量的信息总结归纳出最本质的东西。只有找到事物的规律，才能万变不离其宗。

6.缩记学习法

现在很多论文或新闻稿都会提炼出一些关键词，通过简单的几个关键词就可以快速了解整篇文章所写的基本内容。我们在学习的时候要提炼出学习内容的几个关键点。通过这几个点来实现对学习内容的整体掌握，这就是缩记学习法。所以缩记学习法是建立在对整体内容的了解基础上做简化记忆。我们可以把一篇几千上万字的文章归结为几个关键词，这可以有效提高我们的学习效率。

7.思考学习法

"学而不思则罔，思而不学则殆。"所以学习和思考一定要结合起来，对学到的东西要做深入的思考。如果只是死记硬背而不思考消化，就会成为"书呆子"。我们学习任何东西都要有"刨根问底"的精神，把前因后果都想明白才能学以致用。通过对所学知识展开思考，不仅可以帮助我们把许多知识连接到一起，还可以让我们收获许多意想不到的创新成果。

8.合作学习法

这是一个分工合作的时代。我们看到很多书都是几个人合作编著而成，每个人负责其中几个章节的内容。很多练习武术的人也需要找到几个同门师兄弟一起练习切磋才能更快成长。我们在学习的时候也可以找到几个志同道合的人一起共同成长。大家分工学习，定期把自己的学习心得进行分享交流。这样可以让每个人都学得更快更好，能够提高学习的效率和效果。

9.循序渐进法

正所谓欲速则不达，我们做任何事情都不能急于求成。学习任何知识技能同样要循序渐进。学开车要从打方向盘开始；学画画要先画好简单的形状；学武术要先练好蹲马步。所以在学习之前我们要先明确学习的不同阶段，根据阶段来做好学习规划。只有把每个阶段的内容认真学好，才能为下一步的学习打好基础。没有良好的基础就很难在一个领域取得大的成就。

10.持续发展法

做任何事情最难的是能够持之以恒。一个人之所以学无所成，大部分是因为半途而废。我们每个人都要明确好自己的发展方向，然后围绕这个方向不断提升自己的各项能力。就像爬山一样，最后登上山顶的不一定是体力最好的人。只要我们能够坚持不断向上攀登，随着时间的推移就会到达很多人不能企及的高度。学习同样贵在坚持，只要持续的学习就能不断进步。

七、不要只是装学习

我们到寺庙会见到僧侣每天都会不断重复念同样的经文。很多人都不能理解为什么要天天念同样的内容。随着人生经历的增加，我们会发现同样一句话念一遍和念一百遍其实有本质的差别。因为学习不是一蹴而就的事情，有一个循序渐进的过程。当我们重复同样的内容时，表面看好像没有什么变化，而我们对这些内容的认识和理解却在发生变化。如果学习只是停留在表面，对我们的工作生活并不会有太大的帮助。只有把学习内容变成我们思维和行动的习惯才能真正发挥作用。这是一个学习转化的过程，主要会经历六个阶段。

1.从知道开始

学习的第一个阶段是从"不知"到"知道"。就像我们看完一本新书，从中就会知道很多新的知识和方法。我们知道的东西多才有更多的素材，不然就会"书到用时方恨少"。我们每个人都要不断学习一些新东西，为自己的成长打好坚实的基础。就像我们在学校学过的很多名言警句。当初我们只是死记硬背，在工作生活中的某一刻才会恍然大悟。

2.要正确理解

"知道"仅仅是我们学习的基本要求。就像"三人行，必有我师焉""失败是成功之母"，很多道理我们都耳熟能详。但每个人对这些话的具体理解却有很大的差异。我们对所学内容的理解不同，结果就会有天壤之别。我们学习的目的不仅只是"知道"，还要能够正确"理解"所学知识的内涵。只有真正理解了，在运用的过程中才不会乱用。

3.从内心认同

其实这个世界很多道理我们都知道，也理解，但内心却不一定真正认同。因为每个人的价值观不一样，对一件事情的看法差别也会很大。有人说"不要在该奋斗的年龄选择安逸"，却也有很多人认为趁年轻应该到处走走，要懂得享受人生。这两种观点的背后代表两种不同的价值观。只有我们内心真正认同的东西，才愿意主动去做。

4.一切看行动

很多人形容培训学习是：上课听听很激动，下课想想很感动，回去就一动不动。这样的学习方式就很难体现价值，让很多人对学习失去了热情。我们要特别重视把所学内容转化成可以落地的行动，帮助自己解决工作生活中遇到的实际问题。只有做到学以致用，才能真正发挥学习的价值。我们判断学习是否有效的最好标准就是：一切看行动。只有将知识转变为行动的学习才是真学习。

5.养成好习惯

著名心理学家詹姆斯曾说：播下一个行动，收获一种习惯；播下一种习惯，收获一种性格；播下一种性格，收获一种命运。一时的激情并没有太大的意义，但能够持之以恒，把一些好的行为变成习惯，这对我们的工作生活都会产生巨大影响。我们人生的走向很大程度取决于我们的习惯，好习惯才能成就美好人生。所以要把一些对我们工作生活有帮助的行为转变成习惯。

6.内化成信念

在通往西藏的路上，会遇到许多去朝圣的信徒。这些人不远千里，历时数月，匍匐于沙石冰雪之上，执着地向目的地磕拜前行。朝圣的人要做到三敬，五体投地是为"身"敬，口中不断念咒是为"语"敬，心中想念着佛是为"意"敬。很多朝圣者手掌和膝盖都被磨破流血，甚至有人死于路途也在所不惜。当一个人把所做的事情内化为坚定不移的信念时，将爆发出无限的力量。

八、时间会给出答案

时间是人类最大的敌人，也是我们最好的朋友。因为我们拥有的一切都会随着时间而流逝，同时时间又能为我们创造出想要的一切。时间会为每个人的付出给出最公平的答案。我们只有了解时间的特性，才能与时间成为朋友。我们要合理运用好自己的时间才能梦想成真。

1.72190习惯法则

研究发现，一件事只有重复做7次以上才会初步形成习惯，重复21次以上才能稳定这个习惯，重复90次以上才能固化这个习惯。我们把一件事情重复做7次以内的状态是刻意而不自然的阶段；当我们把一件事重复做21次以内时表现得熟悉但还不是很自然；而我们一旦把一件事重复90次以上再做这件事就变成了不经意的自然习惯，再坚持下去就会成为一种本能的反应。我们要把一项能力变成本能就需要遵循习惯法则，只有坚持不断的重复练习才会熟能生巧。

2.一万小时定律

作家格拉德威尔在《异类》这本书中讲到：人们眼中的天才并非天资超人，而是付出了持续不断的努力才达到了超出普通人的水平。一个人从平凡到大师的必要条件就是把一件事情不断练习1万小时。这个成为大师的规律被称为"一万小时定律"。我们再观察身边的实际情况，同样会发现这个定律的真实存在。一个人只要在一个领域认真学习3年就会变得很专业；如果能坚持5年就能成为行业专家；如果能够持续钻研10年以上就可以成为行业权威。我们发现只要每天用3小时，

10年时间刚好就是1万小时。

3. 一切皆有可能

随着时间的变化，一切新事物都正在形成，一切旧事物都在走向消亡。一生二，二生三，三生万物，构成了这个多姿多彩的世界。在自然界随着时间的推移，天地孕育出万物。人类被喻为万物之灵，是因为人同样具有创造出万物的能力。今天人类社会中的一切，包括房子、车子、手机、电视等各种物品原本都不存在。最早这些都源于人的一个梦想，最终随着时间的沉淀都变成了现实。

4. 不要欺骗时间

我们每个人的生命都非常有限。如何过好自己的一生是我们每个人的人生课题。我们想要得到什么就要把时间花在哪里。我们希望身体健康，就要在身体健康上投入时间；我们希望家庭幸福，就要在陪伴家人上投入时间；我们希望事业有成，就要在工作上投入时间。没有人能够欺骗时间，我们的时间花在哪里，最终收获就会在哪里。时间是每个人最宝贵的资源，我们要珍惜自己的每分每秒。时间的价值将决定我们的人生价值。

5. 坚持知行合一

"知行合一"是明朝思想家王阳明的核心思想。其核心在于把自己所知道的道理运用到现实当中。"知"而不"行"不是真知，只有知行合一才能发挥作用。其实这个世界并没有什么不为人知的大道理。往往成功者和失败者的差别仅仅在于是否把一些简单的道理真正做到。比如对人要尊重理解；做事要勤俭诚信；自己要自信乐观。这些都是我们耳熟能详的道理，但如果真正能够做到才能从中受益。象、数、理是事物的三个层次，只要我们坚持按科学的道理去行动，从量变到质变，最终就会得到想要的结果。

第六章

时间都去哪儿了

《现代女报》曾做过一篇关于时间使用情况的报道。如果一个人可以活到80岁，一般1~20岁和60~80岁基本都没有工作。那人的一生最黄金的时间就只有40年。而这40年的时间都花到了哪里呢？据调查发现，时间主要用在以下几个方面：

1. 平均每天睡眠8小时，40年时间中有13.3年在睡觉，占了总时间的33.33%；

2. 吃饭每天2.5小时，一共用时4.2年，占了总时间的10.50%；

3. 交通每天用时1.5小时，总共花掉2.5年时间，占总时间的6.25%；

4. 打电话平均每天1小时，40年花掉1.7年，占总时间的4.25%；

5. 看电视、上网每天用3小时，一共耗时5年，占总时间的12.50%；

6. 看书报、聊天每天用3小时，总共花掉5年，占总时间的12.50%；

7. 洗刷清洁每天用时1小时，总共花掉1.7年，占总时间的4.25%；

8. 休假、小情绪、身体不适等平均每天2小时，总共用掉3.3年，占总时间的8.25%；

9. 真正专注用于工作的时间每天只有2小时，40年时间一共只有3.3年，占总时间的8.25%。

虽然这些数据不一定完全准确，但却让我们触目惊心。我们每个人都应该认真地想一想，自己的时间都去哪儿了？我们的时间该去哪儿？有哪些事情浪费了我们大量的时间？我们要如何管理好自己的时间？我们希望有一个怎样的人生？

一、寸金难买寸光阴

有人说时间就是生命，也有人说时间就是金钱，还有人说时间就是希望……最后我们发现在不同的人那里，时间的价值也不一样。每个人刚来到这个世界时都差不多，长大后的成就却天壤之别。造成人与人之间巨大差别的主要原因是什么呢？其实关键在于对时间的合理运用。中国有句古话叫少壮不努力，老大徒伤悲。一个人不要在该奋斗的年龄却选择安逸。我们每个人的时间都是有限的，只有做好自己的时间管理才能让自己的一生过得更有意义。通过做好时间管理我们要达成三个基本目标。

1.计划工作

我们是否有时候忙得分身乏术，有时候却又无所事事；我们是否经常延迟处理事情的期限；我们是否有时会忘记处理一些事情。造成这些问题的主要原因就是我们没有做好工作计划。凡事预则立，不预则废。我们要做好时间管理，首先就是要把各项需要处理的工作提前做好计划，让每一项工作都有安排合理的时间去完成。这样才能让我们的各项工作变得井井有条。

2.节约时间

通过时间管理不仅要对需要完成的各项工作做合理的时间安排，还要能提高工作效率。通过把一些相近的工作安排在一起处理就可以为我们节约大量的时间。比如我们可以固定在每天下班前再看邮件、微信。这样可以避免我们因为不断查看信息造成时间浪费。同时我们还可以调整工作的处理流程或改善处理方法来提高工作效率。为了提高效率我们可以提前做好常用文件的统一格式，把一些固定的内容事先写好。我们在使用时只需要把一些特定的内容填上去就可以了。

3.增加有效时间

我们不仅要思考如何把自己原有的时间用好，还应该考虑如何才能增加自己的有效时间。如果没有做合理的时间管理，我们会浪费很多零散的时间。例如各种等待的时间，无聊发呆的时间，低效的各种应酬等等。通过寻求他人的帮助或分工合作，可以让我们在有限的时间里完成更多工作。只有学会让专业的人做专业的事，我们才能取得事半功倍的效果。

有效的时间管理不仅仅是为了让我们能处理更多的工作。更重要的是让我们能够将有限的时间用到最有价值的事情上。时间是每个人最宝贵的资源，我们只有通过时间管理才能让自己的生命变得更有意义。同时通过提升工作效率让我们有更多的时间可以"浪费"在美好的事物上。

二、时间管理的误区

一个时间管理不佳的人每天好像都很忙，似乎永远都有处理不完的事情，但从结果上看却忙得没有效率和价值。而一个优秀的时间管理者可以做到各项工作都能有序开展，同样的时间却能取得更高的效率和价值。如何才能成为一个优秀的时间管理者，我们要避免一些常见的误区。

1.观念不对

我们在工作生活中经常会遇到有的人做事总是拖拖拉拉。本来一天可以做完的事情，几天都没完成。很多本应该做的事情也是能推就推。

一个没有时间观念的人，往往是因为没有进取精神造成的结果。因为找不到努力的动力，所以不愿意承担工作和生活的责任。

2. 目标不明

在大海中航行的船如果没有目标，不管东南西北风都是逆风。有了明确的目标才能让我们将有限的时间和资源做好聚焦，少走很多弯路。我们大部分人对目标的重要性都没有足够的认识。只有我们有机会静下来总结才会发现，很多时候都是在瞎忙。因为我们都没有围绕自己的目标去展开工作。

3. 技巧不够

在工作过程中我们经常会被不速之客或琐碎的小事打扰。还有的人在工作中被没完没了的会议所困扰。我们每天虽然都很忙，但却并没有得到自己想要的结果。因为无关紧要的事情让我们无法集中精力去处理更重要的事情。所有时间运用低效的表现其实都是因为没有掌握时间管理的技巧。

4. 习惯不好

因为没有养成良好的工作生活习惯也会造成时间的低效。我们经常发现很多人的办公室或家里都是杂乱无章的状态。各种文件、资料、办公用品都杂乱地堆在一起。因为没有养成整理整顿的良好习惯，在需要的时候总是找不到。我们浪费在找东西上的时间甚至超过了真正做事的时间。通过养成一些良好习惯可以帮助我们把时间运用得更好。

5. 组织不当

因为职责不清、沟通不良和个人观念等问题，我们在与人合作的过程中经常会出现问题。久而久之，很多人就会认为一件事让别人做还不如自己做。然而我们没有三头六臂，无法做到事必躬亲。同时很多工作只有分工合作才能真正做好。如果什么事都自己去做，而不懂得通过组织分工，我们永远都有忙不完的事情。只有发挥团队和组织的作用才能将我们的能量有效放大。

三、不要被时代抛弃

不管我们是否愿意，时间一刻都不会停息。当大家意识到时间管理的意义后，有关的理念和方法发展速度都非常快。从最早的备忘录到资源整合已经过了五代时间管理的理论。从每一代时间管理的变化可以看到我们对时间的认识在不断升级。

1.建立备忘录

时间管理的最早运用形式是建立备忘录。也就是把自己要处理的所有事情都做好记录。通过记录可以避免一些需要处理的工作被遗忘，同时也有利于提高效率。我们要养成随身携带笔和纸的习惯，及时把需要处理的事情内容和时间要求记录下来。随着科技的发展，我们还可以通过备忘录的相关软件来做记录。对于工作繁杂的人来说，备忘录是一种避免遗忘的有效方法。

2.拟定日程表

通过建立备忘录虽然能够让我们清楚自己有哪些事情需要做，但却解决不了我们如何才能合理安排时间的问题。我们在明确自己需要处理的工作明细的基础上，还需要安排好每项工作具体在什么时间处理。也就是做好每天从早上起床到晚上睡觉的时间计划，形成每天的工作日程表。通过日程表可以合理安排我们的时间，让各项工作能够有计划地得到完成，从而有效避免许多工作因为延期完成造成的不良影响。

3.优先性排序

第三代时间管理叫优先性排序。日程表的运用虽然有效缓解了工作延期的问题，但却并没有提升单位时间的价值。花同样的时间处理不同的事情，所产生的价值却完全不一样。我们不仅要让各项工作能够按时完成，还要将自己的时间向重要的工作倾斜。根据各项工作的轻重缓急，我们要优先处理更重要、更紧急的事项。通过把各项工作做好优先性排序，可以让我们把有限的时间变得更有价值。

4.要投入产出

我们发现一个人并不是越努力收获就越大。相反，有的人每天过得很轻松，收获却可以很大。其关键在于把时间投入产出最高的事情上。基于这样的认识，形成了与以往截然不同的第四代时间管理理论。这让我们跳出了原有的"时间管理"框架，把关注的重心放在了投入和产出的平衡上。我们不是要做更多的事情，也不是要把所有事情做好，而是重点关注产出最大的事情。

5.做资源整合

前四种时间管理方法都停留在如何尽量运用好自己的时间。而我们每个人的时间都非常有限。我们即使一天不睡觉也只有24小时。在这个万物相连的时代，我们要打破自身的局限就要懂得做资源整合。通过资源整合的方法不仅可以做到个人不可能做到的事，同时还能有效提高工作效率。资源整合让我们有更多的时间用来专注做自己擅长和喜欢的事，从而有效提升时间的价值。

四、磨刀不误砍柴工

我们要建一幢房子需要提前绘制效果图和施工图，还要准备好建房子需要的各种材料等基础工作。正所谓磨刀不误砍柴工，我们做任何事情都需要提前把一些准备工作做好。我们做时间管理同样需要做好一些基础工作。没有这些前提条件，就无法真正做好时间管理。

1. 身体健康

毛主席曾对一群年轻留学生们说：世界是你们的，也是我们的，但是归根结底是你们的。你们青年人朝气蓬勃，正在兴旺时期，好像早晨八九点钟的太阳。我们都说年轻就是资本，因为有时间一切都有可能。但如果没有健康的身体，每天只能躺在病床上，我们的时间质量就会受到影响。只有在身体健康的情况下我们才有精力正常开展各项工作，时间才更有价值。所以要做时间管理的重要基础就是要有一个健康的身体。

2. 情绪稳定

消极情绪是魔鬼，不仅影响我们的幸福感，还会悄悄偷走我们的时间。只有在情绪平和的状态下，我们的工作效率和质量才会很高。一旦情绪出现波动时，我们就很难把精力集中在工作上，甚至根本无法正常开展工作。所以情绪会直接影响到我们的时间质量。保持良好的情绪同样也是我们做好时间管理的重要基础。只有情绪稳定的时间才是有效时间。

3. 方向正确

虽然努力很重要，但方向同样重要，甚至可以说更重要。如果方向错了，越努力就离我们的目标越远。所以时间管理要建立在正确的方向基础上。在过去两千多年的历史里，中国精英一生的追求主线是"修身、齐家、治国、平天下"。在这个时代我们应该追求"修身、齐家、治业、和天下"。时间管理要有助于更好地实现"内享幸福，外创价值"的人生追求。根据自己的人生目标来确定如何合理分配自己的时间。

4. 总结分析

我们要做好时间管理，首先对自己的时间使用情况要非常清楚。我们可以安排助手或自己对每天时间的使用情况做好记录。通过对记录的结果进行统计分析，明确自己的时间安排是否合理。找出自己在时间管理上的不足，并制订调整计划。比如通过记录发现自己每天上下班需要坐一个半小时的车，这个时间被白白浪费掉了。我们可以思考如何利用好这段宝贵的时间。是不是可以听一些有用的课程，或者运用这段时间把自己当天的工作做好计划，还可以对工作生活中遇到的问题做思考。

5.强化执行

我们想得再好如果不行动也没有意义。很多时候并不是我们不知道一件事情的价值，也不是没有可行的方法，而是没有行动力。我们的很多时间都是在等待和拖延中被白白浪费掉了。所以我们要做好时间管理就要强化自己的执行力。我们不能把很多事情只是停留在嘴上，而是要说到做到。就像小马过河一样，很多事情我们只有去做过了才知道实际的情况怎么样。在做的过程中，很多问题就会找到解决的方法。

我们每个人都需要提前明确自己的人生梦想，并分成不同的阶段来实现目标。我们做时间管理要围绕每个阶段希望达成的目标展开。我们做时间管理的最终目标就是要实现自己的人生梦想。在做时间管理时，我们不能陷入琐碎的事务性工作当中，而是始终朝着自己的人生梦想坚持前行。

五、时间管理四象法

意大利经济学家帕累托在19世纪提出，工作生活中80%的成果都源于20%的活动。20%的客户占据了我们80%的业绩；20%的核心团队做了80%最有价值的工作；20%的人掌握了世界80%的财富。我们只有把时间优先用到20%的重要活动中，才能创造出更高的时间价值。针对需要处理的工作，我们要把各项工作的重要性和紧急性做出准确的判断。根据每项工作的"重要—紧急"性来决定优先处理的顺序。

1. 重要而紧急的事要立即做

一项工作非常重要，同时完成的时间又十分紧迫，这就属于重要而紧急的事情。就像有的企业出现重大负面事件，如何做好危机处理将严重影响企业的生存发展。对于这类重要而紧急的事情我们就要集中精力立即进行处理。这类事项的时间紧，对公司影响又大，是我们最应该优先处理的工作。同时因为时间紧迫，很容易在工作过程中出现失误。所以我们要尽量避免自己的工作出现重要而紧急的事项。一个能合理、高效安排工作的人要做到未雨绸缪。

2. 重要不紧急的事按计划做

如果我们问身边的朋友：锻炼身体重不重要？看书学习重不重要？做工作计划重不重要？几乎每个人都说重要。当再追问他们实际做得怎么样时，超过一半的人都没有坚持做到。我们往往都是生病了才想到要锻炼身体；要用到了才发现读书太少；出错了才后悔没提前做好准备。对于这类很重要但不紧急的工作，我们要有计划地坚持做好。所有重要不紧急的工作，如果不提前按计划推进，最后都会变成重要而紧急的事情。没有充裕的时间保障就很难把一项重要的工作真正做细、做好。

3.紧急不重要的事要授权做

在我们每天的工作中也有类似于要去参加一个即将开始却并不重要的研讨会；一个没有提前预约就上门做推销的业务员请求面谈；需要打电话通知一些人开会等事项。像这类看上去需要我们立即去处理，但安排给其他人去完成也不会有影响的工作就属于紧急而不重要的事情。我们要学会让专业的人做专业的事，同时寻求有空余时间的人帮忙处理一些不重要的工作。通过合理的授权可以让自己把更多的时间放在重要的事项上。

4.不紧急不重要的事要拒绝做

还有很多事情对我们来说是既不重要也不紧急的情况。比如要不要打个电话给朋友闲聊一下或者一帮朋友闲着无聊约你出去吃饭打发时间。对于这类事情，如果我们不是闲得没事做的话就要尽量避免去浪费时间。我们经常都感觉自己很忙，如果把我们每天做的事情做记录分析就会发现，很多事情根本就没必要做。我们要学会拒绝做一些既不紧急也不重要的事情。这样我们才能有更多的时间用到真正有价值的事情上。

通过对我们需要处理的各项工作做"重要—紧急"性的分析，可以把每项工作的优先处理顺序排出来。同时还可以把一些不重要的工作尽可能地授权给别人去完成，或者直接拒绝做一些不重要的琐碎事情。只有把我们的时间聚焦在最重要的事情上，全力以赴地把这些工作做好才更有意义。我们判断一件事情重要性的依据在于对实现自己目标的影响。我们所有的工作都要围绕如何实现自己的人生梦想去展开，并做好每个阶段的目标分解。

六、让工作无处可逃

我们把需要处理的各项工作做好优先处理排序之后，还要对这些工作做好具体的处理计划。我们可以制定一份科学的时间排程表来安排好各项工作。通过时间排程表不仅可以让我们了解所有需要处理的工作，还可以看到每项工作的时间安排情况。通过时间排程表可以帮助我们随时检视自己的时间使用情况是否合理。

1. 明确追求目标

在做时间排程表前首先要明确自己追求的目标。根据我们所追求的目标合理安排时间。我们每个人的具体目标虽然千差万别，但追求的主线都相似。在这个时代我们追求的人生主旋律应该是"修身、齐家、治业、和天下"。也就是我们要有个人的目标，家庭的目标，事业的目标，还要有社会的目标。只有能够平衡好这四个方面，我们才能实现"内享幸福，外创价值"的圆满人生。我们的时间安排一定要为实现自己的人生目标服务。

2. 合理配置时间

我们希望得到什么，就要把时间花在哪里。所以我们要根据自己在个人、家庭、事业、社会四个方面的目标来安排时间。我们要提前规划好这四个方面投入的时间占比是多少。例如我们每天在个人的身体健康上投入半小时，时间占比为2.1%；学习成长1小时，时间占比为4.2%；休闲娱乐2小时，时间占比为8.3%。我们越重视什么，就应该安排越多的时间。我们要注意人生在不同阶段的重心也有所不同。这也可以帮助我们检视自己的时间安排是否符合自己追求的目标。

3. 做好工作安排

在我们时间排程中的事情可以分为例行事项和临时事项两类。例行事项是我们每天、每周或每月定期需要做的事情。我们每天要吃早餐，每周末要爬山，每个月要做总结等，这就是例行的事情。除了例行事项以外，还有很多事情是没有时间规律的情况。就像突然感冒需要去医院拿药，汽车出现故障要去检修，上级领导临时安排要做一份调查报告。这些事情都属于临时性事项，没有办法提前规划，只能临时安排时间去处理。

4. 留出机动时间

有人说计划永远没有变化快，所以不用做计划。在现实的工作生活中，我们的确无法避免会出现许多突发的状况。但如果没有计划，各项工作都会变得杂乱无序，整体工作的效率就会非常低。但同时也要尽可能避免工作计划被打乱，我们可以在做排程时提前留出机动时间。当出现临时性工作时，我们就可以安排在机动时间来处理。如果没有临时性工作，我们可以在机动时间安排做一些重要而不紧急的工作。

5. 进行动态调整

我们在制定好时间排程表以后并不是一成不变。根据我们实际工作的需要对每天、每周、每月的时间安排要及时做出临时调整。在完成临时性工作事项后再及时回到正常时间排程里的工作上。同时，我们在人生的不同阶段追求的目标和重心会不一样。这同样需要我们定期对时间排程的内容和时间做出调整。

根据我们追求的目标做好时间规划后，最终还要把自己的时间安排做成一份《个人时间排程表》。这可以让我们清晰地看到自己的时间使用情况。

个人时间排程表

时间安排		时间占比	工作事项
日安排			
周安排			
月安排			
备注			

七、时间管理的技巧

我们都希望找到有效的方法来提高工作效率，能够腾出更多时间来"浪费"在美好的事物上。这需要我们不断探索，找到一些全新的有效方法。我们坚信做任何事情都要讲究方法，只有掌握了技巧才能事半功倍。我们要做好时间管理同样需要掌握相关的技巧。每个人的观念、习惯和环境不一样，适合自己的方法也会有所差异。我们要在实践中不断尝试，最终找到一套最适合自己的方法。我们可以分享一些行之有效的时间管理技巧供大家参考。

1.设立明确的目标

凡事预则立，不预则废。没有明确的目标，时间管理就没有方向。时间管理要围绕如何才能更好地实现目标展开。我们在设定目标时要遵循SMART原则。首先目标一定要具体，能够数据化的一定要用数据表示，不能数据化的也要流程化或标准化；然后是目标要可衡量，能够做到对结果进行检测；同时所设目标是可以实现的，不要定一个不可能做到的目标；另外各个目标之间要有相关性，所有目标是一个整体，是为了一个共同的大目标服务；最后目标要有完成的具体时间。"多锻炼身体""要努力工作""要认真学习"等都不是科学目标的表述方式。如果是"每个星期要锻炼三次身体，每次达到半小时以上"，这才是符合SMART原则的目标。

2.罗列出工作明细

在明确目标的基础上，我们要知道到底有哪些事情需要自己完成。我们可以在笔记本上把所有要处理的事情列一份工作清单。然后再把每项工作的具体要求和完成时间确定下来。同时我们要养成及时记录的习惯，把新增的工作事项登记到清单中。通过罗列工作清单可以让我们知道自己要做的所有事情，从而避免遗漏一些工作事项。

工作明细表

序号	工作事项	时间要求	备注
01	陪孩子看一场电影	3月15日前完成	
02	看完《成长——做自己的经营者》	3月25日前完成	
03	写第一季度工作总结	3月30日前完成	
04	——		
05			

3.做好重要性排序

我们每个人的时间都非常有限，只有把自己的时间集中到最重要的事情上才更有价值。所以我们要评估各项工作的重要性。根据重要性把工作做好排序，优先处理最重要的工作。时间管理不一定能帮我们处理更多的事情，但一定要集中精力把最重要的事情优先做好。当我们的工作事项太多，又无法判断重要性时，可以制作一张工作重要性评分表对各项工作做评估。

工作重要性评分表

序号	工作事项	评分	排序
01			
02			

序号	工作事项	评分	排序
03			
备注	工作的重要性评分主要依据工作对达成目标的影响程度，完成工作的难度和需要的成本； 在所有要做的工作中，最重要的一项工作评分为100分，其他各项工作以此为对照进行打分，最低分为0分； 根据重要性评分从高至低做排序。		

4.懂得分工合作

闻道有先后，术业有专攻，每个人专长的事情都不一样。我们不用为了吃鸡蛋而去养鸡。我们要学会把自己不专业的事情交给专业的人去处理。通过分工合作可以更好地发挥每个人的特长，与此同时有效提升各项工作的效率和质量。很多复杂的工作一个人也无法完成，合理的分工可以弥补个人的不足。所以我们要充分发挥分工合作的作用，在同样的时间可以创造出更大的价值。

5.学会说"不"

有一个"背猴子"的管理理论。这个理论把每个人需要做的事情比喻成猴子。但工作生活中很多人都希望把自己背的猴子扔给别人。当一个人不懂得合理拒绝别人的要求时，我们背上就会有越来越多的猴子。这些事情会分散自己的精力，最后力不从心。所以我们要根据自己的目标和能力确定自己该做哪些事。我们要对不符合自己目标和超出自己能力的事情说"不"。

6.减少被干扰

我们只有集中精力做一件事才能做得又快又好。而现实中我们却会被各种突发的状况所干扰。每次被干扰后要把精力再集中起来又需要花很长时间。这些干扰会浪费掉我们的大量精力。所以我们常常会觉得自己很忙，但却忙得没有结果。要改善这个问题需要我们找到减少被干扰的方法。我们每天可以专门规划出一段不被打扰的时间，让自己可以静下心来处理一些重要的事情。

7. 一次性做好

我们在做一件事前需要做许多前期的准备工作，结束时还需要花时间整理工作场所。同一件事情如果中断的次数越多，中间浪费的时间就越多。特别是一些需要创作性的工作，中断会造成不可估量的影响。因为创作需要有灵感，如果不能一气呵成就很难保证整体质量。我们要尽可能一次性把一件事情处理完。同时我们还可以把一些琐碎的工作做好分类，集中起来一次性处理的效率也会更高。

8. 善用零星时间

我们每天都有很多零星的时间被浪费。比如点好餐还没有上菜的时间；约好的客户还没有来的时间；在车上去上班的时间……这些看似很短的时间加到一起其实并不少。只要我们能够把这些零星的时间用好，长年累月下来会让我们受益匪浅。比如我们可以随身带一本书，在需要等待的间隙看上几页。我们也可以学习几种健身的简单方法，运用零星时间锻炼一下身体。

9. 立即行动

据调查，超过60%的人喜欢找各种各样的借口来拖延完成工作的时间。就像《我想去桂林》的歌里所唱：我想去桂林呀，我想去桂林，可是有时间的时候我却没有钱。我想去桂林呀，我想去桂林，可是有了钱的时候我却没时间。我们想一百次不如做一次，拖延是时间管理最大的敌人。无论是我们每天需要处理的工作，还是我们所分享的时间管理技巧，做好规划以后就要立即行动。即使遇到一些问题，我们也可以一边做一边调整。

10. 做好总结改善

高明的棋手在下完一盘棋之后首先要做的工作就是复盘。通过重新回顾自己下棋的过程，检查自己哪一步下得好，哪一步下得不足。通过总结分析可以让一个棋手及时发现自己的不足，从而可以实现快速成长。工作总结其实就是对我们所做的事情做复盘。我们每天要花一点时间把当天的工作做一次梳理。明确当天工作中做得好的方面，同时发现工作中的不足。通过总结分析，可以让我们吸取成功和失败的经验，提升后续工作的质量和效率。同时还可以让我们把自己每天的时间安排得更加合理。

11. 不要排程太满

就像一幅画一样，不是在一张纸上画得越多越满才越好。正是因为有了合理的留白，才能凸显一幅画的美感。我们做时间管理的目的不是为了让自己超负荷工作，而是要在同样的时间做出更高的价值，让人生更加丰富多彩。我们可以不断提高工作效率来节约时间，同时可以把更多的时间用到更美好的事物上。在实际的工作生活中，我们无法确保每项工作都能完全按计划的时间有效开展。这也需要我们在每天的排程中留出一些时间给自己可以做灵活调整。

八、做时间的存储者

我们都知道时间如流水一去不复返。每个人都有一个时间的账户，每天都有86400秒进账，但即使我们什么也不做时间也会自动清零。如果对我们使用时间的情况做一个盘点就会发现，每天有大量的宝贵时间被白白浪费。如果有办法把闲暇的时间存储起来，让我们可以在需要时间的时候再拿出来用，人生将变得更美好。我们只要掌握了时间存储的方法就会让自己拥有更多的时间。

1. 多健身

我们一生的时间长短取决于寿命的年限。很多人每天只顾争分夺秒地埋头工作，完全忽略了自己的身体健康。表面看上去是节约了时间，其实是在浪费自己的生命。因为不注意身体健康，有人很年轻就疾病缠身，甚至英年早逝。我们只有合理安排时间做好身体的保健，才能让我们延年益寿。我们的寿命延长了，也就有了更多的时间。所以我们可以把闲暇的时间用于健身，这就是在为自己存储时间。

2. 多学习

同样一件事情，交给不同的人处理需要的时间完全不一样。其中很重要的一个原因就是每个人的能力不同，处理事情的效率也完全不一样。我们通过学习可以不断提升自己的能力。随着一个人能力的不断提升，同样的时间能够处理的事情和价值会不一样。所以我们可以通过学习的方法把时间存储起来，在后续的工作中就可以节省大量的时间。一个人只要坚持学习，就能创造一切奇迹。

3. 多思考

为什么一个人会被同一个问题绊倒三次，其实最重要的就是没有学会思考。我们要经常花时间对自己的工作生活进行思考。通过思考可以帮助我们发现存在的问题。围绕问题去找到有效的处理方法，从而可以让我们在未来节约更多时间。同时我们还可以花时间多思考未来的方向和规划，让自己少走弯路。我们可以充分运用好空闲的时间来做思考，通过思考也能把自己的时间存储起来。

4.多助人

这是一个分工合作的时代，没有人可以孤立地存在。工作生活中的许多事情都需要别人的支持帮助。君子有成人之美，乐于助人也是中华民族几千年来的传统美德。同时也只有一个愿意帮助别人的人，在自己遇到困难时才有更多的人愿意给予帮助。所以助人其实就是助己。我们可以利用闲暇时间多帮助身边的人，这也是存储时间的好方法。

5.多规划

船在海里，有规划叫航行，没规划叫漂泊。人生其实也是一样，只有提前做好规划才能少走弯路。所以我们不能只是埋头走路，还要抽出时间抬头看路。通过提前做好未来的发展规划才不会走错方向。只有梯子搭对了墙，努力爬上去才有意义。做好人生规划就是要确保自己的梯子没搭错墙，可以让我们的努力变得更有意义。所以我们可以多花一点时间去规划自己的未来。

时间会让现在的一切都慢慢走向消亡，也让未来的一切都慢慢变成现实。只有管理好时间才能经营好自己的人生。我们要在自己的健康、能力、心性提升上投入时间，让自己保持身心愉悦。我们也要为家庭、事业、社会投入时间，为更多的人创造价值。只有围绕"修身、齐家、治业、和天下"的主线合理分配自己的时间，我们才能实现"内享幸福，外创价值"的人生追求。

第七章

做一个沟通高手

　　沟通是我们与他人和环境进行互动和产生连接的方式。每个人因为知识、经验、个性、思想等不一样，对同样一件事的认识和理解都会有所不同。有效的沟通可以帮助我们准确表达自己的信息和情感，让大家建立起共识。沟通对自己成长、家庭关系和事业发展都有不可估量的重要影响。我们在工作生活中遇到的各种问题，有70%都与沟通有关。

一、看到沟通的本质

　　有一个非常有意思的小游戏，就是让几个人排成一列，然后让第一个人后转看一小段表演。第一个人看完以后转身让第二个人后转，再把自己刚才看到的表演展示给第二个人看。然后第二个人又转身让第三个人后转，再表演给他看。这样一直到最后一个人，在这个过程中大家都不能说话。我们会发现，每往下传递一个人就会出现一些错漏，最后的表演变得面目全非。这其实就是沟通的现状，我们经常以为沟通很简单，但绝大多数问题其实都源于沟通不良。到底是什么原因造成在沟通中问题丛生，我们有必要先了解一下沟通的整个过程。

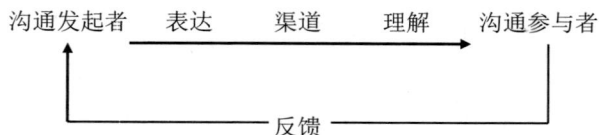

沟通发起者　　表达　　渠道　　理解　　沟通参与者

────────────── 反馈 ──────────────

　　一个完整的沟通过程就是沟通发起者把想要表达的信息或情感用语言、语调、表情和动作等形式进行表达，这些表达的信息或情感通过一定的渠道传递给沟通参与者，沟通参与者再把看到、听到、感受到的内容转化为自己理解到的信息或情感。很多时候沟通参与者所理解的内容并不一定是沟通发起者的本意，所以一个完整的沟通还需要沟通参与者把自己理解的意思反馈给沟通发起者，以确认是不是理解得正确。一个有效的沟通需要在合适的场合、合适的时机、用合适的方式，表达自己的信息或情感，并让对方得到正确的理解和执行。上面我们提到表演游戏的例子，里面存在的关键问题就在于沟通参与者的理解出现了偏差又没有反馈的机会，通过几轮传递下来就会和本来的意思差距很大。

有一个著名的沟通模型叫哈雷视窗。它可以帮助我们更好地理解沟通的本质和沟通过程中遇到的障碍。

	自己不知	自己知道
别人知道	盲点	公开
别人不知	未知	隐藏

从这个视窗里可以看到沟通的双方在沟通过程中因为对信息的掌握情况不同产生的障碍，主要可以分为四种状况。

1.首先是自己不知道，别人也不知道的内容，这是一个未知的领域，也就是沟通双方都不知道的情况。对这个领域我们是无法通过沟通可以了解的内容，只有靠不断去研究探索才能有所了解。比如自己最适合哪些工作。一个人的很多潜力不仅别人不知道，甚至连自己也不知道。人类社会的发展就是一个不断探索，不断自我超越的过程。

2.自己知道，但别人不知道的信息，这个领域是被隐藏的内容，也是造成沟通障碍的重要因素。之所以造成这个问题的主要原因有两个方面，一方面是沟通者不能把自己所有的信息都有效表达给对方听，另一方面是故意隐藏一些不希望对方知道的信息。比如一个销售人员没有达成业绩目标，通常都会归结为市场难做，很少有人会说是因为自己偷懒或方法不对。

3. 自己不知道，而别人知道，这个领域是自己的盲点。我们只有不断学习和倾听才能减少自己的盲点。最简单有效的方法就是要多听、多问，这样可以让自己了解到许多本来不清楚的内容。在沟通过程中我们要多给对方表达的机会，才能避免因为盲点造成沟通障碍。人与人之间的误解，大部分情况都只是我们不了解对方的信息。信息的不对称造成大家对同一件事情的判断差别会很大。

4. 自己知道，别人也知道，这个领域是一个大家都了解的公开领域。一个良好的沟通基础就是大家对相互之间所表达的信息或情感都有全面正确的理解。当大家相互之间对表达的内容有全面正确的理解时，才容易在沟通的事情上达成共识。所以我们在不熟悉的领域沟通起来很困难，因为大家对很多信息的了解不一致。而在大家都熟悉的领域就很容易达成共识。

这是一个分工合作的时代，我们和很多人都有千丝万缕的联系。我们每天都要与家人、朋友、同事等不同的人交往。一个人只要与别人产生任何联系都需要做沟通。而沟通双方因为存在对信息的未知、隐藏和盲点等问题，造成对一件事情无法达成共识。健康高效的沟通就是要减少沟通双方对沟通相关信息的未知、隐藏和盲点，以便于双方做出更准确的判断。只有大家保持信息的对称，才容易对所沟通的内容达成共识。

二、做好沟通不容易

沟通是我们与他人交流信息和情感的方式。我们的工作和生活都离不开与不同的人进行有效沟通。然而我们要真正做好沟通却并不是一件容易的事情。我们经常会误解别人表达的意思，同样自己的表达也常常不被人理解。在工作中我们会抱怨为什么一个问题讲了无数次还会不断出现。我们只有了解沟通过程中会遇到的问题才能明白沟通之难。有一个沟通漏斗的原理可以让我们更直观地了解沟通中信息被大量漏掉的过程。

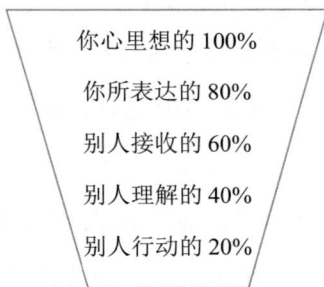

你心里想的 100%
你所表达的 80%
别人接收的 60%
别人理解的 40%
别人行动的 20%

通过沟通漏斗我们可以看到沟通过程中的每个环节都有信息被漏掉。我们能想到的最多能表达出80%的内容；别人能接收到的内容最多只有60%；接收到之后能正确理解并做到的内容更是少之又少。信息在沟通的各个环节被层层漏掉，到最后变得面目全非。当我们知道了沟通漏斗的原理就知道要做好沟通有多么难。我们只有正视沟通过程中出现的各种问题，才能找出有效方法减少或避免这些问题出现。沟通过程中的问题表现虽然千差万别，但归根结底源于三个方面。

1.没说清

沟通过程中常见的问题首先是沟通的人自己没有说清楚。因为每个人沟通的习惯、能力和意愿不一样，对自己想到的内容很难100%表达出来。就像朋友请吃饭，点菜的人往往都会问我们想吃什么菜。我们都习惯性地会说随便。当上完菜发现没一个菜是自己特别喜欢吃的时候，我们又会在心里抱怨点菜的人不会点菜。在工作生活中的很多沟通问题都源于我们自己沟通时没有说清楚。

2.没听明

没听明白是指我们在沟通中没有把对方表达的内容听明白。上天给了我们一张嘴巴，两只耳朵，原本以为"听"可以比"说"做得好。而在现实的工作生活中却发现要学会听别人说话并不容易。我们都不太习惯静下心来认真听别人到底在说什么，急于表达自己的想法。往往是沟通了半天都还不清楚对方到底说了些什么。因为个人的原因，再加上沟通环境的影响，让我们很难把对方表达的内容全部接收到。

3.没理解

我们经常讲："理解万岁"，能够被人理解是件非常幸运的事。我们沟通想要达到的目标就是能够让对方正确理解自己表达的信息或情感。而"没理解"是沟通中的常态。最严重的是错误理解，把沟通的内容理解错了；其次是完全不理解，对沟通的内容完全没搞明白；另外是一知半解，对沟通的内容只理解了一部分。但无论是哪种情况都无法让大家对沟通的内容达成共识。

三、高效沟通的基础

有一个有关锁的故事对我们如何做好沟通有很好的启示。一把结实的大锁挂在大门上。一根铁棍用尽全身的力气想把锁撬开，结果始终无法打开。这时候钥匙跑过来，用它瘦小的身体钻进锁孔，轻轻一转就把大锁打开了。铁棍惊讶地问："为什么我用尽力气也打不开的锁，你却轻轻松松地打开了？"钥匙微笑着回答："因为我了解锁的心。"我们要做好沟通首先就要了解对方，提前做好一些基础工作。主要包括以下几个方面的内容。

1.提前准备

做好沟通前的准备工作是提升沟通效果的重要基础。我们首先要明确沟通想要达到的具体目标。围绕目标提前拟定好需要沟通的内容大纲，对相关资料做好查阅。同时我们对参加沟通的人员情况要提前做好了解，只有知己知彼才能在沟通过程中做出正确的判断。在此基础上我们要想好沟通的方法和准备好相关的资料。

2.尊重理解

沟通必须以相互尊重理解为基础。高效的沟通是在平等的基础上双方真正达成共识。如果没有相互的尊重理解，大家很容易在情绪上形成对抗，沟通就只能流于形式。所以我们要注意提升自身的素养，在与人相处和沟通的过程中能够做到发自内心的尊重理解对方。

3.坚持共赢

沟通的目的不是为了损害对方的合理利益，而是希望实现大家共赢。只有坚持共赢的理念，提出公平合理的建议才是良性沟通。如果我们提出一些无理的要求，即使通过各种手段暂时达成了目标也不会长久。这个世界没有几个人是真正的笨蛋，即使能骗别人一时也不能骗人一世。

4.诚实可信

我们还在很小的时候就学习过《狼来了》的寓言故事。人无信不立，业无信不兴。一个人谎话说多了，即使说真话也没人信了。所以我们平时就要重视自己的信誉，在大家心目中建立诚信的好印象。有了诚实可信的基础，我们和别人沟通事情才容易达成共识。

5.控制情绪

只要一个人带上情绪就不会再关心你说什么了。双方在沟通过程中如果情绪不对，就要想办法先把情绪调整好。我们带上情绪去沟通会发现越沟通问题越多。情绪会让大家的关注焦点偏离事实，双方很难对一件事达成共识。所以注意提升自己的情绪管理能力，同时在沟通过程中要随时注意双方情绪的变化。

6.注意礼仪

中国自古就有礼仪之邦的美誉。我们与人沟通交往的过程中要注意遵守基本的礼仪要求。首先是自己的仪容、仪表、仪态要得体，这会使对方产生良好的印象。在沟通的过程中，我们要注意用语、语调、表情、动作符合礼仪的要求。同时不同国家和民族的礼仪会有所差别，我们要尊重对方的习俗。

四、沟通就要说清楚

美国人早在20世纪40年代就把"会说话"列为在世界上生存发展的第一法宝。不管我们接受过多少教育，有多少人生经历，有多高深的思想，有多丰富的情感，如果无法有效表达自己的想法就不能与他人产生碰撞和共鸣。提升自己的表达能力和技巧有助于我们开创美好人生。

1.做好描述

我们在表达一件事情时可以运用5W1H的方法来描述。也就是有什么事，有哪些人，在什么时间，在什么地点，为什么做，如何去做。我们只要把一件事的这六个要素说清楚了，大家就能对整件事有很完整的了解。我们在工作生活中的大部分问题都源于沟通时没有把事情描述清楚。我们在与人沟通时往往都只讲了事情本身，却没有把人物、时间、地点、原因、方法这些要素说全面。所以在做的过程中全凭个人的理解和猜测，这往往会与想表达的内容偏差很大。

2.明确目标

我们做任何事都不是为了做而做，只有明确目标才不会偏离自己的方向。我们沟通的目的也是为了让大家对一件事情达成共识，可以采取一致的行动。任何一件事情，我们都可以围绕这件事的数量、质量、时间、成本、评价五个方面来明确目标。有的事情最重要的是质量目标；有的事情最重要的目标是时间要求；还有的重点是要考虑成本。我们不一定要把一件事情五个方面的目标都列出来，但要把最重要的目标明确下来。同时我们在确定目标时，每个目标都要符合SMART原则。

3.表达技巧

我们在与人沟通的过程中主要是运用文字、语调、表情和动作来表达我们想传递的信息和情感。同样的内容我们用不同的方式表达出来的效果完全不同。大量调查发现，我们在进行沟通的时候，文字、语调和表情动作对人的影响力相差非常大。以百分比的形式来表示，文字对沟通效果的影响只占到7%，而语调对沟通的影响占到38%，表情动作对沟通的影响达到55%。我们沟通时用什么文字来表达虽然很重要，但用什么语调来表达更重要，最重要的是自己的表情和动作。如果我们的语言、语调、表情动作所表达的意思不能统一的时候，就很容易让对方产生误解。

4.重视渠道

我们要找到合适的途径把自己想表达的内容有效传递给别人。沟通的渠道会直接影响我们表达的方式和对方的接收情况。现在可供我们选择的沟通渠道越来越多，不同渠道的优缺点也各不相同。整体来说可以分为面对面的沟通和非面对面的沟通。面对面的沟通方式更真实，容易拉近双方的关系。同时容易把复杂的问题说清楚，沟通效率很高。但面对面沟通的成本相对高，出现沟通争议时回旋的余地小。非面对面的沟通方式非常多，包括打电话、邮件、QQ、微信、写信等。这些方式的沟通成本低，可以避免面对面的争论。而这些方式的不足是看不到对方的状态，容易产生误解。

5.关注状态

每个人在沟通时都会受到自己状态的影响。为了达到更好的沟通效果，我们在沟通时要随时注意对方的状态。我们可以从对方的表情、动作等方面做出判断。当一个人表现出心不在焉或不耐烦时，就不会用心听我们讲什么。所以我们要根据对方的状态来及时调整我们的沟通方式。比如我们可以让对方发表自己的一些观点，通过互动来调整一下状态。如果对方的沟通状态无法有效调整好，原则上就应该中止沟通，争取下一次沟通的机会。

五、如何才能听明白

一个巴掌拍不响，沟通不是一个人的事。在沟通时讲的人要"说清楚"，听的人也要"听明白"。不管讲得多好，如果没有听明白就不能达到沟通的目的。如何才能真正听明白，同样需要我们掌握和运用一些方法。

1.空杯心态

我们在沟通中最常见的问题就是先入为主。当别人谈到一个问题的时候，我们很容易根据自己过往的经验提前得出结论。所以我们根本没有耐心听别人讲完就开始谈自己的想法。这种做法会让我们无法接收到对方的全部信息，影响自己对内容的理解。我们只有用空杯心态与人沟通才能真正听明白对方讲的内容。空杯心态不是否定我们过去的一切，而是要懂得先接纳。在沟通过程中要先听明白对方表达的内容，然后再做出分析判断。

2.用心倾听

在沟通过程中我们经常会犯一个低级错误，就是沟通时不够专心。我们经常一边做着其他事情，一边和人沟通。这既是对别人的不尊重，同时也会影响到我们对沟通内容的接收。因为不专心，很多沟通的细节内容很容易被遗漏。我们在与人沟通时要尽量避免被其他事情打扰。要真正做到用心倾听对方的谈话有两个方面需要注意。首先我们要随时注意调整自己的情绪，保持平和的心境。另外要注意环境的选择和布置，要减少被外界干扰的情况。

3.多提问题

不管我们如何认真的听，都会有没听清或不理解的地方。这时候要对不清楚的地方及时提问。但提问也要讲究技巧和方法，不能随便打断对方的讲话。要选择在对方把一个观点说完的间隙提出问题。最好提前征求对方的意见：非常抱歉，我想提一个问题可以吗？在得到对方的允许后再提问。我们要根据想了解的内容选择合适的提问方式。开放式提问可以鼓励对方充分表达自己的观点；重复式提问是为了检验自己获得的信息是否正确；封闭式提问是要求对方作出明确的选择……一个高效的沟通者必须掌握提问的技巧。

4.好记性不如烂笔头

中国有句古话叫"好记性不如烂笔头"。每个人的记忆力都是有限的，不可能一下记住很多东西。要避免把沟通的一些重要内容忘掉，我们要养成随身备好笔和纸的习惯。在我们需要与人沟通的时候，可以随时掏出来使用。把自己听到的一些重要内容，或有疑问的地方做好记录。这不仅可以减少沟通过程中遗漏重要内容的情况，还能把自己临时想到的问题和灵感做好记录。

5.复述沟通的重点内容

要确保我们真正听清别人的讲话，最后的杀手锏就是向对方复述自己听到的内容。我们通过养成随身带笔和纸的习惯，在与别人沟通时把听到的重点内容记录下来。在沟通快结束的时候，我们可以把听到的重点内容与对方做确认。了解自己接收和理解的内容与对方所表达的意思是否一致。只有对所接收的内容做好反馈才是一个完整的沟通过程。这样可以有效避免"没听清"或遗漏内容的问题。

六、关键是要能理解

真正有效的沟通不仅要"说清楚"，"听明白"，最后还要"能理解"。沟通双方要真正理解对方所表达的意思，在此基础上才能达成共识。在实际的沟通过程中，因为文化背景的差异、个人情绪和沟通过程中表达是否准确易懂都会影响到对沟通内容的理解。人与人之间的大部分问题都源于没有正确理解对方所表达的意思。我们在沟通过程中要正确理解对方表达的内容可以运用以下几个方法。

1.不带偏见

随着一个人学习和经历的增加，我们会形成很多固有的观念。这些观念会影响我们对很多事物的判断。有的人认为一个人的形象很重要，往往就会有以貌取人的偏见。一个特别看重诚信的人发现对方有不诚信的行为时，对这个人所说的一切都不再相信。我们在与人沟通时要避免先入为主的偏见才能更准确地理解对方所表达的意思。这要求我们在沟通时对沟通内容不能做主观的判断。如果不能保持客观中立，会让我们远离真相。

2.学会换位思考

有人开玩笑说：屁股决定脑袋。每个人所处的位置不一样，所站的立场就不一样，看到的问题和观点也会有差别。古人讲：己所不欲，勿施于人！这都是在强调我们要考虑别人的感受。我们习惯于站在自己的角度看问题，这样就无法理解对方的处境和表达的意思。所以我们要学会换位思考，想一想如果换作是自己会有什么想法。只有将心比心我们才更容易理解对方表达的真实意思。

3.用确认代替猜测

我们在沟通过程中经常犯主观猜测的毛病。在外面遇到朋友互相问候，因为对方表情比较严肃，我们就开始想：他是不是对我有什么意见，还是他这段时间遇到什么不顺心的事了。虽然大部分时候我们的猜测最后都证明不对，但仍然喜欢把自己的猜测当事实。我们要避免这样的情况发生，对一些自己不确定的情况就要主动与对方确认。也就是把自己理解的意思与对方核实，以确认自己理解的是否正确。比如我们可以征询对方："我是不是什么地方做得不对让你感觉不高兴了？"

4.做出明确答复

我们沟通的目的是为了互相传递信息或情感，从而能够让彼此达成共识并形成一致的行动。因为怕让对方难堪，大部分人的沟通习惯是在遇到问题时最好不做明确答复。经常在沟通后的回答就是"考虑一下""到时再说""再沟通"这种模棱两可的说法。这就会让对方只能去做主观猜测。所以我们要改变这个习惯，对沟通的事情需要回复的要给出明确的意见。认同就是认同，不认同就是不认同，需要调整就告诉对方需要调整。这样坦诚的沟通让大家相处更简单，也更高效。

5.持续的信息反馈

沟通是一个持续不断的过程。通过一次沟通，即使双方对沟通的内容都已经正确理解了，这也仅仅只是开始。因为在后续的行动中会有很多新的情况出现。比如两个人约好在星期五上午9点沟通一项工作的方案。结果，其中一个人接到公司通知周五上午要开会。这时候就需要及时把这个情况反馈给对方，双方沟通做出调整方案。所以沟通不是一劳永逸的事情，而是对执行的情况要不断做反馈。只有保持信息的通畅，才能对出现的问题及时进行调整。

沟通最终的目的是要双方能够正确理解对方所表达的信息或情感。只有在达成共识的情况下能够转化成具体的行动才能达到沟通的目的。比如我们向新来公司的同事表达很欢迎的情感。这需要让新同事自己能感受到我们对他的欢迎，同时对我们的欢迎表示感谢。这样才能让新同事更快地融入团队，为团队的发展贡献自己的力量。最终沟通只有转化为大家想要的行动才算成功。

七、家庭沟通很重要

我们每个人都要面对自己的父母、伴侣、孩子等家人。家人和我们每天朝夕相处，是自己最亲近的人。家和万事兴，如果处理不好与家人的关系对我们的工作、生活都会产生很大的负面影响。良好的沟通是我们处理好与家人关系的基础。然而事实上我们大部分人都不太擅长与家人沟通。人生最大的遗憾是我们把最坏的情绪往往都给了家人。我们很容易认为家人为自己所做的一切都是理所当然的事情。稍有不如意，我们就会毫无顾忌地向家人发泄自己的情绪。因为受情绪的影响，让家人之间的沟通变得并不容易。

1. 父母沟通的原则

在中国过往的文化中，父母的威严是不容侵犯的。父母亲在自己的孩子面前都希望保持长辈的形象。我们在与自己的父母亲沟通时，首先要做到的就是充分尊重他们。因为两代人在观念和经历上的差异，我们常常会认为自己的父母跟不上时代的发展。在沟通的时候，我们很容易表现出不耐烦，甚至根本不想和父母沟通。这也是两代人会出现代沟的重要原因。我们只有发自内心地尊重自己的父母，并体现在言谈举止中才能实现良性沟通。

在与父母亲沟通过程中除了要做到充分尊重以外，还应该体现中国的孝道文化。随着自己父母年龄慢慢变大，我们要力所能及地对父母亲表达孝心。其实大部分父母养育孩子并不求什么回报。我们只要能够定期地回去看看，和他们拉拉家常，甚至只是问候一声，他们就会非常开心。所以我们保持和父母的良性沟通也是自己尽孝的重要方式。

在强调对自己父母要尊重和尽孝的同时，我们要保持独立思考的能力。既不能简单地否定父母的想法，也不能盲目地顺从父母的意见。如果通过思考判断父母的意见有误，我们可以心平气和地与父母沟通自己的想法。如果达不成共识，我们不用去和父母争吵。针对一些有关自己的重大事项，比如职业、创业、婚姻等人生大事，我们既要尊重父母的建议，同时也要有自己的原则。因为最终只有自己才能对自己的人生负责。

2.夫妻沟通的方法

"人生只若如初见，何事秋风悲画扇。"两个相恋的人刚在一起都感觉非常幸福快乐。结婚成为夫妻后，时间一长，很多人却变得形同陌路。因为夫妻在一起每天都要面对柴米油盐的生活琐事，沟通不好就很容易产生矛盾。慢慢地这些琐事就会影响到夫妻之间的感情。我们只有保持良好的沟通，才能及时化解双方的误解。夫妻之间只有做到相互尊重理解才能让感情保鲜。

这个世界没有完美的人，也没有一无是处的人。为什么很多人在恋爱时关系很好，结婚后却无法好好相处。原因在于两个人谈恋爱的时候往往只看到对方的优点，而结婚后却专挑对方的缺点。所以夫妻之间在沟通时要懂得欣赏对方的优点。在两个人相处时不要总是盯着对方的毛病，只是讲对方的不足。只有懂得相互欣赏的夫妻才能更幸福地生活在一起。

我们很多时候都认为，老夫老妻了没有必要还像谈恋爱时一样向对方表达自己的爱意。就这样两个人慢慢就失去了感情的交流，沟通起来变得越来越单调无味。夫妻之间要保持顺畅的沟通，要懂得多向对方表达自己的关爱。我们发现家里是一个讲情感的地方。只要家人之间的感情好，讲什么都不是问题。但如果没有了感情基础，讲什么都有问题。所以我们要多创造一些增进夫妻感情的机会，让双方能感受到对方的关爱。

我们常开玩笑说，舌头和牙齿之间还会打架。夫妻之间相处，偶尔吵吵架也并不一定是坏事。关键在于吵架要懂得方法，能吵出感情才是真功夫。这就要求夫妻在吵架时要懂得就事论事，以解决问题为目的。在争吵时要有度，不能翻老账，更不能搞人身攻击。同时吵架不要喋喋不休，要速战速决。两个人吵完后要懂得主动和好，不能陷入长时间的冷战。所以夫妻吵架也是一种沟通方式，只要运用好技巧可以增进双方的感情。

3.子女沟通的技巧

我们在与自己的孩子沟通时同样需要讲究方法。很多人与自己的孩子之间都有代沟，在一起都无法正常交流沟通。这对孩子的教育成长都会产生不良影响。我们要做好与孩子的沟通，首先要做到平等相待。千万不能因为孩子小就不尊重孩子。所有事情在与孩子沟通时都要做到心平气和，认真了解孩子自己的想法。我们只是和孩子一起讨论，给出自己的建议。只要不是大是大非的问题，都尽量尊重孩子自己的选择。而不是事事都要求孩子必须按父母的想法做。

在与孩子沟通时，我们要尽量避免批评责骂的方式。一个人在被批评时就会产生自我防御心理，反而很难接受别人的意见。如果我们经常性地批评孩子，慢慢地孩子就不愿意再与自己沟通了。孩子被批评多了甚至会产生逆反心理，与我们的期望背道而驰。同时一个人总是得到负面的评价也不利于建立自信心。所以我们要学会多表扬孩子，让他形成正向思维。只有一个自信的人才会表现得积极主动，让一切都有可能。

我们都希望教育好自己的孩子。父母就是孩子成长过程中最重要的老师。在教育过程中最有效的方法不是说教，而是父母的言传身教。我们要注意自己的言谈举止，为孩子做好榜样。孩子在与父母相处的过程中就会被潜移默化。所以最有效的沟通其实是行动。我们希望孩子成为什么样的人，父母自己要先成为这样的人。我们在做，孩子在看，在学，在感受！

八、工作沟通要做好

在这个时代，企业已经成为社会的基本细胞。我们在企业中工作的时间甚至已经远远超过了在家里与家人相处的时间。工作是我们追求"内享幸福，外创价值"的重要方式。在企业中如何做好与团队各种角色的沟通，会直接影响我们的工作质量和事业发展。我们要经营好自己的事业，就需要掌握工作沟通的方法，处理好与上司、下属、同事之间的关系。

1. 做好与上司沟通

我们很多人因为对上司有敬畏心理，所以都不太愿意主动与上司做沟通。这造成我们和上司之间常常会出现误解。如果我们的工作得不到上司的认可和支持，就很难有效开展。所以我们要学会主动与上司沟通，了解上司的个性、思想、能力、资源、目标等情况，也要让上司随时了解自己的工作情况。这有利于我们主动去配合上司的工作，同时又能得到上司更好的工作支持。如果不能做好与上司的沟通，我们的工作很容易偏离团队发展的方向。

因为上司要扮演好自己的角色，就需要在团队中保持一定的权威性。在与上司做沟通的过程中，我们难免会遇到与上司意见不一致的情况。这时候我们一定要注意与上司的沟通方式要合适。要尽量避免当众直接反驳上司的意见，我们可以用迂回的方式表达自己的意见。例如，我们可以对上司说："还有一个思路您可以参考一下。"特别忌讳在公开场合与上司进行争论，我们可以单独约上司沟通自己不一样的一些想法。

当我们工作出现失误或不能达成工作目标的时候，上司会指出我们存在的问题。不管上司说的是否对，我们都要先诚恳地接受批评。上司在做批评的时候，最讨厌总是找借口争辩的人。我们要以"有则改之，无则加勉"的心态去面对上司提出的批评。当然如果上司批评得不对，我们可以找机会向上司做合理的说明。只有注意场合和时机，才能达到更好的沟通效果。

2. 重视与下属沟通

在工作中，我们强调下属要做好与上司的沟通，同时作为上司也要重视与下属之间的沟通。一个优秀的上司不在于自己能做什么，而是团队能做什么。我们只有做好与下属的沟通，通过分工合作才能高效达成目标。在与下属沟通中，很多上司都习惯做批评。其实赞美的力量远远超出我们的想象。只有真诚的赞美才能激发一个人的内在积极性，让人主动去做好自己的工作。

因为上司对整个团队成员的影响特别大。我们要明白"兼听则明，偏信则暗"的道理。我们在与下属沟通的时候要多听取各方的意见。所以我们在沟通时，对于一些重要的事情不要急着做决定。可以多方沟通了解，最后综合各方的意见来做出独立的判断。只有一个客观公正的上司才能得到下属的尊重，下属才更愿意听取上司的意见。

有的人性格内向，不太习惯当众沟通；有的人性格直爽，喜欢直来直去；有的人敏感，点到为止。每个人的个性不一样，适合的沟通方式也不一样。上司在与下属沟通的时候要做到因人而异。根据每个人的个性选择适合的沟通方式。只有用适合下属的沟通方式，才能达到想要的效果。在上司与下属的沟通关系中，因为上司处于主导地位，所以要更加主动地与下属做沟通。

3.增强与同事沟通

团队是一个分工合作的整体，每个人的工作都是相互关联的关系。我们要把自己的工作做好，不仅需要与上司和下属做好沟通，还要做好与同事的有效沟通。术有专攻，业有所长，每个岗位都需要具备相应的专业能力。在与同事沟通时，我们首先要抱着虚心学习请教的心态，这样才能让我们更好地了解到同事的工作内容，避免工作中的误会。

不同岗位的工作会相互影响，我们只有得到其他同事的配合才能把工作做好。在与同事沟通交流中，我们要有全力以赴配合对方工作的意识，多站在对方的角度考虑问题。团队是一个整体，只有大家好才是真的好。当我们能够做到积极配合其他同事的工作时，大家才会同样配合自己的工作。所以我们发现在团队中有配合精神的人更容易把工作做好。

在与同事相处的时候，如果沟通不良就会出现一些矛盾。同事之间出现矛盾并不可怕，但不能将矛盾激化成对立关系。我们要将矛盾变成推动工作改善提升的机会。所以我们要坚持对事不对人，始终围绕如何把工作做得更好来沟通。通过沟通找到出现矛盾的原因，并做好矛盾化解的工作。良好的团队氛围才能让我们工作得更加高效和快乐。

第八章

换个角度看企业

　　水杯可以帮助我们喝水；房子可以为我们遮风挡雨；书籍可以让我们学到知识。世界上的一切都以能为人类创造价值而被赋予意义。企业已成为这个时代最基本的社会组织形式。无论我们是否愿意，今天每个人的工作和生活都与企业息息相关，大部分人都是企业中的一员。企业和水杯、房子、书籍一样，都只有能为人类创造价值才具有意义。我们每个人都在追求"内享幸福，外创价值"的圆满人生。企业就是我们实现人生追求的共同平台。过去我们对企业存在许多认知的误区，让企业偏离了本质。我们需要重新定义企业，企业存在的意义在于能够让客户、团队、伙伴、股东、社会等相关者的工作生活变得更美好。

一、企业是成长平台

　　调查数据显示，中国中小民营企业平均寿命只有3.7年，大型企业的平均寿命也不到8年。反观学校、家庭、学派等非商业组织的寿命周期都远远超过企业。为什么企业普遍短命，归根结底在于我们对企业的认知出现了严重偏差。因为在这些组织当中，只有企业被我们认为是追求利润最大化的组织。在中国过往两千多年的历史中，更是形成了"无商不奸"的认知。

　　1. 企业是社会的细胞

　　2016年的统计数据显示，中国工商业已经占了国民生产总值的92.35%，就业占比超过70%。全国工商登记的企业和个体户总数超过5000万家。这些数据还在每年不断提高。无论我们是否意识到企业的重要性，企业对每个人、每个家庭、整个国家和世界都产生了直接而深刻的影响。企业像家庭一样已成为现代社会的基本构成细胞，已经融入我们工作生活的各个方面。只有越来越多的好企业才能让个人、家庭、社会变得更好。

传统的观念普遍认为企业的目标就是追求利润最大化。"无商不奸"似乎已变成中国以往数千年来的普遍共识。正是源于这样的认识把很多企业引向了为了赚钱而不择手段的误区。然而企业作为人类社会的一种组织形态，必须服务于人才有存在的价值。一个企业不能没有利润，就像一个人活着不能不吃饭。但企业不能只是为了追求利润，就像一个人活着不能只是为了吃饭。企业的真正意义是一个团队通过分工合作来实现"内享幸福，外创价值"的共同平台。

2. 企业是成长的平台

《大学》中讲：自天子以至于庶人，壹是皆以修身为本。每个人的一生都可以看成是一个成长的过程。在这个时代，大部分人都归属于不同的企业。我们通过在企业中不断成长，从而实现"内享幸福，外创价值"的人生追求。在企业这个平台上构建自己与客户、团队、伙伴、股东、社会等相关者的生态共赢关系。

我们在企业中，每个人都要担负自己所在岗位的工作职责。通过工作来不断提升自己的心性和能力。企业已经成为这个时代最好的修炼道场。我们在工作中要学会处理好自己与自己的关系，也要处理好和上司、同事、下属等他人的关系，同时还要处理好自然、政治、经济、社会等外部环境的关系。每个人都在这个过程中得到了不断的成长。

3. 坚持做到成人达己

我们要正确认识企业，就要看清企业的价值。企业其实是我们分工合作的产物。正是因为有了分工合作，我们才能做到许多个人做不到的事情；同时也因为分工合作让我们的工作效率得到大幅度提升；更重要的是让我们每个人都有机会做自己喜欢和擅长的事情。通过分工合作推动了人类社会的高速发展。企业只是分工合作的一种组织形式。

一个优秀的企业通过分工合作要实现一加一大于二的目标。只有平均每个人创造的价值越大，整体价值才会更高。在经营企业的过程中我们要坚持成人达己的理念，把创造的价值与企业相关者做好分享。只有建立与客户、团队、伙伴、股东、社会等相关者共赢的关系才能让企业实现持续健康的发展。

二、管理是成长导师

把企业当作团队成长的道场，我们要改变对管理者的角色认知。我们每个人在企业中都希望能够实现"内享幸福，外创价值"的人生追求。而管理者就是指导和帮助团队成员实现人生追求的导师。一个好的管理者会让我们少走很多弯路。我们过去对管理者的印象总是高高在上的感觉。我们认为自己与管理者是被控制、监督、惩罚的对抗关系。这种关系让我们与管理者之间无法真正做到高效合作。而我们与管理者之间其实是一个一损俱损的整体。所以我们必须改变过去管理者与团队成员的关系。管理者要用激励、支持、成就团队成员的理念去开展各项工作。这样才能形成与团队成员之间的健康关系。管理者要适应这个全新的定位需要具备更高的综合素质。

1.有超越物质的追求

一个企业不赚钱就不能生存，但如果只是为了赚钱就会变得唯利是图。一个卓越的管理者要保持对物质的理性追求，也就是不能把赚钱当作人生的根本目的。当物质财富能够满足我们正常的生活所需后，财富对一个人幸福感的影响就会变得越来越小。在中国以目前的情况而言，除了少数几个一线城市外，一个人每个月只要有2000元以上的收入就已经能基本满足自己的日常生活所需了。而对于团队的管理者来说，自己和家庭日常生活需要的物质条件已经不是问题。一个团队的管理者可以把追求物质财富当作人生的一个重要目标，而不能当作人生的目的。管理者要有更高的精神追求，那就是帮助身边尽可能多的人得到成长，让这个世界变得更加和谐美好。在实践中我们也会发现那些拥有高尚追求的管理者更容易带好一个团队，让企业实现持续健康的发展。

2. 有胸怀包容和分享

人无完人，每个人都有不足，同样也都有优点。我们不能总是盯着团队成员的缺点，而看不到他们的优点。作为团队的管理者要有胸怀去包容团队中每个人的不足，充分发挥每个人的优势。同时我们要了解每个人的人生目标，帮助他们一步步实现自己的梦想。管理者只有真心为团队好，才能激发团队的主动性。我们要努力给团队成员创造实现梦想的公平机会，建立一套与团队分享成果的机制，让每个人与团队共荣辱，同兴衰。其实每个企业都只是团队成员追求"内享幸福，外创价值"的共同平台。如果这个平台能够帮助团队成员实现人生梦想，大家就会主动为这个平台作出贡献。

3. 团队管理要有大爱

我们有句古话说：君视臣为手足，臣视君为腹心；君视臣为犬马，臣视君为国人；君视臣为土芥，臣视君为寇仇。中国文化对爱有不同的定义，爱己为小爱，及人为中爱，济天下为大爱。华为任正非曾说：管理是一种严肃的爱。团队的管理者要有一颗为团队谋发展，谋幸福的爱人之心。同时还要真心地爱自己的客户，爱自己的合作伙伴，爱这个社会。一个心中有大爱的管理者才会去成就自己的团队，成就自己的合作伙伴。通过真正创造价值为更多的人带去幸福，让这个世界变得更加和谐美好。

4.团队成长的理人思路

团队的管理者必须改变传统的管人思想，而要调整为理人思想。所谓理人就是要根据团队成员的成长规划和岗位工作的要求，关注每一个人在四个方面的状况：第一个方面是对所负责的工作在能力上够不够，我们把能力不足的问题称为"不能"；第二个方面是对要负责的工作内容和要求是否明确，不明确的情况称为"不明"；第三个方面是对所负责的工作是否有意愿，对没有意愿的情况称为"不愿"；最后一个方面是对自己的职业和企业文化是否具有足够的忠诚度，没有忠诚度的情况称为"不忠"。

管理者在了解了团队成员在"能、明、愿、忠"四个方面的状况基础上要做到知人善任和因材施教。"知人善任"就是要根据团队成员"能、明、愿、忠"的情况安排合适的工作给他，也就是要让合适的人做合适的事。"因材施教"就是要因人而异地提升每一个团队成员的"能、明、愿、忠"状况，帮助每一个团队成员在工作中能够实现不断成长。管理者要成为团队的人生导师，帮助团队成员通过做适合自己的工作来实现"内享幸福，外创价值"的人生追求。

5.高效工作的管事思路

一个团队只有通过高效工作才能为他人和社会创造更多价值，也才能更快达成自己追求的目标。这个世界的事物都有其客观规律，我们在处理各项具体的工作时只有遵循其规律才能做好。任何人在工作中违反事物的客观规律都会给团队和他人造成伤害，最终也会伤害自己。所以管理者真正要管的是如何把事做好，管事要坚持真，也就是要坚持实事求是。管理者管事的目的是要帮助团队成员"在合适的时间，合适的地点，用合适的方法把工作做好"。正所谓没有规矩不成方圆，在团队中管事的基本工具就是制度。制度的实质就是把团队中做事的科学方法总结出来。真正好制度的目的主要有三个方面：明确团队的目标权责；总结工作的经验教训；发扬人性的善良美德。只有建立一套科学、合理、系统的制度体系才能帮助整个团队高效地把各项工作做好，最终达成团队的目标。

孔子曾说："其身正，不令而行；其身不正，虽令不从。"管理者要带好一个团队首先自己要做到以身作则。管理者必须成为团队学习的榜样，也就是在工作中"修身"的典范。管理者要求团队做到的事情自己要先做到才能真正让大家信服。同时一个人能成为管理者也一定有他的成功之处。我们要把上司当作自己成长的人生导师，要善于学习上司的优点。

三、团队是成长伙伴

在这个快速变革的时代，我们只有和一群优秀的人分工合作才能更快地成长。我们每天大部分时间都是和团队成员在一起。如果与团队成员的关系都处理不好，我们的心情和工作都会受到负面影响。我们要对团队有正确的认识，才能与团队成员建立起健康共赢的关系。一个人可以走得很快，一群人才能走得更远。团队成员是我们分工合作，共同成长的伙伴。

1.团队的四要素

首先一个团队存在的基础是要有一个共同的目标。通过分工合作来更高效地达成团队的共同目标，从而实现个人追求的目标。团队的价值就在于通过充分发挥每个人的优势可以实现一加一大于二的效果。当一个团队没有明确的目标时，大家就会迷惘，就无法真正发挥团队的作用。

同时人是构成团队的主体，没有人就没有团队。一个人也不能称为团队，至少要有两个或以上的人在一起分工合作才算团队。一个优秀的团队要以共同的核心价值观为基础，还要尽可能做到在知识、技能、个性、资源这四个方面的优势互补。这样的团队才能提升整体工作效率，甚至做成个人根本做不到的事情。

团队的第三个要素是要有一套好的制度体系。没有规矩不成方圆，在团队的分工合作中要明确每个人的目标及相应的责、权、利。制度体系的目的在于明确团队的目标权责；总结工作的经验教训；发扬人性的善良美德。制度体系要能帮助团队高效完成各项工作。一套科学合理的制度体系可以让坏人干不了坏事，让好人能得到好的回报。

最后每个团队都有自己的文化。每一个团队都是在做文化的实践。只有建立优秀文化的企业才能实现持续健康的发展。但我们很多人对文化的认识非常不够，只是停留在表面。企业文化其实可以分为不同的层次，按由深到浅的顺序企业文化包括核心层、制度层、行为层、物质层四个层次。广义来说企业的一切都只是文化在不同层面的展现。

物质层　行为层　制度层　核心层

2.最佳团队组合

一个团队要实现精诚合作需要有统一的价值观。价值观是一个团队判断是非对错和轻重缓急的基本准则。现在很多团队执行力差，大家没有共识，其根本原因就在于价值观不统一。因为价值观不同，大家对同样一件事的判断会完全不同。有人认为很重要，有的人却认为不重要。有的人认为很急，有的人却认为不急。最佳的团队组合是在价值观相同的基础上，能够实现能力、个性、资源的互补。

团队是一个分工合作的整体，每个人都要有自己专长的事情。我们可以根据团队工作的需要形成能力互补的团队。就像划龙舟，既要有好的舵手把握方向，还要有好的鼓手激励士气，同时必须有好的船员用力划桨。只有形成能力的互补，才能实现一加一大于二的团队价值。

根据一个人的交际倾向和控制欲可以分为分析型、控制型、随和型、表现型四种个性类型。如果一个团队都是随和型的人，大家都一团和气反而不利于工作开展。同时如果每个人都只是想表现自己，就很难形成团队的合作精神。所以团队中的成员在个性上要形成互补的关系才能更好地发挥团队优势。

我们要把一项工作做好，离不开人、财、物、信息、技术等各种相关的资源。每个人都链接着不同的资源，有的有资金资源，有的有技术资源，有的有物料资源。只有每个团队成员所能链接的资源具有互补性，才能更好地支持团队达成目标。在组建团队时，还要充分考虑每个人的资源优势。

3.与团队共成长

每个人都要处理好自己与自己、自己与他人、自己与环境的关系。团队就是我们处理自己与他人关系的重要实践。在团队中我们每个人都要面对上司、同事、下属，只有能够处理好与各种团队角色之间的关系才能高效完成自己的岗位工作。这个过程既是对我们能力的一种检验，也是我们获得成长的重要方式。

这个世界没有完美的个人，却可以组建完美的团队。很多目标靠个人的力量不可能实现。但通过合理的分工合作，充分发挥团队的力量就很容易达成。同时每个人都有成功或失败的经验教训，通过分享大家的智慧可以加速自己的成长。我们要把自己的团队打造成一个学习型团队，让每个人在团队中都能够实现更快的成长。

四、制度是成长方法

我们大部分人对制度体系的印象都比较负面，一听到流程制度就会本能地产生抗拒心理。这源于我们过去对制度体系的认识和运用上存在很大的误解。我们习惯性把流程制度当作监督、检查、控制团队行为的工具。所以大部分人对制度体系的印象都是为了如何约束和惩罚人。其实制度体系的实质是帮助团队把各项工作做好的有效方法。制度体系的根本目的在于帮助我们在合适的时间、合适的地点、用合适的方法把各项工作做好。只有对制度体系有正确的认识，才能充分发挥流程制度的价值。

1.明确团队的目标权责

建立一个团队的基础在于拥有一个共同目标，有了共同目标才能为整个团队指明前进的方向。组建团队最大的意义是通过分工合作可以更快、更好地达成目标和完成一些个人不可能做到的事情。要实现一加一大于二的团队合力，就需要通过制度体系来帮助团队明确目标。同时还要确定每个人为实现团队目标所拥有的责、权、利。这才能让团队中的每个人明确自己岗位需要负责的具体工作，真正做到各司其职。

2.总结工作的经验教训

所有事物都在按自身的规律运行变化，我们要把一项工作做好就必须遵循相应的规律。遵循事物本身的规律是我们对事"真"的体现。科学合理的制度体系要坚持实事求是，用流程制度的方式把做好工作的规律总结出来。制度体系的价值在于为团队提供处理各项工作的有效方法，帮助我们实现目标。我们要把处理各项工作的具体流程、标准、表单通过制度体系的方式明确下来。只要帮助团队掌握这些处理各项工作的科学方法就能有效达成目标。

3.发扬人性的善良美德

让一块土地不长杂草的最好方法就是种上庄稼。想要一个团队走正道，真正能为他人和社会创造价值就需要发扬团队的善良美德。一项好的流程制度能让坏人干好事，一项不好的流程制度会让好人干坏事。我们可以通过制度体系来实现让好人有好报，才能发扬和传承团队的善良美德，最终沉淀出团队积极向善的文化。只有坚持"善"的文化才能帮助团队最终实现"内享幸福，外创价值"的圆满人生。

4.通过制度来实现传承

制度体系可以帮助我们把个人的智慧有效转变为团队智慧，在团队中实现有效传承。比如在处理一项工作时，团队中有人想到了一个非常有效的方法，如果我们没有通过流程制度的方式固定下来，团队的其他成员就很难学习借鉴。一旦用流程制度把处理这项工作的有效方法规范下来，无论是谁都可以按流程制度规定的方法把工作处理好。企业要实现持续健康的发展就需要通过制度体系把一些好的思想和方法传承下去。

5.重视制度的优化升级

企业的内外环境都在不停地发生变化。今天有效的方法放到明天就可能变成了阻挡我们发展的障碍。我们要适应这种变化就必须推动各项制度体系持续的优化升级。也就是要在原有制度体系的基础上探索更有效、更符合未来发展的思想和方法。创新工作的开展也要建立在制度体系的基础上，有流程制度保障才能让创新工作可以持续有效地高效开展。一个企业只有不断创新才不会被时代所淘汰。

五、工作是成长方式

在寺庙中的僧人，每天通过挑水、扫地、念经等方式来达到"修炼"的目的。其实"修炼"的本质就是实现身心的成长。所以修炼并不一定非要在寺庙，日常的工作生活都是修炼的有效方式。一个人修炼就要做事，做事就是修炼。关键在于我们是否能通过做事来提升自己的心性和能力。在这个时代，工作就是最佳的修炼方式，在工作中实现身心的成长。

1.弘扬工匠精神

古时候的庖丁解牛，能够轻松自如地运刀，并且发出的声音像音乐一样。一把刀用了十九年，还像刚磨过的一样。原因在于他能够将刀锋插入牛骨的间隙，根本不会让刀刃碰到骨头。庖丁总结自己的成功之道在于喜欢研究事物的规律，并从中找到乐趣。"知之者不如好之者，好之者不如乐之者。"一个人只有从工作中找到乐趣才能真正做好。庖丁是那个时代工匠精神的成功典范。在这个时代我们更要发扬工匠精神，让更多人真正热爱自己的工作，并对工作的每一个细节都追求精益求精。只有通过把工作做好才能真正实现"内享幸福，外创价值"的圆满人生。

2.在工作中修炼

人类的进化源于劳动，也就是我们所说的工作。工作的价值不仅仅只是我们为了生存而不得不做的事情。我们要把一件事情真正做好首先要掌握事物本身的规律。同时很多工作都需要与他人配合才能完成，这又要求我们能处理好工作中的各种关系。所以工作的过程就是我们学习成长的过程。在工作中让我们认识自己、认识他人、认识环境，掌握与工作相关人、事、物的规律。只有遵循人、事、物的规律我们才能把工作做好。所以工作过程就是我们提升心性和能力的修炼方式，同时也是人生经历的重要组成。

3.提升能明愿忠

我们要把工作当作修炼的方式，这需要在四个方面不断成长。首先是要具备完成工作的基本能力；其次是要明确工作的具体要求；再次是要有主动完成工作的意愿；最后有对职业发展和优秀文化的忠诚。只有不断提升自己的能力，并明确各项工作的具体的要求，才能把工作做得更好。只有不断提高工作的意愿和忠诚，才能享受到工作的乐趣。这就是不断提升心性和能力的过程。

4.做好工作闭环

在工作中最忌虎头蛇尾，有始无终。我们做任何事情都要形成闭环，持续不断地调整改善才能越做越好。首先我们要根据目标做好工作计划；在做的过程中要严格执行对工作的具体要求；对执行的情况要及时做好反馈；根据工作的结果要进行总结并制定优化调整的方案；不管工作结果如何都要保持积极向上的状态。只要持之以恒地不断调整改善，我们就能在工作中得到不断成长。

5.做到知行合一

不管多好的思想和方法，只是知道并不能真正创造价值。我们只有把知道的东西运用在实践当中，真正做到才有意义。而工作其实就是我们学以致用的实践方式。正所谓实践出真知，通过实践可以有效检验我们所学所知是否正确。同时又可以让我们从实践当中感悟到新的内容。所以我们每个人都要坚持把理论和实践结合起来，不仅知道，更要做到，这就是知行合一。

"一花一世界"，从一朵花中就能悟出整个世界的道理。其实大道是无处不在，无所不包的规律。我们只要把一项工作做到极致，就能从中感悟到世界万物的大道。所以工作是我们每个人自我成长的最佳方法。只要专注于工作，全力以赴把工作做好，我们就能从中达成"内享幸福，外创价值"的人生追求。工作不应有高低贵贱之分，只是团队成员的分工不同。每一种工作都可以成为我们实现圆满人生的方式。

六、构建共赢生态圈

每个企业都会有客户、团队、伙伴、股东、社会五个方面的相关者，我们需要处理好各种不同角色之间的关系。我们每个人都在追求"内享幸福，外创价值"的圆满人生。而要实现这样的人生追求就需要处理好自己、他人、环境的关系。企业就是我们每个人实现人生追求的共同平台。我们必须建立与客户、团队、伙伴、股东、社会之间生态共赢的健康关系。

1.为客户创造价值

首先企业存在的基础是要真正能为客户创造价值。如果没有服务的客户，企业就失去了存在的意义。每个企业都要知道自己的客户是谁，真正了解他们的需要。不同的客户，对产品或服务的需求重点会不一样。企业要围绕如何更快、更好地满足客户真正的需求去规划和开展各项工作。一个企业只有能够为客户创造不可替代的价值，才能实现持续健康的发展。

2.为团队创造事业

企业中的每一项工作都离不开团队的付出。只有一支优秀的团队才能更好地为客户创造价值。企业是一个团队分工合作，共同成长的平台。我们要构建一套让团队通过为客户创造价值来实现人生目标的共赢系统。企业要为团队创造能够成就事业的机会，成为实现个人目标的平台。只有这样的团队才能真正实现"内享幸福，外创价值"的人生追求。

3. 为伙伴创造发展

每个企业都不是孤立的存在，需要有各个方面的合作伙伴相互配合。包括要有各种物料的供应商，各类销售渠道商，各种专业服务机构等等。通过和这些合作伙伴分工合作来共同为客户创造价值。一个优秀的企业不仅仅只是做好自己，更要推动整个产业链的健康发展。在合作的过程中要与合作伙伴共同发展才能不断提升整个产业链的价值。

4. 为股东创造财富

企业的经营发展离不开资金和各种资源的投入。企业在为客户创造价值的同时，要有合理的盈利空间。如果一个企业不能为投资人创造合理的利润回报，就没有人愿意投入资金和资源。所以不管一份事业多么有意义，最终都要有一套可以实现盈利的商业模式。只有具备合理盈利能力的事业才能获得持续健康的发展。我们要把商业价值和社会价值完美融合才能打造出一家伟大的企业。

5. 为社会创造效益

企业只是社会的组成细胞，要为社会的健康发展作出贡献。一个企业要实现持续健康的发展离不开社会的滋养。一个企业的发展不能以损害社会公共利益为代价。只有把商业价值建立在创造社会价值的基础上，才能成就一家伟大的企业。企业不仅要尽力为行业作出贡献，还要全力推动整个社会的持续健康发展，积极参与支持各种社会公益活动。

七、修身是永恒主题

过去两千多年中国的主流文化一直遵循着儒家思想的指引，社会精英都希望能实现"修身、齐家、治国、平天下"的目标。随着时代的发展，在这个时代社会精英的人生追求应该调整为"修身、齐家、治业、和天下"。不管时代如何变迁，我们发现"修身"都是基础。我们要实现圆满的一生就需要处理好自己与自己、自己与他人、自己与环境的关系，而自己就是这一切关系的中心。一个人能够意识到要处理好这三种关系，并能够不断进行自我反省成长，就代表走上了"修身"之路。

每个人从出生开始其实就在主动或被动地"修身"。"修身"并不只是锻炼身体那么简单，要从身我、行我、情我、欲我、念我、道我六个层面不断提升自己。"修身"的本质就是要做到遵循人、事、物的规律，在工作生活中能够做到天人合一。"修身"就是我们身心获得不断成长的过程。每个人都要面对"修身"的人生课题，没有人可以替代自己去修身。而一个"觉醒"的人就是懂得主动"修身"的人。一个人越是被动"修身"就会越痛苦，付出的代价也越高。根据我们"修身"的主动性可以分为自修、他修和天修三种方式。

1.学会自修

我们只有了解这个世界人、事、物的规律，并主动按这些规律来处理自己与自己、自己与他人、自己与环境的关系，才能实现"内享幸福，外创价值"的人生追求。我们学习掌握人、事、物的规律，根据这些规律主动去调整自己的身心就是"自修"。曾子曰："吾日三省吾身，为人谋而不忠乎？与朋友交而不信乎？传不习乎？"这就是自修的学习典范。只有一个"觉醒"的人才会懂得不断地进行自我反省，找出自己存在的不足去主动提升自己的心性和能力。所以"自修"是一个人觉醒后的成长方式。

2.善用他修

我们每个人在社会中都不是孤立的存在。我们要与自己的家人相处，与自己的朋友交往，与自己的同事合作等等。我们每天都要面对和处理与他人之间的各种关系。如何处理好自己与他人之间的关系也是"修身"的过程。古人讲"子不教，父之过"。作为父母亲要做好对孩子的教育。父母对孩子的教育就是"他修"的一种方式。"他修"就是通过其他人的推动来促使自己实现身心的成长。我们要懂得珍惜身边愿意指出自己问题的人。除了家人，还包括老师、上司、同事等都会对我们进行"他修"。越是与我们亲近的人，越是会带着爱来促使我们成长，让我们获得成长的代价越小。

3.避免天修

如果一个人既不懂得"自修"，也不接受"他修"，最后就会遇到"天修"。因为万事万物皆有规律，违背规律终究会受到惩罚。比如一个人不懂得保护身体，身边的家人朋友提醒他也不听，时间一长他的身体就会出问题。一个人不遵循人、事、物的发展规律，最终被规律所惩罚就是"天修"。所以无论是"自修""他修"，还是"天修"，其本质就是要遵循人、事、物的规律。我们最好的选择就是自修，主动让自己遵循人、事、物的规律。越是靠外力来让自己做出改变，我们要付出的代价就越高，要承受的痛苦越大。

4.修身方法

在这个时代的主流追求是"格物、致知，诚意，正心，修身，齐家、治业、和天下"！也就是要实现"内享幸福，外创价值"的圆满人生！这是一个不断修炼成长的过程。一个人修炼就要做事，做事就是修炼。每个人都要围绕"修身、齐家、治业、和天下"制定具体的目标。同时定期总结目标的达成情况，并分析在做事过程中"情、欲、念"的状态和"法、术、器"的运用。通过做事来修炼"情、欲、念"的心性，提升"法、术、器"的能力，从而实现"内享幸福，外创价值"的圆满人生。我们修身要形成可操作的有效工具，可以参照下面的格式做好每天的总结分析。

年 月 日

成长之 001

【立志】

……

【修身自检】

读一本书：

健一次身：

改一个过：

暖一次家：

优一件事：

行一次善：

日省：

周省：

月省：

【工作总结】

……

【反思情、欲、念】

......

【优化法、术、器】

......

5.反求诸己

每个人都在追求"内享幸福，外创价值"的圆满人生。这需要不断修炼"情、欲、念"和优化"法、术、器"。通过修炼"情、欲、念"才能升华心性，从而提高幸福感。通过优化"法、术、器"才能提高能力，从而创造更大的价值。这两个方面又会相互影响。一个人的幸福和价值主要取决于自身。在工作生活中要坚持"行有不得反求诸己"的原则。也就是在遇到问题时要反思自己的"情、欲、念"，优化自己的"法、术、器"。只有自己的心性和能力得到不断成长才能实现"内享幸福，外创价值"的圆满人生。

八、无可替代的经历

人生的本质就是一段时间，如何运用这段时间就变成了我们人生的经历。人生最大的公平就是没有人可以替代自己去经历。我们每个人的人生目的都在于"内享幸福，外创价值"。如何创造一段"内享幸福，外创价值"的人生经历是我们的终极目标。我们每个人都要成为自己的经营者，主动去规划和创造自己想要的圆满人生。

1.不忘初心

我们做事情很容易做着做着就忘了自己的初心。如果不能及时地发现调整就会离自己想要的目的越来越远。所以不管我们做什么都要牢记自己的目的是什么。我们要定期检查总结自己是否已经偏离了自己的方向。每个人追求的目标虽然不一样，但终极的目的都是希望实现

"内享幸福，外创价值"的圆满人生。我们要不断检视自己所做的事情是否符合自己的人生目的。只有做到不忘初心，才能方得始终。

2.做事认真

"天行健，君子以自强不息。"生命因为梦想才被赋予了意义。不管最终的结果如何，我们都要认真对待自己的工作生活。要做一个对自己负责，对他人负责，对社会负责的人。只有认真对待自己所做的事情，全力以赴地奋斗过才不会让人生留下遗憾。我们的人生也正是由一件件事情组成。通过认真把事做好才能为我们创造更加精彩的人生经历。

3.不要当真

做事认真是一种态度，不要当真是一种境界。我们很多人努力后如果没有得到自己想要的结果就会心生抱怨。这不仅不能解决问题，反而会破坏自己的好心情。如果我们跳出自身来看这个世界，放到整个宇宙历史的长河中，一切都变得微不足道。这个世界只是能量的循环往复，一切都只是过程。所以我们要全力以赴地去追求，但又不要太过执着于最终的结果。

4.把握趋势

正如孙中山先生所说："世界潮流，浩浩荡荡，顺之者昌，逆之者亡。"我们做任何事情都要提前了解世界发展的趋势。通过分析外部政治、经济、社会、科技的环境现状和发展趋势，要做既符合发展趋势，又适合自身情况的事情。如果方向错了，无论如何努力都得不到好的结果。只要方向是对的，接下来只是快和慢的问题。所以做任何事情都要考虑天时、地利、人和三个要素，做到顺势而为。

5.不断创新

达尔文的研究发现：能生存下来的物种，既不是最强壮的，也不是最聪明的，而是最能适应环境变化的。这个世界在不断地改变，我们将面对各种各样的挑战。这需要我们拥有不断创新的能力才能适应不断变化的世界。创新的本质就是朝更好的方向做改变。只是有的人在被迫改变，有的人却是主动引领改变。只有一个主动改变的人才能获得更多自由发展的空间。所以我们每个人都要学会拥抱变化，持续不断地去创新。

6. 坚持前行

一只蜗牛想爬上一座高塔的塔顶看看。还没开始，它身边的朋友都劝它不要白费力气了，但它仍然坚持自己的想法，开始了攀登之路。结果有人开始骂它自不量力，也有人说它傻，还有人幸灾乐祸地准备看笑话。但蜗牛都不为所动，坚持向上一点点地攀登。不知道爬了多久，蜗牛终于爬到了塔腰。这时候看热闹的越来越多，大家七嘴八舌地议论着蜗牛的行为。有人说它肯定能登上塔顶，有的人说它很快就爬不动了。但蜗牛都像没听见，仍然坚持往上一点点一点点地爬行。终于，蜗牛爬上了塔顶。它看到了从来没有见过的风景，隐隐约约听到塔下一片赞叹声。其实我们每个人都在爬一座属于自己的高塔。如果认定了方向，剩下的就只有坚持。只要我们朝着塔顶坚持攀登，随着时间的推移，终会到达连自己都不曾想到的高度。

每个人都希望实现"内享幸福，外创价值"的圆满人生。这需要一个人明确目标之后持之以恒地不断成长。在这个过程中会遇到无数的挑战和挫折。但只要方向对了，所有面临的问题都会随着时间的推移找到解决的方法。我们每个人都是自己的经营者，都在经营着自己的人生。工作不仅是一种谋生的手段，通过工作还能不断提升自己的心性和能力，从而实现"内享幸福，外创价值"的圆满人生。经营人生就要经营事业，经营事业就是经营人生。工作品质会决定一个人的生活品质，同时也决定一个人的人生品质。

后　记

做更好的自己

我们每个人都希望实现"内享幸福，外创价值"的人生追求。我们每个人都在探索和创造的路上。《成长：做自己的经营者》的写作虽然即将告一段落，但对我们每个人来说都将是一个新的开始。希望每个人都能找到自己的人生梦想。为了实现梦想，我们要在心性和能力上让自己不断成长。不管我们过去经历过什么，不论我们正在经历什么，也无论我们将会经历什么，我们要学会把遇到的一切都当作人生中最珍贵的礼物。因为正是它们创造着我们与众不同的一生。在人生的路上，我们每个人都在追求属于自己的幸福。希望每个人都能坚持《幸福之道》，收获幸福而有意义的一生。

幸福之道
不管你信，或者不信，

道就在那里，

不生不灭；

不管你要，或者不要，

爱就在那里，

不离不弃；

不管你愿，或者不愿，

真就在那里，

不虚不假；

不管你做，还是不做，

善就在那里，

不怨不悔；

不管你见，或者不见，

美就在那里，

不增不减！

驻足，静思，

身边的人，当下的事，眼前的物，

感恩，珍惜，

幸福无处不在！

　　我们要珍惜自己的人生历程，用心过好每一天，能够让自己幸福，同时也为别人带去幸福。只有一个真正成长的人，才会不断提升自己的心性和能力，从而实现"内享幸福，外创价值"的人生追求。